彭玉勇 | 著

专利法原论

The Theory of Patent Law

法律出版社
LAW PRESS · CHINA

序

暨南大学法学院/知识产权学院彭玉勇副教授邀请我为他的新著《专利法原论》做序，我欣然应允。玉勇是我的硕士、博士研究生，毕业后到暨南大学工作、任教，一直从事知识产权的教学、科研，兼职从事知识产权实务，迄今已十五载有余。暨南大学知识产权学院成立后，他一直负责专利法的教学、科研，有了10年以上的丰厚积累，现在呈献给读者的就是他的最新、也是最为重要的思想成果《专利法原论》。

捧读玉勇博士的新著，欣喜之余更添感慨，从书中可以窥见他这些年来学术上的进步。该书具有以下几个特点：一是体系完善。各章节按照专利法的内在逻辑安排，体现了作者对专利法的深刻理解和全面把握。二是内容全面。“原论”基于制度而展开，洋洋数十万字，涉及与专利法相关的全部内容。三是视野开阔。书中展示的“专利世界”，以中国专利法的发展、变化为主线，同时适当关注国外的制度、经验。四是阐释深入。全书循原理、规则、判例而论，充分诠释专利法的基本理论，全面反映专利法的规定和法律适用，同时介绍一些争议焦点和不同学术观点。五是以案说法。案例选取以重要知识点为基准，同时勾勒出司法裁判的进展、变化。

总体上说，这本《专利法原论》体系新颖，逻辑严谨，内容全面，编排合理，资料翔实。写作伊始，玉勇博士曾提出自己的创作目标，我认为他基本实现了自己的学术追求。该书既具有教材的全面性、准确性，又包含大量的实务信息和细节，同时在许多问题上汇集了不同的学术观点。书中选取的案例，精到精准，生动深刻，是本书的一大特色和亮点。作者将看似深奥的专利法原理、知识准确、深入浅出地讲述给读者，将专利法立法、司法、实务的昨日今天、前因后果分析、展现给读者，将不同的学术观点摘其要者集于一书。更为难得的是，书中贡献了不少作者的真知灼见。因此，我愿意在此向广大读者推荐本书。

是为序。

吴汉东

（序者为中国著名知识产权专家中南财经政法大学资深教授）

前　言

暨南大学知识产权学院成立于2004年9月，我有幸成为第一批加入学院的人之一。记得当时徐瑄老师来找我，邀请我加入知识产权学院。当时，我的人事关系在暨南大学科技处，到知识产权学院成立时，我的人事关系是第一个被调到暨大知识产权学院的。知识产权学院自2004年成立以来发生了很大的变化，特别是2018年，在广东省、国家知识产权局和广州市的大力支持下，由徐瑄院长牵头组建了暨南大学知识产权研究院，广州知识产权人才基地暨南大学知识产权大楼正式奠基，暨大知识产权事业沐浴着国家改革开放的春风，正在踏上新的、更加辉煌的征程。自知识产权学院成立以来，我一直负责专利法的教学，从事知识产权法特别是专利法的相关研究，在教学科研中也有一些心得体会，因此在2010年前，我就想写一本专利法方面的书，但是一直未能动手来完成这一愿望。2016年，广东省知识产权局提供了一笔经费，经过近两年的辛苦劳作，《专利法原论》终于可以付梓了。

关于书名取《专利法原论》，做以下几点说明：(1)直接叫《专利法》当然最简单明了，但是同名的书太多，区别度不够。(2)叫《专利法教程》，一方面类似书名同样早已存在，另一方面我觉得本人所撰的书既有教材的成分，也包含一些作者的研究心得和观点，称为教材并不能完全囊括本书的内容。吾师吴汉东教授和王利明教授曾合著过一本《民法新论》，本想仿用，但再三掂量，本书可能有些新，未必有那么新，遂放弃。我又想起马俊驹、余延满教授的一本合著叫《民法原论》，经过比较，我决定仿照它将本书取名为《专利法原论》。原论可以理解为原理论，也可以理解为原有之论，总之也不必说得那么明白。

本书从有构想到最后成书，大约有10年时间，但不敢妄称"十年磨一剑"，因十年虽实，但没有磨成剑，姑且称为"十年磨一木"吧。但我在写书的时候，确实在贯彻一些想法，比如希望本书既可以作为教材，也可以作为实务入门，还可以提供一些理论思考。我觉得以往这类书，多存在以下几个疑似不足：(1)体系不完善。专利法的内容如何编排，本书之前的书做得并没有达到理想境况，编排逻辑、内容安排均不尽合理。略举一例：汤宗舜先生的《专利法》将"专利无效"放在"专利权"一章，我个人认为就不太合理，因此本书将专利无效的内容放在本书第五部分"专利申请与审查程序"，因为说到底，专利无效还是一种专利的特别审查程序。类似的内容安排还有很多，不一一详述。(2)同类书编著缺乏足够的历史感。一本好的准教科书,应当力争反映本领域的发展历程。这不只是体现在前面一两章对历史的介绍当中,而是要渗透于整本书中,尽可能渗透于知识点、具体制度的阐述当中。(3)现有的书在理论与实务的结合上均有不足。这一点特别反映在案例的选取和运用上。应当说,已经有不少人做了这方面的探索,如崔国斌教授的《专利法原理与案例》就是这方面的大作。但是在我看来,教科书中的案例选取,应当争取做到:第一,尽量反映历史,反映本领域执法、司法实践的发展历程。虽然我国不是判例法国家,但案例仍然具有一定的参考、指导意义。第二,案例的选取应当以知识点为基准,运用案例来阐释知识点,帮助读者理解相关理论和实务。但实务案例往往很难对应一个知识点,这就需要编篡者对案例加以改造,使其符合需要。(4)内容不全。专利法涉及的内容很多,现有的同类著作一般都舍弃了一些内容,这样不利于读者全面、系统地掌握专利法。本书是完善以上方面的努力和尝试。

关于本书写作说明:(1)本书案例除个别以案例作为实体内容的章节外,其余章节案例仅提供案例摘要,案例主体内容以二维码方式提供阅读。(2)援引专利法具体条文时,《中华人民共和国专利法》用《专利法》标示,如果涉及不同修正版本,则注明是哪年的版本。如 1984 年的中国专利法用“1984 年《专利法》”表示。如果不是援引具体条文,一般不用《专利法》形式。(3)援引外国专利法的具体条文时,一般采用《某国专利法》表述。非具体援用条文,一般不用此表达。(4)本书引用的外国专利法条文,除了已注明出处的外,其他条文均引自世界知识产权组织“WIPO Lex”(http://www.wipo.int/wipolex/en/),由英文版翻译过来。(5)本书主要缩略语:国家知识产权局专利复审委员会,简称专利复审委员会*;《与贸易有关的知识产权协定》,简称 TRIPs;《保护工业产权巴黎公约》,简称《巴黎公约》。

本书在撰写过程中,参考了许多同仁的专著和论文,这些我都尽量注明,但仍然难免有遗漏,还请相关作者多多包涵。对于这些专著和论文的作者们,在此一并致谢,真诚感谢你们,没有你们的在先成果,就不可能有本书。暨南大学知识产权专业的往届研究生许莉莉、罗洁、康美琴、唐雪梅、植群清、卢雨森、佘佳亮等同学参与了本书部分章节初稿的撰写,暨南大学知识产权专业的多届本科生按照我的要求查找、编写了本书中的部分案例,还有我带的在读研究生参与了稿件的文字校对,在此也表示感谢。郑怡萍编辑为本书的出版付出了大量的心血,在此致谢。当然,还要再次感谢暨大知识产权学院和徐瑄院长的大力支持。特别感谢恩师吴汉东教授百忙之中为本书作序。

---

* 根据最新规定,专利复审委员会的名称已改为“国家知识产权局专利复审和无效部”,今后专利复审和无效均直接向国家知识产权局提出,原复审委已不再是独立机构。但本书成稿时尚无该规定,且专利复审委员会的名称在书稿中使用次数较多,修改过程难免挂一漏万,反而造成更多错误。因此,专利复审委员会的运用暂时不变。——笔者注

目　　录

第一编　专利制度史及专利理论

第二编 专利制度概述

第三编　权利要求与技术披露

第四编　可专利性要求

第五编　专利申请与审查程序

第六编　专　利　权

第七编　专利国际条约与国际申请

案例索引

第一编 | 专利制度史及专利理论

第一章　专利制度的起源、形成与发展

专利制度的重要性已经世所公认，世界上绝大部分国家都已建立或承认专利制度，截至2017年，参加《巴黎公约》的国家已达177个。

第一节　专利制度的起源

一、古希腊说

最早出现的专利可能是公元前500年古希腊的希伯利斯（Sybaris），有关方面给予发明新菜谱的人一年的独占权。最早与专利有关的记载似乎出现在亚里士多德（Aristotle）的《政治学》中，亚里士多德在书中提到了西坡达姆斯（Hippodamus）的一项建议，这项建议呼吁建立一个奖励那些发现了对国家有用事物的人的制度。亚里士多德对此建议持批评态度。[1]

二、古罗马基尔特说

一些人认为最早的专利制度出现在古罗马帝国的行会（guild）制度内部，但是不能确定的是那个时代的行会是否遵循了专利制度，因为行会首先是为社会和宗教目的而存在的。[2]

三、中世纪行会的专利制度

在中世纪的欧洲，行会制度是一种非常普遍的独占形式。行会是根据商业和技艺的种类，由匠人或商人组成的一种自治组织。行会内部实行学徒制度，这一制度促进了手工技艺技能的传授、传播。行会通过运用独占权来达到对成员各自的秘密进行控制的目的。他们固定价格和商品及服务的质量，并为其成员提供安全保障。行会制定了一些供成员遵守的规则，比如工作日的规定，学徒制度的规定，技术说明书，玻璃质量标准、使用的成分等。这类独占一般具有市镇化（municipal）和当地化的特点。通过制定章程，行会获得了在限定地域范围内，比如他们主要活动的城镇，排他性销售由他们制造的商品的权利。随着这些技艺技术声誉的

---

〔1〕 参见［古希腊］亚里士多德：《政治学》，吴寿彭译，商务印书馆1965年版，第35页。

〔2〕 See Matthew Fisher, *Fundamentals of Patent Law*, Hart Publishing, 2007, pp. 24 – 25.

增加,其商业价值也随之增加,因此他们认识到,技艺必须严格受到控制,以防止流入欧洲其他地区。这样,最早的独占形式(专利)就出现了,它以团体共有独占的形式出现,严格限制在本地区和行会内部。更进一步地,他们也被授以专权监督和规范行业贸易的权利。这种根据王室特许状或商业习惯取得的市场权利,在许多情形下构成了一种行会控制的唯一例外。然而,行会所享有的这些特权(privileges)并不是一种个人权利,而是一种群体性的独占权,在内部则是自由竞争的。这种独占并不是直接限制竞争,仅仅是限制竞争者的数量及商品价格。[3]

直到1474年威尼斯专利条例出现之前,找不到证据证明在行会之外有出现现代专利制度的类似物,即存在一种系统地保护发明的制度。[4]

第二节　专利制度的成形

一、威尼斯

历史学家比较一致地认为,意大利是现代专利制度的发源地。到1474年威尼斯专利条例产生前,已经授予了好些专利。[5] 不过,可以肯定的是,威尼斯在1474年第一次将商业惯例制定成了法律条例形式,也就是《威尼斯专利条例》。其中规定:"本议会兹规定:任何人在本城市制造了以前未曾制造过的、新而精巧的机械装置者,一俟改进趋于完善以便能够使用和操作,即应向市政机关登记(专利)。"[6] 在条例颁行之前的75年,威尼斯只有10件左右的装置被授予专利,条例颁行之后的75年,则有超过100件装置被授予专利。威尼斯专利发展并且向欧洲传播。

一般认为,《威尼斯专利条例》是第一部具有现代专利制度轮廓的专利法。它规定了专利新颖性概念、新装置注册制度、专利侵权制度以及强制许可制度,基本具备了现代专利制度的雏形。[7]

二、英国

(一)13世纪到16世纪

十二三世纪的英国国王颁布三类文书:皇家特许状(Royal Charters),用于知会个人的不公开文书,用于知会公众的公开文书。三类文书分别记载于特许状卷

---

〔3〕 See Matthew Fisher, *Fundamentals of Patent Law*, Hart Publishing, 2007, pp. 24 – 25.

〔4〕 See Matthew Fisher, *Fundamentals of Patent Law*, Hart Publishing, 2007, pp. 24 – 25.

〔5〕 See Matthew Fisher, *Fundamentals of Patent Law*, Hart Publishing, 2007, pp. 26 – 27.

〔6〕 汤宗舜:《专利法教程》,法律出版社2003年版,第7页。

〔7〕 参见汤宗舜:《专利法教程》(第3版),法律出版社2003年版,第7页。

宗(Charter Rolls),不公开文书卷宗(Close Rolls)和公开文书卷宗(Patent Rolls)。其中公开文书卷宗从1202年开始。[8] 公开文书(后来的专利文书)是一种国王签署的公开文书,可用于贵族的升序、授予官职及准许专卖等,并未含有特许或专卖的意思。

早期技术独占采取团体独占或地区独占形式,这类独占均由各类行业协会(guild)享有。后来发展到个人独占。到14世纪,英王就常向引进新技术的外国技工授予垄断权利,期限为14年。[9] 十四五世纪这类王室激励范围较宽,但是有一条主线,就是通过输入外国知识来促进国内的制造业,教育学徒。

英国专利制度是在伊丽莎白一世统治时期生根并兴盛起来的,1561~1600年,共授予52件专利。1598年的达西诉艾林(Darcy V. Allin)案中,国王给予达西12年的独家纸牌专营权,通过此案专利首次从皇家特许权变成发明人的法律权利。[10]

(二)1623年《独占条例》

在英王詹姆斯一世的时候,颁布了《奖励文书》(Book of Bounty),宣布独占违反法律,但是国王保留给予奖励技术发明的权力。到了1623年,英国议会通过了《独占条例》(Statute of Monopolies),1624年开始施行,之后200年没有修改。《独占条例》确认除一项例外之外,其余所有的独占权和豁免权均无效。《独占条例》第6条规定,任何前述的宣示宣布的规定不应及于真正第一个发明人依据专利证书和特惠授权取得的14年及其以下期限、在领域内独家以任何方式生产、制造新产品的权利,但是授予此种证书或特权不得违反法律,也不得抬高国内物价损害国家,或者有害贸易,或造成普遍的不便。[11]

《独占条例》一般被认为是现代专利制度的源头。

(三)《独占条例》之后200年

《独占条例》之后,英国专利法主要通过判例形式进一步发展、完善。1711年,John Nasmith要求先授权后公开的请求被英国法院认可,1752年后成为普通法惯例。1773年Liardet v. Johnson案确认公开说明书不是一种补充,而是一种对价。[12]

---

[8] See Vishwas Devaiah, *A history of patent law*, http://altlawforum.org/publications/a-history-of-patent-law/.

[9] See Vishwas Devaiah, *A history of patent law*, http://altlawforum.org/publications/a-history-of-patent-law/. Or See Matthew Fisher: *Fundamentals of Patent Law*, Hart Publishing, 2007, p. 29.

[10] See Vishwas Devaiah, *A history of patent law*, http://altlawforum.org/publications/a-history-of-patent-law/.

[11] 参见汤宗舜:《专利法教程》(第3版),法律出版社2003年版,第8页。

[12] See Vishwas Devaiah, *A history of patent law*, http://altlawforum.org/publications/a-history-of-patent-law/.

1843 年制定颁布了《英国实用设计法》,1852 年正式颁布实施《英国专利法》。

第三节 专利制度的发展

一、美国专利法

(一)早期美国专利法

1. 殖民地时期:在《美国宪法》形成前,许多州已有授予专利。[13]

2. 美国宪法中的知识产权条款:1787 年《美国宪法》第 1 条第 8 款规定:“国会有权……使作者和发明者在一定期限内就其著作和发现分别享有独占的权利,以促进科学和实用技术的进步。”

麦迪逊(James Madison)和平克尼(Charles Pinckney)是宪法中知识产权条款的提出者。[14]

3. 1790 年《美国专利法》:该专利法共有 7 条。根据该法规定,国务卿、国防部长和司法部长中的两人一起,可以给发明授予专利,期限为 14 年。授权条件包括:发明非常有用且十分重要,授权时发明人向国务卿递交了描述发明的说明书(必要时需要提供模型)。美国是第一个建立专利审查制度的国家。[15]

4. 1793 年《美国专利法》:该专利法共有 12 条。在 1793 年修改专利法时,发明可授予专利的条件明确为“任何新的、有用的技术、机器、制造物、组合物,以及任何对它们的改进”,这一表述一直沿用至今。专利授权仅限美国人,取消审查制采用登记制。1793 年《美国专利法》在 1800 年被修改,允许住在美国超过 2 年的外国人申请专利,第一次规定了侵犯专利 3 倍赔偿的规则。

(二)19 世纪以后美国的专利法

进入 19 世纪后,美国专利法进一步发展、成熟。1832 年美国最高法院在 Grant 诉 Raymond 案中释明,对发明的正确描述是取得专利的一个前提。1832 年《美国专利法》将专利申请人的范围扩大到所有在美国居住并拟入籍美国的外国人。1836 年重新采用审查制,建立专利局(Patent Office),专利保护期限在 14 年基础上可延长 7 年,是否具有美国国籍或者居住在美国对取得专利已没有影响。1870 年《美国专利法》(共 76 条)被认为是比较成熟的专利法,这部专利法一直沿用到

---

〔13〕 See Patent Office Sciety, Outline of the History of the United States Patent Office, P. J. Fderico Was the Chief Editor, Printed by J. W. Stowell Printing Company Federalsburg, MD. , p. 36.

〔14〕 See Patent Office Sciety, Outline of the History of the United States Patent Office, P. J. Fderico Was the Chief Editor, Printed by J. W. Stowell Printing Company Federalsburg, MD. , p. 56.

〔15〕 See Jan Vojácek, Dr. Ing. , A Survey of the Principal National Patent Systems, Sir Isaac Pitman & Sons, Ltd. , p. 116.

1952 年。1870 年《美国专利法》的修改包括：删掉了一些授权要求，规定说明书必须披露发明人已知的最优发明方案；建立了解决谁是第一发明人争议的机制；规定两年礼让期之前的任何公开销售或者使用都破坏新颖性。1930 年，《美国植物专利法》通过，对无性繁殖的植物提供专利保护。[16]

美国现行专利法以 1952 年《美国专利法》为基础。现行专利法的多数制度在其中都有规定，比如第一次明确提出了可专利性要求，提出了侵权的定义，专利可以部分无效，等等。自 1952 年以来，又经历了大小 20 多次修改，其中最重大的一次修改是 2011 年 9 月 16 日开始实施的《Leahy – Smith 美国发明法案（AIA）》，主要内容包括"先申请制"取代"先发明制"、建立授权后异议程序等。

二、19 世纪其他国家专利法

（一）法国

法国也许是第一个规定对发明进行审查的国家（1699 年，后来法国是登记制国家）。1762 年法国国王颁布法令，规定了类似专利保护的 15 年特惠保护期限。[17] 法国于 1791 年制定《法国专利法》，该专利法是欧洲大陆第一部成文专利法。[18] 法国专利制度对欧洲大陆有重大影响。比利时、卢森堡、西班牙、希腊、保加利亚、罗马尼亚、土耳其，以及一些拉美国家，非洲法语国家都深受其影响。[19]

1791 年《法国专利法》确立的是登记制，内容包括：专利保护期限有 5 年、10 年、15 年三个选项，由申请人选择。说明书、图及模型都是必需的。说明书如果不完整或者披露信息不充分，则专利可以被无效掉。没有正当理由两年不利用也是无效专利的理由。输入法国的发明也可以申请专利。现代《法国专利法》制定于 1844 年，之后经过若干次修改，一直沿用到 20 世纪 60 年代。[20] 法国 1968 年 1 月 2 日颁布新的《法国专利法》，该专利法保护发明、工业品外观设计和实用新型。该专利法最主要的变动是将原来的单纯登记制演变为半登记制，使用新颖性报告书，对专利性作一份检索报告，另外也规定了要有权利要求书。

---

〔16〕 See Jan Vojácek, Dr. Ing., A Survey of the Principal National Patent Systems, Sir Isaac Pitman & Sons, Ltd., pp. 123 – 131.

〔17〕 See Jan Vojácek, Dr. Ing., A Survey of the Principal National Patent Systems, Sir Isaac Pitman & Sons, Ltd., p. 136.

〔18〕 参见联合国：《专利制度在向发展中国家转移技术中的作用》（英文版），1975 年，第 44 页。转引自汤宗舜：《专利法教程》（第 3 版），法律出版社 2003 年版，第 11 ~ 12 页。

〔19〕 See Jan Vojácek, Dr. Ing., A Survey of the Principal National Patent Systems, Sir Isaac Pitman & Sons, Ltd., p. 137.

〔20〕 参见马耀扬：《不可动摇的信念——介绍法国专利法诞生 200 周年的庆典活动及法国专利法的发展》，载《知识产权》1991 年第 4 期。

（二）德国

德国统一之前，有一些州已经存在专利制度，但授权专利很少。德国第一部专利法于1877年7月1日制定。德国专利法有许多制度创新，对世界产生了重大影响。如规定了违反法律的发明，以及法律规定某些领域的发明排除在授权之外；明确规定了先申请原则；承认在先使用权；规定了强制实施义务；建立了授权前的异议制度；专利侵权既有民事责任，也可能面临刑事责任；首创了实用新型制度。[21]

现行的德国专利制度由1981年生效的《德国专利法》，1976年《国际专利条约法》和1968年的《德国实用新型法》组成。德国的专利制度有如下特点：[22]

（1）采用延迟审查制度。自专利提交申请之日起7年之内，经过申请人提出请求或第三方提出请求，专利局才进行新颖性检索和实质审查，否则专利申请被视为自动撤回。

（2）分两步批准专利。实质审查通过后，专利局临时批准专利并予以公布；公布3个月内，如果无任何第三方提出异议或异议不成立，则正式批准专利。

（3）实用新型实行的是注册制而非审查制，只要其申请文件齐备，并且属实用新型法保护的范围之内即可获得实用新型保护。实用新型可单独申请也可与发明专利一起申请。实用新型的有效期为3年，可续展一次，展期3年。

（4）《德国专利法》对植物新品种和培植方法也给予专利保护。

（三）日本

日本是亚洲最早制定、实施专利制度的国家。日本的专利法的制定、颁布是一个渐进的过程。日本首部规定专利事务的法律是1871年颁布的《专卖略规则》，共19条，但旋即被废止。1885年日本重新颁布了由高桥是清起草的《专卖专利条例》。该条例规定：对于有实用性的发明，对最先发明者授予专利；专利申请者可在5年、10年、15年三种保护期中选择其中的一种；对医药品不授予专利，认可增补专利，认可专利产品从外国进口而丧失专利权；专利权人有实施义务。上述规定是承袭法国专利法体系的。[23] 1888年日本公布《专利条例》，该条例采用了先发明原则。

1899年日本正式制定公布了《日本专利法》。《日本专利法》是依据《德国专利法》修改制定的。相比《专利条例》，主要修改内容有：认可外国人也有权利能力；增添优先权条款，以及在博览会上展出而公开仍可申请专利等规定；认可专利申请权的转让；继承人也可受让专利，认可分割申请，设立了外国申请者等可选择

---

〔21〕参见范长军：《德国专利法研究》，科学出版社2010年版，第6～11页。

〔22〕参见［德］鲁道夫·克拉瑟：《专利法：德国专利和实用新型法、欧洲和国际专利法》，单晓光等译，知识产权出版社2016年版，第3～15页。

〔23〕参见吴佩江：《日本专利法史要略》，载《杭州大学学报》（哲学社会科学版）1996年第3期。

日本国内代理人的条款;取消原来的专利失效规定,新增制造方法的专利发明范围;等等。[24]

现行《日本专利法》是1959年大幅修改后而成的。最新修改发生在2014年,增加规定了救济措施,以便申请人遇到一些不可避免的例外情形如灾难时,有权要求延长相关期限,为了使专利权更早稳定下来,设立了对授权专利的异议程序。

(四)其他国家

19世纪制定专利法的国家有17个,包括欧洲荷兰、奥地利、俄罗斯、巴伐利亚、普鲁士、瑞典、西班牙、意大利、德国、英国,亚洲日本和印度,美洲巴西、智利、阿根廷、加拿大、美国。

荷兰在1809年制定专利法,但是在1869年国会废除了专利法,理由是"不可能有好的专利法"。1912年,为了应付出口下降的局面,荷兰又重新制定专利法。瑞士于1849年、1851年和1854年三次全民公投专利法,都没有通过,1863年两次全民公决也被拒绝,直到1887年才通过保护工业产权的提案。[25]

第四节 中国专利制度简史[26]

一、1949年前的专利制度

(一)专利制度的引进

1. 洪仁玕主张"兴车马之利,兴舟楫之利"

我国专利制度的萌芽可以追溯到19世纪中叶。太平大国的领导人洪仁玕在《资政新篇》中提出了建立专利制度的主张。他写道:"倘有能造如外邦火轮车,一日夜能行七八千里者,准其专利","兴舟楫之利,以坚固轻便捷巧为妙,或用火用气力用风,任乎智者自创","兴器皿技艺,有能造精奇便利者,准其自售"。由于太平天国革命的失败,洪仁玕的这一专利立法理论未能付诸实现。[27]

2. 郑观应上书要求专利

我国专利的真正出现是在清朝光绪年间。1881年资产阶级改良派郑观应上书,要求给予上海机器织布局的机器织布工艺以10年专利,1882年经光绪核准给予上海机器织布局10年专利权。这实际上仍处于特许阶段。[28]

---

〔24〕 参见[日]土肥:《日本专利法简史》,唐荣信摘译,载《现代外国哲学社会科学文摘》1987年第7期。

〔25〕 参见汤宗舜:《专利法教程》(第3版),法律出版社2003年版,第9页。

〔26〕 参见韩秀成:《中国专利史话》,载《中国知识产权报》2006年7月11日。

〔27〕 参见汤宗舜:《专利法教程》(第3版),法律出版社2003年版,第17页。

〔28〕 参见汤宗舜:《专利法教程》(第3版),法律出版社2003年版,第17页。

3.清末专利立法

在维新运动的推动下，光绪帝于1898年5月颁布了我国历史上第一个有关专利的法规——《振兴工艺给奖章程》。章程规定，根据发明的性质，分别给予50年、30年、10年的专利权，但其实质还是特许专营权，与现行专利权的含义是不同的。由于维新运动的失败，这个章程颁布两个月后便流产了。

4.民国专利立法

民国政府工商部于1912年12月公布《奖励工艺品暂行章程》，规定对发明或者改良的产品，除食品和药品外，授予5年以内的专利权。这是我国第一部严格意义上的成文专利法。1923年3月，农商部公布《暂行工艺品奖励章程》，把保护对象扩大到制造方法的发明或者改进。1928年6月，农工商部又公布《奖励工艺品暂行条例》，其奖励对象是对工业产品及其制造方法分别授予15年、10年、5年或3年的专利权。1932年9月，公布了《奖励工业技术暂行条例》，专利权的期限为10年和5年。1939年4月修订了该条例，增加了新型和新式样两种专利。至此，中国专利制度的基本轮廓形成。1940年11月，民国政府决定建立专利机构。

从1912年开始建立专利制度到1944年这32年间，总共批准专利692件，褒奖175件。

（二）1944年专利法

中国第一部正式的专利法是1944年中华民国制定的专利法。1944年5月29日公布施行《中华民国专利法》，一共4章（发明、新型、新式样、附则）133条。该法规定对发明、新型和新式样授予专利权，三种专利的期限分别是15年、10年、5年，均自申请日起计算。这就是我国历史上的第一部包括发明、新型、新式样在内的专利法。这部专利法直到1949年才得以在我国台湾地区实施。之后历经13次修改，最近一次修改是在2016年12月30日，一共5章（总则、发明专利、新型专利、设计专利、附则）159条。

二、1949年后我国专利法

（一）《保障发明权与专利权暂行条例》

政务院于1950年颁布《保障发明权与专利权暂行条例》，一共22条。发明人可以在发明权与专利权中择一行之，发明仅限方法发明。这是中华人民共和国成立以来第一部明确对专利权加以保护的法律条文。1957年后没有再批专利权和发明权，实际上已停止执行。1963年11月明令废止。[29]

（二）《关于奖励有关生产的发明、技术改进及合理化建议的决定》

1950年8月16日政务院发布《关于奖励有关生产的发明、技术改进及合理化建议的决定》，适用对象包括公营企业，也包括私营企业。之后，1954年国务院颁

〔29〕　参见韩秀成：《中国专利史话》，载《中国知识产权报》2006年7月11日。

布《有关生产的发明、技术改进及合理化建议的奖励暂行条例》。由此，建立起了科技奖励制度。

（三）《发明奖励条例》

国务院1963年颁布《发明奖励条例》，该条例于1978年重新修订公布，以科技奖励制度取代了专利制度。

（四）《专利法》

1. 1984年《专利法》

我国于1984年制定、实施《专利法》。1984年制定的《专利法》在广泛借鉴外国的已有经验、博采各国之长、履行已经加入的国际条约的义务的同时，还充分考虑了我国国情的需要。该专利法实行先申请制；发明早期公布、延迟审查制；对实用新型和外观设计专利申请采取了初步审查制。全面体现了巴黎公约的国民待遇原则、优先权原则、专利独立原则三大原则。对专利权的归属作了“所有”和“持有”的区分，成功解决了在当时的意识形态下专利制度如何体现所有制的问题；对授予专利权的技术领域实行逐步开放的做法；对专利保护实行司法途径和行政途径平行运作的双轨制。

2. 1992年《专利法》

我国于1992年第一次修改《专利法》。1992年《专利法》扩大了专利保护主题，化学物质、药品及食品纳入受保护主题；专利权内容方面，增加进口权，方法专利保护延及产品；增加了国内优先权的规定；规定了撤销程序；方法专利举证责任倒置等。

3. 2000年《专利法》

我国于2000年第二次修改《专利法》。修改内容包括：

（1）为促进科技进步和创新服务，为深化改革创造更好条件。在第一条“立法目的”上把原来的“促进科学技术的发展”改成了“促进科学技术进步和创新”。与此相适应，取消了专利权依据单位的性质分为持有和所有，以及持有专利权的全民所有制单位在转让专利申请权或专利权时必须经上级主管机关批准的限制性规定。引入了“合同优先”原则，允许科技人员和单位通过合同约定主要是利用单位物质条件所完成的发明创造的归属。除奖励外，规定了发明人或者设计人报酬制度。

（2）加大保护力度，完善司法和行政执法。《专利法》的修改还从多个方面完善了司法和行政执法：第一，增加了有关“许诺销售”的规定。第二，规定制止非法产品的“合法”使用。2000年《专利法》明确规定了善意第三人使用、许诺销售、销售侵权产品的合法来源，不承担赔偿责任。第三，增加了诉前临时措施。第四，增加了关于侵权赔偿额计算的规定。第五，发挥行政执法优势，理顺处理专利侵权纠纷和行政执法的关系。2000年《专利法》第57条、第58条明确规定了地方管理专利工作的部门有权对是否侵犯专利权进行认定,并有权查处冒充专利产品和专利方法的行为。第六,维护公众利益,防止专利权人滥用权利。根据 2000 年《专利法》第 57 条规定,就实用新型提起专利侵权诉讼的,可以要求其提供国务院专利行政部门作出的检索报告。

(3)简化、完善专利审批和维权程序,保护当事人的合法权益。2000 年《专利法》第 20 条明确了提交专利国际申请的法律依据;取消了撤销程序,简化了流程;规定了实用新型和外观设计的复审和无效由法院终审;简化了转让专利权和向外国申请专利的手续,删除了关于我国单位或个人向外国申请专利应经国务院有关主管部门同意的规定。

4. 现行《专利法》

我国于 2008 年对现行《专利法》做了第三次大修改。主要修改内容包括:(1)完善专利法的立法宗旨。在现行《专利法》里,将促进科学技术进步和经济社会发展作为专利法的宗旨写入第 1 条。(2)取消对涉外代理机构指定,增加国务院专利行政部门及地方专利行政管理部门在传播专利信息职责方面的规定。(3)完善有关申请专利的权利、专利申请权的归属和管理方面的规定。第一,涉及国家资助科研项目的归属,以及对共有专利权人之间的权利和义务作出的界定;第二,对在中国完成的发明创造向国外申请专利的审批程序的完善。(4)完善专利权的授予标准。这里面包括了采用绝对新颖性标准,增加了对遗传资源的保护和遗传资源来源披露要求的规定。(5)进一步完善外观设计制度。其中涉及对外观设计的授权范围进一步限定,以及授予外观设计专利权实质性条件的提高,关联外观设计合案申请问题,以及建立外观设计检索报告制度等。(6)对专利保护进一步扩大,完善专利行政执法,同时对侵权赔偿数额的计算方式及法定赔偿额做了进一步完善,增加诉前证据保全措施等。(7)完善为维护公共权益和制止知识产权滥用的一些举措,如对强制许可制度进一步完善,增加现有技术抗辩和制止恶意诉讼时效方面的补充规定等。

三、1949 年后我国香港、澳门特别行政区有关专利制度的规定

(一)香港

1997 年之前,香港不存在独立的专利法律体系,而是沿用英国的专利法律规定和相关判例。英国的专利(或者指定英国的欧盟专利)可以在其获得授权之后的 5 年内通过向当局香港政府进行形式登记而取得香港专利。上述登记一经履行,该项英国专利立即可以根据英国法律在香港取得专利保护。1932 年《专利注册条例》规定,一项在英国获得的专利,若 5 年内在香港申请注册,便可以在香港获得保护。香港居民申请专利,先须在英国取得专利,而后在香港申请,才能在香港获得保护。

1997 年之后,香港制定了《专利条例》与《注册外观条例》,根据规定香港专利

分为标准专利、短期专利与外观设计专利。

1.《专利条例》

香港《专利条例》于1997年5月28日获立法局通过并于6月27日实施。《专利条例》共计163条，规定香港建立由标准专利和短期专利组成的独立专利制度。

标准专利是指由指定专利局审查、授权后在香港获得注册并授予的专利。被指定的专利局有中国专利局、英国专利局和欧洲专利局（指定英国）。取得标准专利有两个步骤：首先申请人应将其发明向指定专利局提出申请，在申请被指定专利局公开后的6个月内向香港知识产权署注册处申请记录。注册处经形式审查后予以记录并公布。然后申请应选择一个在后的日期——在专利权被授予后或记录申请被公开后的6个月内，向知识产权署申请注册和授权。注册处经形式审查后准予注册并授予香港标准专利予以公布。标准专利的保护期为20年，自在指定专利局申请之日起算。

《专利条例》同时规定了对短期专利的保护制度。短期专利申请由知识产权署注册处直接受理。对于短期专利，注册处不进行实质审查，只要形式合格即授予专利权。但申请人在提交短期专利申请时应同时提交一份由规定检索机构对此专利所做的检索报告。短期专利的有效期为4年，可续展4年，自申请日或优先权日起算。

2016年香港通过了修订的《专利条例》，最重大的改变是增加了“原授专利”制度，容许标准专利的申请者可以在香港直接提交申请，而无须事先在香港以外的指定当局取得专利。

2.《注册外观条例》

《注册外观条例》于1997年6月4日获立法局通过，于6月27日生效。

香港设立一种无须实质审查的注册外观制度。外观设计的首段有效期为自注册申请提交日期起5年，之后可以每次续展5年；但注册的有效期总共不得超过自注册申请提交之日起25年。

（二）澳门：第97/99M号法令核准工业产权法律制度〔30〕

澳门回归前实施的是于1995年9月4日公布的《葡萄牙工业产权法典》（只有葡文版），2007年12月13日澳门特别行政区政府颁布施行《工业产权法律制度》，取代《葡萄牙工业产权法典》。《工业产权法律制度》总共有314条。第一编总则，包括一般规定、优先权、行政程序、费用、工业产权之终止；第二编工业产权之登记或注册；第三编工业产权之类型，第一章发明，包括实用专利，第二章半导体产品拓扑图，第三章设计及新型（相当于外观设计），第四章商标，第五章营业场所之名称及标志，第六章原产地名称及地理标记，第七章嘉奖；第四编向法院之上诉；第五编监察及处罚，包括一般规定、刑事违法行为、行政违法行为。

---

〔30〕 参见《工业产权法律制度》（第2版），澳门，澳门印务局2007年版。

第二章　专利制度的理论阐释

专利制度正当性何在、形成原因为何，到现在仍然是争论很多、很激烈的话题，也是专利法乃至知识产权法不可回避的重大理论问题，直接关系到专利制度的立法选择和政策制定。对于专利制度的证成（正当性）探讨，经常是将其放在对知识产权的总体论证之下进行的。根据美国学者威廉·费舍尔（William Fisher）的概括，当代西方知识产权理论中占据主导地位的有三种理论路径，即功利论（Utilitarianism）、自然权利论（Natural Rights Theory）、人格论（Personality Theory）。也有专门讨论专利制度正当性的。关于专利制度的正当性、形成原因等的学说，有人概括为自然权利说（劳动说）、独占回报说、发明激励理论、秘密交换理论；也有人归纳为合同论、报酬论、发展国家经济论、投资回报论、发明奖励论；等等。另外不得不指出的是，一直存在一股强烈的专利制度否定论力量，在 19 世纪末期的时候曾达到一个高潮。可以说，与 20 世纪末期出现的新一轮否定知识产权的思潮相比，当时的专利废除论者见解更为全面，阐述更为充分，举证更为充实，因此本章在介绍专利制度正当性理论时，引用了那个时期一些思想家、科学家、发明家、议员、律师、法官等的许多见解。但本章不专门介绍专利制度否定论，而是在介绍其他理论时一并对它进行讨论。

笔者认为，功利论用专利有助于科技进步、经济发展和社会福利等来证明专利制度的合理性有一些可取之处，但是功利论无法解决权利的来源问题，也不能克服本身的逻辑矛盾。同时功利论需要依靠实证来支持，而实证并不总是可能或可行的。自然权利论总的方向是正确的，但现有的自然权利论解释专利制度有欠缺，不过这一欠缺是可以弥补的，这也是本章所要做的工作。另外，只要能够充分证明专利制度的正当性，否定论则自然被驳倒，无须专门予以回应。

第一节　专利功利论及其批判

功利主义是为我们所熟知的论证路线。有用或能产生效益是功利主义判断事物的标准。[1] 论家所举证据最典型的莫过于1787年《美国宪法》的规定:"国会有权力通过赋予作者和发明人在有限时期内对于其作品和发现享有排他性权利的方式来促进科学和实用艺术的进步。"TRIPs也采纳了这一路线,其第7条指出:"知识产权的保护与权利行使,目的应在于促进技术的革新、技术的转让与技术的传播,以有利于社会及经济福利的方式去促进技术知识的生产者与使用者互利,并促进权利与义务的平衡。""促进科学和实用艺术的进步""有利于社会及经济福利",这些用语被认为属于功利主义式的。我国《专利法》第1条"为了保护专利权人的合法权益,鼓励发明创造,推动发明创造的应用,提高创新能力,促进科学技术进步和经济社会发展,制定本法"也是这个思路。独占回报理论、发明激励理论、交换秘密理论(合同、契约论),严格说来都属于功利论范畴。

一、回报(报酬)理论

回报理论以公平的名义要求保护发明创造,按照发明对社会的有益程度来确保发明人的正当报酬。由于这一报酬不能依靠一般市场力量得到保证,因此国家提供临时性的独占进行干预是合理的。

亚当·斯密(Adam Smith)、约翰·斯图亚特·密尔(John Stuart Mill)和杰里米·边沁(Jeremy Bentham)等著名经济学家都是回报理论的支持者。斯密支持专利制度的理由可以概括为两点[2]:第一,提供临时的独占是最容易、最自然的方法,国家用它可以补偿发明人所冒风险及巨大科研支出。第二,授予这一独占对社会无害,发明人通过它可以制造财富;相反,如果发明没有价值,发明人也不会获得任何报酬。[3]

密尔在他的《政治经济学原理》一书中写道:发明人应受到补偿和报酬……这是不应当被否定的……法律规定每个人可以未经作者同意、未给予等价物免费使用他的作品,总体上是不道德的。他指出:首先,在一些情况下,直接给予了发明人现金奖励,但是一般情况下,排他性特惠和临时的期限,应当给予优先考虑;其次,专利权认可的报酬决定于发明是否有用,只有实用性越大,报酬才越多;最后,专利回报是由每个使用商品的消费者支付的。他认为专利是自由市场经济给予发明人的正当回报。[4]

边沁将劳动分为两大差别明显的类型:"排除技巧的单纯体力劳动,没有相等

---

[1] "功利"这一术语所表达的乃是手段的一种属性——亦即手段所可能具有的潜在用途的属性。参见[英]弗里德利希·冯·哈耶克:《法律、立法与自由》(第2、3卷),邓正来等译,中国大百科全书出版社2000年版,第24页。

[2] See Matthew Fisher, *Fundamentals of Patent Law*, Hart Publishing, 2007, p. 69.

[3] See Matthew Fisher, *Fundamentals of Patent Law*, Hart Publishing, 2007, p. 70.

[4] 参见[英]约翰·穆勒:《政治经济学原理》(下卷),赵荣潜等译,商务印书馆1991年版,第520~521页。

的劳动是不能复制的……技巧,在另一方面,是可以无限吸收的、也可以散发的……在这一过程中,可以没有任何的精神支出,正像它被获取那样……"[5]他接着考虑了为达此目的可以采取的各类形式。边沁认为,在所有这些形式中,提供临时性的独占是可以优先选择的。一件专利被考虑作为由一件发明给社会财富存量增加值的补偿,作为给予工业、天才和原创力的补偿,是一种比例的、必需的正义,回报的多少则应由市场决定。[6] 这一理论认为资源是稀缺的,人们愿意为某一商品付钱,反映出商品的用途大小。但是,这一理论有缺陷,市场价格并不总是与劳动投入相关联或成比例。

二、发明激励理论

作为奠定美国知识产权制度的核心人物,托马斯·杰斐逊(Thomas Jefferson)说:"专利垄断的创设并非是确保发明人对于他所做发现享有自然权利。恰恰相反,它是作为一种回报或激励,以产生新的知识。""给予发明以一种独占权,并不是基于自然权利,而是为了社会的利益将控制权授予知识财产的作者和发明人,因为该种控制权的授予提供了为社会进步所必需的激励。"[7]亚伯拉罕·林肯(Abraham Lincoln)曾经写过一段广为流传的名言:没有专利制度之前,任何人都可以随时使用别人已经作出的发明,这样发明人就没有从自己的发明中取得特别的优势。专利制度改变了这一状况;专利制度确保了发明人在一定时期内独占使用自己的发明。这样,在发现和生产新而有用事物的天才之火中添加了利益之薪。[8]

有人认为,在专利制度与经济成长之间,有一个明显的因果联系。[9] 英国和美国工业化的迅速发展经常被用来作为证明专利制度在促进技术进步方面取得成功的典型案例和证据。批评者则举出19世纪德国和瑞士的技术进步,德国和瑞士那时一个是有很少专利法,另一个是没有专利法。

激励论或报酬论的矛盾是:知识产权在未实现商业化之前,只是一种纯粹的权利,而不是一种现实的利益。而且,当事人为维护自己的权利,还需要支付费用。永远不能商业化的知识产权是大量的,但不能因此否定知识产权的存在。

---

[5] Matthew Fisher, *Fundamentals of Patent Law*, Hart Publishing, 2007, p. 70.

[6] See Matthew Fisher, *Fundamentals of Patent Law*, Hart Publishing, 2007, p. 80.

[7] See Thomas Jefferson To Isaac McPherson Monticello, August 13, 1813, http://www.let.rug.nl/usa/presidents/thomas-jefferson/letters-of-thomas-jefferson/jefl220.php.

[8] See Abraham Lincoln, Secondleetureon Diseoverie and In-Ventions, RoyP. Basler, *The Collected Words of Abraham Lincoln*(Vol. lll), NewJersey: Rutgerrs University Press, 1953.

[9] See Machlup & Penrose, The Patent Controversy in the Nineteenth Century, Ournal of Economic History, X(1), May, pp. 1-29. qtd. in Ruth Towse, *The Economics of Intellectual Property Volume*(Vol. II), Edward Elgar Publishing Limited, 2002, p. 28.

三、交换秘密理论(合同、契约论)

专利是公众(由政府作代表)与发明人之间的合同的思想可以追溯到伊丽莎白时期。Carpmael 在他的著作《发明专利法》[10] 中写到:获得专利的可能性是一个刺激独创性的巨大激励;因为专利权人发现他们的劳动将得到回报……公众也会因为得知制造发明的方法而最终获益。在专利过期之后或者更早,专利变成了公众财产。Hindmarch 重述了这一观点,他的理由是:一旦发明向公众公开,只有用这种办法,专利权人才能对他的发明享有排他性的财产权,依据含有实际的或默示的全体共同体同意的积极的法律去申请。因为社会从发明公布中获得了利益,形成了一致意见(授予专利),否则发明仍会处在保密状态。[11]

康德有一段精彩的论述:每一个有用的发现都是贡献给社会的服务的具体体现。因此,贡献这一服务的人应由接受这一服务的社会给予补偿,这是符合正义的。这是一个衡平的结果,是在新发现的创造者和社会之间执行的一份不折不扣的契约或者交换。创造者提供包含其智慧的良好产品,作为交换,社会给予创造者在一定时期内排他性地开发利用发现的优势地位。[12]

对秘密交换理论的批评主要有:(1)重要发明长久保密是困难的;(2)即使能够保密,由于发明是对社会需要的反映,这意味着其他人不久也可以获得发明;(3)没有办法获知有多少发明没有申请专利而是作为秘密最后失传。[13]

四、发明奖励论

该学说认为,因为发明人为社会提供了有益的服务,所以国家应当为此根据发明人的贡献奖励发明人[14]。

根据该学说,专利权的来源是国家。但是专利权如果是来自国家授权,请问国家拿出什么来了呢?没有。国家何以能无中生有,给发明人授权呢?说不通。

五、对功利论的批判

对专利功利主义的批判可以分为两类:一类是从否定专利制度角度进行的批判,另一类是在肯定专利制度的同时对功利论进行的批判。

否定专利制度的人认为,专利制度的激励效果无法得到证实,并进而认为发明创造不需要激励,这又包括无法保密论和无须保密论。

认为发明创造无须保护的一个普遍而强有力的理论基础是"发明的社会原创

---

〔10〕 See Matthew Fisher, *Fundamentals of Patent Law*, Hart Publishing, 2007, p. 81.

〔11〕 See Matthew Fisher, *Fundamentals of Patent Law*, Hart Publishing, 2007, p. 82.

〔12〕 See A Brief History of the Patent Law of the United States, http://www.ladas.com/Patents/USPatentHistory.html.

〔13〕 See Wendy Lim, Towards Developing a Natural Law Jurisprudence in the U. S. Patent System, 19 Santa Clara Computer & High Tech. L. J. 559, * 563.

〔14〕 参见汤宗舜:《专利法教程》(第3版),法律出版社2003年版,第13页。

理论”。Machlup 和 Penrose 坚持主张“几乎所有有用的发明依赖社会的进步多过依赖个人的努力”，因此，就没有必要奖励那些因为足够幸运碰巧发明了那些有用事物的人。[15] Schäffle 还认为，作为一般规律，发明人在市场上获得的第一使用人先发优势，已经给了发明人足够的奖励。

发明创造不需要激励的理由还有：即使创造人想保密，发明也不可避免地会向公众泄露。1863 年时任英国科学促进协会主席的 William Armstrong 先生说过这样的话：发明的种子存在于空气中，仿佛随时准备发芽，一旦遇到合适的条件，并不需要法律来干预才可以确保它们在合适的季节生长。[16] Turner 阐述道，发明方法是试验、尝试自然而然的产品。William Cubitt 说：即使没有专利制度，人们也总是愿意发明任何好的、有用的东西。[17] 如果发明人将他的创造保密，那么也许不久之后发明就会由他人作出来，并将发明带给社会公众。只有那些无法保密的发明才会去申请专利。Ricardo 倾向于认为发明的产生具有必然性、不可避免性，因此用专利保护来限制贸易是不正当的。[18]

笔者认为，否定论的批评理由并不充分，而且没有击中功利论的真正软肋。

功利论真正的问题，(1) 它在逻辑上难以自洽。许多功利论不能始终遵循自己的前提、假设。功利论所指的功利经常会发生冲突，这源自人之间关系的复杂性。对于同一对象、同一结果，不同的人往往会得出不同的功利判断。即使是同一主体，对各种利益也很难做简单的比较和取舍。(2) 功利论并不总是可行的。功利论归根结底依托于功利的事实，而它所用到的假设许多都没有得到实证数据支持，许多功利的范畴根本没法得到度量。况且，社会事件多具有不可重复性，想用实证数据进行证明往往是徒劳的。这对专利制度同样是适用的。专利制度的效果是难以用事实证明的。专利制度的发生是不是具有必然性，不能从专利制度已经存在的结果得到简单的证明。因为如果没有专利制度会怎样已经无法再用结果来证明，这有时候是社会发展的机会成本。(3) 功利主义必然是结果主义的，但是许多时候我们需要在结果出来之前行动、选择，此时寻求功利主义的帮助会有远水救不了近火的感觉。而且当面对各种结果需要取舍的时候，并不存在简单的方案。

功利论最致命的硬伤是功利自身的模糊性。现在功利主义的道德基础是公共福利或公共利益。大多数人的利益或者公共利益应是最高阶的功利主义，具有一定的迷惑性，但这里面混杂了许多不确定因素。公共利益或公共福利标准有时并不能贯彻到底，比如关于死一人救一人甚或死多人救一人是否合适的讨论，功利主

---

〔15〕 See Matthew Fisher, *Fundamentals of Patent Law*, Hart Publishing, 2007, p. 75.

〔16〕 See Matthew Fisher, *Fundamentals of Patent Law*, Hart Publishing, 2007, p. 75.

〔17〕 See Matthew Fisher, *Fundamentals of Patent Law*, Hart Publishing, 2007, p. 76.

〔18〕 See Matthew Fisher, *Fundamentals of Patent Law*, Hart Publishing, 2007, p. 71.

义在此时是无能为力的,因为生命都是无价的。若做否定选择,就不会有拯救大兵瑞恩的故事。在面临需要牺牲的时候,并不存在社会整体,只存在一个个可能被牺牲的个体。当然,最关键的问题还是公共利益认定问题。什么是公共利益?谁来发现公共利益?谁来代表公共利益?谁来判断、计算、统计、比较、选择公共利益?这些都是十分棘手的难题。实践表明,公共利益是难以被发现、难以被计量、难以被表达的。哈耶克(Friedrich August Hayek)十分到位地批评了功利论的不当之处,他认为,功利主义最大的不当是无视了人类的无知,[19] 总有意无意地假设人是无所不能的,这是一种致命的自负。[20] 更何况,公共利益也可能成为谋私的幌子。

第二节　传统专利自然权利论及其不足

自然权利与自然法概念都是早已有之的概念。与自然权利概念相比,自然法概念的历史更为久远。自然法有不同的类型,但是自然法的本质可以概括为:自然法断定存在一些客观的道德原则,这些原则受宇宙的本性决定,并且可以通过理性发现。[21] 自然权利理论则不过是以自然权利为道德准则的自然法而已。故笔者认为自然权利理论与自然法理论是一致的。但是,也有一些学者对自然权利与自然法进行了区分。[22]

一、自然权利与自然法实践

法国是实践自然权利学说的第一个国家。法国可能是第一个承认对ideas(创意)拥有自然权利的国家。1791年《法国专利法》前言声称:任何新的想法,其实现或者开发利用可以变为对社会有用的,主要应属于构思出这种想法的人。如果认为工业发明不是发明人的财产,从实质上来说,那是违反人权的。[23]

英国专利法起源于普通法,而不是1623年的《独占条例》。普通法则源自有古老传统的自然法,尤其是天主教原则。Lord Coke是传闻中的《独占条例》作者,

---

〔19〕 参见[英]弗里德利希·冯·哈耶克:《法律、立法与自由》(第2、3卷),邓正来等译,中国大百科全书出版社2000年版,第24页。

〔20〕 参见[英]F. A. 哈耶克:《致命的自负》,冯克利、胡晋华译,中国社会科学出版社2000年版。

〔21〕 See Wendy Lim, Towards Developinga Natural Law Jurisprudence in the U. S. Patent System, 19 Santa Clara Computer & High Tech. L. J. 559, *563.

〔22〕 See Wendy Lim, Towards Developinga Natural Law Jurisprudence in the U. S. Patent System, 19 Santa Clara Computer & High Tech. L. J. 559, *563.

〔23〕 参见联合国:《专利制度在向发展中国家转移技术中的作用》(英文版),1975年,第44页。转引自汤宗舜:《专利法教程》(第3版),法律出版社2003年版,第11~12页。

他宣称自然法是英国法的一部分。[24] 英国专利法制度之始可以从英国的普通法传统中找到，尤其是著名的1602年Darcy v. Allin案和1615年的Clothworkers of Ipwich案。Darcy v. Allin案的主要贡献是技术独占例外，允许不违反普通法和英格兰成文法规，任何人通过他的付出和勤奋，或者通过他的智慧和发明将新的贸易带到王国并使王国受益，在这种情况下，国王可以给予他一段合理时间的独占权，直到其他人也学会该技术。[25]

美国宪法首次置入知识产权条款，对知识产权是一个极大的肯定。一般认为，美国宪法有强烈的自然权利、自然法色彩，不过知识产权条款却往往被人做功利主义的解读。但是，美国学者Wendy Lim认为，美国宪法知识产权条款也可以做自然权利解读。在Wendy Lim看来，美国宪法规定"要确保发明人对发明的权利"，对此的正常理解应是权利必须先于宪法存在，如果不是这样，为什么要确保权利，而不是创造权利？Wendy Lim进而认为，根据宪法知识产权条款，专利法应当在促进技术进步和保护发明人的权利之间保持平衡。[26] 另外众所周知的是，美国专利法基本上是在仿照英国专利法的基础上产生、形成的，同样有很深的普通法根基，体现为判例法在美国专利法中占有重要地位。

二、早期的专利自然权利论

自然权利说是建立在个人对其创意享有天然财产权的道德正当性之上的。申言之，人们对其创造物享有独家的开发与利用的天然权利，其他人未经授权、不支付一定补偿的行为应当受到谴责和制止。这种财产权具有排他性和个人性，社会与国家有承认和保护这些权利的道德义务。

洛克（John Locke）提出了自然权利说，并是劳动价值论的创造者。不过，洛克并没有直接解释过专利制度。后来有许多洛克理论的追随者希望用洛克理论来解释专利制度，但运用得并不成功和彻底。

图纳（Turner）是英国的大律师，他认为，专利制度的基础，是简单地将财产的自然权利原则适用到发明创造上，专利是发明人的劳动报酬。[27]

19世纪美国邮政事业最杰出的人物之一斯波纳（Lysander Spooner）在其著作《知识产权法：论作者和发明人对其思想所享有的永久性财产权》中确认了思想也可以成为财产。他指出："一切事物——无论智识的、道德的还是物质的，无论多

---

〔24〕 See Wendy Lim, Towards Developinga Natural Law Jurisprudence in the U. S. Patent System, 19 Santa Clara Computer & High Tech. L. J. 559, *563.

〔25〕 See Wendy Lim, Towards Developinga Natural Law Jurisprudence in the U. S. Patent System, 19 Santa Clara Computer & High Tech. L. J. 559, *563.

〔26〕 See Wendy Lim, Towards Developinga Natural Law Jurisprudence in the U. S. Patent System, 19 Santa Clara Computer & High Tech. L. J. 559, *563.

〔27〕 See Matthew Fisher, *Fundamentals of Patent Law*, Hart Publishing, 2007, p. 67.

少,也无论多么复杂;无论有形的还是无形的,无论是可为我们身体器官所感知的还是不可为我们身体器官所感知的——人的思想能够认识它们,它们作为一种手段、境遇或者目的,能够有助于增进或者其本身就构成人的福利,它们便是财富。"[28]

朗德(Ayn Rand)指出,专利和著作权是道德权利,而不仅仅是法律权利。[29]她甚至将专利视为财产的最高形式,是"财产权的心脏和核心"。不过,她认为永久性知识产权将会导致不去努力进取的寄生主义,提倡对知识产权的短暂期限进行限制。

学者科兹纳(Israel Kirzner)提出了"探询者理论"。依据他所谓的"探寻者—保持者"规则,他认为,一个生产者之所以有资格享有他所生产的东西,乃是因为通过把市场上的资源利用起来,他认识并把握了产品的制造机会。智力劳动者经过辛苦劳作所取得的发明成果,是他们智力劳动的成果,按照洛克的劳动论,他们就在道德上值得享有对于其发明成果的某种独占权利,否则就违背了自然法的要求。[30]

知识产权人格论也可归到自然权利论。根据人格论的思想,以对知识产权的授予来保护知识产品,这实质上是要保护知识产品中的人格,确切些说是要捍卫知识产品创造者自身的人格。该学说认为,对知识产品行使知识产权,是知识产品创造者自由意志的体现。[31] 人格说把知识产权的本质归于人的意志,把主体与对象混同起来。意志是人的主观思想运动过程,知识产权客体则是意志活动的产物,一旦产生,即具有独立性与客观性,所以人格说不妥当。

三、自然权利论的当代发展[32]

洛克自然权利论(劳动论)是证成知识产权的传统理论,为许多知识产权学者所信奉。当代知识产权学者对洛克劳动论进行深入地演绎和拓展,从而形成了颇具特色的当代自然权利论。

(一)诺齐克(Robert Nozick)对洛克先决条件(proviso)作出的知识产权解读

"先决条件"由洛克提出。他在论证劳动财产权时特别强调,"既然劳动是劳

---

〔28〕 饶明辉:《当代西方知识产权理论的哲学反思》,吉林大学2006年博士学位论文,第34页。

〔29〕 参见饶明辉:《当代西方知识产权理论的哲学反思》,吉林大学2006年博士学位论文,第35页。

〔30〕 参见饶明辉:《当代西方知识产权理论的哲学反思》,吉林大学2006年博士学位论文,第36页。

〔31〕 黑格尔在《法哲学原理》中写道:"惟有人格才能给予对物的权利,所以人格权本质上就是物权。这里所谓物是指其一般意义的,即一般对自由说来是外在的那些东西,甚至包括我的身体生命在内。这种物权就是人格本身的权利。"结合黑格尔对所有权的论述,可以推断知识产权必然是人自由意志的定在。不过黑格尔没有使用"知识产品"一词,而使用了"精神产品"一词。参见[德]黑格尔:《法哲学原理》,范扬、张企泰译,商务印书馆1961年版,第48~52页、第70页。

〔32〕 参见饶明辉:《当代西方知识产权理论的哲学反思》,吉林大学2006年博士学位论文,第36~46页。

动者的无可争议的所有物,那么对于这一有所增益的东西,除他以外就没有人能够享有权利,至少在还留有足够的同样好的东西给其他人共有的情况下,事情就是如此”。

诺齐克将先决条件运用到知识产权。他认为,只有劳动者的劳动才使某物增加了原本不存在的价值,对于这一有所增加的价值,按照自然法原理就应当属于作为价值创造者的劳动者享有。一旦无主物的财产权确立之后,除财产权之外的所有其他人在状况方面就会受到影响。这些所有其他人就得负有某种不干涉财产权的义务。诺齐克认为,洛克的条件——“还留有足够的同样好的东西给其他人共有”——意味着使其他人的状况不致变坏。换言之,如果知识产品创造者享有知识产权没有使其他所有人遭受纯粹的不利或损害,知识产权的授予就是正当的。相反地,如果他人由于不再能够自由使用某物而致使状况变坏,那么此时对原本的无主物行使永久和可继承的所有权的过程就不应该被允许。一项发明专利被授予发明人,其他人要使用该发明专利,必须取得该发明人的许可,其自由无疑受到来自发明人的限制。但是,如果没有该发明人,该项发明就不会创造出来,也根本不可能供他人使用。发明专利权的授予没有使发明人之外的其他人的状况变坏,因为发明人的发明专利使其他人取得了使用并创造该发明的可能性,为其他人增添了有价值的知识产品。

戈登阐、海丁格尔等也对先决条件做了阐述。

(二)对知识共有物的探讨

胡夫斯(Justin Hughes)对知识共有物做了较为深入的研究。他阐明了洛克所谓“共有物”是具有足够多的、类似性质(质量)的物品,一个人从共有物中抽取出某种物品并不妨碍另一个人同样从中抽取出同样性质、同样数量的物品。共有物不必然是无限的;它仅仅要求在实践上不可穷尽。

Wendy Lim 认为,专利正当性理由可以精练地概括为:(1)创意的产生需要人的劳动;(2)从共有物中提取出这些创意并不显著降低共有物的价值;(3)创意成为财产,没有破坏不浪费条件。[33]

四、传统自然权利论的优势与不足

传统自然权利论在解释专利制度的正当性时具有一定的优势:(1)自然权利论能够克服功利论带来的对个体利益的倾轧;(2)启发人们去探索与知识产权有关的正义问题。

学界对传统自然权利论的批判主要集中在以下几点:(1)如果专利权是自然权利,那么为什么专利权还有期限限制?按理说应当是无限期的。(2)自然权利

---

〔33〕 See Wendy Lim: Towards Developinga Natural Law Jurisprudence in the U. S. Patent System, 19 Santa Clara Computer & High Tech. L. J. 559, ∗563.

论将可能导致创造者权利的无原则扩张,从而违反自由价值。(3)自然权利论(劳动论)无法恰当解释专利的价值价格问题,显然,专利的价值不仅仅决定于劳动量的投入,也决定于劳动的质。(4)自然权利论的前提假设与先决条件和知识产权的现实不符,无法说明知识产权的诸多现象。(5)自然权利论未能处理好同时发明和同时发现的问题。[34]

第三节 本书之自然权利观:专利自然权利论新解

笔者认为,功利论无法解决专利权的基础与来源问题,只有自然权利说能够解释权利的起源。启蒙思想家基本都赞成自然法与自然权利,同时赞成社会契约说。但在有的人看来,似乎社会契约是权利、国家等的起源。这当然是错误的,因为契约者通过磋商达成一些共识的协议,若没有一些大家公认的事物存在,那么这份契约将空洞无物,这显然是不可理解的。社会契约必定有自己的基础,这个基础就是自然权利。

一、自然状态与自然权利

自然权利显然是与自然状态相对应的。洛克所说的自然状态是否真的存在过?为回答这一疑问,洛克引用了胡克尔(Richard Hooker)的一段话:(自然法则)对于人类来说,甚至在他们以若干人的面目出现时也是绝对有约束力的,尽管他们从无任何固定的组织,彼此之间也从无关于应该做什么或不应该做什么的庄严协定。但是由于我们不能单独由自己充分供应我们天性所要求的生活,即适于人的尊严的生活所必需的物资,因而为了弥补我们在单独生活时必然产生的缺点和缺陷,我们自然地想要和他人群居并共同生活,这是人们最初联合起来成为政治社会的原因。[35] 洛克进一步断言,所有的人自然地处于这种状态,在他们同意成为某种政治社会的成员以前,一直就是这样。[36] 这里,自然状态的原因归结起来就是交换的需要和事实。

约翰·罗尔斯(John Bordley Rawls)的原初状态是对自然状态的修正。原初状态的假设并不是一个时间上的概念。罗尔斯指出,原初状态纯粹是一种假设的状态,它并不需要类似于它的状态曾经出现。[37] 它是一种其间所达到的任何契约都是公平的状态,是一种各方在其中都是作为道德人的平等代表,选择的结果不受

---

〔34〕 参见饶明辉:《当代西方知识产权理论的哲学反思》,吉林大学2006年博士学位论文,第55页。

〔35〕 参见[英]洛克:《政府论》(下篇),叶启芳、瞿菊农译,商务印书馆1964年版,第10页。

〔36〕 参见[英]洛克:《政府论》(下篇),叶启芳、瞿菊农译,商务印书馆1964年版,第11页。

〔37〕 参见[美]约翰·罗尔斯:《正义论》,何怀宏等译,中国社会科学出版社1988年版,第120页。

偶然因素和社会力量的相对平衡所决定的状态。[38] 这样一种状态是建立在其成员的"无知之幕"之上的。显然,罗尔斯的原初状态也好,"无知之幕"也好,都是一种公理性的假设。

在笔者看来,洛克的自然状态假设是自由主义思想的逻辑起点。自然状态也是人类社会的发展起点。笔者认为,自然状态可以看作是一种理论的抽象,但这并不是说自然状态是不真实的,通过人的逻辑思维,可以把握自然状态的特点,也可以据此推导出许多有用的结论。自然状态又绝不仅仅是人类社会之初的状态,而是始终存在的一种假设状态。罗尔斯的原初状态说正是提出了这一点。但是,罗尔斯把公平正义的实现寄托于"无知之幕"下,然后通过人与生俱来的公平正义观念来寻找、发现。笔者认为,"无知之幕"是一个虚假的假设。相比而言,人类普遍理性的假设更为可靠、合理。正如洛克所言,自然状态不是混乱状态,需要遵守自然法,而自然法就是人的理性。笔者认为,罗尔斯的"无知之幕"同民法中人的抽象没有根本的区别,但是"无知之幕"是多余的。民法中的人一定是中性的、抽象的人。立法者完全站在一个中立者立场来对法律中的所有角色进行立法。比如,债权人、债务人是债的关系双方当事人,立法既不能站在债权人立场上来立法,也不能站在债务人立场上来立法,而是应当根据事物的自然之理来立法。罗尔斯只是强调"无知之幕",实际上是从抽象的人的立场往后退了。

因此,笔者的自然权利观对洛克的自然权利观做了改进。

1. 明确了人性假设,包括三个分假设,即人性自利假设、理性人的假设和移情本能或能力假设。(1)人性自利假设。人性自利是天然合理的。世间万物,维护自身的生存、生长是本能,这种本能也使此与彼相区别。假设人性的本性是为他人,那人这种物种经过长期的生存竞争就必然会灭亡。其他物种也是一样。甚至无机物也有保存、扩大自身的趋势。没有一个个的自我,就没有缤纷多彩的世间万物。(2)经济理性人假设。这一假设的内容包括:人是完全自知的,有充分的认知能力,能够对自己的行为充分认识,可以认识自己的一切利益,能够对利弊进行权衡,能够选择对自己最有利的方式处分自己的私权利,即完全的追求利益的精于计算的人。这是理想经济理性人假设。实际生活中,人的理性始终是有限的,他对许多信息是不知道或不完全知道的,在许多交易中都处于信息不对称状态,人都是有限理性人。然而,基于人性自利的基本判断,即使人的理性是有限的,人也可以不断通过纠错来实现自己的利益,从而最终表现出人仍然是理性的。(3)移情假设。从休谟(David Hume)到宾默尔(Ken Binmore),都把同情或者移情能力视为一种人的本能或者能力。简单地说,移情就是人同此心、心同此理,将心比心,或者叫"己所不欲,勿施于人"。宾默尔指出,"移情"指的是一个过程,通过这一过程我们

---

〔38〕 参见[美]约翰·罗尔斯:《正义论》,何怀宏等译,中国社会科学出版社1988年版,第120页。

想象自己从他人的立场和角度看问题，只有站在对方的立场上看问题，道德价值的判断才有可比性。而且，经济人必须在一定程度上具有移情能力："他对别人的体验必须达到能站在他们的角度、从他们的观点出发来看待问题的程度，否则他就不能预测他们的行为，从而无法作出最优反应"。[39] 移情识别对人类社会的存在非常关键，没有它我们就不能找到通往博弈均衡之路，而只能用缓慢且笨拙的试错来寻找均衡。没有移情就没有预期，没有预期就没有合作，就不能摆脱囚徒之困。前述三者，我们可以将其看作是人的共性，即所谓的人性。这里，笔者没有将宾默尔的移情偏好作为人性的假设之一，因为移情偏好探讨的是个体间的差异性，而这是无法穷尽的。而如果某类人具有某种所谓共同的移情偏好，则已变成了至少是一部分人的共性。

2. 自然状态并不是仅仅指人类社会的最初状态或一种假想状态，而是一种基于观察作出的抽象，是一种始终作为参照系的社会标准。罗尔斯已经在这方面作出了贡献；但是罗尔斯的"无知之幕"是一个假想，而笔者的自然状态假设具有逻辑真实性。

3. 自然状态对应自然权利。如何描述自然状态呢？只有通过自然权利的享有才能观察到自然状态。通过描述、了解自然权利，就可以感知自然状态。洛克笔下的自然权利主要包括生命、健康、自由和财产。人是平等、独立的，在权利受到侵害时有，受到损害的有要求赔偿的权利。洛克没有具体描述财产自然权利的内容，这里我们引用古罗马法中的财产权思想。古罗马法包含深刻的自然权利思想，罗马法也以财产法为最发达。古罗马人认为，人享有以下自然财产权利：(1)全体人类共享宇宙万物的自然权利；(2)每个人享有使用生活必需品的权利；(3)人类在紧迫状态下利用物品的原始权利；(4)无害利用他人财产的权利；(5)对流动水体的共有权利；(6)每个人都享有居住权；(7)先占是取得财产权的自然方式等。[40] 正因为有这样的财产自然权利观，罗马法的财产法非常发达，财产权的法律形式非常丰富，有完整的物权法体系、债权法体系、信托法体系，并成为大陆法系和英美法系的渊源。吴汉东教授并论证了罗马法中的知识产权因子。[41]

4. 自然权利并非一成不变的，而是自然地生长的。自然权利绝不是一个静止的状态，而是随客观环境的不同呈现不同形态。自然权利就好像一棵树，在它幼小的时候，它获得少的营养、吸收少的阳光是自然的，当它不断长大时，它获取更多的

---

〔39〕［英］肯·宾默尔：《博弈论与社会契约——公平博弈》（第1卷），王小卫、钱勇译，上海财经大学出版社2003年版，第39页。

〔40〕参见王铁雄：《美国财产法的自然法基础》，辽宁大学出版社2007年版，第4～11页。

〔41〕参见吴汉东：《罗马法的"无体物"理论与知识产权制度的学理基础》，载《江西社会科学》2005年第7期。

营养、吸收更多的阳光也是自然的。H_2O 在零度时结冰是自然属性，在 100℃时变成蒸汽也是自然属性。所以，人的自然权利绝对不是一成不变的，而是随着社会的发展而发展的。如果不是这样，我们将不能解释许多现在的社会现象，会将许多人们本应有的自然权利归到其他原因上去。当然，也要避免将自然权利的可变性任意扩张，从而变成一个什么都可以装进去的大框。依笔者浅见，洛克等人描述的是最基础的自然权利，随着国际社会人权的进展，基本人权又扩及尊严、荣誉、人格平等、无罪推定、人身安全、社会保障、受教育权等。[42]《世界人权宣言》《公民权利和政治权利国际公约》中规定的基本人权，有的是对传统自由权利的细化，有的则是新的权利形式，这些似乎都可以看作自然权利的新内容。

笔者基本赞同洛克对自然状态、自然权利的描述。但是洛克认为对权利行使的限制仅仅在于执法及理性的约束，其忽视了一个问题，即权利行使过程中发生的权利异化问题，没有对权利的界限作出明确的阐述。[43] 罗尔斯的最大最小标准试图对权利或权利的行使划出界限，但是存在很大问题，逻辑上即是自相矛盾的：知道了最小利益或者生活处境最贫困的人，这还是"无知之幕"吗？笔者认为，每个人的自然权利不能以侵害别人的权利来行使，权利的边界是垄断，所以笔者的自然权利观是有限制的自然权利观。

二、自然权利、社会权利与法律权利

社会契约论是解释人类社会起源的理论。显然，社会契约是自然状态假设的逻辑延伸。社会契约确立的是对财产权、生命、健康和自由的承认和保护。人们把为组成联合体所必需的一切权利交给共同体的大多数，但并未放弃，其中主要是公正执法问题。洛克认为，由契约而构成的社会首先是夫妻，然后是家庭，逐步到政治社会。[44] 政治社会是不是就是国家？洛克并没有严格进行区分。笔者认为，政治社会早于国家出现，而且即便在国家出现后，政治社会也仍然存在。通过社会契约组成了社会，产生的权利叫社会权利。[45] 从自然状态到社会状态再到国家，并非是一个完整没有缝隙的过程。比如，从自然状态到社会契约（构建社会），一定还存在诸如两人、少数人之间的个别契约形式。

显然，社会权利并不是外在于自然权利的其他的权利，只不过是自然权利的存在形式。自然权利不是空中楼阁，而必须要有具体的存在形式。所表现出来的社

---

〔42〕 参见程味秋等编：《联合国人权公约和刑事司法文件汇编》选入的《世界人权宣言》，中国法制出版社 2000 年版。

〔43〕 先决条件说的是事前的预防，而非事后的调整。

〔44〕 参见[英]洛克：《政府论》（下篇），叶启芳、瞿菊农译，商务印书馆 1964 年版，第 48 ~ 55 页。

〔45〕 笔者考虑过市民权利或者公民权利的提法，但是市民权利依托于市民社会，然则市民社会并不等同于社会，而是一种比较成熟的社会，因此采用了"社会权利"一词。但此处的社会权利与强调社会保障的社会权利不是同一概念。

会权利都应当有自然法基础。但是应当指出,并非所有的自然权利都可以表现为社会权利,社会权利并不消灭、排斥自然权利。

但是,社会权利的确改变了自然权利的存在形式。自然权利是一种默示权利、天然权利,服从人的共同理性。形成社会以后,大量自然权利都以社会权利形式存在,诸如道德、习俗、惯例、禁忌、禁令、宗教信仰、选举权、罢免权、管理权、财产权、继承权等,[46]都可以是社会权利的形式。

当社会契约发展演化进而形成国家时,法律也随之产生,此时自然权利就可以法律权利的形式存在。一般情况下,自然权利大于社会权利,社会权利大于法律权利。当然,也应当看到,权利是不断发展的,但并不能推翻上述结论。因为我们已经指出,自然状态是一种假设状态,并非只存在于人类社会之初,而是始终存在的一种状态。随着人类社会的发展,自然权利的内容绝不是一成不变的。一个小孩子的自然权利与成年人的自然权利并非完全相同。物质条件的变化导致新的自然权利的出现,这是合理的。如果我们把自然状态和自然权利看作一成不变的,那我们显然走进了误区,许多现象将无法得到合理有力的解释。

法律权利应当以自然权利为基础,违背自然权利的所谓法律权利不是合法合理的权利。社会权利也需要进化成法律权利的形式。自然权利要得到有效有力的保护,应当采取社会权利或者法律权利的形式。社会发展后,大部分自然权利都以法律权利的形式表现出来。

三、专利权是以法律权利形式存在的自然权利

技术权利同样是自然权利,但以法律权利形式存在。一个人的技术发明等,如果他不向外公开,则属于他自己控制、占有,因此天然的是属于他个人的,依据自然权利观念,这是他的东西,是他的自然权利。对技术的占有不仅符合占有的要求,而且显然符合先占的原理。但是,技术一旦公开就不受创造者个人支配,个人难以像控制有形的物件一样将其控制在自己的身边,需要通过社会才能得到保护。有人因此把专利制度看作是人为的制度,因为有了专利法,才有专利和专利权。笔者认为这种议论是错误的。物权也好,债权也罢,皆源自自然权利,但是都采取了法律权利的形式。在现代社会中,能找到法律没有进行详细规定的物权、债权吗?没有这些法律规定,物权、债权的行使、保护具有可行性吗?专利权需要用法律来规定和保障,这些法律规定与物权法、债权法中的规定性质是一样的,这些规定并不能、也没有改变专利权的自然权利性质。专利权不过是当事人技术权利这一自然权利的法律形式之一而已。

专利制度发展的内在动力,始终是以对技术权利人自然权利的尊重与保护为

〔46〕 这是本书作者的概括。参见[美]路易斯·亨利·摩尔根:《古代社会》(上、下册),杨东莼等译,商务印书馆1977年版。

基础。一方面,以自然权利为标准,属于专利权利范围的,就应该保护,不属于专利权利范围的,就不应该保护。以其他理由限制专利权是没有太多道理的。我们看到,许多对专利权的意见,不是专利权本身的问题,而是有时专利权人并没有在自己的权利范围内行使权利。另一方面,就是对于别人应有权利的不尊重,总觉得窃书不能算偷,这种现象多存在于公民社会发展不成熟的国家或地区。反垄断对专利权是一种限制,但是反垄断也应受到基本权利与自由的限制。国际社会在知识产权反垄断方面有一些不良的趋势,片面强调反垄断法的"经济宪法"地位,而没有看到反垄断的目的是保护自由和权利,反垄断本身也不能侵犯基本的财产权。反垄断与知识产权的关系需十分慎重地对待。

第四节　自然权利论对专利制度的若干解读

具体专利制度的设计必须可以准确、有效地界定专利技术与现有技术的界限,可以说这是专利保护制度最为关键的地方。现有制度模式中的规定是否完全符合自然法的要求,是否完全符合客观需要,是大可以研究的。通过对具体专利制度的自然权利解读,一方面可以加深我们对专利制度本质和规律的认识,另一方面也可以进一步证明自然权利论的正确性。

一、登记或注册之意义

技术权利是一种自然权利,专利权因而也是一种自然权利,但是必须以法律权利的形态存在。申请登记或者注册是取得专利权(独占权)的法律途径。早期在行业协会内取得技术权利,即存在某种形式的登记注册制度。后来,由行业独占权发展为城镇或国家范围内的独占权,就需要在市政机关或者国家政府机构那里登记或注册。商业秘密是一种自然权利,不用登记。但是,正是商业秘密的存在使专利法有了必要和可能。没有商业秘密,当事人的技术权利就不会受到社会的充分尊重。尽管商业秘密权很大程度上是自然权利,无须登记,但是商业秘密权也可以转变为法律权利,如通过合同法或者侵权法,商业秘密得到了法律的救济。

二、公开要求解释

(一)说明书、权利要求书是确定、界定发明创造的红线图

精神产品的创造一方面有很强的人身性,即依赖创造人的创造能力和创造活动;另一方面又有很强的继承性,没有一个发明创造能离开对前人知识的学习、经验的吸取。这就使精神产品在创新与继承之间存在模糊区间,旧知识与新知识之间也没有绝对的界限。发明创造的价值,不决定于它用到了多少原有的知识,而决定于它对现有知识库(知识存量)的增加值。旧知识、公知领域的知识不能带来增加值,只有新知识才能带来增加值。说明书与权利要求书便是用来确定知识增加

值的有效工具。

精神产品作为人的意志外化的结果,特别是技术成果,必然是以语言、文字及图形等形式存在,这是自然法的规律。作为专利,必须有一个外在的客观形式存在,才可能受到保护,这就是技术方案。不过,因为技术成果界限的模糊性,人们对其自然权利性质产生疑惑。有形财产可以通过物的直接展示,对物的占有、使用、转让等有形的方式表现出来。尽管如此,像土地这样的不动产,仍然需要借助登记的红线图用明确四至、标明地块的方式来表明法律上的权利,确权止纷。而技术方案作为无形财产,只能通过技术性的语言或者图形来表达技术的内容,申明自己的权利范围,这就更需要说明书与权利要求书来确定它的存在及权利范围、内容。

说明书等的首要作用在于通过披露技术信息,确定保护的是权利人的技术。不错,谁创造了技术成果,谁就自然地对自己的技术成果拥有权利,这是一方面。另一方面,发明人也只能对自己创造的技术成果拥有权利,不能将他人的技术创造归为己有,也不能将早已进入公共领域的技术归为己有。因此,界定技术成果本身成为专利保护的关键。专利权源于自然权利,但是这一自然权利需要变成法律权利,才能受到保护。在界定专利权的范围时必须以自然权利为基础,即以权利人的创造为基础。专利制度的很大一部分规定正是为了确定这一创造物为何物而设置的。说明书与权利要求书就是确定这一创造物的重要制度,授权条件也是确定创造物的标准。总的来说,说明书与权利要求书是权利人自己对创造物的界定,通过说明书和权利要求书,可以确定申请专利的技术是此技术而不是彼技术。而作为审查标准的可专利性条件要求,则是社会或国家对当事人自认的技术的审核、确认。

(二)公开/披露的作用

这里所谓公开/披露,是指对社会公众公开/披露专利申请的全部关键、技术细节。对于政府来说,申请一直是向它公开的。精神产品若不公开,公众就无法知道它的存在,也无法知道它的内容,它的权利范围,也就不能在发明创造与公有知识之间划出界限,不能保证专利申请不超出发明人自己创造的范围而侵犯社会公众的利益。故公开/披露是自然权利的要求,是专利权成立的前提条件。

公开/披露的作用可以概括为:(1)公示作用。通过将发明创造向社会公开,让社会公众知道一件发明创造的存在,起到一种类似物权公示的作用。(2)界定作用。通过说明书,对知识产品进行界定,起到界定此发明非彼发明的作用。(3)证据作用。专利申请文件公开后,就成为以后权利发生纠纷时的重要证据。(4)信息作用。通过专利申请文件的公开,向社会公开有关发明的所有信息,包括法律信息,也包括技术信息。(5)契约作用。通过申请文件的公开,发明人与社会公众(通过国家中介)之间建立了契约关系,这一契约关系的内容就是专利法中的内容。

公开不是获得专利权的对价。发明人主张的是自己创造的技术的自然权利,社会公众主张的也是自己的权利,即使用公有技术的权利。双方围绕自然权利进行博弈。由于人的利己本性,人们常常会希望多获取权利,常常会造成对自然权利的偏离,但是这种偏离总是围绕自然权利的。

三、"三性"要求解释

如果说权利要求书和说明书主要是从申请人的角度来界定发明创造,"三性"要求则主要是社会从外部对其提出要求,以界定发明创造。"三性"要求是审查机关审查的标准和社会公众监督的标准。

对于专利的"三性"要求,即可专利性要求,人们有许多误会。一般教科书都认为,新颖性、创造性、实用性是授予专利的实质性条件,并进而以此说明专利是国家授予的权利,而不是当事人的自然权利。当然,也有人从其他角度,比如经济学角度,来解释专利"三性"要求。[47] 但是,笔者认为,经济学角度的解释颠倒了因果关系。自然法则是符合经济学原理的,从长远来看,符合自然法的规则也一定是有效率的。但是经济学原理不是自然法则产生的原因。

"三性"要求的目的就是要将发明人的技术与公有技术区别开来,是从消极的角度来划定技术方案的存在及范围,不符合"三性"要求即不能授权。"三性"要求都是结合在一起使用,共同发挥作用,从而将发明申请与现有技术区别开来,也就是确定发明是足额地属于发明人的。这里面,新颖性是首要的、最重要的标准。实用性要求也能对识别、区分技术起重要作用,创造性标准则进一步限定创新的范围。

(一)新颖性

发明创造在本质上是具备新颖性的。不具备新颖性,一般可以说明这项技术

---

〔47〕 波斯纳等人从经济学角度解释三性要求,主要包括以下观点:(1)实用性条件可以被理解为具有三个方面的经济目的。第一个目的是把专利从基础研究中排除出去;第二个目的是在一个新产品或者新方法的开发过程中,延迟可能获得某一专利的时间;第三个目的是减少专利检索的成本,其手段是筛选出非实用的发明。实用性起到了限制那些策略性专利行为的目的。(2)新颖性条件阻止了对那些被人知道已经作出发明的东西授予专利。美国的先发明制的作用是节约广义上的搜寻成本。人们在搜寻可能对之主张专利的某一想法时,有两种检索方法。一种方法是检索现有技术,包括有专利的发明和没有专利的发明,对技术性文章及专利登记都进行检索。另一种方法是只对专利登记进行检索。(3)非显而易见性:科斯、波斯纳将非显而易见性与不确定性及成本相联系。发明就是这样一种东西,它增加了有用知识的存量,并因此减少了不确定性。不确定性暗示着通向成功之路上发生失败的可能性。非显而易见性标准阻止了对那些无须太大成本即可发现并且完善的发明授予专利。(4)等同原则使得专利申请人能够在描述上节约成本。(5)商业秘密的保密成本:许可商业秘密时的保密成本更大。(6)如果发明人认为专利保护与发明的价值相对而言是成本高昂的,或者专利保护给他们的利益大大低于该发明的价值,其原因或者是不可专利性,或者是专利保护的长度(或宽度)不够充分。参见[美]威廉·M.兰德斯、理查德·A.波斯纳:《知识产权法的经济结构》,金海军译,北京大学出版社 2005 年版,第 374～423 页。

不是发明人的创造。即便发明人真是因为闭门造车而做了重复劳动,他也没有资格去行使对世权,禁止他人使用这项已被公开的技术。新颖性的标准具有客观性和绝对性。客观性是指只要存在哪怕一份同样的在先技术方案,便可使申请专利的技术方案失去新颖性。绝对性是指不具备新颖性的标准是清晰、清楚、可靠的,不像创造性、实用性标准那样具有一定的弹性、模糊性。当然,这并不是说新颖性的判定就是一件轻松容易的事。在不同的专利制度体系下,新颖性判定标准不尽相同:(1)有先发明制与先申请制的区别;(2)又有绝对新颖性和相对新颖性之分;(3)现代社会里,随着发明行为的普遍化,技术发明数量庞大,技术文献浩如烟海,新颖性判定也面临着巨大的技术困难。

(二)实用性

实用性要求同样是自然权利的必然要求。实用性又称应用性,其内在含义是要求发明真实可信、真正有用。发明不具备实用性,说明发明或者没有真正作出来,或者是没有成熟到一定程度,离完整的技术方案仍然有距离。实用性标准可以防止欺诈,防止滥竽充数。

(三)创造性

各国对于创造性的含义理解和创造性的标准评价存在一些差异。总的来说,它是指申请专利的发明创造与现有技术相比,具有本质上的差异,这种差异对于所属技术领域的普通技术人员来说不是显而易见的。创造性标准是衡量专利的质的标准,也是出现得最晚的审查标准。[48]

创造性要求的目的其实是辨别发明与现有技术的模糊区域。这是由发明的无形性引起的。技术方案是通过语言、文字、图表等来描述的,由于语言等的概括性、模糊性、多变性而使发明与现有技术有时很难区分。任何现有技术方案都不可能穷尽简单的模仿性、替代性,但实质一样的技术方案。因此,创造性标准主要就是要排除那些表现形式与现有技术存在一些区别但本质一样的技术方案,以及那些对已有技术进行简单组合但本质上是现有技术的发明。与新颖性判断不同,创造性审查不是将申请与现有的一份技术文件进行对比,而是与两份以上的现有技术文件进行对比。创造性标准具有一定的主观性。

四、专利权期限、专利费用解释

任何技术都存在自然寿命。旧的技术不断被淘汰、被超越是一种常态。技术的革新换代升级是必然的,而且呈加速趋势。技术竞争加剧,迫使市场主体不得不加大研发力度。因此技术权利必然是有期限的,专利权也必然是有期限的。专利权期限是自然法的应有之义。此外,授予专利权期限还应考虑到若没有专利的公开,他人是有可能作出同样的发明的。从理论上讲,技术的自然寿命应当与技术处

---

〔48〕 参见汤宗舜:《专利法教程》(第3版),法律出版社2003年版,第78页。

于保密状态下社会普遍掌握该技术的时间相当或者与打破技术垄断，形成了充分有效竞争的期限相当。因此，理想的专利权期限应当因每个国家或者地区而异，因行业或技术领域而异，因时代背景而异，甚至因每一个发明而异。但是，法律具有普遍性，不可能也没必要做到给每一个专利不同的法定专利权期限。因为法定专利权期限虽然可以是固定的，但是由于存在收费，实际专利权人享受的期限是各不相同的。因此，认为专利权若是自然权利就应当无期限的观点是错误的。

专利收费也是符合自然法与自然权利的原则的。专利权的设置将技术权利由自然权利变成了法律权利，但是在这一权利形式转换过程中，社会公众并没有获得直接的经济利益，而专利权人则获得了财产权，根据“谁受益，谁负担”的原则，专利权人自然应当支付由于设置专利制度而带来的成本。专利受理费用、审查费用、公告费用等都属于专利行政管理成本，应当由受益人即专利权人承担，这符合自然法原则。更进一步说，如果专利权人不申请专利而采取商业秘密保护策略，那么他必然要支出一笔保密费用，因为专利制度的设立，专利权人就省去了这笔费用；而这笔费用专利权人本来是应该负担的。因此，假如授予专利而不收费，显然与自然法是相违背的。专利收费最低不能少于保密费用。专利收费逐年升高，也与保密随时间推移越来越难是一致的。

技术秘密与专利权在本质上是相同的。一方面，在保密独占情况下，技术秘密拥有人的权利虽然是独占的，但是他进行许可是受到制约的。因为他授权越多，泄密的可能性越大；生产越多，泄密的可能性也越大。另一方面，双方都面临着被对方抢先申请专利，从而在竞争中处于不利局面的危险。在专利制度下，虽然专利权人可以任意许可，看起来拥有的是一种对世权，但是，许可规模始终受到市场容量的限制，这与商业秘密下的技术秘密许可并无多大区别。独占获益与否，决定于市场的容量和竞争的激烈程度。而且，尽管保密有泄密的威胁而专利没有，但是专利也有被人侵权的威胁或者被专利无效的威胁。笔者认为，由技术秘密权利转变为专利权，技术秘密拥有人并没有因此扩大其所得收益。

因此，如果设计专利制度时，将专利权期限与技术的自然寿命保持一致，将专利收费与保密费保持一致，那么，此时对于技术权利人来说，是选择专利权还是选择商业秘密并没有根本区别，商业秘密与专利权是相通的。这就充分说明了专利权是自然权利，只是采取了法律权利的形式而已。

第二编 专利制度概述

第三章　专利保护的客体

第一节　专 利 客 体

一般地说,法律关系客体,是指法律关系主体之间的权利和义务所指向的对象。专利保护的客体,简称专利权客体或专利客体,则是指专利保护的对象,也就是说可以取得专利保护的发明创造。我国《专利法》所规定的发明创造包括发明、实用新型及外观设计,这与《巴黎公约》所规定的专利保护客体大体一致。

一、发明创造的概念

发明创造,是指运用现有的科学知识和科学技术,首创出先进、新颖、独特的具有社会意义的事物及方法,来有效地解决某一实际需要。专利法所称的发明创造是指发明、实用新型和外观设计。

二、专利的概念

(一)专利词源

专利词源包括:(1)汉语词源。"专利"一词汉语最早见于《国语》:"荣公好专利。"[1] (2)英语词源。"专利"一词译自英文 Patent。"patent"一词源自拉丁语"patere",意思是公开。英国历史上国王授予他人贵族头衔、土地时往往使用一种没有封口的文书,上面盖有国王大印,任何人都可以打开阅读,这种文书叫 Letters Patent。1624 年以后,英国实施《独占条例》,用这种文书来授予发明人垄断权,"Patent"从此就有了特定的含义。[2] 这个词在中国被译为"专利"。

(二)"专利"一词的含义

"专利"有四种含义:(1)专利意指专利证书。(2)专利意指取得专利权的发明创造成果。(3)专利专指发明专利。《巴黎公约》规定,专利在大部分国家指发明专利,而知识产权协定中的专利仅指发明专利。(4)专利意指专利权,即发明人对其发明成果的独占权。

---

〔1〕 参见郑成思:《知识产权论》,法律出版社 1998 年版,第 9 页。

〔2〕 See Vishwas Devaiah, *A history of Patent Law*, http://altlawforum.org/publications/a－history－of－patent－law/.

1968年联合国出版了一本叫作《专利制度在向发展中国家转让技术中的作用》的小册子。该书正式将“专利”一词定义为,政府授予发明人和从发明人处获得其权利的有关当事人的法定特权。获得专利的条件是:(1)发明人须向专利机关提出申请;(2)该发明须具有新颖性、先进性和实用性;(3)申请专利的事项不属于法律禁止的范围。专利一般包括发明专利、实用新型专利和外观设计专利三种。发明人获得专利,即获得行使专利权的资格。专利权人在法律规定的期限内,对其发明创造成果享有使用、转让、使用许可等独占权。他人如欲利用该发明成果,必须经专利权人允许,并支付一定报酬,否则构成专利侵权。专利权人的权利,在法律规定的保护期限届满后丧失,其发明转归全社会所有。

三、专利分类

采用不同的分类标准,对专利可做不同的分类。

(一)发明、实用新型、外观设计

按照专利保护的客体类型,专利可分为发明、实用新型、外观设计。

1.发明

(1)发明的定义

世界知识产权组织定义:发明是发明人的一项技术构思,能在实践中解决技术领域的某个问题。

我国《专利法》第2条第2款规定:“发明,是指对产品、方法或者其改进所提出的新的技术方案。”

《日本专利法》关于发明定义:发明是指利用自然规律作出具有高水平技术思想的创作。

(2)发明的类型

产品发明:产品发明(包括物质发明)是指人们通过研究开发出来的关于各种新产品、新材料、新物质等的技术方案。专利法上的产品,可以是一个独立、完整的产品,也可以是一个设备或仪器中的零部件。其主要内容包括:制造品,如机器、设备;以及各种用品材料,如化学物质、组合物等具有新用途的产品。

方法发明:方法发明是指人们为制造产品或解决某个技术课题而研究开发出来的操作方法、制造方法及工艺流程等技术方案。方法可以是由一系列步骤构成的一个完整过程,也可以是一个步骤。它主要包括:制造方法,即制造特定产品的方法;其他方法,如测量方法、分析方法、通信方法等;以及产品的新用途。

改进发明:改进发明是指对产品或方法做了改进、改善之后所作出的发明。

(3)因不符合专利法对发明的定义而不授予专利权

一般而言,下列主题不能获得发明专利权的授权:第一,未采用技术手段解决技术问题,以获得符合自然规律的技术效果的方案;第二,气味;第三,诸如声、光、电、磁、波等信号;第四,能量等。但对于上述气体、能量、信号,如果是利用其性质解决技术问题的，则不排除其获得专利授权的可能性。

2. 实用新型

(1)实用新型概说

实用新型是一种保护发明的知识产权权利。《巴黎公约》没有规定实用新型的概念，但规定实用新型享有发明专利的利益。这种权利在一部分国家通过立法存在，例如，阿根廷、奥地利、巴西、智利、中国、丹麦、芬兰、法国、德国、匈牙利、意大利、日本、马来西亚、墨西哥、摩洛哥、菲律宾、波兰、葡萄牙、俄罗斯、韩国、西班牙、乌兹别克斯坦等。实用新型和专利非常相像，但是实用新型通常具有比较短的期限(一般为6年或10年)，并且没有严格的可专利性要求。德国和奥地利的实用新型被称为“实用工具”(Gebrauchsmuster)，这影响了某些其他的国家，如日本。在印度尼西亚、芬兰和澳大利亚，实用新型被称为“小型专利”(Petty Patent)。

我国《专利法》所称实用新型，是指对产品的形状、构造或者其结合所提出的适于实用的新的技术方案。

(2)实用新型与发明的区别

第一，实用新型只限于具有一定形状的产品，不能是一种方法，也不能是没有固定形状的产品。发明既包括产品，也包括方法。发明所指的产品，既可以是具有宏观形状的产品，也可以是没有宏观形状的化学物质产品。

第二，对实用新型的创造性要求不太高，而要求其实用性较强。对发明的创造性要求相比实用新型要高。

(3)实用新型中的产品、形状及构造

实用新型按照产品的不同可以分为两种。一种是机械产品，由不同形状、结构的部件按照各式各样的连接方式组合而成，能够实现一定的功能。另一种是模块产品，主要指的是电学或者信息类的东西，不同功能的电子元件模块按照一定的逻辑顺序连接起来，实现一定的功能。其实从理论上来讲，电子元件模块的连接似乎不应该叫作具有形状和结构，好像不应该是实用新型的授权对象。但是现实中，电子元件模块按照一定的顺序用线路连接起来形成的产品是可以申请实用新型专利的。

产品的形状，是指产品所具有的、可以从外部观察到的确定的空间宏观形状。对产品形状所提出的技术方案可以是对产品的三维形态的空间外形所提出的技术方案，如对凸轮形状、刀具形状作出的改进；也可以是对产品的二维形态所提出的技术方案，如对型材的断面形状的改进。

产品的构造，是指产品的各个组成部分的安排、组织和相互关系。产品的构造既可以是机械构造，也可以是线路构造，还可以是覆层构造。机械构造是指构成产品的零部件的相对位置关系、连接关系和必要的机械配合关系等。线路构造是指构成产品的元器件之间的确定的连接关系。复合层也可以认为是产品的构造，产品的渗碳层、氧化层等属于复合层结构。

(4)不能获得实用新型专利权的主题

①下列主题不能获得实用新型专利权的授权：

a. 方法。如果权利要求中既包含形状、构造特征，又包含对方法本身提出的技术方案，则不属于实用新型专利保护的客体。例如，一种木质牙签，主体形状为圆柱形，端部为圆锥形，其特征在于：木质牙签加工成形后，浸泡于医用杀菌剂中5～20分钟，然后取出晾干。由于该权利要求包含了对方法本身提出的技术方案，因而不属于实用新型专利保护的客体。但是，以现有技术中已知方法的名称限定产品的形状、构造的。例如，以焊接、铆接等已知方法名称限定各部件连接关系的，不属于对方法本身提出的技术方案。

b. 未经人工制造的自然存在的物品。实用新型专利所保护的产品应当是经过产业方法制造的，有确定形状、构造且占据一定空间的实体。未经人工制造的自然存在的物品则不属于实用新型专利保护的范围。例如，齿轮的制造方法、工作间的除尘方法或数据处理方法、自然存在的雨花石等均不属于实用新型专利保护的客体。

c. 不符合实用新型产品形状特征的产品。产品的形状是指产品所具有的、可以从外部观察到的确定的空间形状。

d. 物质的分子结构、组分、金相结构等。

e. 对材料本身提出的技术方案。

f. 未采用技术手段解决技术问题，以获得符合自然规律的技术效果的方案。对于下列方案，因为其没有解决相关的技术问题，所以其不能被授予实用新型专利权：第一，产品的形状，以及表面的图案、色彩或者其结合的新方案。第二，产品表面的文字、符号、图表或者其结合的新方案。例如，仅改变按键表面文字、符号的计算机或手机键盘。第三，以十二生肖形状为装饰的开罐刀。第四，建筑平面设计图。第五，仅以表面图案设计为区别特征的棋类、牌类，如古诗扑克等，均不属于实用新型专利保护的范围。

②下列各项因不符合实用新型产品的形状特征而不能被授予专利权：

a. 无确定形状的产品，如气态、液态、粉末状、颗粒状的物质或材料，其形状不能作为实用新型产品的形状特征。但是，允许产品中的某个技术特征为无确定形状的物质，如气态、液态、粉末状、颗粒状物质，只要其在该产品中受该产品结构特征的限制即可。例如，对温度计的形状构造所提出的技术方案中允许写入无确定形状的酒精。

b. 以生物的或者自然形成的形状作为形状特征的产品。例如，不能以植物盆景中植物生长所形成的形状作为产品的形状特征，也不能以自然形成的假山形状作为产品的形状特征。

c. 以摆放、堆积等方法获得的非确定的形状作为产品的形状特征。

但是就实用新型而言，其产品的形状可以是在某种特定情况下所具有的确定的空间形状。例如，具有新颖形状的冰杯、降落伞等。又如，一种用于钢带运输和存放的钢带包装壳，由内钢圈、外钢圈、捆带、外护板及防水复合纸等构成，若其各部分按照技术方案所确定的相互关系将钢带包装起来后形成确定的空间形状，这样的空间形状不具有任意性，则钢带包装壳属于实用新型专利保护的客体。

【例题】一种制作装饰珠片的聚酯塑料片材——不符合实用新型定义不应授权

摘要：一种制作装饰珠片的聚酯塑料片材，由聚酯塑料薄片基材和覆盖在基材上的光亮装饰层构成，其特征是片材的宽度为 50 ~ 130 毫米或者 500 ~ 1150 毫米，厚度为 0.13 ~ 0.19 毫米。本实用新型能够与专门的冲切设备很好匹配，使珠片的冲切工艺得以实现，且可使珠片的制作成本大为降低。

权利要求书为：一种制作装饰珠片的聚酯塑料片材，由聚酯塑料薄片基材和覆盖在基材上的光亮装饰层构成，其特征是片材的宽度为 50 ~ 130 毫米或者 500 ~ 1150 毫米，厚度为 0.13 ~ 0.19 毫米。（见图 3 – 1、图 3 – 2）

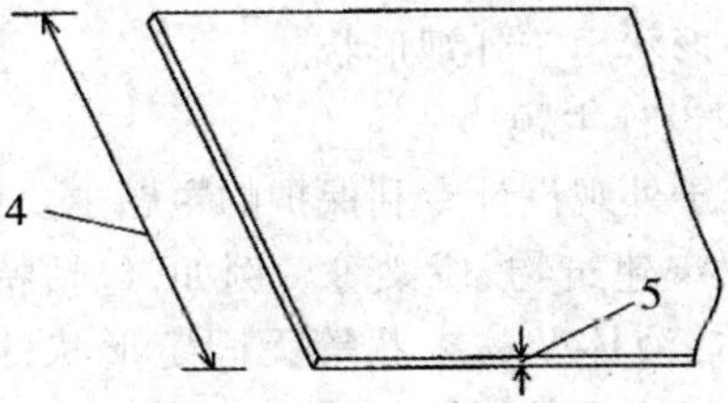

图3–1

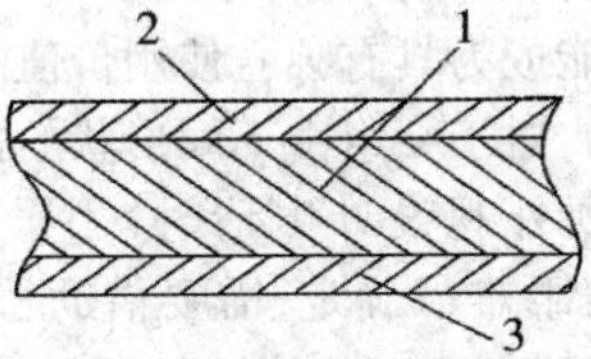

图3–2

由于基材为通用基材，光亮层没有任何技术效果，不属于实用新型所要求的形状，因此，该申请不符合实用新型的定义，不应当授予专利。

3. 外观设计

(1) 外观设计概说

外观设计专利是《巴黎公约》承认的保护客体之一。知识产权协议中称为工业设计。

各国对外观设计的定义略有差异,相比而言,我国外观设计的外延较窄。

我国《专利法》第2条第3款规定:“外观设计,是指对产品的形状、图案或者其结合以及色彩与形状、图案的结合所作出的富有美感并适于工业应用的新设计。”

根据《欧洲共同体外观设计保护条例》的规定,外观设计是指由线条、轮廓、颜色、形状、表面结构和/或者由材料本身装饰形成的整体或部分产品外观。

根据《美国专利法》第171条的规定,就产品而发明的任何新的、原创性的和装饰性的外观设计,其发明者可依据本法的规定和要求获得专利。

根据《日本专利法》的规定,“外观设计”是指关于物品的形状、图案、色彩或其结合的、通过视觉引起美感的设计。

(2)外观设计的载体及其与实用新型的区别

外观设计是产品的外观设计,其载体应当是产品。不能重复生产的手工艺品、农产品、畜产品、自然物不能作为外观设计的载体。

外观设计与实用新型都涉及形状,但是实用新型的形状是具有技术效果的形状,而外观设计的形状没有技术效果,仅仅关乎美观。再者,实用新型的形状包括内部形状,而外观设计的形状属于外观形状。

(3)不予保护的外观设计主题

根据相关规定,不给予外观设计专利保护的主题主要包括:①取决于特定地理条件、不能重复再现的固定建筑物、桥梁等。例如,包括特定的山水在内的“山水别墅”。②因其包含气体、液体及粉末状等无固定形状的物质而导致其形状、图案、色彩不固定的产品。③产品的不能分割、不能单独出售或者使用的局部或部分设计,如袜跟、帽檐、杯把、棋子等。④对于由多个不同特定形状或图案的构件组成的产品,如果构件本身不能成为具有独立使用价值的产品,则该构件不属于外观设计专利保护的客体。例如,对于一组由不同形状的插接块组成的拼图玩具,只有将所有插接块共同作为一项外观设计申请时,才属于外观设计专利保护的客体。⑤不能作用于视觉或者肉眼难以确定,需要借助特定的工具才能分辨其形状、图案、色彩的物品。例如,其图案是在紫外灯照射下才能显现的产品。⑥要求保护的外观设计不是产品本身常规的形态,如用手帕扎成动物形态的外观设计。⑦以自然物原有形状、图案、色彩作为主体的设计。⑧纯属美术范畴的作品。⑨仅以在其产品所属领域内司空见惯的几何形状和图案构成的外观设计。⑩文字和数字的字音、字义不属于外观设计保护的内容。⑪产品通电后显示的图案。例如,电子表表盘显示的图案、手机显示屏上显示的图案、软件界面等。

案例 1 | “食品包装束”外观设计无效案〔3〕

不符合外观设计定义以致不能授权

本案例涉及一“食品包装束”的外观设计，实际上是一种包装方法的设计，该包装物的形状依赖于被包装物的形状而存在，并不是此包装产品本身的常规的形态，这样的外观设计不符合专利法意义上外观设计定义的规定，即不是对产品本身用工业方法进行的形状设计，故本专利申请不符合 2002 年《专利法实施细则》第 2 条第 3 款规定，不应授予专利。

(二)国防专利与普通专利

由国防专利机构审查的专利称为国防专利。2002 年《专利法实施细则》第 8 条第 1 款规定：“发明专利申请涉及国防方面的国家秘密需要保密的，由国防专利机构受理；国务院专利行政部门受理的涉及国防方面的国家秘密需要保密的发明专利申请，应当移交国防专利机构审查，由国务院专利行政部门根据国防专利机构的审查意见作出决定。”

由国务院专利行政部门审查的专利则称为普通专利。

(三)保密专利与非保密专利

专利以公开为常态，但是有时专利也可以保密。《专利法》第 4 条规定：“申请专利的发明创造涉及国家安全或者重大利益需要保密的，按照国家有关规定办理。”依照此条规定办理申请的专利，谓之保密专利。国防专利都是保密专利。

《专利法》第 20 条第 1 款规定：“任何单位或者个人将在中国完成的发明或者实用新型向外国申请专利的，应当事先报经国务院专利行政部门进行保密审查。保密审查的程序、期限等按照国务院的规定执行。”

(四)职务专利与非职务专利

1. 我国职务发明专利的主要内容

执行本单位的任务或者主要是利用本单位的物质技术条件所完成的发明创造为职务发明创造，由此而申请的专利称为职务专利。除职务发明创造之外的发明创造称为非职务发明创造，由此而申请的专利称为非职务专利。

《专利法实施细则》第 12 条规定：“专利法第六条所称执行本单位的任务所完成的职务发明创造是指：(一)在本职工作中作出的发明创造；(二)履行本单位交付的本职工作之外的任务所作出的发明创造；(三)退休、调离原单位后或劳动、人事关系终止后 1 年内作出的，与其在原单位承担的本职工作或者原单位分配的任务有关的发明创造。专利法第六条所称本单位，包括临时工作单位；专利法第六条

〔3〕 参见无效决定 WX4847 号。

所称本单位的物质技术条件,是指本单位的资金、设备、零部件、原材料或者不对外公开的技术资料等。”

(1)执行本单位的任务所完成的发明创造

属于以下情形之一的,即属于职务发明创造:第一,发明人或者设计人在本职工作中作出的发明创造。本职工作即发明人或设计人的职务范围,属日常工作职责的范围,既不是指单位的业务范围,也不是指个人所学专业的范围。从事日常工作所完成的发明创造,属于职务发明创造。第二,履行本单位交付的本职工作之外的任务所完成的发明创造。这里的“本单位”包括:职工的人事隶属单位和临时工作单位(如借调人员从事工作的借调单位、专业人员的受聘单位等)。“本职工作之外的任务”是指工作人员根据本单位的安排承担的短期或临时的任务。单位如果安排特定人员参加本职工作以外的为特定目的而定的研究开发任务时,应当签订协议,明确任务范围,并保存好有关证据,以免发明创造完成后,双方因该发明是否为职务发明创造而产生纠纷。第三,退休、调离原单位后或劳动、人事关系终止后1年内作出的与其在原单位承担的本职工作或者原单位分配的任务有关的发明创造。应当注意,退休、调离原单位后或劳动、人事关系终止后作出的发明创造必须同时具备两个条件,才能构成职务发明创造:其一,该发明创造必须是发明人或者设计人从原单位退休、调离原单位后或劳动、人事关系终止后1年内作出的;其二,该发明创造与发明人或者设计人在原单位承担的本职工作或者分配的任务有联系。

(2)主要是利用本单位的物质技术条件所完成的发明创造

在实践中,很多发明创造的完成都是利用了本单位的物质技术条件,但根据《专利法》的规定,并非凡是利用了本单位的物质技术条件就属于职务发明创造,而必须符合下列条件:第一,发明创造的完成利用了本单位的“物质技术条件”。所谓物质技术条件,是指单位的资金、设备、零部件、原材料或者不对外公开的技术资料等。第二,发明创造的完成利用了“本单位”的物质技术条件。本单位是指发明人隶属单位、借调单位、聘请单位,如果主体在发明创造完成的过程中所利用的物质技术条件,与本单位无关系,则不认为是职务发明创造。第三,发明创造的完成“主要是”利用了本单位的物质技术条件。这里强调的是本单位的物质技术条件在发明创造完成过程中的作用和比重。对于这一点《专利法》并没有详细规定。学术界认为,利用单位的物质技术条件是指在发明创造过程中,全部或者大部分利用了单位的资金、设备、零部件、原材料及不对外公开的技术资料。如果这种利用对发明创造而言是必不可少的、起决定性作用的条件,则发明创造应属于职务发明创造。如果发明人或设计人仅少量利用本单位的物质技术条件,而且这种利用对发明创造的完成的关系不大或者没有起到决定性的作用,则该发明创造不认为是职务发明创造。

应当注意的是,只有同时符合上述3个条件,才能认为该发明创造的完成“主要是利用本单位的物质技术条件”,也才能认定为职务发明。其原因就在于,这种发明创造的完成同单位的物资帮助有密不可分的关系,没有这种帮助,该发明创造是不可能完成的。

判断是否属于职务发明创造,不取决于发明创造是在单位内还是在单位外作出的,也不取决于是在工作时间还是在本工作时间外的业余时间作出的,只要属于执行单位的任务或者主要是利用了本单位的物质技术条件,即便发明创造是在家里利用业余时间完成的也属于职务发明创造。因为脑力劳动与体力劳动不同,它可以不受特定场所和上下班时间的限制。

利用本单位的物质技术条件所完成的发明创造,单位与发明人或者设计人订有合同,对申请专利的权利和专利权的归属作出约定的,从其约定。

2. 国外职务发明的相关规定

(1)美国

在美国,雇员发明的财产权利首先归属于“真正的发明者”(雇员)。美国强调发明归属于发明人本人所有的原则,除合同明确约定外,雇员发明的所有权属于发明人本人所有;而发明的专利申请人身份则只属于发明人。雇主只享有优先权(preemptive right,优先受买权),即有权优先购买此项发明成果,以及工厂实施权(shop right,非排他使用权),即自己使用该项发明而不排除他人使用的权利。

(2)德国

《欧洲专利公约》第 60 条规定:“欧洲专利权归属于发明者或者是他的继受者。如果发明者是雇员的,其发明的欧洲专利权的归属应当根据雇员实施其主要发明活动所在地的国家法律来决定。”德国是该公约签字国,需要遵守该规定。《德国雇员发明法》第 4 条第 2 款规定:由受雇人在事业或公务所负责的工作中产生,或主要以该事业或该公务的经验或成果为发明之基础完成的发明为职务发明。职务发明实行发明人优先原则,但发明人应向雇主报告发明创造成果,雇主可以在法定时间内选择是否接受发明,如不接受则属发明人,如接受则发明人有获得报酬权。[4]

(3)日本

日本也是采取发明人主义的国家。《日本专利法》第 35 条第 1 款对于职务发明的定义是:从业者在属于雇主的业务范围之内,同时又是从业者现在或过去的职务范围内的发明,即为职务发明。[5] 职务发明与非职务发明(自由发明)所有权均归于受雇人,即雇员,发明的原始权利归发明人所有。雇主可以事先在雇佣合同或者诸如公司规则中规定,其专利申请权或专利权可以由雇佣单位继承或受让,或与单位签订独占实施许可。自由发明的所有权完全归于受雇人,任何将自由发明

---

〔4〕 参见范长军:《德国专利法研究》,科学出版社 2010 年版,第 60~62 页。

〔5〕 参见芦珊珊:《中日专利法关于职务发明规定的比较研究》,载《科技进步与对策》2006 年第 3 期。

归属雇用人的契约，均属违反法律规定而无效。当雇员将职务发明的专利申请权或专利权转让给雇主，或给予雇主独占实施权时，雇员有权要求合理的报酬作为转让或授权之补偿。《日本专利法》规定了职务发明成果普通的实施许可权，如果企业在法定时间内不主动主张发明成果的专利申请权、专利权，则上述权利完全由发明人所享有。企业若希望获得发明成果独占许可权或者专利权，则必须通过与发明人协商的途径才能实现，并必须支付给发明人一定的报酬（亦称为“补偿”）。[6]

（4）法国

《法国知识产权法典》第 L611－7 条对雇员发明的归属作出了规定：首先适用书面约定优先原则，不管该发明是否与雇主交付的任务有关。没有约定时，职务发明及混合发明属雇主所有。当职务发明专利归属雇主时，雇主应给予完成职务发明的雇员额外报酬。法国职务发明人的报酬比例通常由劳务合同约定或单独协商，如果没有约定时，则由劳资协调委员会或大审法庭根据这两者原有贡献大小和发明本身的工业、商业实用性来确定受雇人应得的合理酬金。[7]

根据《法国发明专利法》第 1 条的规定，在无特别约定情况下，受雇人在执行工作合同或科研合同中所作出的发明或从事雇主明确委托的设计或研究工作作出的发明属于职务发明。其权利归属实行书面约定优先原则，当职务发明专利归属雇主时，发明人有权获得额外报酬。[8]

（5）俄罗斯

根据《俄罗斯联邦民法典》第 1370 条的规定，职务发明是工作人员因履行劳动职责或雇主布置的相关任务而完成的发明。[9]《俄罗斯联邦专利法》规定：雇员由于工作职责或基于雇主的特殊指派而创造的发明、实用新型、外观设计，其专利权归雇主所有（雇员和雇主之间有协议的情况除外）。[10] 还规定：如果职务发明的专利权属于雇员，雇主在专利有效期内有权在生产中使用职务发明，并在合同确定的基础上向专利权人予以补偿，俄罗斯联邦政府有权规定职务发明获得奖励的最低额度。[11]

---

〔6〕 参见芦珊珊：《中日专利法关于职务发明规定的比较研究》，载《科技进步与对策》2006 年第 3 期。

〔7〕 参见《法国知识产权法典》（法律部分），黄晖译，商务印书馆 1999 年版，第 81 页。

〔8〕 参见国家知识产权局条法司组织编译：《外国专利法选译》，知识产权出版社 2015 年版，第 1021～1022 页。

〔9〕 参见周志远、翟唯辰：《中俄发明制度比较分析》，载《劳动保障世界》2016 年第 1 期。

〔10〕 参见戚文海：《关于中俄知识产权基本制度的比较》，载《俄罗斯中亚东欧市场》2007 年第 3 期。

〔11〕 参见戚文海：《关于中俄知识产权基本制度的比较》，载《俄罗斯中亚东欧市场》2007 年第 3 期。

案例2 | 解放军某军区总医院诉李某专利权归属纠纷案[12]
职务发明所有权属于单位

本案所涉发明“组合式防旋转髓内针”虽不是本职工作中完成的,但是原被告双方有协议约定成果归属,仍属于职务技术成果。

案例3 | 天津市南大高科技有限公司诉刘某、林某专利申请权纠纷案[13]
与本职工作有关的发明属于职务发明

涉案专利“蓖麻粕脱毒饲用蛋白粉的制备方法”与两被告在创新公司工作期间的本职工作有关,且离职时间不到半年,应被认定为职务技术成果。

第二节　可以取得专利和不授予专利的主题

一、可以取得专利的主题

可以取得专利的主题(patentable subject matter)是指哪些技术领域的发明创造可以申请及被授予专利。保护主题的规定方式包括列举式、定义式、排除式、综合式。

(一)列举式

比如《巴黎公约》第1条(2)规定:“工业产权的保护对象有专利、实用新型、外观设计、商标、服务标记、厂商名称、货源标记或原产地名称,和制止不正当竞争。”第1条(4)规定:“专利应包括本联盟国家的法律所承认的各种工业专利,如输入专利、改进专利、增补专利和增补证书等。”

根据《美国专利法》的规定,任何人发明或者发现任何新而有用的方法、机器、制造物、合成物质,或者对上述各项所做的新而有用的改进,都可以获得专利。《美国专利法》规定的可以获得专利的主题非常广泛,有人甚至说阳光下的任何事物都可以获得专利。

(二)定义式

用下定义的方式明确可以获得专利的主题。比如《日本专利法》第2条规定,本法中所称的“发明”是指利用自然规律作出具有高水平技术思想的创作。

(三)排除式

不明确规定可以取得专利的主题,而是通过规定排除取得专利的主题,没有被

[12] 参见北京市第二中级人民法院民事判决书(2003)二中民初字第9796号。
[13] 参见天津市第二中级人民法院民事判决书(2001)二中知初字第26号。

排除的,就都在可以取得专利的范围。

1. 我国《专利法》第 25 条规定:“对下列各项,不授予专利权:(一)科学发现;(二)智力活动的规则和方法;(三)疾病的诊断和治疗方法;(四)动物和植物品种;(五)用原子核变换方法获得的物质;(六)对平面印刷的图案、色彩或者二者的结合作出的主要起标识作用的设计。对前款第(四)项所列产品的生产方法,可以依照本法规定授予专利权。”

我国《专利法》第 5 条第 1 款规定:“对违反法律、社会公德或者妨害公共利益的发明创造,不授予专利权。”

2. 根据我国台湾地区有关专利的规定,下列各款,不予发明专利:(1)动、植物及生产动、植物之主要生物学方法。但微生物学之生产方法,不在此限。(2)人体或动物疾病之诊断、治疗或外科手术方法。(3)妨害公共秩序、善良风俗或卫生者。

(四)综合式

所谓综合式,就是既从积极角度规定可以取得专利的主题,也从消极角度规定排除取得专利的主题。比如 TRIPs 第 27 条规定:“1. 在遵守第 2、3 款规定的前提下,专利可授予所有技术领域内的任何发明,无论是产品还是方法,只要它们具有新颖性、包含发明性步骤,并可供工业应用。在遵守第 65 条第 4 款、第 70 条第 8 款和本条第 3 款规定的前提下,对于专利的获得和专利权的享受不因发明地点、技术领域、产品是进口的还是当地生产的而受到歧视。2. 各成员可拒绝给予对某些发明授予专利权,如在其领土内阻止对这些发明的商业利用是维护公共秩序或道德,包括保护人类、动物或植物的生命或健康或避免对环境造成严重损害所必需的,只要此种拒绝授予并非仅因为此种利用为其法律所禁止。3. 各成员可拒绝对下列内容授予专利权:(1)对人类或动物的诊断、治疗和外科手术方法;(2)除微生物以外的动物和植物,以及除非生物和微生物外的生产动物和植物的主要生物方法。但是,各成员应规定通过专利或一种有效的特殊制度或通过这两者的组合来保护植物品种。本项的规定应在《WTO 协定》生效之日起 4 年后进行审议。”

二、不授予专利的主题

(一)违反法律、社会公德的发明创造

1. 违反法律的发明创造不授予专利

发明创造与法律相违背的,不能被授予专利权。发明创造本身的目的与法律相违背的,不能被授予专利权。法律是指由全国人民代表大会或者全国人民代表大会常务委员会依照立法程序制定和颁布的法律,它不包括行政法规和规章。例如,用于赌博的设备、机器或工具,吸毒的器具,伪造国家货币、票据、公文、证件、印章、文物的设备等都属于违反法律的发明创造,不能被授予专利权。发明创造并没有违反法律,但是由于其被滥用而违反法律的,则不属此列。例如,用于医疗的各

种毒药、麻醉品、镇静剂、兴奋剂和用于娱乐的棋牌等。

《专利法实施细则》第10条规定："专利法第五条所称违反法律的发明创造，不包括仅其实施为法律所禁止的发明创造。"其含义是，如果仅仅是发明创造的产品的生产、销售或使用受到法律的限制或约束，则该产品本身及其制造方法并不属于违反法律的发明创造。例如，用于国防的各种武器的生产、销售及使用虽然受到法律的限制，但这些武器本身及其制造方法仍然属于可给予专利保护的客体。

2. 违反社会公德的发明创造不授予专利

社会公德是指公众普遍认为是正当的并被接受的伦理道德观念和行为准则。它的内涵基于一定的文化背景，随着时间的推移和社会的进步不断地发生变化，而且因地域不同而各异。中国《专利法》中所称的社会公德限于中国境内。发明创造与社会公德相违背的，不能被授予专利权。例如，带有暴力凶杀或者淫秽的图片或者照片的外观设计，非医疗目的的人造性器官或者其替代物，人与动物交配的方法，改变人生殖系遗传同一性的方法或改变了生殖系遗传同一性的人，克隆的人或克隆人的方法，人胚胎的工业或商业目的的应用，可能导致动物痛苦而对人或动物的医疗没有实质性益处的改变动物遗传同一性的方法等，上述发明创造违反社会公德不能被授予专利权。

值得注意的是，对于部分违反《专利法》第5条的申请，即一件专利申请中含有违反法律、社会公德或者妨害公共利益的内容，而其他部分是合法的，对于这样的专利申请，审查员在审查时，会通知申请人进行修改，删除违反《专利法》第5条的部分。如果申请人不同意删除违法的部分，就不能被授予专利权。例如，对于一项"投币式弹子游戏机"的发明创造，其能够实现游戏者在达到一定的分数之后，机器会抛出一定数量的钱币。对此，审查员会通知申请人将抛出钱币的部分删除或对其进行修改，使之成为一个单纯的投币式游戏机。否则，它即使是一项新的有创造性的技术方案，也不能被授予专利权。

（二）不授予专利权的技术领域

《专利法》第25条规定了不授予专利权的主题，具体内容如下。

1. 科学发现

根据《专利法》第25条的规定，科学发现是指对自然界中客观存在的物质、现象、变化过程及其特性和规律的揭示。其不同于改造客观世界的技术方案，不是专利法意义上的发明创造，因此不能被授予专利权。虽然科学发现不属于授予专利权的范围，但是根据该科学发现而进行的进一步的发明创造则是可以被授予专利权的。例如，发现卤化银在光照下有感光特性，这种发现不能被授予专利权，但是根据这种发现制造出的感光胶片及此感光胶片的制造方法则可以被授予专利权。

2. 智力活动的规则和方法

根据《专利法》第25条的规定，智力活动的规则和方法是指导人们进行思维、表述、判断和记忆的规则和方法。由于其没有采用技术手段或者利用自然规律，也未解决技术问题和产生技术效果，从而不构成技术方案。因此，指导人们进行这类活动的规则和方法不能被授予专利权。如果一项权利要求在对其进行限定的全部内容中既包含智力活动的规则和方法的内容，又包含技术特征，则该权利要求就整体而言并不是一种智力活动的规则和方法，不应当依据《专利法》第25条排除其获得专利权的可能性。

3. 疾病的诊断和治疗方法

疾病的诊断和治疗方法是指以有生命的人体或者动物体为直接实施对象，进行识别、确定或消除病因或病灶的过程。医生在诊断和治疗过程中应当有选择各种方法和条件的自由，但是，这类方法直接以有生命的人体或动物体为实施对象，无法在产业上利用，不属于专利法意义上的发明创造。因此，疾病的诊断和治疗方法不能被授予专利权。但是，用于实施疾病诊断和治疗方法的仪器或装置，以及在疾病诊断和治疗方法中使用的物质或材料属于可被授予专利权的主题。

4. 动物和植物品种

动物和植物品种虽然不在《专利法》保护之列，但也可以通过其他法律法规得到保护。例如，植物新品种可以通过《植物新品种保护条例》给予保护。

但是，根据《专利法》第25条第2款的规定，对动物和植物品种的生产方法，可以授予专利权。这里所说的生产方法是指非生物学的方法，不包括生产动物和植物主要是生物学的方法。

一种方法是否属于"主要是生物学的方法"，取决于在该方法中人的技术介入程度。如果人的技术介入对该方法所要达到的目的或者效果起了主要的控制作用或者决定性作用，则这种方法不属于"主要是生物学的方法"。例如，采用辐照饲养法生产高产牛奶的乳牛的方法，改进饲养方法生产瘦肉型猪的方法等属于可被授予发明专利权的客体。

所谓微生物发明，是指利用各种细菌、真菌、病毒等微生物去生产一种化学物质（如抗生素）或者分解一种物质等的发明。微生物和微生物方法可以获得专利保护。

5. 用原子核变换方法获得的物质

用原子核变换方法获得的物质关系到国家的经济、国防、科研和公共生活的重大利益，不宜为单位或私人所垄断，因此不能被授予专利权。

6. 对平面印刷品的图案、色彩或者二者的结合作出的主要起标识作用的设计

如果一件外观设计同时满足下列三个条件，则属于不授予专利权的情形：（1）使用外观设计的产品属于平面印刷品；（2）该外观设计是针对图案、色彩或者二者的结合而作出的；（3）该外观设计主要起标识作用。

第三节　计算机软件及生物技术的可专利性

一、计算机软件的可专利性

(一)计算机软件可专利性的发展概况

计算机程序本身是指为了能够得到某种结果而可以由计算机等具有信息处理能力的装置执行的代码化指令序列,或者可被自动转换成代码化指令序列的符号化指令序列或者符号化语句序列。计算机程序本身包括源程序和目标程序。本章所说的涉及计算机程序的发明是指为解决发明提出的问题,全部或部分以计算机程序处理流程为基础,通过计算机执行按上述流程编制的计算机程序,对计算机外部对象或者内部对象进行控制或处理的解决方案。所说的对外部对象的控制或处理包括对某种外部运行过程或外部运行装置进行控制,对外部数据进行处理或者交换等;所说的对内部对象的控制或处理包括对计算机系统内部性能的改进,对计算机系统内部资源的管理,对数据传输的改进等。涉及计算机程序的解决方案并不必须包含对计算机硬件的改变。

自20世纪60年代起一些发达国家在判例中否定了单纯软件的专利性。美国关于计算机程序的最早判例是1972年最高法院判决的"Gottschalk v. Benson"[14]一案,该案否决了数字算法的可专利性。《欧洲专利公约》的最初文本甚至明确规定软件不受专利法保护,英、德等国也采取过同样的立场。20世纪70年代中期以来,美国、日本、加拿大等国家,以及欧共体(于1993年11月1日改称为"欧盟")的法院及专利局的审查部先后开始为计算机软件授予专利权透出绿灯,其他一些国家也开始采取类似的做法。

美国自1987年以来调整了计算机程序的专利审查基准,大大放宽了有关的限制,提出虽然程序本身不受专利保护,但是程序所控制的硬件运行方法步骤可以作为方法申请专利。1989年,美国结合大量判例制定了一个用于软件专利审查的指导原则。1996年,美国专利商标局发布的《与计算机相关的发明的审查指南》规定,包含于软件中的数字算法只是一种"抽象思想",但是,若将这种数字算法用于实践,从而产生"有用的(useful)、具体的(concrete)、有形的(tangible)后果",该软件即可成为专利性主题,能够获得专利。美国新指南及新近相关司法实践,把实用性即在技术领域内的实际应用作为方法权利要求的审查依据,而不再刻板强调必须与硬件相结合。因此,防火墙之类的软件获得专利就不再有什么障碍。要获得

---

〔14〕　参见409U. S. 63. 175USQ673。

产品专利,则必须与一定的设备或装置结合。[15]

修改后的《欧洲专利公约》规定,将计算机硬件系统与软件作为一个整体,如能够对现有技术作出贡献,可以被授予专利。欧洲专利局1985年颁布的审查基准确认,一项与软件有关的发明如果具有技术性,则该软件就具有可专利性。欧盟以前一直坚持计算机程序要获得专利,必须与硬件结合,但是2005年通过的"计算机相关发明可专利性的指令建议"认为,涉及计算机程序的发明不管是以商业方法、数学或其他方法实施,只要能产生超过正常程序和计算机、网络或其他可编程部件之间正常的物理互动的技术效果的,即计算机程序的运行能产生有益效果的,就具有可专利性。[16]

1997年新的《日本专利审查指南》同样放宽了计算机应用软件的可专利性条件。

(二)我国涉及计算机程序的发明专利申请的审查方法

1. 可专利的计算机程序的类型

根据原中国专利局颁布的《专利审查指南》的有关规定,下列4种含有计算机程序的发明具有可专利性。

(1)涉及自动化技术处理过程的发明专利申请。如果这种发明是将一个计算机程序输入给公知计算机,从而形成一个计算机程序控制的装置或者计算机程序控制的生产方法,而离开了该程序,自动控制就无法实现,那么将该程序与带有计算机硬件的系统作为一个整体考虑,则该程序控制的公知计算机装置和计算机程序就共同构成一个发明主题,并且该发明具有技术效果,构成完整的技术方案,则该软件具有可专利性。如带有计算机程序的"水泥生料配比系统","汽车用空调装置与方法"等。

(2)涉及计算机内部运行性能改变的发明专利申请。如果这种发明是用一种计算机程序通过对公知计算机进行控制而使该公知计算机系统的内部运行得以明显改进,则该程序与该公知计算机系统作为一个整体具有技术效果,构成一个完整的技术方案,具有可专利性。如"多道程序设计控制装置与方法""假想存储控制装置与方法"等。

(3)涉及测量或者测试过程的发明专利申请。如果这种发明是采用计算机程序来控制和/或者执行测量或测试过程,只要这种含有计算机程序的测量或者测试装置或者方法能够产生技术效果,构成一个完整的技术方案,就具有可专利性,可能获得专利权。如"地下金属管线智能检测装置及其计算机程序"等。

(4)汉字编码方案及计算机汉字信息处理方法。汉字编码本身属于智力活动

---

〔15〕 参见应明:《计算机程序专利保护在美国的发展趋势》,载《知识产权》2001年第1期。

〔16〕 参见李倩:《计算机软件的专利保护》,载《法制与社会》2007年第8期。

规则和方法，不属于专利法意义上的技术方案，也不具备技术效果，是不能获得专利权的。但如果把汉字编码与该编码方案所使用的特定键盘相结合，作为计算机系统处理汉字的一种汉字输入方法或者汉字信息处理方法，使计算机系统能以汉字信息为指令，产生出若干新的功能，并且具有技术效果，能够构成完整的技术方案，则这类计算机程序也具有可专利性。如"五笔字型汉字编码方案及其计算机输入方法"等。

2. 审查方法

根据《专利法》第25条第1款第2项的规定，对智力活动的规则和方法不授予专利权。涉及计算机程序的发明专利申请按照《专利审查指南》第二部分第一章第4.2节所述情形的，按照该节的原则进行审查。

(1)如果一项权利要求仅仅涉及一种算法或数学计算规则，或者计算机程序本身或仅仅记录在载体上的计算机程序本身，或者游戏的规则和方法等，则该权利要求属于智力活动的规则和方法，不属于专利保护的客体。如果一项权利要求除其主题名称之外，对其进行限定的全部内容仅仅涉及一种算法或者数学计算规则，或者程序本身，或者游戏的规则和方法等，则该权利要求实质上仅仅涉及智力活动的规则和方法，不属于专利保护的客体。例如，仅由所记录的程序限定的计算机可读存储介质或者一种计算机程序产品，或者仅由游戏规则限定的、不包括任何技术性特征，如不包括任何物理实体特征限定的计算机游戏装置等，由于其实质上仅仅涉及智力活动的规则和方法，因而不属于专利保护的客体。但是，如果专利申请要求保护的介质涉及其物理特性的改进，如叠层构成、磁道间隔、材料等，则不属此列。

(2)除上述(1)所述的情形之外，如果一项权利要求在对其进行限定的全部内容中既包含智力活动的规则和方法的内容，又包含技术特征，如在对上述游戏装置等限定的内容中既包括游戏规则，又包括技术特征，则该权利要求就整体而言并不是一种智力活动的规则和方法，不应当依据《专利法》第25条排除其获得专利权的可能性。

(3)涉及计算机程序的发明专利申请只有构成技术方案才是专利保护的客体。如果涉及计算机程序的发明专利申请的解决方案执行计算机程序的目的是解决技术问题，在计算机上运行计算机程序从而对外部或内部对象进行控制或处理所反映的是遵循自然规律的技术手段，并且由此获得符合自然规律的技术效果，则这种解决方案属于《专利法》第2条第2款所说的技术方案，属于专利保护的客体。例如，如果涉及计算机程序的发明专利申请的解决方案执行计算机程序的目的是实现一种工业过程、测量或测试过程控制，通过计算机执行一种工业过程控制程序，按照自然规律完成对该工业过程各阶段实施的一系列控制，从而获得符合自然规律的工业过程控制效果，则这种解决方案属于《专利法》第2条第2款所说的技术方案，属于专利保护的客体。

如果涉及计算机程序的发明专利申请的解决方案执行计算机程序的目的是处理一种外部技术数据，通过计算机执行一种技术数据处理程序，按照自然规律完成对该技术数据实施的一系列技术处理，从而获得符合自然规律的技术数据处理效果，则这种解决方案属于《专利法》第2条第2款所说的技术方案，属于专利保护的客体。

如果涉及计算机程序的发明专利申请的解决方案执行计算机程序的目的是改善计算机系统内部性能，通过计算机执行一种系统内部性能改进程序，按照自然规律完成对该计算机系统各组成部分实施的一系列设置或调整，从而获得符合自然规律的计算机系统内部性能改进效果，则这种解决方案属于《专利法》第2条第2款所说的技术方案，属于专利保护的客体。

如果涉及计算机程序的发明专利申请的解决方案执行计算机程序的目的不是解决技术问题，或者在计算机上运行计算机程序从而对外部或内部对象进行控制或处理所反映的不是利用自然规律的技术手段，或者获得的不是受自然规律约束的效果，则这种解决方案不属于《专利法》第2条第2款所说的技术方案，不属于专利保护的客体。

二、生物技术的可专利性

(一)概述

生物技术领域的发明大致分为以下几类：(1)动物和植物品种发明；(2)微生物及遗传物质发明；(3)生物制品发明；(4)获得生物体的生物学方法或遗传工程学方法发明；(5)微生物学方法发明；(6)疾病的诊断和治疗方法发明。“生物材料”是指任何带有遗传信息并能够自我复制或者能够在生物系统中被复制的材料，如基因、质粒、微生物、动物和植物等。

我国对动物和植物品种不给予专利保护。然而对于符合条件的植物新品种，可以通过自1997年10月1日起施行的《植物新品种保护条例》进行保护。微生物菌种和遗传物质属于可授予专利的主题，生物制品可授予专利，获得生物体的方法必须是可以重复再现的非生物学的方法。

各国或国际组织立法对生物技术发明和基因技术的可专利性问题有以下几种态度：(1)积极立法，予以肯定，如美国、日本、澳大利亚、欧盟。欧盟《关于生物技术发明的法律保护指令》是一份重要的文献，其中规定：“……第二，脱离人体的或者通过技术方法而产生的某种元素，包括基因序列或基因序列的某一部分，可以构成可授予专利的发明，即使该元素的结构与一个自然界存在的结构完全相同；第三，基因序列或基因序列的某一部分的工业实用性必须在专利申请中公开。”(2)谨慎型的，如英国等少数欧盟国家、韩国、加拿大等。(3)持保守态度和坚持灵活性来保护生物技术发明。不过，各国一般都坚持人本身、人胚胎等不能成为专利的对象。对于动物品种是否可专利性,反对的国家居多。我国《专利法》对此未做明确规定,但《专利法实施细则》和《专利审查指南》将基因技术纳入了化学物质类进行保护,人的基因片段、蛋白质片段等可以成为专利的客体,即新发现并成功分离的基因、蛋白质片段,如同微生物一样,应当都可以申请专利,只要它符合专利的三性要求。

我国《专利法》规定,动物和植物品种不授予专利权,但是对动物和植物品种的生产方法,可以依照本法规定授予专利权。方法专利保护可以延及产品,即动植物品种。

（二）对要求保护的客体的审查

1. 属于《专利法》第5条规定的不能被授予专利权的发明的情况

(1)有违伦理的发明:非医疗目的的人造性器官或者其替代物,人与动物交配的方法,改变人生殖系遗传同一性的方法或改变了生殖系遗传同一性的人,克隆的人或克隆人的方法,人胚胎的工业或商业目的的应用,可能导致动物痛苦而对人或动物的医疗没有实质性益处的改变动物遗传同一性的方法等。

(2)人类胚胎干细胞及其制备方法,处于各形成和发育阶段的人体,包括人的生殖细胞、受精卵、胚胎及个体,均属于《专利法》第5条第1款规定的不能被授予专利权的发明。

(3)违法获取或利用遗传资源完成的发明创造违反法律、行政法规的规定获取或者利用遗传资源,并依赖该遗传资源完成的发明创造,属于《专利法》第5条第2款规定的不能被授予专利权的发明创造,其审查适用《专利审查指南》第二部分第一章第3.2节的规定。

2. 依据《专利法》第25条进行审查的情况

(1)微生物

微生物包括细菌、放线菌、真菌、病毒、原生动物、藻类等。由于微生物既不属于动物,也不属于植物的范畴,因而微生物不属于《专利法》第25条第1款第4项所列的情况。但是未经人类的任何技术处理而存在于自然界的微生物因为属于科学发现,所以不能被授予专利权。只有当微生物经过分离成为纯培养物,并且具有特定的工业用途时,微生物本身才属于可给予专利保护的客体。

(2)基因或DNA片段

无论是基因或是DNA片段,其实质是一种化学物质。这里所述的基因或DNA片段包括从微生物、植物、动物或人体分离获得的,以及通过其他手段制备得到的。人们从自然界找到以天然形态存在的基因或DNA片段,仅仅是一种发现,属于《专利法》第25条第1款第1项规定的“科学发现”,不能被授予专利权。但是,如果是首次从自然界分离或提取出来的基因或DNA片段,其碱基序列是现有技术中不曾记载的,并能被确切地表征且在产业上有利用价值,则该基因或DNA

片段本身及其得到方法均属于可给予专利保护的客体。

(3)动物和植物个体及其组成部分

动物的胚胎干细胞、动物个体及其各个形成和发育阶段，如生殖细胞、受精卵、胚胎等，属于"动物品种"的范畴，根据《专利法》第25条第1款第4项的规定，不能被授予专利权。动物的体细胞及动物组织和器官（除胚胎以外）不符合"动物"的定义，因此不属于《专利法》第25条第1款第4项规定的范畴。

(4)植物品种

可以借助光合作用，以水、二氧化碳和无机盐等无机物合成碳水化合物、蛋白质来维系生存的植物的单个植株及其繁殖材料（如种子等），属于"植物品种"的范畴，根据《专利法》第25条第1款第4项的规定，不能被授予专利权。植物的细胞、组织和器官如果不具有上述特性，则其不能被认为是"植物品种"，因此不属于《专利法》第25条第1款第4项规定的范畴。

(5)转基因动物或植物

转基因动物或植物是通过基因工程的重组DNA技术等生物学方法得到的动物或植物。其本身仍然属于"动物品种"或"植物品种"的范畴，根据《专利法》第25条第1款第4项的规定，不能被授予专利权。

第四章 专利权的主体

权利主体,一般认为是指享有获得某项权利资格的人,包括自然人和单位。《威尼斯专利法》规定任何作出发明的人都可以向市政府申请专利。英国《独占条例》也规定,新产品的第一个发明人可以享有专利保护,自然也包括外国人。从《英国专利法》的最初目的看,实施专利法正是为了吸引外国人来英国申请专利,引进先进技术和产业。根据《欧洲专利公约》第 58 条的规定,任何自然人、法人或者任何由法律规定与法人相等同的主体,都可以提出欧洲专利申请。专利代理人是受申请人委托处理相关专利事务的,是主体民事行为能力的扩展和延伸,因此本书将专利代理制度放在本章阐述。

第一节 申 请 人

一、申请人的概念

申请人,即以自己名义向专利局提交申请文件申请专利的人。申请人应当是享有申请专利权利的人。不享有申请的权利,在许多国家会导致专利无效,不能授权。申请人提出专利申请后,即取得申请人的地位,享有专利申请权。专利申请被授权后,申请人即成为专利权人。大多数情况下,专利申请人和专利权人是一致的,专利权一般归属于专利申请权人。但专利申请人与专利权人也不能完全画上等号。在某些情况下,享有专利申请权的主体并不一定成为最终的专利权人。例如,针对同一发明创造的两个人分别提出专利权的申请,尽管两人都是专利申请人,但专利权最终只能授予其中一个。专利申请权也可以转让,转让之后,原申请人的地位即被新申请人取代。

二、发明人(自然人)申请和取得专利的权利

向专利行政当局提出申请的人为申请人。作为发明人的自然人作出了发明,只要该发明不是职务发明,也没有通过合同约定的形式将申请专利的权利转让他人,那么他就享有申请专利的权利。

关于无民事行为能力人和限制行为能力人的申请资格问题:我国《专利法》对此没有明确规定,但应该适用民法关于自然人权利能力和行为能力的一般规定。

发明是一种事实行为，并非一种法律行为，任何人只要通过自己的智力劳动创造出了智力劳动成果，都可以依法向国家专利主管部门申请专利，在申请被批准后将依法获得专利权。故申请和取得专利的权利并非只属于完全行为能力人，无行为能力人和限制行为能力人也可成为申请专利和获得专利权的主体。如我国《未成年人保护法》第46条规定："国家依法保护未成年人的智力成果和荣誉权不受侵犯。"虽然无行为能力人或者限制行为能力人的申请资格即权利能力是没有疑问的，但专利申请从行为性质上讲应该是一种法律行为，不是无行为能力人或者限制行为能力人可以完成的，此时可以适用法定代理制度，由他们的监护人来履行申请人的行为或者由法定代理人委托他人来履行申请行为。

还有些国家规定，只能是发明人作为申请人，如美国。因此，企业要取得申请人资格，一般需要通过转让申请人资格的形式获得。

关于发明人或设计人的合法继承人、受让人问题：发明创造是一种无形财产，基于发明创造获得专利的权利是一种无形财产权。发明人对发明创造拥有的所有权是可以转移的，而且申请专利和获得专利的权利是由发明创造所有权派生的，因此，发明人或设计人的合法继承人、受让人也可以享有申请专利和获得专利的权利。这同时也是世界各国和各地区专利法的通例。例如：《法国知识产权法典》规定工业产权证书的获得权属于发明人或其权利继承人。《瑞士专利法》规定发明人、发明人的合法继承人或以其他任何名义拥有发明的第三者有权获得专利。我国台湾地区"专利法"第5条之Ⅱ规定："专利申请权人，除本法另有规定或契约另有约定外，指发明人、新型创作人、设计人或其受让人或继承人。"我国《继承法》规定专利权中的财产权利可以继承。我国《专利法》规定专利申请权和专利权可以转让，并且规定专利申请人和专利权人既可以在中国自然人、法人之间相互转换，也可以在中国人和外国人之间相互转换。

三、申请和取得专利的权利属于单位(法人)

(一)职务发明创造的概念

职务发明创造是指与职务有关的发明创造。国内多数学者用"职务发明"，但也有个别学者用"雇员(雇佣)发明"。在英语里，则多用雇员发明(employee invention)或者雇员的发明(employee's invention)，较少用职务发明(service invention)。

与职务发明创造相关的概念：我国《专利法》规定了职务发明创造，《合同法》规定的是职务技术成果，《著作权法》规定有职务作品，《促进科技成果转化法》规定的是职务科技成果。

(二)我国的规定

本书第三章已述及，《专利法实施细则》第12条对职务发明创造作出了详细规定，此处不赘述。另外，《合同法》第326条规定："职务技术成果的使用权、转让权属于法人或者其他组织的,法人或者其他组织可以就该项职务技术成果订立技术合同。法人或者其他组织应当从使用和转让该项职务技术成果所取得的收益中提取一定比例,对完成该项职务技术成果的个人给予奖励或者报酬。法人或者其他组织订立技术合同转让职务技术成果时,职务技术成果的完成人享有以同等条件优先受让的权利。职务技术成果是执行法人或者其他组织的工作任务,或者主要是利用法人或者其他组织的物质技术条件所完成的技术成果。”但是,《合同法》没有明确职务技术成果的权属规则。

(三)非法人单位的申请资格问题

实务中存在诸如课题组或者其他具备一定能力但还不具备法人资格的非法人组织,是否可以申请专利,不能做简单处理。多数情况下,这些组织通常会与其他单位通过合同约定来确定由谁申请专利,但是确实存在该非法人组织本身可能有独立利益的情形。新颁布的《民法总则》设有一章“非法人组织”,其第102条规定:“非法人组织是不具有法人资格,但是能够依法以自己的名义从事民事活动的组织。非法人组织包括个人独资企业、合伙企业、不具有法人资格的专业服务机构等。”当然,该条款列举了典型的非法人组织形式,但不宜认为是穷尽了类型。

四、用合同约定专利权的主体

在许多情况下,可以用合同约定专利权的主体,因为专利申请权和专利权是民事权利,可以通过合同约定权利归属。

我国《专利法》第6条第3款专门规定:“利用本单位的物质技术条件所完成的发明创造,单位与发明人或者设计人订有合同,对申请专利的权利和专利权的归属作出约定的,从其约定。”

根据上述规定,单位与研发人员可以通过相互之间的合同来约定发明创造的归属。例如,对主要利用单位物资条件所完成的发明创造成果,发明人按照事先约定向单位返还必要的资金或者交纳使用费,该发明创造成果的专利申请权和获得专利的权利属于发明人而非单位。

上述用合同约定专利权的主体适用于利用本单位的物质技术条件完成的发明创造,并且单位与发明人或设计人订立了有关专利申请权和专利权归属的合同。关于约定合同的内容,应该注意以下两点:(1)双方约定应当针对专利申请权和获得专利权的归属,对于专利申请权和获得专利权的归属未做详细约定的,应当按照《专利法》所规定的法定条件确定归属;(2)只要双方当事人有约定的,利用本单位的物质技术条件所完成的发明创造可以认定为非职务发明。但是这类约定不应当损害单位的财产权益。

在科技开发中,技术合同是当事人就技术开发、转让、咨询或者服务订立的确立相互之间权利和义务的合同。在技术开发、技术咨询和技术服务中所产生的技术成果归属,包括申请专利的权利及专利权的归属,均实行约定优先的原则,即当事人可以通过合同约定权利的归属。在没有约定时,则适用《合同法》等法律的规定。比如,委托开发合同中,对委托开发完成的发明创造,除当事人另有约定的以外,申请专利的权利属于研究开发人。研究开发人取得专利权的,委托人可以免费实施该专利。并且,如果研究开发人转让专利申请权的,委托人享有以同等条件优先受让的权利。

五、专利权共有

不管是职务发明创造还是非职务发明创造,都可能存在两个以上的主体共有一项专利的情形。在非职务发明创造中,两个或者两个以上的自然人如果没有对发明创造权利的归属作出约定,那么其共同进行研究、设计、开发而取得的发明创造的专利申请权和获得专利权的权利就归参与研究的工作人员共同所有。这里所称的"参与研究的工作人员"是指必须对发明创造的实质性特点作出创造性贡献或者在研究开发过程中不可或缺的人。就职务发明创造而言,如果合作开发的各单位之间没有就专利权归属作出约定的,那么就归对发明创造的实质性特点作出贡献的人所属的单位共同所有。《专利法》第 8 条规定:"两个以上单位或者个人合作完成的发明创造、一个单位或者个人接受其他单位或者个人委托所完成的发明创造,除另有协议的以外,申请专利的权利属于完成或者共同完成的单位或者个人;申请被批准后,申请的单位或者个人为专利权人。"此时,专利权和专利申请权均为共有。在有两个或者两个以上的共同发明人或设计人时,除非相互之间有合同约定,否则专利申请应当由各共同发明人或设计人一起共同提出,仅有其中一人或者一部分人提出申请是无效的。两人以上提出的专利申请撤回时,也必须由全体的申请人共同撤回,不能由其中的一人或者一部分人撤回。

我国《合同法》第 340 条规定:"合作开发完成的发明创造,除当事人另有约定的以外,申请专利的权利属于合作开发的当事人共有。当事人一方转让其共有的专利申请权的,其他各方享有以同等条件优先受让的权利。合作开发的当事人一方声明放弃其共有的专利申请权的,可以由另一方单独申请或者由其他各方共同申请。申请人取得专利权的,放弃专利申请权的一方可以免费实施该专利。合作开发的当事人一方不同意申请专利的,另一方或者其他各方不得申请专利。"

以上所述的共有一般可以看作是共同共有,即对技术或专利共同享有权利,因为技术或者专利作为一个整体是不可分的,共有人之间只能是共同共有关系。但是这不妨碍各共有人就技术或者专利产生的收益通过约定或者依照实际贡献实行按份分配。我国《专利法》第 15 条对于这种共有关系下的权利义务作出了相关规定:"专利申请权或者专利权的共有人对权利的形式有约定的,从其约定。没有约定的共有人可以单独实施或者以普通许可方式许可他人实施该专利;许可他人实施该专利的,收取的使用费应当在共有人之间分配。除前款规定的情形外,行使共有的专利申请权或者专利权应当取得全体共有人的同意。"

根据上述规定,发明创造专利的共有人之一可以单独许可他人实施专利,但许可的方式仅限于普通许可,而不能以排他许可或独占许可的方式许可他人使用。此外,许可人对于许可所取得的收益应当在专利共有人之间进行分配,并不能把所得收益“独吞”。这一点有别于专利共有人单独实施专利所取得收益的分配问题。如果是专利共有人单独实施专利而取得相关收益的,该收益应由该共有人单独享有,并不需要在所有专利共有人之间进行分配。

对于共有专利权人能否对侵犯专利权的行为单独提起诉讼的问题,《专利法》并没有明文作出规定,相关的司法解释也并未进一步予以明确。通说认为,对于侵犯专利权行为的起诉同样属于行使专利权的基本方式之一,因此在没有约定的情况下,专利权的共有人中的一人或者一部分人不能对侵权行为单独提起诉讼。[1]

案例4　北京世纪博微科贸有限公司诉张广忠专利权权属纠纷案[2]
合作发明归合作人共有

涉案专利“自然导流式防串烟防倒灌排风道”虽然不是系争双方的合作开发协议所明确载明,但是该发明实质上为世纪博微与金桥合作期间共同研制的产品,应由双方共同享有权利。

六、委托完成的发明创造

所谓委托完成的发明创造,是指单位或者个人提出研究开发任务并提供必要的研究设备、经费与报酬,由其他单位或者个人进行研究开发所完成的发明创造。我国《专利法》第8条规定:“两个以上单位或者个人合作完成的发明创造、一个单位或者个人接受其他单位或者个人委托所完成的发明创造,除另有协议的以外,申请专利的权利属于完成或者共同完成的单位或者个人;申请被批准后,申请的单位或者个人为专利权人。”根据上述规定,委托完成的发明创造的专利申请权与获得专利权的权利归属应优先适用合同约定的原则。双方在合同中可以约定属于委托关系中的一方单独所有,也可以约定属于双方共同所有。委托双方所签订的合同应当是《合同法》规定的书面委托开发合同,内容须符合《合同法》总则及关于技术开发合同的规定。而在双方没有合同约定的情况下,对该发明创造的专利申请权与获得专利权的权利均属于完成或者共同完成的单位或个人所有。

根据我国《合同法》第330条的规定,涉及委托他人开发专利的合同都必须采用书面的形式。这里所称“书面形式”包括合同书、信件和数据电文(包括电报、电

[1] 参见尹新天:《中国专利法详解》,知识产权出版社2011年版,第187页。
[2] 参见北京市第二中级人民法院民事判决书(2003)二中民初字第10149号。

传、传真、电子数据交换和电子邮件)等可以有形地表现所载内容的形式。[3]

此外,我国《合同法》第339条还规定:"委托开发完成的发明创造,除当事人另有约定的以外,申请专利的权利属于研究开发人。研究开发人取得专利权的,委托人可以免费实施该专利。研究开发人转让专利申请权的,委托人享有以同等条件优先受让的权利。"

在合同没有约定或者约定不明的情况下,合作完成的发明创造一般情况下是归合作研究开发的各方共同所有的,而委托开发完成的发明创造则是归受托人所有。因此,在合同没有约定或者约定不明的情况下,应当如何区分合作开发技术合同还是委托开发技术合同,一般而言,判断是合作关系还是委托关系,主要考虑以下两个方面:(1)各方是否都进行了投资。如果仅有一方投资,另一方只进行研究开发而没有进行任何物质上的投资,则应当认定属于委托关系,由发明创造的完成方享有发明创造的专利申请权。(2)各方是否派出了人员参与研究开发。若双方都进行了投资,且各方派出的人员对发明创造的实质性特点均作出创造性的贡献,则应当认为属于合作开发的关系,完成发明创造的专利申请权归各方共同所有。[4]

第二节 发明人或者设计人

一、发明人或者设计人概述

《专利法实施细则》第13条对发明人或者设计人进行了定义:"专利法所称发明人或者设计人,是指对发明创造的实质性特点作出创造性贡献的人。在完成发明创造过程中,只负责组织工作的人、为物质技术条件的利用提供方便的人或者从事其他辅助工作的人,不是发明人或者设计人。"

在实际生产作业中,发明人或设计人通过智力劳动所创造出来的发明需要大量的资金、设备等物资做支撑,而提供重要物质基础做研究支持的往往是该发明人或设计人所属的单位。因此,我国为了更好地区分职务发明与非职务发明之间的界限,特此在《专利法》第6条规定了"执行本单位的任务"和"利用本单位的物质技术条件"来区分自然人的发明是否属于非职务发明,即发明人或设计人并非执行本单位的任务或者不是主要利用本单位的物质技术条件所完成的发明创造时,该发明人或设计人才有权申请和获得专利权。一般来说,仅仅对发明创造提供资金、设备、材料、试验条件的人员,进行组织管理的人员,协助绘制图纸、整理资料、

---

〔3〕 参见《中华人民共和国合同法》第11条规定。

〔4〕 参见尹新天:《中国专利法详解》,知识产权出版社2011年版,第95页。

翻译文献等辅助服务人员都不属于我国《专利法》所规定的“发明人或者设计人”。

署名权是发明人或者设计人的一项重要的人身权利，受到世界各国与各地区的重视。《巴黎公约》第4条之三明确规定，发明人有权在专利文件中列明其姓名。通过行使署名权，可以让社会了解某项发明创造的实际发明人、设计人，这体现了对发明人或者设计人智力劳动成果的肯定与尊重。

发明创造是发明人、设计人创造性的智力成果。发明人或设计人对其发明创造享有申请专利和获得专利权的权利，这一直是世界各国和各地区专利法的一条基本原则。例如，《意大利专利法》就规定专利申请必须由发明人或其合法继承人提出。我国台湾地区“专利法”第5条之Ⅱ规定：“专利申请权人，除本法另有规定或契约另有约定外，指发明人、新型创作人、设计人或其受让人或继承人。”

二、发明人或者设计人的权利

发明人或者设计人的权利主要包括署名权，获得奖励权，获得报酬权，同等条件下的优先受让权。

1. 署名权

根据我国《专利法》规定，发明人的权利包括发明人或者设计人有权在专利文件中写明自己是发明人或者设计人，同时不是发明人或设计人的人不能冠名。

2. 发明人、设计人有获得奖励的权利

《专利法》第16条规定：“被授予专利权的单位应当对职务发明创造的发明人或者设计人给予奖励……”由于发明人或者设计人的建议被其所属单位采纳而完成的发明创造，被授予专利权的单位应当从优发给奖金。《专利法实施细则》第77条第1款规定：“被授予专利权的单位未与发明人、设计人约定也未在其依法制定的规章制度中规定专利法第十六条规定的奖励的方式和数额的，应当自专利权公告之日起3个月内发给发明人或者设计人奖金。一项发明专利的奖金最低不少于3000元；一项实用新型专利或者外观设计专利的奖金最低不少于1000元。”《促进科技成果转化法》第29条规定：“科技成果完成单位将其职务科技成果转让给他人的，单位应当从转让该项职务科技成果所取得的净收入中，提取不低于20%的比例，对完成该项科技成果及其转化作出重要贡献的人员给予奖励。”

3. 发明人、设计人有获得报酬的权利

《专利法》第16条规定：“……发明创造专利实施后，根据其推广应用的范围和取得的经济效益，对发明人或者设计人给予合理的报酬。”《专利法实施细则》第78条规定：“被授予专利权的单位未与发明人、设计人约定也未在其依法制定的规章制度中规定专利法第十六条规定的报酬的方式和数额的，在专利权有效期限内，实施发明创造专利后，每年应当从实施该项发明或者实用新型专利的营业利润中提取不低于2%或者从实施该项外观设计专利的营业利润中提取不低于0.2%，作为报酬给予发明人或者设计人，或者参照上述比例，给予发明人或者设计人一次性报酬;被授予专利权的单位许可其他单位或者个人实施其专利的,应当从收取的使用费中提取不低于10%,作为报酬给予发明人或者设计人。”《促进科技成果转化法》第30条也规定:“企业、事业单位独立研究开发或者与其他单位合作研究开发的科技成果实施转化成功投产后,单位应当连续3至5年从实施该科技成果新增留利中提取不低于5%的比例,对完成该项科技成果及其转化作出重要贡献的人员给予奖励。采用股份形式的企业,可以对在科技成果的研究开发、实施转化中作出重要贡献的有关人员的报酬或者奖励,按照国家有关规定将其折算为股份或者出资比例。该持股人依据其所持股份或者出资比例分享收益。”

4. 同等条件下的优先受让权

《合同法》第339条规定:“委托开发完成的发明创造,除当事人另有约定的以外,申请专利的权利属于研究开发人。研究开发人取得专利权的,委托人可以免费实施该专利。研究开发人转让专利申请权的,委托人享有以同等条件优先受让的权利。”

案例5 | 张某与王某发明创造发明人署名权纠纷案[5]

不是实际发明人不能署名为发明人

被告虽然是申请人的法定代表人,但无法提交或说明相关技术资料的原始文档或文件来源,也不能就涉案专利技术的形成、研发和其他技术细节问题给予清晰解释,所以不是实际的发明人,不能在专利文件中署名为发明人。

第三节 外国人(自然人、法人)

一、外国人的申请资格

(一)《巴黎公约》的规定

外国人在我国申请专利依据的是《巴黎公约》规定的国民待遇。

我国严格遵守《巴黎公约》的国民待遇原则来处理关于外国人在我国申请专利的权利问题。《巴黎公约》第2条规定:“(1)本联盟任何国家的国民,在保护工业产权方面,在本联盟所有其他国家内应享有各该国法律现在授予或今后可能授予该国国民的各种利益;一切都不应损害本公约特别规定的权利。因此,他们应和各该国国民享有同样的保护,对侵犯他们的权利时享有同样的法律上的救济手段,但是以他们遵守对各该国民规定的条件和手续为限。(2)但是,对于本联盟国家

[5] 参见最高人民法院(2012)民申字第1513号。

的国民不得规定在其要求保护的国家必须有住所或营业所才能享有工业产权。(3)本联盟每一国家法律中关于司法和行政程序、管辖权,以及指定送达地址或委派代理人的规定,工业产权法中可能有要求的,均明确地予以保留。"

(二)TRIPs的规定

TRIPs第1条(义务的性质和范围)第3款规定:"3.各成员应对其他成员的国民给予本协议规定的待遇。就有关的知识产权而言,其他成员的国民应理解为符合《巴黎公约》(1967)、《伯尔尼公约》(1971)、《罗马公约》和《关于集成电路的知识产权条约》规定的保护资格标准的自然人或法人,假设所有WTO成员均为这些公约的成员……"

通过上述条款,《巴黎公约》《伯尔尼公约》《罗马公约》《关于集成电路的知识产权条约》适用于世界贸易组织成员。那么,就专利而言,世界贸易组织成员即使没有参加《巴黎公约》,其国民或者居民也可以援引《巴黎公约》的规定,向其他成员申请专利并取得专利权。

TRIPs第3条在规定国民待遇时,再次援引《巴黎公约》(1967)、《伯尔尼公约》(1971)、《罗马公约》和《关于集成电路的知识产权条约》,肯定上述4项知识产权国际条约适用于世界贸易组织成员。

二、外国人在中国申请专利的权利

我国《专利法》所称的"外国人"是具有外国国籍的自然人和依据外国法律成立并在外国登记注册的法人,包括外国自然人、外国企业和外国其他组织。

(一)在我国有经常居所或营业所的外国人

"经常居所"是指在我国境内长期居住、生活、工作的外国自然人和在我国设有机构、长期营业的外国公司、企业和其他组织。营业所必须是真实有效的,非经营工商业务的场所不能被认为是《专利法》所规定的营业所。我国《专利法》对这部分外国人给予与中国自然人完全相同的待遇,不附加任何条件和限制。与《巴黎公约》第3条"本联盟以外各国的国民,在本联盟一个国家的领土内设有住所或有真实和有效的工商业营业所的,应享有与本联盟国家国民同样的待遇"的规定相一致。

(二)在我国没有经常居所的外国自然人

在以下四种情况下,按照互惠原则,我国也允许该外国自然人或法人在我国申请专利并取得专利权。

(1)外国自然人或法人所属国与我国签订了共同承认申请并取得专利权的双边协定。

(2)外国自然人或法人依照《巴黎公约》的规定享有申请并取得专利的权利;如果是国民,在任何成员国享有国民待遇,如果是非国民,则可以依据《巴黎公约》第3条"本联盟以外各国的国民,在本联盟一个国家的领土内设有住所或有真实和有效的工商业营业所的,应享有与本联盟国家国民同样的待遇”之规定享受权利。

(3)外国自然人或法人隶属地属于世界贸易组织成员,适用《巴黎公约》的规定。

(4)虽不符合上述规定,但外国自然人或法人所属国允许我国自然人或法人去该国申请专利并取得专利权。

此外,对于非《巴黎公约》成员国或非 WTO 成员,只要该国依法或实际上可以接受我国自然人或法人的专利申请,我国也同样接受该国的自然人或法人到我国提出专利申请。

三、外国人在中国的专利申请的程序性规定

根据我国《专利法》规定,在中国有经常居所和营业所的外国人、外国企业或者外国其他组织,其申请专利的程序与我国公民相同。至于在中国没有经常居所或者营业所的外国人、外国企业或者外国其他组织,在中国申请专利和办理其他专利事务则有附加的要求。

我国2000 年《专利法》第 19 条第 1 款规定:“在中国没有经常居所或者营业所的外国人、外国企业或者外国其他组织在中国申请专利和办理其他专利事务的,应当委托国务院专利行政部门指定的专利代理机构〔6〕办理。”第 2 款规定:“中国单位或者个人在国内申请专利和办理其他专利事务的,可以委托专利代理机构办理。”

现行《专利法》将上述第 19 条第 1 款修改为:“在中国没有经常居所或者营业所的外国人、外国企业或者外国其他组织在中国申请专利和办理其他专利事务的,应当委托依法设立的专利代理机构办理。”第 2 款修改为:“中国单位或者个人在国内申请专利和办理其他专利事务的,可以委托依法设立的专利代理机构办理。”

针对外国人在中国申请专利的情形,我国现行《专利法》取消了“应当委托指定的涉外代理机构办理”的规定,以“应当委托依法设立的专利代理机构办理”取而代之。在程序及时间上进一步优化外国人的专利申请。

四、无国籍自然人

关于无国籍人士,只要其经常居所或营业所所在国是与我国订有保护专利权的双边协议的,或与我国共同参加保护工业产权的国际条约的,或与我国在保护专利问题上符合互惠原则的,均有权在我国享有国民待遇。

---

〔6〕 文中所称的“国务院专利行政部门指定的专利代理机构”实质上是涉外专利代理机构。

第四节　专 利 代 理

民事代理包括法定代理、指定代理和委托代理。委托代理人按照被代理人的委托行使代理权,法定代理人依照法律的规定行使代理权,指定代理人按照人民法院或者指定单位的指定行使代理权。专利代理属于民事代理的一种,按照《专利代理条例》的规定,专利代理是指专利代理机构以委托人的名义,在代理权限范围内,办理专利申请或者办理其他专利事务。显然,条例里所指专利代理是委托代理。但是,法定代理和指定代理也同样可以适用到专利事务中。如无行为能力人和限制行为能力人,其监护人是他的法定代理人,当他们作出发明申请专利时,应由监护人代理,此时为法定代理。特殊情况下,也可以发生指定代理。比如外国人申请专利,按照规定应当委托专利代理机构代理,在他们没有委托代理人时,适用驳回并不是唯一选择,可以考虑由有关机构指定代理人。当然,委托代理是常态。

一、我国专利代理制度概述

(一)发展历程

1984 年我国制定《专利法》之初就规定了专利代理制度。其主要内容包括:中国单位或者个人在国内申请专利和办理其他专利事务的,可以委托专利代理机构办理需要专业知识和技能的专利事务;在中国没有经常居所或者营业所的外国人、外国企业或者外国其他组织在中国申请专利和办理其他专利事务的,根据《巴黎公约》"国民待遇所允许的保留",规定应当委托中华人民共和国国务院指定的专利代理机构办理;中国单位或者个人将其在国内完成的发明创造向外国申请专利的,应当委托国务院指定的专利代理机构办理。由于专利制度在改革开放之初是新生事物,具备能力提供专利代理服务的机构并不多。为了保证服务水平和质量,1985 年《专利法专利法实施细则》第 14 条规定:"《专利法》第十九条第一款和第二十条所称的专利代理机构是指中国国际贸易促进委员会、上海专利事务所和中国专利代理有限公司以及国务院指定的其他专利代理机构。"之后,代理制度进一步完善,逐步取消了指定专利代理机构的做法,取消了中国单位或者个人将其在国内完成的发明创造向外国申请专利必须委托指定的专利代理机构的做法。

除《专利法》和《专利法实施细则》,以及涉及国防专利申请有特殊规定外,专利代理的主要法律文件还包括:《专利代理条例》、《专利代理暂行规定》(1985 年)(已经失效)、《专利代理管理办法》,以及其他一些由专利局颁布的行政规章。

(二)专利代理制度的作用

专利代理是专利制度有效运转的重要支撑,是知识产权中介服务体系的核心组成。专利代理服务水平和质量对依法保护我国的自主创新成果有着重要影响。

因此，发挥专利代理制度的作用非常重要。

1. 有利于保障专利申请人（发明人）的权益

申请专利是一项技术性和法律性都很强的工作，发明人如果不懂专利法，不知道怎样按照法律规定的形式和要求表述发明构思和构成，就无法确定要求保护的范围，也就不能有效地争取和维护自己的权利，甚至会使本来应得的权利白白丧失。专利代理的出现为发明人实现其智力劳动成果的价值提供了专业的专利业务帮助，从设计方案、撰写文件到获得专利权的一系列复杂的程序中帮助发明人完成专利申请的任务。专利代理不仅需要及时正确地代理他方取得和维持专利权的各种法定手续和要求，而且更重要的是，要通过实施这些法律行为切实为被代理人谋取利益，降低费用，提高效率，有利于发明创造获得专利保护。

2. 有利于提高专利审查机关的工作效率

专利审查机关受理申请、审批、颁布专利等工作效率，除了与本机关的工作人员的业务素质等条件有关，还与专利申请人提供的申请文件的质量有关。因为一份申请文件不合乎要求，就要修改、补正，就会给审查工作带来困难，拖延审批时间，有的还会给以后发生专利纠纷留下隐患。所以，专利代理人出色、有效的工作是专利审查机关提高工作效率的重要因素之一。

3. 有利于维护国家的法律秩序

专利制度的核心是《专利法》。《专利法》的贯彻执行是国家法治建设的重要方面。专利代理人担负着宣传执行《专利法》的光荣任务。由于专利代理人是由经过专门法律培训的专业人员来担任，因此，在办理专利申请、异议、无效宣告和专利许可证贸易等项事务时，可以尽量使之符合《专利法》和国家其他法律、法规的规定，以避免违法和尽量减少各种不必要的纠纷。在发生专利纠纷时，引起纠纷的侵权事件大都涉及复杂的技术问题。一般司法人员往往因此而感到棘手。在这种情况下，专利代理人就可以发挥既懂法律又懂技术的有利条件，协助司法人员弄清事实，使专利纠纷得以正确解决。专利代理人还可以帮助专利权人了解和掌握侵权行为的发生，利用全国的专利代理联系网有效地进行监督，有益于保护专利权人的合法权益。

二、国外专利代理制度

（一）美国

美国专利代理人/专利律师的执业资格规定美国专利代理的执业人员分为专利代理人（patent agent）和专利律师（patent attorney）。专利代理人是通过在美国专利商标局申请并符合注册条件，每年从事专利代理事务的个人。专利律师是满足专利代理人的条件且已经在任何美国联邦法院或任何州的最高法院从业的律师。美国的专利代理人主要是向委托人提供与专利有关的法律咨询；为委托人撰写专利申请文件、代理委托人向美国专利商标局办理专利审查和授权方面的所有手续。专利律师的相关业务：第一，到美国专利商标局做专利申请的陈述说明；第二，撰写专利有效性和专利侵权的说明书，为申请外国专利提供建议、翻译和联络工作；第三，代理专利行政审判业务，同时也可代理仲裁、调解业务；第四，办理与专利许可或转让合同相关的事务。执业形式包括个人执业形式和合伙执业形式，有些州也包括法人形式。[7]

（二）英国

作为一种职业，英国专利代理人（专利律师）自19世纪晚期就已经出现了。专利代理人特许协会成立于1882年，以促进和规范专利代理职业。1891年英国颁布了皇家特许法令，正式承认了特许专利代理人协会的法律地位，并赋予协会十分广泛的行业管理职权。第一个专利代理人于1889年登记注册，从那时起，专利代理人特许协会就一直管理注册登记工作。商标代理人特许协会成立于1934年。可见，专利代理人和商标代理人的执业资格是分开的，分别管理。[8]

2006年，英国主管专利代理业务的机构——特许专利代理人协会（Chartered Institute of Patent Agents，CI－PA）正式更名为特许专利律师协会（Chartered Institute of Patent Attorneys，CIPA）。这也就意味着英国所有的专利代理人从此更名为专利律师。目前，英国一共有超过2000名专利律师和约1000名实习专利律师。

除专门从事专利代理业务的专利律师以外，具备专利代理能力的初级律师也可以代理专利业务并收取客户的费用。但是英国并未排除其他人代理专利业务的可能性。根据英国于1988年颁布的《英国版权、外观设计和专利法》的规定，任何人、合伙、公司都可以在英国知识产权局代理专利事务，但是只有经过特许专利律师协会注册的，才能以"专利律师"的名义执业并收取费用。如果有任何人未经注册登记，不论其是否以专利律师的名义，只要从事专利代理业务并收取费用的，都将构成犯罪。

专利代理机构的组织形式包括公司法人、合伙、有限责任合伙、一人事务所等不同的形式。[9]

（三）法国

在法国被认可的经营模式主要有以下几种：（1）不具有法人人格，主要包括个人经营、公益团体、公益职业团体、协同组合。（2）具有法人人格，包括根据《法国知识产权法典》第422条第3款的规定设立的公司法人及第422条第7款的规定

〔7〕　参见郑友德等：《美国、欧盟、亚洲各国专利代理制度现状及发展研究》，载《知识产权》2007年第2期。

〔8〕　参见郑友德等：《美国、欧盟、亚洲各国专利代理制度现状及发展研究》，载《知识产权》2007年第2期。

〔9〕　参见郭会勇：《英国专利代理行业现状研究》，载《科技促进发展》2017年第5期。

设立的社团法人;自由职业民事公司;商法上的公司;经营利益共同体。[10]

关于职业资格:一个品行良好的人通过知识产权律师资格考试后在一个执业律师指导下从事3年的实践工作,即可取得专利代理人的执业资格;然后可选择以个人开业形式或作为组织成员或受雇于另一个知识产权律师从事相应的知识产权律师执业活动。同时向知识产权局的资格委员会登记为知识产权律师登记名单的成员。在法国,除了专利代理人或者普通律师,任何人都不能从事专利服务实践活动。

(四)德国

德国专利律师职业模式包括个人职业、合伙执业和设立有限公司。在一定条件下也可以设立分支机构。专利执业人员分为受雇于专利代理事务所的专利律师或专利代理人(Patentanwalt 专利代理事务所律师)和受雇于公司的专利顾问律师(Pantentassesor)。

(五)日本

日本的专利代理人称为弁理士,规范专利制度的法律为《日本弁理士法》。日本弁理士的执业模式可以是自己设立一个事务所,或者是受雇于人。弁理士的执业活动包括:代理自然人向专利委员会进行工业产权申请,准备专家意见书,准备申请文件,代理当事人向法院申请判决无效,在侵权诉讼中协助诉讼律师。

三、专利代理机构

根据《专利代理条例》第2条的规定,专利代理机构是指接受委托人的委托,在委托权限范围内,办理专利申请或者办理其他专利事务的服务机构。申请人委托专利代理机构向专利局申请专利和办理其他专利事务的,应当同时提交委托书,写明委托权限。

(一)专利代理机构的类型

根据1985年的《专利代理暂行规定》(已经失效),专利代理机构分为:(1)国务院指定的专利代理机构;(2)国务院有关主管部门和省、自治区、直辖市、开放城市、经济特区人民政府专利管理机关批准成立的专利代理机构;(3)经省、自治区、直辖市、开放城市和经济特区人民政府专利管理机关同意可以办理专利代理事务的律师事务所。而根据《专利代理条例》第3条的规定,代理机构包括:(1)办理涉外专利事务的专利代理机构;(2)办理国内专利事务的专利代理机构;(3)办理国内专利事务的律师事务所。

如果根据代理机构的组织形式分,又可以分为合伙制专利代理机构或者有限责任制专利代理机构。

---

〔10〕 参见郑友德等:《美国、欧盟、亚洲各国专利代理制度现状及发展研究》,载《知识产权》2007年第2期。

根据1984年、1992年、2000年《专利法》第19条的规定，专利代理机构可以分为涉外专利代理机构和非涉外专利代理机构。在中国没有经常居所或者营业所的外国人、外国企业或者外国其他组织在中国申请专利和办理其他专利事务的，应当委托中华人民共和国国务院指定的专利代理机构办理。2008年修订《专利法》之后，取消了涉外代理机构。2008年《专利法》第19条第1款规定："在中国没有经常居所或者营业所的外国人、外国企业或者外国其他组织在中国申请专利和办理其他专利事务的，应当委托依法设立的专利代理机构办理。"

《国防专利条例》第9条规定："需要委托专利代理机构申请国防专利和办理其他国防专利事务的，应当委托国防专利机构指定的专利代理机构办理。专利代理机构及其工作人员对在办理国防专利申请和其他国防专利事务过程中知悉的国家秘密，负有保密义务。"

（二）专利代理机构的设立、变更和终止

1. 专利代理机构的设立条件

根据《专利代理条例》第4条的规定，专利代理机构的成立，必须符合下列条件：(1)有自己的名称、合伙协议或章程、固定办公场所；(2)有必要的资金和工作设施；(3)财务独立，能够独立承担民事责任；(4)有3名以上具有专利代理人资格的专职人员和符合中国专利局规定的比例的具有专利代理人资格的兼职人员。又规定，律师事务所开办专利代理业务的，必须有前款第四项规定的专职人员。

根据《专利代理管理办法》的规定，专利代理机构的组织形式为合伙制专利代理机构或者有限责任制专利代理机构。其中，合伙制专利代理机构应当由3名以上合伙人共同出资发起，有限责任制专利代理机构应当由5名以上股东共同出资发起。合伙制专利代理机构的合伙人对该专利代理机构的债务承担无限连带责任；有限责任制专利代理机构以该机构的全部资产对其债务承担责任。《专利代理管理办法》还对专利代理机构的合伙人或者股东提出了资格要求。

2. 申请设立专利代理机构应递交的文件

向专利管理机关申请成立专利代理机构，应当提交下列文件：(1)成立专利代理机构的申请书，并写明专利代理机构的名称、办公场所、负责人姓名；(2)专利代理机构章程；(3)专利代理人姓名及其资格证书；(4)专利代理机构资金和设施情况的书面证明。

3. 审批程序

申请成立办理国内专利事务的专利代理机构，或者律师事务所申请开办专利代理业务的，应当经过其主管机关同意后，报请省、自治区、直辖市专利管理机关审查，没有主管机关的，可以直接报请省、自治区、直辖市专利管理机关审查。审查同意的，由审查机关报中国专利局审批。

申请成立办理涉外专利事务的专利代理机构，应当依照我国《专利法》的有关规定办理。办理涉外专利事务的专利代理机构,经中国专利局批准的,可以办理国内专利事务。

根据《专利代理管理办法》第 9 条的规定,设立专利代理机构的审批程序如下。

(1)申请。申请设立专利代理机构的,应当向其所在地的省、自治区、直辖市知识产权局提出申请。经审查,省、自治区、直辖市知识产权局认为符合《专利代理管理办法》规定条件的,应当自收到申请之日起 30 日内上报国家知识产权局批准;认为不符合《专利代理管理办法》规定条件的,应当自收到申请之日起 30 日内书面通知申请人。

(2)审批。国家知识产权局对符合《专利代理管理办法》规定条件的申请,应当自收到上报材料之日起 30 日内作出批准决定,通知上报的省、自治区、直辖市知识产权局,并向新设立的机构颁发专利代理机构注册证和机构代码;对不符合《专利代理管理办法》规定条件的申请,应当自收到上报材料之日起 30 日内通知上报的省、自治区、直辖市知识产权局重新进行审查。

律师事务所申请开办专利代理业务的,参照上述规定进行审批。申请代理机构无须经主管机关同意。而且不区分涉外机构。

4. 变更、停业与撤销

专利代理机构变更机构名称、地址和负责人的,应当报中国专利局予以变更登记。经批准登记后,变更方可生效。专利代理机构停业,应当在妥善处理各种尚未办结的事项后,向原审查机关申报,并由该机关报中国专利局办理有关手续。《专利代理管理办法》第 12 条规定:"专利代理机构停业或者撤销的,应当在妥善处理各种尚未办结的事项后,向其所在地的省、自治区、直辖市的知识产权局申请。经审查同意的,应当将专利代理机构注册证及标识牌交回省、自治区、直辖市知识产权局,并向国家知识产权局办理停业或撤销手续。"已批准的专利代理机构,因情况变化不再符合《专利代理管理办法》第 4 条规定的条件,并在一年内仍不能具备这些条件的,原审查的专利管理机关应当建议中国专利局撤销该专利代理机构。

符合条件的专利代理机构还可以申请设立办事机构。

(三)专利代理机构的业务范围及执业方式

专利代理机构自批准之日起成立,依法开展专利代理业务,享有民事权利,承担民事责任。专利代理机构承办下列事务:(1)提供专利事务方面的咨询;(2)代写专利申请文件,办理专利申请,请求实质审查或者复审的有关事务;(3)提出异议,请求宣告专利权无效的有关事务;(4)办理专利申请权、专利权的转让及专利许可的有关事务;(5)接受聘请,指派专利代理人担任专利顾问;(6)办理其他有关事务。

专利代理机构接受委托,承办业务,应当有委托人具名的书面委托书,写明委托事项和委托权限。专利代理机构可以根据需要,指派委托人指定的专利代理人承办代理业务。专利代理机构接受委托,承办业务,可以按照国家有关规定收取费用。专利代理机构接受委托后,不得就同一内容的专利事务接受有利害关系的其他委托人的委托。

四、专利代理人

专利代理人,是指获得《专利代理人资格证书》,持有《专利代理人工作证》的人员。

(一)专利代理资格的取得

根据《专利代理条例》第15条的规定,拥护《中华人民共和国宪法》,并具备下列条件的中国公民,可以申请专利代理人资格:(1)18周岁以上,具有完全的民事行为能力;(2)高等院校理工科专业毕业(或者具有同等学力),并掌握一门外语;(3)熟悉专利法和有关的法律知识;(4)从事过2年以上的科学技术工作或者法律工作。

持香港、澳门、台湾地区或者国外高等学校学历或者学位证书报名的,其学历或者学位证书须经教育部留学服务中心认证,符合报考学历或者学位条件的,可以报名参加考试。港澳台地区人员报名,应当按照规定提交合法有效身份证件。

申请专利代理人资格的人员,经本人申请,专利代理人考核委员会考核合格的,由中国专利局发给"专利代理人资格证书"。

获得"专利代理人资格证书",5年内未从事专利代理业务或者专利行政管理工作的,其"专利代理人资格证书"自动失效。

(二)专利代理人执业资质的取得

专利代理人执业应当接受批准设立的专利代理机构的聘请任用,并持有专利代理人执业证。颁发专利代理人执业证应当符合下列条件:(1)具有专利代理人资格;(2)能够专职从事专利代理业务;(3)不具有专利代理或专利审查经历的人员在专利代理机构中连续实习满1年,并参加上岗培训;(4)由专利代理机构聘用;(5)颁发时的年龄不超过70周岁;(6)品行良好。

但是,有下列情形之一的,不予颁发专利代理人执业证:(1)不具有完全民事行为能力的;(2)申请前在另一专利代理机构执业,尚未被该专利代理机构解聘并未办理专利代理人执业证注销手续的;(3)领取专利代理执业证后不满1年又转换专利代理机构的;(4)受到《专利代理惩戒规则(试行)》第5条规定的收回专利代理人执业证的惩戒不满3年的;(5)受刑事处罚的(过失犯罪除外)。

申请颁发专利代理人执业证应当向中华全国专利代理人协会递交申请,并按要求提交相关材料,包括专利代理人执业证申请表、专利代理机构出具的聘用协议、首次申请颁发专利代理执业证的应提交实习证明和参加上岗培训证明等材料,由代理人协会颁发代理人执业证。

(三)专利代理人的聘用

专利代理人由专利代理机构聘用。专利代理机构应当聘任有《专利代理人资格证书》的人员为专利代理人。对聘任的专利代理人应当办理聘任手续,由专利代理机构发给《专利代理人工作证》,并向中国专利局备案。初次从事专利代理工作的人员,实习满1年后,专利代理机构方可发给《专利代理人工作证》。专利代理机构对解除聘任关系的专利代理人,应当及时收回其《专利代理人工作证》,并报中国专利局备案。专利代理人执业证的变更及注销,同样由中华全国专利代理人协会负责。

(四)专利代理人的执业权利和执业方式

专利代理人需依托专利代理机构开展业务。专利代理人依法从事专利代理业务,受国家法律保护,不受任何单位和个人的干涉。专利代理人执业应当接受批准设立的专利代理机构的聘请任用,并持有专利代理人执业证。专利代理机构与专利代理人解除聘用关系的,应当由专利代理机构收回其《专利代理人工作证》。专利代理人必须承办专利代理机构委派的专利代理工作,不得自行接受委托。专利代理人不得同时在两个以上专利代理机构从事专利代理业务。专利代理人调离专利代理机构前,必须妥善处理尚未办理的专利代理案件。专利代理人承办专利代理业务应当以所在专利代理机构的名义接受委托,与委托人订立书面委托合同,统一收取费用并如实入账。专利代理人不得私自接受委托,办理专利代理业务并收取费用。未持有专利代理人执业证的人员不得以专利代理人的名义为牟取经济利益从事专利代理业务。专利代理人在从事专利代理业务期间和脱离专利代理业务后1年内,不得申请专利。

国家机关工作人员,不得到专利代理机构兼职,从事专利代理工作。

五、专利代理合同

专利代理合同,是指专利代理机构接受委托人的委托为委托人办理专利申请或者办理其他专利事务并向委托人收取代理费用的委托代理合同。

订立专利代理合同,应当注意如下事项:(1)订立专利代理合同时,委托人应当选择具有专利代理资格的代理人,且代理同一个专利申请的专利代理人不得超过2人。(2)合同应当明确申请的专利类型。我国《专利法》目前保护的专利类型分为发明专利、实用新型专利和外观设计专利。这3种专利权的权利范围和性质不同,申请的程序和难易程度也不同。其中发明专利的保护程度最高,但是其申请审批最为严格;实用新型专利和外观设计专利申请较为容易,但是权利内容则相对较少。所以委托人应当综合考虑自己的技术创新程度和申请成本进行选择。(3)专利申请程序较为复杂、历时也比较长。委托人应当在订立合同的时候对专利代理人的代理事项进行明确规定。因为授权范围越宽,则专利代理人可以处置的关于委托人切身利益的事项就越多,所以委托人在设定委托范围的时候应当谨慎。(4)关于技术保密条款的设定。在申请专利的过程中,专利代理人要了解技术才能写好专利申请的相关材料,在取得专利权之前,一旦专利代理人将委托人的技术秘密泄露出去,将严重损害委托人的利益。所以委托人在订立专利代理合同的时候要以技术秘密条款的方式或者另外订立技术秘密保护合同来保护自己的利益。

案例6 | 曾光诉成都信博专利代理有限责任公司专利代理合同纠纷案〔11〕
代理人未尽注意义务给委托人造成损失要承担责任

由于专利代理人未及时转交专利申请文件,致使原告享有的“高压输电线载流除冰系统”实用新型专利权因未按时交纳年费而失效,代理人应赔偿原告因专利失效而带来的经济损失。

〔11〕 参见江苏省昆山市人民法院民事判决书(2013)昆知民初字第0142号。

第五章　授予专利的实质性条件

第一节　授予专利的实质性标准概述

专利授权的条件(requirements for protection)是指具备什么样的条件可以授予发明创造专利权。与之相关的一个概念是可专利性(patentability)。可专利性,一般多指发明创造具备“三性”即新颖性、创造性和实用性。[1] 授予专利权应当具备实质性条件和形式条件。形式条件是指申请专利所需要履行的程序性步骤,包括提出申请、递交申请文件、审查程序、授权公告程序、复审与无效程序等。所谓实质性条件,指程序性以外的决定能否授权的基础性条件,申请专利的发明创造具备这些条件,就应当被授予专利权。笔者认为,实质性条件包括申请主体享有申请资格、申请主题符合要求、具有可专利性、禁止重复授权原则、时间顺位原则、优先权原则。至于收费是否属于实质性条件,前面论及,收费是依据对价原理和契约规则申请人应付出的代价,属于申请人或专利权人的义务,并不属于实质性条件,也不属于形式条件。主体合格、申请主题符合要求、具有可专利性、优先权原则等实质性授权条件另有专门论及,在此不做详述。时间顺位原则是指依据什么时间标准来授权,主要有先申请或者先发明原则。优先权亦会影响到决定授权的时间先后顺序,但其主要还是给予申请人的一种优惠制度,并且是《巴黎公约》确定的基本原则之一,因此把它单独提出来作为一个授权的实质性条件。禁止重复授权原则,或者也可称为唯一授权原则,是指同样的发明创造只能授予一项专利权。先申请或者先发明原则其本质也是为了确定专利权授予哪一件申请,但是

[1] 参见《美国专利法》第 101 条可授予专利的发明(101 Inventions patentable)。第 102 条可专利条件;新颖性及其丧失(Conditions for patentability;novelty and loss of right to patent)。第 103 条可专利条件;非显而易见性的技术主题(103 Conditions for patentability; non - obvioussubject matter)。《欧洲专利公约》第二部分为实体性专利法(Part Iisubstantive Patent Law)。其中第一章为可专利性(Chapter I Patentability)。实质性授权条件包括第 53 条可专利性的例外,第 54 条新颖性,第 55 条非歧视性披露,第 56 条发明步骤,第 57 条工业实用性,第 58 条申请欧洲专利的资格,第 59 条多个申请人,第 60 条欧洲专利申请享有的权利,第 61 条不适格主体的欧洲专利申请,第 62 条发明人的权利。《欧洲专利公约》的规定与笔者的上述实质性条件概括基本一致。

面对同一天的同样发明创造申请，就只能适用唯一授权原则。

第二节 先申请原则与先发明原则

一、先发明原则

先发明原则，是指就同样的发明创造申请专利保护，专利授予最先作出发明创造的人的原则。最初确立的是先发明原则。英国1624年《独占条例》确认：专利应授给真正的和第一发明人，期限为14年。这一期限源自行会规定，行会学徒制度规定出师期限为7年（学徒期内无偿为师傅做事），出师之后徒弟若从事师傅的行当仍需向师傅交纳一定的学徒费，加起来一共14年。这一原则在英国一直遵循，直到1850年才作出改变。1790年《美国专利法》和1791年《法国专利法》都采用了先发明原则。之后这一原则一直持续到19世纪晚期。

二、先申请原则

先申请原则，是指就同样的发明创造申请专利保护，专利授予最先向专利行政部门提出专利申请的人。

先申请原则最先出现在德国。1877年《德国专利法》确立了先申请原则。日本在1921年确立先申请原则。正式确立这一原则应该是《欧洲专利公约》。现在世界上绝大部分国家都采用了先申请原则。美国则直到2013年《美国发明法案》才正式确立这一原则。

三、二者之比较

（一）先申请原则的优势及缺点

先申请原则的优势：促使发明及早申请专利、公开发明；减少或者消灭潜伏申请现象；容易证明，减少了先发明制度下的证明成本；容易确定时间，减少了纠纷。

先申请原则的缺点：不完全符合公正原则；增加了申请量，可能引发大量重复申请；引起发明人匆忙申请专利，导致专利不成熟就申请，产生垃圾专利；过于依赖申请文件，因此引起更多作假现象。

（二）先发明原则的优势及缺点

先发明原则的优势：更加公正；申请人会更加慎重申请专利；专利申请技术可以更趋于成熟、完善；有利于促进加强研发管理；减少了申请量。

先发明原则的缺点：不利于及早公开；导致更多潜伏申请；增加了申请的不确定性；增加了证明的难度和成本。

（三）二者关系

先申请制与先发明制并非完全隔绝、完全对立，二者也有融通之处：先发明制下专利权虽然授予最先的发明人，但最先发明人也有新颖性丧失的风险；先申请制下专利权虽然授予最先的申请人,但也对同期发明人给予一定保护。无论先申请制还是先发明制,都禁止重复授权。

笔者认为,先申请原则与先发明原则各有优缺点。现在各国普遍采用先申请制,但完全忽视先发明制的优点并不可取。

四、美国的改革

《美国发明法案》确定的是发明人先申请原则,与其他国家的先申请原则还是存在一些区别的。《欧洲专利公约》第 60 条第 2 款规定,如果有两个或以上的人各自独立作出发明,欧洲专利应当属于申请日最早的申请人,前提是这最先的申请没有公开。而《美国发明法案》第一发明人申请条款(First inventor to file provisions)并没有明确规定权利属于第一个申请的人,而是出现在新颖性规定中。

《美国专利法》确定的是发明人先申请原则。《美国专利法》规定,申请人只能是发明人,此条未做修改。根据《美国专利法》102(a)(2)的规定,在专利申请的有效申请日之前,如果所述申请被一件依照第 151 条公布的专利所描述,或者依照 122(b) 预定要公布的专利申请所描述,并且此公布的专利或专利申请是属于其他发明人,那么该专利申请不应该授权。这里,并没有出现第一个申请人的说法。但是推算下来,如果有几个申请人,依据此条规定,专利应当属于第一个提出申请的人。但是,《美国专利法》规定了某些公开不破坏发明人申请的新颖性,却可以破坏其他人申请的新颖性,这样即使他人的申请日在先,也可能被申请在后但公开在先的申请破坏新颖性。(后面介绍新颖性时再详述)所以,美国的先申请原则与其他国家还是存在区别,是有条件的先申请制。

另外,《美国专利法》规定了一个专利申请来源程序(Derivation Proceeding, DP)。[2] 来源程序由申诉委员会(Patent Trial and Appeal Board)主导,主要解决以下问题:(1)申请在先的发明人,其要申请的发明是源自请求人;(2)在先申请人申请专利没有获得授权。拟适用最先发明人申请条款的申请人可以在申请专利的发明第一次公开 1 年内启动来源程序,如果他认为该发明与更早申请的发明相同,或者实质相同。请求必须有实质证据支持更早申请源自请求人是发明人的申请。该程序 2013 年 3 月 16 日开始施行。这就是说,最先申请的人,如果其申请是源自他人,则该他人可以利用来源程序否定其申请。

〔2〕 See 35U. S. C. 135 Derivation Proceeding.

第三节　同样的发明创造只能授予一项专利权

一、我国的规定

同样的发明创造只能授予一项专利权，又称为禁止重复授权原则。《专利法》第9条第1款规定："同样的发明创造只能授予一项专利权。但是，同一申请人同日对同样的发明创造既申请实用新型专利又申请发明专利，先获得的实用新型专利权尚未终止，且申请人声明放弃该实用新型专利权的，可以授予发明专利权。"第2款则规定："两个以上的申请人分别就同样的发明创造申请专利的，专利权授予最先申请的人。"该款规定即是先申请原则，是禁止重复授权的一种情形。2000年《专利法》修订之前，我国《专利法》只规定了禁止重复授权，没有规定重复授权的例外情形。

先申请原则一般即可避免对于同样的发明创造授权，但是对于同一天的申请，先申请原则不能适用。《专利法实施细则》第41条第1款规定："两个以上的申请人同日（指申请日；有优先权的，指优先权日）分别就同样的发明创造申请专利的，应当在收到国务院专利行政部门的通知后自行协商确定申请人。"协商不成的，两件申请均予以驳回。

根据《专利法实施细则》第41条的规定，同一申请人在同日（指申请日）对同样的发明创造既申请实用新型专利又申请发明专利的，应当在申请时分别说明对同样的发明创造已申请了另一专利；未作说明的，依照《专利法》第9条第1款关于同样的发明创造只能授予一项专利权的规定处理。发明专利申请经审查没有发现驳回理由，国务院专利行政部门应当通知申请人在规定期限内声明放弃实用新型专利权。申请人声明放弃的，国务院专利行政部门应当作出授予发明专利权的决定，并在公告授予发明专利权时一并公告申请人放弃实用新型专利权声明。申请人不同意放弃的，国务院专利行政部门应当驳回该发明专利申请；申请人期满未答复的，视为撤回该发明专利申请。实用新型专利权自公告授予发明专利权之日起终止。

二、其他国家的规定

关于对同一天相同发明创造专利申请，大部分国家和地区做法大体类似，但还是存在一些区别。

根据《欧洲专利公约》第139条(3)的规定，成员国可以自行决定，一个具有相同申请日（有优先权的，指优先权日）的、披露了的欧洲申请或欧洲专利，或者国家申请或国家专利，是否以及以什么条件可以同时受到保护。

日本的做法与我国大体相同。《日本专利法》第39条规定，同一发明创造在同一日出现两项以上申请的,由申请人协商决定由其中某一申请人获得专利。协商不成的,各方均不能获得专利。

《印度专利法》第46条规定,一项发明只能授予一件专利。但是,前述规定不得作为任何人在诉讼或者其他处理程序中以一件专利授给了多项发明为由对专利提出异议。根据该条规定,似可理解为某种程度上允许一件发明创造上存在多件专利。

《瑞士专利法》禁止重复保护的内容是禁止同一发明人及其权利继受人(瑞士专利法第20a条、第126条、第140条),但该法未明确不同申请人同一天就相同发明创造申请专利如何处理。

三、同样发明创造的认定

对于发明或实用新型,《专利法》第9条或《专利法实施细则》第41条中所述的"同样的发明创造"是指两件或两件以上申请(或专利)中存在的保护范围相同的权利要求。判断时,如果一件专利申请或专利的一项权利要求与另一件专利申请或专利的某一项权利要求保护范围相同,应当认为它们是同样的发明创造。

同样的外观设计是指两项外观设计相同或者实质相同。在判断是否构成《专利法》第9条所述的"同样的发明创造"时,应当以表示在两件外观设计专利申请或专利的图片或者照片中的产品的外观设计为准。外观设计相同或者实质相同的判断原则,适用《专利审查指南》第四部分第五章的相关规定。

四、例外

2008年《专利法》修改时对禁止重复授权增加规定了一个例外,即同一申请人同日对同样的发明创造既申请实用新型专利又申请发明专利,先获得的实用新型专利权尚未终止,且申请人声明放弃该实用新型专利权的,可以授予发明专利权。

构成该例外的条件:必须是同一天申请;在申请时必须予以说明;转换为发明专利时,必须放弃实用新型;授予发明专利时实用新型尚未终止。但是,该条规定实际上已经突破了禁止重复授权的限制。

《专利法实施细则》第41条第2款规定:"同一申请人在同日(指申请日)对同样的发明创造既申请实用新型专利又申请发明专利的,应当在申请时分别说明对同样的发明创造已申请了另一专利;未作说明的,依照专利法第九条第一款关于同样的发明创造只能授予一项专利权的规定处理。"

案例7　菌袋割口机[3]

不属于同样的发明创造予以授权

涉案专利"菌袋割口机"权利要求1的技术方案中并没有上层拉板、弹簧压片和调节螺栓，与对比文件证据1的权利要求1的保护范围不同，因此不属于同样的发明创造。

案例8　水泵自动控制器[4]

与在先外观设计相近似属于同样的发明创造

将涉案专利"水泵自动控制器"与在先设计相比较，从整体观察二者整体形状以及进水口、电线孔安装圈等设计及位置基本相同，不同点仅在于本专利电线孔带护套，在先设计进水口带有一弯接头，其不同点属于局部细微的差别，二者的差别对于控制器的整体视觉效果不具有显著的影响。因此，本专利与在先设计属于相近似的外观设计。

案例9　一种风扇风叶[5]

实质相同的重复申请不予授权

复审请求人在申请日当天对"一种风扇风叶"发明创造既申请了实用新型专利又申请了发明专利，但是并没有在申请时分别声明对同样的发明创造已申请了另一专利，根据规定，重复申请不能获得授权。

案例10　一种控尘式垃圾压缩机[6]

保护范围不同的同日申请不构成重复申请

复审请求人重新提交的"一种控尘式垃圾压缩机"专利申请权利要求1中将删除的"垃圾转运车(1)""垃圾转运车厢(2)""清扫车或收集车(14)"等特征重新加入，另外增加了压缩机工作方法的相关特征，从而使本申请权利要求1的保护范围与实用新型的保护范围不同。当同一申请人同日提交的发明申请的权利要求的保护范围与实用新型的权利要求的保护范围不同时，二者不属于同样的发明创造，该发明申请满足同样的发明创造只能授予一项专利权的规定。

---

〔3〕 参见无效决定 WX18134 号。

〔4〕 参见无效决定 WX11051 号。

〔5〕 参见复审决定 FS56014 号。

〔6〕 参见复审决定 FS75085 号。

第四节 对同期发明人的补偿:先用权和改进专利

同期发明人,本书指在专利申请公开之前已独立完成与专利申请相同或基本类似发明创造的人。

无论是采用先发明或是先申请原则,授予专利权都是给予一种独占权。法律给予独占权是基于这样一种法律推定:发明是属于权利人的创造。无论是先申请人还是先发明人,大部分情况下都是真正权利人。当发明内容被公开后,其他人就可以模仿该发明创造,若再就发明申请专利,则其正当性必受质疑。然而,独占性的专利权确实有可能侵犯其他发明人的权利:(1)同时或相隔不远作出同样或类似发明的可能性是存在的,如果允许就此发明创造申请并获得专利权的人凭借其专利权制止同期发明人继续进行其实施行为,是有失公平的。(2)若发明人不公开发明,他人即使现在没有作出发明,也有可能以后作出,专利权实际上阻碍了他人研发同类发明获利的可能性。

一、先用权

(一)概述

无论是先申请制下,还是先发明制下,同期发明人的自然权利都可能受到侵犯。先发明制也无法完全平衡同期发明人的权利,尽管后发明人可以通过申请在先达到一定时间来破坏先发明人的新颖性,使先发明人无法获得专利,但是后发明人始终无法获得专利权。先申请制下的同期发明人问题则更严重,因为最先申请的人很有可能不是第一发明人、真正发明人。对于同一项发明创造而言,首先提出专利申请的人不一定是首先作出该专利发明的人,也不一定是首先实施该发明创造的人。因此,为了避免上述不合理情况的发生,《专利法》规定了先用权制度。

对于同期发明人最有力的救济还是先用权制度。许多国家都规定了先用权制度。所谓先用权,是对未能获得专利权、但是确实是自己作出了发明的发明人授以无须取得专利权人许可即可实施专利技术的权利。这也就是给予没有取得专利权的同期发明创造者一种特殊权利,即享有先用权的人可以不经专利权人的允许,继续制造专利产品或使用专利方法。法律规定先用权原则的实质就是以申请日为时间界限,对申请专利在先的人和已经实施或准备实施的单位或个人之间的利益进行调整,以使他们都受到公平的保护。许多国家专利法中都有类似条文限制专利权人对先用权人行使权利。如《瑞士专利法》第35条第1款规定,一项专利权对于在提出该项专利申请之前在瑞士已经在业务上正当使用该项发明或已为此做了专门准备的人没有效用。这一规定着眼于保护没有取得专利权的另一发明创造人的最低利益。

实行先申请制的国家,一般都辅以先用权。但是各国对先用权的范围规定不尽一致。我国《专利法》中的先用权限制比较严格,不仅要求主张先用权的人需在专利申请日前已经制造相同产品、使用相同方法或者已经做好制造、使用的必要准备,并且将范围限制在仅在原有范围内继续制造、使用。而国外绝大部分专利立法对先用权的行使范围没有量化标准的限制,普遍认为只要是在原来的生产经营范围内,先用者应当有权合理地扩大先使用行为的实施规模,不应当将先用者限制在申请日前的实施规模上。理论界对先用权实施范围做量化限定是持否定态度的,普遍认为先用权的效力范围应以满足先用权人的"事业目的"或"本企业的需要"为限。〔7〕笔者之见,先用权还是应当予以适当限制,如若毫无限制,则专利制度就成了一纸空文。

美国先发明制度下,专利权同样有可能侵犯同期发明人的自然权利,而且同期发明人基本不能以法律手段来救济自己,这是《美国专利法》当中的一个缺陷。美国1952年以前一直存在先用权制度,但是1952年《美国专利法》将先用权制度取消了。美国现在又有改回去的意思,1999年《美国发明人保护法案》规定商业方法专利可以享有先用权。

(二)关于先用权的性质

对于先用权的性质,存在不同的观点:(1)先用权是一种法律赋予并且可以独立存在的民事权利,是先用人可以在法律允许的范围内实施有关技术方案或者设计方案的一种权利,同时也可以对抗专利权。(2)先用权不是一种独立存在的权利,体现在享有先用权的人不能主张他人实施相同发明创造的行为侵犯了其先用权,也不能主张随后授予专利权的行为妨碍影响了其先用权。先用权的实质是一种仅仅能够用于对抗专利权的抗辩权。

本书赞同先用权不是一种独立存在权利的观点,即先用权是依赖于专利权的存在而存在的一种不完整的无形财产权。主要表现为:第一,先用权不是独立的交易对象,不能成为转让合同的唯一标的。但它可以随同企业一起转让,从而成为转让合同客体的一部分。第二,先用权不能成为许可贸易的对象。不能就先用权订立许可实施合同。第三,先用权不具有独占性。它可以被不同的单位或个人同时享有,而且互相不排斥。简言之,先用权是一种只能由先用权人自己行使、不能单独转让于他人并不具有排他性的权利。

(三)我国《专利法》规定取得先用权的条件

要取得我国《专利法》规定的先用权,应当符合下列条件。

1.时间要求。制造或者使用的行为发生在他人取得专利权的专利申请日以前

---

〔7〕 参见韦晓云:《专利侵权中先用权抗辩问题研究》,载《电子知识产权》2005年第2期。

且没有中止。

2. 专利权系合法取得,包括自行研制和善意取得。这要求制造或者使用的技术是先用权人自己独立完成或者从他人那里善意取得的。被诉侵权人以非法获得的技术或者设计主张先用权抗辩的,人民法院不予支持。[8]

3. 先用权人在专利权人申请专利之日以前,至少已经做好了制造或者使用的必要准备。

所谓必要准备包括:(1)技术上的准备。如是否已下达技术任务书、新产品设计书及生产图纸等。(2)生产上的准备。如需要建立专门厂房的是否已建立,是否已准备好生产该产品所必需的各种机器设备(包括通用设备和专用设备),专用工具及模具等。(3)完成了样品的试制。即样品通过检测已经达到使用要求和技术任务书的要求。

4. 制造或使用行为没有破坏专利技术的新颖性。

5. 先用权的制造或使用行为,只限于原有的范围和规模之内,即制造目的、使用范围、产品数量都不得超出原有的范围。

有下列情形之一的,人民法院应当认定属于《专利法》第69条第2项规定的已经做好制造、使用的必要准备:(1)已经完成实施发明创造所必需的主要技术图纸或者工艺文件;(2)已经制造或者购买实施发明创造所必需的主要设备或者原材料。《专利法》第69条第2项规定的原有范围,包括专利申请日前已有的生产规模,以及利用已有的生产设备或者根据已有的生产准备可以达到的生产规模。[9]

6. 先用权只能与企业一并转移。先用权人对先用权涉及的发明创造只能是自己实施,不得任意转让,只能随着先用权所属企业一起转让。先用权也不能成为抵押、投资、入股联营的对象。

先用权人在专利申请日后将其已经实施或做好实施必要准备的技术或设计转让或者许可他人实施,被诉侵权人主张该实施行为属于在原有范围内继续实施的,人民法院不予支持,但该技术或设计与原有企业一并转让或者承继的除外。[10]

在专利侵权纠纷中,被告以自己有先用权提出抗辩时,专利管理机关和人民法院应对其是否具有先用权作出确认,然后才能认定其是否构成侵权。但是,单纯的

---

〔8〕 参见最高人民法院《关于审理侵犯专利权纠纷案件应用法律若干问题的解释》(法释〔2009〕21号)。

〔9〕 参见最高人民法院《关于审理侵犯专利权纠纷案件应用法律若干问题的解释》(法释〔2009〕21号)第15条。

〔10〕 参见最高人民法院《关于审理侵犯专利权纠纷案件应用法律若干问题的解释》(法释〔2009〕21号)第15条。

确认先用权并无实际意义,也无法律意义。实践中,有的专利管理机关应当事人的请求,在不经过调处程序的情况下,为当事人出具所谓先用权证明,这种做法是无法律依据的,该证明也是没有法律效力的。

案例 11 | "挡土墙的成形方法"专利侵权纠纷案〔11〕
施工单位可以享有设计单位的在先使用权

李某享有"挡土墙的成形方法"发明专利权。在本案专利申请日前,由广州建利房地产有限公司负责建设、省建筑院负责设计、华固公司负责施工的广州市法政路综合大楼基坑支护工程的设计方案及施工所使用的技术方案覆盖了涉案发明专利独立权利要求的全部技术特征,因此享有先用权。在丽影华庭商住楼施工案中,被原告指控侵权的发展商伟城公司与法政路工程的发展商虽然不同,但工程设计方和施工方相同,且两个工程均位于广州,故伟城公司按照设计单位设计的方案委托施工不构成侵犯专利权。

案例 12 | 吴述文诉鹤山市一品居家具有限公司上诉案〔12〕
设计图、施工图证明享有在先使用权

涉案专利为一种名为"床架(3A104)"的外观设计专利,专利权人吴某指控鹤山市一品居家具有限公司侵犯了他的外观设计专利权。根据对一品居公司员工胡某QQ邮箱中的家具照片进行的公证,证实被诉侵权设计在涉案专利申请日前即已存在,并被一品居公司使用在编号为2807#床上,故被诉侵权设计属于在先使用,其行为不构成侵犯专利权。

二、改进专利、从属专利

对于同期发明人的另外一个救济是允许优惠实施改进专利。最可能作出改进专利的人,当然是专利权人的竞争对手,最可能的就是同期发明人。

(一)关于什么是从属专利

最高人民法院曾经批示:"……在后的专利技术是对在先的专利技术的改进或者改良,它比在先的专利技术更先进,但实施该技术有赖于实施前一项专利技

〔11〕 参见张学军:《先用权抗辩在专利审判中的适用》,载《人民司法》2008年第22期。广东省广州市中级人民法院民事判决书(2003)穗中法民三初字第216号,广东省高级人民法院民事判决书(2004)粤高法民三终字第300号。

〔12〕 参见江西省南昌市中级人民法院民事判决书(2014)洪民三初字第43号,(2017)赣民终169号。

术,因而它属于从属专利。”[13]北京市高级人民法院也作出规定:“从属专利,又称改进专利。指一项专利技术的技术方案包括了前一有效专利;即基本专利的必要技术特征,它的实施必然会落入前一专利的保护范围或者覆盖前一专利的技术特征,它的实施也必然有赖于前一专利技术的实施。从属专利的形式主要有:(1)在原有产品专利技术特征的基础上,增加了新的技术特征。(2)在原有产品专利技术特征的基础上,发现了原来未曾发现的新的用途。(3)在原有方法专利技术方案的基础上,发现了新的未曾发现的新的用途。”[14]

(二)对从属专利的救济

我国《专利法》对从属专利规定了给予强制许可的法律救济。《专利法》第51条第1款规定:“一项取得专利权的发明或者实用新型比前已经取得专利权的发明或者实用新型具有显著经济意义的重大技术进步,其实施又有赖于前一发明或者实用新型的实施的,国务院专利行政部门根据后一专利权人的申请,可以给予实施前一发明或者实用新型的强制许可。”为了均衡先、后发明人的利益,第2款又规定:“在依照前款规定给予实施强制许可的情形下,国务院专利行政部门根据前一专利权人的申请,也可以给予实施后一发明或者实用新型的强制许可。”

案例13　何沛平诉吴县经济技术开发研究所实用新型专利侵权纠纷案[15]

未经在先专利权人同意使用改进专利构成侵权

何沛平享有“整体形小青瓦”实用新型专利权,被告拥有“新型多节瓦”实用新型专利。法院查明,被告所拥有的专利的技术特征,实质上包含了原告专利的所有技术特征。被告的专利有几项新的技术特征,是原告专利保护范围中没有的,属于改进专利。被告这两项新技术的实践,有赖于原告“整体形小青瓦”实用新型的实施。所以,被告的“新型多节瓦”主要形状特征部分侵权的事实成立。鉴于被告转让专利技术所获的利润中,与其两项新技术有关,故可考虑适当减少赔偿。

[13]　参见1993年8月16日最高人民法院《关于在专利侵权诉讼中当事人均拥有专利权应如何处理问题的批复》。

[14]　参见北京市高级人民法院《关于专利侵权判定若干问题的意见(试行)》第121条规定。

[15]　参见《最高人民法院公报》1990年第3期(总第23期),参见白光主编:《专利纠纷管理法律实案50例》,经济管理出版社2005年版,第177~182页。

案例 14 ｜Atenolol 案与怀特兄弟专利案[16]

在 Atenolol 案中，申诉委员会认为，优势专利主导专利权利人可以阻止从属专利权利人做实施主导专利，从属专利权利人为利用主导专利化合物开发新用途而实施主导专利。这一要求实施主导专利的所有权利要求进而给予第一例强制许可得到了申诉委员会的支持。[17]另一个限制 Block 专利的著名例子是怀特兄弟改进飞机横向稳定的专利。[18]一个由 Glenn Curtiss 持有的有关飞机副翼的竞争性专利是有效的，但是仍被判侵犯了怀特兄弟的专利。由于第二次世界大战的爆发，政府安排双方达成了一份交叉许可协议。

---

[16] See David Perkins，Clifford Chance：The Future of TRIPs：Impact of the Doha Public Health Declaration，出自 ICC/AIPLA JOINT Conference，网址：https://www. aipla. org/resalrces2/ihtlip/Documents/AIPLA% zoDacuments/TRIPS_Ramadan. pdf。

[17] X/Centtrafarm：Patent Office Appeals Board 13 July 1989［BIE 1989，pp. 306 – 310］.

[18] Wright Co. V. Herring – Curtiss Co.，204F. 597，614（W. D. N. Y. 1913），aff'd，211F. 654（2d Cir. 1914）.

第三编 | 权利要求与技术披露

第六章　专利申请文件

第一节　专利申请文件概述

一、早期专利申请文件

（一）英国[1]

专利申请文件应当是起源于英国。英国专利发端于Letters Patent，即一种公开的证书或文件，所有那些说明或者指引均记载于归档卷宗里，即特许状卷宗、不公开卷宗、专利（公开）卷宗，都是用来记录保存各种政府文件。记录显示，公开卷宗从1202年开始保存。尽管那时没有要求现代专利法意义上的说明书，但描述新产业已经是取得专利的基本要求。公开记录显示第一份专利说明书出现在1611年前后，斯图特凡特（Sturtevant）在提出专利申请时，同时自愿递交了一份描述新产业运作原理的手稿，但不清楚这份手稿是否详细描述了新产业的工作原理。递交说明书的目的是向世人显示发明是他的工作成果，其他人可以了解他的发明，但不能就同样的发明申请专利。早期说明书不像今天的说明书这样详细。直到18世纪晚期一些官员开始要求提供专利说明书，以后这逐渐成为取得专利的惯例和正式要求。

在长达150年里，英国普通法对取得英国专利没有要求说明书。对说明书提出要求是一个逐渐发展的过程，大约经历了200年。提供说明书最早出自发明人的个人自愿，但是随着专利数量的增加，为了确保对一个新发明或者新产业专利只授予一件专利，普通法官员认为要求提供书面描述是恰当的，这就导致普通法最终发展出取得专利需要提供专利说明书的要求。不过，此时不提供说明书取得专利也能成立。如果国家政策是为了引进在国外已运行的新产业，或者为了重建业已失传的产业，那么授予专利需视其他人学会专利技术的时间。因此说明书不是必不可少的。早期的时候，权利要求书与说明书没有分开，直到现在还有一些国家是这样。

---

〔1〕 See Vishwas Devaiah, *A History of Patent Law*, http://altlawforum.org/publications/a-history-of-patent-law/.

案例 15 | 格利尔案(Grill)[2]
提供说明书成为强制要求

17 世纪 60 年代英国格利尔案是第一起为了享有特权特惠被要求公开发明的案子。由于格利尔拒绝公开他的一份用作花饰的金银铸锭专利申请,他没有得到授权。

案例 16 | 约翰·纳斯米特案(John Nasmit)[3]
授权之后公开

1711 年约翰·纳斯米特将说明书封存在衡平法院,待授权之后才公开。

案例 17 | 莱尔德特诉约翰逊案(Liardet v. Johnson)[4]
提供说明书成为取得专利的对价

在莱尔德特诉约翰逊案中,说明书被认为是使本领域熟练技术人员能够制造和运用专利的工具,是获得专利授权的必要补充,并且是取得专利权的一个对价。该案具体呈现了说明书公开的程序。

(二)美国

《美国专利法》要求,递交申请的时候需要同时递交一份简短的描述。然而,授权之前,必须递交关于发明的书面描述,使用方法或者复合过程,用充分、清晰和准确的词汇进行描述,以便将发明与之前已知的其他事物区分开来,使得本技术领域或科学领域的熟练人员,以及最相关技术科学领域,能够制造、复合或者使用。在同一年,美国最高法院在 Grant v. Raymond 案中明确,没有提供适当的有关发明的描述是被告在面临专利侵权诉讼的时候可以运用的一个抗辩理由。

1836 年,为了回应对一些缺乏新颖性的发明授予了专利的指责,对专利法进行了一次重要评估反思。在这轮评估中,专利局成为美国国务院的一部分,说明书需要交到国务院,授权之前进行新颖性审查。权利要求也成为美国专利申请的必

[2] See Vishwas Devaiah, *A History of Patent Law*, http://altlawforum.org/publications/a-history-of-patent-law/.

[3] See Matthew Fisher, *Fundamentals of Patent Law*, Hart Publishing, 2007, pp. 47-49.

[4] See Matthew Fisher, *Fundamentals of Patent Law*, Hart Publishing, 2007, pp. 52-54.

要组成部分。[5] 按照1836年《美国专利法》,申请材料包括请求书、说明书、图样、模型或样品、发明人的誓词、证人的证明、付费收据。[6] 其中说明书的构成包括标题、与发明相关的参考文件、技术领域、相关技术背景、发明摘要、附图的简要说明、优选实施例描述、权利要求、摘要。标题的重要性不能低估,可能用于解释权利要求。[7]

1870年《美国专利法》第一次对权利要求作出了正式规定,第26条规定发明人"应当专门特别地指出哪些是其作出的发明的部件、改良的方案或者发明的组合物"。

(三)德国

1877年《德国专利法》没有在说明书中规定单独分离出来的权利要求书,到1891年《德国专利法》修订时增加了权利要求的规定。[8]

案例18　"大哥大"多功能文具盒[9]

发明主题名称不同不能否定技术内容实质相同的可能

对于所引用的对比文件,应综合考察其技术内容,不能仅局限于其发明名称,更不能因其发明名称与权利要求请求保护的主题名称这一形式不同而否定其技术内容存在实质相同的可能性。

二、专利申请文件的组成

一项发明创造,必须由有权申请的人以书面形式或以国家知识产权局规定的电子申请形式向国家知识产权局提出申请,才有可能取得专利权。这些为取得专利权而以书面形式或以国家知识产权局规定的电了申请形式提交的文件称作专利申请文件。申请人提出专利申请,向专利局提交《专利法》第26条规定的请求书、说明书、权利要求书、说明书附图和摘要或者《专利法》第27条规定的请求书、图片或者照片、简要说明等专利申请文件。

在提出专利申请的同时或者提出专利申请之后,申请人(或专利权人)、其他相关当事人在办理与该专利申请(或专利)有关的各种手续时,提交的除专利申请

〔5〕 See Patent Act of 1836, Ch. 357, 5 Stat. 117 (July 4, 1836).

〔6〕 参见杨利华:《美国专利法史研究》,中国政法大学出版社2012年版,第143页。

〔7〕 See Irah H. Donner, Patent Prosecution, Practice & Procedure before the U. S. Patent Office (Third Edition) Published by BNA Books, 2003, 59. Exxon V. Chem. Patents, Inc. V. Lubrizol Corp., 64F. 3d 1553, 35USPQ2d 1801 (Fed. Cir. 195).

〔8〕 参见闫文军:《专利权的保护范围》,法律出版社2007年版,第218页。

〔9〕 参见复审决定FS29547号。

文件以外的各种请求、申报、意见陈述、补正,以及各种证明、证据材料,称为其他文件。我国《专利法》规定了3种类型的专利,发明专利和实用新型专利两者都是保护新的技术方案,而外观设计专利保护的是“富有美感并适于在工业上应用的新设计”,不是新的技术方案,因而外观设计的专利申请文件与发明、实用新型专利的申请文件之间不尽相同。

(一)发明与实用新型专利申请文件的组成

根据《专利法》第26条第1款的规定,发明和实用新型的专利申请文件由请求书、说明书及其摘要、权利要求书,以及其他附件组成。请求书是申请人用来向国家知识产权局表达请求授予专利权愿望的文件。国家知识产权局专利局统一印制了发明专利和实用新型专利请求书的表格。专利代理人或申请人只要按照要求填写发明或实用新型名称、发明人或设计人姓名、申请人姓名或名称、地址,以及其他有关内容即可。说明书作为一项包含技术内容的文件向全社会充分公开发明或实用新型的技术内容,并使该领域普通技术人员能够实施,从而对社会科学技术发展作出贡献;作为对这种社会贡献的交换,申请人可取得该项发明或实用新型的专利权。权利要求书用来确定发明或实用新型专利权的保护范围。授权后的权利要求书成为专利纠纷调解和诉讼时判断侵权的法律性文件。

请求书、说明书和权利要求书是每件发明或实用新型专利申请在提出申请时必须提交的文件,而其他附件并不是每件申请必须具备的,仅当该申请涉及某一方面特殊问题时才需要提交与此相关的附件。其他附件包括:专利代理委托书(委托专利代理机构办理专利申请手续的);在先申请文件副本(要求本国优先权或外国优先权的);不丧失新颖性公开的证明材料(要求享受不丧失新颖性公开宽限的);生物材料保藏证明和存活证明(涉及生物材料的发明专利申请);记载着核苷酸或氨基酸序列表的光盘或软盘(涉及核苷酸或氨基酸序列的发明专利申请);费用减缓请求书(要求费用减缓的)等。

(二)外观设计专利申请文件的组成

根据《专利法》第27条的规定,外观设计专利申请文件由请求书、外观设计的图片或照片等文件组成。请求书是申请人用来向国家知识产权局表达请求授予专利权愿望的文件。国家知识产权局专利局统一印制了外观设计专利请求书的表格。同样,专利代理人或申请人只要按照要求填写使用外观设计的产品名称、设计人姓名、申请人姓名或名称、地址,以及其他有关内容即可。外观设计的图片或照片用来确定外观设计专利权的保护范围。授权后的外观设计图片或照片成为专利纠纷调解和诉讼时判断侵权的法律性文件。

根据《专利法实施细则》第28条第1款还规定,申请外观设计专利的,必要时应当写明对外观设计的简要说明。该简要说明用来对外观设计产品的名称、用途、设计要点、省略视图及请求保护的色彩等情况进行扼要的描述。

三、专利申请文件的作用

对于发明、实用新型和外观设计的请求书来说，三者都是向国家知识产权局表达请求授予专利权愿望的文件，它们的主要作用就是启动国家知识产权局对专利申请的审批程序。

发明或实用新型的权利要求书和说明书是国家知识产权局审查该专利申请可否授予专利权的主要对象，而申请时提交的说明书和权利要求书是该申请的原始依据。其中发明或实用新型的权利要求书用来表述专利的保护范围，申请时提交的权利要求书反映了专利申请人当时对该发明或实用新型所请求保护的范围，而授权时所批准的权利要求书表述了该发明或实用新型所取得的保护范围。当然，该权利要求书也是启动发明和实用新型专利申请审批程序必须提交的文件。首先，发明或实用新型的说明书主要用来向社会充分公开发明或实用新型的内容，所属领域普通技术人员根据说明书中记载的技术内容能够实现该发明或实用新型。其次，说明书是权利要求书所表述的保护范围的依据，必要时（主要指权利要求书的文字所表述的保护范围不清楚而导致歧义时）可以用来解释权利要求。此外，说明书也是启动发明和实用新型专利申请审批程序必须提交的文件。

对于外观设计来说，其外观设计的图片或照片也是启动外观设计专利申请审批程序所必须提交的文件，其用来向社会公开该项外观设计的内容，申请时提交的外观设计图片或照片用来表述专利申请人所要求保护的外观设计的保护范围，是审查该项外观设计专利申请可否授权的对象和该项外观设计专利申请的原始依据，授权时批准的外观设计专利的图片或照片表述了该项外观设计专利所取得的保护范围。至于外观设计的简要说明，其作用主要是对外观设计图片或照片所表述的保护范围作出进一步更清楚的说明。

概括地说，专利申请文件作为一种法律文件，主要有以下5个方面的作用：(1)启动国家知识产权局对专利申请的审批程序；(2)向全社会充分公开发明创造的内容；(3)阐明申请人对该发明创造所请求的保护范围；(4)国家知识产权局对申请文件记载的内容进行审查，申请时提交的专利申请文件是审查的原始依据；(5)专利批准后的授权文本是判断侵权的依据。

第二节　请　求　书

对于发明、实用新型和外观设计的请求书来说，三者都是向国家知识产权局表明请求授予专利权愿望的文件。3种专利申请的请求书均包括两页，但对于外国向国家知识产权局直接提出的专利申请，还包括第三页，用来给出专利请求书的英文信息。该请求书中的部分内容在表格中填写不下时（主要指发明人、申请人和要求优先权声明的内容),可在统一制定的附页中续写。本节将对3种专利申请的请求书前两页的主要内容和填写要求作一简单说明。最后也对PCT国际专利申请进入中国国家阶段的书面声明(PCT/CN/501)表的内容和填写要求作一说明。

一、发明专利请求书及填写说明

发明专利
请求书

发明专利请求书模版请参考二维码中内容,发明专利请求书填写说明具体如下:

1. 本表第1、2、3、4、5、6、27栏由国家知识产权局填写。

2. 本表第7栏发明名称应当简短、准确,一般不得超过25个字。

3. 本表第8栏发明人应当是个人。发明人应当为自然人。发明人有两个以上的,应先自左向右、再自上而下依次填写。当专利申请的发明人很多,而在此栏中填写不下时,可在统一制定的附页中续写。发明人可以请求国家知识产权局不公布其姓名。

4. 本表第9栏应当填写第一发明人国籍,第一发明人为中国内地居民的,应当同时填写居民身份证件号码。

5. 本表第10栏申请人是个人的,应当填写本人真实姓名,不得使用笔名或者其他非正式姓名;申请人是单位的,应当填写单位正式全称,并与所使用公章上的单位名称一致。申请人是中国内地单位或者个人的,应当填写其名称或者姓名、地址、邮政编码、组织机构代码或者居民身份证件号码;申请人是外国人、外国企业或者外国其他组织的,应当填写其姓名或者名称、国籍或者注册的国家或者地区、经常居所地或者营业所所在地。申请人类型可从下列类型中选择填写:个人,企业,事业单位,机关团体,大专院校,科研单位。申请人请求费用减缴且已完成费减资格备案的,应当在方格内作标记。申请人为多个,应当确定申请人的顺序,其中前三位申请人依次填写在第10栏,其余的申请人填写在附页中。第一申请人是单位的,应当填写单位代码;第一申请人是个人的,应当填写个人身份证号码。

6. 本表第11栏,申请人是单位且未委托专利代理机构的,应当填写联系人,并同时填写联系人的通信地址、邮政编码、电子邮箱和电话号码,联系人只能填写一人且应当是本单位的工作人员。

7. 本表第12栏,申请人指定非第一署名申请人为代表人时,应当在此栏指明被确定的代表人。

8. 本表第13栏,申请人委托专利代理机构的,除填写专利代理机构名称外,还应注明注册代码。该栏中还应当填写专利代理人的姓名和其工作证的证书号码,专利代理机构指定的专利代理人不得超过两人。

请求书第10、11、12、13栏四栏中有关申请人、联系人和代理机构的地址,应当符合邮件能迅速、准确投递的要求。本国的地址应当包括所在地区的邮政编码,以及省(自治区)、市(自治州)、区、街道门牌号码和电话号码,或者省(自治区)、县(自治县)、镇(乡)、街道门牌号码和电话号码,或者直辖市、区、街道门牌号码和电话号码。地址中可以包含单位名称,但单位名称不得代替地址。外国的地址应当注明国别、市(县、州),并在请求书第三页中附具申请人英文详细信息。

9. 本表第 14 栏,申请是分案申请的,应当填写此栏。申请是再次分案申请的,还应当填写所针对的分案申请的申请号。

10. 本表第 15 栏,申请涉及生物材料的发明专利,应当在第 15 栏中填写生物材料样品保藏有关内容,包括保藏单位及其地址、保藏日期、保藏编号和分类命名,并自申请日起 4 个月内提交生物材料样品保藏及存活证明,对于外国保藏单位出具的生物材料样品保藏及存活证明,还应同时提交生物材料样品保藏及存活证明中文题录。本栏分类命名应填写所保藏生物材料的中文分类名称及拉丁文分类名称。

11. 本表第 16 栏,发明申请涉及核苷酸或氨基酸序列表的,应当填写此栏。

12. 本表第 17 栏,发明创造的完成依赖于遗传资源的,应当填写此栏。

13. 本表第 18 栏,专利申请人要求外国优先权或者本国优先权的,应当在第 18 栏中正确填写要求优先权声明的有关内容:在先申请国别或政府间的专利组织、在先申请日和在先申请号。要求多项优先权的,应当分别写明上述三方面内容。要求优先权声明的内容填写不下时,可在统一制定的附页中续写。要求外国优先权的,还应当在提出专利申请之日起 3 个月内提交在先申请文件的副本,并应当在缴纳申请费的同时缴纳规定的优先权要求费;要求本国优先权的,应当在缴纳申请费的同时缴纳规定的优先权要求费。

14. 本表第 19 栏,申请人要求不丧失新颖性宽限期的,应当填写此栏,并自申请日起两个月内提交证明文件。

15. 本表第 20 栏,申请人要求保密处理的,应当填写此栏。

16. 本表第 21 栏,申请人同日对同样的发明创造既申请实用新型专利又申请发明专利的,应当填写此栏。未作说明的,依照《专利法》第 9 条第 1 款关于同样的发明创造只能授予一项专利权的规定处理申请人应当在同日提交实用新型专利申请文件。

17. 本表第 22 栏,申请人要求提前公布的,应当填写此栏。若填写此栏,不需要再单独提交发明专利请求提前公布声明。

18. 本表第 23 栏,申请人应当填写说明书附图中的一幅附图的图号。

19. 本表第 24、25 栏,申请人应当按实际提交的文件名称、份数、页数及权利要求项数正确填写。

20. 本表第 26 栏,委托专利代理机构的,应当由专利代理机构加盖公章。未委托专利代理机构的,申请人为个人的应当由本人签字或者盖章,申请人为单位的应当加盖单位公章;有多个申请人的由全体申请人签字或者盖章。

21. 本表第 8、10、15、18 栏，发明人、申请人、生物材料样品保藏、要求优先权声明的内容填写不下时，应当使用规定格式的附页续写。

二、实用新型专利请求书、外观设计专利请求书及其分别填写说明

以下重点说明实用新型专利请求书和外观设计专利请求书与发明专利请求书的不同之处如何填写，说明时插入二维码，分别链接到实用新型专利请求书和外观设计专利请求书。

（一）实用新型专利请求书及其填写说明

实用新型
专利请求书

实用新型请求书模板请参考二维码中内容，实用新型专利请求书填表说明如下：实用新型专利请求书第 1 到 14 栏与发明专利请求书基本一致，要求也相同。实用新型专利请求书第 15 栏优先权、第 16 栏宽限期、第 17 栏保密请求、第 18 栏同日申请声明、第 19 栏申请文件清单、第 20 栏附加文件清单、第 21 栏签字盖章、第 22 栏国家知识产权局审核意见与发明专利请求书的第 18、19、20、21、24、25、26、27 栏要求一样。

（二）外观设计专利请求书及填写说明

外观设计
专利请求书

外观设计专利请求书模板请参考二维码中内容，外观设计专利请求书填表说明如下：对于外观设计专利请求书与发明、实用新型专利请求书要求相同的项目，下面不再重复说明。本表第 6 栏使用外观设计的产品名称应当与外观设计图片或者照片中表示的外观设计相符合，准确、简明地表明要求保护的产品的外观设计。产品名称一般应当符合国际外观设计分类表中小类列举的名称。产品名称一般不得超过 20 个字。本表第 16 栏，同一产品两项以上的相似外观设计，作为一件申请提出时，申请人应当填写相关信息。一件外观设计专利申请中的相似外观设计不得超过 10 项。本表第 17 栏，用于同一类别并且成套出售或者使用的产品的两项以上外观设计，作为一件申请提出时，申请人应当填写相关信息。成套产品外观设计专利申请中不应包含某一件或者几件产品的相似外观设计。

三、PCT 国际申请进入中国国家阶段的书面声明

PCT 国际申请进入中国国家阶段的书面声明的表格（PCT/CN/501 表和 PCT/CN/502 表），[10] 主要部分共有三页，此外该表还包括两种附页，一种是本表各栏内容填写不下时的附加页，另一种用于填写本声明中的有关英文信息。具体表格请

〔10〕 参见发明申请进入中国国家阶段声明，载 http://www.cnipa.gov.cn/docs/20190228149 21268293.doc。实用新型申请进入中国国家阶段声明，载 http://www.cnipa.gov.cn/docs/20190228142936273376.doc。

参照二维码中内容。

PCT/CN/501表（发明）

PCT/CN/502表（实用新型）

发明与实用新型申请进入中国国家阶段的书面声明的差别:(1)涉及提前公布。根据《专利法》第34条的规定,请求早日公布该专利申请。(2)审查基础文本声明多了一项内容核苷酸和/或氨基酸序列表。(3)优先权声明中关于遗传资源的说明,本国际申请涉及的发明创造是依赖于遗传资源完成的。四是涉及生物材料样品保藏,本国际申请涉及的生物材料样品的保藏已在《专利合作条约实施细则》第13条之2.4规定的期限内以下列形式作出记载。其余内容可能对应栏不同,但填写要求一样。

PCT国际申请进入中国国家阶段的书面声明的主表除了最前面用于填写国际申请有关信息(国际申请号、国际申请日、最早的优先权日、国际公布号、国际公布日、国际公布语言和发明名称)的7栏和由国家知识产权局填写的栏目外,共有13栏内容需要涉外专利代理机构填写。现对这些栏目及与国际申请有关信息的填写内容和填写要求作一简单说明。

国际申请希望在中国获得专利保护的,应当在《专利法实施细则》第103条规定的期限内,按照《专利法实施细则》第104条的要求办理进入中国国家阶段手续。办理进入国家阶段手续时应当提交国际申请进入中国国家阶段声明及权利要求书、说明书等文件,并缴纳相关费用。发明与实用新型申请进入中国国家阶段的书面声明存在以下差别:(1)涉及提前公布。根据《专利法》第34条的规定,请求早日公布该专利申请。(2)审查基础文本声明多了一项内容核苷酸和/或氨基酸序列表。(3)优先权声明中关于遗传资源的说明,本国际申请涉及的发明创造是依赖于遗传资源完成的。(4)涉及生物材料样品保藏,本国际申请涉及的生物材料样品的保藏已在《专利合作条约实施细则》第13条之4规定的期限内以下列形式作出记载。其余内容可能对应栏不同,但填写要求一样。下面就填写发明进入声明表格作一简单说明。

表第6、7、8栏,申请人应当正确填写。

表第9、10、11栏,国际申请已进行国际公布的,申请人应当正确填写相应内容。与国际申请有关信息的内容应当按照国际局公布的小册子扉页中记载的内容填写。例如,该小册子上记载的发明名称不是原始国际申请请求书中的发明名称,而是由国际检索单位审查员确定的,则进入声明中所填写的发明名称应当是国际检索单位审查员确定的发明名称的中文译文,即与小册子扉页中记载的发明名称相同。又如,国际申请日由于某种原因在国际阶段被更改的,进入声明中填写的国际申请日应当与小册子扉页中记载的、即作了更改的国际申请日一致。

表第12栏,发明名称应当准确、简短。

表第13、14栏为发明人信息,按要求填写。可以不公开发明人。按照《专利合作条约》的规定,国际申请对不同指定国可以写明不同的发明人,进入声明中所填写的对中国的发明人应当与小册子扉页上记载的对中国的发明人一致,但在此栏仅需要填写发明人姓名的中文译文,其有关英文信息填写在附页中。至于在国际阶段发明人有变更的或死亡的,采用与前面对申请人所写明的办法处理。对于国际申请的小册子中未记载发明人的,则应当在进入声明中补充写明发明人。对中国的发明人超过八个的,从第九名起填写到附页中。

表第15栏,应当按要求填写对中国的申请人。申请人是中国内地单位或者个人的,应当填写其名称或者姓名、地址、邮政编码、组织机构代码或者居民身份证件号码。申请人是外国人、外国企业或者外国其他组织的,应当填写其姓名或者名称、国籍或者注册国家或者地区。申请人类型可从下列类型中选择填写:个人、企业、事业单位、机关团体、大专院校、科研单位。申请人请求费用减缴且已完成费减资格备案的,应当在方格内作标记。按照《专利合作条约》的规定,国际申请对不同指定国可以写明不同的申请人,进入声明中所填写的对中国的申请人应当与小册子扉页上记载的对中国的申请人一致,但此处应当将申请人的姓名或名称、地址译成中文,至于申请人的英文信息应填在附页中。在国际阶段发生过申请人变更或者申请人的姓名或名称、地址变更的,则应当按照国际局所传送的记录变更通知书通报的申请人信息填写。经国际局登记已经死亡的申请人不再写入进入声明中。申请人多于三个时,本栏只填写三个,其余的写入附页中。

表第16栏,申请人是单位且未委托专利代理机构的,应当填写联系人,并同时填写联系人的通信地址、邮政编码、电子邮箱和电话号码。联系人只能填写一人,且应当是本单位的工作人员。申请人为个人且需由他人代收国家知识产权局所发信函的,也可以填写联系人。

表第17栏,申请人指定非第一署名申请人为代表人时,应当在此栏指明被确定的代表人。

表第5、18栏是有关专利代理机构和专利代理人信息。凡在内地没有经常居所或者营业所的外国申请人,应当委托国家知识产权局指定的专利代理机构办理国际申请进入国家阶段的有关事务。在内地有经常居所或者营业所的申请人,可以委托专利代理机构办理国际申请进入中国国家阶段的有关事务,也可以自行办理。委托专利代理机构办理有关事务的,应当填写第5、18栏的内容。在该栏写明专利代理机构的名称、地址和专利代理人的姓名和电话号码。

表第19栏,申请人应当根据是否请求提前处理在此栏进行选择。

表第20栏,申请人要求提前公布的,应当填写此栏。若填写此栏,不需要再提交发明专利请求提前公布声明。

表第21栏为审查基础。申请人在本栏中表明其希望国家知识产权局以什么文件为基础进行审查。对说明书、权利要求书、附图、核苷酸和氨基酸序列表,可以分别从原始提出的国际申请文件的译文、按照《专利合作条约》第19条作出的修改的译文、按照《专利合作条约》第34条作出的修改(按照国际初步审查报告附件)的译文、按照《专利合作条约》第28条或第41条作出的修改(在进入国家阶段时作出的修改)的译文中进行选择。如选择按照《专利合作条约》第19条作出的修改的译文为审查基础,应当在小册子中有相应内容的记载。如选择按照《专利合作条约》第34条作出的修改的译文,应当在国际初步审查报告之后附有相应的内容。

表第22栏,申请人要求优先权的,应当填写此栏。对于有效的优先权要求,应当在本栏准确写明其在先申请的申请日、申请号及受理国的名称或政府间组织的名称。通常写明的内容应当与小册子扉页中记载的内容一致。如果在国际阶段没有提供在先申请的申请号的,则应当在进入声明中写明,否则该项优先权要求视为未提出。如果在国际阶段提出的优先权书面声明中某一事项填写错误,则可以在附上在先申请副本作为改正依据的基础上提出改正请求,缴纳改正优先权要求请求费,此时在本栏中写明改正后的优先权事项。

表第23栏,国际申请涉及遗传资源的,应当填写此栏。

表第24栏,国际申请在国际阶段有援引加入项目或部分的,应当填写此栏。若申请人在办理进入国家阶段手续时未在进入声明中予以指明并请求修改相对于中国的申请日,在后续程序中不能再通过请求修改相对于中国的申请日的方式保留援引加入项目或部分。

表第25栏,国际申请涉及生物材料样品保藏的,应当填写此栏,并自进入日起4个月内提交生物材料样品的保藏证明和存活证明。

表第26栏,申请人要求不丧失新颖性宽限期的,应当填写此栏,并自进入日起2个月内提交证明文件。

表第27栏,申请人请求复查的,应当填写此栏。根据《专利合作条约》第25条的规定,允许申请人对国际申请在国际阶段被受理局拒绝给予国际申请日,或者受理局或国际局宣布国际申请已被认为撤回、或者受理局宣布对中国的指定已被认为撤回的3种情况在收到上述处理决定的通知之日起两个月内向国家知识产权局提出复查请求。凡提出复查请求的,应当同时办理进入中国国家阶段手续。

表第30栏涉及委托事项。委托专利代理机构的,应当由专利代理机构加盖公章。未委托专利代理机构的,申请人为个人的应当由本人签字或者盖章;申请人为单位的应当加盖单位公章;有多个申请人的由全体申请人签字或者盖章。

实用新型申请进入声明不再详述。

第三节 说明书及其附图、摘要、权利要求书

一、说明书及其附图

(一)说明书

说明书是专利申请的重要文件,广义的说明书还包括权利要求书。专利申请文件中的说明书用来详细说明发明或实用新型的具体内容,主要起着向社会公众公开发明和实用新型技术内容的作用,因而《专利法》第26条第3款规定:“说明书应当对发明或者实用新型作出清楚、完整的说明,以所属技术领域的技术人员能够实现为准……”此外,根据《专利法》第26条第4款的规定,权利要求书应当以说明书为依据,即说明书应当支持权利要求书,因而说明书公开的内容将会影响该权利要求书所要请求的保护范围。

说明书第一页第一行应当写明发明名称,该名称应当与请求书中的名称一致,并左右居中。发明名称前面不得冠以“发明名称”或者“名称”等字样。发明名称与说明书正文之间应当空一行。说明书的格式应当包括以下各部分,并在每一部分前面写明标题:技术领域、背景技术、发明内容、附图说明、具体实施方式。说明书无附图的,说明书文字部分不包括附图说明及其相应的标题。涉及核苷酸或者氨基酸序列的申请,应当将该序列表作为说明书的一个单独部分,并单独编写页码。申请人应当在申请的同时提交与该序列表相一致的计算机可读形式的副本,如提交记载有该序列表的符合规定的光盘或者软盘。提交的光盘或者软盘中记载的序列表与说明书中的序列表不一致的,以说明书中的序列表为准。未提交计算机可读形式的副本,或者所提交的副本与说明书中的序列表明显不一致的,审查员应当发出补正通知书,通知申请人在指定期限内补交正确的副本。期满未补交的,审查员应当发出视为撤回通知书。

说明书文字部分可以有化学式、数学式或者表格,但不得有插图。说明书文字部分写有附图说明的,说明书应当有附图。说明书有附图的,说明书文字部分应当有附图说明。说明书文字部分写有附图说明但说明书无附图或者缺少相应附图的,应当通知申请人取消说明书文字部分的附图说明,或者在指定的期限内补交相应附图。申请人补交附图的,以向专利局提交或者邮寄补交附图之日为申请日,审查员应当发出重新确定申请日通知书。申请人取消相应附图说明的,保留原申请日。

(二)说明书附图

说明书附图应当使用包括计算机在内的制图工具和黑色墨水绘制,线条应当均匀清晰、足够深,不得着色和涂改,不得使用工程蓝图。

剖面图中的剖面线不得妨碍附图标记线和主线条的清楚识别。

几幅附图可以绘制在一张图纸上。一幅总体图可以绘制在几张图纸上,但应当保证每一张上的图都是独立的,而且当全部图纸组合起来构成一幅完整总体图时又不互相影响其清晰程度。附图的周围不得有与图无关的框线。附图总数在两幅以上的,应当使用阿拉伯数字顺序编号,并在编号前冠以“图”字,如图 1、图 2。该编号应当标注在相应附图的正下方。附图应当尽量竖向绘制在图纸上,彼此明显分开。当零件横向尺寸明显大于竖向尺寸必须水平布置时,应当将附图的顶部置于图纸的左边。一页图纸上有两幅以上的附图且有一幅已经水平布置时,该页上其他附图也应当水平布置。

附图标记应当使用阿拉伯数字编号。说明书文字部分中未提及的附图标记不得在附图中出现,附图中未出现的附图标记不得在说明书文字部分中提及。申请文件中表示同一组成部分的附图标记应当一致。

附图的大小及清晰度,应当保证在该图缩小到 2/3 时仍能清晰地分辨出图中各个细节,以能够满足复印、扫描的要求为准。

同一附图中应当采用相同比例绘制,为使其中某一组成部分清楚显示,可以另外增加一幅局部放大图。附图中除必需的词语外,不得含有其他注释。附图中的词语应当使用中文,必要时,可以在其后的括号里注明原文。

流程图、框图应当作为附图,并应当在其框内给出必要的文字和符号。一般不得使用照片作为附图,但特殊情况下。例如,显示金相结构、组织细胞或者电泳图谱时,可以使用照片贴在图纸上作为附图。

说明书附图应当用阿拉伯数字顺序写明页码。

二、说明书摘要

申请发明专利的,应当提交说明书摘要(以下简称摘要)。摘要主要是起提供信息的作用,便于公众查阅。摘要是说明书记载内容的概述,它仅是一种技术信息,不具有法律效力。摘要的内容不属于发明或者实用新型原始记载的内容,不能作为以后修改说明书或者权利要求书的根据,也不能用来解释专利权的保护范围。但是,并不能因此认为摘要毫无法律意义。比如,虽然美国专利商标局认为摘要不具有法律效力,但是美国联邦巡回法院认为,对于决定专利权范围,摘要有潜在可能成为决定有争议权利要求的内在证据。[11]

(一)摘要文字部分

摘要文字部分应当写明发明的名称和所属的技术领域,清楚反映所要解决的技术问题,解决该问题的技术方案的要点及主要用途。未写明发明名称或者不能反映技术方案要点的,应当通知申请人补正;使用了商业性宣传用语的,可以通知

---

〔11〕 See Donner, Irah H., *Patent Prosecution: Practice & Procedure before the U. S. Patent Office*, Washington, D. C., Bureau of National Affairs, c2003, p. 88.

申请人删除或者由审查员删除，审查员删除的，应当通知申请人。

摘要文字部分不得使用标题，文字部分(包括标点符号)不得超过300个字。摘要超过300个字的，可以通知申请人删节或者由审查员删节；审查员删节的，应当通知申请人。

(二)摘要附图

说明书有附图的，申请人应当提交一幅最能说明该发明技术方案主要技术特征的附图作为摘要附图。摘要附图应当是说明书附图中的一幅。申请人未提交摘要附图的，审查员可以通知申请人补正，或者依职权指定一幅，并通知申请人。审查员确认没有合适的摘要附图可以指定的，可以不要求申请人补正。

申请人提交的摘要附图明显不能说明发明技术方案主要技术特征的，或者提交的摘要附图不是说明书附图之一的，审查员可以通知申请人补正，或者依职权指定一幅，并通知申请人。摘要附图的大小及清晰度应当保证在该图缩小到4厘米×6厘米时，仍能清楚地分辨出图中的各个细节。

摘要中可以包含最能说明发明的化学式，该化学式可被视为摘要附图。

案例19　佛山通宝华通控制器无效日本电产三协“电动式调节风门装置”专利案〔12〕

不能通过附图测量得出专利产品的结构特征

某请求人请求宣告“电动式调节风门装置”发明专利无效，认为从附件1的附图1中可以测量得出冷风口10a的外部深度小于其内部深度，由此表明冷风口10a向内侧突出，即全周形成向挡板凸出的接触部。因此，权利要求1的全部技术特征已被附件1公开，权利要求1相对于附件1不具备新颖性。复审委认为，附件1的附图只是示意图，从图上仅通过测量得出的具体尺寸参数、比例关系等定量关系并不能真实反映产品本身的结构特征，不属于能够从附图中直接地、毫无疑义地确定的技术特征，因此附件1并没有公开涉案专利，该无效理由不成立。

三、权利要求书

权利要求书是专利申请的必备文件之一。一件发明或者实用新型申请，至少应有一项权利要求。申请发明专利或者实用新型专利应当提交权利要求书，一式一份。权利要求书应当说明发明或者实用新型的技术特征，清楚和简要地表述请求保护的范围。本书有专章讨论权利要求书，此处不详述。

〔12〕　参见无效决定WX18978号。

第四节　其他文件

其他文件,指申请文件之外需要提交的文件,包括涉及生物材料的申请材料、优先权文件、委托书、身份证明文件等。

一、涉及生物材料的申请材料

(一)与生物材料保藏有关的材料

提交与生物材料保藏有关的材料应注意以下问题:(1)在请求书和说明书中注明保藏该生物材料样品的单位名称、地址、保藏日期和编号,以及该生物材料的分类命名(注明拉丁文名称)。(2)有关生物材料特征的资料。(3)自申请日起4个月内提交保藏单位出具的保藏证明和存活证明。(4)保藏及存活证明和请求书的一致性。保藏及存活证明与请求书中所填写的项目应当一致,不一致的,审查员应当发出补正通知书,通知申请人在规定期限内补正。期满未补正的,审查员应当发出生物材料样品视为未保藏通知书。

初步审查中,对于未在规定期限内提交保藏证明的,该生物材料样品视为未提交保藏,审查员应当发出生物材料样品视为未保藏通知书。在自申请日起4个月内,申请人未提交生物材料存活证明,又没有说明未能提交该证明的正当理由的,该生物材料样品视为未提交保藏,审查员应当发出生物材料样品视为未保藏通知书。

提交生物材料样品保藏过程中发生样品死亡的,除申请人能够提供证据证明造成生物材料样品死亡并非申请人责任外,该生物材料样品视为未提交保藏,审查员应当发出生物材料样品视为未保藏通知书。申请人提供证明的,可以在自申请日起4个月内重新提供与原样品相同的新样品重新保藏,并以原提交保藏日为保藏日。

涉及生物材料的专利申请,申请人应当在请求书和说明书中分别写明生物材料的分类命名,保藏该生物材料样品的单位名称、地址、保藏日期和保藏编号,并且相一致。

(二)遗传资源来源披露登记表

涉及遗传资源的申请,需要就依赖遗传资源完成的发明创造申请专利,申请人应当在请求书中对于遗传资源的来源予以说明,并填写遗传资源来源披露登记表,写明该遗传资源的直接来源和原始来源。申请人无法说明原始来源的,应当陈述理由。对于不符合规定的,审查员应当发出补正通知书,通知申请人补正。期满未补正的,审查员应当发出视为撤回通知书。补正后仍不符合规定的,该专利申请应当被驳回。

二、优先权文件

(一)要求优先权声明

申请人要求外国或者本国优先权的,应当在提出专利申请的同时在请求书中声明;未在请求书中提出声明的,视为未要求优先权。申请人在要求优先权声明中应当写明作为优先权基础的在先申请的申请日、申请号和原受理机构名称;未写明或者错写在先申请日、申请号和原受理机构名称中的一项或者两项内容,而申请人已在规定的期限内提交了在先申请文件副本的,审查员应当发出办理手续补正通知书,期满未答复或者补正后仍不符合规定的,审查员应当发出视为未要求优先权通知书。

要求多项优先权而在声明中未写明或者错写某个在先申请的申请日、申请号和原受理机构名称中的一项或者两项内容,而申请人已在规定的期限内提交了该在先申请文件副本的,审查员应当发出办理手续补正通知书,期满未答复或者补正后仍不符合规定的,视为未要求该项优先权,审查员应当发出视为未要求优先权通知书。

(二)在先申请文件副本

作为优先权基础的在先申请文件的副本应当由该在先申请的原受理机构出具。在先申请文件副本的格式应当符合国际惯例,至少应当表明原受理机构、申请人、申请日、申请号;不符合规定的,审查员应当发出办理手续补正通知书,期满未答复或者补正后仍不符合规定的,视为未提交在先申请文件副本,审查员应当发出视为未要求优先权通知书。

要求多项优先权的,应当提交全部在先申请文件副本,其中某份不符合规定的,审查员应当发出办理手续补正通知书,期满未答复或者补正后仍不符合规定的,视为未提交该在先申请文件副本,针对该在先申请文件副本对应的那项要求优先权声明,审查员应当发出视为未要求优先权通知书。

在先申请文件副本应当在提出在后申请之日起3个月内提交;期满未提交的,审查员应当发出视为未要求优先权通知书。

依照国家知识产权局与在先申请的受理机构签订的协议,专利局通过电子交换等途径从该受理机构获得在先申请文件副本的,视为申请人提交了经该受理机构证明的在先申请文件副本。已向专利局提交过的在先申请文件副本,需要再次提交的,可以仅提交该副本的中文题录译文,但应当注明在先申请文件副本的原件所在案卷的申请号。申请人要求本国优先权并且在请求书中写明了在先申请的申请日和申请号的,视为提交了在先申请文件副本。

三、委托书

申请人委托专利代理机构向专利局申请专利和办理其他专利事务的,应当提交委托书。委托书应当使用专利局制定的标准表格,写明委托权限、发明创造名称、专利代理机构名称、专利代理人姓名,并应当与请求书中填写的内容相一致。

在专利申请确定申请号后提交委托书的，还应当注明专利申请号。

申请人是个人的，委托书应当由申请人签字或者盖章；申请人是单位的，应当加盖单位公章，同时也可以附有其法定代表人的签字或者盖章；申请人有两个以上的，应当由全体申请人签字或者盖章。此外，委托书还应当由专利代理机构加盖公章。

申请人委托专利代理机构的，可以向专利局交存总委托书；专利局收到符合规定的总委托书后，应当给出总委托书编号，并通知该专利代理机构。已交存总委托书的，在提出专利申请时可以不再提交专利代理委托书原件，而提交总委托书复印件，同时写明发明创造名称、专利代理机构名称、专利代理人姓名和专利局给出的总委托书编号，并加盖专利代理机构公章。

委托书不符合规定的，审查员应当发出补正通知书，通知专利代理机构在指定期限内补正。第一署名申请人是中国内地单位或者个人的，期满未答复或者补正后仍不符合规定的，审查员应当向双方当事人发出视为未委托专利代理机构通知书。第一署名申请人为外国人、外国企业或者外国其他组织的，期满未答复的，审查员应当发出视为撤回通知书；补正后仍不符合规定的，该专利申请应当被驳回。第一署名申请人是香港、澳门或者台湾地区的个人、企业或者其他组织的，期满未答复的，审查员应当发出视为撤回通知书；补正后仍不符合规定的，该专利申请应当被驳回。

四、身份证明文件

能够确定申请人专利权人及其受让人继承人、发明人、代理机构及代理人身份的证明文件，包括身份证、护照、营业执照等。

案例 20　雀巢公司菌株保存不合规定案[13]

未公开菌株亲本不符合保藏规定

涉案申请所述的起始菌株“NCIMB 40613”、“NCIMB 40614”和“NCIMB 40615”未按照相关规定在指定的保藏单位得到保藏，使本领域技术人员无法得到实施权利要求 1 ~ 5 所述制备方法的原料菌株。虽然请求人认为保藏编号为“M95006”的保藏材料就是本申请“NCIMB 40612”，并在修改后的说明书中补入该保藏事项，然而，请求人未能证明二者之间存在必然的相关联系。因此，所属技术领域的技术人员按照说明书记载的内容无法实现权利要求请求保护的技术方案，即无法获得所述的酵母产品，申请不符合《专利法》的规定。

---

〔13〕　参见复审决定 FS11654 号。

第七章　权利要求

专利权源于自然权利,但是自然权利需要变成法律权利,才能受到保护。在界定专利权的范围时需要以自然权利为基础,而专利权的权利保护范围是以技术本身为基础的,即以权利人的创造为基础。专利制度的很大一部分规定正是为了确定、界定发明创造而设置的。权利要求书与说明书是权利人自己对发明创造的界定,通过说明书和权利要求书,可以确定申请专利的技术是此技术而不是彼技术。而作为审查标准的专利条件要求,是社会或国家对当事人认定的技术的审核。专利制度保护的技术方案是通过语言、图片、制图等来描述、确定的。

第一节　权利要求概述

一、权利要求的定义及意义

(一)权利要求的定义

权利要求,是指通过它来限定专利所有人的财产权利范围。一个权利要求就有如不动产的契书一样,是由语句构筑的栅栏(verbal fence)。[1] 易言之,权利要求是通过描述发明创造的技术方案来限定专利所有人的财产权利范围的权利声明。

早期,权利要求书与说明书没有分开,直到现在还有一些国家仍是这样。1811 年英国人 Fulton 在其汽船发明专利说明书最后部分记载了"我要求保护我的发明:在小船底部安装的基座上设置发动机和机器,该基座必须是长的、通气的和有强度的,以便承受机器的重量和发动机的运行,并且为了不损坏船,该基座必须分配在船的相当大的表面上";[2] 这被认为是最早的权利要求。1883 年《英国专利法案》第 5(5)条明确了说明书结尾处必须有一段关于保护范围的单独说明。

---

〔1〕 Janice M. Mueller, *An Introduction to Patent Law*, Beijing, CITIC Publishing House; Aspen Publishers, 2003, p. 38.

〔2〕 董涛:《专利权利要求》,法律出版社 2006 年版,第 28 页。

美国方面。1836 年,权利要求成为美国专利申请的必要组成部分。1870 年《美国专利法》第一次对权利要求作出了正式规定,其第 26 条规定发明人“应当专门特别地指出哪些是其作出的发明的部件、改良的方案或者发明的组合物”。[3]

德国方面。1877 年第一部《德国专利法》没有在说明书中规定单独分离出来的权利要求书,到 1891 年《德国专利法》修订时才增加了权利要求的规定。[4] 1898 年,德国专利局要求按照规定格式来撰写权利要求。权利要求书采用“前序—特征”写法为《德国专利法》所创造。这是《德国专利法》对说明书的重大发展,之后世界各国都逐渐把权利要求书作为说明书的一部分或者作为单独部分。[5]

(二)权利要求的法律意义

权利要求书是申请人的权利声明,是申请人享有专利权的基础和边界,禁止申请人或者专利权人在递交申请之后反悔,或者提出超出权利要求的权利保护诉求。权利要求既是专利审查的主要依据,也是专利保护的主要依据。

二、权利要求的限定模式

权利要求的限定模式是指权利要求确定其范围的方式和过程。一般认为其包括中心限定模式、周边限定模式和折中模式。

(一)中心限定

所谓“中心限定”(central claiming system),是指在解释权利要求时,以权利要求所陈述的内容为中心,向外作适当的扩大解释。这种做法在效果上使专利权的范围略宽于权利要求书的字面范围,其好处在于可以给予专利权人以较为充分的保护。发明人在申请专利时,通常很难将权利要求书写得天衣无缝、滴水不漏。多数情况下,人们无法预测将来可能出现的所有侵权行为,难免会有遗漏。为了防止有人利用权利要求在撰写方面的缺陷,采用以权利要求书为中心向外作适当的扩大解释的做法,可较为充分地保护专利权人的利益。另外,采用“中心限定”固然有利于专利权人,但对公众而言似有不公平之嫌。因为公众在阅读了权利要求书之后无法准确地判断该专利的保护范围到底有多大,其边界处于模糊状态。

在中心限定原则下,确定专利的保护范围是以权利要求书作为主要依据。但是,在解释权利要求书时,并不拘泥于权利要求书中的文字记载,而是应该以权利要求书作为中心,根据说明书和附图,全面考察发明创造的性质和目的,将围绕中心一定范围内的技术也包括在专利的保护范围里。

---

〔3〕 参见董涛:《专利权利要求》,法律出版社 2006 年版,第 39 页。
〔4〕 参见闫文军:《专利权的保护范围》,法律出版社 2007 年版,第 218 页。
〔5〕 参见董涛:《专利权利要求》,法律出版社 2006 年版,第 33 页。

(二)周边限定

所谓"周边限定"(peripheral claiming system),是指要求解释权利要求只能按照权利要求书的字面含义来进行,不允许进行任何扩大解释。这种做法的优点和缺点都正好与"中心限定"相反。公众在阅读了权利要求书之后便可清晰地了解该专利的保护范围,但对于专利权人则可能因其权利要求撰写方面的缺陷而导致其技术不能得到充分的保护。

(三)折中模式

折中模式既考虑权利要求书措辞的字面意思,又参考说明书和附图对权利要求作出适当的解释。折中原则就是以此为基础建立起来的,该原则要求专利权的保护范围以权利要求书所记载的实质内容来确定,但不严格拘泥于权利要求书的文字,当权利要求书所表述的技术特征不清时,可以引用说明书和附图来解释。

三、权利要求的基本要求

根据我国《专利法》规定,权利要求书应当说明发明或者实用新型的技术特征,清楚、简要地表述请求保护的范围。归纳起来,权利要求书的基本要求可以概括为:以说明书为依据、清楚、简要。

(一)以说明书为依据

权利要求书应当以说明书为依据,是指权利要求应当得到说明书的支持。权利要求书中的每一项权利要求所要求保护的技术方案应当是所属技术领域的技术人员能够从说明书充分公开的内容中得到或概括得出的技术方案,并且不得超出说明书公开的范围。

权利要求通常由说明书记载的一个或者多个实施例或实施方式概括而成,但是权利要求的概括应当不超出说明书公开的范围。如果所属技术领域的技术人员可以合理预测说明书给出的实施方式的所有等同替代方式或明显变型方式都具备相同的性能或用途,则应当允许申请人将权利要求的保护范围概括至覆盖其所有的等同替代或明显变型的方式。权利要求概括得是否恰当,应当参照与之相关的现有技术进行判断。开拓性发明可以比改进性发明有更宽的概括范围。

对于用上位概念概括或用并列选择方式概括的权利要求,应当审查这种概括是否得到说明书的支持。如果权利要求的概括包含申请人推测的内容,而其效果又难于预先确定和评价,应当认为这种概括超出了说明书公开的范围。如果权利要求的概括使所属技术领域的技术人员有理由怀疑该上位概括或并列概括所包含的一种或多种下位概念或选择方式不能解决发明或者实用新型所要解决的技术问题,并达到相同的技术效果,则应当认为该权利要求没有得到说明书的支持。

例如,对于“控制冷冻时间和冷冻程度来处理植物种子的方法”这样一个概括较宽的权利要求,如果说明书中仅记载了适用于处理一种植物种子的方法,未涉及其他种类植物种子的处理方法,而且园艺技术人员也难以预先确定或评价处理其他种类植物种子的效果,则该权利要求也被认为未得到说明书的支持。除非说明书中还指出了这种植物种子和其他植物种子的一般关系,或者记载了足够多的实施例,使园艺技术人员能够明了如何使用这种方法处理植物种子,才可以认为该权利要求得到了说明书的支持。

对于“实现单车共享的方法”这样一个概括较宽的权利要求,如果说明书中仅记载了一种实现单车共享的具体方法,比如只有一款具体的租车应用软件,一款锁车及开锁方法,一种定位寻找方法,而未涉及其他形式的处理方法,而且本领域技术人员也难以预先确定或评价处理其他种方法的具体内容和效果,则该权利要求应被认为未得到说明书的支持。

对于一个概括较宽又与整类产品或者整类机械有关的权利要求,如果说明书中有较好的支持,并且也没有理由怀疑发明或者实用新型在权利要求范围内不可以实施,那么,即使这个权利要求范围较宽也是可以接受的。但是当说明书中给出的信息不充分,所属技术领域的技术人员用常规的实验或者分析方法不足以把说明书记载的内容扩展到权利要求所述的保护范围时,申请人应当作出解释,说明所属技术领域的技术人员在说明书给出信息的基础上,能够容易地将发明或者实用新型扩展到权利要求的保护范围。否则,应当限制权利要求。例如,对于“一种处理合成树脂成型物来改变其性质的方法”的权利要求,如果说明书中只涉及热塑性树脂的实施例,而且申请人又不能证明该方法也适用于热固性树脂,那么申请人就应当把权利要求限制在热塑性树脂的范围内。

通常,对于产品权利要求来说,应当尽量避免使用功能或者效果特征来限定发明。只有在某一技术特征无法用结构特征来限定,或者技术特征用结构特征限定不如用功能或效果特征来限定更为恰当,而且该功能或者效果能通过说明书中规定的实验或者操作或者所属技术领域的惯用手段直接和肯定地验证的情况下,使用功能或者效果特征来限定发明才可能是允许的。

对于权利要求中所包含的功能性限定的技术特征,应当理解为覆盖了所有能够实现所述功能的实施方式。对于含有功能性限定的特征的权利要求,应当审查该功能性限定是否得到说明书的支持。如果权利要求中限定的功能是以说明书实施例中记载的特定方式完成的,并且所属技术领域的技术人员不能明了此功能还可以采用说明书中未提到的其他替代方式来完成,或者所属技术领域的技术人员有理由怀疑该功能性限定所包含的一种或几种方式不能解决发明或者实用新型所要解决的技术问题,并达到相同的技术效果,则权利要求中不得采用覆盖了上述其他替代方式或者不能解决发明或实用新型技术问题的方式的功能性限定。

此外,如果说明书中仅以含糊的方式描述了其他替代方式也可能适用,但对于所属技术领域的技术人员来说,并不清楚这些替代方式是什么或者怎样应用这些替代方式,则权利要求中的功能性限定也是不允许的。另外,纯功能性的权利要求得不到说明书的支持,因而也是不允许的。

在判断权利要求是否得到说明书的支持时,应当考虑说明书的全部内容,而不是仅限于具体实施方式部分的内容。如果说明书的其他部分也记载了有关具体实施方式或实施例的内容,从说明书的全部内容来看,能说明权利要求的概括是适当的,则应当认为权利要求得到了说明书的支持。

对于包括独立权利要求和从属权利要求或者不同类型权利要求的权利要求书,需要逐一判断各项权利要求是否都得到了说明书的支持。独立权利要求得到说明书支持并不意味着从属权利要求也必然得到支持,方法权利要求得到说明书支持也并不意味着产品权利要求必然得到支持。

当要求保护的技术方案的部分或全部内容在原始申请的权利要求书中已经记载而在说明书中没有记载时,允许申请人将其补入说明书。但是权利要求的技术方案在说明书中存在一致性的表述,并不意味着权利要求必然得到说明书的支持。只有当所属技术领域的技术人员能够从说明书充分公开的内容中得到或概括得出该项权利要求所要求保护的技术方案时,记载该技术方案的权利要求才被认为得到了说明书的支持。

(二)清楚

权利要求书是否清楚,对于确定发明或者实用新型要求保护的范围是极为重要的。权利要求书应当清楚:(1)每一项权利要求应当清楚;(2)构成权利要求书的所有权利要求作为一个整体也应当清楚。

1.每项权利要求的类型应当清楚。一方面,权利要求的主题名称应当能够清楚地表明该权利要求的类型是产品权利要求还是方法权利要求。不允许采用模糊不清的主题名称,如"一种……技术",或者在一项权利要求的主题名称中既包含产品又包含方法,如"一种……产品及其制造方法"。另一方面,权利要求的主题名称还应当与权利要求的技术内容相适应。

产品权利要求通常应当用产品的结构特征来描述。特殊情况下,当产品权利要求中的一个或多个技术特征无法用结构特征予以清楚地表征时,允许借助物理或化学参数表征。当无法用结构特征并且也不能用参数特征予以清楚地表征时,允许借助方法特征表征。使用参数表征时,所使用的参数必须是所属技术领域的技术人员根据说明书的教导或通过所属技术领域的惯用手段可以清楚而可靠地加以确定的。

方法权利要求适用于方法发明,通常应当用工艺过程、操作条件、步骤或者流程等技术特征来描述。用途权利要求属于方法权利要求。但应当注意从权利要求的撰写措辞上区分用途权利要求和产品权利要求。例如,“用化合物 X 作为杀虫剂”或者“化合物 X 作为杀虫剂的应用”是用途权利要求,属于方法权利要求,而“用化合物 X 制成的杀虫剂”或者“含化合物 X 的杀虫剂”,则不是用途权利要求,而是产品权利要求。

2. 每项权利要求所确定的保护范围应当清楚。权利要求的保护范围应当根据其所用词语的含义来理解。一般情况下,权利要求中的用词应当理解为相关技术领域通常具有的含义。特定情况下,如果说明书中指明了某词具有特定的含义,并且使用了该词的权利要求的保护范围由于说明书中对该词的说明而被限定得足够清楚,这种情况也是允许的。但此时也应要求申请人尽可能修改权利要求,使根据权利要求的表述即可明确其含义。权利要求中不得使用含义不确定的用语,除非这种用语在特定技术领域中具有公认的确切含义,如放大器中的“高频”。权利要求中不得出现“例如”“最好是”“尤其是”“必要时”等类似用语,因为这类用语会在一项权利要求中限定出不同的保护范围,导致保护范围不清楚。当权利要求中出现某一上位概念后面跟一个由上述用语引出的下位概念时,应当要求申请人修改权利要求,允许其在该权利要求中保留其中之一,或将两者分别在两项权利要求中予以限定。一般情况下,权利要求中不得使用“约”“接近”“等”“或类似物”等类似的用语,因为这类用语通常会使权利要求的范围不清楚。除附图标记或者化学式及数学式中使用的括号之外,权利要求中应尽量避免使用括号,以免造成权利要求不清楚。然而,具有通常可接受含义的括号是允许的,如括号注明比例是重量或者体积百分比的。

3. 构成权利要求书的所有权利要求作为一个整体也应当清楚。这是指权利要求之间的引用关系应当清楚。

(三)简要

权利要求书应当简要:(1)每一项权利要求应当简要;(2)构成权利要求书的所有权利要求作为一个整体也应当简要。例如,一件专利申请中不得出现两项或两项以上保护范围实质上相同的同类权利要求。

权利要求的数目应当合理。在权利要求书中,允许有合理数量的限定发明或者实用新型优选技术方案的从属权利要求。

权利要求的表述应当简要。除记载技术特征外,不得对原因或者理由作不必要的描述,也不得使用商业性宣传用语。为避免权利要求之间相同内容的不必要重复,在可能的情况下,权利要求应尽量采取引用在前权利要求的方式撰写。

案例 21　“用于在终端上显示窗口应用程序的方法和设备”案[6]
因权利要求书未能清楚简要地说明要求保护的范围而驳回申请

发明“用于在终端上显示窗口应用程序的方法和设备”权利要求 2 要求保护一种适合于同多个主机系统中选择的一个相通信的终端，其权利要求 2 中具有技术特征“处理器装置，用于响应于所述第一和至少该第二个体，处理第一和第三组指令之一以及仿真第二和第四组指令之一，以便向相关的主机系统提供与同该主机系统相关的通信协议相兼容的响应”，但没有清楚地记载如何处理该第一和第三组指令之一、如何仿真第二和第四组指令，以及通过这样的步骤如何实现向相关的主机系统提供与同该主机系统相关的通信协议相兼容的响应。这导致了权利要求 2 所要求保护的技术方案不清楚，不符合《专利法实施细则》第 20 条第 1 款的规定。

四、权利要求的类型

(一)产品权利要求和方法权利要求

按照性质划分，权利要求有两种基本类型，即物的权利要求和活动的权利要求，或者简单地称为产品权利要求和方法权利要求。第一种基本类型的权利要求包括人类技术生产的物(产品、设备)；第二种基本类型的权利要求包括有时间过程要素的活动(方法、用途)。属于物的权利要求有物品、物质、材料、工具、装置、设备等权利要求；属于活动的权利要求有制造方法、使用方法、通信方法、处理方法及将产品用于特定用途的方法等权利要求。

在类型上区分权利要求的目的是确定权利要求的保护范围。通常情况下，在确定权利要求的保护范围时，权利要求中的所有特征均应当予以考虑，而每一个特征的实际限定作用应当最终体现在该权利要求所要求保护的主题上。例如，当产品权利要求中的一个或多个技术特征无法用结构特征并且也不能用参数特征予以清楚地表征时，允许借助方法特征表征。但是，方法特征表征的产品权利要求的保护主题仍然是产品，其实际的限定作用取决于对所要求保护的产品本身带来何种影响。

对于主题名称中含有用途限定的产品权利要求，其中的用途限定在确定该产品权利要求的保护范围时应当予以考虑，但其实际的限定作用取决于对所要求保护的产品本身带来何种影响。例如，主题名称为“用于钢水浇铸的模具”的权利要求，其中“用于钢水浇铸”的用途对主题“模具”具有限定作用；对于“一种用于冰块成型的塑料模盒”，因其熔点远低于“用于钢水浇铸的模具”的熔点，不可能用于钢

〔6〕　参见复审决定 FS11707 号。

水浇铸,故不在上述权利要求的保护范围内。然而,如果"用于……"的限定对所要求保护的产品或设备本身没有带来影响,只是对产品或设备的用途或使用方式的描述,则其对产品或设备如是否具有新颖性、创造性的判断不起作用。例如,"用于……的化合物X",如果其中"用于……"对化合物X本身没有带来任何影响,则在判断该化合物X是否具有新颖性、创造性时,其中的用途限定不起作用。

(二)开放式权利要求、封闭式权利要求及半开放式权利要求

有一类产品是组合物。组合物是由多种生物材料或化学物质混合组成的产品。组合物权利要求是产品权利要求的一种,可以分为开放式、半开放式及封闭式三种类型。

开放式权利要求表示组合物权利要求中并不排除权利要求中未指出的组分。权利要求中用"含有""包括""基本含有""本质上含有"等措辞表述的为开放式权利要求。

封闭式权利要求则表示组合物中仅包括所指出的组分而排除所有其他的组分。用"由……组成""组成为""余量为"等措辞表述的为封闭式权利要求。

半开放式权利要求表示组合物中并不排除对权利要求所指出的组分的基本特性或者新的特性没有实质影响的未指出的组分。用"基本上由……组成""主要组成为"等措辞表述的为半开放式权利要求。

(三)独立权利要求和从属权利要求

独立权利要求是从整体上反映发明或者实用新型的技术方案,记载了解决技术问题的全部必要技术特征的权利要求。从属权利要求是包含了同一申请中另一项同类型权利要求的所有技术特征,并且对该另一项权利要求的技术方案作了进一步限定的权利要求。必要技术特征是指发明或者实用新型为解决其技术问题所不可缺少的技术特征,其总和足以构成发明或者实用新型的技术方案,使之区别于背景技术中所述的其他技术方案。判断某一技术特征是否为必要技术特征,应当从所要解决的技术问题出发并考虑说明书描述的整体内容,不应简单地将实施例中的技术特征直接认定为必要技术特征。

在一件专利申请的权利要求书中,独立权利要求所限定的一项发明或者实用新型的保护范围最宽。由于从属权利要求用附加的技术特征对所引用的权利要求做了进一步的限定,所以其保护范围落在其所引用的权利要求的保护范围之内。从属权利要求中的附加技术特征,可以是对所引用的权利要求的技术特征作进一步限定的技术特征,也可以是增加的技术特征。

一件专利申请的权利要求书中,应当至少有一项独立权利要求。当有两项或者两项以上独立权利要求时,写在最前面的独立权利要求被称为第一独立权利要求,其他独立权利要求称为并列独立权利要求。有时并列独立权利要求也引用在

前的独立权利要求，例如，“一种实施权利要求1的方法的装置……”“一种制造权利要求1的产品的方法……”“一种包含权利要求1的部件的设备……”“与权利要求1的插座相配合的插头……”这种引用其他独立权利要求的权利要求并非是对被引用的权利要求的限定，不能被看作从属权利要求，而是并列的独立权利要求。

在某些情况下，形式上的从属权利要求（其包含从属权利要求的引用部分）实质上不一定是从属权利要求。例如，独立权利要求1为“包括特征X的机床”，在后的另一项权利要求为“根据权利要求1所述的机床，其特征在于用特征Y代替特征X”。在这种情况下，后一权利要求也是独立权利要求。

五、等同原则

等同原则或称等同特征，[7]是指被审查的专利申请的某个技术特征与现有技术记载的某个技术特征相比虽有不同，但所属领域的技术人员在发明作出时或申请日之前无须经过创造性劳动就能够认识到该特征与现有技术相比，是采用的基本相同的手段，实现基本相同的功能，产生基本相同的效果。换言之，权利要求的整体与现有技术相比没有实质的改进，只有细微、琐碎的改进，采用的是与现有技术基本相同的手段，实现基本相同的功能，产生基本相同的效果。

案例22　鞋跟可调主体结构[8]

修改说明书新增内容不一定就是超范围修改

针对“鞋跟可调主体结构”的发明专利申请，驳回决定认为说明书中新增加的下述内容“鞋跟可调主体结构，其特征在于：所述的后板与后跟之间周边边缘设有伸缩性保护材料，达到鞋跟可调效果”既未明确记载在原说明书和权利要求书中，也不能由原说明书和权利要求书所记载的内容直接地、毫无疑义地确定，因此超出了原说明书和权利要求书记载的范围，不符合《专利法》第33条的规定。复审决定认为，复审请求人于2013年10月16日提交的说明书中删除了上述特征，克服了驳回决定指出的超范围的缺陷，符合《专利法》第33条的规定。

---

[7] 审查权利要求时的等同原则不同于专利侵权判断时的等同原则，侵权判定时用等同原则来扩展专利权的保护范围，而审查时则用等同原则来限定、约束专利申请的创造性。

[8] 参见复审决定FS72093号。

案例 23　一种储粮木盒[9]

区别特征与现有技术等同的发明缺乏创造性

"一种储粮木盒"实用新型专利权利要求 1 请求保护一种储粮木盒。对比文件 1 公开了一种家用储米箱。权利要求 1 与对比文件 1 相比,其区别在于:盒体底面的四个顶角处均固定设置有底垫。对比文件 2 也公开了一种家用储米箱,其底面具有四个底脚,以将箱体与地面隔离,从而达到防潮的目的。在对比文件 1 的基础上结合对比文件 2 从而得到权利要求 1 的技术方案对于本领域技术人员来说是显而易见的,该技术方案不具有实质性特点和进步,不具备《专利法》第 22 条第 3 款规定的创造性。

第二节　权利要求撰写

一、权利要求撰写的一般规定

(一)独立权利要求

发明或者实用新型的独立权利要求应当包括前序部分和特征部分,[10] 按照下列规定撰写:(1)前序部分:写明要求保护的发明或者实用新型技术方案的主题名称和发明或者实用新型主题与最接近的现有技术共有的必要技术特征;(2)特征部分:使用"其特征是……"或者类似的用语,写明发明或者实用新型区别于最接近的现有技术的技术特征。这些特征和前序部分写明的特征合在一起,限定发明或者实用新型要求保护的范围。前序部分的技术特征和特征部分的技术特征,都是权利要求的必要技术特征,它们一起构成权利要求的技术方案。发明或者实用新型的性质不适于用上述方式撰写的,独立权利要求也可以不分前序部分和特征部分,如开拓性发明、组合物发明、替换发明、减步骤发明等。

独立权利要求的前序部分中,发明或者实用新型主题与最接近的现有技术共有的必要技术特征,是指要求保护的发明或者实用新型技术方案与最接近的一份现有技术文件中所共有的技术特征。在合适的情况下,选用一份与发明或者实用新型要求保护的主题最接近的现有技术文件进行"划界"。独立权利要求的前序部分中,除写明要求保护的发明或者实用新型技术方案的主题名称外,仅需写明那些与发明或实用新型技术方案密切相关的、共有的必要技术特征。例如,一项涉及

[9] 参见无效决定 WX24415 号。

[10] 美欧权利要求中的前序部分略有差异。欧洲专利法里,前序是权利要求的前段,写入最接近现有技术所有的必要技术特征。《美国专利法》中,前序部分写入的内容包括发明类型、主要性质、目的、领域等,甚至可以引用其他权利要求。我国与欧洲的做法相同。

照相机的发明,该发明的实质在于照相机布帘式快门的改进,其权利要求的前序部分只要写出“一种照相机,包括布帘式快门……”就可以了,不需要将其他共有特征,如透镜和取景窗等照相机零部件都写在前序部分中。独立权利要求的特征部分,应当记载发明或者实用新型的必要技术特征中与最接近的现有技术不同的区别技术特征,这些区别技术特征与前序部分中的技术特征一起,构成发明或者实用新型的全部必要技术特征,限定独立权利要求的保护范围。

（二）从属权利要求

发明或者实用新型的从属权利要求应当包括引用部分和限定部分,按照下列规定撰写:(1)引用部分:写明引用的权利要求的编号及其主题名称;(2)限定部分:写明发明或者实用新型附加的技术特征。

从属权利要求的限定部分可以对在前的权利要求(独立权利要求或者从属权利要求)中的技术特征进行限定。在前的独立权利要求采用两部分撰写方式的,其后的从属权利要求不仅可以进一步限定该独立权利要求特征部分中的特征,也可以进一步限定前序部分中的特征。从属权利要求只能引用在前的权利要求。引用两项以上权利要求的多项从属权利要求,只能以择一方式引用在前的权利要求,并不得作为另一项多项从属权利要求的基础。

二、撰写的具体规定

1. 应当简要、清楚、完整地列出说明书中所描述的所有新的技术特点。说明书中没有涉及的内容,不能写入权利要求,因为要求保护的范围必须得到说明书的支持。

2. 权利要求书中使用的技术名词、术语应与说明书中一致。权利要求书中使用的科技术语应当与说明书中使用的一致,可以有化学式或者数学式,必要时可以有表格,但不得有插图。不得使用“如说明书……部分所述”或者“如图……所示”等用语。

3. 一项权利要求要用一句话来表达,中间可以有逗号、顿号,不能有分号和句号,以强调其意思不可分割的单一性和独立性。权利要求书有几项权利要求时,应当用阿拉伯数字顺序编号,编号前不得冠以“权利要求”或者“权项”等词。

4. 权利要求只讲发明或实用新型的技术特征,不允许陈述发明或实用新型的目的、功能等。

5. 独立权利要求应从整体上反映出发明或实用新型的主要技术内容,包括全部的必要技术特征,它本身可以独立存在。从属权利要求是引用独立权利要求或引用包括独立权利要求在内的几项权利要求的全部技术特征,又含有若干新的技术特征的权利要求,从属权利要求必须依从于独立权利要求或者在前的从属权利要求。

6. 一项发明或者实用新型只应当有一项独立权利要求。属于一个总的发明构思,符合合案申请要求的发明或实用新型专利申请,可以有两项以上的独立权利要求。

7. 每一个独立权利要求可以有若干个从属权利要求。

8. 有多项权利要求的应当用阿拉伯数字顺序编号。编号时独立权利要求应排在前面,它的从属权利要求紧随排在后面。

三、具体写法

1. 权利要求书顶端不用书写发明或实用新型名称,可以直接书写第 1 项独立权利要求,它的从属权利要求从上往下顺序排列。有两项以上独立权利要求的,则各自的从属权利要求应分别写在各独立权利要求之后。

2. 独立权利要求分两部分撰写。

前序部分:写明发明或实用新型要求保护的主题名称和该项发明或实用新型与现有技术共有的必要技术特征。

特征部分:写明发明或实用新型区别于现有技术的技术特征,这是权利要求的核心内容,这部分应紧接前序部分,用“其特征是……”或者类似用语与上文连接。

前序部分和特征部分共同限定发明或实用新型的保护范围。

3. 从属权利要求也分两个部分撰写。

引用部分:写明被引用的权利要求的编号及发明或实用新型主题名称。例如,“根据权利要求 1 所述……”

限定部分:写明发明或实用新型附加的技术特征,它是独立权利要求的补充,以及对引用部分的技术特征作进一步的限定。也应当以“其特征是……”连接上文。

从属权利要求的引用部分,只能引用排列在前的权利要求。同时引用两项以上权利要求时,只允许使用“或”连接。例如,“根据权利要求 1 或 2 所述的……”这样的权利要求称为多项权利要求。一项多项从属权利要求不能作为另一项多项从属权利要求的引用对象。

4. 同一构思的两项发明或实用新型可以合案申请,因而可能存在两项独立权利要求。这时应当确定一项为主要的,作为第一项权利要求,另一项排在后面成为与第一项独立权利要求平行的、有独立的法律意义的权利要求。例如,一项产品发明和制造该产品的方法发明可以合案申请,这时一般把产品作为第一独立权利要求,把方法作为第二独立权利要求。

四、撰写中常见错误

1. 纯功能式权利要求,这是初写者常出现的错误。一般情况下,产品必须用结构式权利要求,方法必须用步骤或条件式权利要求,不能采用功能或混合式,这种写法容易超出说明书范围,扩大了保护范围。

2. 对一般的改进发明,没有前序部分和特征部分之分。实质是没有划清与现有技术的界限。

3. 在独立权利要求中,有多个前序部分和多个特征部分。一个独立权利要求只能有一个前序部分和一个特征部分。

4. 从属权利要求中没有引用部分和特征部分,或者是其中引用部分的“引证”有错误。

5. 使用了不准确、不明确的词汇。如“等等”“高”“强”“弱”“性能好”“最好是”等。

6. 权利要求书得不到说明书的支持。即在权利要求书中写的技术特征,在说明书中无相应的文字记载,或是没有清楚、完整地说明。

五、撰写示例

(一)示例一

假设现有技术中的铅笔是圆柱状,其缺点是容易滚动且不方便握住。发明人对该种铅笔进行了改进,将铅笔由圆柱状改成多边形柱状,可以防止滚动并方便握住。而柱状的形状可以进行优选。

根据上述给定条件,撰写出如下的权利要求。

1. 一种柱状铅笔,其特征是柱状横截面为 n 边形。

2. 如权利要求 1 所述的铅笔,其特征是所述柱状横截面为凸 n 边形。

3. 如权利要求 2 所述的铅笔,其特征是所述柱状横截面为正 n 边形。

4. 如权利要求 3 所述的铅笔,其特征是所述柱状横截面为正三边形、正四边形、正五边形或正六边形。

其中,权利要求 1 为独立权利要求,权利要求 2、3、4 均是从属权利要求,权利要求 3、4 又分别是权利要求 2、3 的从属权利要求。

(二)示例二

假设现有技术是阳伞,撑开后用来遮雨遮太阳,可以收拢,但是携带不方便。发明人对阳伞进行了改进,伞收拢时可以折叠,这样方便携带。同时发明人还做了一些小改进,带来更多方便。其权利要求书如下。

1. 一种方便携带的阳伞,包括伞柄、伞骨、伞面三部分,其特征是所述伞柄、连着伞面的伞骨均可以伸缩。

2. 如权利要求 1 所述的阳伞,其特征是所述伞柄分为三折。

3. 如权利要求 1 或 2 所述的阳伞,其特征是所述伞骨分为两节。

4. 如权利要求 2 所述的阳伞,其特征是所述伞柄各折之间的连接方式为多节卡式结构。

5. 如权利要求 3 所述的阳伞,其特征是所述伞骨的连接方式为分……

6. 如权利要求 1 ~ 5 所述的阳伞,其特征是有一个与之匹配的伞套。

7. 如权利要求 1 ~ 6 所述的阳伞,其特征是其伞面使用的材料具有防紫外线的功能。

※思考问题：权利要求7合理吗？为什么？

(三)示例三

专利号为00222290.6，其中独立权利要求1为"一种双向加强型土工格栅，其特征是：为分组纵向与分组横向的金属丝(1)与工程塑料(2)复合而成的格栅状结构"。

(四)示例四

一种灯头可转动式台灯，其特征是转动是通过一个以上活连接来实现。

(五)示例五[11]

假设现有技术是一种杯子，有杯体，杯体上有开口，可以盛装茶水等液体，但是容易散热，或者掉进脏东西。发明人对这种杯子进行改进，解决易冷易掉进东西的毛病。其权利要求书如下。

1. 一种杯子，包括杯体，杯体上方有开口，其特征在于，还包括一个可以盖住所述开口的杯盖。

2. 如权利要求1所述的杯子，其特征在于，所述的杯盖上有一个提手。

3. 如权利要求1所述的杯子，其特征在于，所述的杯盖下有一圈与杯体的开口相吻合的凸圈。

4. 如权利要求2所述的杯子，其特征在于，所述的杯盖下有一圈与杯体的开口相吻合的凸圈。

5. 如权利要求3所述的杯子，其特征在于，所述的杯盖上有一个提手。

说明：提手或者凸圈都属于附加技术特征，因此权利要求2、要求3、要求4都是权利要求1的从属权利要求。

※思考问题：权利要求5合理吗？为什么？

第三节　权利要求与说明书的关系

本节主要通过案例来说明权利要求与说明书的关系。

一、权利要求应当以说明书为依据

权利要求应当以说明书为依据，超出或得不到说明书支持的权利要求无效。更进一步地，不仅独立权利要求需要得到说明书的支持，从属权利要求也应该得到说明书的支持。在判断权利要求是否得到说明书的支持时，应当考虑说明书的全

---

[11] 杯子的案例被很多人讲述并引用，鉴于该案例浅显易懂，又很有代表性，本书予以引用，特作说明。

部内容，而不是仅限于具体实施方式部分的内容。

案例 24 | 味之素株式会社生产氨基酸的方法专利无效、诉讼案[12]
生物领域说明书超范围

涉案专利涉及一种利用“埃希氏杆菌属”和“棒状杆菌”生产氨基酸的方法。根据其权利要求书、说明书的记载及现有技术，埃希氏杆菌属和棒状杆菌不能被限缩解释为大肠杆菌或谷氨酸棒状杆菌。在涉案专利说明书实施例仅使用特定菌株进行验证的情况下，根据说明书及现有技术，本领域技术人员不能预见并合理推知所有属于埃希氏杆菌属及棒状杆菌都可以通过提高所述微生物细胞中转氢酶的活性而提高其生产 L－氨基酸的产量。因此，味之素株式会社关于涉案专利权利要求 1 得到说明书支持的理由不能成立。大合公司对于权利要求 1 未得到说明书的支持提交了有关证据并予以说明，不一定必须提供反例。

案例 25 | “一了汉字输入法”案[13]
说明书不清楚不完整不能授权

发明申请“一了汉字输入法”涉及纯拼音、纯形体及形音结合三种输入方式，但是本申请没有分别对所述三种输入方式进行分类描述，也没有在说明书中针对各种输入方式给出足够的实施例，仅仅给出了一些指导性的原则，从而导致其描述的内容混乱难以理解，以至于本领域普通技术人员无法准确理解本发明的实施细节，进而无法实现发明，不能授权。

二、说明书或者附图可以用来解释权利要求

（一）相关规定

《专利法》第 59 条第 1 款规定：“发明或者实用新型专利权的保护范围以其权利要求的内容为准，说明书及附图可以用于解释权利要求的内容。”

关于说明书及附图用于解释权利要求的含义，《专利法》中的表述是“可以用于解释权利要求”，本书认为其准确含义应该是如果说明书的内容对于解释权利要求有助益，就应该将说明书及附图的相关内容用于解释权利要求，而不是说说明

[12] 参见无效决定 WX13841 号，北京市第一中级人民法院（2010）一中知行初字第 535 号，北京市高级人民法院（2010）高行终字第 1506 号，最高人民法院（2013）知行字第 3 号。

[13] 参见复审决定 FS10709 号。

书用于解释权利要求具有选择性。[14] 之前，最高人民法院认为，说明书和附图只有在权利要求书记载的内容不清楚时，才能用来澄清权利要求书中的模糊不清的地方，说明书和附图不能用来限制权利要求书中已经明确无误记载的权利要求的范围。[15] 最高人民法院《关于审理侵犯专利权纠纷案件应用法律若干问题的解释》第3条规定："人民法院对于权利要求，可以运用说明书及附图、权利要求书中的相关权利要求、专利审查档案进行解释。说明书对权利要求用语有特别界定的，从其特别界定。以上述方法仍不能明确权利要求含义的，可以结合工具书、教科书等公知文献以及本领域普通技术人员的通常理解进行解释。"

但后来最高人民法院修正了先前的观点，并在精工爱普生株式会社与国家知识产权局专利复审委员会、郑亚俐、佛山凯德利办公用品有限公司、深圳市易彩实业发展有限公司发明专利权无效行政纠纷案件[16]中明确指出："权利要求不可能对发明所涉及的全部问题表述无遗，需要通过说明书对要求保护的技术方案的技术领域、背景技术、发明内容、附图及具体实施方式等加以说明。为此，《专利法》明确规定了权利要求书和说明书之间的关系，要求说明书应该充分公开发明的技术方案，使所属技术领域的技术人员能够实现；权利要求书应当以说明书为依据，清楚、简要地限定要求专利保护的范围。在《专利法》的上述法定要求下，说明书记载的上述内容对于理解权利要求含义更是不可或缺，两者具有法律意义上的密切关联性。说明书的上述内容构成权利要求所处的语境或者上下文，只有结合说明书的记载，才能正确理解权利要求书的含义。在这一意义上，说明书乃权利要求之母，不参考说明书及附图，仅仅通过阅读权利要求书即可正确理解权利要求及其用语的含义，在通常情况下是不可能的。权利要求的解释就是理解和确定权利要求含义的过程。在这个过程中，必须结合说明书及其附图才能正确解释权利要求。"

最高人民法院《关于审理侵犯专利权纠纷案件应用法律若干问题的解释（二）》对该问题做了进一步明确。其第3条规定："因明显违反专利法第二十六条第三款、第四款导致说明书无法用于解释权利要求，且不属于本解释第四条规定的情形，专利权因此被请求宣告无效的，审理侵犯专利权纠纷案件的人民法院一般应当裁定中止诉讼；在合理期限内专利权未被请求宣告无效的，人民法院可以根据权利要求的记载确定专利权的保护范围。"其第4条规定："权利要求书、说明书及附

---

〔14〕《欧洲专利公约》第69条："Article 69Extent of protection：(1) The extent of the protection conferred bya European patent or a European patent applicationshall be determined by the claims. Nevertheless, the description and drawings shall beused to interpret the claims."这里，说明书及其附图用于解释权利要求的用语是"shall"，shall在英语里表示"应当"，而不是"可以"。

〔15〕参见最高人民法院民事判决书(2001)民三提字第1号。

〔16〕参见最高人民法院行政裁定书(2010)知行字第53号。

图中的语法、文字、标点、图形、符号等存在歧义，但本领域普通技术人员通过阅读权利要求书、说明书及附图可以得出唯一理解的，人民法院应当根据该唯一理解予以认定。"其第6条规定："人民法院可以运用与涉案专利存在分案申请关系的其他专利及其专利审查档案、生效的专利授权确权裁判文书解释涉案专利的权利要求。专利申请档案，包括专利审查、复审、无效程序中专利申请人或者专利权人提交的书面材料，国务院专利行政部门及其专利复审委员会制作的审查意见通知书、会晤记录、口头审理记录、生效的专利复审请求审查决定书和专利权无效宣告请求审查决定书等。"

（二）专利权利要求解释的程序

依据最高人民法院司法解释的规定，在实践中，通常将用于解释权利要求的有关证据划分为内部证据和外部证据。所谓"内部证据"，包括说明书及附图、权利要求书中的相关权利要求、专利审查档案，以及涉案专利存在分案申请关系的其他专利及其专利审查档案、生效的专利授权确权裁判文书；所谓"外部证据"，包括工具书、教科书、技术手册、技术辞典等公知常识性证据，以及本领域普通技术人员的通常理解。在解释权利要求时，原则上要优先考虑内部证据，只有在利用内部证据仍不能明确权利要求含义时，才需要考虑外部证据。在利用内部证据解释权利要求时，应根据与所要解释的权利要求的亲密性来考虑证据的权重和适用顺序。具体地，应优先考虑权利要求书的相关内容（权利要求书体系），再考虑说明书及附图（说明书体系），涉案专利的专利审查档案（涉案专利自身的历史档案），最后考虑涉案专利存在分案申请关系的其他专利及其专利审查档案、生效的专利授权确权裁判文书（同族专利的历史档案）。

这一做法来自美国，其相关做法和经验值得借鉴。对于可用于对权利要求进行解释的资料中，美国法院将其分为两类：内在证据（intrinsic evidence）和外在证据（extrinsic evidence）。一般来说，内在证据包括三种资料：权利要求书、说明书、专利申请历史（prosecution history）。外在证据主要是指专家证词（testimony）等。在确定一项专利权利要求的含义时，需要考虑的不仅仅是内在证据，亦即权利要求书、说明书和专利申请历史，同时允许使用外在证据，如专家证词来确定科技术语或艺术术语的含义。

美国联邦巡回上诉法院（CAFC）审理的 Renishaw Plc v. Marposs Societa Per Azioni 一案，[17]是关于权利要求书和说明书二者关系的经典案例。CAFC 在该案中指出，在解释权利要求时，权利要求和说明书的总体关系由两条准则确立：（1）不允许将说明书部分的限定加入到权利要求中，（2）对于存在于权利要求中的

---

〔17〕 See U. S. District Court for the Eastern District of Michigan – 974 F. Supp. 1056（E. D. Mich. 1997）August 13, 1997.

限定,可以从说明书部分中寻找定义。如果专利权人对权利要求中的字词没有提供清楚的定义,那么权利要求中的术语就将按照其习惯性和常规性的含义来解释。但是,如果一个权利要求的术语的常规字典上的定义与专利公开相矛盾,那么该术语就不能够用该字典上的定义来解释。

CAFC 在 Markman v. Westview Instruments, Inc. 案中,[18]确立了内在证据优先于外在证据的原则。在解释权利要求时,最优先最重要的是权利要求文字本身。权利要求的解释要根据本领域中的普通技术人员在发明完成时对权利要求的理论。权利要求书应按照说明书去理解。专利申请历史保存了美国专利商标局(PTO)专利申请程序的完整记录,可以用作专利权人解释权利要求的补充。外在证据在以下两个场合可以应用:(1)提供给法院帮助其了解与案情相关的背景信息;(2)在权利要求的含义根据内在证据不清楚时用来帮助限定权利要求。

美国联邦巡回上诉法院(CAFC)审理的 Bell & Howell Document Management Products Company v. Altek Systems 一案,对内在证据和外在证据的关系有经典的阐述。CAFC 发现:初审法院错误依赖了专家证词来解释权利要求中的术语。CAFC 认为:在解释权利要求时,法院应该首先看内在证据,亦即权利要求、说明书和专利申请历史。如果内在证据并非模糊不清,那么法院依赖外在证据,如专家证词来对权利要求进行解释就是不适当的。CAFC 也承认,专家证词在解释权利要求时可以是有用的,然而只有在考虑了内在证据之后,权利要求语言还不太清楚时,使用外在证据才是适当的。也就是说,当内在证据不足以使法院对所讼争的权利要求进行解释时,才可以借助外在证据。CAFC 进一步清楚地阐明自己的观点:如果内在证据已经使权利要求中的解释变得很清楚,那么外在证据,比如说专家证词,就不能用于改变已经是很清楚的意义了。因此,任何与毫不含糊的内在证据相悖的专家证词都不应予以采信。由于内在证据毫不含糊地给引起讼争的权利要求中的术语下了定义,因此,初审法院依靠专家证词来反驳内在证据,在法律上犯了错误。在本案中依靠专家证词是根本没有必要的,只会造成根本就不存在的混淆。

美国联邦巡回上诉法院(CAFC)审理的 Texas Digital Systems, Inc. v. Telegenix, Inc. 一案,[19]确立了权利要求解释的新的程序规则。CAFC 认为:在解释权利要求时,如果一开始就参考书面说明书和审查记录,而未先仔细辨别这些词本身的通常和惯用含义,则与有关反对将限制引入权利要求的判例规则相悖。CAFC 认为,初审法院可能误解了 Markman 案中确立的内在证据优先规则。Markman 案确立的内部证据先于外在证据审查规则是指解释权利要求时,应先依据内部证据,如公开的记录、专利自身的文件和专利申请历史进行解释,再考虑外在证据。内在证

---

〔18〕 See 52 F. 3d 967, 34 U. S. P. Q. 2d 1737 (Fed. Cir. 1995).

〔19〕 See 308 F. 3d 1193 (Fed. Cir. 2002).

据优先规则不等于内在证据审查是权利要求解释的最先步骤;在解释权利要求时,应首先参考诸如字典这样的材料来源,以决定权利要求的全部含义。通过查阅相关字典、百科全书和论文确定专业人士赋予该词可能的意思,然后参考内部证据从那些可能的含义中筛选出发明人使用该词意思最一致的一个或几个意思。这样,可以更精确地判定发明人本意所指的限制的全部范围,也能更有效地避免专利说明书中非发明人本意的限制被不适当地引入到权利要求中。因此,CAFC 实际上在本案确立了权利要求解释的新的程序规则,即应按字典等材料、内在证据、外在证据(专家证词等)的顺序进行权利要求解释。

案例 26 | "用于非标准电视信号的逐行扫描电视设备"案[20]
引证的现有技术文件内容构成说明书的披露内容

涉案发明专利申请"用于非标准电视信号的逐行扫描电视设备"涉及一种能对所存储的非标准视频信号进行可变延迟补偿的逐行扫描电视设备,其权利要求 1 包含 4 个技术特征,其中特征 4 为涉案发明的区别技术特征。涉案申请引证了两份美国在先文件,它们与发明相关的内容应看作该说明书所公开的内容的一部分,并对权利要求前序部分的技术特征提供支持。

案例 27 | "玻镁、竹、木、植物纤维复合板"专利权利要求解释[21]
权利要求的含义应结合说明书记载的相关内容进行解释

"玻镁、竹、木、植物纤维复合板"实用新型专利权利要求 1 中有"竹、木、植物纤维"复合层的表述,仅凭文字表述很难判断三者是"和"的关系还是"或"的关系,应当结合说明书记载的相关内容进行解释。根据专利说明书的记载,其含义应是三者具备其中之一即可,而非必须同时具备,被控侵权产品落入了涉案专利保护范围,构成侵权。

---

〔20〕 参见复审决定 FS96 号。

〔21〕 参见广东省高级人民法院民事判决书(2009)粤高法民三终字第 195 号。

第四节　外观设计的简要说明

一、关于简要说明的规定

（一）中国

2008年《专利法》修改之前，没有明确简要说明的概念，只是规定"申请外观设计专利的，应当提交请求书以及该外观设计的图片或者照片等文件，并且应当写明使用该外观设计的产品及其所属的类别"。2008年《专利法》修改后的第27条第1款规定："申请外观设计专利的，应当提交请求书、该外观设计的图片或者照片以及对该外观设计的简要说明等文件。"2010年《专利法实施细则》第28条对此加以细化："外观设计的简要说明应当写明外观设计产品的名称、用途，外观设计的设计要点，并指定一幅最能表明设计要点的图片或者照片。省略视图或者请求保护色彩的，应当在简要说明中写明。对同一产品的多项相似外观设计提出一件外观设计专利申请的，应当在简要说明中指定其中一项作为基本设计。简要说明不得使用商业性宣传用语，也不能用来说明产品的性能。"

根据《专利法实施细则》第28条的规定，简要说明应当包括下列内容：(1)外观设计产品的名称。简要说明中的产品名称应当与请求书中的产品名称一致。(2)外观设计产品的用途。简要说明中应当写明有助于确定产品类别的用途。对于具有多种用途的产品，简要说明应当写明所述产品的多种用途。(3)外观设计的设计要点。设计要点是指与现有设计相区别的产品的形状、图案及其结合，或者色彩与形状、图案的结合，或者部位。对设计要点的描述应当简明扼要。(4)指定一幅最能表明设计要点的图片或者照片。指定的图片或者照片用于出版专利公报。

此外，《专利审查指南》要求下列情形应当在简要说明中写明：(1)请求保护色彩或者省略视图的情况。如果外观设计专利申请请求保护色彩，应当在简要说明中声明。如果外观设计专利申请省略了视图，申请人通常应当写明省略视图的具体原因，如因对称或者相同而省略；如果难以写明的，也可仅写明省略某视图，如大型设备缺少仰视图，可以写为"省略仰视图"。(2)对同一产品的多项相似外观设计提出一件外观设计专利申请的，应当在简要说明中指定其中一项作为基本设计。(3)对于花布、壁纸等平面产品，必要时应当描述平面产品中的单元图案两方连续或者四方连续等无限定边界的情况。(4)对于细长物品，必要时应当写明细长物品的长度采用省略画法。(5)如果产品的外观设计由透明材料或者具有特殊视觉效果的新材料制成，必要时应当在简要说明中写明。(6)如果外观设计产品属于成套产品，必要时应当写明各套件所对应的产品名称。简要说明不得使用商业性宣传用语，也不能用来说明产品的性能和内部结构。

（二）外国的规定

1. 韩国

《韩国外观设计专利法》第 43 条规定，注册外观设计的保护范围，由外观设计注册申请中说明的用语，申请所附图片、照片或者样品表示的外观设计，以及图片所附外观设计的意图和目的的解释来确定。[22]

《韩国外观设计专利法》第 9 条第 2 款规定，本条第 1 款所述的经审查或者不经审查的外观设计注册申请应当附有图片，并针对每项外观设计写明下列事项：(1)使用外观设计的产品；(2)对外观设计和创作要点的说明；(3)外观设计的顺序号。

2.《欧洲共同体设计条例》

《欧洲共同体设计条例》第 36 条[23]规定了申请必须满足的条件，其内容涉及简要说明："……2. 申请中还应当包括设计意图结合或者意图应用的产品的名称。3. 另外申请还可以包括：(1)对视图或者样品进行详细的描述……(4)设计意图结合或者意图应用的产品类别……6. 第 2 款、第 3 款(1)项及(4)项中提及的内容所包含的信息不应当影响设计的保护范围。"根据这条，欧洲外观设计专利简要说明的规定不应当影响设计的保护范围。欧洲作出这一规定，与它所规定的授权条件是相匹配的。因为在第 6 条独特性规定中，已经将为公众所知的任何涉及使其产生过的整体印象相同的设计排除出授权之列，而我国《专利法》在授权的时候没有作出这样的排除。[24]

3. 波兰

《波兰工业产权法》第 108 条关于外观设计简要说明规定："1. 工业品外观设计注册申请应当包括：(1)……请求书；(2)图样；(3)对图样的说明。2. 工业品外观设计图样尤其应当包括附图、照片或者纺织物样品。3. 对工业品外观设计图样的说明应当清楚、详细地说明该设计，使得依照申请写明的任何形式的图样能够复制出该设计。尤其应说明对工业品外观设计的限定、设计目的、图样数目、样品编号，申请中包含的设计形式编号清单，以及该设计区别于已知设计的特征。"[25]

---

〔22〕 参见国家知识产权局条法司组织翻译：《外国专利法选译》，知识产权出版社 2015 年版，第 356 页。

〔23〕 参见国家知识产权局条法司组织翻译：《外国专利法选译》，知识产权出版社 2015 年版，第 832 页。

〔24〕 参见本书"外观设计的可专利性"一章。

〔25〕 参见国家知识产权局条法司组织翻译：《外国专利法选译》，知识产权出版社 2015 年版，第 1441 页。

4. 美国

美国外观设计专利说明书中包括视图和该外观设计的说明书。说明书包括一项权利要求和简要说明。权利要求一般用来说明产品的设计要点,通常只有简单的一句话,如该装饰性的外观设计涉及一种手控高尔夫球计分器,如图所示及简要说明。简要说明通常是对视图的描绘与省略情况的介绍,例如,图1是立体图、图2是主视图、图3是俯视图等。而且还要选择一幅视图作为设计要点图放大显示在首页,对于立体产品一般是立体图。美国的外观设计专利在一项申请中允许保留同一项发明之下的多个实施例。

美国法还通过判例实际肯定简要说明的作用。在判断是否侵权过程中,法院通常采取普通观察者测试(ordinary observer test)和新颖点测试(point of novelty test)两个步骤。美国法院在作侵权判定时,一个重要的考量因素就是被控侵权外观设计中是否采用了专利外观设计中的创新设计部分,即设计要点是否在事实上被采用或者模仿。[26] 美国所采用的方法从最初的普通观察者法演变成普通观察者法加新颖点法并有逐步增强新颖点法权重的趋势。[27]

5. 英国

简要说明通常只有简单的一句话,是关于主要创作部位及设计具有新颖性的说明。[28]

6. 日本

《日本外观设计法》规定,申请人必须在请求书中提交使用该外观设计的产品的简要说明和该外观设计及设计要点的说明。[29]

二、简要说明的作用

《专利法》第59条第2款规定:"外观设计专利权的保护范围以表示在图片或者照片中的该产品的外观设计为准,简要说明可以用于解释图片或者照片所表示的该产品的外观设计。"

据此,简要说明对确定外观设计专利权保护范围有重要作用。既然《专利法》明确规定,简要说明可以用于解释图片或者照片所表示的该产品的外观设计,而且

---

〔26〕 参见徐新:《外观设计专利权保护范围的解释原则——以外观设计专利侵权判定为视角》,载《知识产权》2009年第6期。

〔27〕 参见董红海:《中美外观设计专利侵权判定比较——基于美国外观设计案例的分析》,载《知识产权》2005年第4期。

〔28〕 参见深圳知元知识产权博客。http://blog. sina. com. cn/s/blog_537d3a7d0100ogt5. html.

〔29〕 《日本外观设计法》第24条规定:"登记外观设计的范围,必须根据请求书的记载即请求书所附图片记载的,或者由请求书所附的照片、模型或样品表现的外观设计确定。登记外观设计与其他外观设计是否类似的判断根据需要者的视觉引起的美感进行。"参见《外国专利法选译》,国家知识产权局条法司组织翻译,知识产权出版社2015年版,第160页。

本书前面做过解释,此处“可以”实际含义应是“应当”,那么就不能在判定侵权时忽视,甚至无视简要说明。[30] 不过,对于这个问题,特别是在侵权判定中,法院经常出现以“整体观察综合判断”为由,把简要说明作为确定保护范围的参考,忽视简要说明的限定作用。[31] 有人认为,“设计要点”的作用应该仅限于在进行外观设计比对时提供一个参考,而不能代替主要承载了外观设计信息的外观设计图片或者照片来界定外观设计的保护范围。[32] 还有人认为,简要说明各部分内容作用不尽相同,其中产品名称、产品用途、保护色彩等可以直接限定或影响保护范围,而设计要点等的作用在于帮助公众理解外观设计,不影响或限定保护范围。[33] 这些说法没有法律上的依据。设计要点往往指明外观设计的创新点,是外观设计获得授权的关键所在,因此在判断侵权时应予以充分考虑。而“整体观察综合判断”只是一种判断方法,最早由《专利审查指南》确定,不是立法上的规定,因此不能优先于、更不能替代简要说明。

---

〔30〕 参见尹新天:《中国专利法详解》,知识产权出版社 2012 年版,第 278 页。

〔31〕 参见胡充寒:《外观设计专利侵权判定理论与实务研究》,法律出版社 2010 年版,第 57 ~ 59 页。

〔32〕 参见雒运朴:《浅谈外观设计简要说明中“设计要点”的作用》,载《电子知识产权》2009 年第 12 期。

〔33〕 参见钟华:《试析外观设计简要说明在专利确权和侵权认定中的作用》,载《中国专利与商标》2010 年第 3 期。

第八章　技术披露(以说明书为主)

第一节　技术披露概述

技术披露,指申请人通过书面形式向社会公开其发明创造的技术整体及其细节,以使其他人得以了解发明并能够实现该发明。

一、起源

现代专利法中一个深植的观念是要求发明人向公众披露发明以换取专利授权。然而,从专利的发展史看则并不尽然。17 世纪之前的早期专利法与 18 世纪末的专利法相去甚远。主要差异如下:[1]早期专利法的对价是引入和建立新的产业或贸易,没有正式的书面披露要求,改进专利的效力大受怀疑,在先使用的存在会导致专利无效。18 世纪末的专利,对价则是通过书面的说明书向公众披露发明,实际建立产业或者实施发明则不是必需的,改进专利被认可,不具备新颖性,则专利无效。

1612 年,在 Simen Sturtevant 的著作《金属专论》(*Treatise on Metallica*)中,Simen Sturtevant 在解释为什么提供说明书时列举了下述理由:[2](1)可以显示他的发明是新的,是他自己的设计,不是偷别人的;(2)他不会阻止别人不同于他的发明;第三,其他人不应该就与他所描述的发明相同发明向陛下寻求专利;第四,他受自己所写条款约束,但同时任何时候不受质疑他的发明的审判。

多数专家认为,第一卷专利说明书出现在 1711 年 Nasmith 的专利中。[3] Nasmith 所提供的说明书最可能的解释是为了他自己的安全和保护权利,使授权范围更清楚。1734 年左右,提供说明书始成为惯例。1770 年 Liardet v. Johnson 案普通法院首次明确提出专利应可实现的披露要求。

---

〔1〕 See P. J. Federico (Editor – in – Chief)., Outline of the History of the United States Patent Office, Journal of the Patent Office Society, No. 7, Copyright 1936 by the Patent Office Society, pp. 33 – 34.

〔2〕 See Davies, "The Early History of the Patent Specification" (1934) 50LQR86, pp. 266 – 267.

〔3〕 See Matthew Fisher, *Fundamentals of Patent Law*, Hart Publishing, 2007, p. 46.

案例 28 | Liardet v. Johnson 案[4]

Liardet v. Johnson 案中的专利涉及一种新的合成粉饰灰泥,即一种新水泥。陪审团裁定,原告充分公开了发明,被告侵权成立。

二、技术披露的作用

技术披露的作用主要包括界定作用、公开/披露作用。界定作用,主要指通过说明书(包括权利要求书),对知识产品进行界定,起到界定是此发明非彼发明的作用。公开/披露的作用包括公示作用、界定作用、证据作用、信息作用、契约作用。

技术披露的法律意义表现在:(1)公开发明及其细节。说明书是申请人公开发明的法定形式和有效形式。(2)技术披露是确定发明的依据。(3)技术披露是社会公众监督申请的依据,是审查部门审查的依据。(4)支持权利要求。说明书记载的技术方案,包括独立权利要求和从属权利要求,都应当在说明书中能够找到。说明书记载的内容应当支撑权利要求。(5)用于解释权利要求。权利要求书中的术语可以在说明书中进行定义。权利要求书中技术术语和含义可以通过说明书进行解释。一般不允许将说明书部分的限定加入到权利要求中,而对于存在于权利要求中的限定,可以从说明书部分中寻找定义。

案例 29 | "用来加热行进中的纤维的装置"案[5]
权利要求书中词语解释应结合说明书及附图进行

涉案专利权利要求 1:"1. 用于加热行进中的纤维(7)的装置,它的纵向延伸的加热体(1)具有一个纵向槽(2),在它的面对面而立的侧壁(4、5)上支起许多导向器(6),纤维(7)之字形沿纵向通过纵向槽(2),其特征在于:导向器(6)作为凸起(6.1,6.2)做在两个金属带(3.1,3.2)上……"权利要求 1 中的"做在"可以理解为一个上位概念,包括焊接、粘接、冲压、滚压等形式,也可以理解为"直接加工成一体"。但是,根据本专利说明书及附图的描述,权利要求 1 中的"做在"应当理解为导向器加工固定在金属带上。

〔4〕 See Matthew Fisher, *Fundamentals of Patent Law*, Hart Publishing, 2007, pp. 52 – 54.

〔5〕 参见无效决定 WX10054 号。

三、技术披露的基本要求

(一)人的标准

所属技术领域的技术人员,与新颖性创造性判断时的人的标准相同。[6]

(二)清楚、完整、能够实现、最优实施

前面3条要求另有详述,这里仅就最优实施做些说明。我国《专利法》要求申请人公布优选实施方案,但是并没有像《美国专利法》那样明确提出申请人必须提供最优方案、最优实施例(已改革),但是,优选方案与最优实施方案并没有根本性的区别。优选方案里面,当然可以包括最优实施方案,也可以包括其他较好的实施方案。但很显然,申请人没有义务也没有可能公布自己的全部实施方案。因此,前面所述完整并不包含公布全部实施例的意思。

《美国专利法》最优方案要求申请人在递交申请时应当提供、披露他已知的最优发明方案。根据《美国发明法案》的规定,最优方案在专利效力判定和侵权判定中不再适用,但是在专利审查中仍然是审查的标准。

四、公开方式及公开时间

(一)公开方式

申请人主要以说明书方式公开,但也包括在申请程序、复审程序、无效程序所作出的答复、陈述、说明等。有时还包括提供样品、模型等,包括核苷酸或者氨基酸序列表,以及生物材料的保藏。

(二)公开时间

涉及发明实质内容的公开时间是申请日,因为公开是获得保护的基础,所以申请日之后的实质性增加一般不被允许,但是其他内容的增加可以允许。

五、申请人公开义务范围及履行

公开发明是申请人的义务,如果违反这一义务,将导致申请人不能获得专利或者专利无效。公开义务范围包括申请发明自身,相关的必要技术背景资料,优选的实施例及实验数据,遗传资源的来源披露等。

第二节　发明和实用新型专利申请的说明书及撰写要求

专利申请文件中的说明书用来详细说明发明或实用新型的具体内容,主要起着向社会公众公开发明和实用新型技术内容的作用,因而《专利法》第26条第3款

---

[6] See Donner, Irah H, Patent Prosecution: Practice & Procedure before the U. S. Patent Office, Washington, D. C.: Bureau of National Affairs, c2003, p. 1020.

规定:“说明书应当对发明或者实用新型作出清楚、完整的说明,以所属技术领域的技术人员能够实现为准……”此外,根据《专利法》第26条第4款的规定,权利要求书应当以说明书为依据,即说明书应当支持权利要求书,因而说明书公开的内容将会影响该权利要求书所要请求的保护范围。由此可知,说明书也是发明和实用新型专利申请文件中十分重要的文件。

一、发明和实用新型说明书的组成部分

为与国际条约相协调,《专利法实施细则》依照PCT国际专利申请的基本规定对说明书的组成部分作出规定。根据《专利法实施细则》第17条的规定,发明或者实用新型专利申请的说明书应当写明发明或者实用新型的名称,该名称应当与请求书中的名称一致。说明书应当包括下列内容:(1)技术领域:写明要求保护的技术方案所属的技术领域。(2)背景技术:写明对发明或者实用新型的理解、检索、审查有用的背景技术;有可能的,并引证反映这些背景技术的文件。(3)发明内容:写明发明或者实用新型所要解决的技术问题以及解决其技术问题采用的技术方案,并对照现有技术写明发明或者实用新型的有益效果。(4)附图说明:说明书有附图的,对各幅附图作简略说明。(5)具体实施方式:详细写明申请人认为实现发明或者实用新型的优选方式;必要时,举例说明;有附图的,对照附图。

发明或者实用新型专利申请人应当按照上述规定的方式和顺序撰写说明书,并在说明书每一部分前面写明标题,除非其发明或者实用新型的性质用其他方式或者顺序撰写能节约说明书的篇幅并使他人能够准确理解其发明或者实用新型。

发明或者实用新型说明书应当用词规范、语句清楚,并不得使用“如权利要求……所述的……”一类的引用语,也不得使用商业性宣传用语。

如果发明专利申请包含一个或者多个核苷酸或者氨基酸序列的,说明书应当包括符合国务院专利行政部门规定的序列表。申请人应当将该序列表作为说明书的一个单独部分提交,并按照国务院专利行政部门的规定提交该序列表的计算机可读形式的副本。实用新型专利申请说明书应当有表示要求保护的产品的形状、构造或者其结合的附图。

涉及附图的,发明或者实用新型的附图应当按照“图1,图2,……”顺序编号排列。发明或者实用新型说明书文字部分中未提及的附图标记不得在附图中出现,附图中未出现的附图标记不得在说明书文字部分中提及。申请文件中表示同一组成部分的附图标记应当一致。附图中除必需的词语外,不应当含有其他注释。

作为专利申请文件,说明书应当有一份说明书摘要,概述说明书所公开的内容。

二、说明书应当满足的总体要求

《专利法》第26条第3款规定:“说明书应当对发明或者实用新型作出清楚、完整的说明,以所属技术领域的技术人员能够实现为准……”也就是说,说明书应

当充分公开发明或者实用新型的技术内容。2002 年《专利法实施细则》第 18 条第 3 款规定:"发明或者实用新型说明书应当用词规范、语句清楚……"此外,《专利法》第 26 条第 4 款要求权利要求书应当以说明书为依据,而反过来也就要求说明书支持权利要求书。以上就是发明或者实用新型专利申请说明书应当满足的总体要求。

(一)应当充分公开发明或实用新型的技术内容

按照《专利法》第 26 条第 3 款的规定,说明书应当对发明或实用新型作出清楚、完整的说明,使所属技术领域的技术人员能够实现。当说明书清楚完整地说明发明或实用新型,使所属技术领域的技术人员能够实现,则认为说明书充分公开了发明或实用新型的技术内容。

1. 清楚

清楚是指说明书记载的内容清楚揭示了发明和实用新型的实质。

(1)主题明确,清楚揭示发明和实用新型实质。即从现有技术出发,清楚地写明发明或者实用新型所要解决的技术问题、为解决该技术问题所采用的技术方案,以及该方案所能取得的有益技术效果,从而该领域技术人员能够确切理解该发明或实用新型所要求保护的内容。说明书应当从现有技术出发,明确地反映出发明或者实用新型想要做什么和如何去做,使所属技术领域的技术人员能够确切地理解该发明或者实用新型要求保护的主题。换言之,说明书应当写明发明或者实用新型所要解决的技术问题,以及解决其技术问题采用的技术方案,并对照现有技术写明发明或者实用新型的有益效果。

(2)表述准确。说明书应当使用发明或者实用新型所属技术领域的技术术语。说明书的表述应当准确地表达发明或者实用新型的技术内容,不得含混不清或者模棱两可,以致所属技术领域的技术人员不能清楚、正确地理解该发明或者实用新型。

2. 完整

完整,是指说明书包括《专利法实施细则》第 17 条第 1 款规定的组成部分,不得缺少有关理解、再现发明或者实用新型所必需的任何技术内容。一份完整的说明书应当包括下列三项内容:(1)帮助理解发明或者实用新型不可缺少的内容。例如,对所属技术领域和背景技术的描述,对附图的说明。(2)确定发明或者实用新型新颖性、创造性和实用性所需的内容。例如,发明或者实用新型所要解决的技术问题、解决其技术问题采用的技术方案及其有益效果等。(3)实现发明或者实用新型所需的内容。例如,为解决发明或者实用新型的技术问题而采用的技术方案的具体实施方式。

凡属于普通技术人员不能直接、唯一地从现有技术得出的有关内容,均应在说明书中作出描述。如果遗漏了这些内容,申请人可以进行补充。对于申请日之后补交的实验数据,审查员应当予以审查。补交实验数据所证明的技术效果应当是所属技术领域的技术人员能够从专利申请公开的内容中得到的。

3. 实现

实现是指所属技术领域人员根据说明书所描述的技术内容,不需创造性劳动就能再现发明或者实用新型的技术方案,解决其技术问题,并产生预期的技术效果。

以下情况被认为由于缺乏解决技术问题的技术手段而无法实现:(1)说明书中只给出任务和/或设想或者只表明愿望和/或结果,而未给出能够实施的技术手段;(2)说明书中只给出含糊不清、无法具体实施的技术手段;(3)说明书中给出的技术手段不能解决所述的技术问题;(4)对于由多个技术措施构成的技术方案,其中一个技术措施按照说明书记载的内容不能实施;(5)说明书中给出了需要实验结果才能证实其成立的技术方案,但说明书中未提供实验证据。

案例30 | 用于治疗阳痿的吡唑并嘧啶酮类药无效案[7]
药物用途发明公布最优选级构成公开充分

涉案“用于治疗阳痿的吡唑并嘧啶酮类药”专利说明书以递进的方式分别给出了第一级至第五级化合物范围,第五级化合物是最优选级别,其中的9个化合物结构相似,其药理学活性应当是近似的,只要给出其中任何一种化合物的实施例,就构成了充分公开。本领域技术人员确认这9个化合物具有说明书所述的治疗效果是合乎情理的,无须进一步花费创造性劳动。

(二)应当支持权利要求书

《专利法》第26条第4款规定权利要求书应当以说明书为依据,此规定说明了权利要求书和说明书之间的关系,也就是说,说明书应当支持权利要求书。其具体要求如下。

(1)权利要求书中的每个技术特征,均在说明书中做了说明。

(2)说明书中给出足够的实施方式或实施例,从而对权利要求所要求的保护范围给予支持。

(3)对权利要求书中的每一个权利要求来说,至少在说明书中的一个具体实施方式或一个实施例中得到反映,即至少在说明书中的一个具体实施方式中包含了独立权利要求中的全部必要技术特征,且至少在说明书中的一个具体实施方式中反映了从属权利要求优选方案的全部技术特征。

---

〔7〕 参见无效决定WX6228号,北京市第一中级人民法院行政判决书(2004)一中行初字第884号。

(4)说明书发明或实用新型内容部分应当反映独立权利要求的技术方案，以及从属权利要求中包含概括性技术特征的技术方案。

(5)说明书中记载的内容与权利要求的内容相适应，没有矛盾。

(三)应当用词准确，语句清楚

说明书中的文字表达应当力求使本领域的技术人员能正确地理解发明或者实用新型的技术内容。说明书中应当采用该技术领域的普通技术词汇和用语；对自然科学名词应尽量采用国家规定的统一用语，国家没有统一规定且本技术领域没有约定俗成的技术用语可以采用自定义词，但必须在说明书中给出明确的定义或者说明；技术术语和符号应前后一致。在2006年修改《专利审查指南》后允许在说明书中采用非中文表述形式，其条件是该外文表述形式是本领域技术人员熟知的技术名词和一些计量单位、数学符号、数学公式、各种编程语言、计算机程序、特定意义的表示符号(如中国国家标准缩写GB)等。

涉及计量单位，应当采用国家法定计量单位，包括国际单位制计量单位和国家选定的其他计量单位。若采用本领域公知的其他计量单位，应当同时标注国家法定计量单位。

说明书中不可避免使用商品名称时，其后应当注明其型号、规格、性能及制造单位。说明书中应当尽量避免使用注册商标来确定物质或者产品。

三、说明书各个组成部分的撰写要求

下面对发明或实用新型说明书各组成部分的撰写要求分别进行说明。

(一)名称

发明或者实用新型的名称应当清楚、简明，写在说明书首页正文部分的上方居中位置。

发明或者实用新型的名称应当按照下列各项要求撰写：(1)清楚、简要、全面地反映要求保护的发明或者实用新型的主题和类型(产品或者方法)，以利于专利申请的分类；(2)说明书中的发明或者实用新型的名称与请求书中的名称应当一致，一般不得超过25个字，特殊情况下，例如，化学领域的某些申请，可以允许最多到40个字；(3)采用所属技术领域通用的技术术语，最好采用国际专利分类表中的技术术语，不得采用非技术术语；(4)不得使用人名、地名、商标、型号或商品名称等，也不得使用商业性宣传用语。

(二)技术领域

这一部分应当写明要求保护的技术方案的所属技术领域。

发明或者实用新型要求保护的技术方案的所属技术领域应当是指其所属或者直接应用的具体技术领域，而不是发明或实用新型所属或者应用的广义或上位技术领域，也不是其相邻技术领域，也不是发明或者实用新型本身。例如，一项关于挖掘机悬臂的发明，其改进之处是将背景技术中的长方形悬臂截面改为椭圆形截面。其所属技术领域可以写成“本发明涉及一种挖掘机,特别是涉及一种挖掘机悬臂”(具体的技术领域),而不宜写成“本发明涉及一种建筑机械”(上位的技术领域),也不宜写成“本发明涉及挖掘机悬臂的椭圆形截面”或者“本发明涉及一种截面为椭圆形的挖掘机悬臂”(发明本身)。

在撰写技术领域部分时应注意三点:(1)通常可按国际专利分类表确定其直接所属技术领域,尽可能确定在其最低的分类位置上;(2)应体现发明或者实用新型要求保护的技术方案的主题名称和发明的类型;(3)不应写入发明或者实用新型相对于最接近的现有技术作出改进的区别技术特征。

(三)背景技术

背景技术部分应当写明对发明或者实用新型的理解、检索、审查有用的背景技术,并且尽可能引证反映这些背景技术的文件。尤其要引证包含发明或者实用新型权利要求书中的独立权利要求前序部分技术特征的现有技术文件,即引证与发明或者实用新型专利申请最接近的现有技术文件。说明书中引证的文件可以是专利文件,也可以是非专利文件,如期刊、杂志、手册和书籍等。引证专利文件的,至少要写明专利文件的国别、公开号,最好包括公开日期;引证非专利文件的,要写明这些文件的标题和详细出处。

通常对背景技术的描述应当包括三方面内容:(1)注明其出处,通常可采用引证对比文件或指出公知公用两种情况;对专利文件至少要写明专利文件的国别和公开号,最好包括公开日期,对非专利文件要写明这些文件的详细出处,使公众和审查员能从现有技术中检索到这些对比文件;对公知公用情况也要给出其具体发生的时间、地点,以及可使公众和审查员能调研和了解到该现有技术的其他相关信息。(2)简要说明该现有技术的相关技术内容,即简要给出该现有技术的主要结构和原理。(3)客观、实事求是地指出该现有技术存在的主要问题,但切忌采用诽谤性语言。

其中在引证对比文件时应当注意下述三点:(1)引证文件应当是公开出版物(除纸件形式外还包括电子出版物等);(2)除了可以引证申请日前公开的非专利文件、外国专利文件和中国专利文件,还可以引证申请人本人在申请日前或申请日当天向中国国家知识产权局提出申请、但在申请日尚未公开的专利申请文件,对于后一种专利申请文件来说仅仅在该引证文件早于本申请的公开日前公开时,才能认为本申请说明书中公开了该引证文件中的内容;(3)引证外国专利或非专利文件的,应当以所引证文件公布或发表时的原文所使用的文字写明引证文件的出处以及相关信息,必要时给出中文译文,并将译文放置在括号内。

如果引证文件满足上述要求,则认为本申请说明书中公开了所引证文件中的内容。

(四)发明或实用新型内容

这一部分应当写明发明或者实用新型所要解决的技术问题,以及解决其技术问题采用的技术方案,并对照现有技术写明发明或者实用新型的有益效果。

1. 要解决的技术问题

发明或者实用新型所要解决的技术问题,是指发明或者实用新型要解决的现有技术中存在的技术问题。发明或者实用新型专利申请记载的技术方案应当能够解决这些技术问题。发明或者实用新型所要解决的技术问题应当按照下列要求撰写:(1)要针对现有技术中存在的缺陷或不足;(2)应当采用正面语句直接、清楚、客观地说明要解决的技术问题;(3)用正面的、尽可能简洁的语言客观而有根据地反映发明或者实用新型要解决的技术问题,也可以进一步说明其技术效果。对发明或者实用新型所要解决的技术问题的描述不得采用广告式宣传用语。

一件专利申请的说明书可以列出发明或者实用新型所要解决的一个或者多个技术问题,但是同时应当在说明书中描述解决这些技术问题的技术方案。当一件申请包含多项发明或者实用新型时,说明书中列出的多个要解决的技术问题应当都与一个总的发明构思相关。

2. 技术方案

技术方案是说明书的核心部分,是申请人对其要解决的技术问题所采取的技术措施的集合,而技术措施是由技术特征来体现的。技术方案是指清楚、完整地描述发明或者实用新型解决其技术问题所采取的技术特征的整体组合。

发明或者实用新型的技术方案在撰写时应当满足下面几点要求:(1)清楚完整地写明技术方案,在其第一段内应当包括解决其技术问题的全部必要技术特征;(2)用语应当与独立权利要求的用语相应或相同,以发明或实用新型必要技术特征的总和形式阐明其实质;(3)必要时还可描述从属权利要求的技术方案,写明对其进一步限定的附加技术特征,为避免误解应当另起段描述;(4)若有几项独立权利要求,这一部分的描述应当反映这几项独立权利要求技术方案的内容,并在描述时尽量体现它们之间属于一个总的发明构思。

3. 有益效果

说明书应当清楚、客观地写明发明或者实用新型与现有技术相比所具有的有益效果。有益效果是指由构成发明或者实用新型的技术特征直接带来的,或者是由这些技术特征必然产生的技术效果。

发明或者实用新型的有益效果在撰写时应当满足下面几点要求:(1)通常可以用对发明或者实用新型结构特点或作用关系进行分析的方式、理论说明的方式、用实验或试验数据证明的方式或者其结合来描述,不得只断言其有益效果,最好通过与现有技术进行比较而得出;(2)对于机械、电气等技术领域,多半可用对结构特点或作用关系作分析的方式或理论说明的方式进行说明,而对于化学领域,大多数情况借助实验或试验数据来说明;(3)对于目前尚无可取的测量方法而不得不依赖于人的感官判断的,如味道、气味等,可以采用统计方法表示的实验结果来说明有益效果。引用实验或试验数据说明有益效果时,应当给出必要的实验或试验条件和方法。

(五)附图说明

说明书有附图的,应当写明各幅附图的图名,并且对图示的内容作简要说明。在零部件较多的情况下,允许用列表的方式对附图中具体零部件名称列表说明。附图不止一幅的,应当对所有附图作出图面说明。

需要注意的是,附图说明中进行了说明的附图,如果附图中遗漏了该附图,申请人可以补交,如果附图说明中没有说明,而仅仅出现在附图中,该附图不能作为附图的有效部分,并不能补交附图说明。

(六)具体实施方式

发明或者实用新型的具体实施方式部分是说明书的重要组成部分,它对于充分公开、理解和再现发明或实用新型,以及支持和理解权利要求来说是十分重要的。这一部分应当详细写明申请人认为实现发明或者实用新型的优选实施方式,必要时举例说明,有附图的应当对照附图作出说明。

在撰写发明或者实用新型的具体实施方式部分时应当注意下述几个方面。

(1)优选的具体实施方式应当体现申请中解决技术问题所采用的技术方案,并应当对权利要求的技术特征给予详细说明,所属技术领域的技术人员能够实现该发明或者实用新型。

(2)在具体实施方式部分,对最接近的现有技术或者发明或实用新型与最接近的现有技术共有的技术特征,一般来说可以不作详细的描述,但对发明或者实用新型区别于现有技术的技术特征,以及从属权利要求中的附加技术特征应当足够详细地描述,以所属技术领域的技术人员能够实现该技术方案为准。

(3)实施例是对发明或者实用新型的优选的具体实施方式的举例说明。当一个实施例足以支持权利要求所概括的技术方案时,说明书中可以只给出一个实施例。当权利要求(尤其是独立权利要求)覆盖的保护范围较宽,其概括不能从一个实施例中找到依据时,应当给出至少两个不同实施例,以支持要求保护的范围;反过来说,权利要求的概括应当以实施例为基础,并稍宽于实施例所指向的具体范围。

(4)对于产品的发明或者实用新型,实施方式或者实施例应当描述产品的机械构成、电路构成或者化学成分,说明组成产品的各部分之间的相互关系。对于可动作的产品,只描述其构成不能使所属技术领域的技术人员理解和实现发明或者实用新型时,还应当说明其动作过程或者操作步骤。

(5)对于方法发明,应当写明其步骤,涉及的工艺条件可以用不同的参数或者参数范围来表示。

(6)在结合附图描述实施方式时,应当引用附图标记进行描述,引用时应与附图所示一致,放在相应部件的名称之后,不加括号。

(7)在发明和实用新型的内容比较简单的情况下,即权利要求技术特征的总和限定的技术方案比较简单的情况下,在说明书发明或者实用新型的内容部分已经对发明或者实用新型专利申请所要求保护的主题作出清楚、完整的描述时,则在这一部分可以不必作重复描述。

(七)说明书附图

附图是说明书的一个组成部分,用图形补充说明文字部分的描述,帮助本领域的普通技术人员直观、形象地理解发明和实用新型的每个技术特征和整体技术方案。对发明专利申请,用文字足以清楚、完整地描述其技术方案的,可以没有附图。实用新型专利申请的说明书必须有附图。说明书附图集中放在说明书文字部分之后。

一件专利申请有多幅附图时,在用于表示同一实施方式的各幅图中,表示同一组成部分(同一技术特征或者同一对象)的附图标记应当一致。说明书中与附图中使用的相同的附图标记应当表示同一组成部分。说明书文字部分中未提及的附图标记不得在附图中出现,附图中未出现的附图标记也不得在说明书文字部分中提及。

附图中除必需的词语外,不应当有其他的注释;但对于流程图、框图一类的附图,应当在其框内给出必要的文字或符号。关于附图的绘制要求参照《专利审查指南》的相关规定。

(八)说明书摘要

摘要是说明书记载内容的概述,它仅是一种技术信息,不具有法律效力。摘要的内容不属于发明或者实用新型原始记载、公开的内容,不能作为以后修改说明书或者权利要求书的根据,也不能用来解释专利权的保护范围。按照《专利法实施细则》第24条第1款的规定,说明书摘要应当写明发明或者实用新型专利申请所公开内容的概要,即写明发明或者实用新型的名称和所属技术领域,并清楚地反映所要解决的技术问题、解决该问题的技术方案的要点及主要用途。

摘要的撰写应当满足下述要求:

(1)说明书摘要应当写明发明或者实用新型所公开内容的概要,即写明发明或者实用新型名称和所属技术领域,并清楚地反映所要解决的技术问题、解决该技术问题的技术方案的要点及主要用途,其中以技术方案的要点为主;摘要可以包含最能说明发明的化学式。

(2)说明书中有附图的,应当指定并提供一幅最能说明该发明或实用新型技术方案要点的附图作为摘要附图。

(3)摘要文字部分(包括标点符号)不得超过300个字,并且不得使用商业性宣传用语。

(4)摘要文字部分的附图标记应当加括号,且摘要文字部分出现的附图标记应当在摘要附图中加以标注。

第三节 外观设计图片和照片的绘制及简要说明的撰写

根据《专利法》第27条的规定,申请外观设计专利的,应当提交请求书、该外观设计的图片或者照片,以及对该外观设计的简要说明等文件;申请人提交的有关图片或者照片应当清楚地显示要求专利保护的产品的外观设计。

一、外观设计专利申请文件的准备

申请人准备外观设计专利申请文件时主要考虑四个方面的问题:判断是否属于外观设计专利保护的客体;确定请求书中的发明创造名称;准备外观设计的图片或照片;对外观设计作出简要说明。

(一)判断专利申请是否属于外观设计专利保护的客体

要判断该专利申请是否符合《专利法》第2条第4款的规定。具体来说,判断该专利申请是否为《专利审查指南》第一部分第三章第7.4节列出的11种不能授予外观设计专利权的情况或类似的情况。

若发现属于这11种情况之一,首先考虑是否存在对其作出修改而使其符合《专利法》第2条第4款规定的可能。例如,申请人原来要求申请杯把的外观设计专利,则可以将其修改为带有这种杯把的杯子。

(二)确定请求收中的发明创造名称

在确定发明创造名称时,首先根据申请人对该外观设计产品的介绍,从国际外观设计分类表的产品目录表中选择,尽量选用该产品目录表中列出的名称。如果国际外观设计分类表的产品目录表中没有相应的产品名称,可以从其中选择相近的产品名称作相应的变化。例如,对于近两年新出现的夏天使用的其内部充有水的凉枕,则可以从国际外观设计分类表的产品目录表中06大类09小类中的P0229“枕头”和A0076“充气床垫”出发,将产品名称定为“充水枕头”。但是,在对产品名称作相应变化时应当注意不要在其中增加不符合规定的内容,如反映产品构造、功能或作用的内容,反映产品造型或色彩的内容,反映产品规格、数量单位的内容,反映产品制造单位、设计人员、产地、商标、型号或其他的类似内容。另外也不应当将产品名称上升到日常所指的产品类别或其使用领域。

如果从申请人提供的外观设计图片或照片,以及申请人对产品及其性能的介绍难以确定该外观设计产品的分类,从而无法确定其产品名称,则应当尽快与申请人联系,进一步了解该产品及其主要功能,从而为其确定合适的名称。如具有储钱罐和台钟两种功能的产品,应当让申请人确认以何者为主,即该产品是带台钟的储钱罐还是带储钱罐的台钟。若为前者可选用 99 大类 00 小类 B0095 的产品名称“储钱罐”;若为后者,则选用 10 大类 01 小类 C0471 的产品名称“钟”,或“台钟”。

(三)准备外观设计的图片或照片

通常,外观设计的图片或照片由申请人提供。

应检查所提供的图片或照片是否齐备。对于立体产品,是否提供了六面视图的图片或照片;对于平面产品,是否提供了两面正投影图的图片或照片。若缺少有关视图,就要看申请人是否对此情况作出了说明,即所缺视图是否由于产品设计要点不涉及这个面,或者由于产品的对称性或视图的相同而可以省略该视图,或者由于该产品位于正常位置时该面不易被见到。此外,还应当分析该产品有无特殊性,是否需要提供展开图、立体图、剖视图、放大图,状态变化的产品是否提供了足以反映其变化状态的多幅变化过程的视图,两件以上物品的组合件产品是否提供了组合状态的相应视图和各件单独的视图。一旦发现缺乏有关视图,应当立即要求申请人提供。

在视图齐全的情况下,就要检查所有这些附图是否符合要求,若出现不符合要求之处,如轮廓线不清晰,图片中出现阴影线、中心线、尺寸线、指示线、虚线,照片中出现不属于该外观设计产品的衬托物,图片或照片中出现应当涂覆的人物肖像、商标、标志、国旗、国徽、名著等图形或文学,视图比例不一致,视图不符合正投影制图法,细长物品或透明物品的表示不规范等,则应当请申请人考虑作出修改,若有可能最好对有关不符合要求的视图作出修改后请申请人确认,从而尽快为申请人准备好一套符合要求的外观设计的图片或照片。

在准备图片或照片的同时,一旦发现该外观设计专利申请包括多件不符合《专利法》第 31 条第 2 款及 2002 年《专利法实施细则》第 36 条第 1 款规定的非成套产品或设计构思不相同的产品,则应当告知申请人该专利申请可能不符合外观设计专利申请的单一性,供申请人决策是分案还是合案。

(四)对外观设计作出简要说明

2006 年《专利审查指南》第一部分第三章第 4.3 节列出了 10 种需要在简要说明中写明的情况。归纳起来分为三大类:第一类是说明视图的有关情况,如视图的省略及省略原因,省略画法的细长物品的长度,平面产品中单元图案两方连续或四方连续而无限定边界的情况等。第二类是对产品情况的说明,如产品状态变化情况,产品透明部分,由特殊材料制成的产品,新开发产品的使用方法、用途或者功能。以上两类要根据提交图片或照片的情况和申请人对该产品介绍的情况写明,由于这两类说明是对视图或产品实际情况的说明,因而只要存在这些情况,就应当在简要说明中加以说明。第三类实质上是对该外观设计保护范围的声明,一是设计要点,二是说明请求保护的外观设计包含色彩。说明请求保护的外观设计包含色彩实际上就表示该外观设计的色彩是该外观设计的设计要点之一。

通常来说，写明设计要点有利于侵权诉讼和无效宣告请求纠纷。如果被控侵权方产品的外观设计中包含了所有设计要点中所强调的内容，即使其他方面存在差别，就很有可能判决侵权。相反，如果无效宣告请求的对比文件中披露的外观设计未包含设计要点中的一项，就很有可能维持专利权有效。但是设计要点强调的多少是值得推敲的，设计要点强调得多将有助于维持专利权，但认定侵权就要困难一些，而设计要点强调得少比较容易认定侵权，但维持专利权的难度加大。

二、外观设计申请文件中可能出现的问题

（一）使用外观设计的产品名称可能出现的问题

使用外观设计的产品名称对图片或者照片中表示的外观设计所应用的产品种类具有说明作用。使用外观设计的产品名称应当与外观设计图片或者照片中表示的外观设计相符合，准确、简明地表明要求保护的产品的外观设计。产品名称一般应当符合国际外观设计分类表中小类列举的名称。产品名称一般不得超过20个字。

产品名称通常应当避免下列情形：（1）含有人名、地名、国名、单位名称、商标、代号、型号或以历史时代命名的产品名称；（2）概括不当、过于抽象的名称，未写明具体的产品名称，如“文具”“炊具”“乐器”“建筑用物品”等；（3）描述技术效果、内部构造的名称，如“节油发动机”“人体增高鞋垫”“装有新型发动机的汽车”等；（4）附有产品规格、大小、规模、数量单位的名称，如“21英寸电视机”“中型书柜”“一副手套”“800W微波炉”等；（5）以外国文字或无确定的中文意义的文字命名的名称，如“克莱斯酒瓶”，但已经众所周知并且含义确定的文字可以使用，如“DVD播放机”“LED灯”“USB集线器”等；（6）产品名称中包含与产品形状、色彩及材料有关的内容，如“椭圆形果盘”“彩色拼图板”“铜质门把手”。

（二）简要说明可能出现的问题

《专利法》第59条第2款规定：“外观设计专利权的保护范围以表示在图片或者照片中的该产品的外观设计为准，简要说明可以用于解释图片或者照片所表示的该产品的外观设计。”

简要说明中经常出现的问题主要有下述几种：（1）写入了产品的性能、优点、效果及使用方法，这些内容不是对图片或照片的补充说明，不应当写入；（2）写入了对该产品的广告宣传内容，如产品的获奖情况或节能效果；（3）省略视图时未写明省略的原因；（4）采用省略画法的细长物品，未写明该细长物品的长度或细长比。

（三）图片和照片撰写及可能出现的问题

基本要求：《专利法》第27条第2款规定：“申请人提交的有关图片或者照片应当清楚地显示要求专利保护的产品的外观设计。”

就立体产品的外观设计而言,产品设计要点涉及六个面的,应当提交六面正投影视图;产品设计要点仅涉及一个或几个面的,应当至少提交所涉及面的正投影视图和立体图,并应当在简要说明中写明省略视图的原因。

就平面产品的外观设计而言,产品设计要点涉及一个面的,可以仅提交该面正投影视图;产品设计要点涉及两个面的,应当提交两面正投影视图。必要时,申请人还应当提交该外观设计产品的展开图、剖视图、剖面图、放大图及变化状态图。

此外,申请人可以提交参考图,参考图通常用于表明使用外观设计的产品的用途、使用方法或者使用场所等。

色彩包括黑白灰系列和彩色系列。对于简要说明中声明请求保护色彩的外观设计专利申请,图片的颜色应当着色牢固、不易褪色。

对于图片或者照片中的内容存在缺陷的专利申请,审查员应当向申请人发出补正通知书或者审查意见通知书。根据《专利法》第33条的规定,申请人对专利申请文件的修改不得超出原图片或者照片表示的范围。

图片和照片绘制中最常见的问题有下述几种(本部分内容应当结合实例作具体说明):(1)"图片或照片"文件的使用方法不对。横向使用文件时,视图的顶部应当在装订线一方。(2)绘图未按照我国现行外观设计专利申请的制图要求和机械制图的国家标准绘制,或未使用制图工具和黑色墨水。(3)轮廓线线条不连续,图形不清晰。(4)各视图的投影关系不对应。(5)照片未按照正投影规则拍摄制作。(6)各视图的尺寸比例不一致。(7)视图中存在不应在外观设计视图中给出的线条,如阴影线、虚线、尺寸线、中心线等。(8)照片中不应当出现不是构成外观设计产品的陪衬物,拍摄时与产品无关的陪衬物应当删除。(9)外观设计图片或照片中,出现了应当涂覆的、不能作为要求保护的外观设计具体内容的图形与文字,如人物肖像、商标、标志、名著、著名建筑物等。(10)合案申请的两项以上外观设计不是用于同一类别且成套出售或使用的产品的外观设计。

第四编 | 可专利性要求

第九章　新颖性与优先权

第一节　新颖性概述

新颖性是很早就确立了的专利授权标准,可以上溯到《威尼斯专利条例》。1623年《英国独占条例》也有明确的新颖性要求,1790年《美国专利法》也提出了新颖性要求。现代专利法中新颖性要求是三性要求之一。

一、新颖性的定义

新颖性是指一项发明或实用新型在申请日(发明日)前未被公开发表过、未被公知公用。新颖性的标准由各国法律规定,根据大多数国家的专利法,如果某项技术是在"现有技术"中所没有的,它就具有新颖性。《发展中国家示范发明法》(WIPO MODEL LAW FOR DEVELOPING COUNTRIES ON INVENTIONS)即规定:如果一项发明没有现有技术与之相同,该发明就是新的。[1] 以下分别介绍中国、英国和美国对新颖性的规定。

(一)中国

我国《专利法》所述新颖性是以先申请为基础的,经过了由相对新颖性到绝对新颖性的变化。我国现行《专利法》第22条第2款关于新颖性的定义如下:"新颖性,是指该发明或者实用新型不属于现有技术;也没有任何的单位或者个人就同样的发明或者实用新型在申请日以前向国务院专利行政部门提出过申请,并记载在申请日以后公布的专利申请文件或公告的专利文件中。"

根据该条文,在我国,判断一件发明或者实用新型是否具备新颖性,需要进行两方面的判断:第一,是否属于现有技术;第二,是否有抵触申请存在。

(二)英国

《英国专利法》(1977年版,2013年修订)第2条对新颖性的规定如下。

(1)如果一项发明不构成现有技术的一部分,应被视为新颖。

(2)就一项发明而言,现有技术应被视为包括所有事项(无论产品、方法、有关

---

〔1〕 参见《发展中国家示范发明法》第114条第1款。来源:https://www.wipo.int/edocs/pubdocs/en/wipo_pub_840_vol_i.pdf。

任何之一的信息或任何其他东西），它们在发明的优先权日之前任何时候，已经通过书面或口头叙述，通过使用或以任何其他方式，使公众可以得到（无论在联合王国或其他地方）。

(3)就一项专利申请获专利所涉及的发明而言，现有技术应被视为还包括在该发明的优先权日或之后的另一项专利申请中包含的事项，如果下列条件得到满足，也就是说：(a)该事项包含在另一专利的申请的同为提交本和公开本中；并且(b)该事项的优先权日早于发明的优先权日。

(4)为本条之目的，如果一项专利或专利申请在专利申请日之前的六个月内发生下列情形之一的，对构成发明的事项的披露应不予考虑。

(a)该披露系由于或起因于该事项被任何人非法或违背信任获得。

(i)秘密从发明人获得，或从发明人秘密地使其获得该事项的人或获得该事项系由于他或发明人认为他有资格获得的任何其他人获得；或

(ii)从以上(i)分段或从本分段中提及的人基于信任告知披露事项的任何其他人处获得，即如是提到的任何人获得该事项系由于他或他由之获得该事项的人认为其本人有资格获得披露事项；声明申明

(b)该披露由任何人违背信任进行，该人是基于信任从发明人那里获知该事项，或该人从被动得知该事项的人或从发明人得知该事项的人那里获知该事项。

(c)该披露系由于或起因于发明人的原因在国际展览会上和申请国展示发明，并且申请人在提交专利申请时声明发明已经被展示，且在规定时间内提交符合条件的支持该声明的书面证据。

(5)本条中提到的发明人，目前包括发明的任何所有者。

(6)（废除）

（三）美国

在美国，新颖性要求体现在可获得专利的发明本身的定义中。根据《美国专利法》第101条的规定，专利权颁发给“任何新颖性和使用的方法、机器、制品、合成物，或它们的任何新颖与实用的改进”。

《美国专利法》第102条对新颖性的具体含义做了界定，该条中同时还包含了权利丧失条款。该条全文如下。

第102条　可获得专利的条件：新颖性及获取专利的权利的丧失

有下列情况之一者无权获得专利：

1. 在专利申请人作出发明之前，该发明在本国已经被他人所知或被他人所用，或在本国或外国已经获得专利或已经在印刷出版物上被描述。

2. 在美国申请专利前一年以上，该发明已在本国或外国获得专利或已在印刷出版物上被描述，或者已在本国公开使用或销售。

3. 发明人已放弃其发明。

4. 在美国递交申请前，该申请的申请人或其合法代理人或受让人早于在美国申请专利或发明人证书12个月以上，已在国外就该发明首次获得专利或使他们获得专利（即将获得专利），或取得发明人证书。

5. 在申请人作出发明之前，他人已在美国提出专利申请，并在依照 Section 122(b)公开的文件中描述了发明；或者，他人已获得专利，该专利已描述了发明，除非向美国递交的申请是依照 Section 315(a)递交的、符合本项之目的的国际申请，该国际申请指定美国并按 PCT 条约 Article 21(2)用英文出版。

6. 申请人所申请的主题不是他本人的发明。

7. 在根据 Section 135(derivation proceedings)或 291(derived patents)采取的介入程序进行中，其他相关发明人可以根据 Section 104 允许的程度，声称：在申请人作出发明之前，该发明已被其他人作出，且他人没有放弃、封锁或隐藏。

在申请人作出发明之前，已有别人在本国作出了同一个发明，他并未放弃、隐藏或隐瞒自己的发明。在确定发明的归属时，不仅应考虑各自的发明构思的形成日期及发明完善的日期，而且应考虑首先形成构思而最后完成发明的人在别人形成发明构思之前所付出的合理辛劳。[2]

《美国发明法案》(AIA)对新颖性做了修改，由先发明制改为先申请制，具体内容如下。

(a)新颖性；在先技术，一个人将被授予专利，除非——

(1)申请专利的发明在有效申请日前已经获得专利，或者被印刷出版物描述，或者被公开使用、销售，或者可以通过其他渠道为公众获得；或

(2)申请专利的发明被一件依照 Section 151 公布的专利所描述，或被一件依照 Section 122(b)所公布或拟公布的专利申请所描述，而该申请属于另外的发明人且有效申请日早于本专利申请的有效申请日。

(b)例外——不破坏新颖性

(1)披露发生在专利申请的有效申请日一年以内——

专利申请有效申请日一年内发生的公开、披露将不会构成 Subsection (a)(1)下的专利申请的在先技术，如果——

(A)披露是由发明人、共同发明人，或其他直接或间接从发明人或共同发明人处获得披露的发明技术主题的人所为的；或

(B)被披露的技术主题，在披露前[S 成为在先 Subsection (a)(1)]已经由发明人或共同发明人，或其他直接或间接从发明人或共同发明人处获得披露的发明技术主题的人所公开披露。

(2)申请或者专利中出现的披露——披露的技术主题将不被认为是 Subsec-

---

[2] 参见张晓都：《专利的实质条件》，法律出版社2002年版，第67~68页。

tion (a)(2)下的发明专利申请的在先技术,如果——

(A)被披露的技术主题是直接或间接从发明人或共同发明人那里获得的;

(B)被披露的技术主题在依照 Subsection (a)(2)递交申请前,已经由发明人或共同发明人,或其他直接或间接从发明人或共同发明人处获得披露的发明技术主题的人所公开披露;

(C)不迟于申请案的有效申请日,被披露的技术主题,发明申请案,属于同一人,或者有义务转让至同一人。

(c)依据共同研发协议而产生的共同所有权

根据 Subsection(b)(2)(C),被披露的主题和专利申请被推定为同一人所拥有,或者有义务转让至同一人,如果——

(1)被披露技术主题的开发,专利申请的产生,是由或者为了一方,或者以共同研发协议更多当事方的名义进行的,该协议在专利申请的有效日或之前已生效;

(2)专利申请的产生是履行共同联合研发协议的结果;和

(3)专利申请披露了,或者经修改后披露了联合研发协议方的姓名。

(d)专利和已经公开的有效专利申请成为在先技术。

为了判断一件专利或专利申请是否构成符合 Subsection(a)(2)要求的本申请的在先技术,这一专利或专利申请应该被有效地递交申请,分别考虑被该专利或者该申请所描述的技术主题——

(1)如果 Paragraph(2)不适用,则以该专利或者专利申请的实际申请日为准;或

(2)如果以一份或者更多份在先申请为基础,专利或者专利申请依据 Section 119,365(a), 365(b), 386(a), or 386(b)享有优先权 ,或者依据 Section 120,121, 365(c), or 386(c)主张更早申请日之利益,则以描述了这一技术主题的最早申请的申请日为准。

二、新颖性的时间标准

(一)申请日

申请人提交申请后,只要申请文件齐全,国家知识产权局应当给予申请日、申请号。有的国家以文件收到日为申请日,有的国家以文件寄出日为申请日。我国《专利法》规定:国务院专利行政部门收到专利申请文件之日为申请日。如果申请文件是邮寄的,以寄出的邮戳日为申请日。具体而言,为确定发明或实用新型专利申请的申请日,国家知识产权局应收到发明或者实用新型专利申请的请求书、说明书(实用新型必须包括附图)和权利要求书;未确定外观设计专利申请的申请日,国家知识产权局应收到该外观设计专利申请的请求书,该外观设计的图片或者照片和简要说明。

发明创造取得专利申请日有重要意义,主要表现在:(1)我国实行先申请原则,即当有两个或两个以上的申请人分别就同样的主题申请专利时,在各份申请都

符合法律规定的其他条件的情况下，专利权将授予最先申请的申请人。(2)申请日是评判申请专利的发明创造是否具有法律规定的新颖性和创造性的时间界限。如有优先权的，则以作为优先权基础的在先申请的申请日作为判断界限。凡是申请日前已经公开的技术方案，均属于现有技术。(3)对于发明专利申请来说，申请日是申请人提出实质审查请求的期限的起算日，自申请日开始满3年仍未提出的，其专利申请将被视为撤回。(4)首次申请的申请日将作为此后就相同主题所提出的专利申请的优先权日。(5)申请日是发明专利申请公布期间的起算日，即自申请日起满18个月，国家知识产权局将发明专利申请予以公布。(6)申请日是专利保护期限的起算日。(7)申请日是缴纳专利申请维持费的起算日。(8)申请日是专利年度的起算日，决定着专利年费的缴纳时间。

(二)优先权日

优先权日是对应专利申请过程中要求优先权的日期。专利法上的优先权分为国际优先权和国内优先权两种。

1. 国际优先权

国际优先权源于《巴黎公约》。优先权是《巴黎公约》确立的三大原则之一。《巴黎公约》设立优先权是为了帮助申请人向外国申请专利，促进发明创造的推广应用。过去专利权只能依据各国国内法取得，申请人要在多个国家取得专利权，必须逐一去申请。由于一国公开的在先专利申请，可能会被另一国视为现有技术，申请人在各国申请的时间不能相差太久，而准备多份不同语言的专利申请，却需要很多时间。这样，为了避免遇到新颖性的障碍，希望在多国申请的申请人必须要延缓其第一份申请，以争取更多的时间准备多份申请，在其延缓提出第一份申请的过程中，第三方可能会独立提出相同的申请，使原本可以在先申请的申请人的计划落空。为了解决这一问题，《巴黎公约》在第4条设置了国际优先权制度：申请人在一国首次申请专利以后，在法定的期限内在其他成员国就“相同发明”申请专利的，可以将该首次申请的日期视为其他申请的申请日。如果在后申请的权利要求包含“相同发明”之外，还有权利要求指向其他并不相同的发明，则只有那些指向“相同发明”的权利要求享有优先权，其他权利要求的申请日依然是在后申请国的实际申请日。也就是说，其他权利要求无法从中受益。

专利局在审查这些权利要求时，依然会将在先申请中公布的方案视为对比文献。[3] 中国《专利法》第29条没有使用“相同发明”这一术语，而是使用“相同主

〔3〕“中国在后申请中记载的一项技术方案是由一件外国首次申请中记载的特征C和另一件外国首次申请中记载的特征D组合而成的，而包含特征C和D的技术方案未在上述两件外国首次申请中记载，则中国在后申请就不能享有以此两件外国首次申请为基础的外国优先权。”《专利审查指南》(2010)第二部分第三章第4.1.4节，第163～164页。

题”这一说法。[4]

《巴黎公约》第4条规定了专利、实用新型、外观设计和商标的优先权。其中，专利和实用新型为12个月，外观设计为6个月。中国《专利法》基本采用了这一规则。国际优先权制度使申请人在首次提出申请后，至少有一年的时间准备在其他国家的专利申请而无须担心新颖性问题。这一年的时间也可以帮助申请人从容观察市场状况，看是否需要付出代价在其他国家继续其申请。

2. 国内优先权

国内优先权，在我国也叫本国优先权。为本国发明人提出和修改专利申请提供方便是国际上十分普遍的做法。不少国家专利法中明确规定了本国优先权制度，如德国。有些国家专利法中虽然没有本国优先权的说法，但是实际上与本国优先权制度无异，如英国的临时说明书制度和美国的继续申请或部分继续申请制度等。

中国《专利法》为了方便国内申请人在提交专利申请后，基于各种原因放弃该申请而提出新的包含相同发明的替代性申请，设置了本国优先权。中国专利法上的本国优先权是1992年《专利法》修改时规定的。“当时考虑到我国准备于1994年1月1日起正式加入《专利合作条约》，有必要在《专利法》中增订本国优先权，因为根据《专利合作条约》的规定，如果申请人首先向专利局提出中国专利申请后，又根据条约就同一主题向专利局提出国际申请并指定中国的，他可以要求享有中国第一次申请的优先权……如果不规定本国的第一次申请也能产生优先权，那么我国申请的申请人就会处于不利地位。”[5]国内的申请者基于本国优先权，可以将首次申请的申请日作为后续申请中“相同发明”部分的优先权日。本国优先权的期限为12个月，仅仅限于发明或实用新型专利申请。[6] 同时，《专利法实施细则》第32条还明确规定，提出后一申请时，在先申请的主题有下列情形之一的，不得作为要求本国优先权的基础：已经要求外国优先权或者本国优先权的；已经被授予专利权的；属于按照规定提出的分案申请的。申请人要求本国优先权的，其在先申请自后一申请提出之日起即视为撤回。

（三）现有技术

所谓现有技术，是指申请日以前在国内外出版物上公开发表过、在国内公开使用过或者以其他方式为公众所知的技术，包括已经进入公有领域的自由公知技术

[4] “专利法第二十九条所述的相同主题的发明或者实用新型，是指技术领域、所解决的技术问题、技术方案和预期的效果相同的发明或者实用新型。但应注意这里所谓的相同，并不意味着文字记载或者叙述方式上完全一致。”《专利审查指南》（2010）第二部分第三章第4.1.2节，第162页。

[5] 汤宗舜：《专利法教程》（第2版），法律出版社1996年版，第81页。

[6] 参见《专利法》第29条第2款规定：“申请人自发明或者实用新型在中国第一次提出专利申请之日起十二个月内，又向国务院专利行政部门就相同主题提出专利申请的，可以享有优先权。”

和已经被授予专利权两种类型的技术。

已经进入公有领域的自由公知技术属于人类社会的共同财富,任何人均可自由使用,而且任何人均不得将其据为己有。若因专利申请人自己的失误使得被提交专利申请的技术方案在申请日之前已经被公众所知晓,该专利申请的技术方案也进入了公有领域,不能再获得专利保护。自由公知技术不仅在专利审查过程被作为判断一项发明创造新颖性和创造性的重要参照对象,在专利侵权诉讼中也时常被作为侵权抗辩的主要依据。

对于已经被授予专利权的技术而言:一方面,权利主体已经确定,同样的发明创造只能被授予一项专利权,即使在后提出专利申请的申请人是在独立研究的基础上完成的发明创造,但是由于他人的专利权已经存在,重复授权将导致权利之间发生冲突,影响正常的经济秩序,因此,这种类型的技术不能再被授予专利权;另一方面,这种技术在被授权之后,也已经对外公开,成为现有技术,不再具有新颖性。

需要注意的是,他人所拥有的仍处于保密状态下的技术内容不属于专利法意义上的现有技术,无论该技术内容是来自专利申请人的传授或者是由他人自行研究开发完成。所谓保密状态,是指尚未被不特定多数人所知晓的情形。对于在特定单位或个人之间适用保密规定或协议进行约束,或者是根据社会观念或者商业习惯上被认为由知晓该技术的特定单位或个人承担保密义务的技术即可认为其处于保密状态之下。然而,如果有保密义务的人违反规定、协议或者默契泄露秘密,导致相关的技术内容公开,使不特定的公众能够得知这些技术,此类泄密行为对技术内容被公开后所提交的专利申请的新颖性造成的影响应分为两种情形区别判断:若该技术的来源与专利申请人无关,这些技术就构成了现有技术的一部分,专利申请不再具有新颖性;若被泄密的技术来自专利申请人,而他人未经专利申请人许可擅自泄密,专利申请在一定的期限范围内将被视为不丧失新颖性。

尽管"现有技术"一词在专利审查实践中早已成为最常用的词语,但是2008年修改前的《专利法》通篇没有出现这一措辞。2008年修改《专利法》是在第22条中增加了第5款,规定"本法所称现有技术,是指申请日以前在国内外为公众所知的技术",从而明确地在《专利法》中引入"现有技术"的概念。

2008年《专利法》修改前,现有技术可分为两种类型。一种是通过国内外出版物公开的现有技术;另一种是通过在国内使用公开或者以其他方式为公众所知的现有技术。其中,后者囊括了除出版物之外的所有公开形式,使用公开只是对"以其他方式为公众所知"的一个举例。

2008年修改的《专利法》对现有技术所作的定义十分简明。之所以如此,是因为规定一项技术无论以何种方式公开,只要使其内容在申请日之前在国内外为公众所知,就足以构成现有技术,因而不必再列举诸如出版物公开,使用公开等具体公开方式。与修改前的规定相比,修改后的规定最为突出的特点是扩大了现有技术的范围,将在国外以非出版物方式公开的技术纳入了现有技术的范畴,从而提高了新颖性和创造性的标准。人们将其称为“绝对新颖性”标准。

（四）抵触申请

影响发明创造新颖性的技术除现有技术之外,还包括抵触申请中请求保护的技术。所谓抵触申请,是指在一项发明创造被提交专利申请的申请日以前已经有人向国务院专利行政部门提出并且在申请日以后(包括申请日)被公布的同样发明创造的专利申请。[7] 专利申请人在提交专利申请时,抵触申请尚未对外公布,专利申请人的发明创造通常是与抵触申请不谋而合的,由于同样的发明创造只能被授予一项专利权,而且我国对专利申请适用先申请原则,两个以上的申请人分别就同样的发明创造申请专利时,专利授予最先申请的人。因此,若存在抵触申请,即使在后申请的申请人发明在先,其专利申请也不再具有我国《专利法》所要求的新颖性条件。

《专利法》第22条第2款后半部分规定“也没有任何单位或者个人就同样的发明或者实用新型在申请日以前向国务院专利行政部门提出过申请,并记载在申请日以后公布的专利申请文件或者公告的专利文件中”,这就是判断新颖性时应当考虑的抵触申请的情况。

关于抵触申请的概念,应当注意如下几点:

1. 只要在先申请的申请日早于在后申请的申请日,公布日或者公告日迟于在后申请日,就有可能构成在后申请的抵触申请。当在先申请为一件发明专利申请时,只要满足上述条件,则不论该在先申请以后结局如何,如在被授予发明专利权之前被撤回、视为撤回、被驳回,在被授予发明专利权之后被放弃、被宣告无效等,其作为在后申请的抵触申请的效力都不会消失。当在先申请为一件实用新型专利申请时,该申请只有在被授予实用新型专利权之后才会构成在后申请的抵触申请,因为国家知识产权在公告授予实用新型专利权之前不会公布该专利申请;一旦被授予实用新型专利权,则其作为在后申请的抵触申请的效力也不会因为该专利权随后被放弃、被宣告无效而消失。

2.《专利法》第22条第2款的规定表明,抵触申请的作用在于用来评判在后申请的新颖性,因此判断在先申请是否对在后申请产生影响应当适用新颖性的判断原则。换言之,应当将在后申请的权利要求所要求保护的技术方案与在先申请文件(包括说明书、附图、权利要求书等)记载的全部内容进行比较。判断新颖性的基本规则均适用于抵触申请。

3. 根据《专利法》第22条第5款的规定,抵触申请不构成现有技术的一部分,

---

〔7〕 2008年《专利法》之前的抵触申请不包括自己的申请,而2008年《专利法》规定的抵触申请不仅包括他人的申请也包括自己的申请。

因为虽然抵触申请在在后申请的申请日之前已经向国家知识产权局提交，但《专利法》第21条第3款明确规定"在专利申请公布或者公告前，国务院专利行政部门的工作人员及有关人员对其内容负有保密责任"，因此在先申请的内容在在后申请的申请日之前尚未为公众所知。对于在申请日之前为公众所知的任何一份现有技术来说，不仅可以单独采用该现有技术评价专利申请的新颖性，还可以将该现有技术与其他现有技术组合起来评价专利申请的创造性；对于《专利法》第22条第2款所述的抵触申请而言，只能评价在后申请的新颖性，不能与其他现有技术或者抵触申请组合起来评价在后申请的创造性。因此，《专利法》第22条第2款将抵触申请视为一种特殊的现有技术，实际上与普通的现有技术不同，其作用仅仅在于用来判断在后专利申请的新颖性。

案例31　张全乐诉中国专利局复审案〔8〕
现有技术不构成抵触申请

涉案"半喂入稻麦联合收割机"实用新型专利的技术内容在申请日以前，已经作为现有技术公之于众，不具有新颖性，且不存在适用抵触申请的必要。

三、新颖性的地域标准

技术知识在什么范围内公开才使之成为现有技术的组成部分的地域标准，在世界各国有3种不同的规定。

（一）绝对新颖性

绝对新颖性标准，又称为全世界新颖性标准。一项技术在全世界范围内的任何地方以任何方式公开都构成现有技术。相应地，一项技术只有在全世界任何地方没有以任何方式公开过，才被认为具有新颖性。

（二）相对新颖性

相对新颖性标准，又称为本国新颖性标准。一项技术只有在本国不论以任何方式公开才构成现有技术。相应地，一项技术只要在本国没有以任何方式公开过，该技术就被认为具有新颖性。

（三）混合新颖性

混合新颖性标准就是关于出版物公开，采用全世界新颖性标准，而对于公开使用或其他方式的技术公开方式则采用相对新颖性标准。

根据中国在2008年修改《专利法》之前对现有技术的规定可知，现有技术可

---

〔8〕 参见郭禾主编：《知识产权法案例分析》（第2版），中国人民大学出版社2006年版，第137～138页。

分为两种类型。一种是通过国内外出版物公开的现有技术；另一种是通过在国内使用公开或者以其他方式为公众所知的现有技术。因此，在2008年版本的《专利法》之前我国采用的是混合新颖性标准。而在2008年修改了《专利法》以后，对现有技术的定义为：本法所称现有技术，是指申请日以前在国内外为公众所知的技术。由此可见，修改后的《专利法》采用的是绝对新颖性标准。

美国的新颖性标准是混合新颖性标准，《欧洲专利公约》规定的则是绝对新颖性标准。日本在1999年修改《日本专利法》之前采用的是混合新颖性标准，在1999年修改以后采用的也是绝对新颖性标准。

四、公开方式

公开，是指技术或者信息处于一种任何人想获得即可获得的状态，与事实上有多少人了解该技术没有关系。比如，出版物的出版发行量多少、有没有人阅读过、申请人是否知道是无关紧要的。现有技术公开的方式有以下三种：(1)通过书面描述技术，并将其以书面形式公开传播。这种公开方式习惯上称为出版物公开。(2)通过公开使用技术或者使公众处于任何一人可使用该技术的状态。这种公开方式一般称为使用公开。(3)通过口头讲解或者演示、展览等方式向公众公开技术。这种公开方式称为以其他方式公开。

(一)出版物公开

根据《专利审查指南》第二部分第三章第2.1.2.1节的规定，出版物可以是各种印刷的、打字的纸件，如专利文献、科技杂志、科技书籍、学术论文、专业文献、教科书、技术手册、正式公布的会议记录或者技术报告、报纸、小册子、样本、产品目录、广告宣传册等，还包括采用其他方法制成的各种有形载体，如采用电、光、磁、照相等方法制成的各种缩微胶片、影片、照相底片、磁带、唱片、光盘等，还可以是以其他形式存在的资料，如存在于互联网或其他在线数据库中的资料等。

出版物不受地理位置、语言或者获得方式的限制，原则上也不受年代的限制。但事实上无限往前推是不现实的，也没有必要，因此也有一些国家对文献的上限时间作出限定。[9] 印有"内部资料""内部发行"等字样的出版物，确系在特定范围内发行并要求保密的，不属于公开出版物。

出版物的印刷日视为公开日，有其他证据证明其公开日的除外。印刷日只写明日月或者年份的，以所写月份的最后一天或者所写年份的12月31日为公开日。

在美国，当"印刷出版物"最先出现在专利法中时，该术语字面意义是指印刷的纸类文献和不是手写的文献。随着技术的发展，印刷出版物的用语包括其他形式的信息。现在确定某一披露是不是印刷出版物的焦点是该信息的可获得性，而

---

〔9〕 See Jan Vojácek, Dr. Ing., *A Survey of the Principal National Patent Systems*, Sir ISAAC PITMAN & SONS, LTD., p. 23.

不是所谓的在先技术的形式。[10]

（二）使用公开

《专利审查指南》（第二部分第三章第2.1.2.2节）将使用公开界定为：由于使用而导致技术方案的公开，或者导致该技术方案处于公众中任何一个人都可以得知的状态，这种公开方式称为使用公开。

使用公开的方式包括能够使公众得知其技术内容的制造、使用、销售、进口、交换、馈赠、演示、展出等方式。只要通过上述方式使有关技术内容处于公众想得知就能得知的状态，就构成使用公开，而不取决于是否有公众得知。但是，未给出任何有关技术内容的说明，以致所属技术领域的技术人员无法得知其结构和功能或材料成分的产品展示，不属于使用公开。

如果使用公开的是一种产品，即使所使用的产品或者装置需要经过破坏才能得知其结构和功能，也仍然属于使用公开。此外，使用公开还包括放置在展台上、橱窗内公众可以阅读的信息资料及直观资料，如招贴画、图纸、照片、样本、样品等。

使用公开是以公众能够得知该产品或者方法之日为公开日。

这种使用公开并不是要求众所周知或广泛推广的状态，而是指由于使用而使该项技术方案处于能够为人所公知的状态。因此，哪怕只有一个人使用了该项技术，且此人对这项技术不负保守秘密的义务，那么这种使用就属于使用公开。

通过对设备的解剖，可以了解到它的结构和功能；通过对产品的分析，能够确定其制造的方法或者通过对物质的分析，能够判断出该物质的成分，那么所说的设备、制造产品的方法或者所说的物质就是通过使用而全部被公开。至于所说的设备、方法或者物质是否真正被解剖或者分析，则无关紧要。因为该设备、方法或者物质已处于能够为公众所使用的状态，根据需要，人们可以随时对该设备、方法、物质进行解剖或分析。[11]

使用公开在《日本专利法》中相当于“公用”。所谓“已被公开实施”（公用），是指以设备、装备为媒介，已在被不特定人所知晓的状态之下实施，只要在可能被人知晓的状态下实施，即算成立。[12] 公开实施发明的形态如果是使用时，不能因为使用是公开的，就说发明属于“公开实施”。例如，仅是将内部含有新发明的产品在公众面前进行运转，即进行使用，但发明人知道第三者不会得知其内容才这样做的。因此，当实施形态是使用时，只有当发明处于能够为人所知的状态时，才能

---

〔10〕 参见［美］罗杰·谢科特、［美］约翰·托马斯：《专利法原理》（第2版），余仲儒组织翻译，知识产权出版社2016年版，第88～89页。

〔11〕 参见吴伯明、黄益芬主编：《专利审查》，专利文献出版社1994年版，第234页。

〔12〕 参见［日］竹田和彦：《专利基础知识》，莫邦富等译，上海翻译出版公司1986年版，第31页。

解释为该发明已进行公开实施。[13]

（三）以其他方式公开

按照《专利审查指南》第二部分第三章第2.1.2.3节的规定，以其他方式公开主要是指口头公开等。例如，口头交谈、报告、讨论会发言、广播或电视等能使公众得知技术内容的方式。口头交谈、报告、讨论会发言以其发生之日为公开日。公众可接收的广播、电视或电影的报道，以其播放日为公开日。

口头公开必须清楚地、完整地和详细地说明发明或者实用新型的技术内容，使本技术领域的普通技术人员能够从中获知该发明或实用新型的技术方案。否则，就不能认为是专利法意义上的公开。把发明或实用新型的内容仅给根本不能理解的人（如小学生）讲解演示，一般不认为是口头公开。展示公开也一样，所属领域的技术人员必须能够从所展示的物品或资料中获知技术方案，否则也同样不是专利法意义上的公开。一件在机器内部有其特点的发明，只将外形给人看了，该发明的技术方案并没有被公开。

案例32　陈某诉李某电动玩具自行车外观设计专利无效案[14]

网络证据证明公开应当构成一个完整的证据链

李某是申请号为03319770.9的电动玩具自行车外观设计专利的专利权人，申请日为2003年2月25日，授权公告日为2003年9月17日。2003年11月18日，陈某以该外观设计专利在申请日之前已在网络上公开、其授权不符合2000年《专利法》第23条的规定为由向复审委提出无效宣告请求。陈某提交的关键证据是公证机关于2003年11月和12月作出的三份附有下载网页打印件的公证书，用于证明与涉案外观设计相同或者相近似的外观设计在申请日前已经在网络上公开。本案的关键问题在于，能否依据申请日之后取得的公证网页来证明与涉案外观设计相同或者相近似的外观设计已经在其申请日之前网络公开。尽管经公证的网页上显示与涉案外观设计相同或者相近似的外观设计于申请日之前的2002年12月19日，但并没有形成完整的证据链。[15]

---

〔13〕参见[日]吉藤幸朔：《专利法概论》，宋永林、魏启学译，专利文献出版社1990年版，第97~99页。

〔14〕参见冯术杰、崔国振：《依据网络证据认定网络公开问题探析——以一则专利无效宣告案件为例》，载《知识产权》2011年第5期。

〔15〕参见无效决定WX6596号，北京市第一中级人民法院行政判决书(2005)一中行初字第395号，北京市高级人民法院行政判决书(2006)高行终字第245号。

案例33 | “重载橡胶弹性安全联轴器”发明专利案〔16〕
技术报告不构成公开发表

发明专利“重载橡胶弹性安全联轴器”申请日前提交“技术报告”要求鉴定。鉴定会及鉴定专家具有保密义务，因此鉴定会上的公开不构成专利法意义上的公开。

五、不丧失新颖性的公开

在一些特定的情形下，一项发明创造在被提交专利申请之日以前的公开不会导致其丧失新颖性。《专利法》第24条规定适用新颖性标准的例外情形，即申请专利的发明创造在申请日之前6个月内，有下列情形之一的，不丧失新颖性：(1)在中国政府主办或者承认的国际展览会上首次展出的；(2)在规定的学术会议或者技术会议上首次发表的；(3)他人未经申请人同意而泄露其内容的。

(一)在中国政府主办或者承认的国际展览会上首次展出

依据《专利审查指南》的规定，所谓国际展览会，其展出的展品除展览会举办国的产品以外，还应当有来自外国的展品。可适用新颖性例外规定的国际展览会仅限于“中国政府举办或者承认的国际展览会”，此类国际展览会发行的用于介绍展品的出版物上所公开的发明创造同样适用新颖性例外规定。需要注意的是，展览会上的展出不包括销售行为，如果在展出时同时销售发明创造的产品，则会导致该发明创造丧失新颖性。

(二)在规定的学术会议或者技术会议上首次发表

规定的学术会议或者技术会议，是指国务院有关主管部门或者全国性学术团体组织召开的学术、技术会议。省级以下部门或者团体组织召开的会议，以及受国务院各部委或全国性学会委托以其名义组织召开的学术、技术会议则不适用新颖性的例外规定，在这些会议上的技术方案的公开将导致其丧失新颖性，除非这些会议本身有保密约定。

(三)他人未经申请人同意而泄露其内容

他人未遵守明示的或者默示的保密约定将发明创造的内容公开，或者采用威胁、欺诈或者间谍活动等非法手段从发明人或者申请人那里得知发明创造的内容而后造成公开，都属于违反申请人本意的公开行为，被公开的发明创造在法律规定的期限内不丧失新颖性。

申请日以前的6个月的期限被称为宽限期或者优惠期。宽限期的效力对于其享有人而言仅仅是把该期限内以某些特定形式被公开的技术方案不丧失新颖性，而并非把发明创造的公开日视为专利申请的申请日。因此，从发明创造被公开之

〔16〕 参见程永顺主编：《知识产权裁判文书集》(第1卷)，科学出版社2003年版，第296~300页。

日至提出专利申请的期间,如果申请人再次将其发明创造公开的,只要该公开不属于新颖性例外规定的3种情形,则该申请将由于此在后公开而丧失新颖性。如果第三人在此期间独立完成了同样的发明创造并提出了专利申请,那么根据先申请原则,获得宽限期的申请人就不能取得专利权。当然,由于发明创造已经被公开,对于第三人而言,该发明创造成为导致其申请丧失了新颖性的现有技术,因而也不能取得专利权。为了获得上述新颖性宽限期,对于在国际展览会上的展出及规定的学术、技术会议上的发表,申请人在专利申请时应当向国务院专利行政部门提出声明,并自申请日起两个月内,提交有关组织单位出具的证明文件;对于他人违反申请人本意公开的情形,如果申请人在申请日前已经得知,那么也应当在提出专利申请时在请求书中声明,但是如果申请人是在申请日以后才得知的,申请人则应当在国务院专利行政部门指定期限(两个月)内提交证明文件。逾期提交证明材料的专利申请将会被视为未要求宽限期。

国际展览会的证明文件应当由展览会主办单位出具并签章,而学术会议和技术会议的证明文件则应当由国务院有关主管部门出具并签章。在这两类证明文件中应当注明展览会展出或者会议召开的日期、地点、展览会或会议的名称、该发明创造内容展出或发表的日期、形式及内容副本。关于他人违反申请人本意公开的证明材料,应当注明技术方案泄露日期、泄露方式、泄露内容,并由证明人签章。

案例34 | 一种治疗湿热下注的中药组合物[17]
征集标准要求保密遭遇泄密时适用新颖性宽限期

专利03124080.1是一种治疗湿热下注的中药组合物,其配方被《国家中成药标准汇编 中成药地方标准上升国家标准部分 内科 肾系分册》公开,系为响应国家药品监督管理局征集药品通知提交资料,但同时提出了保密请求,符合新颖性宽限的条件。

※思考问题:甲公司于2014年4月1日将某项创新产品在广交会春季会上展出并公开了相应的技术情况,之后该公司于5月1日向中国专利局申请专利。而乙公司则于2014年4月10日向中国专利局就相同的发明创造申请专利,并且假设乙公司是独立完成该发明创造的。

请问专利权应该授给谁?

---

〔17〕 参见无效决定27550号。

第二节　优　先　权

一、优先权的含义和条件

（一）含义

优先权原则起源于1883年签订的《巴黎公约》。《巴黎公约》的最初目的是便于缔约国国民在其本国提出专利或者商标申请后向其他缔约国提出申请。所谓"优先权"，是指申请人在一个缔约国第一次提出申请后，可以在一定的期限内就同一主题向其他缔约国申请保护，其在后申请在某些方面被视为是在第一次申请的申请日提出的。换句话说，申请人提出的在后申请与其他人在首次申请日之后就同一主题所提出的申请相比，享有优先的地位，这是优先权的由来。[18]

（二）条件

《巴黎公约》中涉及优先权的规定主要体现在第4条，内容如下。

第4条　A.至Ⅰ.专利、实用新型、外观设计、商标、发明人证书：优先权。G：申请的分案

A.(1)或者其权利继受人，已经在本联盟的一个国家正式提出专利、实用新型注册、外观设计注册或商标注册的申请的任何人，为了在其他国家提出申请，在以下规定的期间内应享有优先权。

(2)依照本联盟任何国家的本国立法，或者根据本联盟各国之间缔结的双边或多边条约，与正规的国家申请相当的任何申请，应认为产生优先权。

(3)正规的国家申请是指足以确定在有关国家中提出申请日期的任何申请，而不问该申请以后的结局如何。

B.因此，在上述期间届满前在本联盟的任何其他国家后来提出的任何申请，不应由于在这期间完成的任何行为，特别是另外一项申请的提出、发明的公布或利用、外观设计复制品的出售、或商标的使用而成为无效，而且这些行为不能产生任何第三人的权利或个人占有的任何权利。第三人在作为优先权根据的第一次申请的日期以前所取得的权利，依照本联盟每一国家的国内法予以保留。

C.(1)上述优先权的期间，对于专利和实用新型应为12个月，对于外观设计和商标应为6个月。

……

也就是说，申请人只要就某项主题已经向《巴黎公约》的任何一个缔约国提出了首次申请，那么自首次申请日起，在12个月内当其向《巴黎公约》的其他缔约国

---

〔18〕　参见刘春田主编：《知识产权法》，高等教育出版社、北京大学出版社2002年版，第170页。

提出专利申请时,他就可以主张优先权。

随着专利制度的发展,优先权不再是限于对外国申请人的优惠待遇,而是进一步扩大适用范围,本国申请人也可以享有优先权。也就是说,申请人在本国首次提出专利申请之后,在一定的期限内又就相同主题在本国再次提出申请的,可以享有首次申请的优先权。以在外国提出的首次申请为基础的优先权被称为国际优先权,以在本国提出的首次申请为基础的优先权被称为本国优先权。

归纳起来,取得优先权的条件包括:在先申请需确定即取得申请日;前后两次申请的主题相同;申请人符合条件;在法律规定的期限内提出在后申请。

二、外国优先权

(一)条件

根据《专利审查指南》第二部分第三章第 4.1.1 节的规定,我国享有外国优先权的专利申请应当满足以下条件:(1)申请人就相同的主题的发明创造在外国第一次提出专利申请(以下简称外国首次申请)后又在中国提出专利申请(以下简称中国在后申请);(2)就发明和使用新型而言,中国在后申请之日不得迟于外国首次申请之日起 12 个月;(3)申请人提出首次申请的国家或政府组织应当是同中国签有协议或者共同参加国际条约,或者相互承认优先权原则的国家或政府组织。

享有外国优先权的发明创造与外国首次申请审批的最终结果无关,只要该首次申请在有关国家或政府间组织中获得了确定的申请日,就可作为要求外国优先权的基础。

(二)效力

根据《专利审查指南》第二部分第三章第 4.1.3 节的规定,外国优先权的效力是:申请人在外国首次申请后,就相同主题的发明创造在优先权限内向中国提出的专利申请,都看作是在该外国首次申请的申请日提出的,不会因为在优先权期间内,即首次申请的申请日与在后申请日之间任何单位和个人提出了相同主题的申请或公布、利用这种发明创造而失去效力。

此外,在优先权期间内,任何单位和个人可能会就相同主题的发明创造提出专利申请,由于优先权的效力,任何单位和个人提出的相同主题发明创造的专利申请不能被授予专利权。也就是说,由于有作为优先权基础的外国首次申请的存在,从外国首次申请的申请日起至中国在后申请的申请日期间,由任何单位和个人提出的相同主题的发明创造专利申请因失去新颖性而不能被授予专利权。

(三)外国多项优先权和外国部分优先权

根据《专利法实施细则》第 32 条第 1 款的规定,申请人在一件专利申请中,可以要求一项或者多项优先权,要求多项优先权的,该申请的优先权期限从最早的优先权日起计算。

根据《专利审查指南》第二部分第三章第4.1.4节的规定，关于外国多项优先权和外国部分优先权的规定如下。

(1)要求多项优先权的专利申请，应当符合《专利法》第31条及《专利法实施细则》第34条关于单一性的规定。

(2)作为多项优先权基础的外国首次申请可以是在不同的国家或政府组织提出的。例如，中国在后申请中，记载了两个技术方案A和B，其中，A是在法国首次申请中记载的，B是在德国首次申请中记载的，两者都是在中国在后申请日以前12个月内分别在法国和德国提出的，在这种情况下，中国在后申请就可以享有多项优先权，即A享有法国的优先权日，B享有德国的优先权日。如果上述的A和B是两个可供选择的技术方案，申请人用“或”结构将A和B记载在中国在后申请的一项权利要求中，则中国在后申请同样可以享有多项优先权，即有不同的优先权日。但是，如果中国在后申请记载的一项技术方案是由两件或者两件以上外国首次申请中分别记载的不同技术特征组合成的，则不能享有优先权。例如，中国在后申请中记载的一项技术方案是由一件外国首次申请中记载的特征C和另一件外国首次申请中记载的特征D组合而成的，而含特征C和D的技术方案未在上述两件外国首次申请中记载，则中国在后申请就不能享有以此两件外国首次申请为基础的外国优先权。

(3)要求外国优先权的申请中，除包括作为外国优先权基础的申请中记载的技术方案外，还可以包括一个或多个新的技术方案。例如，中国在后申请中除记载了外国首次申请的基础方案外，还记载了对该技术方案进一步改进或者完善的新技术方案，如增加了反映说明书中新增实施方式或实施例的从属权利要求，或者增加了符合单一性的独立权利要求，在这种情况下，审查员不得以中国在后申请的权利要求书增加的技术方案未在外国首次申请中记载为理由，拒绝给予优先权，或者将其驳回，而应当对于该中国在后申请中所要求的与外国首次申请中相同主题的发明创造给予优先权，有效日期为外国首次申请的申请日，即优先权日，其余的则以中国在后申请之日为申请日。该中国在后申请中有部分技术方案享有外国优先权，故称为外国部分优先权。

三、本国优先权

(一)条件

根据《专利审查指南》第二部分第三章第4.2.1节的规定，享有本国优先权的专利申请应当满足以下条件：(1)只适用于发明或者实用新型专利申请；(2)申请人就相同主题的发明或者实用新型在中国第一次提出专利申请后又向专利局提出专利申请；(3)中国在后申请之日不得迟于中国首次申请之日起12个月。

(二)排除

被要求优先权的中国在先申请的主题有下列情况之一的，不得作为本国优先权的基础:(1)已经要求外国优先权或者本国优先权的,但要求过外国优先权或者本国优先权而未享有优先权的除外;(2)已经被授予专利的;(3)属于按照《专利法实施细则》第42条规定提出的分案申请。

应当注意,当申请人要求本国优先权时,作为本国优先权基础的中国首次申请,自中国在后申请提出之日起即被视为撤回。

(三)效力

申请人在中国首次申请后,就相同主题的发明创造在优先权限内又向专利局提出的专利申请,都看作是在中国首次申请的申请日提出的,不会因为在优先权期间内,即首次申请的申请日与在后申请日之间任何单位和个人提出了相同主题的申请或公布、利用这种发明创造而失去效力。

此外,在优先权期间内,任何单位和个人可能会就相同主题的发明创造提出专利申请。由于优先权的效力,任何单位和个人提出的相同主题发明创造的专利申请不能被授予专利权。也就是说,由于有作为优先权基础的中国首次申请的存在,从中国首次申请的申请日起至中国在后申请的申请日期间,由任何单位和个人提出的相同主题的发明创造专利申请因失去新颖性而不能被授予专利权。

四、优先权的适用

本节通过具体案例来说明申请人是否及如何具体享有和行使优先权。

(一)一种眼镜绳套案

要点:享有优先权的申请可以构成抵触申请

在对比文件的外国优先权成立的条件下,如果该对比文件是由他人在本专利的申请日以前向外国首次申请后就相同主题的发明创造在优先权期限内向中国专利局提出申请,并且在本专利的申请日以后(含申请日)公布的同样的发明或者实用新型专利申请,则该对比文件构成本专利的抵触申请,损害本专利的新颖性。

1. 案由

本无效宣告请求涉及国家知识产权局于2002年7月24日授权公告、申请号为01256318.8、名称为"一种眼镜绳套"的实用新型专利(以下简称本专利),其申请日为2001年10月19日、专利权人为卞祖兴。本专利授权公告的权利要求书包括6项权利要求,其中权利要求1~6如下:"1. 一种眼镜绳套,其特征在于:一个由卷状物弹性材料(1')所形成的卷洞(1),其卷洞(1)两开口端分别接有连接工具(2)。2. 根据权利要求1所述的一种眼镜绳套,其特征在于:所述的卷状弹性材料可以单卷状或双卷状。……"

桑塞普斯有限公司(请求人)于2005年12月27日向复审委就本专利提出了无效宣告请求,并提交了以下作为证据的附件1至3。

附件1:授权公告号为CN1221834C的中国发明专利说明书全文(本案以下简

称对比文件1)共10页,其授权公告日为2005年10月5日、申请日为2001年12月14日、优先权日为2000年12月15日,其专利权人为桑塞普斯有限公司;

附件2:美国专利文件授权公告号为US6478145B2的授权专利说明书英文文本共6页,其申请日为2000年12月15日、授权公告日为2002年11月12日;

附件3:附件2的全文中文译文共12页;

附件4:即对比文件1的美国优先权文本的复印件(其中该优先权文本的申请日是2000年12月15日)及其中文译文。

2. 决定的理由

(1)证据认定

桑塞普斯有限公司(请求人)提交的对比文件1为中国发明专利授权公告说明书,其优先权日(2000年12月15日)在本专利的申请日(2001年10月19日)之前,授权公告日(2005年10月5日)在本专利的申请日之后。由于对比文件1是桑塞普斯有限公司就相同主题的发明创造于2000年12月15日在美国第一次提出专利申请后又于2001年12月14日在中国提出的专利申请,且在后向中国提出申请的申请日在美国申请之日起12个月内,其中中国在后申请与美国在先申请的技术领域、所解决的技术问题、技术方案和预期的效果均相同,且中国在后申请权利要求中限定的技术方案都已经记载在美国在先申请的申请文件中,所以对比文件1的优先权成立,可以作为评价本专利新颖性的证据。

(2)关于新颖性

本专利的权利要求1要求保护一种眼镜绳套,该眼镜绳套具有一个由卷状物弹性材料所形成的卷洞,其卷洞两开口端分别接有连接工具。

对比文件1公开了一种包括可分离地附着在每个末端的连接构件的保护盒的组合式眼镜固定装置和眼镜保护套,保护盒和连接构件形成用来将眼镜保持在戴镜者的头上的线形的带子(对应于本专利中的眼镜绳套),在不戴眼镜时可以将眼镜从头上取下,放在保护盒内;保护盒(对应于本专利中的卷洞)是在附着到连接构件上的每个末端被缝死的弹力织物的线形双卷(对应于本专利中的卷状物弹性材料);具体地,一对连接构件10可分离地附着在保护构件20的相对的两端(参见对比文件1的说明书第2页第5~13行和第3页第10~12行),该连接构件10即对应于本专利中的连接工具。

通过上述对比可见,对比文件1已经公开了权利要求1的全部技术特征,且对比文件1所公开的技术方案与权利要求1所要求保护的技术方案属于同一技术领域,解决了相同的技术问题,并能产生相同的技术效果,也就是既可将眼镜固定于头部,又可在不佩戴眼镜时作为眼镜套使用。而且,对比文件1是向中国专利局提出的专利申请,其优先权日为2000年12月15日,授权公告日为2005年10月5日,且其申请人与本专利的申请人不是同一人,因此对比文件1构成了本专利的抵触申请,从而使权利要求1至要求6不具备《专利法》第22条第2款所规定的新颖性。

(二)浙江西马洁具诉美国科勒公司"马桶"外观设计无效案

要点:申请文件与在先文件的外观设计视图不完全一致仍可以成立优先权

1.案由

本无效宣告请求涉及的是国家知识产权局于2010年10月6日授权公告的201030129571.8号外观设计专利,使用该外观设计的产品名称为"马桶",其申请日为2010年3月19日、优先权日为2009年9月21日、专利权人为科勒公司。

针对上述外观设计专利(本案以下简称涉案专利),浙江西马洁具有限公司(本案以下简称请求人)于2013年7月1日向复审委提出无效宣告请求,其理由是涉案专利不符合《专利法》第23条第2款的规定,并提交了如下证据。证据1:专利号为200730349563.2的中国外观设计专利;证据2:专利号为200630050690.8的中国外观设计专利;证据3:专利号为02374106.6的中国外观设计专利。

请求人认为:(1)涉案专利要求了专利号为USD621918S的美国在先申请的优先权,但实际上涉案专利与美国在先申请涉及的产品是不同的马桶,两者是不同主题的外观设计,不能享有优先权,因此涉案专利实际的申请日应当为2010年3月19日;(2)涉案专利相对于证据1不具有明显区别,不符合《专利法》第23条第2款的规定。

专利权人于2013年9月5日提交了意见陈述书,并提交了反证等证据。

反证1:由国家知识产权局专利检索咨询中心作出的涉案专利的外观设计检索报告。

专利权人认为:(1)涉案专利与在先美国外观申请USD621918S均涉及马桶,二者的区别之处在于涉案专利中删除美国申请中的阴影线和虚线(美国专利实践中,阴影线表示平面,虚线表示不请求保护的部分),以满足中国专利法的要求,但二者属于同样的产品;另外,涉案专利是在美国外观申请日的6个月内提出的,符合外观设计优先权的要求。因此,涉案专利可以享有在先美国外观申请USD621918S的优先权。(2)证据1的公开日在涉案专利的优先权日之后,证据1不能用于评价涉案专利是否符合《专利法》第23条第2款的规定,包含证据1的无效宣告理由均不成立。

合议组经合议,告知双方当事人,涉案专利的优先权成立,由于其优先权日为2009年9月21日,在2009年10月1日之前,应当适用2001年施行的《专利法》及其《专利法实施细则》。请求人将无效宣告理由变更为涉案专利相对于证据1不符合《专利法》第9条的规定。

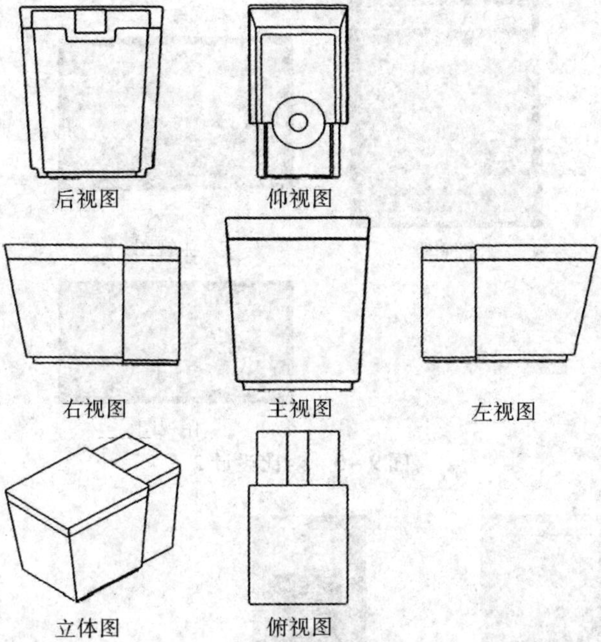

图9－1　涉案专利

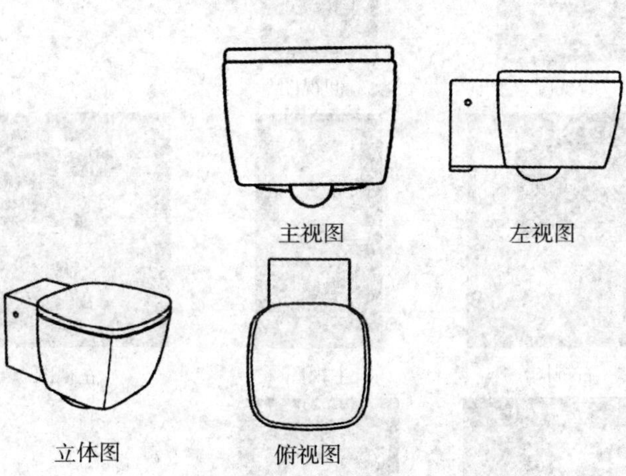

图9－2　对比设计1

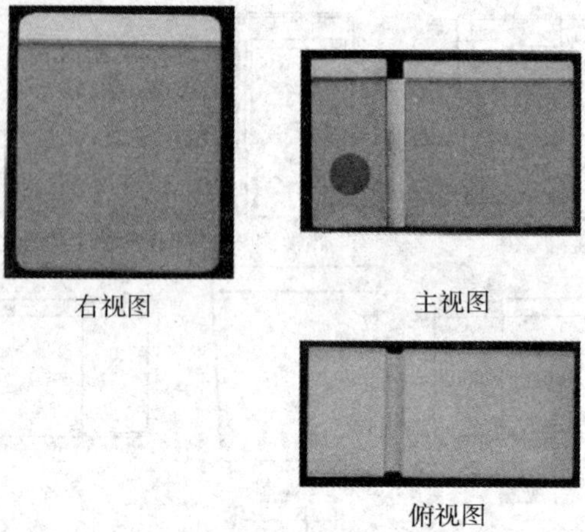

图 9－3 对比设计 2

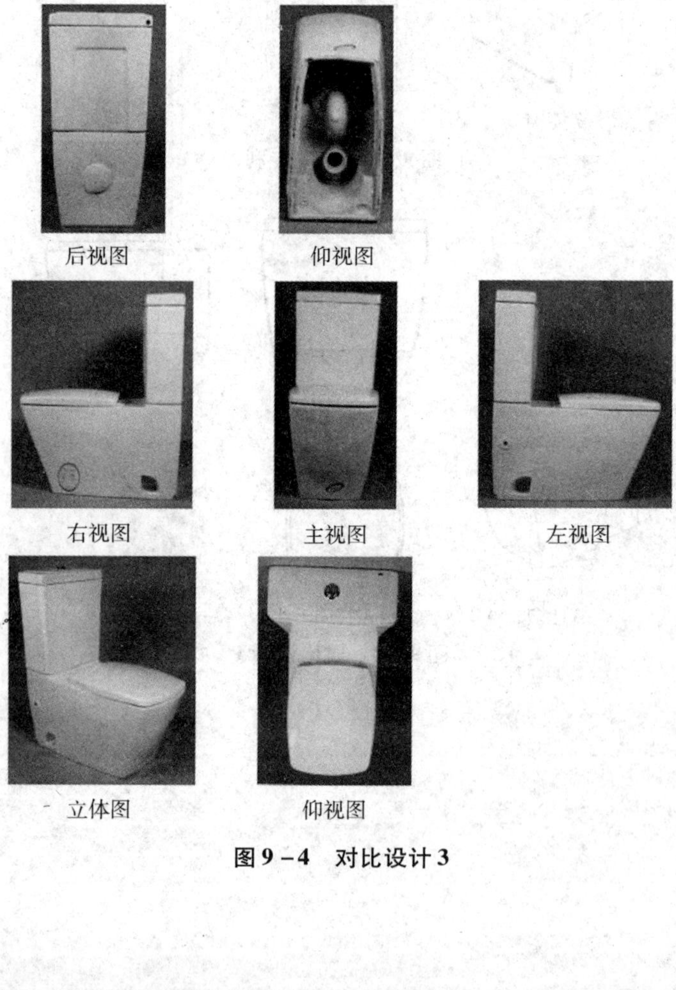

图 9－4 对比设计 3

2. 决定的理由

(1)关于涉案专利的优先权是否成立

根据《专利审查指南》(第四部分第五章第9.2节)的规定,属于相同主题的外观设计应当同时满足两个条件:(1)属于相同产品的外观设计;(2)中国在后申请要求保护的外观设计清楚地表示在其外国首次申请中。

涉案专利与其要求优先权的美国在先申请均涉及一种"马桶",属于相同类别产品的外观设计,虽各视图与其优先权文本对应的视图并不完全一致,如涉案专利相对于在先申请视图中省略了阴影线、虚线,但涉案专利要求保护的外观设计已清楚地显示在美国在先申请中,因此,涉案专利要求保护的外观设计与美国在先申请的外观设计的主题相同,可以享有该优先权。

(2)法律依据

涉案专利的优先权成立,由于其优先权日为2009年9月21日,在2009年10月1日之前,应当适用2001年施行的《专利法》及其《专利法实施细则》。

(3)证据认定

证据1的申请日为2007年11月20日,在涉案专利的优先权日之前,公开日为2009年9月23日,在涉案专利的优先权日之后,可以用来评价涉案专利是否符合《专利法》第9条的规定。证据2的公开日为2007年1月10日,证据3的公开日为2003年6月18日,均在涉案专利的申请日之前,其中所示的外观设计可以作为涉案专利的现有设计,评价涉案专利是否符合《专利法》第23条的规定。

(4)关于是否符合《专利法》第9条的规定

涉案专利涉及的产品是马桶,证据1也公开了一种"壁式抽水马桶"的外观设计(本案以下简称对比设计1),二者所示产品用途相同,属于相同种类的产品,可以对二者作如下对比判断。

涉案专利与对比设计1相比,二者的主要相同点在于:整体结构相似,均包括马桶本体、马桶盖和水箱,水箱形状相似,水箱均比马桶略低。二者的主要不同点在于:第一,马桶本体的形状不同,即涉案专利的马桶本体呈四棱梯台,各个平面交接处均为明显棱角,没有圆滑过渡,而对比设计1的马桶本体近似呈倒圆台,四周的棱呈较大圆滑过渡;第二,涉案专利有扁平长方体的马桶盖,而对比设计1没有。

合议组认为,对于马桶这类产品,整体的形状轮廓和线条设计风格对其整体视觉效果具有显著的影响。根据涉案专利与对比设计1的上述比较,马桶本体形状轮廓和设计风格明显不同,足以引起一般消费者的注意,对马桶的整体视觉效果带来了显著的影响。因此,涉案专利与对比设计1相比,既不相同也不相近似,涉案专利与对比设计1不属于同样的发明创造,符合《专利法》第9条的规定。

(5)关于是否符合《专利法》第23条的规定

经过比对,合议组认为:根据涉案专利与对比设计2的上述比较,马桶本体形状、马桶本体和水箱的连接关系和大小比例均明显不同,足以引起一般消费者的注意,对马桶的整体视觉效果带来了显著的影响;涉案专利与对比设计3的马桶本体和水箱的位置关系、整体的线条设计风格明显不同,足以引起一般消费者的注意,对马桶的整体视觉效果带来了显著的影响。因此,涉案专利与对比设计2、对比设计3相比,既不相同也不相近似,涉案专利符合《专利法》第23条的规定。

综上所述,请求人提交的证据均不能证明涉案专利不符合《专利法》第9条和第23条的规定,其无效宣告的理由不成立。维持201030129571.8号外观设计专利权有效。

(三)小结

如何适用优先权?(1)确定主张优先权的人和在先申请人有合法的承继关系;(2)核实在先申请和主张优先权的在后申请之间的具体时间及时间间隔;(3)分析确定在先申请和在后申请的技术方案,从而确定主张优先权的技术主题或方案;(4)比较主张优先权的技术主题和在先的技术主题,确定优先权主张是否成立。

第三节 新颖性审查

一、判断方法

《专利审查指南》第二部分第三章规定了新颖性的审查原则。发明或者实用新型专利申请是否具备新颖性,只有在其具备实用性后才予以考虑。根据第2部分第3章第3.1节的规定,审查新颖性时,应当根据两个原则进行判断,一个是同样的发明或者实用新型,另一个是单独对比的方法。除此之外,第3.2节还说明了判断发明或者实用新型的审查基准。

(一)是否构成同样的发明或者实用新型

被审查的发明或者实用新型专利申请与现有技术或者申请日前有任何单位或者个人向专利局提出申请并在申请日后(含申请日)公布或公告的(以下简称申请在先公布或公告在后的)发明或者实用新型的相关内容相比,如果其技术领域、所解决的技术问题、技术方案和预期效果实质上相同,则认为两者为同样的发明或者实用新型。需要注意的是,在进行新颖性判断时,审查员首先应当判断被审查专利申请的技术方案与对比文件的技术方案是否实质上相同,如果专利申请与对比文件公开的内容相比,其权利要求所限定的技术方案与对比文件公开的技术方案实质上相同,所属技术领域的技术人员根据两者的技术方案可以确定两者能够适用于相同的技术领域,解决相同的技术问题,并具有相同的预期效果,则认为两者为同样的发明或者实用新型。

根据《专利审查指南》的阐述，如果申请专利的发明或者实用新型的技术方案与一份现有技术中公开的技术方案完全相同，但申请专利的发明或者实用新型与该份现有技术所属的技术领域不相同，则该申请专利的发明或者实用新型就具有新颖性。张晓都认为，新颖性判定与创造性判定不同，其现有技术的范围不应受技术领域的限制。不管技术领域是否相同，只要技术方案相同，该申请专利的发明或者实用新型的技术方案就与现有技术中的技术方案相同，从而该申请专利的发明或者实用新型就丧失新颖性。如果申请专利的技术方案是已经在某一技术领域中存在的某一产品在另一技术领域里的应用，该专利申请案只能是作为转用途发明的专利申请案提出才具有新颖性。如果现有技术中的该产品的技术发现已经被授予了专利权，则该转用途发明能够获得的专利只能是从属专利。如果现有技术中的该产品的技术方案已经进入公有领域，则该转用途发明能够获得的专利是独立的专利。[19] 本书认为，技术领域是否相同对于判断新颖性还是具有积极意义的，这是进行比较的前提。如家用电器中的粉碎机与工业领域的粉碎机，即使看起来很相似，其实也是具有极大不同的。

《专利审查指南》第二部分第二章第2.2.4节解释说，发明或者实用新型所要解决的技术问题，是指发明或者实用新型要解决的现有技术中存在的技术问题。然而，如何确定技术问题成了问题。参照欧洲专利局的《专利审查指南》所描述的方法，客观地确定所要解决的技术问题，就要研究申请（或者专利）、最接近的在先技术和在技术特征（结构的或者功能的）方面该发明与最接近的在先技术之间的区别，然后形成技术问题。但按照欧洲专利局的《专利审查指南》，这样确定的技术问题与专利申请的创造性评价有关，而与申请是否具有新颖性并不相干。[20]

案例35　东泰（成都）公司诉专利复审委员会专利无效行政纠纷案[21]
与现有技术实质相同的技术方案不具有新颖性

"制造金属网板骨架增强复合塑料管材的装置"实用新型专利权利要求1与附件A的技术方案均公开了制造金属骨架塑料复合管的装置，均为提供一种能生产金属骨架塑料复合管的装置，其技术领域相同，解决的技术问题相同，技术方案实质相同，预期效果相同，附件A构成本案专利权利要求1技术方案的抵触申请，破坏了其新颖性。

[19] 参见张晓都：《专利实质条件》，法律出版社2002年版，第67～68页。
[20] 参见张晓都：《专利实质条件》，法律出版社2002年版，第67～68页。
[21] 参见无效决定WX3806号，北京市第一中级人民法院行政判决书（2002）一中行初字第480号，北京市高级人民法院（2003）高行终字第205号。

（二）单独对比法

判断新颖性时，应当将发明或者实用新型专利申请的各项权利要求分别与每一项现有技术或申请在先公布或公告在后的发明或实用新型的相关技术内容单独地进行比较，不得将其与几项现有技术或者申请在先公布或公告在后的发明或者实用新型内容的组合；或者与一份对比文件中的多项技术方案的组合进行对比。即判断发明或者实用新型专利申请的新颖性适用单独对比的原则。这与发明或者实用新型专利申请创造性的判断方法有所不同。

新颖性判断实质上是两个技术方案之间的比较，是要判断申请专利的发明或者实用新型的技术方案是否已经被包括抵触申请在内的现有技术中的技术方案所公开。

欧洲专利局的《专利审查指南》规定："如果一份文献（'第一'文献）为了给某些特征提供更详细信息而明确地提到另一份文献，后一文献的技术教导可以被结合进第一份文献中，如果该第二份文献在第一份文献的公开日公众可以获得的话。"并进一步规定："为了解释特定的文献中使用的术语，可以允许使用字典和相似的参考文献。"

欧洲专利局的《专利审查指南》还规定："要求专利权的主题直接地和明白地可从一份文献中推导出来，该文献中明确地提到过对于所属技术领域的技术人员来说是技术特征的东西，那么该文献使发明丧失新颖性。例如，明显利用橡胶弹性性质的一种橡胶使用的公开，即使没有明确地陈述，该公开也会使橡胶作为弹性材料使用的发明失去新颖性。"[22] 发明的主题"直接地和明白地"从文献中推导出来的限定很重要，因为其新颖性审查不考虑等同。[23]

中国专利局专利复审委员会的决定中也采取了类似欧洲专利局的观点。例如，专利复审委员会第563号（1995年）无效宣告请求审查决定认为：当分析一份对比文件所公开的技术内容时，那些由本领域普通技术人员在该文件所描述的内容的指引下能够必然、直接和唯一想到的内容，也应当视为该文件已公开的内容。

（三）判断参考基准

根据《专利审查指南》第二部分第三章第3.2节的规定，判断发明或者实用新型有无新颖性，应当以《专利法》第22条第2款为基准。

---

〔22〕 See 2018Guidelines for Examination in the EPO, Part G – Chapter IV – State of the art 8. Cross – references between prior – art documents, Part G – Chapter IV – 19 http://documents.epo.org/projects/babylon/eponet.nsf/0/2A358516CE34385CC125833700498332/$File/guidelines_for_examination_2018_hyperlinked_showing_modifications_en.pdf.

〔23〕 参见张晓都：《专利实质条件》，法律出版社2002年版，第160页。该书引用的是2001年版的《欧洲专利审查指南》。

二、一些审查方法

为了有助于掌握上述的审查基准,《专利审查指南》提供了几种常见的审查方法。

(一)上下位概念

如果要求保护的发明或者实用新型与对比文件相比,其他区别仅在于前者采用一般(上位)概念,而后者采用具体(下位)概念限定同类性质的技术特征,则具体(下位)概念的公开使采用一般(上位)概念的发明或者实用新型丧失新颖性。例如,对比文件公开某产品是“用铜制成的”,就使“用金属制成的”同一产品的发明或者实用新型丧失新颖性。但是,该铜制品的公开并不使铜以外的其他具体金属制成的同一产品的发明或者实用新型丧失新颖性。

反之,一般(上位)概念的公开并不影响采用具体(下位)概念限定的发明或者实用新型的新颖性。例如,对比文件公开的某产品是“用金属制成的”,并不能使“用铜制成的”同一产品的发明或者实用新型丧失新颖性。又如,要求保护的发明或者实用新型与对比文件中的区别仅在于发明或者实用新型中选用了“氯”来代替对比文件中“卤氯”的公开或者“氟”的公开并不导致用氯对其作限定的发明或者实用新型丧失新颖性。

(二)惯用手段置换

如果要求保护的发明或者实用新型与对比文件的区别仅仅是所属技术领域的惯用手段的直接置换,则该发明或者实用新型不具备新颖性。例如,对比文件公开了采用螺丝钉固定方式改换为螺栓固定方式,则该发明或者实用新型不具备新颖性。

(三)数值和数值范围

如果要求保护的发明或者实用新型中存在以数值或者连续变化的数值范围限定的技术特征,例如,部件的尺寸、温度、压力及组合物的组分含量,而其余技术特征与对比文件相同,则其新颖性的判断应当依照以下各项规定。

1. 对比文件公开的数值或者数值范围落在上述限定的技术特征的数值范围内,将破坏要求保护的发明或者实用新型的新颖性。例如,专利申请的权利要求为一种铜基形状记忆合金,包含10% ~35%(重量)的锌和2% ~8%(重量)的铝,余量为铜。如果对比文件公开了包含20%(重量)锌和5%(重量)铝的铜基形状记忆合金,则上述对比文件破坏该权利要求的新颖性。

2. 对比文件公开的数值范围与上述限定的技术特征的数值范围部分重叠或者有一个共同的端点,将破坏要求保护的发明或者实用新型的新颖性。例如,专利申请的权利要求为一种氮化硅陶瓷的生产方法,其烧成时间为1 ~10 小时。如果对比文件公开的氮化硅陶瓷的生产方法中的烧成时间为4 ~12 小时,由于烧成时间在4 ~10 小时的范围内重叠,则该对比文件破坏该权利要求的新颖性。

3. 对比文件公开的数值范围的两个端点将破坏上述限定的技术特征为离散数值并且具有两端点中任一个的发明或者实用新型的新颖性，但不破坏上述限定的技术特征为该两端点之间任一数值的发明或者实用新型的新颖性。例如，专利申请的权利要求为一种二氧化钛催化剂的制备方法，其干燥温度为40℃、58℃、75℃或者100℃。如果对比文件公开了干燥温度为40～100℃的二氧化钛催化剂的制备方法，则该对比文件破坏干燥温度分别为40℃和100℃时权利要求的新颖性，但不破坏干燥温度分别为58℃和75℃时权利要求的新颖性。

4. 上述限定的技术特征的数值或者数值范围落在对比文件公开的数值范围内，并且与对比文件公开的数值范围没有共同的端点，则对比文件不破坏要求保护的发明或者实用新型的新颖性。例如，专利申请的权利要求为一种内燃机用活塞环，其活塞环的圆环直径为95毫米，如果对比文件公开了圆环直径为70～105毫米的内燃机用活塞环，则该对比文件不破坏该权利要求的新颖性。

（四）包含性能、参数、用途或制备方法等特征的产品权利要求

对于包含性能、参数、用途、制备方法等特征的产品权利要求新颖性的审查，应当按照以下原则进行。

1. 包含性能、参数特征的产品权利要求

对于这类权利要求，应当考虑权利要求中的性能、参数特征是否隐含了要求保护的产品具有某种特定结构和/或组成。如果该性能、参数隐含了要求保护的产品具有区别于对比文件产品的机构和/或组成，则该权利要求具备新颖性；相反，如果所属技术领域的技术人员根据该性能、参数无法将要求保护的产品与对比文件产品区分开，则可推定要求保护的产品与对比文件产品相同，因此申请的权利要求不具备新颖性，除非申请人能够根据申请文件或现有技术证明权利要求中包含性能、参数特征的产品与对比文件产品在结构和/或组成上不同。例如，专利申请的权利要求为用X衍射数据等多种参数表征的一种结晶形态的化合物A，对比文件公开的也是结晶形态的化合物A，如果根据对比文件公开的内容，难以将两者的结晶形态区分开，则可推定要求保护的产品与对比文件产品相同，该申请的权利要求相对于对比文件而言不具备新颖性，除非申请人能够根据申请文件或现有技术证明，申请的权利要求所限定的产品与对比文件公开的产品在结晶形态上的确不同。

2. 包含用途特征的产品权利要求

对于这类权利要求，应当考虑权利要求中的用途特征是否隐含了要求保护的产品具有某种特定结构和/或组成。如果该用途由产品本身固有的特性决定，而且用途特征没有隐含产品在结构和/或组成上发生改变，则该用途特征限定的产品权利要求相对于对比文件的产品不具有新颖性。例如，对于抗病毒的化合物X的发明与用催化剂的化合物X的对比文件相比，虽然化合物X用途改变，但决定其本质特性的化学结构式并没有任何变化，因此用于抗病毒的化合物X的发明不具备

新颖性。但是,如果该用途隐含了产品具有特定的结构和/或组成,即该用途表明产品结构和/或组成发生改变,则该用途作为产品的结构和/或组成的限定特征必须予以考虑。例如,“起重机用吊钩”,是指仅适用于起重机的尺寸和强度等结构的吊钩,其与具有同样形状的一般钓鱼者用的“钓鱼用吊钩”相比,结构上不同,两者是不同的产品。

3. 包含制备方法特征的产品权利要求

对于这类权利要求,应当考虑该制备方法是否导致产品具有某种特定的结构和/或组成。如果所属技术领域的技术人员可以断定该方法必然使产品具有不同于对比文件产品的特定结构和/或组成,则该权利要求具备新颖性;相反,如果申请的权利要求所限定的产品与对比文件产品相比,尽管所述的方法不同,但产品的结构和/或组成相同,则该权利要求不具备新颖性,除非申请人能够根据申请文件或现有技术证明该方法导致产品在结构和/或组成上与对比文件产品不同,或者该方法给产品带来了不同于对比文件产品的性能从而表明其结构和/或组成已发生改变。例如,专利申请的权利要求为用 X 方法制得的玻璃杯,对比文件公开的是用 Y 方法制得的玻璃杯,如果两个方法制得的玻璃杯的结构、形状和构成材料相同,则申请的权利要求不具备新颖性。相反,如果上述 X 方法包含了对比文件中没有记载的在特定温度下退火的步骤,使用该方法制得的玻璃杯在耐碎性上与对比文件的玻璃杯有明显的提高,则表明要求保护的玻璃杯因制备方法的不同而导致了微观结构的变化,具有了不同于对比文件产品的内部结构,该权利要求具备新颖性。

第十章　创　造　性

第一节　创造性概述

早期专利法没有明确的创造性要求。1791 年《法国专利法》有比较含糊的创造性表达，它这样规定：只是简单改变发明形式和方案的申请不应该获得授权。[1] 19 世纪，英国在判断发明是否可以授权时，采用了一个更为宽泛的新颖性概念。1890 年，在 Vickers, Sons & Co V. Siddell 案中，英国法官提出需要判断发明是否显而易见。1932 年《英国专利法》中有了非显而易见性概念。1877 年《德国专利法》采用了“发明性”的概念[“inventivity”(Erfindungshöhe)]。1963 年，欧洲的《斯特拉斯堡公约》要求发明必须包含创造性步骤，这是国际条约中首次出现创造性要求。法国直到 1968 年才采用了创造性标准。[2] 最终确立“创造性”(inventive step)的是《欧洲专利公约》。在这之前，德国有高度发明的要求。美国采用非显而易见性(nonobviousness)概念，美国最高法院 1851 年在审理 Hotchkiss V. Greenwood 案[3]中提出，要求发明具有“独创性”，但还不是明确的“非显而易见性”标准，1952 年《美国专利法》正式确立“非显而易见性”标准。[4] 各国对于创造性的含义理解和评价创造性的标准存在一些差异。总的来说，它是指申请专利的发明创造与现有技术相比具有本质上的差异，这种差异对于所属技术领域的普通技术人员来说不是显而易见的。创造性标准是衡量专利的质的标准，也是出现最晚的审查标准。[5]

一、定义

创造性在不同国家有不同称谓，在一些工业发达国家，常用创造性步骤(in-

---

〔1〕 See Standing Committee on the Law of Patents (SCP), Study on Inventive Step (Twenty - second session, July 27 to 31, 2015, http://www.wipo.int/edocs/mdocs/scp/en/scp_22/scp_22_presentation_inventive_step.pdf.

〔2〕 参见汤宗舜：《专利法教程》(第 3 版)，法律出版社 2003 年版，第 8 页。

〔3〕 52U. S. 248, 13L. ED. 683(1850). 参见[美]罗杰·谢科特、约翰·托马斯：《专利法原理》，余仲儒组织翻译，知识产权出版社 2016 年版，第 133 ~ 134 页。

〔4〕 参见[美]J. M. 穆勒：《专利法》(第 3 版)，沈超等译，知识产权出版社 2013 年版，第 178 ~ 182 页。

〔5〕 参见汤宗舜：《专利法教程》(第 3 版)，法律出版社 2003 年版，第 78 页。

ventive step）或者非显而易见性的词语。“创造性步骤”是《欧洲专利公约》和该公约缔约国如德、英、法等专利法的用语，“非显而易见性”是《美国专利法》的用语。《美国专利法》第103条规定：“虽然一项发明没有如本标题第102节规定的披露或说明，但是仍可能得不到专利权，如果该申请专利权的主题与现有技术的区别处在这种状态。从总体上来说，该主题在发明之时，对于与该主题有关的技术领域里的一般技术人员来说，已显而易见了。制作发明的方法不应用于拒绝授予专利权的条件。”《欧洲专利公约》第56条使用了“创造性步骤”一词：如果考虑到现有技术，一项发明对于本专业技术人员不是显而易见的，应认为是具有创造性步骤的发明。《日本特许法》第29条第2项中规定：专利申请前，具有该发明所属技术领域的一般知识者，基于前款各项中所列的发明，已经能够轻易得出发明时，不受同款规定所限，此发明不能取得专利。TRIPs第27条规定中使用了“创造性步骤”一词，但在其脚注中写明：为本条的目的，成员可以认为，“创造性步骤”和“能在产业上应用”两个术语，分别与“非显而易见性”和“实用性”两个术语是同义的。我国《专利法》第22条第3款对于“创造性”给出了一个高度概括的概念：“创造性，是指与现有技术相比，该发明具有突出的实质性特点和显著的进步，该实用新型具有实质性特点和进步。”在这里，现有技术的定义与新颖性中的完全相同，指申请日以前在国内外为公众所知的技术，即申请日前在全球范围内已经公开的技术。虽然各国专利法对“创造性”有不同的定义，但其实质是一致的，即一项发明如果对于本领域技术人员不是显而易见的，即具有创造性步骤。也就是说，排除那些与现有技术相比不具有实质性特点或突出的实质性特点的申请于法律保护范围之外。

比较上述定义可知，对发明的创造性要求高于对实用新型的创造性要求。一项实用新型同现有技术相比具有实质性特点和进步即可，而一项发明同现有技术相比要具有突出的实质性特点和显著的进步。所以说，对发明创造性水平的要求比对实用新型创造性水平的要求要高。所谓实质性特点和进步，是指申请专利的实用新型同现有技术相比，在技术方案的构成上具有实质性的区别，不是在现有技术基础上通过逻辑分析、推理或者简单试验就能自然而然得出的结果，而是必须经过创造性思维活动才能获得的结果。所谓显著的进步，是指发明与最接近的现有技术相比能够产生有益的技术效果，比如，发明克服了现有技术存在的缺点和不足，取得了预料不到的技术效果，或者为解决某一技术问题提供了一种不同技术构思的技术方案，或者代表某种新的技术发展趋势。所谓突出的实质性特点，是指申请专利的发明的技术方案相对于现有技术面对所属领域的技术人员来说是非显而易见的，也就是在技术上产生了飞跃，形成了阶跃式的发展变化，该变化缩短了技术进步的时间或者说推动了技术进步，它使技术快速达到一个新的高度。

二、特点

创造性的特点是相对于新颖性而言的。新颖性仅仅意味着申请专利的发明或者实用新型是前所未有的,也就是现有技术中没有同样的技术存在。但要授予专利权,仅凭这一点是不够的。如果申请专利的技术与现有技术相比较,只有微小的、没有实质意义的差别,如果对这种技术也授予专利权,那么专利权就会太多、太滥,就会束缚产业部门的经营自由,对发展经济是不利的。所以,现代各国专利法都规定,授予专利的发明除必须具有新颖性以外,还必须具有创造性。创造性要求的目的其实是辨别发明与现有技术的模糊区域。这是由发明的无形性引起的。技术方案是通过语言、文字、图表等来描述的,由于语言等的概括性、模糊性、多变性而使发明与现有技术有时很难区分。任何现有技术方案都不可能穷尽简单的模仿性、替代性但实质一样的技术方案。因此,创造性标准主要就是要排除那些表现形式与现有技术存在一些区别但本质一样的技术方案,以及那些对已有技术进行简单组合但本质上是现有技术的发明。与新颖性判断不同,创造性审查不是将申请与现有的一份技术文件进行对比,而是与两份以上的现有技术文件进行对比。创造性标准具有一定的主观性。

第二节　发明的创造性

一、审查原则

(一)依据定义

审查发明是否具备创造性时,应当审查发明是否具有突出的实质性特点,以及发明是否具有显著的进步。在评价发明是否具备创造性时,审查员不仅要考虑发明的技术方案本身,还要考虑发明涉及的技术领域、所要解决的技术问题和所产生的技术效果,要将发明作为一个整体来考虑。一项权利要求的技术方案通常是由多个技术特征构成的,不能因为表征该发明的每个技术特征都是已知的或者显而易见的,就得出要求保护的技术方案是显而易见的结论。例如,单个晶体管实质上是一个电子开关。但是,多个晶体管相互连接就形成微处理器。通过这种内部的相互作用所获得的技术效果可以进行数据处理,微处理器所能带来的技术效果超出了多个晶体管各自的技术效果之和。

(二)多份文件对比

在进行创造性的判断时,可以将现有技术中的不同技术内容组合在一起,与一项权利要求的技术方案进行对比。此时,可以引用的现有技术未必是一个完整的技术方案,只要相关现有技术内容的结合能够形成一个与权利要求相对比的技术方案即可。可能出现的相关现有技术内容的结合通常包括:一份对比文件结合本领域的公知常识,一份对比文件不同部分的结合,以及两份或者两份以上对比文件的结合等。

与判断新颖性采用的单独对比原则不同,判断创造性时,可以将两份或者两份以上的对比文件,或者这些文件的某些部分,或者同一份文件的不同部分组合在一起进行评定。对于对比文件的结合,我们应当考虑以下问题:(1)组合的难易程度,即发明所属技术领域的技术人员,将这些对比文件的内容组合在一起构成发明的技术方案是否显而易见;(2)组合的对比文件是来自相同的、类似的、相近的,还是较远的技术领域;(3)需要组合的对比文件数量。

一般认为,下列各种情形的组合是显而易见的:(1)同一份对比文件中不同部分的技术内容的组合;(2)一份对比文件的技术内容同公知的教科书或者标准字典的内容进行的组合;(3)一份对比文件的技术内容同发明所属技术领域中的惯用手段进行的组合;(4)两份对比文件,其中一份是明显参考另一份得出的,这样的两份文件的组合。

(三)如果一项独立权利要求具备创造性,则不再审查从属权利要求的创造性

审查创造性时,将一份或者多份对比文件中的不同的技术内容组合在一起进行评定。如果一项独立权利要求具备创造性,则不再审查该独立权利要求的从属权利要求的创造性。因为从属权利要求对其所引用的独立权利要求中的技术特征做了进一步限定,其包括了独立权利要求中的全部技术特征,所以独立权利要求具备创造性时,包括其全部技术特征的从属权利要求也具备创造性(如果独立权利要求与从属权利要求享有的优先权不同,则需要具体分析和判断)。但是,如果独立权利要求不具备创造性,那么还应该对从属权利要求是否具备创造性作出进一步判断。也就是说,在判断创造性时与已有技术之比较是综合性的,即将所有相近似的已有技术文件集中起来,站在特定角度综合分析比较,而不是像判断新颖性那样,与已有技术逐渐对比。比如,一种包覆金属薄膜的装饰线条的发明,其发明点是用 PUR 热熔胶涂在金属薄膜上后以滚轮滚压的方式粘在各种型材上,审查其创造性时检索出这几种专利,一是用热熔胶涂布在型材和包覆材料的一面或两面后粘在一起,二是把金属薄膜用冷胶包在型材上,三是用滚轮滚压的方式把两种材料包覆在一起,虽然该发明与这 3 个专利都有不同点,但将这 3 份对比文件组合在一起进行评定,该发明就失去了创造性。而把几个专利组合在一起很容易想到的发明点是不具备突出的实质性特点和显著的进步的,审查员审查创造性时就要将一份或者多份对比文件中的不同的技术内容组合在一起进行创造性的评定。因为如果一项独立权利要求具备创造性,则不再审查该独立权利要求的从属权利要求的创造性,所以该发明如果其独立权利要求中只有热熔胶金属薄膜用滚轮滚压这些发明点的话就不具备创造性。

（四）对要求保护的发明进行审查

专利申请文件中的权利要求书和说明书有不同的作用。权利要求书用来概括发明的技术方案，确定专利的保护范围；说明书用来清楚、完整地公开技术方案，使所属领域技术人员能够实现，从而支持权利要求书中记载的内容。判断一项发明是否具备创造性，主要是看该发明的改进点即权利要求书的内容。因此，对发明的创造性评价应当针对权利要求书所限定的技术方案进行。一项发明中对现有技术作出贡献的那些技术特征，例如，解决了人们一直渴望解决但尚未解决的技术问题的技术特征，使本发明能产生意想不到的技术效果的技术特征及其他改进点，都应该写入专利申请文件的权利要求书中。如果说明书中记载了发明的改进点而权利要求书中未记载，那么在评价该发明的创造性时不能考虑这些改进点。

此外，创造性的判断，应当针对权利要求限定的技术方案整体进行评价，即评价技术方案是否具备创造性，而不是评价某一技术特征是否具备创造性。

二、审查基准

（一）人的标准

《专利审查指南》规定，发明是否具备创造性，应当基于所属技术领域的技术人员的知识和能力进行评价。所属技术领域的技术人员，也可称为本领域的技术人员，是指一种假设的"人"，假定他知晓申请日或者优先权日之前发明所属技术领域所有的普通技术知识，能够获知该领域中所有的现有技术，并且具有应用该日期之前常规实验手段的能力，但他不具有创造能力。如果所要解决的技术问题能够促使本领域的技术人员在其他技术领域寻找技术手段，他也应具有从该其他技术领域中获知该申请日或优先权日之前的相关现有技术、普通知识和常规实验手段的能力。设定这一概念的目的在于统一审查标准，要求审查员排除主观因素的影响，尽量将自己置于客观中立的立场。这一假设也适用于新颖性、实用性及技术披露时人的假设。这一假设下的人，简单地说就是无所不知、无所不能但没有任何创造性，这显然难以成立。

《英国专利审查手册》（*Manual of Patent Practice*）规定，进行判断创造性的人应当具有如下特征：(1)他是一个熟练技术人员，掌握本领域的全部技术知识、技术手段；(2)他有意愿去仔细阅读相关技术文件，能够消化、吸收无限量的知识，但不能作出任何创造；(3)如果研究通常以团队进行，那么这一假设的人可以扩展到一个团队。[6]

欧洲专利局审查专利时，本领域技术人员被假定为在相关日期前知晓本领域公知常识的普通技术人员，能够获得现有技术的任何知识和技能，尤其是检索报告

[6] See W. Cornish & D. Llewelyn, *Intellectual Property*: *Tatents*, *Copyright*, *Trades Marks and Allied Rights*(Six edition), London: Sweet & Maxwell, 2007, p. 203.

中的文献,能够熟练地使用各种工具并且有能力进行常规的工作和实验。[7]

在美国,相关技术领域普通技术人员(PHOSITA)被认为是一个假设的人,法院在审理案件时可能会要求技术专家作证,但只是为了帮助法官确定现有技术的范围和本领域技术人员的知识和能力,并不认为这些专家就是本领域技术人员。[8] 在确定PHOSITA的水平时,需要考虑如下因素:某一领域技术问题的类型、前述问题的在先解决方案、技术创新的发展速度、技术成熟度及该领域技术工人的教育水平等。[9]

(二)突出的实质性特点的判断

创造性定义中所说的"突出的实质性特点",是指申请专利的发明同申请日(或者优先权日)以前的技术相比具有本质上的区别,或者说具有区别技术特征。申请专利的技术方案不能将现有技术加以改头换面,或者仅仅对其大小形状或者材料加以改变,也不能是对现有技术通过逻辑分析、推理或者通过试验必然能得出的结果,而必须是经过创造性构思获得的结果,所以它是一种创造。既然是一种创造,它就应该与以前已经存在的任何东西都不一样。这就是有本质上的不同,有区别技术特征。不过,创造也指利用已经存在的东西制造某些东西,但是,这种东西必须具有意想不到的效果,这就是有创造性。

判断发明是否具有突出的实质性特点,就是要判断对于本领域的技术人员来说,要求保护的发明相对于现有技术是否显而易见。如果要求保护的发明相对于现有技术是显而易见的,则不具有突出的实质性特点;反之,如果对比的结果表明要求保护的发明相对于现有技术是非显而易见的,则具有突出的实质性特点。判断要求保护的发明相对于现有技术是否显而易见,通常可按照以下三个步骤进行。

1. 确定最接近的现有技术。最接近的现有技术,是指现有技术中与要求保护的发明最密切相关的一个技术方案,它是判断发明是否具有突出的实质性特点的基础。最接近的现有技术,例如,可以是与要求保护的发明技术领域相同,所要解决的技术问题、技术效果或者用途最接近和/或公开了发明的技术特征最多的现有技术,或者虽然与要求保护的发明技术领域不同,但能够实现发明的功能,并且公开发明的技术特征最多的现有技术。应当注意的是,在确定最接近的现有技术时,应首先考虑技术领域相同或相近的现有技术。

2. 确定发明的区别特征和发明实际解决的技术问题。在审查中应当客观分析并确定发明实际解决的技术问题。为此,首先应当分析要求保护的发明与最接近

[7] 参见石必胜:《本领域技术人员的比较研究》,载《电子知识产权》2012年第3期。

[8] 参见李明德:《美国知识产权法》,法律出版社2003年版,第41页。

[9] 参见[美]斯蒂芬·M. 麦克约翰(Stephen M. McJohn):《知识产权法》(案例与解析)(Intellectual property),中信出版社2003年版,第145页。

的现有技术相比有哪些区别特征，然后根据该区别特征所能达到的技术效果确定发明实际解决的技术问题。从这个意义上说，发明实际解决的技术问题，是指为获得更好的技术效果而需对最接近的现有技术进行改进的技术任务。

审查过程中，由于审查员所认定的最接近的现有技术可能不同于申请人在说明书中所描述的现有技术，因此，基于最接近现有技术重新确定的该发明实际解决的技术问题，可能不同于说明书中所描述的技术问题；在这种情况下，应当根据审查员所认定的最接近的现有技术重新确定发明实际解决的技术问题。

重新确定的技术问题可能要依据每项发明的具体情况而定。作为一个原则，发明的任何技术效果都可以作为重新确定技术问题的基础，只要本领域的技术人员从该申请说明书中所记载的内容能够得知该技术效果即可。

3. 判断要求保护的发明对于本领域的技术人员来说是否显而易见。在该步骤中，要从最接近的现有技术和发明实际解决的技术问题出发来判断要求保护的发明对于本领域的技术人员来说是否显而易见。判断过程中，要确定的是现有技术整体上是否存在某种技术启示，即现有技术中是否给出将上述区别特征应用到该最接近的现有技术以解决其存在的技术问题（发明实际解决的技术问题）的启示，这种启示会使本领域的技术人员在面对所述技术问题时，有动机改进该最接近的现有技术并获得要求保护的发明。如果现有技术存在这种技术启示，则发明是显而易见的，不具有突出的实质性特点。下述情况，通常认为现有技术中存在上述技术启示。

（1）所述区别特征为公知常识。例如，本领域中解决该重新确定的技术问题的惯用手段，或教科书或工具书等中披露的基于该重新确定的技术问题的技术手段。

例如，某申请的权利要求为"一种提环开口瓶盖，其特征是：在小口的玻璃瓶盖上加有提环，提环与瓶盖之间以冲压铆合铆定，铆合点的两侧向斜下方压有开口线，其特征瓶盖由金属薄片制成"。对比文件公开了"一种用于啤酒、汽水等气压饮料瓶拉启式瓶盖，其特征在于：在小口的玻璃瓶盖上加有提环，提环与瓶盖之间以冲压铆合铆定，铆合点的两侧向斜下方压有开口线"。发明与对比文件的区别特征在于对比文件中没有公开拉启瓶盖是由金属薄片制成。但是，用金属薄片制造啤酒瓶盖对于本领域技术人员来说属于公知常识，因此可以认为现有技术中存在上述技术启示。

又如，发明涉及"一种具有电脑 USB 接口的移动电话充电器，其取代从通常的市电电源取电的方式，采用与电脑的 USB 接口相容的直流插头，利用 USB 接口具有的 5V 电源对移动电话充电"。对比文件 1 公开了"一种 MP3 播放器的充电器，具有与电脑 USB 接口相连的插头，通过该插头从电脑 USB 接口获取电源，对 MP3 播放器进行充电"。将发明与对比文件 1 比较可以看出，二者均借助与电脑 USB

接口相容的插头从电脑获取电源来给电池充电,区别仅在于发明的充电器是移动电话充电器,其实际解决的技术问题是在没有市电电源的情况下如何给移动电话充电。其中,移动电话、MP3 播放器等电子设备之间,解决相同问题的技术方案相互转用属于本领域的惯用手段。并且,发明中移动电话与对比文件 1 中的 MP3 都属于电池用量有限的随身携带的电子设备,都会遇到在使用过程中电池电量用完,需要充电却不方便从市电电源取电的问题,又由于二者所需的充电电压都很小,电脑 USB 接口的电源均可满足其充电的需要。因此,所属技术领域的技术人员在遇到移动电话电池电量用完而不能从市电电源取电的问题时,有动机将现有的、利用电脑 USB 接口给 MP3 播放器充电的方式应用到移动电话中,得到发明所述的技术方案,从而解决其技术问题。

(2)所述区别特征为与最接近的现有技术相关的技术手段。例如,同一份对比文件其他部分披露的技术手段,该技术手段在该其他部分所起的作用与该区别特征在要求保护的发明中为解决该重新确定的技术问题所起的作用相同。例如,要求保护的发明是"一种氦气检漏装置,其包括:检测真空箱是否有整体泄漏的整体泄漏检测装置;对泄漏氦气进行回收的回收装置;用于检测具体漏电的氦质谱检测仪,所述氦质谱检测仪包括一个真空吸枪"。对比文件 1 的某一部分公开了"一种全自动氦气检测系统,该系统包括:检测真空箱是否有整体泄漏的整体泄漏检测装置和对泄漏的氦气进行回收的回收装置"。该对比文件 1 的另一部分公开了"一种具有真空吸枪的氦气漏点检漏装置",其中指明该漏点检测装置可以是检测具体漏点的氦质谱检测仪。此处记载的氦质谱检测仪与要求保护的发明中的氦质谱检测仪的作用相同。根据对比文件 1 中另一部分的教导,所属技术领域的技术人员能容易地将对比文件 1 中的两种技术方案合成发明的技术方案。因此,可认为现有技术中存在上述技术启示。

(3)所述区别特征为另一份对比文件中披露的相关技术手段,该技术手段在该对比文件中所起的作用与该区别特征在要求保护的发明中为解决该重新确定的技术问题所起的作用相同。例如,要求保护的发明是"设置有排水凹槽的石墨盘式制动器,所述凹槽用以排除为清洗制动器表面而使用的水"。发明要解决的技术问题是如何清除制动器表面上因摩擦而产生的妨碍制动的石墨屑。对比文件 1 记载了"一种石墨盘式制动器"。对比文件 2 公开了"在金属盘式制动器上设有用于冲洗其表面上附着的灰尘而使用的排水凹槽"。要求保护的发明与对比文件 1 的区别在于发明在石墨盘式制动器表面设置了凹槽,而该区别特征已被对比文件 2 所披露。由于对比文件 1 所属的石墨盘式制动器会因为摩擦而在制动器表面产生磨屑,从而妨碍制动。对比文件 2 所属的金属盘式制动器会因表面上附着灰尘而妨碍制动,为了解决妨碍制动的技术问题,前者必须清除磨屑,后者必须清除灰尘,这是性质相同的技术问题。为了解决石墨盘式制动器的制动问题,所属技术领域的技术人员按照对比文件2的启示,容易想到用水冲洗,从而在石墨盘式制动器上设置凹槽,把冲洗磨屑的水从凹槽中排出。由于对比文件2中凹槽的作用与发明要求保护的技术方案中凹槽的作用相同,所属技术领域的技术人员有动机将对比文件1和对比文件2相结合,从而得到发明所属的技术方案。因此,可认为现有技术中存在上述技术启示。

(三)显著的进步的判断

创造性定义中所说的"显著的进步",是指申请专利的发明同申请日(或者优先权日)以前的技术相比,具有良好的效果。这种良好的效果表现在发明克服了现有技术存在的缺点和不足,或者使现有技术具有新的功能和用途,或者表现了发明所代表的某种新技术趋势等方面。有显著的进步,并不意味着发明在任何方面同已有的技术相比都有所进步。通常这是指某一个方面有显著的进步就可以了。

在评价发明是否具有显著的进步时,主要应当考虑是否具有有益的技术效果。以下情况,通常应当认为发明具有有益的技术效果,具有显著的进步:(1)发明与现有技术相比具有更好的技术效果,例如,质量改善、产量提高、节约能源、防止环境污染等;(2)发明提供了一种技术构思不同的技术方案,其技术效果能够基本上达到现有技术的水平;(3)发明代表某种新的技术发展趋势;(4)尽管发明在某些方面有负面效果,但在其他方面具有明显积极的技术效果。

要求发明具有显著的进步,其实是为了防止变劣发明等对科技发展无益的技术成为一项专利。我国的这一创造性标准相对于国外诸多国家来说标准较高。司法实践中,对有无"显著的进步"的判断其实是处于一种淡化的状态,即除非本专利明显属于变劣发明,否则一般认为只要具有突出的实质性特点即具有显著的进步。毕竟在专利无效行政纠纷中,司法机关审查的是通过审查员审查而获得专利权的技术方案,即使现实中存在变劣的技术方案进入专利申请程序的情况,审查员一般也会予以剔除。值得注意的是,所谓技术进步性的认定本来就是相对的,此时的"变劣"的技术,彼时可能又会成为一项具有显著的进步的技术,对有无显著的进步的判断,应当持相当审慎的态度。

三、判断创造性的辅助基准

我国1993年《专利审查指南》关于创造性判断"审查基准"中规定了四种"参考性判断基准",包括发明解决了人们一直渴望解决、但始终未能获得成功的技术难题,发明克服了技术偏见,发明取得了预料不到的技术效果,发明在商业上获得成功。1993年《专利审查指南》规定:"评定发明有无创造性,应当以专利法第二十二条第三款为基准。为有助于正确掌握该基准,下面给出一些参考性判断基准。应当注意的是,这些判断基准仅是参考性的,审查员在审查具体的案子时,不要生搬硬套,而要根据每项发明的具体情况,公正地作出判断。"《专利审查指南》强调了上述因素只是参考性的,基本的创造性判断标准还是《专利法》第22条第3款。

2001 年《专利审查指南》第二部分第四章第 3.2 节的“审查基准”明确规定：“评定发明有无创造性，应当以专利法第二十二条第三款为基准。为有助于正确掌握该基准，下面分别给出突出的实质性特点和显著的进步的审查基准。”并在第 3.3 节“辅助性审查基准”中规定：“发明是否具备创造性，通常应当依据本章第 3.2 节所述审查基准进行审查。为了有助于创造性的判断，下面给出一些特定情况下的辅助性判断基准。”这是第一次明确了上述四个方面的因素只是“辅助性审查基准”。

2010 年《专利审查指南》第二部分第四章第 5 节“判断发明创造性时需考虑的其他因素”仍然规定了四个方面的因素。发明是否具备创造性，通常应当根据该章第 3.2 节所述的审查基准进行审查。应当强调的是，当申请属于以下情形时，审查员应当予以考虑，不应轻易作出发明不具备创造性的结论。

（一）开拓性发明

开拓性发明又称首创性发明，是指一种全新的技术解决方案，在技术史上未曾有过先例，它为人类科学技术在某个时期的发展开创了新的里程碑，被认为是发明具有创造性最明显的标志。例如，在某一时期首先问世的白炽灯、蒸汽机、收音机、雷达、半导体器件、激光器等就属于首创性发明。这些发明毫无疑问地被认为具有创造性。又比如由美国布朗大学和妇婴医院的科学家们开启和进行的人造卵巢的培育，是一项开拓性的发明，它将开启一系列对生育力和辅助生育的深入研究。科学家利用该医院正值生育年龄的患者捐献的细胞培育出人造卵巢。在这些细胞长成蜂巢状之后，科学家将人类卵母细胞植入这个小囊中，蜂巢状组织对卵母细胞进行包膜，以模拟真实的卵巢。这一过程要经历 72 小时，科学家们不断观察卵母细胞的生长和成熟。72 小时后，科学家发现卵母细胞在人造卵巢中完成了它成为成熟卵子的过程，就像在人体卵巢中所预期的一样。这一技术是辅助生殖领域的一个创新。在未来，人造卵巢还可以用于帮助面临癌症治疗的女性。使她们能够实现做母亲的愿望。在接受放疗或者化疗前，医生可以从患者体内提取不成熟的卵子并进行冷冻，而后借助人造卵巢让卵子在患者体外发育成熟，从而达到妊娠生子的目的。

（二）解决了悬疑技术难题，或者满足了人们长期需求的发明具有创造性

某个科学技术领域中的技术难题，人们长久渴望解决，但始终未能获得成功，经发明者的努力予以解决，这种发明具有突出的实质性特点和显著的进步，具备创造性。例如，在农场牲畜（如奶牛）身上需打上永久性标记。长期以来都是采用热烙方法，这种方法既使牲畜感到疼痛，又使其表皮受到损害。第一个突出采用冷冻方法进行打印的发明（基于冷冻能使牲畜表皮着色这一发现而发明的一项“冷冻烙印”的方法），就是解决了长期渴望解决的、但始终未能获得成功的技术难题，使农场牲畜在无痛而且不损害牲畜表皮的情况下产生永久性标记的发明。

（三）克服了技术偏见的发明具有创造性

根据我国《专利审查指南》规定，技术偏见是指在某段时间内、某个技术领域中，技术人员对某个技术问题普遍存在的、偏离客观事实的认识，它引导人们不去考虑其他方面的可能性，阻碍人们对该技术领域的研究和开发。如果发明克服了这种技术偏见，采用了人们由于技术偏见而舍弃的技术手段，从而解决了技术问题，则这种发明具有突出的实质性特点和显著的进步，具备创造性。例如，对于电动机的换向器与电刷间界面，通常认为越光滑接触越好，电流损耗也越小。一项发明将换向器表面制出一定粗糙度的细纹，其结果是电流损耗更小，优于光滑表面。该发明克服了技术偏见，具备创造性。

技术偏见是否存在，在专利授权行政纠纷中应当由复审委还是专利申请人承担举证责任，在专利确权行政纠纷中应当由无效请求人还是专利权人承担举证责任，实践中存在不同认识。在有的判例中，一审、二审法院对此有不同意见。在"一种单牙轮钻头"实用新型专利权无效行政纠纷案〔10〕中，江汉钻头公司主张，由于单牙轮钻头与 PDC 钻头属于不同类型，PDC 钻头的保径技术应用于单牙轮钻头存在技术偏见，而宜春机械厂主张这种结合不存在技术偏见。一审法院认为，虽然双方均应当举证，但如果江汉钻头公司不能证明上述结合存在技术偏见，则应承担不利后果。也就是说，江汉钻头公司应当承担所谓的证明责任或者结果意见上的举证责任。二审法院则认为，由于宜春机械厂是无效请求人，其应首先举出上述结合不存在技术偏见的证据，然后由主张存在技术偏见的江汉钻头公司举出证据。宜春机械厂并未证明单牙轮钻头与 PDC 钻头的结合不存在技术偏见的证据，因此对其主张应不予采信。二审因此撤销一审判决，维持复审委的无效决定。由于是否存在技术偏见的判断，往往需要以对某个专业技术领域的知识的了解为前提，而判断者不太可能对所有技术领域的知识都熟悉，因此，在是否有技术偏见这一事实真伪不明时，应当确定由一方承担不利后果。在专利确权行政纠纷中，无效宣告请求人是发动程序的一方，是对已经授权的专利提出质疑的一方，从这个角度讲，本案二审法院认为应当由其承担不利后果，或者说承担结果意义上的举证责任，是有合理性的。

根据欧洲专利局技术上诉委员会的案例法，克服一个已有的需要被克服的偏见，如对技术事实的普遍错误认识，具备创造性。在这种情况下，专利权人或申请人应当承担证明偏见已经被克服的事实的责任，例如，通过援引合适的技术文献。在某个技术领域普遍为专家所认为偏见一般可以通过援引优先权日或申请日之前

---

〔10〕 参见宜春第一机械厂与国家知识产权局专利复审委员会、江汉石油钻头股份有限公司实用新型专利权无效行政纠纷案，北京市第一中级人民法院行政判决书（2003）一中行初字第 854 号，北京市高级人民法院行政判决书（2004）高行终字第 398 号。

出版的文献或者百科全书来证明。任何在申请日之后产生的技术偏见不影响创造性的判断。

(四)能取得预料不到的技术效果的发明具有创造性

发明取得了预料不到的技术效果,是指发明同现有技术相比,其技术效果产生“质”的变化,具有新的性能,或者产生“量”的变化,超出人们的预期的想象。这种“质”的或者“量”的变化,对于所属领域的技术人员来说,事先无法预测或者推理出来。当发明产生了预料不到的技术效果时,则一方面说明发明具有显著的进步,另一方面也反映出发明的技术方案是非显而易见的,具有突出的实质性特点,具备创造性,并作为具有创造性的标志。因为它具有新的技术特征,又有突出的技术优点。例如,在冰箱中装入杀菌灯,不仅能冷却,还能杀菌,这两种功能的结合,产生了意想不到的好效果,即在冷藏的同时进行灭菌,因而延长了保存时间,经济效果很显著。所以,应该认为该项组合发明具有创造性。

一种组合发明,这就是将几种现有技术进行组合,或者将新技术和现有技术进行组合,以达到某种目的。例如,将发动机、离合器和传动机械组合后成了一种前所未有的交通工具——汽车;又如将镇痛药和镇静药组合而成为一种新药,加强了镇痛的疗效。这两种发明都应认为具有创造性。但是,如果几种现有技术组合后,仍各自完成其原来已知的功能,而且总的技术功能只是各组合部分功能的总和,是事先可以预料的效果,则不能认为是具有创造性的发明。例如,把绞肉机和灌肠机连接在一起,并未产生预料不到的效果,不能认为具有创造性。另有一种是从许多公知的技术方案中进行选择,如果选中的技术方案能取得预料不到的效果,这种选择发明就具有创造性。选择发明是化学领域中常见的一种发明形式。还有一种是应用发明,包括公知产品的新用途,公知方法或公知设备用于某种新目的,或者公知技术转用了其他方面,产生了预料不到的技术效果,也应认为该发明具有创造性。

在“挡土墙的成形方法”发明专利权无效行政纠纷案〔11〕中,涉案专利主要发明点在于将现有技术中的临时支护结构的桩中插入钢筋的方案改进为将钢筋设置在桩的外侧,这样,由于基坑支护结构是临时结构,在施工完成之后,可以很容易地将钢筋拔出,重复利用,从而大大节约钢材,降低造价。一审法院认为,本专利权利要求 1 保护的技术方案相比于证据 2 ~ 11 带来了意想不到的技术效果,本专利权利要求 1 与证据 2 ~ 11 相比,具有创造性。二审法院对对比文件的认定与专利复

〔11〕 参见广东珠江投资有限公司、广东韩江建筑安装工程有限公司、广东省建筑设计研究院国家知识产权局专利复审委员会、北京京冶建筑设计院、李宪奎发明专利权无效行政纠纷案,北京市第一中级人民法院行政判决书(2005)一中行初字第 373 号,北京市高级人民法院行政判决书(2006)高行终字第 499 号。

审委员会和一审法院的意见不同,因此撤销了无效决定和一审判决。

我国有判例认为,具有本领域技术人员预料不到的技术效果也从侧面表明了非显而易见性。在“双唑泰泡腾片剂及其制备方法”发明专利权无效行政纠纷案〔12〕中,专利复审委员会认为,证据2的栓剂仅用于治疗妇科局部炎症,权利要求1的泡腾片基于其对混和性感染等的协同疗效可应用于除妇科以外的更加广泛的临床领域如肛肠科及皮肤感染的临床治疗中。这种协同疗效是本领域技术人员预料不到的技术效果。一审法院支持了复审委的意见,也强调了“本领域技术人员无法从上述三个证据的教导中得出使用少量泡腾片辅料就可达到使甲硝唑、克霉唑和醋酸洗必泰在现有技术公开的已知用量范围内产生协同作用的技术启示”。

根据我国《专利审查指南》的规定,当发明产生了预料不到的技术效果时,一方面说明发明具有显著的进步,另一方面也反映出发明的技术方案是非显而易见的,具有突出的实质性特点,该发明具备创造性。《日本专利审查指南》也有类似规定,当发明申请相对于引证发明具有的有益技术效果非常突出以至于本领域技术人员根据现有技术不能预料,则可能认定具备创造性。正如“双唑泰泡腾片剂及其制备方法”案所论述的那样,如果本领域技术人员预料不到的技术效果产生了,实际上也从另一个方面证明本专利的技术方案相对于本领域技术人员是非显而易见的。我国《专利审查指南》第二部分第四章第6.3节规定:“在创造性的判断过程中,考虑发明的技术效果有利于正确评价发明的创造性。按照本章第5.3节中所述,如果发明与现有技术相比具有预料不到的技术效果,则不必再怀疑其技术方案是否具有突出的实质性特点,可以确定发明具备创造性。但是,应当注意的是,如果通过本章第3.2节中所述的方法,可以判断出发明的技术方案对本领域的技术人员来说是非显而易见的,且能够产生有益的技术效果,则发明具有突出的实质性特点和显著的进步,具备创造性,此种情况不应强调发明是否具有预料不到的技术效果。”

(五)发明在商业上获得成功

当发明的产品在商业上获得成功时,如果这种成功是发明的技术特征直接导致的,则一方面反映了发明具有有益效果,另一方面也说明了发明是非显而易见的,因而这类发明具有突出的实质性特点和显著的进步,具备创造性。但是,如果商业上的成功是其他原因导致,如由于销售技术的改进或者广告宣传而造成的,则不能作为判断创造性的依据。

原则上,商业成功不能单独作为创造性的证明。只有存在长期需要解决的问题,以及商业成功来源于技术特征而不是其他因素(如销售技巧或广告等)时,商

〔12〕 参见无效决定WX7602号,无效决定WX7603号。

业成功才可以作为创造性的证据。在 T121/01[13]案中，涉及“伟哥”的创造性。专利申请人称其产品获得了大量的荣誉和奖励，以此来证明该产品具有创造性。欧洲专利局技术上诉委员会指出，如果授予该产品荣誉和奖励的人了解专利法，是针对该发明对现有技术作出了非显而易见的技术贡献而授予的，这些荣誉和奖励对创造性判断有重要的意义。但是，如果这些奖励是因为该产品对身体状况的改善，或对申请人高水平的研究，或对其高水平的销售而作出的，则对创造性判断不起作用。因此，技术上诉委员会得出结论，“伟哥”所获得的荣誉和奖励对其创造性判断不起作用。

四、审查创造性应注意的问题

（一）创立发明的途径不影响创造性

各国均对发明（实用新型）专利申请的授予规定一定的条件，如常见的新颖性、创造性（非显而易见性）、实用性判断，但是各国又在专利授权条件中规定创立发明的途径不应被当作用来拒绝授予专利权的理由。《美国专利法》第 103 条规定，取得专利的条件不应根据完成发明的方式予以否定。不管发明者作出发明创造是通过辛勤实验得出的，还是不经意间获得的，都不应用来评价该发明的创造性。当然，世上绝大多数的发明是发明者通过创造性劳动而得出的，是长期从事技术工作的经验积累。但也有部分发明是不经意间偶然作出的，例如，公知的汽车轮胎具有很好的强度和耐磨性能，它曾经是由于一名工匠在准备黑色橡胶配料时，把决定加入 3% 的炭黑错用为 30% 而造成的。事实证明，加入 30% 炭黑生产出的橡胶具有原先不曾预料到的高强度和耐磨性能，尽管它是由于操作者偶然的疏忽而造成的，但不影响该发明具有创造性。

此外，不管发明的内容是简单还是复杂，在评定发明时，技术方案的复杂程度不能作为发明具备创造性的标志，而发明的简易性也不应该影响其可能具有的创造性。例如，有人发明了在高速公路沿线设置的一种反光标牌，该标牌是用一定大小的、形状无规则的碎玻璃涂覆而形成被动的反光层。当行驶车辆的前部灯光照射到标牌上时反射出光来，以此标示路径。这种技术方案虽然十分简易，但具有有益效果，因而也具创造性。

（二）避免“事后诸葛亮”

审查发明的创造性时，由于审查员是在了解了发明内容之后才作出判断，因而容易对发明的创造性估计偏低，从而犯“事后诸葛亮”（hindsight 事后聪明）的错误。审查员应当牢记住，对发明的创造性评价是由发明所属技术领域的技术人员依据申请日以前的现有技术与发明进行比较作出的，以减少和避免主观因素的影响。

探究“事后诸葛亮”的成因，归根结底在于人类认知的局限性。“发明的创造

〔13〕　参见张晓都：《专利实质条件》，法律出版社 2002 年版，第 106 页。

性,是指与现有技术相比,该发明具有突出的实质性特点和显著的进步。"从该定义中出现的"与现有技术相比"一语不难推断,创造性判定的方法必然要求将涉案发明与现有技术的内容相比较,也就是说,创造性判定的前提是裁判者事先了解、熟悉涉案发明和现有技术的详细技术内容。具体而言,在发明创造性判断的"三步法"中,首先要确定最接近的现有技术,其次要确定发明和现有技术的区别特征及该区别特征所要实际解决的技术问题,最后判断该区别特征对于本领域的技术人员来说是否显而易见。"三步法"的第一步、第二步,均要求裁判者将涉案发明与在先技术进行对比,在真实的状态中,裁判者的目光往往需要在两者之间"往返流转",在比较中寻求差异,从而确定最接近的对比文件、区别特征及其所要解决的技术问题。显然,这种判断方法是一种事后判断。

而在理想状态下,判断者所进行的应当是事前判断,也即应当仅在熟悉现有技术的基础上,以本领域普通技术人员的技术水平和认知,来"设想"一切可能的技术改进,而后将涉案专利与这些预测相比较。如果涉案专利属于本领域普通技术人员基于现有技术能够预见到的改进方案之一,则不具备创造性;如果不属于,则具备创造性。然而,上述理想状态是不具备现实可操作性的,因为现成的改进方案也是无限的,精力有限的裁判者不可能在每个案件中均漫无目的地"自由畅想",以碰运气的方式作出与涉案发明方向一致的预测,从而作为创造性有无及高度的判断依据。因此,就理想状态而言,应当采取事前判断,但就实际操作而言,只能采取事后判断的方法。然而,事后判断的最大副作用便是"事后诸葛亮"。由于裁判者总是在所涉发明操作作出来之后、在对发明操作的具体内容已经有了充分的了解的基础上才进行创造性判定,不可避免地接受了涉案发明的"洗脑",在脑海中残留着发明内容的印象,留存着发明内容所带来的灵感,一旦裁判者在"目光往返流连"的过程中带着发明所教导的"新思维""新观点"去解读现有技术公开的内容,极容易"读"出来所属领域技术人员在申请日前阅读对比文件之后所得不出的技术信息,从而忽略了涉案发明的贡献,低估了其创造性。

因此,在发明创造性判断中,裁判者应当尽可能避免"事后诸葛亮"的错误。在"三步法"判断确保特征是否显而易见的过程中,应当将涉案发明的创造性教导在脑海中予以摒弃,设身处地地站在本领域普通技术人员的角度,并且将时间追溯至申请日之前,解读对比文件直接地、毫无疑义地公开的内容,并在此基础上衡量本领域技术人员在没有接触涉案发明的情况下,无须付出创造性劳动是否能够得到涉案发明的技术方案。此时,涉案发明在"三步法"的第三步中所起的作用,回归为指明判断的"方向",只有这样,才能将事后判断的副作用降到最低的程度,从而在判断客观性上等价于事前判断的方法。应当注意的是,判断创造性时,所属技术领域的技术人员是从发明的技术问题的解决者出发来审视发明,即所属技术领域的技术人员应该是从发明要解决的技术问题出发去寻找问题的解决方案,判断从发明所属及相关领域的现有技术出发完成发明是不是显而易见的，获得发明是否需要技术人员的创造性劳动。这与所属技术领域的技术人员在判断专利说明书是否充分公开时审视问题的角度（发明的技术方案能不能实现）是不完全一样的。为了防止以发明为依据而“事后诸葛亮”地否定发明的专利性，审查员必须证明导致显而易见的那种结合的动机。换句话说，审查员必须提供理由来说明，为什么一个该技术领域的普通技术人员在面临着发明人所遇到的问题并且在不知道该权利要求的发明时，将会从引用的现有技术中选择有关的要素并按权利要求的发明的方式进行结合。对于审查员必须提供“建议该结合”的要求，是防止用“事后诸葛亮”的结合来驳回专利性的保障。“审查员应当牢牢记住，对发明的创造性评价是由发明所属技术领域的技术人员依据申请日以前的现有技术与发明进行比较而作出的，以减少和避免主观因素的影响。”

（三）对预料不到的技术效果的考虑

在判断发明的创造性时，考虑发明技术效果有利于客观评价发明的创造性。根据《专利审查指南》第二部分第四章的规定，发明具有预料不到的技术效果时，该发明具备创造性，发明具有突出的实质性特点和显著的进步时，发明也具备创造性。按照目前《专利审查指南》的规定，如果发明专利申请具有突出的实质性特点和显著的进步，则该专利申请具有创造性，一旦能够证明该发明或实用新型专利申请具有预料不到的技术效果，则该申请也具备创造性，而不用证明其突出的实质性特点和显著的进步。换句话说，突出的实质性特点和显著的进步与预料不到的技术效果均是创造性的充分条件，但不是必要条件。

发明取得了预料不到的技术效果，是指发明同现有技术相比，其技术效果产生“质”的变化，具有新的性能，或者产生“量”的变化，超出人们预期的想象。这种“质”的或者“量”的变化，对所属技术领域的技术人员来说，事先无法预测或者推理出来。当发明产生了预料不到的技术效果时，一方面说明发明具有显著的进步，另一方面也反映出发明的技术方案是非显而易见的，具有突出的实质性特点，具备创造性。有时虽然产品有可能在很大程度上由已知物品、物质、方法构成，但由于其特殊的相对关系或者用途，产生了预料不到的技术效果，因而具有创造性，这种情况在下列发明中尤其明显。

1. 组合发明，是指将某些技术方案进行组合，构成一项新的技术解决方案，以解决现有技术客观存在的技术问题。如果组合的各技术特征，在功能上彼此相互支持，并取得了新的技术效果，或者说组合后的技术效果比每个技术特征效果的总和更优越，这种组合具有突出的实质性特点和显著的进步，发明具备创造性。组合发明的每个技术特征本身是否完全公知或者部分公知不影响创造性。例如，早期的汽车是当时已知的蒸汽机和车轮、车架、舵盘的组合，其产生了不同于各部分原有功能和效率的效果，成为现代交通工具的先驱。但是，如果发明仅是某些公知产品或者方法连接在一起,各自仍以常规的方式工作,而且总的技术效果是各组合部分效果之总和,各组合的技术特征无功能上相互作用关系,仅仅是一种简单的叠加,或称为拼凑,这种拼凑的发明不具备创造性。此外,如果组合仅仅是公知结构的变型,或者组合处于常规技术继续发展的范围之内,而没有取得预料不到的技术效果,则这样的组合发明不具备创造性。

2. 选择发明,是指从现有技术中公开的较大范围中,有目的地选出现有技术中未提到的小范围或个体的发明。选择发明是化学领域中常见的一种发明类型,其创造性的判断主要参考发明的技术效果。如果选择发明的技术解决方案能够取得预料不到的技术效果,则具有突出的实质性特点和显著的进步,具备创造性。但是,如果发明仅仅是从一些具有相同可能性的技术解决方案中选出一种,而选出的这种方案未能取得预料不到的效果,则不具备创造性。例如,现有技术中存在很多加热的方法,一项发明是在已知的采用加热的化学反应中选用一种公知的电加热法,该选择发明没有取得预料不到的技术效果,因而不具备创造性。如果发明是在可能的、有限的范围内选择具体的尺寸、温度范围或者其他参数,而这些选择可以由本领域的技术人员通过常规手段得到,该发明不具备创造性。例如,一项已知反应方法的发明,其特征在于规定一种惰性气体的流速,而确定流速是所属技术领域的技术人员能够通过常规计算得到的,这项发明不具备创造性。如果发明是可以从现有技术中直接推导出来的选择,也不具备创造性。例如,一项改进组合物 Y 的热稳定性发明,其特征在于确定了组合物 Y 中某组分 X 的最低含量,实际上,该含量可以从组分 X 的含量与组合物 Y 的热稳定性关系曲线中推导出来,则该发明不具备创造性。

3. 转用发明,是指将某一技术领域的现有技术转用到其他技术领域中的发明。如果这种转用能够产生预料不到的技术效果,或者克服了原技术领域中未曾遇到的困难,则这种转用发明具有突出的实质性特点和显著的进步,具备创造性。但是,如果转用是在类似的或者相近的技术领域之间进行的,并且未产生预料不到的效果,则这种转用不具备创造性。

用途发明,是指将公知产品用于新的目的的发明。如果产品的新用途能够产生预料不到的技术效果,则这种用途具有突出的实质性特点和显著的进步,发明具备创造性。但是,如果新的用途仅仅是使用了已知材料的公知的性质,则不具备创造性。

4. 要素变更的发明,包括要素关系改变的发明、要素替代的发明和要素省略的发明:(1)要素关系改变的发明,是指发明与现有技术相比,其形状、尺寸、比例、位置及作用关系等有了变化。如果要素关系的改变,导致发明质量、功能及用途上的变化,从而产生了预料不到的技术效果时,则具有突出的实质性特点和显著的进步,该发明具备创造性。但是,如果要素关系的改变,不能使发明产生预料不到的技术效果,则发明不具备创造性。例如,现有技术公开了一种刻度盘固定不动、指针转动式的测量仪表,一项发明是指针不动而刻度盘转动的同类测量仪表;该发明与现有技术之间的区别仅是要素关系的调换,即动静转换。这种转换并未产生预料不到的技术效果,所以不具备创造性。(2)要素替代的发明,是指已知产品或方法的某一要素由其他要素替代的发明。如果这种替代能使发明产生预料不到的技术效果,则具有突出的实质性特点和显著的进步,具备创造性。但是,如果发明是相同功能的已知手段的等效替代,或者是为解决同一技术问题,用已知最新研制出的具有相同功能的材料替代公知产品中的相应材料,或者是用某一公知材料替代公知产品中的某材料,而这种公知材料的类似应用是已知的,且没有产生预料不到的技术效果,则该发明不具备创造性。例如,一项涉及泵的发明,与现有技术相比,该发明中的动力源是液压马达替代了现有技术中使用的电机,这种等效替代的发明不具备创造性。(3)要素省略的发明,是指省去已知产品或者方法中的某一项或多项要素的发明。如果发明与现有技术相比,发明省去一项或多项要素后,依然保持原有的全部功能,或者带来预料不到的技术效果,则具有突出的实质性特点和显著的进步,该发明具备创造性。但是,如果发明省去一项或多项要素后其功能也相应地消失,则该发明不具备创造性。

第三节　实用新型的创造性审查

我国《专利法》对实用新型的创造性规定的定义是:“创造性,是指与现有技术相比……该实用新型具有实质性特点和进步。”

从上述的定义可以看出,实用新型的创造性和发明的创造性相比,只有程度上的不同而没有实质上的区别。这就是说,对实用新型创造性的要求比对发明创造性的要求低一些。这是有实用新型制度的绝大多数国家的一致做法。但是,这一点在法律上如何表示,却是一个困难问题。在有些国家,发明的创造性是以该发明对于所属技术领域的技术人员不是显而易见为标准。这样,对实用新型的创造性要求就很难规定,因为“不是显而易见”很难分为程度不同的两个级别。所以,德国实用新型只说作为实用新型受到保护的发明应具备创造性,但对于创造性的具体内容则没有规定。

我国《专利法》对发明和实用新型的创造性从积极方面作了规定。为了使二者的创造性有所区别,对发明的实质性特点要求是“突出的”,对其进步的要求是“显著的”。而对于实用新型的实质性特点和进步则没有加这些形容词。这样规定的意义在于:对实用新型的创造性要求是有的,但不如对发明的要求那么高。在实际适用中,申请人应该注意不能把普通技术人员容易想出来的技术改进都送来申请实用新型专利。《专利法》虽然规定对实用新型专利申请不进行实质审查,但在授予专利权以后,在专利权的无效宣告程序中仍然可能对专利性条件进行审查。

在专利权的无效宣告程序中,需要对实用新型的创造性进行审查时,审查员也应参照有关实用新型所属技术领域的技术人员的知识水平,把实用新型同申请日(要求享有优先权的,是优先权日)以前已经公开的技术相比较,判断该实用新型是否具有实质性的特点和进步。这些内容与审查发明的创造性时的内容相同,这里就不再重复讲述。

一、启动时机

我国对实用新型专利申请实行初步审查制,实用新型的创造性不属于实用新型初步审查的范围。尽管在初步审查过程中对创造性不进行审查,但是创造性仍是实用新型专利的实质性条件之一。在授权后,实用新型专利如不具有创造性,属于专利无效宣告的理由。也就是说,实用新型专利公告授权后,公众或任何利害相关人可以以授权后的实用新型不具有创造性为由向专利行政部门提出无效宣告申请,请求宣告该专利权无效。专利行政部门(专利复审委员会)在接到请求后,在无效宣告程序中,根据请求人的请求对实用新型专利的创造性进行审查,对不符合《专利法》第22条第3款创造性规定的实用新型作出宣告专利权无效的决定。

二、审查方法

实用新型专利创造性审查的有关内容,包括创造性的概念、创造性的审查原则、审查基准,以及不同类型发明的创造性判断等内容,应当适用与发明一样的标准。而发明与实用新型在创造性判断标准上的不同,主要体现在现有技术中是否存在"技术启示"。在判断现有技术中是否存在技术启示时,发明专利与实用新型专利存在区别,这种区别体现现有技术的领域、数量这两个方面。

(一)现有技术的领域

对于发明专利而言,不仅要考虑该发明专利所属的技术领域,还要考虑其相近或者相关的技术领域,以及该发明所要解决的技术问题能够促使本领域的技术人员到其中去寻找技术手段的其他技术领域。对于实用新型专利而言,一般着重于考虑该实用新型专利所属的技术领域。但是现有技术中给出明确的启示,如现有技术中有明确的记载,促使本领域的技术人员到相近或相关的技术领域寻找有关技术手段的,可以考虑其相近或者相关的技术领域。

(二)现有技术的数量

对于发明专利而言,可以引用一项、两项或者多项现有技术评价其创造性。对于实用新型专利而言,一般情况下可以引用一项或者两项现有技术评价其创造性,对于由现有技术通过"简单的叠加"而成的实用新型专利,可以根据情况引用多项现有技术评价其创造性。

应该说,虽然发明与实用新型的创造性标准在措辞上似乎界限分明,但是,在实务操作中，正确区分和认识两者的区别并不容易。这不仅可能源于对概念的不甚清晰，也可能源于法律规定本身的不确定性。对发明与实用新型的创造性标准的深入认识，不仅需要不断在实务中总结和归纳，可能还需要对先前法律规定进行一定调整，以增强可操作性。

【例题】一种喷射式平焰烧嘴的创造性

摘要：专利申请涉及喷射式平焰烧嘴，是由喷射器和旋流器组成的新型烧嘴。对比文件1也公开了平焰烧嘴，但专利申请与它的区别在于可燃气体喷嘴有一根与高压气源相通的中心管。对比文件2中可燃气体喷嘴中心虽然也有一根与高压气源相通的中心管，但其与本发明中中心管所起的作用不一样，并且没有给出技术启示。专利申请相对于这两篇对比文件是非显而易见的，具有突出的实质性特点和显著的进步，具备创造性。

案例介绍：专利申请涉及喷射式平焰烧嘴，是由喷射器和旋流器组成的新型烧嘴。它靠煤气喷射作用引进燃烧时所需要的空气。当燃烧用空气量不足时，则从喷嘴的中心管引入少量压缩空气，帮助煤气引射空气，以提高燃烧效率。旋流器的作用是使气流旋转以形成平面火焰。在旋流器中设置火焰稳定器，以防止回火，使烧嘴的稳定工作范围加宽。（见图10－1）其权利要求为：一种平焰烧嘴，由可燃气体喷嘴1、吸入口2、混合管3、扩压管4和旋流器6组成，其特征在于：该可燃气体喷嘴有一根与高气源相通的中心管5。

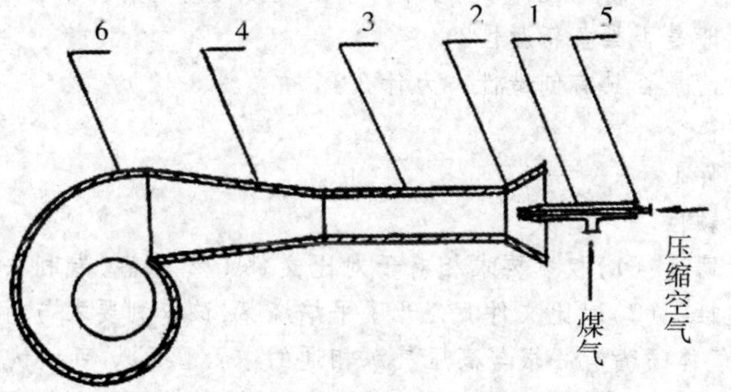

图10－1　专利申请之喷射式平焰烧嘴

经检索，找到两份对比文献，具体如下。

（一）对比文件1

说明书中记载有：一种喷射式平焰烧嘴，由可燃气体喷嘴1、吸入口2、混合管3、扩压管4和旋流器5组成。（见图10－2）

解决问题：如何引入气体？

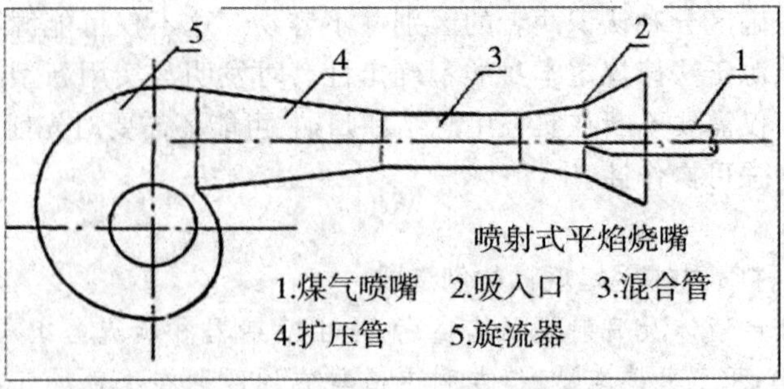

图 10－2　对比文件 1 之喷射式平焰烧嘴

（二）对比文件 2

说明书中记载有：一种烧嘴，在其可燃气体喷嘴 8 的中心有一根与高压气源相通的中心管 9。中心管 9 的作用是调节火焰长度。（见图 10－3）

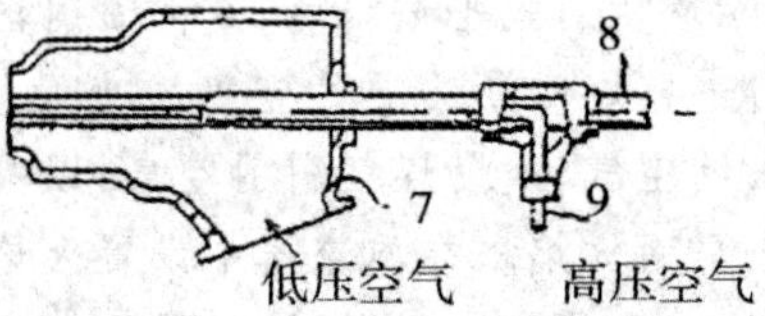

图 10－3　对比文件 2 之烧嘴

请问：

1. 对比文件 1 和对比文件 2 中，哪一个是最接近的现有技术？

2. 专利申请是否具备新颖性？

3. 专利申请是否具有创造性？为什么？

参考答案：

1. 对比文件 1。

2. 具备新颖性。

3. 创造性评述：(1) 权利要求相对于对比文件 1、2 具备《专利法》第 22 条第 3 款规定的创造性。(2) 对比文件 1 公开了平焰烧嘴，该权利要求与对比文件 1 的区别在于“可燃气体喷嘴有一根与高压气源相通的中心管 5”。可以认为本发明所要解决的技术问题是在使用高热值气体燃料时通过增加引射的空气量来达到气体的充分燃烧。(3) 对比文件 2 中可燃气体喷嘴 8 的中心虽然也有一根与高压气源相通的中心管，但其与本发明中中心管所起的作用不一样，该对比文件中设置中心管的目的是调节火焰长度，因而在增加中心管中高压气流量的同时，减少低压气体的流量，空气和气体燃料的重量比保持不变，不存在利用气体燃料喷嘴内部的中心管解决上述技术问题的启示。因而发明相对于这两篇对比文件是非显而易见的，具有突出的实质性特点和显著的进步，具备创造性。

案例 36 “具有可替换电池及扩充卡座槽的电脑”专利创造性〔14〕
关键词语解释应参照说明书

涉案专利独立权利要求为:“一种具有可替换电池及扩充卡座槽的电脑,包括一电脑主体,一组以上电池组及一组以上的扩充卡组,其特征在于……另座槽内部固定一与主线相通的电路连接座……”根据专利说明书和附图,认定权利要求1中的“可替换”应理解为“可互换”,“另”应理解为“另外”。权利要求1与现有技术的区别在于现有技术中座槽之间是不可互换的,而专利技术方案中座槽是可互换的,这一区别特征使本专利具有自由替换、互为备用的优越效果,符合《专利法》关于创造性的规定。

案例 37 “改进多孔基材耐久性和憎水性用渗透处理组合物”发明专利创造性〔15〕
利用对比文件来判断一件专利申请的权利要求的创造性时,应全面对比分析两者所提供的技术方案的目的、构成和效果

涉案专利提供了一种使用组合物处理多孔基材以改进基材憎水性和耐久性的方法,该方法包括以下的技术特征:“(1)使用一种含有成分A和成分B的组合物;(2)用该组合物涂覆多孔基材表面,使其渗入基材表面;(3)固化该组合物,在基材表面形成基材-聚合物的复合材料。”对比文件1公开的组合物用于在玻璃上形成空气干燥薄膜,没有公开用该组合物或其薄膜可以改进多孔基材的憎水性和耐久性的教导;对比文件2所公开的组合物其组分与权利要求1中的组分差别较大,因此涉案专利权利要求1有创造性。

案例 38 传送带损伤感应器专利〔16〕
微小差别不具有创造性

“传送带损伤感应器”独权1中所述粘接装置实际上就是胶粘接或者热塑软化粘接,这和对比文件2所公开的内容是一致的,两者仅存在微小的差别,并不具有新的积极的技术效果,不具备创造性。独权9涉及的是涉案申请所述传送带的损伤监测系统,该系统包括传送带的支撑装置、驱动装置、检测装置和控制装置,这些装置是监测传送带时所必然应用的装置,早已公开于现有技术,不具有创造性。

〔14〕 参见北京市高级人民法院民事判决书(1998)高知初字第36号。
〔15〕 参见复审决定FS1003号。
〔16〕 参见复审决定FS101号。

案例 39 美国 KSR 案[17]

普通技术人员是具有普通创造能力的人;"显易尝试"的情况也许可以证明不具有非显而易见性

美国 Teleflex 公司名称为"带有节气门电子控制装置的可调油门踏板"的专利遭遇侵权。一审法院认为,涉案专利的权利要求 4 相对于对比文件 D1 和 D5 的内容不过是两份现有技术的简单组合,不具备非显而易见性,被告不侵权。二审法院认为,现有技术不会导致一个普通技术人员将传感器安装在 D1 公开的可调油门踏板机构上,且是否"显易尝试"将 D1 公开的可调油门踏板机构与传感器结合起来与非显而易见性的判断无关,因此权利要求 4 具有非显而易见性,侵权成立。美国最高法院推翻了二审判决,并指出普通技术人员是具有普通创造能力的人,存在"显易尝试"的情况也许可以证明不具有非显而易见性。

[17] See KSR Int'l Co. V. Teleflex Inc. ,550 U. S. 398(2007).

第十一章 实 用 性

第一节 实用性概述

实用性的内在含义是要求发明真实可信、真正有用。因此,凡是直接要求应用性的,笔者都将其视为实用性要求,譬如已经应用、要求实施、提供样品或模型等都是实用性要求的体现。威尼斯政府要求的不是简单的新技术概念,而是坚持要求发明人建造出模型来,这实际上是一种实用性要求。1623 年《英国独占条例》要求发明人引进新产业,也是实用性要求的体现。近代专利制度中的实用性还体现为对模型、样品与实施的要求。1790 年,《美国专利法》对专利实用性提出的要求是:(1)发明应当是有用的(useful)技术、工业品、发动机、机器或者装置,或者是上述客体的改进;(2)明确要求提供模型,并对此提出了具体的要求。1836 年《美国专利法》对实用性、新颖性等的要求更细致全面了,保留了提供实施例的规定,并就如何提供实施提出了具体的要求。近代《英国专利法》《法国专利法》《德国专利法》等都规定了实施的义务,实施无疑是实用性的重要体现。当代专利法实用性要求已经演变成可应用性。1973 年《欧洲专利公约》第 52 条在规定"可专利发明"时写道:"任何发明如果是新的,包括了一个发明点,并且可能具有产业上的应用性,则可以授予欧洲专利。"[1]

一、定义

实用性是发明与实用新型获得专利权的三个实质条件之一。早期的专利制度中要求申请人引进新产业或新贸易,以及近代专利制度中要求提供模型或样品并要求在规定时间内实施都是专利实用性要求的表述。我国《专利法》第 22 条第 4 款规定:"实用性,是指该发明或者实用新型能够制造或者使用,并且能够产生积极效果。"此外,《专利审查指南》第二部分第五章第 2 节进一步解释说明"实用性,是指发明或者实用新型申请的主题必须能够在产业上制造或者使用,并且能够产生积极效果"。

从世界范围看,人部分国家都将实用性要件作为授了专利权的条件。

---

〔1〕 参见彭玉勇、张少华:《专利法实用性要求的演进》,载《人民论坛》2010 年第 14 期。

《美国专利法》第 101 条规定:“任何人发明或者发现任何新而有用之方法、机器、制品或物之组合或上述任何新而有用之改良者,得依本卷之情形及条件而获得其专利。”[2]

《日本专利法》第 29 条第 1 款规定:“可工业应用的发明的发明人,可以有权为该发明取得专利。”[3]

《德国专利法》第 1 条第 1 款规定:“专利授予任何技术领域内新的、带有发明步骤并可以工业应用的发明。”[4]

《法国专利法》第 L611-10 条第 1 款规定:“凡属技术领域的、具有创造性和工业实用性的新发明均可获得专利。”[5]

《俄罗斯联邦民法典》第 1350 条第 1 款规定:“一项发明如果新颖,带有发明步骤并可以工业应用,给予法律保护。”[6]

《欧洲专利公约》第 52 条第 1 款规定:“对于任何具有创造性并且能在工业上予以应用的发明才能授予专利权。”[7]

可以看到,在实用性要件的称呼上,各个国家和地区是不同的。在欧洲、日本等大陆法系国家和地区,实用性要件被称为“Industrial Applicability”,可被译为工业应用性或产业利用性,美国则使用“Utility”,可被译为实用性。我国的实用性要件在官方文件中被译为“Practical Applicability”,比较贴近欧洲的“Industrial Applicability”。这说明对实用性的理解,世界各国主要存在两种模式:欧盟的工业应用性(技术性)及美国的实用性(有用性)。二者的差别主要在于:第一,欧洲的工业应用性只要求发明能在工业上被制造(对于产品发明)或者使用(对于方法发明),并没有特别要求产品或方法的有用,而后者正是美国的实用性所要求的,即产品(包括机械、制品、物质成分)或方法要有实际的用途才可能被授予专利;第二,在欧洲的工业应用性下,用于非工业性领域的发明如仅为个人需要而进行私人使用的发明等是不具有可专利性的,而在美国的实用性下,它们可成为能授予专利的主题。[8]

二者的分歧导致在基因相关发明、医疗方法的可专利性上不同国家的态度不同。由此,生物技术领域内知识产权的国际保护充满了一种不确定性和不稳定性。

---

〔2〕 参见《十二国专利法》,《十二国专利法》翻译组译,清华大学出版社 2013 年版,第 646 页。

〔3〕 参见《十二国专利法》,《十二国专利法》翻译组译,清华大学出版社 2013 年版,第 236 页。

〔4〕 参见《十二国专利法》,《十二国专利法》翻译组译,清华大学出版社 2013 年版,第 125 页。

〔5〕 参见《十二国专利法》,《十二国专利法》翻译组译,清华大学出版社 2013 年版,第 78 页。

〔6〕 参见《十二国专利法》,《十二国专利法》翻译组译,清华大学出版社 2013 年版,第 362 页。

〔7〕 参见[德]汉斯·高德、克里斯·阿贝尔特:《欧洲专利公约指南》,王志伟译,上海世界图书出版公司 2003 年版,第 254 页。

〔8〕 参见张勇、朱雪忠:《专利实用性要件的国际协调研究》,载《政法论丛》2005 年第 4 期。

TRIPs 对这两种实用性模式的调解进行了尝试，将二者作为同义词使用。TRIPs 第 27 条第 1 款中规定："在遵守第二款和第三款规定的前提下，专利可授予所有技术领域的任何发明，无论是产品还是方法，只要它们具有新颖性、包含发明性步骤，并可供工业应用……"该条的脚注进一步解释说，本条所指的"可付诸工业应用性"与某些缔约方使用的"有用性"（useful）是同义词。

二、分析

（一）产业

各国对实用性的规定均强调申请专利权之发明或实用新型应当可以在产业上制造或者使用，或称在工业上制造或者使用。能否应用于产业是一项专利是否具有实用性的重要标准。我国《专利审查指南》第二部分第五章第 2 节中规定："所谓产业，它包括工业、农业、林业、水产业、畜牧业、交通运输业以及文化体育、生活用品和医疗器械等行业。"

最初，产业仅指机械工业，金融业、医疗业、服务业等并不被视为产业，但随着第二、三次产业革命的进行，可专利之标的大幅放宽，产业的概念得到了扩展，比如在承认商业方法具有可专利性时银行业、服务业等亦得归入产业之范畴。[9]因此，考虑到社会的发展，技术的进步，大多数国家都对产业之含义作最广义的理解。

日本特许厅在《发明在工业上能够应用的审查指南》中规定"工业"一词作广义解释，包括采矿业、农业、渔业、运输业、通信业，以及制造业等。

《英国专利法》第 4 条规定一项发明如果能在包括农业的任何一种工业中作出或使用，应被视为能够工业应用。

《俄罗斯联邦民法典》中规定产业包括工业、农业、公共卫生和其他经济或社会领域。

《法国专利法》和《德国专利法》认为产业是指包括农业的任何行业。

《巴黎公约》第 1 条第 3 款规定对"工业"一词作最广义的理解，不仅应适用于工业和商业本身，而且应同样适用于农业和采掘业，适用于一切制成品或天然产品，如酒类、谷物、烟叶、水果、牲畜、矿产品、矿泉水、啤酒、花卉和谷类的粉。

《专利合作协定》（Patent Cooperation Treaty）第 33 条第 4 款要求被保护的发明应该具有工业实用性，并且对"工业"一词的理解应如上文《巴黎公约》中界定的那样作最广义的理解。

《世界知识产权组织发展中国家发明示范法》第 116 条的规定指出："对工业应作最广义的理解，包括手工业、农业、渔业和服务业在内。"

值得注意的是，尽管各国都认同应对产业作最广义的理解，但医疗业一直未被

---

〔9〕 参见陈智超：《专利法理论与实务》，台北，五南图书出版股份有限公司 2005 年版，第 63 页。

纳入产业的范畴。多数国家及地区如中国、日本及欧洲专利局等都认为医疗业不属于产业,但与此相关的美容业、制药业仍被普遍理解为产业。

（二）能够制造或使用

《专利审查指南》对发明与实用新型在产业上能够"制造或者使用"进行解释时规定:"在产业上制造或者使用的技术方案,是指符合自然规律、具有技术特征的任何可实施的技术方案。这些方案并不一定意味着使用机器设备,或者制造一种物品,还可以包括例如驱雾的方法,或者将能量由一种形式转换成另一种形式的方法。"因此一项发明或实用新型在产业上能够制造或使用的基本要求是其要有技术性,有技术方案,即实用性"能够制造或使用"的要求,强调的是申请权利方案的技术性。这一点在其他国家的专利制度中也有体现。

日本特许厅规定,类似于发现矿石或者自然现象一样的发现、违背自然规律的发明、不是自然规律的人为规则、个人技巧、仅仅是对信息的陈述、美术创作物等,由于它们不是"利用自然规律的技术思想的创造物",发明人没有意识地创造任何技术思想,因而不能被认定是法定的发明。它们都缺乏技术性,不能在产业中进行制造或使用。

欧洲国家强调申请专利的发明或实用新型应当包含技术教导(technical teaching),即给技术人员怎样用特定的技术手段去解决一个特定技术问题的指导,这呼应了欧洲"专利保护应当限于技术领域里的创造"的法律传统。〔10〕《欧洲专利公约》第52条第2款列举了非技术性发明,"下列各项不是可以被授予专利权:发现、科学理论或数学方法;美学创作;从事智力行为、运动、游戏或者经营业务的计划、规则、方法以及计算机程序;信息的提示"。〔11〕

此外,我们应当注意的是实用性关心发明或实用新型是否能够在产业上制造或使用,其出发点是要通过实用性标准,把公认的自然现象和规律、纯理论性成果、成熟度不够的发明创造等排除在专利权保护范围之外,因此,我们要将实用性中的"能够制造或使用"与充分公开要求中的"能够实施"相区别。

现代专利制度中,实用性只要求申请专利的技术方案在产业中能够被制造或者被使用,存在能够被制造或者被使用的可能性就可以了,并不要求已经被制造或者已经被使用。而充分公开要求是通过设置充分公开的条件及标准,以要求申请人履行法定的最低公开义务。由于发明人获得其对发明的专利权是以向社会公开其发明为前提的,因此充分公开所要求的"能够被实施"则不仅要求有上述可能性,而且对于该领域的普通技术人员来说,一旦其获得权利人的许可,

---

〔10〕 参见张晓都:《专利实质条件》,法律出版社2002年版,第7页。

〔11〕 参见国家知识产权局条法司组织翻译:《外国专利法选译》,知识产权出版社2015年版,第760页。

仅通过阅读专利说明书就可以按其技术方案实施。因此，实用性所要求的"能够制造或使用"的程度，不如充分公开所要求的"能够被实施"的程度那么高。

通常，满足了充分公开要求的技术方案一般说来满足了实用性要求，但未满足充分公开要求的技术方案未必就不具有实用性。在现实中常有在专利异议案件或司法判决中实用性要件与充分公开不分的情形出现。

（三）技术效果

发明或实用新型具有技术效果是专利实用性的基本要求。对此，我国《专利审查指南》第二部分第五章第 2 节规定："……能够产生积极效果，是指发明或者实用新型专利申请在提出申请之日，其产生的经济、技术和社会的效果是所属技术领域的技术人员可以预料到的。这些效果应当是积极的和有益的。"同时《专利审查指南》第二部分第五章第 3.2.6 节进一步规定："具备实用性的发明或者实用新型专利申请的技术方案应当能够产生预期的积极效果。明显无益、脱离社会需要的发明或者实用新型专利申请的技术方案不具备实用性。"这种"积极效果"的规定是我国《专利法》独有的。

然而，事实上实用性要件所关心的仅仅是技术方案能否在产业上应用。实用性对技术方案的技术效果的要求只是有与无的问题，而不是多与少或积极与消极的问题。实用性只要求技术方案是技术性的，能产生技术效果，而不要求发明或实用新型在申请日所属技术领域的技术人员能够预料到其能产生积极的效果，也不需要与现有技术相比所产生的效果是积极有益的。[12] 这是由于专利审查员在审查申请专利权之发明或实用新型时，该技术方案是否能够取得积极的效果是难以判定的，其实施效果要根据社会的各种条件而定，未必就直接与发明的质量即技术价值有关。[13] 同时具备专利性的发明或实用新型并非是十全十美的技术方案，它们往往存在这种或那种缺陷，在实用性要求中强调"积极效果"并不恰当。正是出于以上考虑，许多国家的实用性条款中没有"积极效果"的要求。

由于我国《专利法》所规定的实用性概念及《专利审查指南》中的解释存在问题，现实中一些请求人错误理解实用性要求，以专利产品存在质量问题、存在某种缺点，或者以专利产品的效果未能全面超过现有技术为理由向专利复审委员会以发明无实用性为由申请专利无效或撤销。

---

〔12〕　参见张晓都：《专利实质条件》，法律出版社 2002 年版，第 11 页。

〔13〕　参见［日］吉藤幸朔：《专利法概论》，宋永林、魏启学译，专利文献出版社 1990 年版，第 90 页。

案例 40 | 多功能病床专利〔14〕

产品不完善不导致专利无实用性

产品有缺陷、不完善或者功能实际用处不大，并不足以导致该技术方案没有实用性。涉案实用新型的多功能病床能够制造、使用并达到一定的效果，已经满足我国实用性的要求。

第二节　审 查 方 法

我国《专利法》第22条第1款规定发明或实用新型必须具备新颖性、创造性与实用性。但是应当注意的是，实用性的判断与新颖性和创造性的判断有较大区别，新颖性和创造性的判断是以申请日前的现有技术为比较基础，而实用性涉及的是对发明或实用新型本身性质的判断。对于这三种要件的审查顺序，《专利审查指南》第二部分第五章第3节指出："发明或者实用新型专利申请是否具备实用性，应当在新颖性和创造性审查之前首先进行判断。"这是因为如果发明或实用新型缺乏实用性，审查员就可以直接得出不能授予专利权的结论，没有必要再进行检索，进而对其新颖性和创造性进行判断，从而避免国家知识产权局在人力资源上的浪费，同时这种顺序主要是从节约程序、尽可能缩短审查时间角度出发的，与新颖性和创造性之间在逻辑顺序上存在递进关系是不同的。〔15〕

一、审查原则

《专利审查指南》第二部分第五章第3.1节规定："审查发明或者实用新型专利申请的实用性时，应当遵循下列原则：(1)以申请日提交的说明书(包括附图)和权利要求书所公开的整体技术内容为依据，而不仅仅局限于权利要求所记载的内容；(2)实用性与所申请的发明或者实用新型是怎样创造出来的或者是否已经实施无关。"

二、审查基准

《专利审查指南》第二部分第五章第3.2节规定："专利法第二十二条第四款所说的'能够制造或者使用'是指发明或者实用新型的技术方案具有在产业中被制造或使用的可能性。满足实用性要求的技术方案不能违背自然规律并且应当具有再现性。因不能制造或者使用而不具备实用性是由技术方案本身固有的缺陷引起的，与说明书公开的程度无关。"

---

〔14〕 参见无效决定 WX2708 号。

〔15〕 参见尹新天：《中国专利法详解》，知识产权出版社2011年版，第277页。

上述基准表明,技术方案不具备实用性的缺陷是由技术方案本身固有缺陷造成的,因此方案不具备实用性与方案在说明书中的公开程度、方案实施的难易程度和完善程度,以及方案是否符合国家的相关标准等因素没有必然关系。实用性仅仅是给予专利权的入门级条件之一,对技术方案实用性的判断要严格遵守上述两点规定。

案例 41 | 取代卷烟条盒包装的专用涂布膜[16]
制定标准不影响实用性判断

涉案实用新型是一种取代卷烟条盒包装的专用涂布膜,包括用于包装若干个小盒烟的基材,在基材的上、下两表面分别涂有涂料层。尽管权利要求 1 所限定的薄膜厚度的上下限都超出行业标准的规定,但是一项专利是否符合行业标准,并不是判断是否具备实用性的基准,故无效理由不成立。

与我国不同,《德国专利法》在实用性的审查上还强调在工业领域使用并不意味着只能在工业领域内使用,所以发明能在非工业领域内使用并不能排除发明的工业实用性。发明的实用是否合法,并不影响发明的工业实用性判断。[17]

此外,不同于我国直接采用列举式规定不具有实用性的情形,美国的实用性判断没有直接的成文规定,而是通过长期的司法实践建立了独特的实用性审查标准。美国专利与商标局在其审查指南中表明在实用性的审查上采用 three – prong 的判断方法来评定发明的实用性:(1)发明是否具有具体的实用性? (2)发明是否具有实在的实用性? (3)专利申请中所描述的实用性是不是可信的,即是否具有可信的实用性? 这体现了美国法院否决专利申请的三种实用性理由,即一般实用性、特殊实用性和利益或道德的实用性。[18] 另外,美国的审查指南还规定具有公认的实用性则满足了实用性要求,是可以被接受和承认的。按照美国专利与商标局的说法,一项发明具有公认的实用性是指:如果所属技术领域的技术人员基于该发明的特性会立即地理解为什么该发明是有用的(例如,一项产品或方法的性质或应用),并且该实用性是具体的、实在的和可信的。[19]

三、不具备实用性的几种情形

我国在《专利审查指南》中用列举式规定了不具有实用性的情形:(1)无再现

〔16〕 参见无效决定 WX6755 号。

〔17〕 参见范长军:《德国专利法研究》,科学出版社 2010 年版,第 46 页。

〔18〕 参见[美]罗伯特·P. 墨杰斯等:《新技术时代的知识产权法》,齐筠等译,中国政法大学出版社 2003 年版,第 136 页。

〔19〕 参见张晓都:《专利实质条件》,法律出版社 2002 年版,第 301 ~ 304 页。

性；(2)违背自然规律；(3)利用独一无二的自然条件的产品；(4)人体或者动物体的非治疗目的的外科手术方法；(5)测量人体或者动物体在极限条件下的生理参数的方法；(6)无积极效果。

我国台湾地区的"智慧财产局"于其颁布之"专利审查基准"中也一一列举有非可供产业上利用之发明或新型之类型，包括：(1)未完成之发明或创作，包括欠缺达成发明或创作目的之技术手段和有技术手段但仍然不能达成目的之构想；(2)非可供营业上利用之发明或创作；(3)实际上是显然无法实施之发明或创作。

(一)无再现性

具有实用性的发明或者实用新型专利申请主题，应当具有再现性。反之，无再现性的发明或者实用新型专利申请主题不具备实用性。

再现性，是指所属技术领域的技术人员，根据公开的技术内容，能够重复实施专利申请中为解决技术问题所采用的技术方案。这种重复实施不得依赖任何随机的因素，并且实施结果应该是相同的。但是，审查员应当注意，申请发明或者实用新型专利的产品的成品率低与不具有再现性是有本质区别的。前者是能够重复实施，只是由于实施过程中未能确保某些技术条件(如环境洁净度、温度等)而导致成品率低；后者则是在确保发明或者实用新型专利申请所需全部技术条件下，所属技术领域的技术人员仍不可能重复实现该技术方案所要求达到的结果。

案例42　活吃活鲤鱼的烹饪方法[20]

随机因素导致无再现性

涉案专利"活吃活鲤鱼的烹饪方法"权利要求1~8所要求保护的烹饪方法存在随机因素，不具有再现性，不能在产业上应用，不具有实用性。

案例42　一种利用两系杂交法培育亚种间杂交水稻组合的方法[21]

成品率低不导致无再现性

涉案专利涉及一种杂交水稻的培育方法，该技术方案在实际生产过程中可能存在不足或缺陷如成品率低，但这些不足或缺陷不是由于该技术方案本身内在的、固有缺陷造成的，则不能认为其无再现性，缺乏实用性。

[20] 参见复审决定FS11038号。

[21] 参见无效决定WX12015号。

(二)违背自然规律

具有实用性的发明或者实用新型专利申请应当符合自然规律。违背自然规律的发明或者实用新型专利申请是不能实施的,因此,不具备实用性。审查员应当特别注意,那些违背能量守恒定律的发明或者实用新型专利申请的主题,如永动机,必然是不具备实用性的。

案例 44 | 低温电能发电机〔22〕

违背能量守恒定律不具备实用性

涉案申请试图利用超导体冻结磁通线圈或永磁体磁场与超导体脉冲线圈或交流半波线圈产生的磁场叠加,使超导筒相变磁场进出超导筒,切割超导筒内超导能量输出线圈对外界输出电能。说明书中所述的只需外界输入一个小电能就可以对外界输出一个大电能是违背能量守恒定律的,因此不具备实用性。

(三)利用独一无二的自然条件的产品

具备实用性的发明或者实用新型专利申请不得是由自然条件限定的独一无二的产品。利用特定的自然条件建造的自始至终都是不可移动的唯一产品不具备实用性。应当注意的是,不能因为上述利用独一无二的自然条件的产品不具备实用性,而认为其构件本身也不具备实用性。

案例 45 | 秦晋两省禹潼运河技术方案〔23〕

利用独一无二的自然条件不具备实用性

涉案申请的技术方案为"秦省在禹门口内骆驼巷设闸取水经河津等五县在风陵渡(和潼关是一个断面)泄入黄河";其权利要求书要求保护的技术方案是"自禹门口自流取水,至某地终止"。由于本专利申请公开的技术方案利用了从禹门口至潼关这一段独一无二的自然条件,因此该技术方案无法重复实施,不具备实用性。

(四)人体或者动物体的非治疗目的的外科手术方法

外科手术方法包括治疗目的和非治疗目的的手术方法。以治疗为目的的外科手术方法属于《专利审查指南》第二部分第一章第 4.3 节中不授予专利权的客体;非治疗目的的外科手术方法,由于是以有生命的人或者动物为实施对象,无法在产

〔22〕 参见复审决定 FS12861 号。

〔23〕 参见复审决定 FS953 号。

业上使用，因此不具备实用性。例如，为美容而实施的外科手术方法，或者采用外科手术从活牛身体上摘取牛黄的方法，以及为辅助诊断而采用的外科手术方法，如实施冠状造影之前采用的外科手术方法等。

对于什么是外科手术方法，《专利审查指南》第二部分第一章第4.3.2.3节规定“外科手术方法，是指使用器械对有生命的人体或者动物体实施的剖开、切除、缝合、纹刺等创伤性或者介入性治疗或处置的方法，这种外科手术方法不能被授予专利权。但是，对于已经死亡的人体或者动物体实施的剖开、切除、缝合、纹刺等处置方法，只要该方法不违反专利法第五条第一款，则属于可被授予专利权的客体。外科手术方法分为治疗目的和非治疗目的的外科手术方法。以治疗为目的的外科手术方法，属于治疗方法，根据专利法第二十五条第一款第（三）项的规定不授予其专利权。非治疗目的的外科手术方法的审查，适用本部分第五章第3.2.4节的规定。”因此，从《专利审查指南》的规定来看，外科手术方法不论其目的是否用于治疗，均不能获得专利保护，其中以治疗为目的的外科手术方法不符合专利保护客体的规定，而非治疗目的的外科手术方法由于不具备实用性，不能授予专利权。[24]

案例46　一种改进的刺入皮肤进行抽血的方法

含有介入性处置的方法是否无实用性

涉案申请权利要求涉及一种刺入皮肤以得到血样的方法，该方法通过提供刺入器具并使刺入器具的锋利尖端刺入皮肤来获得血样，其是以有生命的人体作为实施对象，无法在产业上使用，因此不具备实用性。

案例47　以腺病毒为载体乳腺表达生产转基因蛋白药物的方法[25]

技术方案不会因为在动物体上实施而导致无法在产业上进行使用，具备实用性

申请权利要求的生产方法包括“腺病毒导入乳腺”的步骤但不仅仅只有该步骤，对动物个体及动物的乳腺没有任何特定要求，不需要根据个体的特有特征进行相应的改变，因而具有再现性；导入乳腺这一步骤可工业化操作，能够在产业上使用，因此权利要求所述技术方案并不会因为在有生命的动物体上实施而导致无法在产业上进行使用，具备实用性。

---

〔24〕参见国家知识产权局专利复审委员会编著：《光电领域复审和无效典型案例评析》，知识产权出版社2012年版，第86页。

〔25〕参见复审决定FS30369号。

案例48 | 日本"离子牙刷"专利[26]
以人体存在为必要条件的专利不具备实用性

涉案专利方法以人体的存在作为必要的构成要件，不能够直接在产业上利用，不应授予专利。

(五)测量人体或者动物体在极限情况下的生理参数的方法

测量人体或动物体在极限情况下的生理参数需要将被测对象置于极限环境中，这会对人或动物的生命构成威胁，不同的人或动物个体可以耐受的极限条件是不同的，需要有经验的测试人员根据被测对象的情况来确定其耐受的极限条件，因此这类方法无法在产业上使用，不具备实用性。

以下测量方法属于不具备实用性的情况：(1)通过逐渐降低人或动物的体温，以测量人或动物对寒冷耐受程度的测量方法；(2)利用降低吸入气体中氧气分压的方法逐级增加冠状动脉的负荷，并通过动脉血压的动态变化观察冠状动脉的代偿反应，以测量冠状动脉代谢机能的非侵入性的检查方法。

[26] 日本东京高等法院1970年12月22日的判决。参见[日]鸿常夫等：《日本专利判例精选》，张遵逵、郝庆芬等译，专利文献出版社1991年版，第63～68页。

第十二章　外观设计的可专利性

同发明与实用新型专利授权一样，外观设计专利授权也有相应的标准。我国外观设计专利授权标准经历了一些变化。1984 年、1992 年《专利法》规定外观设计专利的授权标准是应当同申请日以前在国内外出版物上公开发表过或者国内公开使用过的外观设计不相同或者不相近似，2000 年增加规定不得与他人在先取得的合法权利相冲突。2008 年《专利法》明确提出了新颖性概念和标准，同时用“具有明显区别”取代“不相近似”，保留了不得与他人在申请日以前已经取得的合法权利相冲突。

第一节　外观设计的可专利性概述

一、外观设计的授权标准

《专利法》第 23 条规定了外观设计的授权标准：“授予专利权的外观设计，应当不属于现有设计；也没有任何单位或者个人就同样的外观设计在申请日以前向国务院专利行政部门提出过申请，并记载在申请日以后公告的专利文件中。授予专利权的外观设计与现有设计或者现有设计特征的组合相比，应当具有明显区别。授予专利权的外观设计不得与他人在申请日以前已经取得的合法权利相冲突。本法所称现有设计，是指申请日以前在国内外为公众所知的设计。”

TRIPs 第 25 条第 1 项规定：各成员应对新的或原创性的独立创造的工业设计提供保护。各成员可规定，如工业设计不能显著区别于已知的设计或已知设计特征的组合，则不属新的或原创性设计。各成员可以规定该保护不应延伸至主要出于技术或功能上的考虑而进行的设计。

这样，外观设计的授权标准可以归纳为：具备新颖性；与现有设计相比有明显区别；符合外观设计的定义。为什么将外观设计的定义作为授权标准呢？外观设计没有实用性标准，但是在其定义中提出了外观设计必须是产品而且应当具有美感，这可以理解为一种变通的实用性要求。

二、判断客体

(一)判断客体的含义

在判断外观设计是否相同或者相近似时,将进行比较的对象称为判断客体。判断客体分为在后客体和在先客体。在后客体(也称为被比设计)是指被请求宣告无效的已被授予专利权的外观设计;在先客体(也称为在先设计)是指在被比设计的申请日以前在国内外出版物上公开发表过或者国内公开使用过的外观设计,或者在被比设计申请日以前申请并且在该申请日以后(含申请日)公告的外观设计专利。有关公开方式的判断参照《专利审查指南》第二部分第三章第2.1.2节的规定。

(二)判断客体的类型

在确定判断客体的类型时,应当根据外观设计的图片、照片进行确定。对于被比设计,还应当根据简要说明中是否有"请求保护的外观设计包含色彩"(要求限定色彩)、"平面产品中单元图案两方连续或者四方连续等无限定边界的情况"(简称不限定边界)等内容加以确定。被比设计有下列6种类型:(1)单纯形状的被比设计,是指无图案且未要求限定色彩的产品形状设计。(2)单纯图案的被比设计,是指未要求限定色彩并且不限定边界的平面产品的图案设计。(3)形状和图案结合的被比设计,是指未要求限定色彩的产品的形状和图案设计。(4)形状和色彩结合的被比设计,是指要求限定色彩的无图案产品的形状和色彩设计。(5)图案和色彩结合的被比设计,是指要求限定色彩的并且不限定边界的平面产品的图案和色彩设计。(6)形状、图案和色彩结合的被比设计,是指要求限定色彩的产品的形状、图案和色彩设计。

三、判断主体

外观设计的判断主体,即对于外观设计是否相同或者近似进行判断的人。在对外观设计进行审查、判定时,首先要有主体的假定,类似于审查发明和实用新型时有一个本领域普通技术人员的假定。《专利法》及其《专利法实施细则》对此均未作明确规定,首先对此作出规定的是1993年《专利审查指南》:外观设计的判断主体是一般购买者,而不是专家或者专业技术人员。2010年《专利审查指南》规定,在判断外观设计是否相同或者相近似时,应当基于被比设计产品的一般消费者的知识水平和认知能力进行评价。不同类别的被比设计产品具有不同的消费者群体。作为某类外观设计产品的一般消费者应当具备下列特点:(1)对被比设计产品的同类或者相近类产品的外观设计状况具有常识性的了解。对涉案专利申请日之前相同种类或者相近种类产品的外观设计及其常用设计手法具有常识性的了解。例如,对于汽车,其一般消费者应当对市场上销售的汽车及诸如大众媒体中常见的汽车广告中所披露的信息等有所了解。(2)对外观设计产品之间在形状、图案及色彩上的差别具有一定的分辨力,但不会注意到产品的形状、图案及色彩的微小变化。

由于外观设计消费者主要是对外观设计进行审美评价,与更侧重于品牌认知的《商标法》上的相关公众有明显不同,其认知水平的设定应当高于《商标法》上的相关公众。在最高人民法院(2010)行提字第3号案中,最高人民法院认为,根据《专利审查指南》的规定,所谓"常识性的了解",是指通晓相关产品的外观设计状况而不具备设计的能力,但并非局限于基础性、简单性的了解。最高人民法院《关于审理侵犯专利权纠纷案件应用法律若干问题的解释(二)》提出,人民法院在认定一般消费者对于外观设计所具有的知识水平和认知能力时,一般应当考虑被诉侵权行为发生时授权外观设计所属相同或者相近种类产品的设计空间。设计空间较大的,人民法院可以认定一般消费者通常不容易注意到不同设计之间的较小区别;设计空间较小的,人民法院可以认定一般消费者通常更容易注意到不同设计之间的较小区别(该解释第14条)。也有学者认为,应当按照有关产品领域的普通外观设计人员的水平来判断。(这一标准仿照了发明和实用新型的创造性标准认定人的标准,但未必合适)[1]本书认为,普通设计人员标准过高,最高人民法院的标准比较适中。

关于这个问题,《欧洲共同体商标条例》规定的判断主体假设是有见识的用户(informed user),同时考虑设计者的设计自由范围、程度。[2] 美国判例规定,重点在实际购买的产品及购买该产品的消费者上。[3]

※思考问题:外观设计中的一般消费者与《商标法》上的一般消费者有何相同和不同?

四、判断原则

如果一般消费者经过对被比设计与在先设计的整体观察可以看出,二者的差别对于产品外观设计的整体视觉效果不具有显著的影响,则被比设计与在先设计相近似;否则,二者既不相同,也不相近似。

如果一般消费者会将被比设计与在先设计误认、混同,则二者的差别对于产品外观设计的整体视觉效果显然不具有显著的影响。

但是,仅仅根据两项外观设计不会导致一般消费者误认、混同并不必然得出二者的差别对于产品外观设计的整体视觉效果具有显著的影响的结论。

一般认为,1993年《专利审查指南》确定的是间接对比的方法。2001年《专利

---

[1] 参见汤宗舜:《专利法教程》(第3版),法律出版社2003年版,第103页。

[2] See W. Cornish & D. Llewelyn, *Intellectual Property: Patents, Copyright, Trademarks and Allied Rights*, Sweet & Maxwell, Six edition, 2007.

[3] See Goodyear Tire & Rubber V. Hercules Tire & Rubber(Fed. Cir. 1998). 同时参见董红海:《中美外观设计专利侵权判定比较——基于美国外观设计案例的分析》,载《知识产权》2005年第4期。

审查指南》则明确了单独对比的方法。

第二节 外观设计的新颖性

一、概念

2008年之前没有新颖性概念，“不相同”（外观设计申请与现有设计不相同）相当于新颖性。所谓新颖性，即外观设计专利申请不属于现有设计，也不存在抵触设计。外观设计新颖性标准也采用了世界新颖性标准。

二、现有设计

现有设计，是指申请日以前在国内外为公众所知的设计，是指在现有设计中，既没有与涉案专利相同的外观设计，也没有与涉案专利实质相同的外观设计。

根据我国《专利法》第23条第4款的规定，现有设计是指申请日（有优先权的，指优先权日）以前在国内外为公众所知的设计。现有设计包括申请日以前在国内外出版物上公开发表过、公开使用过或者以其他方式为公众所知的设计。关于现有设计的时间界限、公开方式等参照发明和实用新型的规定。现有设计中一般消费者所熟知的、只要提到产品名称就能想到的相应设计，称为惯常设计。例如，提到包装盒就能想到其有长方体、正方体形状的设计。现有设计主要来源于外观设计文件，但也可以来自其他渠道。[4]

三、抵触设计

在涉案专利申请日以前任何单位或者个人向专利局提出并且在申请日以后（含申请日）公告的同样的外观设计专利申请，称为抵触申请。其中，同样的外观设计是指外观设计相同或者实质相同。

判断对比设计是否构成涉案专利的抵触申请时，应当以对比设计所公告的专利文件全部内容为判断依据。与涉案专利要求保护的产品的外观设计进行比较时，判断对比设计中是否包含与涉案专利相同或者实质相同的外观设计。例如，涉案专利请求保护色彩，对比设计所公告的为带有色彩的外观设计，即使对比设计未请求保护色彩，也可以将对比设计中包含该色彩要素的外观设计与涉案专利进行比较。又如，对比设计所公告的专利文件含有使用状态参考图，即使该使用状态参考图中包含不要求保护的外观设计，也可以将其与涉案专利进行比较，判断是否为相同或者实质相同的外观设计。

---

〔4〕 参见汤宗舜：《专利法教程》（第3版），法律出版社2003年版，第101页；程永顺：《中国专利诉讼》，知识产权出版社2005年版，第70～75页。

四、判断基准

(一)外观设计相同

外观设计相同是指涉案专利与对比设计是相同种类产品的外观设计,并且涉案专利的全部外观设计要素与对比设计的相应设计要素相同,其中外观设计要素是指形状、图案及色彩。

在确定产品的种类时,可以参考产品的名称、国际外观设计分类及产品销售时的货架分类位置,但是应当以产品的用途是否相同为准。相同种类产品是指用途完全相同的产品。例如,机械表和电子表虽然内部结构不同,但是它们的用途是相同的,所以属于相同种类的产品。但是,也有观点认为,外观设计相同或者相近似,不应限于相同种类或者相近种类的外观设计。[5] 根据统计,一些国家不限定产品的种类,另一些国家则限定。英国等国尽管没有限定产品范围,但是在申请时还是要注明产品种类。[6]

(二)外观设计实质相同

外观设计实质相同的判断仅限于相同或者相近种类的产品外观设计。对于产品种类不相同也不相近的外观设计,不进行涉案专利与对比设计是否实质相同的比较和判断,即可认定涉案专利与对比设计不构成实质相同。

相近种类的产品是指用途相近的产品。

如果一般消费者经过对涉案专利与对比设计的整体观察可以看出,二者的区别仅属于明显易见的差别,则涉案专利与对比设计实质相同。

---

〔5〕 参见程永顺:《中国专利诉讼》,知识产权出版社2005年版,第70~75页。

〔6〕 比如,《日本外观设计法》第5条规定:“下列外观设计,尽管有第三条之规定,也不能获得外观设计登记:……二、有与他人业务相关物品发生混淆之虞的外观设计……”《韩国外观设计保护法》第9条规定:外观设计注册申请(1)(iv)使用外观设计的产品。《印度外观设计法》第5条(3)规定:一项外观设计只能在一种类别中予以注册,在一项外观设计属于何种类别有疑问的情况下,由负责人作出决定。《马来西亚工业品外观设计法》第23条涉及在其他物品上注册同样的工业品外观设计。共同体设计的第〔2002〕6号理事会条例鉴于条款(14)规定评价设计是否具有独特性时:“……同时还要考虑该到该设计所应用或者结合的产品的类型……”《波兰工业产权法》第105条第5项规定:“……工业品外观设计注册权应当限于申请保护的该类产品。”

案例 49 | 本田越野车外观设计无效,行政一审、二审、再审案[7]
"细微差别"可以影响外观设计整体效果

无效程序中,复审委认为涉案专利与证据 1 的产品在外观上的上述区别均属于局部的差别,根据整体观察、综合判断的原则,这些差别对于汽车的整体视觉形状和风格来说属于较细微的差别,不足以使普通消费者产生明显不同的视觉效果而将二者认定为具有不同款式的产品,二者为相近似外观设计,涉案专利无效。无效行政一审、二审均维持上述结论,但说理略有不同。最高人民法院再审认为,前述差别对于本案诉争类型汽车的一般消费者而言是显而易见的,足以使其将涉案专利图片所示汽车外观设计与证据 1 所示汽车外观设计的整体视觉效果区别开来,对于整体视觉效果具有显著的影响,二者不属于相近似的外观设计。

五、判断方式

(一)单独对比

一般应当用一项对比设计与涉案专利进行单独对比,而不能将两项或者两项以上对比设计结合起来与涉案专利进行对比。

涉案专利包含若干项具有独立使用价值的产品的外观设计的,例如,成套产品外观设计或者同一产品两项以上的相似外观设计,可以用不同的对比设计与其所对应的各项外观设计分别进行单独对比。

涉案专利是由组装在一起使用的至少两个构件构成的产品的外观设计的,可以将与其构件数量相对应的明显具有组装关系的构件结合起来作为一项对比设计与涉案专利进行对比。

(二)直接观察、间接对比

在对比时应当通过视觉进行直接观察,不能借助放大镜、显微镜、化学分析等其他工具或者手段进行比较。

但是需采用间接对比的方法,就是观察者不把两种产品放在一起同时进行比较,而是错开时间、空间进行比较,如产生混同的应认为是近似的设计。

(三)仅以产品的外观作为判断的对象

在对比时应当仅以产品的外观作为判断的对象,考虑产品的形状、图案、色彩这 3 个要素产生的视觉效果。

(四)整体观察、综合判断

对比时应当采用整体观察、综合判断的方式。所谓整体观察、综合判断,是指

---

[7] 参见无效决定 WX8105 号,北京市第一中级人民法院行政判决书(2006)一中行初字第 779 号,北京市高级人民法院行政判决书(2007)高行终字第 274 号,最高人民法院行政判决书(2010)行提字第 3 号。

由涉案专利与对比设计的整体来判断，而不从外观设计的部分或者局部出发得出判断结论。

所谓“整体”，包括产品可视部分的全部设计特征，而非其中某特定部分；所谓“综合”，是指对能够影响产品外观设计整体视觉效果的所有因素的综合。[8]

（五）组件产品和变化状态产品的判断

对于组装关系唯一的组件产品，应当以组合状态下的整体外观设计为对象。

对于变化状态的产品，应当以其使用状态图所示的外观设计作为与在先设计进行比较的对象。

（六）设计要素的判断

设计要素的判断仍然以图片或者照片为主，通过观察图片或者照片，确定外观设计的要素。如果简要说明对设计要素做了说明的，应当同时依照简要说明，结合图片或者照片确定设计要素。

第三节　外观设计与现有设计明显不同

一、含义

外观设计与现有设计明显不同的审查、判断，大体相当于发明和实用新型的创造性审查、判断。根据《专利法》第 23 条第 2 款的规定，授予专利权的外观设计与现有设计或者现有设计特征的组合相比，应当具有明显区别。

二、类型

涉案专利与现有设计或者现有设计特征的组合相比不具有明显区别是指如下几种情形：(1)涉案专利与相同或者相近种类产品现有设计相比不具有明显区别；(2)涉案专利是由现有设计转用得到的，二者的设计特征相同或者仅有细微差别，且该具体的转用手法在相同或者相近种类产品的现有设计中存在启示；(3)涉案专利是由现有设计或者现有设计特征组合得到的，所述现有设计与涉案专利的相应设计部分相同或者仅有细微差别，且该具体的组合手法在相同或者相近种类产品的现有设计中存在启示。但是上述转用和/或组合后产生独特视觉效果的除外。

三、与相同或者相近种类产品现有设计对比

如果一般消费者经过对涉案专利与现有设计的整体观察可以看出，二者的差别对于产品外观设计的整体视觉效果不具有显著影响，则涉案专利与现有设计相比不具有明显区别。显著影响的判断仅限于相同或者相近种类的产品外观设计。

在确定涉案专利与相同或者相近种类产品现有设计相比是否具有明显区别

---

[8]　参见最高人民法院行政判决书(2010)行提字第 3 号。

时,一般还应当综合考虑如下因素:(1)重要部位(要部)判断。使用时容易看到部位的设计变化相对于不容易看到或者看不到部位的设计变化,通常对整体视觉效果更具有显著的影响。(2)非惯常设计相比惯常涉及对整体视觉效果更具有显著的影响;局部细微变化不影响整体效果;产品的功能、内部结构、技术性能对整体视觉效果不具有显著的影响;尺寸的差异仅导致产品被整体放大或者缩小,则对整体视觉效果不具有显著的影响;由产品的功能唯一限定的特定形状对整体视觉效果通常不具有显著的影响。

四、现有设计的转用、现有设计及其特征的组合

在判断现有设计的转用,以及现有设计及其特征的组合时,通常可以按照以下步骤进行判断:(1)确定现有设计的内容,包括形状、图案、色彩或者其结合。(2)将现有设计或者现有设计特征与涉案专利对应部分的设计进行对比。(3)在现有设计或者现有设计特征与涉案专利对应部分的设计相同或者仅存在细微差别的情况下,判断在与涉案专利相同或者相近种类产品的现有设计中是否存在具体的转用和/或组合手法的启示。如果存在上述启示,则二者不具有明显区别。产生独特视觉效果的除外。独特视觉效果是指涉案专利相对于现有设计产生了预料不到的视觉效果。

转用,是指将产品的外观设计应用于其他种类的产品。模仿自然物、自然景象,以及将无产品载体的单纯形状、图案、色彩或者其结合应用到产品的外观设计中,也属于转用。如果转用属于明显存在转用手法的启示的情形,由此得到的外观设计与现有设计相比不具有明显区别。

组合包括拼合和替换,是指将两项或者两项以上设计或者设计特征拼合成一项外观设计,或者将一项外观设计中的设计特征用其他设计特征替换。以一项设计或者设计特征为单元重复排列而得到的外观设计属于组合设计。上述组合也包括采用自然物、自然景象,以及无产品载体的单纯形状、图案、色彩或者其结合进行的拼合和替换。如果组合属于明显存在组合手法的启示的情形,由此得到的外观设计属于与现有设计或者现有设计特征的组合相比没有明显区别的外观设计。

案例50 | LED灯泡(B35 -B)外观设计[9]
主体部分决定外观设计的整体效果

涉案专利与对比设计所示灯的发光部、散热部的具体形状为一般消费者所关注,且该两部分形成了涉案专利整体形状中的主体部分,二者在该两部分存在显著差别,对整体视觉效果具有显著影响,因此,涉案专利与对比设计相比具有明显区别。

[9] 参见无效决定WX19606号。

第四节 不得与其他合法在先权利冲突

他人在申请日以前已经取得的合法权利主要是指商标权、著作权(主要是指美术作品)、肖像权等。由于外观设计是指对产品的形状、图案或者其结合,以及色彩与形状、图案的结合所作出的富有美感并适于工业应用的新设计,因此外观设计容易与商标权、著作权等权利相冲突,因而,法律规定不得与这些权利相冲突。即如果有他人在先已经取得了上述合法权利,外观设计专利申请人便不得以这些商标、美术作品等作为产品的外观设计取得专利权。

一、概述

授予专利权的外观设计不得与他人在申请日以前已经取得的合法权利相冲突是2000年《专利法》增加的规定。这是一条颇有争议的条款,据说依据来自TRIPs第16条〔10〕授予的权利。但这一依据明显不足。首先该条规定是针对商标的,其次该条规定的是不得损害现有的优先权,但没有将这一规定作为授权的条件,因为TRIPs第16条规定的内容是商标所有人的权利。而且,这一条也不应该类推到外观设计。因为TRIPs涉及外观设计的第25条保护的要求及第26条保护均没有出现类似规定。2000年《专利法》第23条和2008年《专利法》第23条规定大体相同,有细微区别。2008年规定的是"不得与他人在申请日以前已经取得的合法权利相冲突",2000年规定的是"不得与他人在先取得的合法权利相冲突"。

2001年最高人民法院《关于审理专利纠纷案件适用法律问题的若干规定》第15条规定:"人民法院受理的侵犯专利权纠纷案件,涉及权利冲突的,应当保护在先依法享有权利的当事人的合法权益。"第16条对在先权利加以列举、明确:"专利法第二十三条所称的在先取得的合法权利包括:商标权、著作权、企业名称、肖像权、知名商品特有包装或者装潢使用权等。"2016年最高人民法院《关于审理侵犯专利权纠纷案件应用法律若干问题的解释(二)》(法释〔2016〕1号)第23条这样规定:"被诉侵权技术方案或者外观设计落入在先的涉案专利权的保护范围,被诉侵权人以其技术方案或者外观设计被授予专利权为由抗辩不侵犯涉案专利权的,人民法院不予支持。"根据该规定,实际上将在先权利扩大到在先外观设计。

---

〔10〕 TRIPs第16条第1款规定:"注册商标的所有权人享有专有权,以阻止所有第三方未经该所有权人同意在贸易过程中对与已注册商标的货物或服务的相同或类似货物或服务使用相同或类似标记,如此类使用会导致混淆的可能性。在对相同货物或服务使用相同标记的情况下,应推定存在混淆的可能性。上述权利不得损害任何现有的优先权,也不得影响各成员以使用为基础提供权利的可能性。"

实践中如何处理这一授权条件,前后也有些变化。2001 年《专利法实施细则》第 65 条第 3 款规定:“以授予专利权的外观设计与他人在先取得的合法权利相冲突为理由请求宣告外观设计专利权无效,但是未提交生效的能够证明权利冲突的处理决定或者判决的,专利复审委员会不予受理。”2010 年《专利法实施细则》第 66 条第 3 款规定:“以不符合专利法第二十三条第三款的规定为理由请求宣告外观设计专利权无效,但是未提交证明权利冲突的证据的,专利复审委员会不予受理。”比较可知,2001 年规定需要等待权利冲突的处理决定或判决,而 2010 年《专利法实施细则》仅要求提供证明权利冲突的证据。

在先权利的范围也有一个细节变化。2001 年《专利法实施细则》规定,以在先权利为由请求宣告外观设计无效的,需要提交生效的能够证明权利冲突的处理决定或者判决,而 2010 年《专利法实施细则》则做了更为宽松的规定,需要提交证明权利冲突的证据,显然,权利冲突的证据比生效的能够证明权利冲突的处理决定或者判决范围要宽。

汤宗舜先生早就对这一规定做了精彩的批评。[11] 他指出,首先,他人在先权利的保护并不需要通过无效程序进行,可以直接进行侵权诉讼;其次,复审委在进行无效审查时并没有权力进行侵权认定,而是需要等待法院侵权诉讼的结果;最后,即使外观设计专利权侵犯他人在先权利也不一定必然导致无效掉,专利权人可以通过取得他人的在先权利而保全它的外观设计专利权,这与在先申请明显不同,因为如果外观设计的在先权利包括外观设计专利,那么根据新颖性要求,在后的申请就会被无效掉而不可能保全。[12]

二、与商标权的冲突

下面通过案例加以说明。

(一)“包装袋”外观设计无效案

要点:未提交能够证明权利冲突的相关处理决定或判决不予受理。

1. 案由

本无效宣告请求涉及的是国家知识产权局于 2002 年 11 月 20 日授权公告的,名称为“包装袋”的外观设计专利(本案以下简称本专利),其申请号是 02329404.3、申请日是 2002 年 5 月 24 日、专利权人是陈光照。

针对本专利权,广州爱儿健婴童用品有限公司(本案以下简称请求人)于 2007 年 12 月 18 日向复审委提出无效宣告请求,其理由是:本专利与请求人受让的在先获得商标专用权的第 1637428 商标图案完全一致,本专利与请求人在先取得的注册商标权相冲突,不符合《专利法》第 23 条的规定,请求宣告本专利无效。请求人

〔11〕 参见汤宗舜:《专利法教程》(第 3 版),法律出版社 2003 年版,第 106～108 页。

〔12〕 参见尹新天:《中国专利法详解》,知识产权出版社 2012 年版,第 231 页。

并提交了5个附件作为证据。

针对无效宣告请求，专利权人于2008年6月10日提交意见陈述认为：本专利是关于产品的设计，商标是标志，二者是完全不同的概念；专利权人使用的产品是包装袋，并未使用在请求人商标核准的商品范围内，未造成商标侵权，并附本专利证书和专利权人的第3047695号商标注册证。

复审委合议组进行了口头审理，双方当事人均由代理人出席口头审理。口头审理中，请求人新提出本专利不是新设计，不符合《专利法实施细则》第2条第3款规定的无效理由。合议组当庭认为新增理由属于无效宣告请求日提起一个月以后提出的新理由，根据《专利法实施细则》及《专利审查指南》相关规定不予考虑；另外，根据《专利法实施细则》第65条第3款的规定，请求人以与在先权利相冲突为由提起无效宣告请求的，应当提交与在先权利相冲突的处理决定或判决，否则该理由将不予受理。

2. 决定的理由

根据请求人提出的无效宣告请求的理由和证据，合议组对本案进行了审理。合议组认为，根据《专利法》第23条的规定："授予专利权的外观设计，应当同申请日以前在国内外出版物上公开发表过或者国内公开使用过的外观设计不相同和不相近似，并不得与他人在先取得的合法权利相冲突。"以及《专利法实施细则》第65条第3款规定："以授予专利权的外观设计与他人在先取得的合法权利相冲突为理由请求宣告外观设计专利权无效，但是未提交生效的能够证明权利冲突的处理决定或者判决的，专利复审委员会不予受理。"请求人主张本专利与请求人在先取得的注册商标权相冲突，但未提交能够证明权利冲突的相关处理决定或判决。根据《专利法实施细则》第65条第3款的规定，该理由属于不应受理范围。

综上所述，请求人提交的证据不能证明其无效宣告请求的理由。决定维持02329404.3号外观设计专利权有效。

（二）标贴（3cc扑克牌）外观设计无效案

要点：与在先商标权冲突专利无效。

1. 案由

本无效宣告请求涉及国家知识产权局于2008年6月18日授权公告的、名称为"标贴（'3cc'扑克牌）"的200730060715.7号外观设计专利，其申请日为2007年7月27日、专利权人为曾庆松。

针对上述专利（本案以下简称本专利）权，美国扑克牌公司（本案以下简称请求人）于2010年2月1日向复审委提出了无效宣告请求，其理由是本专利不符合《专利法》第23条（与在先权利相冲突）的规定，请求宣告本专利无效，同时提交了如下证据。证据1：第3214773号商标注册证复印件1页；证据2：第1222497号商标注册证及其核准续展注册证明复印件共2页。

请求人认为,本专利中使用的“3cc”与其在先取得的注册商标中所使用的“Bee”字体近似,“3”是将字母“B”的竖线去除后得到的,“c”是将字母“e”中的横线去除后得到的,本专利的“3cc”整体上与注册商标非常近似,以相关公众的一般注意力而言,二者极易混淆,构成相近似,故本专利的实施将会误导相关公众并导致其产生混淆,从而损害商标所有人的相关合法权益,构成权利冲突,其不符合《专利法》第23条的规定。

专利权人认为本专利与上述注册商标核定使用的产品不同,商标不能跨类保护,并且本专利中使用的“3cc”标志也与注册商标使用的标识不同,故二者不构成权利冲突。

2. 决定的理由

合议组认为:证据1和证据2可以作为评价本专利是否符合《专利法》第23条规定的证据使用。根据《专利审查指南》的相关规定,涉案专利是否使用了与在先商标相同或者相似的设计的认定,原则上适用商标相同、相似的判断标准。根据简要说明的记载,本专利为用于扑克牌包装表面或封口的标贴,其中使用的“3cc”的文字设计是整个外观设计中引人注目的部分,其在实际使用过程中由扑克牌生产厂家粘贴在扑克牌包装盒上与扑克牌一并销售给相关消费者,并能够起到表明产品来源的作用;在先商标指定用于“扑克牌”产品,实际上也要用在扑克牌或其包装上用于标明产品的来源,上述扑克牌的外包装与扑克牌通常也是一并销售给相关消费者的;故本专利与在先商标所使用的产品具有相同或类似的用途、生产部门、销售渠道和消费群体,其属于相同或类似种类的产品。合议组对于专利权人关于本专利与在先商标使用于不同种类的产品上的主张不予支持。

合议组认为:对于中国境内的相关公众而言,会首先将“3cc”和“Bee”这样的外文标识认知为字母、符号的组合标志;其次,“Bee”商标的中文含义“蜜蜂”与其指定使用的扑克牌商品的内在特征或质量之间没有直接的关联,该商标本身就具有较强的显著性,在本专利使用的“3cc”标识自身缺乏确切含义,其文字字体设计、排列和整体的表现形式又与“Bee”商标如此近似,且本专利还使用了蜜蜂作为背景图案的情况下,仅凭两个标识在呼叫和含义上的差别难以在整体上将二者明显地区分开来,相关公众仅施以一般注意力的情况下,易于将本专利中的“3cc”标识与在先商标混淆,进而导致对相关产品的来源产生误认。

综上所述,在实际使用过程中,本专利会起到表明产品来源的作用,其中使用的“3cc”设计在相关公众施以一般注意力的情况下,易于同在先商标“Bee”发生混淆,导致对产品来源的误认,故本专利的实施将会误导相关公众,损害在先商标所有人的合法权益,遵循诚实信用和保护在先取得的合法权利的原则,应判定其与在先商标权相冲突。

宣告200730060715.7号外观设计专利权全部无效。

三、与著作权的冲突

英特莱格公司诉可高玩具有限公司等侵犯著作权纠纷案〔13〕

要点:外观设计专利权与著作权可以同时受到保护

1999 年 1 月 19 日,英特莱格公司的委托代理人在北京市复兴商业城(以下简称复兴商业城)公证购买了可高(天津)玩具有限公司(以下简称可高公司)制造的可高玩具。9 月 15 日,英特莱格公司以可高公司侵犯其乐高玩具积木块实用艺术作品的著作权为由向北京市第一中级人民法院提起民事诉讼,请求法院判令停止侵权、销毁侵权物品、赔礼道歉、赔偿经济损失 10 万元及诉讼支出的合理费用、代理费。可高公司曾于 1996 年就其制造的部分玩具积木块申请了中国外观设计专利。英特莱格公司曾请求中国专利局撤销上述外观设计专利,中国专利局经审查维持上述专利权有效。

北京市第一中级人民法院认为,英特莱格公司是本案涉及的乐高玩具积木块实用艺术作品在中国的著作权及相关权益的所有者。被告提出原告的玩具既然已经申请了外观设计专利权,就不能再获得著作权的保护。对此,法院认为,现在没有证据表明中国法律对于外国人的实用艺术作品排斥著作权和专利权的双重保护。英特莱格公司就其实用艺术作品虽然申请了中国外观设计专利,但并不妨碍其同时或继续得到著作权法的保护。法院判决可高公司停止生产、销售侵权产品的行为,侵权产品模具交法院销毁;可高公司赔偿英特莱格公司经济损失 5 万元,合理的诉讼支出 17017 元等。

四、与包装装潢的冲突

下面以案例加以说明。

(一)"手提袋"外观设计无效案〔14〕

要点:因未提供生效判决或决定侵犯在先商标权不成立无效理由

1. 案由

本无效宣告请求涉及的是 2003 年 10 月 8 日国家知识产权局授权公告的 02367907.7 号外观设计专利,其名称是"手提袋"、申请日是 2002 年 12 月 4 日、专利权人是王军。

针对上述外观设计专利(本案以下简称本专利)权,路易威登马利蒂(本案以下简称请求人)于 2004 年 2 月 24 日向复审委提出无效宣告请求,其主要理由是本

〔13〕 参见中国法院网典型案例,https://www.chinacourt.org/article/detail/2003/04/id/54312.shtml。参见北京市第一中级人民法院(1999)一中知初字第 132 号民事判决书、北京市高级人民法院(2002)高民终字第 279 号民事判决书。

〔14〕 参见无效决定 WX9273 号。参见张鹏:《专利授权确权制度原理与实务》,知识产权出版社 2012 年版,第 335 页。

专利不符合《专利法》第23条和《专利法实施细则》第2条第3款的规定。请求人认为本专利的图案部分采用了请求人在本专利申请日之前即公开的注册商标图案的图形与文字要素，包括占主视图中3/4面积的“路易威登”文字、一字排列“LV”图案、菱形花朵图案及圆圈内的梅花图案，上述文字与图形要素构成本外观设计专利的主要部分，而这些要素中的绝大部分均为请求人所拥有的世界驰名标识，在中国也早已进行商标注册，因此本专利与请求人已取得的在先商标权相冲突。另外，请求人认为本专利在去除上述部分之后的剩余部分，不符合《专利法实施细则》第2条第3款对外观设计的定义，不能独立存在，也不具备授权条件。请求人同时提交了4份商标注册证来主张在先权利。

专利权人认为，本专利符合《专利法》第23条、《专利法实施细则》第2条第3款的规定。其具体观点是：本专利保护的是一个手提袋，请求人出示的相关商标注册证及公告文件均只是各个商标的单独图形，与本专利手提袋上的整体图案在形态上有明显不同，不会造成公众混淆；具体到本专利手提袋上的“VL”英文图形源于与专利权人提供的“LV”证据完全不同的“Veracious Love”一词，二者在内容和形式上均缺乏联系。

请求人认为，本专利手提袋设计中的显著要素“路易威登”文字、一字排列“LV”图案、菱形花朵图案及圆圈内的梅花图案与请求人的4份注册商标的文字图案极为近似，极易误导普通消费者认为该手提袋是来源于请求人的知名品牌产品，这显然造成了与请求人在先合法商标权的冲突；此外，证据2～5的商标公告的公开日均早于本专利的申请日，而本专利手提袋产品的形状是同类产品的惯常设计，其基本图案是7种图形要素的结合，这7种图形要素分别是与证据2～5的商标图形完全相同或经简单变形后的图形，因此，本专利与证据2～5公开的外观设计非常近似；因此，本专利不符合《专利法》第23条的规定，应予撤销。在口头审理过程中，请求人未按合议组要求提交《专利法实施细则》第65条第3款规定的生效判决或处理决定。

2. 决定及理由

合议组认为，专利权人在本专利的外观设计中，以与证据2完全相同的文字作为其主要的设计要素，该商标的文字在整个外观设计中占有较大比例，是外观设计中引人注目的部分，且请求人提交的4份注册商标所核准使用的产品类别中均包含了本专利的具体产品手提袋。尽管本专利外观设计在“路易威登”文字的字体及图形要素的细节上与请求人的注册商标存在差别，但这种差别显然不足以避免一般消费者对本外观设计手提袋的来源产生混淆和误认，给请求人对上述4份注册商标所享有的商标专用权造成损害。因此，鉴于专利权人的外观设计专利与请求人对“路易威登”文字、一字排列“LV”图案、菱形花朵图案及圆圈内的梅花图案享有的商标专用权切实存在权利冲突的明显可能性，但是请求人未能提供符合《专利法实施细则》第65条第3款规定的生效判决或处理决定,请求人提出的本外观设计专利权与请求人在先取得的注册商标权相冲突的无效宣告请求理由不能成立。

(二)路易威登马利蒂公司诉王某商标侵权案〔15〕

要点:侵权认定不以解决权利冲突为前提

二审法院认为,对于当事人之间的民事争议,人民法院当然有权也必须受理并进行审理。本案中,路易威登马利蒂公司以王军申请并获得授权的02367907.7号外观设计专利与其在先注册商标专用权相冲突、侵犯其注册商标专用权为主要理由提起本案诉讼,原审法院以之作为侵犯商标权纠纷案件受理并对是否构成权利冲突作出认定,符合《民事诉讼法》和《专利法》及其《专利法实施细则》的上述规定,而且原审法院在适用《专利法》及其《专利法实施细则》的上述规定时已经明确指出,按照上述规定,人民法院对权利冲突的处理已经成为宣告外观设计专利权无效的前提条件,只要存在权利冲突,人民法院就可以对此作出判决。因此王军关于原审法院不应对权利冲突作出认定、应先通过行政程序解决权利冲突等上诉理由是对《专利法》及其《专利法实施细则》规定的错误理解,法院不予支持。

路易威登马利蒂公司的第241000号、第241081号、第1106237号和第1106302号注册商标核定使用的商品为旅行包、背包,手提包、购物袋、公文包(箱)等,王军的02367907.7号外观设计专利的名称为手提袋,虽然上述注册商标核定使用的商品中有的限定为皮制或人造革制,但上述注册商标核定使用的商品总体上与王军外观设计专利产品手提袋在功能、用途、消费对象、销售渠道等方面均相同,应认定为类似商品。《商标注册用商品和服务国际分类表》的主要功能在于商标注册申请时方便注册审查和行政管理,不能作为判断商品是否类似的唯一依据,因此王军关于其外观设计专利产品与路易威登马利蒂公司上述注册商标核定使用的商品不属于相同或者类似商品的上诉理由,于法无据,不予支持。

王军的02367907.7号外观设计专利产品主视图上突出使用的文字和图形分别与路易威登马利蒂公司的第241000号、第241081号、第1106237号和第1106302号注册商标的文字和图形相同,王军在其外观设计专利产品上的这种突出使用行为起到了标示商品来源的作用,已经构成了在同一种和类似商品上使用与路易威登马利蒂公司上述注册商标相同商标的行为,虽然本案中并无证据显示王军已实际将其外观设计专利产品投入市场使用,但其一旦投入市场即不可避免地会造成相关公众的混淆误认,给路易威登马利蒂公司的上述注册商标专用权造成侵害,因此原审判决判令王军不得使用其02367907.7号外观设计专利产品以避免实际侵害结果的发生并无不当。《商标法实施条例》第50条和最高人民法院《关于审理商标民事纠纷案件适用法律若干问题的解释》第1条分别对商标法第

〔15〕 参见北京市高级人民法院民事判决书(2008)高民终字第114号。

52条第5项规定的内容所做的具体行为的列举只是对《商标法》中未规定的某些比较突出的侵害商标权的行为加以明确，以便更有效地保护商标权，并非对《商标法》的上述规定内容的穷尽式列举，王军关于《商标法实施条例》和最高人民法院上述司法解释已经对《商标法》第52条第5项规定的内容做了穷尽式列举，而其行为不属于其中任何一种。因此原审判决适用法律错误的上诉理由，显然是对商标法律、法规和司法解释的错误理解，不予支持。

二审维持原判。

第五节　国外外观设计的授权标准

一、美国

《美国专利法》第171条规定了外观设计专利的授权条件："任何人依据本法规定的条件和要求，发明了新的、原创的、装饰性的用于制造物品之设计，均可以获得专利。除非另有规定，本法与发明专利有关的规定，均适用设计专利。"

根据该条，美国外观设计规定了新颖性条件、原创性条件及装饰性条件，同时发明专利的授权标准也适用于外观设计专利。其中，"装饰性"要求是指物品的某些部分必须具有一个并非完全由功能性决定的外形。原创性是指设计不能是从他人或其他来源那里抄袭得来。即使被抄袭的人不知道自己的设计被抄袭，或者原设计人也不挑战设计专利权的效力，甚至根本不知道原创者在哪里，设计专利都不能获得授权。[16]

二、欧洲

2002年欧盟理事会通过了《欧盟理事会共同体外观设计保护条例》[Council Regulation (EC) No 6/2002 of 12 December 2001 on Community Designs]（以下简称《共同体外观设计条例》），欧洲许多国家加入了《共同体外观设计条例》，因此该条例的内容也是许多欧洲国家外观设计立法的内容。该条例第4条提出了外观设计保护的一般要求，第5条是新颖性规定，第6条是个性特征规定，第9条是不能授权的客体。详细内容如下。

共同体外观设计的保护要求包括：（1）共同体设计获得保护应当达到其是新的并且具有个性特征的程度。（2）如果外观设计应用于或者结合于一产品，该产品是某一复杂产品的部件，应当仅在下述情形下才认为其是新的并且具有个性特征：（a）如果该部件被安装到复合产品上，在复合产品的正常使用过程中仍然保持

〔16〕 See Philippe Signore, "Design Patent Protection in the United States", *Epi Information Journal*, 2/2001 (June), pp. 81–87.

可见,并且(b)就该部件的可见特征而言,其本身依然具有新颖性和个性特征。(3)第(2)(a)项中的"正常使用"是指终端用户的使用,包括维护、服务或修理工作。并且规定,违背公共政策或道德的设计不能成为共同体设计。

关于新颖性的规定。外观设计将被认为是新的,如果之前没有同样的设计能够为公众所得到:(1)对于非注册的共同体设计,在外观设计申请保护的日期前已经首先能够为公众所得到;(2)对于注册的共同体设计,在递交外观设计登记注册申请、要求保护的日期之前,如果有优先权,指优先权日。那些仅仅在非实质性的细节上有区别的外观设计将被认为是同样的设计。

关于个性特征[17](individual character)的规定:(1)如果外观设计给有见识的用户的总体印象区别于已能为公众所获得的任何设计给这一用户带来的总体印象,那么该外观设计应被认为有个性特征:(a)对于非注册的共同体设计,在申请保护的外观设计已经首次能够为公众所得到之日前;(b)对于注册的共同体设计,在递交外观设计登记注册申请、要求保护的日期之前,如果有优先权,指优先权日。(2)在评估个性特征时,要考虑设计者在设计时的自由度。

关于保护范围。该条例第10条保护规定:(1)共同体设计授予的保护范围应当包括让有见识的用户未能产生不同的整体印象的任何设计;(2)在评估保护范围时,应考虑设计师进行设计时的自由度。

三、日本

《日本外观设计法》第3条规定了外观设计登记的要件,内容包括:(1)作出了可以在工业上利用之外观设计的人,除下述情形之外,可就其外观设计获得注册登记:第一,登记申请递交之前在日本国内或者国外已公知的外观设计;第二,外观设计登记申请递交之前,在日本国内或者外国所发行的刊物上已有记载的外观设计,或者公众通过电信线路能公开获得的外观设计;第三,与前两项所列外观设计类似的外观设计。

(2)外观设计登记申请之前,该外观设计所属技术领域的普通熟练人员,根据在日本国内或者外国已公知的形状、图案、色彩或者其结合能容易地作出该外观设计(不包括前款两项所述之外观设计)的,尽管有前款之规定,也不能就其外观设计获得外观设计登记。

尽管符合第3条的规定,但有下列情形者仍不予注册:(1)有害于公共秩序或者社会道德的外观设计;(2)与他人业务相关的物品有发生混淆之虞的外观设计;(3)仅由为确保物品功能而不可或缺的形状所构成的外观设计。

---

〔17〕　共同体外观设计没有使用创造性概念,而是使用了个性特征的概念,这一概念与《美国专利法》的非显而易见性、原创性类似,与我国《专利法》的提法明显不同。

四、德国

根据《德国外观设计法》的规定,设计获得保护需要满足下列条件:(1)如果一件设计是新的并且具有个性特征,就可以作为注册外观设计受到保护。(2)外观设计将被认为是新的,如果之前没有同样的设计被披露过。如果外观设计的特点只存在非实质性差异,那么这些外观设计将被认为是相同的。(3)如果外观设计给有见识的用户的总体印象区别于已被披露的任何设计给这一用户带来的总体印象,那么该外观设计应被认为有个性特征。在评估个性特征时,要考虑设计者在设计时的自由度。

五、英国外观设计的保护要求

《英国外观设计法》第IB条(新颖性和个性特征要求)规定:"(1)设计获得权利保护应当达到其是新的并且具有个性特征的程度。(2)为符合前述(1)项之要求,在相关日前应没有相同设计,或者与申请仅有非实质性细节差别的设计已能为公众所获得。(3)为符合前述(1)项之要求,在相关日前如果外观设计给有见识的用户的总体印象区别于已能为公众所获得的任何设计给这一用户带来的总体印象,那么该外观设计应被认为有个性特征。(4)在评估个性特征时,要考虑设计者在创作设计时的自由度。……(8)如果外观设计应用于或者结合于一产品,该产品是某一复杂产品的部件,应当仅在下述情形下才认为其是新的并且具有个性特征:(a)如果该部件被安装到复合产品上,在复合产品的正常使用过程中仍然保持可见,并且(b)就该部件的可见特征而言,其本身即具有新颖性和个性特征……"

根据《英国外观设计法》第1D条的规定,违背公共政策或普遍接受的道德原则的设计不能获得注册设计的权利。

六、印度

《印度外观设计法》是从反面规定外观设计的授权条件,其第4条规定,具有下列情形的外观设计不予注册:该外观设计——(a)不是新的或原创的;或者(b)在申请日前,或者如果有优先权的话即优先权日前,在印度或者其他国家以有形出版物或者通过使用向公众披露;或者(c)与已知的设计或者已知设计的结合没有明显区别;或者(d)包括、含有毁谤或淫秽内容。

七、未注册之外观设计保护

(一)《共同体外观设计条例》的规定

欧洲国家对于未注册外观设计也给予保护。《共同体外观设计条例》第1条(共同体设计)第2款(a)规定,若以本条例规定的方式为公众所知,可以获得"非注册式共同体设计"。第1条第2款(b)规定,若以本条例规定的方式进行注册,可以获得"注册式共同体设计"。注册设计和非注册设计都受到保护。第11条具体规定了非注册式共同体设计保护的起始及期限,符合规定条件的设计应当得到自在共同体域内首次为公众所知之日起3年的非注册式共同体设计的保护;该条第2款则对认定首次为公众所知作出了规定：为第前款的目的，如果设计已经出版、展出、在商业中使用或者以其他方式披露，且这些行为在商业的正常过程中能为共同体域内熟悉该行业的专业人士所获知，则认为该设计在共同体内已为公众所知。然而，不能仅仅因为该设计披露给具有明示或默示保密义务的第三人，视为已为公众所知。

未注册外观设计的保护条件。《共同体外观设计条例》并没有严格区分注册设计和非注册设计的保护条件，只是在一些具体环节上有差异。比如关于新颖性的规定，对于非注册式设计而言，其起算日为要求保护的设计第一次为公众所知之日，其余规定相同。

未注册外观设计和注册外观设计权利范围的差异。《共同体外观设计条例》第19条规定共同体设计授予的权利为：(1)注册式共同体设计授予其权利人使用和阻止任何第三方未经其允许使用该设计的独占权。特别是前述使用包括制造、提供、出售、进口、出口或者使用结合有该设计或者应用该设计的产品，或者为了前述目的储存该产品。(2)然而，在被指控的使用源自抄袭被保护的设计时，非注册式共同体设计才授予其权利人阻止第1款所述行为的权利。

如果被指控的使用源自一个设计师的独立创作，且能够被合理地认定为其不知晓权利人公开的被保护的设计的情况下，不视为对受保护设计的抄袭。

（二）英国的规定[18]

1956年《英国版权法》规定了双重保护制度，可注册的外观设计在外观设计保护到期后可以继续受版权保护。1968年《英国外观设计版权法》规定，任何在工业上应用的外观设计，无论其注册与否，自其在市场销售之日起，可获15年的版权保护。1988年《英国版权、外观设计和专利法》建立了一个"外观设计权"制度。"外观设计权"不需要注册，可获得15年的保护，一般将这种权利称为非注册外观设计权。非注册外观设计权试图为生产者的一些不具有视觉美感的外观设计提供某种保护。这样，纯功能性的外观设计也可获得这种非注册外观设计权，而这种外观设计就不再享有作为艺术作品的版权保护。[19]

取得非注册外观设计保护的条件包括：首先，申请人是英国公民，《共同体外观设计条例》成员的公民，以及英国的领地居民。是否适用于《巴黎公约》成员的国民或者居民，则存疑。其次，申请的设计应当是原创的时。在判断是否是原创的时，需要考虑在本设计领域是否是通常设计。如果是通常设计，则不能获得非注册设计。而且需要排除有微小改进的设计。非注册设计可以是整个设计

---

[18] See W. Cornish & D. Llewelyn, *Intellectual Property: Patents, Copyright, Trade Marks and Allied Rights*, Published by Sweet & Maxwell Limited, Six edition, 2007, p. 591.

[19] 参见王先林：《英国的保护外观设计立法》，载 http://szcip.333cn.com/case/118285.html。

或者其一部分。最后，制作（建设）方法和原理应当被排除。但是有两个例外：外观设计产品与其他产品结合构成功能性；不具有独立性，构成其他产品的一部分。

非注册外观设计的权利内容体现为排他权利，即未经权利人许可，他人不得有生产、复制、非授权的商业性进口、销售、出租受保护的非注册外观设计等行为。权利保护期限为 15 年。

第五编 | 专利申请与审查程序

第十三章　专利申请程序

发明专利申请与审查程序包括提出申请与受理、形式审查、公布申请、实质审查、公告授权。对于实用新型和外观设计专利，经过初审后就可以公告授权。还有两个特别程序复审与无效，本书另章专门讨论。

申请人就一项发明创造要求获得专利权的，应当根据《专利法》及其《专利法实施细则》的规定向专利局提出专利申请。在专利审批程序中，申请人根据《专利法》及其《专利法实施细则》的规定或者审查员的要求，还需要办理各种与该专利申请有关的事务。申请人向专利局提出专利申请，以及在专利审批程序中办理其他专利事务，统称为专利申请手续。

申请人提出专利申请，向专利局提交的《专利法》第 26 条规定的请求书、说明书、权利要求书、说明书附图和摘要或者《专利法》第 27 条规定的请求书、图片或者照片等文件，称为专利申请文件；在提出专利申请的同时或者提出专利申请之后，申请人、专利权人、其他利害关系人在办理与该专利申请或者专利有关的各种手续时，提交的除专利申请文件以外的各种请求、申报、意见陈述、补正，以及各种证明、证据材料，称为其他文件。办理各种手续应当提交相应的文件，缴纳相应的费用，并且符合相应的期限要求。

第一节　专利申请概述

专利申请大致可以分为申请受理阶段、审查阶段和授权阶段。发明专利申请还包括一个申请公布阶段。

一、申请的流程图

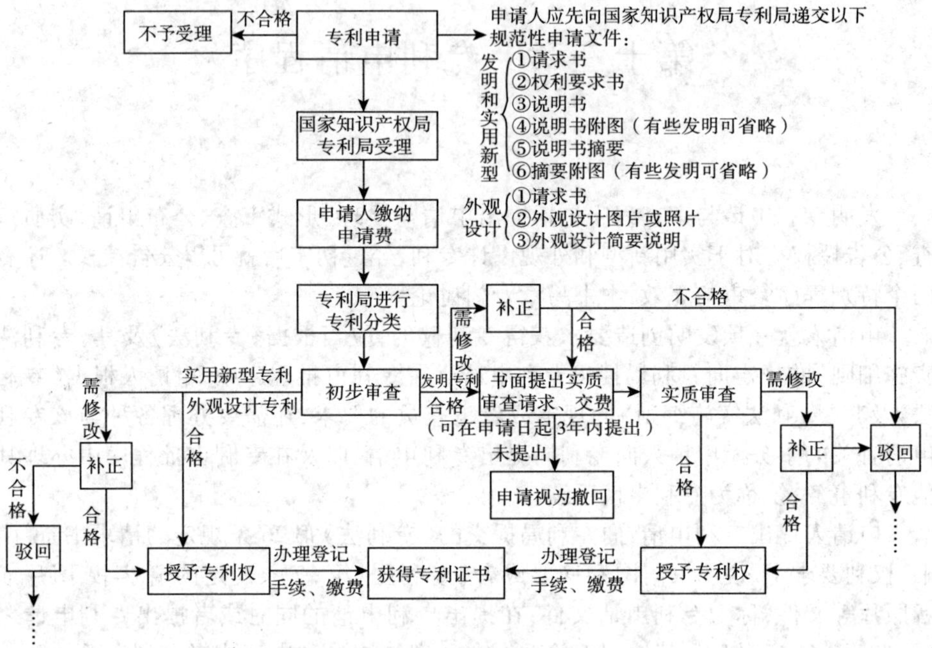

图 13－1　申请流程

说明：图 13－1 涵盖了发明、实用新型、外观设计的申请流程。在申请程序中，对专利局的审查意见进行答复但没有获得审查人员认可的，申请会被驳回。不进行答复或者不按照《专利法》的要求完成相应程序要求的，申请会被视为撤回。对于所有程序，都有相应救济。比如，对于驳回的救济是复审程序，对于驳回之外的救济可以是行政复议或者行政诉讼。

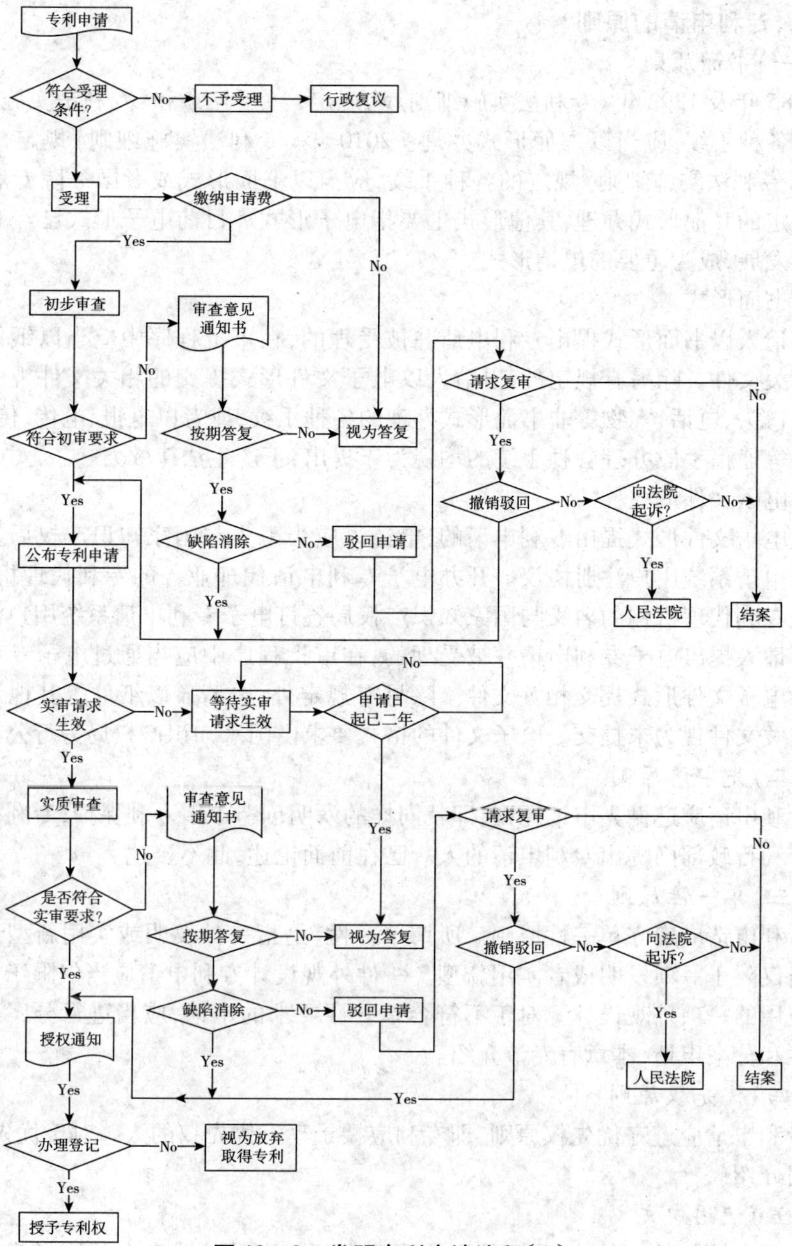

图 13－2　发明专利申请流程〔1〕

---

〔1〕　参见田力普主编:《发明专利审查基础教程——审查分册》(第3版),知识产权出版社2012年版,第4页。

二、专利申请的原则

（一）书面原则

1985年及1992年《专利法实施细则》均规定，《专利法》和《专利法实施细则》规定的各种手续，应当以书面形式办理。2010年《专利法实施细则》规定，《专利法》和《专利法实施细则》规定的各种手续，应当以书面形式或者国务院专利行政部门规定的其他形式办理，其他形式主要指电子形式。目前电子形式已经获得了巨大的发展，成为主要的申请形式。

1. 书面形式

申请人以书面形式提出专利申请并被受理的，在审批程序中应当以纸件形式提交相关文件。除另有规定外，申请人以电子文件形式提交的相关文件视为未提交。以口头、电话、实物等非书面形式办理的各种手续，或者以电报、电传、传真、电子邮件等通信手段办理各种手续的均视为未提出，不产生法律效力。

2. 电子文件形式

以电子文件形式提出专利申请的，申请人应当事先与国家知识产权局签订电子专利申请系统用户注册协议。开办电子专利申请代理业务的专利代理机构，应当以该专利代理机构的名义与国家知识产权局签订电子专利申请系统用户注册协议。申请人提出电子专利申请并被受理的，在审批程序中应当通过电子专利申请系统以电子文件形式提交相关文件。除另有规定外，申请人以纸件等其他形式提交的相关文件视为未提交。电子文件的格式要求由国家知识产权局另行公布。

（二）先申请原则

专利申请应遵循先申请原则，即就同样的发明创造申请专利保护，专利授予最先向专利行政部门提出专利申请的人。已在前面论述，此不赘述。

（三）单一性原则

专利申请应遵守单一性原则。所谓单一性，是指一件发明或实用新型专利申请应当仅限于一项发明或者实用新型。一件外观设计专利申请应当仅限于一种产品所使用的一项外观设计。对于不符合单一性要求的申请，应当进行分案。对于单一性和分案申请，本章有专节介绍。

（四）优先权原则

专利申请应遵守优先权原则，即专利应授予享有优先权的人。对于优先权，另有专门介绍。

（五）使用中文

专利申请文件及其他文件，除由外国政府部门出具的或者在外国形成的证明或者证据材料外，应当使用中文。“中文”一词是指汉字。专利申请文件是外文的，应当翻译成中文，其中外文科技术语应当按照规定译成中文，并采用规范用语。专利申请文件及其他文件应当使用汉字，词、句应当符合现代汉语规范。

审查员以申请人提交的中文专利申请文本为审查的依据。申请人在提出专利申请的同时附具的外文申请文本,供审查员在审查程序中参考,不具有法律效力。

第二节　专利申请的受理

一、受理条件及程序

(一)受理条件

专利申请符合下列条件的,专利局应当受理:(1)申请文件中有请求书。该请求书中申请专利的类别明确,写明了申请人姓名或者名称及其地址。(2)发明专利申请文件中有说明书和权利要求书;实用新型专利申请文件中有说明书、说明书附图和权利要求书;外观设计专利申请文件中有图片或者照片。(3)申请文件是使用中文打字或者印刷的。全部申请文件的字迹和线条清晰可辨,没有涂改,能够分辨其内容。发明或者实用新型专利申请的说明书附图和外观设计的图片是用不易擦去的笔迹绘制,并且没有涂改。(4)申请人是外国人、外国企业或者外国其他组织的,符合《专利法》第 19 条第 1 款的有关规定,其所属国符合《专利法》第 18 条的有关规定。(5)申请人是香港、澳门或者台湾地区的个人、企业或者其他组织的,符合《专利审查指南》第一部分第一章相关内容的有关规定。

(二)受理程序

专利申请符合受理条件的,审查员应当按照下列顺序处理:(1)确定收到日。(2)核实文件数量。(3)确定申请日:向专利局受理处和各专利代办处窗口直接递交的专利申请,以收到日为申请日;通过邮局邮寄递交到专利局受理处或者专利代办处的专利申请,以信封上的寄出邮戳日为申请日;寄出的邮戳日不清晰无法辨认的,以专利局受理处或者各专利代办处收到日为申请日,并将信封存档。通过速递公司递交到专利局受理处或者各专利代办处的专利申请,以收到日为申请日。(4)给出申请号。(5)审查费用减缓请求书。(6)发出受理通知书:作出受理通知书、缴纳申请费通知书或者费用减缓审批通知书各一式两份,副本送交申请人,正本存档。

受理通知书至少应当记载申请号、申请日、申请人姓名或者名称和文件核实情况,加盖专利局受理处或者专利代办处印章,并有审查员的署名和发文日期。缴纳申请费通知书应当写明申请人应当缴纳的申请费、申请附加费和在申请时应当缴纳的其他费用,以及缴费期限;同时写明缴纳费用须知。费用减缓审批通知书应当包括费用减缓比例、应缴纳的金额和缴费的期限,以及相关的缴费须知。

二、不予受理的情形

专利申请有下列情形之一的,专利局不予受理:(1)缺少主要申请文件的;

(2)未使用中文的;(3)申请文件涂改潦草不清晰的;(4)请求书中缺少申请人姓名或者名称,或者缺少地址的;(5)外国申请人因国籍或者居所原因,明显不具有提出专利申请的资格的;(6)在中国内地没有经常居所或者营业所的外国人、外国企业或者外国其他组织作为第一署名申请人,没有委托国家知识产权局指定的专利代理机构的;(7)在中国内地没有经常营业所或居所的香港、澳门或者台湾地区的企业、其他组织或者个人作为第一署名申请人,没有委托国家知识产权局指定的专利代理机构的;(8)直接从外国向专利局邮寄的,或者直接从香港、澳门或者台湾地区向专利局邮寄的;(9)专利申请类别不明确或者难以确定的,或者分案申请改变申请类别的。

申请人对于不予受理的决定不服的,可以依法申请行政复议或者提起行政诉讼。

三、受理及申请日的法律效果

专利申请被受理后,申请人就该申请取得受理通知书,确定申请日,得到申请号。受理是一项重要的法律程序。专利申请被受理以后,从受理之日起就成为在国家知识产权局正式立案的一件正规国家申请,并且至少将产生以下的法律效力:(1)在该申请存在(未被撤回、视为撤回或者驳回)或者被公开后,将阻止任何在其申请日以后就同样的内容申请专利的申请人获得专利权。(2)无论该申请受理以后的命运如何,除法律另有规定的以外,发明和实用新型在12个月内,该被受理的首次申请可以作为该申请人另一件后期提出的申请要求外国或者本国优先权的基础。外观设计6个月内就相同主题向外国申请的,首次被受理的申请可以作为申请要求外国优先权的基础。(3)该申请的申请文件从被受理之日起,可以作为申请人要求申请文件副本的依据。申请人可以按规定的手续,要求国家知识产权局出具申请文件副本。(4)该申请文件是申请人在后续的审查程序中进行修改的基础。即申请人今后对专利申请的修改不得超出受理时的说明书和权利要求书记载的范围,或者超出受理时的外观设计图片或照片的范围。

申请日对于专利申请人来说也是非常重要的,主要表现在:(1)我国实行先申请原则,即当有两个或两个以上的申请人分别就同样的主题申请专利时,在各份申请都符合法律规定的其他条件的情况下,专利权将授予最先申请的申请人。(2)申请日是评判申请专利的发明创造是否具有法律规定的新颖性和创造性的时间界限。如有优先权的,则以作为优先权基础的在先申请的申请日作为判断界限。(3)对于发明专利申请来说,申请日是申请人提出实质审查请求的期限的起算日,自申请日开始满三年仍未提出的,其专利申请将被视为撤回。(4)首次申请的申请日将作为此后就相同主题所提出的专利申请的优先权日。(5)申请日是发明专利申请公布期间的起算日,即自申请日起满18个月,国家知识产权局将发明专利申请予以公布。(6)申请日是专利保护期限的起算日。(7)申请日是缴纳专利申请维持费的起算日。(8)申请日是专利年度的起算日,决定着专利年费的缴纳时间。

第三节　单一性与分案申请

向中国专利局提出的专利申请应当符合《专利法》及其《专利法实施细则》有关单一性的规定。

最早明确规定发明单一性要求的是1970年签订的《专利合作条约》及1973年签订的《欧洲专利公约》。《专利合作条约》规定,一件国际申请,应当仅限于一件发明,或者限于形成了一个单一普遍发明性概念的一组发明。《欧洲专利公约》采取了与《专利合作条约》完全一样的表述,应该是因为这两个条约的创始国高度雷同。《美国专利法》没有明确提出单一性要求,而专利商标局实际上还是持这一要求的,但是如果专利商标局没有坚持单一性要求,对申请人并没有什么影响。

一、单一性

所谓单一性,是指一件发明或实用新型专利申请应当仅限于一项发明或者实用新型。一件外观设计专利申请应当仅限于一种产品所使用的一项外观设计。《专利法》第31条第1款及其《专利法实施细则》第35条对发明或者实用新型专利申请的单一性做了规定。《专利法实施细则》第42条、第43条对不符合单一性的专利申请的分案及其修改做了规定。

要求单一性的原因:一是经济上的原因,为了防止申请人只支付一件专利的费用而获得几项不同发明或者实用新型专利的保护;二是技术上的原因,为了便于专利申请的分类、检索和审查。

有些情况也可以允许不具备单一性的申请作为一件申请提出,是为单一性的例外:属于一个总的发明构思的两项以上的发明或者实用新型,可以作为一件申请提出;属于同一类别并且成套出售或者使用的产品的两项以上的外观设计,可以作为一件申请提出。

(一)发明或者实用新型的单一性

发明或者实用新型的单一性,是指一件发明或者实用新型专利申请应当限于一项发明或者实用新型,属于一个总的发明构思的两项以上发明或者实用新型,可以作为一件申请提出。也就是说,如果一件申请包括几项发明或者实用新型,则只有在所有这几项发明或者实用新型之间有一个总的发明构思使之相互关联的情况下才被允许。这是专利申请的单一性要求。

1. 总的发明构思

《专利法实施细则》规定,可以作为一件专利申请提出的属于一个总的发明构思的两项以上的发明或者实用新型,应当在技术上相互关联,包含一个或者多个相同或者相应的特定技术特征,其中特定技术特征是指每一项发明或者实用新型作为整体,对现有技术作出贡献的技术特征。

特定技术特征是专门为评定专利申请单一性而提出的一个概念,应当把它理解为是体现发明对现有技术作出贡献的技术特征,也就是使发明相对于现有技术具有新颖性和创造性的技术特征,并且应当从每一项要求保护的发明的整体上考虑后加以确定。因此,《专利法》第 31 条所称的"属于一个总的发明构思"是指具有相同或者相应的特定技术特征。

2. 单一性的审查原则

审查员在审查发明专利申请的单一性时,应当遵循以下基本原则:

(1)判断一件专利申请中要求保护的两项以上发明是否满足发明单一性的要求,就是要看权利要求中记载的技术方案的实质性内容是否属于一个总的发明构思,即判断这些权利要求中是否包含使它们在技术上相互关联的一个或者多个相同或者相应的特定技术特征。这一判断是根据权利要求的内容来进行的,必要时可以参照说明书和附图的内容。

(2)属于一个总的发明构思的两项以上发明的权利要求可以按照以下六种方式之一撰写;但是,不属于一个总的发明构思的两项以上独立权利要求,即使按照所列举的六种方式中的某一种方式撰写,也不具备单一性:第一,不能包括在一项权利要求内的两项以上产品或者方法的同类独立权利要求;第二,产品和专用于制造该产品的方法的独立权利要求;第三,产品和该产品的用途的独立权利要求;第四,产品、专用于制造该产品的方法和该产品的用途的独立权利要求;第五,产品、专用于制造该产品的方法和为实施该方法而专门设计的设备的独立权利要求;第六,方法和为实施该方法而专门设计的设备的独立权利要求。

不同类独立权利要求之间是否按照引用关系撰写,只是形式上的不同,不影响它们的单一性。例如,与一项产品 A 独立权利要求相并列的一项专用于制造该产品 A 的方法独立权利要求,可以写成"权利要求 1 的产品 A 的制造方法……"也可以写成"产品 A 的制造方法……"

(3)评定两项以上发明是否属于一个总的发明构思,无须考虑这些发明是分别在各自的独立权利要求中要求保护,还是在同一项权利要求中作为并列选择的技术方案要求保护。对于上述两种情况,均应当按照相同的标准判断其单一性。

(4)一般情况下,审查只需要考虑独立权利要求之间的单一性,从属权利要求与其所从属的独立权利要求之间不存在缺乏单一性的问题。但是,在遇有形式上为从属权利要求而实质上是独立权利要求的情况时,应当审查其是否符合单一性规定。如果一项独立权利要求由于缺乏新颖性、创造性等理由而不能被授予专利权,则需要考虑其从属权利要求之间是否符合单一性的规定。

(5)某些申请的单一性可以在检索现有技术之前确定,而某些申请的单一性则只有在考虑了现有技术之后才能确定。由于特定技术特征是体现发明对现有技术作出贡献的技术特征,是相对于现有技术而言的,只有在考虑了现有技术之后才能确定。

3. 独立权利要求的单一性

下面通过例子来说明独立权利要求的单一性。

【例题1】

假设现有技术中没有公开具有特征A或B的传送带,并且具有特征A或B的传送带不是显而易见的,且A与B不相关。申请人提出的权利要求如下:

权利要求1:一种传送带X,特征为A。

权利要求2:一种传送带Y,特征为B。

权利要求3:一种传送带Z,特征为A和B。

显然,权利要求1和权利要求2没有记载相同或相应的技术特征,也就不可能存在相同或者相应的特定技术特征,因此,它们在技术上没有相互关联,不具有单一性。权利要求1中的特征A是体现发明对现有技术作出贡献的特定技术特征,权利要求3中包括了该特定技术特征A,两者之间存在相同的特定技术特征,具有单一性。类似地,权利要求2和权利要求3之间存在相同的特定技术特征B,具有单一性。

【例题2】

权利要求如下:

权利要求1:一种灯丝A。

权利要求2:一种用灯丝A制成的灯泡B。

权利要求3:一种探照灯,装有用灯丝A制成的灯泡B和旋转装置C。

并且假设与现有技术公开的用于灯泡的灯丝相比,灯丝A是新的并具有创造性。

由于该三项权利要求具有相同的特定技术特征灯丝A,因此它们之间有单一性。

【例题3】

权利要求1:一种化合物X。

权利要求2:一种制备化合物X的方法。

权利要求3:化合物X作为杀虫剂的应用。

(1)第一种情况:化合物X具有新颖性和创造性。

说明:化合物X是这三项权利要求相同的技术特征。由于它是体现发明对现有技术作出贡献的技术特征,即特定技术特征,因此,权利要求1~3存在相同的特定技术特征,权利要求1、2和要求3有单一性。

(2)第二种情况:通过检索发现化合物X与现有技术相比不具有新颖性或创造性。

说明:权利要求1不具有新颖性或创造性,不能被授予专利权。权利要求2和3之间的相同技术特征仍为化合物X,但是,由于化合物X对现有技术没有作出贡献,故不是相同的特定技术特征,而且,权利要求2和要求3之间也没有相应的特定技术特征。因此,权利要求2和要求3之间不存在相同或相应的特定技术特征,缺乏单一性。

【例题4】

权利要求1:一种制造方法,包括步骤A和B。

权利要求2:为实施步骤A而专门设计的设备。

权利要求3:为实施步骤B而专门设计的设备。

没有检索到任何与权利要求1方法相关的现有技术文献。

说明:步骤A和B分别为两个体现发明对现有技术作出贡献的特定技术特征,权利要求1与要求2或者权利要求1与要求3之间有单一性。权利要求2与要求3之间由于不存在相同的或相应的特定技术特征,因而没有单一性。

4. 从属权利要求的单一性

凡符合规定的从属权利要求,与其所引用的独立权利要求之间不存在缺乏单一性的问题,即使该从属权利要求还包含着另外的发明。但在一项独立权利要求因缺乏新颖性、创造性等原因而不能被授予专利权的情况下,其从属权利要求之间有可能存在缺乏单一性的问题。

【例题5】

权利要求1:一种显示器,具有特征A和B。

权利要求2:权利要求1所述的显示器,具有另一特征C。

权利要求3:权利要求1所述的显示器,具有另一特征D。

(1)第一种情况:与现有技术公开的显示器相比,权利要求1所述的具有特征A和B的显示器具有新颖性和创造性。

说明:权利要求2和要求3是进一步限定权利要求1保护范围的从属权利要求,因此,权利要求1、2和要求3具有单一性。

(2)第二种情况:从两份现有技术文献的结合来看,权利要求1所述的显示器不具有创造性。而特征C和D分别是对现有技术作出贡献的技术特征，并且两者完全不相关。

说明：由于权利要求1不具有创造性而不能被授予专利权，剩下的权利要求2和3实际上应视为独立权利要求来确定其是否具有单一性。而权利要求2中的特定技术特征C与权利要求3中的特定技术特征D不相同也不相应。因此，权利要求2和要求3无单一性。

案例51　T314/99案[2]

缺乏单一性时可重新构造部分技术问题

欧洲专利局T314/99决定中，权项1覆盖的三种不同实现方案不属于一个的总的发明构思，相应导致需要对该部分问题进行构造，且必须分别衡量其解决方案以考虑其创造性。

（二）外观设计的单一性

根据《专利法》第31条第2款的规定，一件外观设计专利申请应当限于一种产品所使用的一项外观设计。用于同一类别并且成套出售或者使用的产品的两项以上的外观设计，可以作为一件申请提出。

1. 同一类别

所谓同一类别，是指该两项以上外观设计的产品属于国际外观设计分类表中的同一小类。例如，餐用盘、碟、杯、碗，烹调用的锅、盆，餐刀、餐叉，都属于07类（其他类未列入的家用品），但餐用盘、碟、杯、碗属于07－01小类，锅、盆属于07－02小类，餐刀、餐叉属于07－03小类，因此锅、碗、餐刀不属于同一小类产品，不能合案申请。碗、碟属于同一小类产品，满足可以合案申请的同一类别的要求。

2. 成套出售或者使用

所谓能够成套出售或者使用，即习惯上是同时出售、同时使用的。两件（含两件）以上同一类别的产品在满足一定条件的情况下可以作为一件申请提出，通常将它们称为成套产品。这种成套产品应当是习惯上同时出售、同时使用的两件以上的产品，而且它们的设计构思和设计风格应当保持一致。

（1）成套产品，是指由两件以上各自独立的产品组成，其中每一件产品有独立的使用价值，而各件产品组合在一起又能体现出其组合使用价值的产品，如由咖啡杯、咖啡壶、牛奶壶和糖罐组成的咖啡器具。由数件物品组合为一体的产品，其中

---

〔2〕 See European Patent Office, *Case Law of the Boards of Appeal*, Six edition.

每一件单独的构成部分没有独立的使用价值，组合成一体时才能使用的产品为组件产品，如扑克牌、积木、插接组件玩具等，这些物品应当视为一件产品，只能作为一件申请提出，不属于成套产品。

（2）同时出售，同时出售是指外观设计产品习惯上同时出售，如由床罩、床单和枕套等组成的多件套床上用品。为促销而随意搭配出售的产品，如书包和铅笔盒，虽然在销售书包时赠送铅笔盒，但是这不应被认为是习惯上同时出售，不能作为成套产品提出申请。

（3）同时使用，是指产品习惯上同时使用。也就是说，使用其中一件产品时，会产生使用联想，从而想到另一件或另几件产品的存在，而不是指在同一时刻同时使用这几件产品。如咖啡器具中的咖啡杯、糖罐、牛奶壶等。

（4）各产品的设计构思相同，是指各产品的设计风格是统一的，即对各产品的形状、图案或者其结合，以及色彩与形状、图案的结合所作出的设计是统一的。

3. 构成成套产品的各产品必须分别具备授权条件

成套产品外观设计专利申请除应当满足上述一般条件以外，构成成套产品的每一件产品都必须分别具备授权条件；其中一件产品不具备授权条件的，除非删除该件产品的外观设计，否则该专利申请不具备授权条件。

二、分案申请

对于不具备单一性的专利申请，应当将申请中涉及的没有关联的发明创造分别申请专利，其中保留申请号的为原申请，另外申请的为分案申请，这一过程叫分案。分案申请的内容不得超出原申请公开的范围。分案以后的原申请与分案申请的权利要求书应当分别要求保护不同的发明，而它们的说明书可以允许有不同的情况。

（一）发明、实用新型分案申请

1. 需要分案的情形

（1）原权利要求书中包含不符合单一性规定的两项以上发明。

（2）在修改的申请文件中所增加或替换的独立权利要求与原权利要求书中的发明之间不具有单一性。

（3）独立权利要求之一缺乏新颖性或者创造性，其余的权利要求之间缺乏单一性。

上述情况的分案，可以是申请人主动要求分案，也可以是申请人按照审查员要求而分案。提出分案申请是申请人自愿的行为，由申请人自己决定。

另外，针对一件申请，可以提出一件或者一件以上的分案申请，针对一件分案申请还可以以原申请为依据再提出一件或者一件以上的分案申请。针对一件分案申请再提出分案申请的，申请人最迟应当在收到专利局对原申请作出授予专利权通知书之日起两个月期限届满之前提出分案申请。

2.分案的程序要求

(1)分案申请的申请人和发明人

分案申请不得改变申请人,即分案申请的申请人应当与原申请的申请人相同;不相同的,应当提交权利转移证明材料。分案申请的发明人也应当是原申请的发明人或者是其中的部分成员。

(2)分案申请的递交时间

申请人最迟应当在收到专利局对原申请作出授予专利权通知书之日起两个月期限届满之前提出分案申请。上述期限届满后,或者原申请已被驳回,或者原申请已撤回,或者原申请被视为撤回且未被恢复权利的,一般不得再提出分案申请。

对于审查员已发出驳回决定的原申请,自申请人收到驳回决定之日起 3 个月内,不论申请人是否提出复审请求,均可以提出分案申请;在提出复审请求以后,以及对复审决定不服提起行政诉讼期间,申请人也可以提出分案申请。

对于已提出过分案申请,申请人需要针对该分案申请再次提出分案申请的,再次提出的分案申请的递交时间仍应当根据原申请审核。再次分案的递交日不符合上述规定的,不得分案。但是,因分案申请存在单一性的缺陷,申请人按照审查员的审查意见再次提出分案申请的情况除外。

(3)分案申请的类别

分案申请的类别应当与原申请的类别一致,例如,原申请是发明专利申请的,只能提出发明专利分案申请。

(4)分案申请提交的文件

分案申请应当在其说明书的起始部分说明本申请是哪一件申请的分案申请。在提交分案申请时,应当提交原申请文件的副本;要求优先权的,还应当提交原申请的优先权文件副本。原申请中已提交的各种证明材料,可以使用复印件。

3.分案申请的效果

分案申请的效果:分案申请以原申请的申请日作为申请日。

(二)外观设计分案申请

外观设计分案申请的基本要求:(1)原申请中包含两项以上外观设计的,分案申请应当是原申请中的一项或几项外观设计,并且不得超出原申请表示的范围;(2)原申请为产品整体外观设计的,不允许将其中的一部分作为分案申请提出,例如,一件专利申请请求保护的是摩托车的外观设计,摩托车的零部件不能作为分案申请提出。

(三)分案申请的期限和费用

分案申请适用的各种法定期限,应当从原申请日起算。对于已经届满或者自分案申请递交日起至期限届满日不足两个月的各种期限，申请人可以自分案申请递交日起两个月内或者自收到受理通知书之日起15日内补办各种手续；期满未补办的，审查员应当发出视为撤回通知书。对于分案申请，应当视为一件新申请收取各种费用。申请人应当按照规定如期缴纳相关费用。

案例52 “高起动转矩圆滑起停调速异步电动机”专利申请单一性[3]
有共同的必要技术特征的权利要求具有单一性

涉案专利“高起动转矩圆滑起停调速异步电动机”权利要求1～3，具有同样为提高起动转矩的所述磁导体这样共同的必要技术特征，满足《专利法》规定的单一性要求。

第四节　专利申请的驳回和撤回

一、专利申请的驳回

（一）驳回的情形

1. 初步审查中的驳回

申请文件存在明显实质性缺陷，在审查员发出审查意见通知书后，经申请人陈述意见或者修改后仍然没有消除的，或者申请文件存在形式缺陷，审查员针对该缺陷已发出过两次补正通知书，经申请人陈述意见或者补正后仍然没有消除的，审查员可以作出驳回决定。

2. 实质审查的驳回

发明专利申请经实质审查后不符合授权条件的，应当予以驳回。驳回决定正文应当包括案由、驳回的理由和决定三部分内容。案由部分应当简述被驳回申请的审查过程；驳回的理由部分应当说明驳回的事实、理由和证据；决定部分应当明确指出该专利申请不符合《专利法》及《专利法实施细则》的相应条款，并说明根据《专利法实施细则》第44条的规定驳回该专利申请。

（二）驳回的效力

专利申请被驳回后，申请程序即终止。

（三）对驳回不满的救济

申请人对驳回决定不服的，可以在规定的期限内向复审委提出复审请求。

[3] 参见复审决定FS1085号。

二、专利申请的撤回

(一)撤回的种类

1. 主动撤回

授予专利权之前,申请人随时可以主动要求撤回其专利申请。申请人撤回专利申请的,应当提交撤回专利申请声明,并附具全体申请人签字或者盖章同意撤回专利申请的证明材料,或者仅提交由全体申请人签字或者盖章的撤回专利申请声明。委托专利代理机构的,撤回专利申请的手续应当由专利代理机构办理,并附具全体申请人签字或者盖章同意撤回专利申请的证明材料。

撤回专利申请不得附有任何条件。已经公布的发明专利申请,还应当在专利公报上予以公告。申请人无正当理由不得要求撤销撤回专利申请的声明;但在申请权非真正拥有人恶意撤回专利申请后,申请权真正拥有人(应当提交生效的法律文书来证明)可要求撤销撤回专利申请的声明。

撤回专利申请的声明是在专利申请进入公报编辑后提出的,申请文件照常公布或者公告,但审查程序终止。

2. 视为撤回

申请人没有按时缴纳有关费用、没有按时答复审查意见、没有在3年内提起实质审查要求,其专利申请视为撤回。

(二)撤回的效力

专利申请被驳回后,申请程序即终止,但申请人仍然可以享有该申请的优先权。

(三)对撤回不满的救济

申请人对专利局作出的视为撤回的决定认为有误的,可以向国家知识产权局申请行政复议或者依据《行政诉讼法》提起行政诉讼。

案例53　“压电式压力传感器”复审案[4]

分案申请的内容在原说明书和权利要求书中有记载修改就不是超范围

涉案专利“压电式压力传感器”实质审查过程中,申请人在原独立权利要求1、4、14、18中增加了“用于不高于80℃的温度”的特征,同时对各独立权利要求增加了一项从属权利要求,均为“所述复合物层包括不多于80%体积百分比的压电粉末”,被专利局以修改的权利要求超范围而驳回。复审委认为,原申请文本中公开了修改后权利要求的技术方案,修改没有超出原申请公开的范围。

[4]　参见复审决定FS10422号。

第五节　专利申请文件的修改

一、对发明的修改

(一)初审中的修改

发明在初步审查中一般不对申请文件进行修改。个别情况下,审查员认为确有必要的,可以发出审查意见通知书,要求申请人修改申请文件包括说明书。

(二)实质审查中的修改

1. 修改要求

根据《专利法》第 33 条的规定,申请人可以对其专利申请文件进行修改,但是,对发明和实用新型专利申请文件的修改不得超出原说明书和权利要求书记载的范围。国际申请的申请人根据《专利合作条约》规定所提交的修改文件,同样应当符合《专利法》第 33 条的规定。原说明书和权利要求书记载的范围包括原说明书和权利要求书文字记载的内容和根据原说明书和权利要求书文字记载的内容,以及说明书附图能直接地、毫无疑义地确定的内容。对于虽然修改的方式不符合《专利法实施细则》第 51 条第 3 款的规定,但其内容与范围满足《专利法》第 33 条要求的修改,只要经修改的文件消除了原申请文件存在的缺陷,并且具有被授权的前景,这种修改就可以被视为是经审查员同意的、相当于按照通知书的要求进行的修改,因而经此修改的申请文件可以接受。

2. 修改类型

(1)主动修改:根据《专利法实施细则》第 51 条第 1 款的规定,发明专利申请人在提出实质审查请求时,以及在收到国务院专利行政部门发出的发明专利申请进入实质审查阶段通知书之日起的 3 个月内,可以对发明专利申请主动提出修改。也就是说,申请人仅在下述两种情形下可对其发明专利申请文件进行主动修改:第一,在提出实质审查请求时;第二,在收到专利局发出的发明专利申请进入实质审查阶段通知书之日起的 3 个月内。

(2)被动修改:根据《专利法实施细则》第 51 条第 3 款的规定,申请人在收到专利局发出的审查意见通知书后修改专利申请文件,应当针对通知书指出的缺陷进行修改。

3. 允许的修改

(1)权利要求:通过增加或变更独立权利要求的技术特征,或者通过变更独立权利要求的主题类型或主题名称,以及其相应的技术特征,来改变该独立权利要求请求保护的范围;增加或者删除一项或多项权利要求;修改独立权利要求,使其相对于最接近的现有技术重新划界;修改从属权利要求的引用部分,改正其引用关系,或者修改从属权利要求的限定部分,以清楚地限定该从属权利要求请求保护的范围。对于上述修改,只要经修改后的权利要求的技术方案已清楚地记载在原说明书和权利要求书中,就应该允许。

(2)说明书:对于说明书的修改,主要有两种情况,一种是针对说明书中本身存在的不符合《专利法》及其《专利法实施细则》规定的缺陷作出的修改,另一种是根据修改后的权利要求书作出的适应性修改。上述两种修改只要不超出原说明书和权利要求书记载的范围,则都是允许的。

4.不允许的修改

凡是对说明书(及其附图)和权利要求书作出不符合《专利法》第33条规定的修改,均是不允许的。具体地说,如果申请的内容通过增加、改变和/或删除其中的一部分,致使所属技术领域的技术人员看到的信息与原申请记载的信息不同,而且又不能从原申请记载的信息中直接地、毫无疑义地确定,那么这种修改就是不允许的。下列修改方式不能被接受:(1)删除独立权利要求中的技术特征,扩大了该权利要求请求保护的范围;(2)改变独立权利要求中的技术特征,导致扩大了请求保护的范围;(3)将仅在说明书中记载的与原来要求保护的主题缺乏单一性的技术内容作为修改后权利要求的主题;(4)增加了新的独立权利要求,该独立权利要求限定的技术方案在原权利要求书中未出现过。

5.修改的效力

符合修改规定经审查允许的修改,将发生效力。不符合规定的修改将不被接受,视为没有修改,将以修改前的文本作为审查的基础。

二、对实用新型的修改

(一)基本规定

根据《专利法》第33条的规定,申请人可以对实用新型专利申请文件进行修改,但是,修改不得超出原说明书和权利要求书记载的范围。实用新型的修改规则适用参照发明的修改规则。

如果申请人对申请文件进行修改时,加入了所属技术领域的技术人员不能从原说明书和权利要求书中直接地、毫无疑义地确定的内容,这样的修改被认为超出了原说明书和权利要求书记载的范围。申请人从申请中删除某个或者某些特征,也有可能导致超出原说明书和权利要求书记载的范围。说明书中补入原权利要求书中记载而原说明书中没有描述过的技术特征,并做了扩大其内容的描述的,被认为修改超出了原说明书和权利要求书记载的范围。说明书中补入原说明书和权利要求书中没有记载的技术特征并且借助原说明书附图表示的内容不能毫无疑义地确定的,被认为修改超出了原说明书和权利要求书记载的范围。

应当注意的是:(1)对明显错误的更正,不能被认为超出了原说明书记载的范围。所谓明显错误,是指不正确的内容可以从原说明书的上下文中清楚地判断出来,没有作其他解释或者修改的可能。(2)对于附图中明显可见并有唯一解释的结构,允许补入说明书并写入权利要求书中。

(二)修改类型

1. 申请人主动修改

根据《专利法实施细则》第51条第2款的规定,申请人可以自申请日起两个月内对实用新型专利申请文件主动提出修改。对于超过两个月的修改,如果修改的文件消除了原申请文件存在的缺陷,并且具有被授权的前景,则该修改文件可以被接受。

2. 申请人被动修改

被动修改是指申请人答复通知书时所做的修改。申请人应当针对通知书指出的缺陷进行修改。申请人提交的包含并非针对通知书所指出的缺陷进行修改的修改,如果其修改符合《专利法》第33条的规定,并消除了原申请文件存在的缺陷,并且具有授权的前景,则该修改可以被接受。

3. 审查员依职权修改

审查员在作出授予实用新型专利权通知前,可以对申请文件中文字和符号的明显错误依职权进行修改。审查员可以修改说明书中明显不适当的实用新型名称和/或所属技术领域;改正错别字、错误的符号、标记等;修改明显不规范的用语;增补说明书各部分所遗漏的标题;删除附图中不必要的文字说明等。

三、对外观设计的修改

对外观设计的修改也分为申请人主动修改、申请人被动修改及审查员依职权修改。前两种修改同实用新型基本相同。审查员依职权修改的内容主要指明显错误的修改。它包括:明显的产品名称错误;明显的视图名称错误;明显的视图方向错误;外观设计图片中的产品绘制线条包含应删除的线条、简要说明中的明显错误等。依职权修改的内容,应当在文档中记载并通知申请人。

四、复审、无效中专利申请文件的修改

(一)复审程序中的修改

在提出复审请求、答复复审通知书(包括复审请求口头审理通知书)或者参加口头审理时,复审请求人可以对申请文件进行修改。但是,所做修改应当符合《专利法》第33条和《专利法实施细则》第60条第1款的规定。

根据《专利法实施细则》第60条第1款的规定,复审请求人对申请文件的修改应当仅限于消除驳回决定或者合议组指出的缺陷。下列情形通常不符合上述规定:(1)修改后的权利要求相对于驳回决定针对的权利要求扩大了保护范围;(2)将与驳回决定针对的权利要求所限定的技术方案缺乏单一性的技术方案作为修改后的权利要求;(3)改变权利要求的类型或者增加权利要求;(4)针对驳回决定指出的缺陷未涉及的权利要求或者说明书进行修改。但修改明显文字错误,或者修改与驳回决定所指出缺陷性质相同的缺陷的情形除外。

（二）无效程序中的修改

1. 修改原则

发明或者实用新型专利文件的修改仅限于权利要求书，其原则是：（1）不得改变原权利要求的主题名称；（2）与授权的权利要求相比，不得扩大原专利的保护范围；（3）不得超出原说明书和权利要求书记载的范围；（4）一般不得增加未包含在授权的权利要求书中的技术特征；（5）外观设计专利的专利权人不得修改其专利文件。

2. 修改方式

2017 年《专利审查指南》规定，在满足上述修改原则的前提下，修改权利要求书的具体方式一般限于权利要求的删除、技术方案的删除、权利要求的进一步限定、明显错误的修正。[5]

权利要求的删除是指从权利要求书中去掉某项或者某些项权利要求，如独立权利要求或者从属权利要求。

技术方案的删除是指从同一权利要求中并列的两种以上技术方案中删除一种或者一种以上技术方案。

权利要求的进一步限定是指在权利要求中补入其他权利要求中记载的一个或者多个技术特征，以缩小保护范围。

3. 修改方式的限制

仅在下列三种情形的答复期限内，专利权人可以以删除以外的方式修改权利要求书：（1）针对无效宣告请求书；（2）针对请求人增加的无效宣告理由或者补充的证据；（3）针对复审委引入的请求人未提及的无效宣告理由或者证据。

五、修改案例

（一）案例一

要求保护的技术方案中某一数值范围为 $X_1 = 600 \sim 10000$，对比文件公开的技术内容与该技术方案的区别仅在于其所述的数值范围为 $X_2 = 240 \sim 1500$，因为 X_1 与 X_2 部分重叠，故该权利要求无新颖性。申请人采用具体"放弃"的方式对 X_1 进行修改，排除 X_1 中与 X_2 相重叠的部分，即 600 ~ 1500，将要求保护的技术方案中该数值范围修改为 $1500 < X_1 \leqslant 10000$。

问：这样的修改行吗？

答：如果申请人不能根据原始记载的内容和现有技术证明本发明在 $1500 < X_1 \leqslant 10000$ 的数值范围相对于对比文件公开的 $X_2 = 240 \sim 1500$ 具有创造性，也不能证

---

〔5〕 2010 年《专利审查指南》的规定为：修改权利要求书的具体方式一般限于权利要求的删除、合并和技术方案的删除。

明 X_1 取 600 ~ 1500 时,本发明不能实施,则这样的修改不能被允许。

(二)案例二

原始申请文件中限定温度条件为 10℃或者 300℃,后来修改为 10℃ ~ 300℃,如果根据原申请文件记载的内容不能直接地、毫无疑义地得到该温度范围,则该修改超出了原说明书和权利要求书记载的范围。

第十四章　专利审查和授权

第一节　专利审查制度概述

专利审查就是国家知识产权局的相关部门对于申请人所提交的专利申请文件进行审查的程序。专利审查要求是在对专利申请人提出的专利申请进行初步审查、实质审查程序中，对参加审查和审理人员的要求，这一要求增强了专利审查的公平竞争和透明度，确保了专利申请人在公平、公开、公正的环境中竞争的平等权利。

一、审查制度

（一）登记制

登记制亦称“形式审查制”“不审查制”。在登记制下，审查机关主要对该专利申请的申请文件及相关手续、文件的格式、缴纳申请费等形式上的条件进行审核，审查合格后，即予登记，授予专利权。登记制对专利申请的新颖性、创造性、实用性等实质条件不予审查。登记制的优点是专利申请审批快，费用低，不需要设置庞大的审查机构和检索大量文献资料；缺陷是对申请专利发明创造的价值不清楚，不能保证批准的专利质量，授予的专利权不可靠，容易产生纠纷等。各国的登记制还存在一些差异。比如俄罗斯、澳大利亚的注册登记制，登记后在适当的时候进行初步审查。日本的注册登记制下，任何人可以在任何时候请求专利局出具“评价”报告。德国对实用新型审查采用登记制，但任何人可以在授权前提出检索请求。法国的实用新型登记制，要求权利人在提起侵权诉讼时，应当提供专利局出具的检索报告。[1]

（二）文献报告制

文献报告制，亦称“审查报告制”，是指在对专利申请进行形式审查时，还对该发明创造进行新颖性检索，并制定审查报告。审查报告制比登记制优越之处在于它使专利申请人或者关系利害人清楚地了解该发明是否具有新颖性，但它不能有

---

〔1〕 参见姜丹明：《关于各国实用新型和外观设计的审批制度》，载《专利法研究》（1999），专利文献出版社 1999 年版，第 26 ~ 29 页。

效防止缺乏创造性的发明创造被授予专利权。文献报告制为法国于 1968 年首创，之后被不少国家所采用。

（三）审查制

审查制亦称“完全审查制”。审查人员进行审查时，对专利申请不仅进行形式审查，还要对该发明创造的技术内容进行实质审查。审查制不只适用于发明，一些国家也将其适用于实用新型和外观设计。这种制度可以保证被批准专利的质量，有利于发明的推广利用，减少专利争议和诉讼，但是对专利申请审批时间较长，容易造成积压，对专利审查机构的设置和人员的素质有较高的要求。

审查制又分为两类。一类是“即时审查制”，即对所有专利申请依次进行实质审查；另一类是“延迟审查制”（亦称“请求审查制”），即对专利申请进行形式审查后，按申请人的请求进行实质审查。我国《专利法》对实用新型和外观设计专利申请采用初步审查制，对发明专利采用延迟审查制。

二、审查原则

（一）初步审查程序中应遵循的原则

1. 保密原则

审查员在专利申请的审批程序中，根据有关保密规定，对于尚未公布、公告的专利申请文件和与专利申请有关的其他内容，以及其他不适宜公开的信息负有保密责任。

2. 书面审查原则

审查员应当以申请人提交的书面文件为基础进行审查，审查意见（包括补正通知）和审查结果应当以书面形式通知申请人。初步审查程序中，原则上不进行会晤。

3. 听证原则

审查员在作出驳回决定之前，应当将驳回所依据的事实、理由和证据通知申请人，至少给申请人一次陈述意见和/或修改申请文件的机会。审查员作出驳回决定时，驳回决定所依据的事实、理由和证据，应当是已经通知过申请人的，不得包含新的事实、理由和/或证据。

4. 程序节约原则

在符合规定的情况下，审查员应当尽可能提高审查效率，缩短审查过程。

5. 回避原则

在专利审查、复审、无效程序中，审查员或者审理人员有下列情形之一的，应当自动回避，当事人或者其他利害关系人也有权申请审查员或者审理人员回避：（1）是当事人或者其代理人的亲属的；（2）与专利申请人或者专利权人有利害关系的；（3）与当事人或者其代理人有其他关系，可能影响公正审查和审理的；（4）复审委成员曾参与原申请的审查的。

（二）实质审查程序中应遵循的原则

在实质审查中，还要遵守请求原则。除《专利法》及其《专利法实施细则》另有规定外，实质审查程序只有在申请人提出实质审查请求的前提下才能启动。

第二节　专利申请的初步审查和发明的公布

一、初步审查范围

初步审查，是指审查专利申请是否具备《专利法》规定的文件和其他必要的文件，这些文件是否符合规定的格式，是否有明显不符合授权条件的情形，以及是否按照要求缴纳费用。根据《专利审查指南》的规定，初步审查的范围包括：（1）申请文件的形式审查，申请文件是否齐全，以及这些文件是否符合《专利法实施细则》的规定；（2）申请文件的明显实质性缺陷审查；（3）其他文件的形式审查，包括与专利申请有关的其他手续和文件是否符合《专利法》以及《专利法实施细则》的规定；（4）有关费用的审查。

根据《专利法实施细则》的规定，初步审查是指审查专利申请是否具备《专利法》第26条或者第27条规定的文件和其他必要的文件，这些文件是否符合规定的格式，并审查下列各项。

（1）发明申请是否明显属于《专利法》第5条（主题是否明显违反法律、社会公德或者妨害公共利益）、第25条规定的情形（内容是否明显属于不授予专利权的范围），是否不符合《专利法》第18条（申请人是否具备资格）、第19条第1款（委托代理人是否符合规定）、第20条第1款（向外国申请发明或者实用新型专利的保密审查）或者《专利法实施细则》第16条（请求书是否符合规定）、第26条第2款的规定（遗传资源说明是否符合要求），是否明显不符合《专利法》第2条第2款（发明定义）、第26条第5款（遗传资源是否披露直接来源和原始来源）、第31条第1款（单一性）、第33条（修改超范围）或者《专利法实施细则》第17条至第21条的规定（说明书和权利要求书的撰写规定）。

（2）实用新型专利申请是否明显属于《专利法》第5条、第25条规定的情形，是否不符合《专利法》第18条、第19条第1款、第20条第1款或者《专利法实施细则》第16条至第19条（请求书、权利要求书、说明书的相关规定）、第21条至第23条的规定（权利要求书和摘要的规定），是否明显不符合《专利法》第2条第3款（实用新型定义）、第22条第2款（新颖性）和第4款（实用性）、第26条第3款（说明书的基本要求）和第4款（权利要求书的基本要求）、第31条第1款（单一性）、第33条（修改超范围）或者《专利法实施细则》第20条（独权和从权的规定）、第43条第1款（分案申请的规定是否超范围）的规定，是否依照《专利法》第9条（同样的发明创造只能授予一项专利权)规定不能取得专利权。

(3)外观设计专利申请是否明显属于《专利法》第5条、第25条第1款第6项规定的情形,是否不符合《专利法》第18条、第19条第1款或者《专利法实施细则》第16条、第27条、第28条的规定(简要说明要求),是否明显不符合《专利法》第2条第4款(外观设计定义)、第23条第1款(新颖性)、第27条第2款(图片或者照片是否清楚)、第31条第2款(单一性)、第33条或者《专利法实施细则》第43条第1款的规定,是否依照《专利法》第9条规定不能取得专利权。

(4)申请文件是否符合《专利法实施细则》第2条(书面)、第3条第1款的规定(申请文字要求)。

国务院专利行政部门应当将审查意见通知申请人,要求其在指定期限内陈述意见或者补正;申请人期满未答复的,其申请视为撤回。申请人陈述意见或者补正后,国务院专利行政部门仍然认为不符合前款所列各项规定的,应当予以驳回。

二、初步审查程序

(一)审查合格

经初步审查,对于申请文件符合《专利法》及其《专利法实施细则》有关规定并且不存在明显实质性缺陷的专利申请,包括经过补正符合初步审查要求的专利申请,应当认为初步审查合格。

(二)审查文件的补正

初步审查中,对于申请文件存在可以通过补正克服的缺陷的专利申请,审查员应当进行全面审查,并发出补正通知书。

(三)明显实质性缺陷的处理

初步审查中,对于申请文件存在不可能通过补正方式克服的明显实质性缺陷的专利申请,审查员应当发出审查意见通知书。审查意见通知书中应当指明专利申请存在的实质性缺陷,说明理由,同时指定答复期限。

(四)通知书的答复

申请人在收到补正通知书或者审查意见通知书后,应当在指定的期限内补正或者陈述意见。申请人期满未答复的,审查员应当根据情况发出视为撤回通知书。

(五)申请的驳回

申请文件存在明显实质性缺陷,在审查员发出审查意见通知书后,经申请人陈述意见或者修改后仍然没有消除的;或者申请文件存在形式缺陷,审查员针对该缺陷已发出过两次补正通知书,经申请人陈述意见或者补正后仍然没有消除的,审查员可以作出驳回决定。

(六)前置审查与复审后的处理

因初步审查不合格而被驳回的,可以通过复审程序进行救济。对复审请求的前置审查及复审后的处理,参照《专利审查指南》的相关规定。

三、发明专利申请的公布

国务院专利行政部门收到发明专利申请后,经初步审查认为符合本法要求的,自申请日起满18个月,即行公布。国务院专利行政部门可以根据申请人的请求早日公布其申请。专利申请自申请日期满18个月的,自动公布。申请人请求早日公布其发明专利申请的,应当向国务院专利行政部门声明。国务院专利行政部门对该申请进行初步审查后,除予以驳回的外,应当立即将申请予以公布。对于PCT申请,则按照《专利法实施细则》第十章的规定进行公布。

第三节 发明专利实质审查

一、实质审查的类型

实质审查制分为即时审查制和延迟审查制两种。

即时审查制,又称为一次性审查制,即专利局对申请案进行形式审查之后,无须申请人提实质审查请求,就随即对专利申请的内容进行新颖性、创造性和实用性审查,以确定是否授予专利权。即时审查制的优点是可以确保所授予专利权的专利质量,减少诉讼纠纷,这使审查程序得到一定的简化。其缺点是审批时间较长且需要有庞大的专利审查机构。目前,美国、苏联、加拿大、瑞典、印度等国家实行这种审查制度。

延迟审查制,又称为早期公开请求审查制,即专利局在对专利申请案进行形式审查之后,不立即进行实质审查,而是先将申请案公开,申请人可以自申请日起一段时间内的任一时间请求实质审查,待申请人提出实质审查请求之后,在已公开的情况下,专利局才进行实质审查。申请人在法定期限内不提出实质审查请求则被视为自动撤回申请。各国规定请求实质审查的法定期限不同,大致2~7年,如日本、德国、荷兰等为7年,澳大利亚为5年,巴西为2年,中国则为3年。

延迟审查制的优点是:加速了专利信息的交流;给申请人充分的时间来考虑是否提出实质审查请求和什么时候提出实审请求,申请人中有一部分将根据实际情况放弃实质审查请求的,从申请人来讲避免了被驳回,节约了审查费用,从专利局来讲减轻了审批的工作量,使审查员能集中精力审查处理那些提出实质审查请求的专利申请案。但是,这种审查制时间太长,使专利申请案长期处于悬而未决的状态,容易造成纠纷。另外从早期公开到颁发专利证书这一段时间是法律上的临时保护期,在这期间申请人的权益得不到充分、可靠的保护。总的来说,延迟审查制综合了形式审查和即时审查制的优点,解决了专利制度发展历史上出现的比较尖锐的矛盾,被越来越多的国家所采用。

许多国家专利法都将检索作为实质审查的一部分。比如,《欧洲专利公约》就检索规定的内容包括:(1)欧洲专利局收到专利申请时,在进入实际审查前,会提出一份检索报告;(2)若判断该申请案不符合单一性规定,则会对第一组范围作出部分检索报告;(3)往后的后续程序就仅能针对经检索的该组范围进行答辩与修正;(4)若申请人希望欧洲专利局能对其他未被检索的范围提出检索报告,则于收到第一次检索报告后2个月内缴付额外检索费用,欧洲专利局将会对其余范围作出另一份检索报告;(5)之后,申请人将会收到完整包括全部范围(或是选择其中部分)的最终检索报告,并包括一些审查意见;(6)欧洲专利局之后仍仅根据不符单一性的规定而对一组权利范围进行实际审查;(7)若申请人并未额外支付检索费用,之后的审查意见仅针对"第一组"权利范围;(8)若申请人有支付额外检索费用,收到最终检索报告之后,可以选择其中一组权利范围作为后续审查的基础;(9)收到最后检索报告后,申请人可以提出修正。

我国在专利实质审查程序中同样进行检索,但是并没有明确检索的法律地位,这需要加以完善。

二、实质审查的请求

1. 请求审查的人:申请人;国务院专利行政部门自行审查。国务院专利行政部门认为必要的时候,可以自行对发明专利申请进行实质审查。[2]

2. 请求审查的期间:发明专利申请自申请日起3年内。申请人无正当理由逾期不请求实质审查的,该申请即被视为撤回。

3. 提交资料:实质审查请求书、申请日前与其发明有关的参考资料,发明专利已经在外国提出过申请的,国务院专利行政部门可以要求申请人在指定期限内提交该国为审查其申请进行检索的资料或者审查结果的资料,无正当理由逾期不提交的,该申请即被视为撤回。

三、进行实质审查

对发明专利申请进行实质审查的目的在于确定发明专利申请是否应当被授予专利权,特别是确定其是否符合《专利法》有关新颖性、创造性和实用性的规定。

(一)发出审查意见之前的工作

审查员发出审查之前,应当做好以下工作:(1)确定审查文本。原始申请文件或者经过修改被接受的申请文件作为审查文本。(2)阅读申请文件并理解发明。(3)不必检索即可发出审查意见通知书的情况。(4)对缺乏单一性申请的处理。(5)检索。(6)核实优先权。(7)全面审查。为节约程序,审查员通常应当在发出第一次审查意见通知书之前对专利申请进行全面审查,即审查申请是否符合《专

〔2〕 日本、韩国法律规定任何人都可以对发明专利申请提出实审请求。德国个别情况下第三人也可以。

利法》及其《专利法实施细则》有关实质方面和形式方面的所有规定。审查的重点是说明书和全部权利要求是否存在《专利法实施细则》所规定的驳回情形。(8)不全面审查的情况。申请文件存在严重不符合《专利法》及其《专利法实施细则》规定的缺陷的,并且该申请不可能被授予专利权的,审查员可以对该申请不作全面审查,在审查意见通知书中仅指出对审查结论起主导作用的实质缺陷即可。(9)对公众意见的处理。任何人在专利授权之前对不符合《专利法》规定的发明专利申请向专利局提出的意见,应当存入该申请文档中供审查员在实质审查时考虑。

(二)审查意见的给出

1. 发出第一次审查意见通知书

(1)总的要求

审查员对申请进行实质审查后,通常以审查意见通知书的形式,将审查的意见和倾向性结论通知申请人。

在审查意见通知书正文中,审查员必须根据《专利法》及其《专利法实施细则》具体阐述审查的意见。审查的意见应当明确、具体,使申请人能够清楚地了解其申请存在的问题。

在任何情况下,审查的意见都应当说明理由,明确结论,并引用《专利法》或《专利法实施细则》的相关条款,但不应当写入带有个人感情色彩的词语。为了使申请人尽快地作出符合要求的修改,必要时审查员可以提出修改的建议供申请人修改时参考。如果申请人接受审查员的建议,应当正式提交经过修改的文件,审查员在通知书中提出的修改建议不能作为进一步审查的文本。

为了加快审查程序,应当尽可能减少审查意见通知书的次数。除因存在严重实质性缺陷而无授权前景或者审查员因申请缺乏单一性而暂缓继续审查之外,第一次审查意见通知书应当写明审查员对申请的实质方面和形式方面的全部意见。

(2)审查意见通知书正文

根据申请的具体情况和检索结果,给出相应、恰当的审查意见:申请属于不必检索即可发出审查意见通知书的情形的;申请虽然可以被授予专利权,但还存在某些不重要的缺陷的;申请虽然可以被授予专利权,但还存在较严重的缺陷,而且这些缺陷既涉及权利要求书,又涉及说明书的;申请由于不具备新颖性或创造性而不可能被授予专利权的;申请属于明显缺乏单一性的情形的。

(3)审查意见通知书组成部分和要求

第一次审查意见通知书应当包括标准表格和通知书正文。审查意见通知书中引用对比文件的,视情况,还应当包括对比文件的复制件。审查员应当按照要求完整地填写标准表格中的各项内容,尤其要注意确认和填写审查依据的文本。

根据申请的具体情况和检索结果,审查意见通知书正文可以按照如下几种方式撰写:

第一，申请属于不必检索即可发出审查意见通知书的情形的，通知书正文只需指出主要问题并说明理由，而不必指出任何其他缺陷，最后指出因申请属于《专利法实施细则》规定的驳回情形，将根据《专利法》第38条驳回申请。

第二，申请虽然可以被授予专利权，但还存在某些不重要的缺陷的，为了加快审查程序，审查员可以在通知书中提出具体的修改建议，或者直接在作为通知书附件的申请文件复制件上进行建议性修改，并在通知书正文中说明建议的理由。

第三，申请虽然可以被授予专利权，但还存在较严重的缺陷，而且这些缺陷既涉及权利要求书，又涉及说明书的，通知书正文应当按照审查意见的重要性的顺序来撰写。通常按照独立权利要求、从属权利要求、说明书（及其附图）、说明书摘要顺序阐述审查意见。

第四，申请由于不具备新颖性或创造性而不可能被授予专利权的，审查员在通知书正文中，必须对每项权利要求的新颖性或者创造性提出反对意见，一一评述。但是，在权利要求较多或者反对意见的理由相同的情况下，也可以将从属权利要求分组加以评述。最后还应当指出说明书中也没有可以取得专利权的实质内容。在此种情况下，审查员不必指出次要的缺陷和形式方面的缺陷，也不必要求申请人作任何修改。

第五，申请属于明显缺乏单一性的情形的，审查员可发出分案通知书，要求申请人修改申请文件，待申请克服单一性缺陷后再进行审查。经检索后确认缺乏单一性的，审查员在审查意见通知书正文中阐述具体审查意见的同时，还应当指出申请包含的几项发明不符合《专利法》第31条第1款有关单一性的规定。审查员检索后发现独立权利要求不具备新颖性或创造性，从而导致发明专利申请缺乏单一性的，应当视情况决定是否继续审查。

2. 继续审查

在申请人答复第一次审查意见通知书之后，审查员应当对申请继续进行审查，考虑申请人陈述的意见和/或对申请文件作出的修改。审查员应当在审查程序的各阶段，使用相同的审查标准。

出现下列情况之一时，审查员应当再次发出审查意见通知书：(1)审查员发现与申请的主题更加相关的对比文件，需要对权利要求进行重新评价；(2)在前一阶段的审查中，审查员未对某项或某几项权利要求提出审查意见，经继续审查后，发现其中有不符合《专利法》及其《专利法实施细则》规定的情况；(3)经申请人陈述意见和/或进行修改之后，审查员认为有必要提出新的审查意见；(4)修改后的申请有可能被授予专利权，但仍存在不符合《专利法》及其《专利法实施细则》规定的缺陷，这些缺陷可能是修改后出现的新缺陷、审查员新发现的缺陷，以及已经通知过申请人但仍未完全消除的缺陷；(5)审查员拟驳回申请，但在此前的审查意见通知书中未向申请人明确指出驳回所依据的事实、理由或证据。

(三)审查中可以采取的某些举措

1. 会晤

在需要继续审查的某些情况下,审查员可以约请申请人会晤,以加快审查程序。申请人亦可以要求会晤,此时,审查员只要认为通过会晤能达到有益的目的,就应当同意申请人提出的会晤要求;反之,审查员可以拒绝会晤要求。

2. 电话讨论

审查员可以与申请人就申请文件中存在的问题进行电话讨论,但电话讨论仅适用于解决次要的且不会引起误解的形式方面的缺陷所涉及的问题。

3. 取证和现场调查

如果申请人不同意审查员的意见,申请人可以提供证据来支持其主张。如果申请人决定提供证据,审查员应当给予申请人一个适当的机会,使其能提供任何可能有关的证据,除非审查员确信提供证据也达不到有益的目的。

(四)答复和修改

对专利局发出的审查意见通知书,申请人应当在通知书指定的期限内作出答复。申请人的答复可以仅仅是意见陈述书,也可以进一步包括经修改的申请文件。申请人在其答复中对审查意见通知书中的审查意见提出反对意见或者对申请文件进行修改时,应当在其意见陈述书中详细陈述其具体意见,或者对修改内容是否符合相关规定,以及如何克服原申请文件存在的缺陷予以说明。

答复方式:对于审查意见通知书,申请人应当采用专利局规定的意见陈述书或补正书的方式,在指定的期限内作出答复。申请人提交的无具体答复内容的意见陈述书或补正书,也是申请人的正式答复,对此,审查员可理解为申请人未对审查意见通知书中的审查意见提出具体反对意见。

答复期限:在审查意见通知书中,审查员应当指定答复期限。该期限由审查员考虑与申请有关的因素后确定。答复第一次审查意见通知书的期限为4个月。

申请人可以请求专利局延长指定的答复期限。但是,延长期限的请求应当在期限届满前提出。专利局收到申请人的答复之后即可以开始后续的审查程序,如果后续审查程序的通知书或者决定已经发出,对于此后在原答复期限内申请人再次提交的答复,审查员不予考虑。

关于修改问题,本书第十三章第五节将专门介绍。

四、审查结论或驳回

(一)审查结论

经过实质审查后,可能产生以下几种审查结果。

(1)对发明专利申请进行实质审查后,审查员认为该申请不符合《专利法》及其《专利法实施细则》的有关规定的,应当通知申请人,要求其在指定的期限内陈述意见或者对其申请进行修改；审查员发出通知书和申请人的答复可能反复多次，直到申请被授予专利权、被驳回、被撤回或者被视为撤回。

(2)对经实质审查没有发现驳回理由，或者经申请人陈述意见或修改后消除了原有缺陷的专利申请，审查员应当发出授予发明专利权的通知书。

(3)专利申请经申请人陈述意见或者修改后，仍然存在通知书中指出过的属于《专利法实施细则》第53条所列情形的缺陷的，审查员应当予以驳回。

(4)申请人无正当理由对审查意见通知书、分案通知书或者提交资料通知书等逾期不答复的，专利局应当发出申请被视为撤回通知书。

(二)驳回决定

审查员在作出驳回决定之前，应当将应予驳回情形的事实、理由和证据通知申请人，并给申请人至少一次陈述意见和/或修改申请文件的机会。驳回决定一般应当在第二次审查意见通知书之后才能作出。但是，如果申请人在第一次审查意见通知书指定的期限内未提出有说服力的意见陈述和/或证据，也未对申请文件进行修改，则审查员可以直接作出驳回决定。如果申请人对申请文件进行了修改，驳回所针对的事实改变，就应当给申请人再一次陈述意见和/或修改申请文件的机会。

第四节 专利权的授予

一、发出授权通知书

(一)发出授予专利权的通知书的条件

发明专利申请经实质审查没有发现驳回理由的，专利局应当作出授予专利权的决定。在作出授予专利权的决定之前，应当发出授予发明专利权的通知书。授权的文本，必须是经申请人以书面形式最后确认的文本。

(二)发出授予专利权的通知书时应做的工作

在发出授予专利权的通知书前，允许审查员对准备授权的文本依职权作文字性的修改，审查员所作的上述修改应当通知申请人。审查员还需要准备授权所必需的相关文件，包括授权通知书。

二、授予程序

1. 专利权授予的主要程序

(1)授予专利权通知：发明专利申请经实质审查，实用新型和外观设计专利申请经初步审查，没有发现驳回理由的，专利局应当作出授予专利权决定，发给专利证书，并同时予以登记和公告。专利权自公告之日起生效。

(2)办理登记手续通知：专利局发出授予专利权通知书的同时，应当发出办理登记手续的通知书，申请人应当在收到该通知之日起2个月内办理登记手续。

(3)登记手续:申请人在办理登记手续时,应当在规定的期限内缴纳专利登记费、授权当年的年费、公告印刷费、专利证书印花税。

(4)颁发专利证书、登记和公告授予专利权:申请人在规定期限之内办理登记手续的,专利局应当颁发专利证书,并同时予以登记和公告,专利权自公告之日起生效。

2. 专利权授予需要注意的问题

专利权授予需要注意两个问题:(1)申请人在规定期限内未办理登记手续的,应当发出视为放弃取得专利权通知书。对于发明专利申请,应当在专利公报上公告该发明专利申请视为放弃取得专利权。(2)避免重复授权,相同的发明创造只能得到一次授权。

三、专利权利证明文件

(一)专利证书

1. 专利证书的构成

发明和实用新型的专利证书由证书首页和专利说明书构成;外观设计的专利证书由证书首页和外观设计专利单行本构成。专利证书应当记载与专利权有关的重要著录事项、国家知识产权局印记、局长签字和授权公告日等。著录事项包括:专利证书号(顺序号)、发明创造名称、专利号(申请号)、专利申请日、发明人或者设计人姓名和专利权人姓名或者名称。

2. 专利证书副本

一件专利有两名以上专利权人的,根据共同权利人的请求,专利局可以颁发专利证书副本。对同一专利权颁发的专利证书副本数目不能超过共同权利人的总数。专利权终止后,专利局不再颁发专利证书副本。

3. 专利证书的更换

因专利权权属纠纷引起专利权人变更的,在该调解或者判决发生法律效力后,当事人可以在办理变更专利权人手续合格后,请求专利局更换专利证书。专利证书损坏的,专利权人可以请求更换专利证书。专利权终止后,专利局不再更换专利证书。请求更换专利证书应当交回原专利证书,并缴纳手续费。

(二)专利登记簿

1. 专利登记簿的格式

专利局授予专利权时应当建立专利登记簿。专利登记簿登记的内容包括:专利权的授予,专利申请权、专利权的转移,专利权的无效宣告,专利权的终止,专利权的恢复,专利权的质押、保全及其解除,专利实施许可合同的备案,专利实施的强制许可,以及专利权人姓名或者名称、国籍、地址的变更。

专利权的授予,专利权的无效宣告,专利权的终止,专利权的恢复,专利权的质押、保全及其解除,专利权实施许可合同的备案和专利实施的强制许可由专利局依职权登记；专利申请权、专利权的转移，以及专利权人姓名或者名称、国籍、地址的变更应当根据当事人的请求进行登记。

2. 专利登记簿的效力

授予专利权时，专利登记簿与专利证书上记载的内容是一致的，在法律上具有同等效力；专利权授予之后，专利的法律状态的变更仅在专利登记簿上记载，由此导致专利登记簿与专利证书上记载的内容不一致的，以专利登记簿上记载的法律状态为准。

3. 专利登记簿副本

专利登记簿副本依据专利登记簿制作。专利权授予公告之后，任何人都可以向专利局请求出具专利登记簿副本。

四、专利权终止

（一）专利权期满终止

发明专利权的期限为20年，实用新型专利权和外观设计专利权期限均为10年，均自申请日起算。专利权期满时应当及时在专利登记簿和专利公报上分别予以登记和公告。

（二）专利权人不缴年费导致终止

专利年费滞纳期满仍未缴纳或者缴足专利年费或者滞纳金的，自滞纳期满之日起两个月后审查员应当发出专利权终止通知书。专利权人未启动恢复程序或者恢复权利请求未被批准的，专利局应当在终止通知书发出4个月后，在专利公报上公告。专利权终止日应当是上一年度期限届满日。

（三）专利权人放弃专利权

授予专利权后，专利权人随时可以主动要求放弃专利权，专利权人放弃专利权的，应当履行一定手续。主动放弃专利权的声明不得附有任何条件。放弃专利权只能放弃一件专利的全部，放弃部分专利权的声明视为未提出。专利局收到放弃专利权声明后，由相应流程管理部门予以登记和公告，放弃专利权的生效日为所放弃专利的申请日。

第五节　期限和权利的恢复

一、期限的恢复

《专利法》中的期限是指完成《专利法》及其《专利法实施细则》规定的事务所限定的期间或者期日。它包括法定期限和指定期限。

（一）期限的种类

1. 法定期限

法定期限是指《专利法》及其《专利法实施细则》规定的各种期限。例如，发明专利申请的实质审查请求期限。

2. 指定期限

指定期限是指审查人员在作出的各种通知中，规定申请人、专利权人或者其他当事人作出答复或者进行某种行为的期限。例如，根据《专利法》第37条的规定，国务院专利行政部门对发明专利申请进行实质审查后，认为不符合《专利法》规定的，应当通知申请人，要求其在指定的期限内陈述意见，或者对其申请进行修改。指定期限一般为2个月。发明专利申请的实质审查程序中，申请人答复第一次审查意见通知书的期限为4个月。对于较为简单的行为，也可以给予1个月的期限。

（二）期限的计算

1. 期限的起算日

（1）自申请日、优先权日、授权公告日等固定日期起计算。大部分法定期限是从申请日、优先权日、授权公告日等固定日期起计算的。

（2）以通知和决定的推定收到日起计算。全部指定期限和部分法定期限从通知和决定的推定收到日起计算。例如，审查员根据《专利法》第37条的规定指定申请人陈述意见或者修改其申请的期限（指定期限），是自推定申请人收到审查意见通知书之日起计算；《专利法实施细则》第54条第1款规定的申请人办理登记手续的期限（法定期限）是自推定申请人收到授予专利权通知之日起计算。

推定收到日为从国务院专利行政部门发出文件之日（该日期记载在通知和决定上）起满15日。例如，于2017年7月4日给申请人发出的通知书，其推定收到日为2017年7月19日。

2. 期限的届满日

期限起算日加上法定或者指定的期限即为期限的届满日。相应的行为应当最迟在届满日当天完成。

3. 期限的计算

期限的第一日（起算日）不计算在期限内。期限以年或者月计算的，以其最后一月的相应日为期限届满日；该月无相应日的，以该月最后一日为期限届满日。例如，一件发明专利申请的申请日为2012年6月1日，其实质审查请求期限的届满日应当是2015年6月1日，而不是2015年5月31日。又如，国务院专利行政部门于2013年12月16日发出的通知书，其推定收到日是2013年12月31日，如果该通知书的指定期限为两个月，则期限届满日应当是2013年2月28日。

期限届满日是法定节假日的，以节假日后的第一个工作日为期限届满日。国家公告移用假日，以相关公告为准，例如，某一专利申请的申请日是2010年3月1

日,其缴纳申请费的期限届满日应当是2010年5月的第一个工作日。

(三)期限的延长

当事人因正当理由不能在期限内进行或者完成某一行为或者程序时,可以请求延长期限。可以请求延长的期限仅限于指定期限。但在无效宣告程序中,复审委指定的期限不得延长。

延长期限请求应当在期限届满日之前书面提出,并在相应期限届满日之前缴纳延长期限请求费。延长的期限不足一个月的,以一个月计算。延长的期限不得超过两个月。对同一通知或者决定中指定的期限一般只允许延长一次。

(四)期限耽误

在法定或者指定期限内没有完成相应的行为,构成期限耽误。期限耽误应承担相应的后果。申请人(或专利权人)耽误期限的后果是丧失各种相应的权利,这些权利主要包括专利申请权、专利权、优先权等。国务院专利行政部门因当事人耽误期限作出的处分决定主要包括视为撤回、视为放弃取得专利权的权利、专利权终止、不予受理、视为未提出请求和视为未要求优先权等。

二、权利恢复

权利恢复是为了给申请人、专利权人或者其他利害关系人因事出有因而造成的权利丧失提供补救的机会,规定的请求恢复权利的程序。

耽误期限的后果是丧失某种权利。但是如果耽误期限事出有因,法律也给予当事人一定的补救机会,丧失的权利也可以恢复,这包括两类情形:因不可抗拒的事由而延误期限导致权利丧失,或者因其他正当理由而延误期限导致权利丧失,可以申请恢复权利。

(一)不可抗拒的事由

不可抗拒的事由,一般系指"不可抗力",是指不能预见、不可避免并且不能克服的客观情况。比如,当事人的住所发生地震道路不通,不能按照法院指定的日期出庭。

《民事诉讼法》第83条规定:"当事人因不可抗拒的事由或者其他正当理由耽误期限的,在障碍消除后的十日内,可以申请顺延期限,是否准许,由人民法院决定。"也就是说,因存在障碍而导致耽误期限的,可以申请顺延期限,顺延期限,就使权利不致丧失。

但是《民事诉讼法》并没有直接涉及权利恢复,因此《专利法实施细则》对此做了具体规定。《专利法实施细则》第6条第1款规定:"当事人因不可抗拒的事由而延误专利法或者本细则规定的期限或者国务院专利行政部门指定的期限,导致其权利丧失的,自障碍消除之日起2个月内,最迟自期限届满之日起2年内,可以向国务院专利行政部门请求恢复权利。"

（二）其他正当理由

当事人因其他正当理由而耽误期限的，除可以依据《民事诉讼法》顺延期限外，可以按照《专利法实施细则》的规定恢复权利。正当理由，系指除不可抗拒的理由之外合乎情理、可以被接受的理由。《专利法实施细则》第 6 条第 1 款规定："当事人因其他正当理由延误专利法或者本细则规定的期限或者国务院专利行政部门指定的期限，导致其权利丧失的，可以自收到国务院专利行政部门的通知之日起 2 个月内向国务院专利行政部门请求恢复权利。"

（三）权利恢复手续

当事人依照规定请求恢复权利的，应当提交恢复权利请求书，说明理由，必要时附具有关证明文件，并办理权利丧失前应当办理的相应手续；依照《专利法实施细则》第 6 条第 2 款的规定请求恢复权利的，还应当缴纳恢复权利请求费。

当事人请求延长国务院专利行政部门指定的期限的，应当在期限届满前，向国务院专利行政部门说明理由并办理有关手续。

（四）不适用权利恢复的情形

有关权利恢复的规定不适用新颖性丧失宽限期、优先权期限、专利权期限、侵犯专利权的诉讼时效等期限。这四种期限被耽误而造成的权利丧失，不能请求恢复权利。

案例 54　"有机膨润土凝胶剂及其制备方法"专利复审案〔3〕

审查文本的选择

实质审查应以适当的申请文件为基础，当申请按照规定提交了新的经修改的申请文件后，前次提交的申请文件一般不再予以考虑。

案例 55　李中祥与国家知识产权局恢复权利请求审批通知行政纠纷再审案〔4〕

无正当理由耽误期限不能恢复

涉案专利申请延误期限被视为撤回的事由系人为的工作失误，不属于不可抗拒的事由，而属于正当理由。申请人没有在规定的期限内提出恢复涉案专利申请权的申请，国家知识产权局据此不同意恢复其涉案专利申请权，并无不当。

〔3〕　参见复审决定 FS1000 号。

〔4〕　参见最高人民法院行政裁定书（2013）知行字第 24 号。

第十五章　专利复审与无效

根据《专利法》第41条的规定，国家知识产权局设立专利复审委员会，专利复审委员会对复审请求进行受理和审查，并作出决定。复审请求案件包括对初步审查和实质审查程序中驳回专利申请的决定不服而请求复审的案件。根据《专利法》第45条和第46条第1款的规定，专利复审委员会对专利权无效宣告请求进行受理和审查，并作出决定。当事人对专利复审委员会的决定不服，依法向人民法院起诉的，专利复审委员会可出庭应诉。

第一节　专利复审与无效概述

一、专利复审委员会

专利复审委员会成立于1985年4月5日，当时全称为中国专利局专利复审委员会。1998年更名为国家知识产权局专利局专利复审委员会，2001年更名为国家知识产权局专利复审委员会并沿用至今。2003年年底，经批准，专利复审委员会成为具有独立法人资格的国家知识产权局直属事业单位。专利复审委员会设主任委员、副主任委员、复审委员、兼职复审委员、复审员和兼职复审员。专利复审委员会主任委员由国家知识产权局局长兼任，副主任委员、复审委员和兼职复审委员由局长从局内有经验的技术和法律专家中任命，复审员和兼职复审员由局长从局内有经验的审查员和法律人员中聘任。专利复审委员会下设13个处室，分别为：办公室、人事教育处、立案及流程管理处、第一申诉处（机械）、第二申诉处（电学）、第三申诉处（通信）、第四申诉处（医药生物）、第五申诉处（化学）、第六申诉处（光电）、第七申诉处（材料）、第八申诉处（外观设计）、诉讼处和研究处。

专利复审委员会承担如下职能：(1)对不服国家知识产权局驳回专利申请及集成电路布图设计登记申请决定提出的复审请求进行审查；(2)对宣告专利权无效的请求及集成电路布图设计专有权撤销案件进行审查；(3)负责专利复审委员会作为行政诉讼被告的应诉工作；(4)参加专利、集成电路布图设计确权和侵权技术判定的研究工作；(5)接受人民法院和管理专利的部门委托，对专利确权和专利侵权案件的处理提供咨询意见。

二、复审与无效审查概述

我国专利审查制度,除申请阶段由专利局负责的审查(初步审查和实质审查)外,还包括复审和无效。曾经有一阶段还有异议制度和撤销制度。1984 年《专利法》第 41 条规定:“专利申请自公告之日起三个月内,任何人都可以依照本法规定向专利局对该申请提出异议。专利局应当将异议的副本送交申请人,申请人应当在收到异议副本之日起三个月内提出书面答复;无正当理由逾期不提出书面答复的,该申请即被视为撤回。”1984 年《专利法》第 42 条规定:“专利局经审查认为异议成立的,应当作出驳回申请的决定,并通知异议人和申请人。”

1992 年《专利法》修订规定了撤销制度。1992 年《专利法》第 41 条规定:“自专利局公告授予专利权之日起六个月内,任何单位或者个人认为该专利权的授予不符合本法有关规定的,都可以请求专利局撤销该专利权。”1992 年《专利法》第 42 条规定:“专利局对撤销专利权的请求进行审查,作出撤销或者维持专利权的决定,并通知请求人和专利权人。撤销专利权的决定,由专利局登记和公告。”

(一)审查原则

复审请求审查程序(以下简称复审程序)和无效宣告请求审查程序(以下简称无效宣告程序)中普遍适用的原则包括:合法原则、公正执法原则、请求原则、依职权审查原则、回避原则、听证原则和公开原则。这里仅对部分原则做些介绍。

1. 依职权审查原则。专利复审委员会可以对所审查的案件依职权进行审查,而不受当事人提出的理由、证据的限制。

2. 听证原则。在作出审查决定之前,应当给予审查决定对其不利的当事人针对审查决定所依据的理由、证据和认定的事实陈述意见的机会,即审查决定对其不利的当事人已经通过通知书、转送文件或者口头审理被告知过审查决定所依据的理由、证据和认定的事实,并且具有陈述意见的机会。

在作出审查决定之前,在已经根据人民法院或者地方知识产权管理部门作出的生效的判决或者调解决定变更专利申请人或者专利权人的情况下,应当给予变更后的当事人陈述意见的机会。

3. 公开原则。除根据国家法律、法规等规定需要保密的案件(包括专利申请人不服初审驳回提出复审请求的案件)以外,其他各种案件的口头审理应当公开举行,审查决定应当公开出版发行。

4. 回避原则。复审或者无效宣告案件合议组成员有下列情形之一的,应当自行回避;合议组成员应当自行回避而没有回避的,当事人有权请求其回避:(1)是当事人或者其代理人的近亲属的;(2)与专利申请或者专利权有利害关系的;(3)与当事人或者其代理人有其他关系,可能影响公正审查和审理的;(4)专利复审委员会成员曾参与原申请的审查的。

当事人请求合议组成员回避的,应当以书面方式提出,并且说明理由,必要时附具有关证据。专利复审委员会对当事人提出的回避请求,应当以书面方式作出决定,并通知回避请求人。

5. 无效特有原则:在无效宣告程序中,除总则规定的原则外,专利复审委员会还应当遵循一事不再理原则、当事人处置原则和保密原则。

(二)审查形式

1. 合议审查。专利复审委员会合议审查的案件,应当由三或五人组成的合议组负责审查,其中包括组长一人、主审员一人、参审员一或三人。对下列案件,应当组成五人合议组:(1)在国内或者国外有重大影响的案件;(2)涉及重要疑难法律问题的案件;(3)涉及重大经济利益的案件。

合议组依照少数服从多数的原则对复审或者无效宣告案件的审查所涉及的证据是否采信、事实是否认定,以及理由是否成立等进行表决,作出审查决定。

2. 独任审查。对于简单案件,可以由一人独任审查。

第二节 专 利 复 审

专利复审是给予被驳回的专利申请的一种行政救济程序,相当于特殊的行政复议。

一、复审范围

专利申请人对国务院专利行政部门驳回申请的决定不服的,[1]可以自收到通知之日起3个月内,向专利复审委员会请求复审。被驳回申请的申请人属于共同申请人的,复审请求人应是全体申请人。专利复审的对象包括经过初步审查后驳回的专利申请,以及经过实质审查后驳回的专利申请。

复审程序是因申请人对驳回决定不服而启动的救济程序,同时也是专利审批程序的延续。因此,一方面,专利复审委员会一般仅针对驳回决定所依据的理由和证据进行审查,不承担对专利申请全面审查的义务;另一方面,为了提高授权专利的质量,避免不合理地延长审批程序,专利复审委员会可以依职权对驳回决定未提及的明显实质性缺陷进行审查。

二、复审程序

(一)申请

复审请求人应当提交复审请求书,说明理由,必要时还应当附具有关证据。复审请求应当在规定的期限内向专利复审委员会提出,提出复审请求的期限不符合规定的,复审请求不予受理。同时,复审请求人需要按时缴纳费用。

---

[1] 1992年《专利法》还包括对撤销或者维持专利权的决定不服请求复审。

（二）前置审查

专利复审委员会应当将受理的复审请求书转交国务院专利行政部门原审查部门进行审查，是为前置审查。原审查部门根据复审请求人的请求，同意撤销原决定的，专利复审委员会应当据此作出复审决定，并通知复审请求人。原审查部门坚持原审查决定的，即进入复审程序。

（三）审查

复审一般采取合议形式。复审包括以下步骤和内容：审查复审理由和证据；文本审查，包括审查修改了的文本；审查方式可以采取书面审理、口头审理或者书面审理与口头审理相结合的方式。

（四）作出复审决定

专利复审委员会进行复审后，认为复审请求不符合《专利法》及其《专利法实施细则》有关规定的，应当通知复审请求人，要求其在指定期限内陈述意见。期满未答复的，该复审请求视为撤回；经陈述意见或者进行修改后，专利复审委员会认为仍不符合《专利法》和《专利法实施细则》有关规定的，应当作出维持原驳回决定的复审决定。专利复审委员会进行复审后，认为原驳回决定不符合《专利法》及其《专利法实施细则》有关规定的，或者认为经过修改的专利申请文件消除了原驳回决定指出的缺陷的，应当撤销原驳回决定，由原审查部门继续进行审查程序。

复审请求人在专利复审委员会作出决定前，可以撤回其复审请求。

三、复审决定

复审决定分为下列三种类型：(1)复审请求不成立，维持驳回决定；(2)复审请求成立，撤销驳回决定；(3)专利申请文件经复审请求人修改，克服了驳回决定所指出的缺陷，在修改文本的基础上撤销驳回决定。上述第(2)种类型包括下列情形：第一，驳回决定适用法律错误的；第二，驳回理由缺少必要的证据支持的；第三，审查违反法定程序的；第四，驳回理由不成立的其他情形。

复审决定作出后复审请求人不服该决定的，可以在收到复审决定之日起3个月内向人民法院起诉；在规定的期限内未起诉或者人民法院的生效判决维持该复审决定的，复审程序终止。

第三节　专利无效

专利无效是一种将不符合专利授权条件但已经授权的专利申请撤回授权的特殊程序。

一、无效宣告的提出

(一)无效宣告请求客体

无效宣告请求的客体应当是已经公告授权的专利,包括已经终止或者放弃(自申请日起放弃的除外)的专利。

专利复审委员会作出宣告专利权全部或者部分无效的审查决定后,当事人未在收到该审查决定之日起3个月内向人民法院起诉或者人民法院生效判决维持该审查决定的,针对已被该决定宣告无效的专利权提出的无效宣告请求不予受理。

(二)无效宣告请求人资格

请求人属于下列情形之一的,其无效宣告请求不予受理:(1)请求人不具备民事诉讼主体资格的;(2)专利权人针对其专利权提出无效宣告请求且请求宣告专利权全部无效、所提交的证据不是公开出版物或者请求人不是共有专利权的所有专利权人的。

(三)无效宣告请求范围及理由和证据

1. 在无效宣告程序中,专利复审委员会通常仅针对当事人提出的无效宣告请求的范围、理由和提交的证据进行审查,不承担全面审查专利有效性的义务。

无效宣告请求书中应当明确无效宣告请求范围,未明确的,专利复审委员会应当通知请求人在指定期限内补正。

2. 无效宣告理由仅限于《专利法实施细则》规定的理由,并且应当以《专利法》及其《专利法实施细则》中有关的条、款、项作为独立的理由提出。无效宣告理由不属于《专利法实施细则》规定的理由的,不予受理。

3. 以授予专利权的外观设计与他人在申请日以前已经取得的合法权利相冲突为理由请求宣告外观设计专利权无效,但是未提交证明权利冲突的证据的,不予受理。[2]

4. 请求人应当具体说明无效宣告理由,提交有证据的,应当结合提交的所有证据具体说明。

(四)无效宣告类型

无效请求人可以请求宣告专利权全部无效,也可以请求专利权部分无效。专利权人请求宣告专利无效的,只能请求专利权部分无效。

二、无效理由

(一)发明和实用新型无效理由

《专利法实施细则》第65条第2款规定:"前款所称无效宣告请求的理由,是

[2] 以授予专利权的外观设计与他人在先取得的合法权利相冲突为理由请求宣告外观设计专利权无效,但未提交生效的能够证明外观设计专利权与商标权、著作权等在先权利相冲突的处理决定或者判决的,不予受理。

指被授予专利的发明创造不符合专利法第二条、第二十条第一款、第二十二条、第二十三条、第二十六条第三款、第四款、第二十七条第二款、第三十三条或者本细则第二十条第二款、第四十三条第一款的规定，或者属于专利法第五条、第二十五条的规定，或者依照专利法第九条规定不能取得专利权。”

归纳起来，发明和实用新型无效的理由包括：(1)专利的主题不是《专利法》和《专利法实施细则》所述的发明、实用新型或外观设计。(《专利法》第2条)(2)专利的主题违反法律、社会公德或者妨害公共利益。(《专利法》第5条第1款)(3)对违反法律、行政法规的规定获取或者利用遗传资源，并依赖该遗传资源完成的发明创造，不授予专利权。(《专利法》第5条第2款)(4)专利的主题不在被授予专利权之列。(《专利法》第25条)(5)没有按照规定进行保密审查的。(《专利法》第20条第1款)(6)专利申请缺乏新颖性、创造性和实用性。(《专利法》第22条)(7)说明书公开不充分，未能对发明或者实用新型作出清楚、完整的说明。(《专利法》第26条第3款)(8)权利要求书得不到说明书的支持。权利要求书未能以说明书为依据，清楚、简要地限定要求专利保护的范围。(《专利法》第26条第4款)(9)独立权利要求没有从整体上反映发明或者实用新型的技术方案，记载发明或者实用新型的必要技术特征。(《专利法实施细则》第20条第2款)(10)修改超出了原说明书、权利要求书记载的范围；或者如果专利申请是根据分案申请授予的，修改超出了原申请的公开范围。(《专利法》第33条，《专利法实施细则》第43条第1款)(11)对同样的发明、实用新型授予了两个以上的专利，而被授权的专利权人不是最先申请人，或者违反了同样的发明创造只能被授予一项专利的原则。(《专利法》第9条)

(二)外观设计无效理由

外观设计无效理由包括：(1)专利的主题不是《专利法》和《专利法实施细则》所述的外观设计。(《专利法》第2条)(2)外观设计缺乏新颖性。(《专利法》第23条第1款)(3)与现有设计没有明显区别。(《专利法》第23条第2款)(4)与他人在申请日以前已经取得的合法权利相冲突。(《专利法》第23条第3款)(5)对同样的或近似的外观设计授予了两个以上的专利，而被授权的专利权人不是最先申请人，或者违反了同样的发明创造只能被授予一项专利的原则。(《专利法》第9条)(6)对外观设计专利申请文件的修改超出原图片或者照片表示的范围。(《专利法》第33条)(7)申请人提交的有关图片或者照片不能清楚地显示要求专利保护的产品的外观设计。(《专利法》第27条第2款)(8)分案申请超出了原申请的公开范围。(《专利法实施细则》第43条第1款)(9)属于主要起标识作用，由平面印刷品的图案、色彩或者二者的结合作出的设计。(《专利法》第5条第1款第6项)

三、审查程序

(一)形式审查

无效中的形式审查,是指对请求人无效请求是否具备受理条件进行审查。形式审查内容包括:无效宣告请求客体;无效宣告请求人资格;无效宣告请求范围及理由和证据;文件形式;费用;委托手续等。

经过形式审查,专利复审委员会针对不同情况做如下处理:(1)发出补正通知书:经形式审查不符合有关规定的,专利复审委员会应当发出补正通知书,要求请求人在收到通知书之日起一个月内补正。(2)发出视为未提出通知书或者不予受理通知书。无效宣告请求视为未提出或者不予受理的,专利复审委员会应当发出无效宣告请求视为未提出通知书或者不予受理通知书。(3)发出受理通知书:经形式审查符合有关规定的,专利复审委员会应当向请求人和专利权人发出无效宣告请求受理通知书,并要求专利权人在收到该通知书之日起 1 个月内答复。(4)发出无效宣告请求案件审查状态通知书:受理的无效宣告请求涉及专利侵权案件的,专利复审委员会可以应人民法院、地方知识产权管理部门或者当事人的请求,发出无效宣告请求案件审查状态通知书。

(二)合议审查

1. 审查范围

在无效宣告程序中,专利复审委员会通常仅针对当事人提出的无效宣告请求的范围、理由和提交的证据进行审查,不承担全面审查专利有效性的义务。

专利复审委员会在下列情形可以依职权进行审查:

(1)无效宣告理由明显与其提交的证据不相对应的,专利复审委员会可以告知请求人有关法律规定的含义,并允许其变更为相对应的无效宣告理由。

(2)专利权存在请求人未提及的明显不属于专利保护客体的缺陷,专利复审委员会可以引入相关的无效宣告理由进行审查。

(3)专利权存在请求人未提及的缺陷而导致无法针对请求人提出的无效宣告理由进行审查的,专利复审委员会可以依职权针对专利权的上述缺陷引入相关无效宣告理由并进行审查。

(4)请求人请求宣告权利要求之间存在引用关系的某些权利要求无效,而未以同样的理由请求宣告其他权利要求无效,不引入该无效宣告理由将会得出不合理的审查结论的,专利复审委员会可以依职权引入该无效宣告理由对其他权利要求进行审查。

(5)请求人以权利要求之间存在引用关系的某些权利要求存在缺陷为由请求宣告其无效,而未指出其他权利要求也存在相同性质的缺陷,专利复审委员会可以引入与该缺陷相对应的无效宣告理由对其他权利要求进行审查。

(6)请求人以不符合《专利法》第 33 条或者《专利法实施细则》第 43 条第 1 款

的规定为由请求宣告专利权无效,且对修改超出原申请文件记载范围的事实进行了具体的分析和说明,但未提交原申请文件的,专利复审委员会可以引入该专利的原申请文件作为证据。

(7)专利复审委员会可以依职权认定技术手段是否为公知常识,并可以引入技术词典、技术手册、教科书等所属技术领域中的公知常识性证据。

2. 增加无效宣告理由的审查

请求人在提出无效宣告请求之日起1个月内增加无效宣告理由的,应当在该期限内对所增加的无效宣告理由具体说明;否则,复审委不予考虑。

请求人在提出无效宣告请求之日起1个月后增加无效宣告理由的,专利复审委员会一般不予考虑,但下列情形除外:(1)针对专利权人以合并方式修改的权利要求,在专利复审委员会指定期限内增加无效宣告理由,并在该期限内对所增加的无效宣告理由具体说明的;(2)对明显与提交的证据不相对应的无效宣告理由进行变更的。

3. 举证及其期限

(1)请求人举证

第一,请求人在提出无效宣告请求之日起1个月内补充证据的,应当在该期限内结合该证据具体说明相关的无效宣告理由,否则,专利复审委员会不予考虑。

第二,请求人在提出无效宣告请求之日起1个月后补充证据的,专利复审委员会一般不予考虑,但下列情形除外:其一,针对专利权人以合并方式修改的权利要求或者提交的反证,请求人在专利复审委员会指定的期限内补充证据,并在该期限内结合该证据具体说明相关无效宣告理由的;其二,在口头审理辩论终结前提交公知常识性证据或者用于完善证据法定形式的公证书、原件等证据,并在该期限内结合该证据具体说明相关无效宣告理由的。

第三,请求人提交的证据是外文的,提交其中文译文的期限适用该证据的举证期限。

(2)专利权人举证

专利权人应当在专利复审委员会指定的答复期限内提交证据,但对于公知常识性证据或者用于完善证据法定形式的公证书、原件等证据,可以在口头审理辩论终结前补充。

专利权人提交或者补充证据的,应当在上述期限内对提交或者补充的证据具体说明。专利权人提交的证据是外文的,提交其中文译文的期限适用该证据的举证期限。否则,专利复审委员会不予考虑。

(3)延期举证

对于有证据表明因无法克服的困难而在规定期限内不能提交的证据,当事人可以在所述期限内书面请求延期提交。不允许延期提交明显不公平的,专利复审委员会应当允许延期提交。

(三)审查方式

1. 直接作出宣告

答复期限届满后,无论专利权人是否答复,专利权人未要求进行口头审理,专利复审委员会认为请求人提交的证据充分,其请求宣告专利权全部无效或部分无效的理由成立的,可以直接作出宣告专利权全部无效或部分无效的审查决定。

2. 口头审理后宣告

答复期限届满后,无论专利权人是否答复,专利复审委员会认为请求人请求宣告无效的范围部分成立,可能会作出宣告专利权部分无效的决定的,专利复审委员会应当通过口头审理结案。

3. 复审委员会根据案情选择审查方式

(1)答复期限内专利权人已经答复,专利复审委员会认为专利权人提交的意见陈述理由充分,将会作出维持专利权的决定的,应当根据案情选择书面审查或者口头审理。

(2)答复期限内专利权人没有答复,专利复审委员会认为请求人提交的证据不充分、无效理由不成立,将会作出维持专利权的决定的,专利复审委员会应当根据案情选择采用书面审查或者口头审理。

四、无效决定及其效力

(一)决定类型

无效宣告请求审查决定分为下列三种类型:(1)宣告专利权全部无效;(2)宣告专利权部分无效;(3)维持专利权有效。宣告无效的专利权视为自始即不存在。一项专利被宣告部分无效后,被宣告无效的部分应视为自始即不存在,但是被维持的部分(包括修改后的权利要求)也同时应视为自始即存在。

(二)效力

《专利法》第47条规定,宣告无效的专利权视为自始即不存在。[3] 也就是说,无效宣告具有溯及力。但是,无效的溯及力有例外情形。[4]《专利法》规定,无效宣告的溯及力不及于在宣告专利权无效前人民法院作出并已执行的专利侵权的判决、调解书,已经履行或者强制执行的专利侵权纠纷处理决定,以及已经履行的专利实施许可合同和专利权转让合同。同时《专利法》对这种溯及力例外给予了限制:如果因专利权人的恶意给他人造成的损失,应当给予赔偿。或者,如果不返还专利侵权赔偿金、专利使用费、专利权转让费,明显违反公平原则的,应当全部或者

---

〔3〕 1992年《专利法》规定,撤销的效力适用无效效力的规定,但是后来取消了撤销制度,撤销的效力遂无适用之可能。

〔4〕 1984年《专利法》只是简单规定宣告无效的专利权视为自始即不存在。

部分返还。

五、无效宣告程序的终止

有下列情形之一的，无效程序终止：(1)请求人在专利复审委员会对无效宣告请求作出审查决定之前，撤回其无效宣告请求的；(2)无效宣告请求被视为撤回的，无效宣告程序终止；(3)因不符合受理条件而被驳回请求的；(4)重复授权专利权人自申请日起放弃该专利权的；(5)无效宣告决定已经生效。在专利复审委员会作出宣告专利权全部无效的审查决定后，当事人未在收到该审查决定之日起3个月内向人民法院起诉，或者人民法院生效判决维持该审查决定的，针对该专利权的所有其他无效宣告程序终止。

第四节 复审及无效决定的执行及司法救济

一、复审及无效决定的执行

(一)复审决定的执行

复审决定对原审查部门具有约束力。复审决定撤销原审查部门作出的决定的，专利复审委员会应当将有关的案卷返回原审查部门，由原审查部门继续审批程序。原审查部门应当执行专利复审委员会的决定，不得以同样的事实、理由和证据作出与该复审决定意见相反的决定。

复审决定维持原审查部门作出的决定的，则原审查决定有效，驳回申请。

※思考问题：复审决定一定要公告吗？

(二)无效决定的执行

专利复审委员会对宣告专利权无效的请求应当及时审查和作出决定，并通知请求人和专利权人。专利复审委员会作出宣告专利权无效（包括全部无效和部分无效）的审查决定后，当事人未在收到该审查决定之日起3个月内向人民法院起诉或者人民法院生效判决维持该审查决定的，由专利局予以登记和公告，但没有具体指明公告时间。

二、复审及无效决定的司法救济

专利申请人对专利复审委员会的复审决定不服的，可以自收到通知之日起3个月内向人民法院起诉。

对专利复审委员会宣告专利权无效或者维持专利权的决定不服的，可以自收到通知之日起3个月内向人民法院起诉。人民法院应当通知无效宣告请求程序的对方当事人作为第三人参加诉讼。

依据《专利法》的规定，专利复审或专利无效司法救济属于行政诉讼，须依照

《行政诉讼法》的规定进行审理。

三、审查决定被法院生效判决撤销后的审查程序

1. 复审请求或者无效宣告请求审查决定被人民法院的生效判决撤销后，专利复审委员会应当重新作出审查决定。对于重新作出的审查决定，当事人还可以再次向法院起诉。

2. 因主要证据不足或者法律适用错误导致审查决定被撤销的，不得以相同的理由和证据作出与原决定相同的决定。

3. 因违反法定程序导致审查决定被撤销的，根据人民法院的判决，在纠正程序错误的基础上，重新作出审查决定。

第五节　其他国家的专利复审、无效程序

一、德国

在德国，申请人如对驳回申请的决定不服的，可在该决定发出后的1个月内向德国专利和商标局（DPMA）提出申诉，如果申诉无法达到救济效果，则可向德国联邦专利法院提出上诉。

在专利授权公布3个月内，任何第三方均有权对授权专利提出异议，德国专利和商标局专利处审查后作出维持、受限制地维持或者撤销专利的决定。不服审查部或者专利部决定，可以向转换立法院提出申诉。

专利无效由专利法院受理、审理。

对专利法院的裁判不服的，可以向联邦最高法院提起上诉。上诉审由全面审查改为法律审查。但是，德国联邦专利法院因其特殊的法院性质，使其所受理的纠纷性质具有混合性，对于联邦专利法院无效审理庭所做的判决无论是出于法律问题还是事实问题，均可以向联邦最高法院提出上诉。[5]

二、法国

在法国，关于专利权无效宣告的诉讼，以及关于工业产权证书的颁发、驳回或维持决定不服的诉讼，完全依据民事诉讼法进行，由巴黎、马赛等地区的7个民事一审法院（大审法院）及其所属的上诉法院管辖，[6]与法国工业产权局无关，也不存在与我国专利复审委员会相类似的机构，不受行政法院管辖。而且无效宣告诉讼既可以作为本诉提出，也可以作为侵权抗辩的手段以反诉形式提出。

---

〔5〕　参见《德国专利法》第115条。

〔6〕　参见冯术杰、崔国振：《法国专利无效程序解析》，载《电子知识产权》2010年第10期。

三、美国

美国专利审查流程主要包括:形式审查和检索、实质审查、申请人答复、再次审查(reexamine)、作出最终决定等内容。对决定不服的可向专利申诉和抵触委员会提出上诉。

(一)重审和申诉制度

(1)重审(reexamine)。审查时如果申请人拒绝审查员提出的修改意见,则进入重审程序。但如果申请人同意修改,则是继续审查,不属于重审。

(2)申诉(appeal)。《美国专利法》第134条规定了申诉制度(2012年9月16日以后):

(a)申请被两次拒绝后,申请人可以向专利审理和申诉委员会(the Patent Trial and Appeal Board)就最先的审查决定提出申诉;

(b)经过重审的专利权人可以就最终的驳回决定向专利审理和申诉委员会提出申诉。

过渡期(2012年9月16日之前的申请)向专利申诉和抵触委员会(Board of Patent Appeals and Interferences)申诉。

除了上述两种情形外,还包括:双方申诉制度,即第三方可以就最主要审查者作出的有利于申请人的最后审查决定向专利审理和申诉委员会提出挑战申请的可专利性的申诉。[已被后面的复审(review)制度代替]

(3)向联邦巡回上诉法院申诉

对专利审理和申诉委员会决定不服的,包括审查决定和重审决定,均可向美国联邦巡回上诉法院(the United States Court of Appeals for the Federal Circuit)提出申诉。

(二)通过行政手段无效专利权

1. 单方再审(Ex Parte Reexamination)和双方再审(Inter Partes Reexamination)

从字面上讲,两个制度的区别在于:单方再审是对专利权存在争议的双方中的一方参与的再审;而双方再审是专利权人和无效请求人均能参与的再审过程。具体言之,区别有:(1)双方再审仅适用于1999年11月29日及以后在美国授权的专利权。对于此前授权的专利权,只能选择单方再审。(2)单方再审的请求人是包括了专利权人、第三方、专利局的任何人,而双方再审的请求人只能是第三方。(3)单方再审没有"禁反言"的要求,而双方再审有"禁反言"的要求。

2012年9月16日,双方再审制度被废止,由双方复审制度(Inter Partes Review,IPR)代替,增加了授权后重审制度(Post Grant Review,PGR)(类似于撤销制度)。

2. 复审程序

(1)授权后复审

授权后复审是由申诉委员会主导的、依据 282(b)(2) or(3)列举的理由审查专利权利要求是否具有可专利性的程序。PGR 由第三方在授权或再公布专利(a reissue patent)公布后 9 个月内提出。专利权人可以对 PGR 作出初步答复(preliminary response)。启动 PGR 应基于至少有一项权利要求可能不具备可专利性,申诉委员会并应在 1 年内作出决定(如果理由充足可以延长 6 个月)。PGR 从 2012 年 9 月 16 日开始实施。

(2)双方复审程序

IPR 是由申诉委员会主导的、依据第 102 条或者第 103 条列举的理由来审查专利权利要求是否具有可专利性的程序,而且只能以由专利或者印刷出版物构成的现有技术为基础。对于最先申请专利的发明人,IPR 由第三方(非专利权人)在以下两种情况之更晚时启动:①专利授权或者专利再公布后 9 个月;②如果启动了 PGR,PGR 结束时。这一截止时间不适用于最先发明的专利。在至少有一项权利要求不具备可专利性的合理可能性时,IPR 即可启动。申诉委员会并应在 1 年内作出决定(如果理由充足可以延长 6 个月)。IPR 从 2012 年 9 月 16 日开始实施,适用于所有专利。

(三)专利无效诉讼制度

美国专利法中,专利被预设为有效的,但是在侵权诉讼中可以审查专利的效力。专利权无效理由包括:美国专利法第二部分规定的可专利性条件均可作为无效理由;以《美国专利法》第 112 条或第 251 条规定的说明书方面存在问题作为无效理由。

通过诉讼手段无效专利权一般有三种方法:(1)提起专利权确认诉讼;(2)在侵权诉讼中提起专利权无效的反诉;(3)在侵权诉讼中提起专利权抗辩。

四、欧洲专利局

《欧洲专利公约》对有关复审及无效的规定如下:(1)异议程序(opposition):异议应当在专利授权公布后 9 个月内向异议部提出,适用于所有欧洲专利。异议理由仅包括:不是可专利主题;说明书公开不充分;授权超范围。(2)限制或撤销专利程序:专利权人任何时候得向欧洲专利局提出限制或撤销专利,但是在异议程序结束以前不得提出上述限制或者撤销。(3)申诉程序:第一,对审查部、异议部、法律部决定不服的,可提起申诉;第二,申诉向申诉委员会提出;第三,申诉委员会可以将案件交到扩大的申诉委员会去决定;第四,不服申诉委员会决定的当事人可以向扩大的申诉委员会提出申诉。(4)专利无效由各国自己裁决。

五、英国

英国是《欧洲专利公约》成员国,对于一件欧洲专利申请,应当遵守《欧洲专利公约》的规定。

对于英国专利申请,《英国专利法》没有我国《专利法》中类似的复审程序,对于专利局作出的决定,除个别情况法律规定不可以申诉的外,均可以向专利法院申诉。

《英国专利法》规定,法院或专利局可以应任何人的申请宣布专利无效(revoke a patent),无效理由包括不是授权主题、不是适格授权主体、说明书披露不充分、权利要求得不到说明书的支持、修改超范围等。

专利局审查员也可以依职权宣告专利无效。[7]

只有在下列情况下,才可以主张专利无效:正在侵权诉讼时、临时使用费指控、受到侵权指控的威胁、[8]根据第72条提起无效时、要求确认不侵权[9]等。

六、日本

日本的专利复审和无效程序与我国类似。《日本专利法》规定,不服驳回审查决定的,可自审查决定副本送达之日起3个月内向特许厅长官提起审判之请求;当专利授予不符合法律规定时,任何人得向特许厅长官提起专利无效之审判。对于前述审判决定,可以自送达审判决定之日30日内向法院(东京高等法院)提起诉讼。对于生效的审判决定,符合规定条件的,还可以依法提起重审。另外,日本允许在侵权诉讼中对专利是否有效进行个案认定。

---

〔7〕参见《英国专利法》第73条。

〔8〕参见《英国专利法》第70条。

〔9〕参见《英国专利法》第71条。

第六编 专利权

第十六章　专利权的内容

专利权是指专利权人对其申请专利的发明创造所拥有的所有权，这些权利包括：狭义的专利权，处分转让的权利，许可他人实施的权利，质押的权利，出资的权利，标记专利的权利等。这些权利都是属于专利权人的权利，本书在不同章节对上述权利都有阐述。

第一节　与专利有关的权利类型

我国《专利法》规定了“申请专利的权利”、“专利申请权”和“专利权”这三种具有一定关联的权利。“申请专利的权利”指的是发明创造完成后到提出专利申请之前，权利人享有的决定对该发明创造是否申请专利，以及如何申请专利的权利，其指向的是已经完成但尚未提出专利申请的发明创造。《专利法》第10条规定了“专利申请权和专利权可以转让”，其中所述的“专利申请权”指的是提交专利申请之后，申请专利的人享有的决定是否继续进行申请程序、是否转让专利申请的权利，其指向的是已经提出专利申请但尚未被授权的发明创造。《专利法》中所述的“专利权”是指发明创造被公告授予专利权之后专利权人所享有的包括实施其专利的权利、转让其专利、许可他人实施其专利、禁止他人未经许可实施其专利等在内的权利，其指向的是一项被授予专利权的发明创造。这三种权利虽然最终指向的都是发明创造，但是从专利审批程序的角度来看，该发明创造处于不同的权利阶段，即专利申请前、申请后授权前、专利授权后，因此权利的内容和效力也不同。

国外一般都没有规定申请专利的权利和专利申请权的概念。本书认为这两个概念并不是必需的概念。申请专利的权利与申请的资格是类似概念。专利申请权则是一个容易引起误解的概念，其所指的是专利申请所享有的某些权利，包括转让专利申请的权利，专利申请公布后的临时保护，但是这些权利并不太适合用一个专利申请权的概念来概括。

一、申请专利的权利

专利权不是自动产生的，而是在有权申请专利的主体提出专利申请，经国家专利机关审查后认为符合《专利法》及其《专利法实施细则》的规定后，才能授予专利权。解决专利权的权利归属之前首先要回答申请专利的权利归属问题，即谁享有申请专利的权利。我国实践中通常采取谁提出专利申请即推定谁享有申请专利的权利，专利权申请被批准后则专利权归属于有权提出该申请的主体。申请专利的权利产生在发明创造完成之后到提出专利申请之前，其权利内容指的是发明创造完成后，相关民事主体中谁有权决定对该发明创造是否需要申请专利、申请何种专利，以及何时申请专利、向哪些国家申请专利等，更具体地说就是发明创造完成之后，是发明人、设计人还是其所在的单位享有对该发明创造申请专利的权利，以及是否享有在中国提出专利申请的权利。

确定申请专利的权利归属首先要对发明创造进行区分。根据《专利法》第 6 条的规定，可以分为职务发明创造和非职务发明创造。职务发明创造的申请专利的权利属于作出发明创造的发明人、设计人的所在单位；非职务发明创造的申请专利的权利属于发明人或者设计人；对于利用单位的物质技术条件作出的发明创造的申请专利的权利也可以由单位与发明人或设计人根据合同的约定来确定权利归属。根据《专利法》第 8 条的规定，可以将发明创造分为单独作出的发明创造与合作完成的发明创造、自行作出的发明创造与受委托完成的发明创造。对于合作完成、委托完成的发明创造，申请专利的权利归属可以通过协议进行约定，没有协议约定的，则申请专利的权利属于完成或共同完成的单位或个人。至于外国人申请专利的权利，则应当依照《专利法》第 19 条的规定进行资格审查，这方面内容见本书关于专利权主体的论述。

案例 56 | 吴林祥、陈华南诉翟晓明专利申请权纠纷案[1]
职务发明申请专利的权利属于单位

常州市科技局与一匙通公司签订《常州市科技项目合同》，研究内容是一匙通数码锁、钥匙和钥匙设定器，项目负责人和主要研究人员是翟晓明，项目成果属于职务发明创造，申请专利的权利属于一匙通公司。

二、专利申请权

（一）专利申请权的内容及取得方式

在《专利法》中有多处条文使用了“专利申请权”这一说法，比如第 10 条（专利申请权和专利权可以转让）、第 15 条（共有权的行使），以及第 72 条（剥夺非职务发明的专利申请权）。不过，《专利法》并没有定义何为“专利申请权”，从字面上

〔1〕 参见江苏省南京市中级人民法院民事判决书（2005）宁民三初字第 440 号。

看，专利申请权可能包括两部分内容：提出专利申请的权利；申请人对已提出但尚未授权的专利申请的权利。结合我国《专利法》各条使用这一概念的背景，本书倾向于后者。

专利申请权是指申请人在向国家专利行政部门提出专利申请以后对其专利申请享有的权利，即对专利申请的所有权。〔2〕这种所有权主要体现在申请人有权决定是否继续申请手续还是放弃其专利申请，是自己保留该专利申请还是将该专利申请转让给他人等。该权利存在于申请人提出专利申请后还未被授予专利权这一阶段，其权利内容是申请人在专利申请存续期间针对其专利申请所享有的包括继续、撤回、转让其专利申请等一系列权利，例如，修改专利申请文件、请求专利实质审查、随时撤回专利申请、请求分案申请等。专利申请权以专利申请的行为发生为前提，主要有两种取得方式：专利申请人原始取得；通过转让从提出专利申请的主体那里获得。转让专利申请权会在同时将专利申请案中的发明创造一并转让出去，脱离了发明创造就不存在专利申请权、专利权。专利申请权的转让应当订立合同，并由国家专利机关进行登记，这是因为专利申请是由国家专利机关公告的，记载了专利申请人姓名等事项，所以专利申请权的转让也要通过公告，变更有关的事项。

本书认为，专利申请享有的权利还包括申请人可以将申请所涉及的技术许可给他人，在他人未经许可实施其已经公开的发明专利申请的时候有受到临时保护的权利。〔3〕

（二）专利申请权与申请专利的权利的联系与区别

专利申请权与申请专利的权利有紧密联系，但二者又有着明显区别。（1）在专利申请及审批过程中，申请专利的权利与专利申请权处于不同的阶段。前者存在于发明创造完成后，提出专利申请之前；后者存在于专利申请提出后，权利授予之前。（2）专利的产生前提和取得方式不同。申请专利的权利以发明创造的完成为前提，其取得方式：第一，由发明人、设计人或其所在单位原始取得，第二，通过协议或合同约定取得，第三，通过转让取得；专利申请权以申请专利的提出为前提，可由专利申请人原始取得或者通过转让取得；虽然二者都可以通过转让取得，但通过转让履行的手续不同，前者的转让发生在专利申请提出之前，与国家专利行政部门没有关联，而后者的转让须向国家专利行政部门登记。（3）二者的权利内容不同。

---

〔2〕　参见尹新天：《中国专利法详解》，知识产权出版社2011年版，第82页。

〔3〕　美国法上还有所谓“中用权”，是美国再审或再颁程序中由于权利要求被修改而带来的权利。根据《美国审查指南》的规定，除非侵犯再审查已经授权的专利权利要求而且该权利要求在原始的专利文本中记载，否则在再审查专利授权以前任何人已经制造、销售被新修改的专利权利要求所覆盖的产品有权继续制造和销售。

针对一项发明创造，一旦享有专利申请的权利主体行使该权利向国家专利行政部门提出专利申请后，其申请专利的权利就“转化”为专利申请权，因此专利申请权实际上是申请专利的权利在提出专利申请之后的继续，是权利人行使申请专利权利的结果。

案例57 | 北京市平谷宫廷风味烤鸡厂诉唐某确认专利申请权纠纷案[4]
专利申请人与专利权人应一致

“一种宫廷风味烤鸡的制作方法”是唐某在祖传秘方的基础上加以完善的一项技术。唐某在到平谷宫廷风味烤鸡厂之前，已经完成了这一发明创造，因此，涉案专利是唐某独立完成的非职务发明创造，专利申请权应归属于唐某。

三、专利权

各国有关专利权的规定都侧重实施权，在许多国家专利法里，专利权与专利实施权是相同的概念，即专利权人就其获得专利的发明创造所享有的专有权利。世界知识产权组织在其网站介绍专利时，[5]指出专利是授予发明的一种排他性权利，专利可以是一种产品或者一种方法，提供一种新的做某些事情的方法或者提供解决问题的新的技术方案。原则上，专利所有人享有预防或阻止他人商业性利用授权专利的权利。换言之，专利保护意味着未经专利权人同意，发明不可以为商业目的被制造、使用、分发、进口、出卖。

（一）中国

专利权，简言之就是国家专利机关依照我国《专利法》的规定授予发明创造者或其他合法申请人对某项发明创造在法定期限内所享有的一种专有权。根据我国《专利法》第2条的规定，我国《专利法》保护的发明创造仅限于“发明、实用新型和外观设计”，申请人就其发明创造获得专利授权以后，依据《专利法》第11条的规定，取得了该发明创造的排他性权利，即任何单位或个人未经专利权人许可，都不得实施其专利，即不得为生产经营目的制造、使用、许诺销售、销售、进口其专利产品或者使用其专利方法。这一部分内容将在本章第三节“专利权的效力”中进行详述，在此不予叙述。

---

[4] 参见北京市高级人民法院(1992)高经终字第44号；孙长山等主编：《最高人民法院公报》(知识产权案例精选)，知识产权出版社2015年版，第16～18页；《最高人民法院公报》1993年第2期(总第34期)。

[5] “Patents”, Acessed July 18, 2018, http://www.wipo.int/patents/en/.

（二）日本

根据《日本专利法》第2条[6]的规定，《日本专利法》保护的客体是发明，根据发明之实施行为的分类，可知日本专利中的“发明”包括产品发明、方法发明、生产产品的发明。第68条规定，专利权是专利权人专有以营业实施专利发明的权利，但是，在其专利权上设定专用实施权的，专用实施权人专有的实施专利发明的权利范围，不在此限。专利权是一种绝对的独占权，专利权的效力延及“营业实施”，即“以构成业务的方式”实施，通常认为，除与产业无关的实施，即个人或家庭性质的实施之外的所有实施行为，均属于“以构成业务的方式”实施。这里的“产业”并不限于以营利为目的，也不限于在事业的目的范围内，而包括与事业相关联的所有实施行为，只要实施行为是经济活动的一环，即使不以营利为直接目的也属于“以构成业务的方式”实施，与营利事业无关的公共事业、医疗事业等业务中的实施行为甚至大学或公立研究机关所进行的实验或研究有时也都属于“以构成业务的方式”实施。[7]

（三）法国

法国将专利法规定在《法国知识产权法典》第二部分工业产权中，工业产权包括工业品外观设计和发明及技术知识，即法国的专利保护客体为外观设计和发明。根据《法国知识产权法典》第511－1条的规定，外观设计的设计人及其权利继受人享有使用、销售，或者许可销售该外观设计的独占权。根据《法国知识产权法典》第六卷发明及技术知识的保护第一编发明专利中的规定，发明专利享有证书权和独占实施权。第611－2条[8]规定，保护发明的工业产权证书有发明专利证书、实用证书、延期保护证书，证书权即发明人获得专利授权后取得的权利证书，标明了发明人的专利权人身份及专利权期限等。专利权人的独占实施权以否定他人未经专利权人同意实施专利权行为的效力来保障专利权人的独占实施权。第613－3条规定，未经专利权人同意，禁止任何人制造、许诺销售、销售、使用或者为上述目的进口或者占有专利产品；禁止使用专利方法，或者在第三人明知或者事实明显表明未经专利权人同意是禁止使用的专利方法的，在法国领土上提供该方法使用；禁止许诺销售、销售、使用或者为上述目的进口或者占有直接用专利方法获得的产品。

《法国知识产权法典》第613－3条对专利权内容的规定：除专利权人同意外，禁止下列行为：（1）制造、提供，置于市场或使用是专利保护主题的产品，或者进

[6] 参见国家知识产权局条法司组织翻译：《外国专利法选择》（下），知识产权出版社2015年版，第2页。

[7] 参见［日］青山紘一：《日本专利法概论》，聂宁乐译，知识产权出版社2014年版，第9页。

[8] 参见国家知识产权局条法司组织翻译：《外国专利法选择》（中），知识产权出版社2015年版，第1030页。

口、储存用于这些目的的产品;(2)在法国境内使用专利方法,或者当第三方知道或在某种情形下显而易见不取得专利权人的同意禁止使用而为使用目的提供专利方法;(3)提供,置于市场或者使用专利方法直接获得的产品或为上述目的的进口、储存前述产品。

(四)美国

一项专利代表着由美国联邦政府所赋予的、带有时间限制的财产权。这项财产权是一种消极权利,在专利权的有效期限内他人不得在美国制造、使用、销售、许诺销售或者进口取得专利的发明创造,在美国专利法制度中,专利权并不包括制造、使用、销售、许诺销售或者进口发明创造的积极权利或确认性权利。任何确认某人可以利用其发明创造的积极权利都是源自习惯法,而不是联邦专利法。《美国专利法》第154条规定了专利的内容:每一专利都应有一个简短的发明名称,对专利权人、其继承人或者受让人授予排除他人在美国境内制造、使用、为销售而发出要约、销售该发明或者将该发明进口到美国的权利;如果发明是一项方法,授予排除他人在美国使用、为销售而发出要约、销售该方法制造的产品,或者将此种产品进口到美国的权利。〔9〕

(五)知识产权协定

TRIPs第28条第1款规定:"一专利授予其所有权人下列专有权利:(a)如一专利的客体是产品,则防止第三方未经所有权人同意而进行制造、使用、标价出售、销售或为这些目的而进口该产品的行为;(b)如一专利的客体是方法,则防止第三方未经所有权人同意而使用该方法的行为,并防止使用、标价出售、销售或为这些目的而进口至少是以该方法直接获得产品的行为。"

第二节　专利权的产生、期限和终止

专利权的产生来源于国家的授予,在获得授予之前专利权是不存在的。专利权自国家专利行政部门授予专利权之日起始,自专利权终止之日结束。我国《专利法》保护的发明创造的类型限于发明、实用新型和外观设计,不同的发明创造的保护期限也不一样。我国《专利法》规定,发明专利权的期限为20年,实用新型专利和外观设计专利的期限均是10年,均自申请日起算。

〔9〕　参见国家知识产权局条法司组织翻译:《外国专利法选择》(下),知识产权出版社2015年版,第1609页。

一、专利权的产生

(一)专利权的生效日

一项专利申请在被授予专利权以前是没有任何专利存在的,专利权的生效日是指该发明创造被授予专利权的日子。一项发明创造从被研发出来到获得专利权的过程中,需要经过专利申请,然后由国家专利行政部门进行审查,审查通过后决定授予专利权,在专利授权日之前该发明创造还不能被称为专利,因此专利权的生效从授权日开始(见图16-1)。

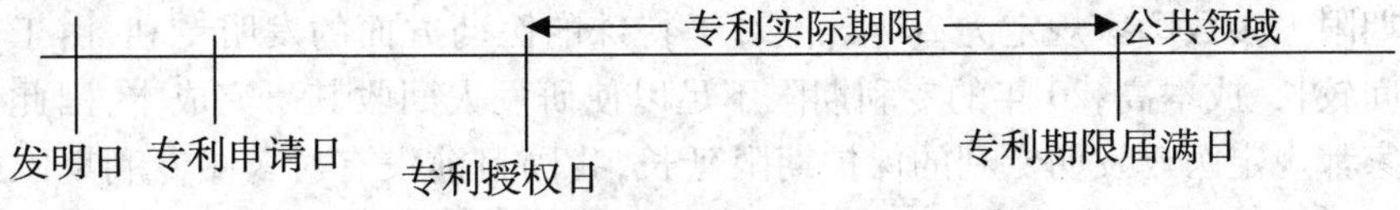

图16-1　专利时间图

(二)专利权的起算日

专利权的起算日自申请日起算。如我国《专利法》规定,发明专利权的期限是20年,从上图可以知道,一项发明专利权的20年从专利申请日起算,但是专利授权日才是专利权的生效日,在授权日之前,该发明并没有专利权,因此发明专利权所谓的20年期限实际上并没有20年,真正的专利权期限要减去专利申请日到专利授权日这段时间。

二、专利权的期限

专利权的期限是指专利局授予的专利权从发生法律效力到失效之间的这段时间,是专利权受法律保护的期限。在专利权的保护期限内,专利权人可以充分地行使自己的权利,专利权的保护期意味着社会公众必须接受专利权人对其发明创造享有一定期限的专有权。期限届满后,专利权不再受到法律保护,其专利进入公共领域,成为任何人可以利用的公知公用技术。

专利权具有期限性,这是由专利权的本质和目的所决定的。建立专利制度就是要通过保护和利用发明创造来鼓励发明创造,推动社会科学技术的发展,这就需要谋求发明创造人的利益与社会公众利益的平衡,专利权的期限就是在均衡两者利益的基础上进行确定,一方面要使发明创造人在专利权的保护期限内收回其成本,另一方面考虑到公众的利益,该发明创造不能长期被专利权人垄断。

各国专利法都对专利权期限做了规定,各国的规定也不尽相同。一般来说,发达国家的专利保护期限长于发展中国家,大多数国家都规定了明确的专利权期限,有些国家则规定有几个期限,由申请人选择其中一个作为保护期。另外,不同的发明创造其专利权保护期限也不同,一般发明专利权的期限较长,实用新型和外观设计专利权的期限较短。

（一）发明专利权的期限

TRIPs规定，发明专利权的期限不低于20年。据此，我国《专利法》规定，发明专利权的期限为20年。《德国专利法》也规定，一项专利权的期限应为20年。《日本专利法》规定，专利权的期限应在专利申请提交之日起20年后终止。法国规定也为20年，但是发明的主题是药品、获取药品的方法、获取药品所必需的产品或者制造这一产品的方法的，该发明专利可以获得延期保护，延期保护的期限不超过专利法定期限届满后7年，或者自颁发市场准销许可证17年。〔10〕一般发明专利的期限大多数国家规定为20年，但对于特殊的医药方面的发明专利，由于其研发时间较长、成本高，20年的专利期限不足以使研发人回收其研究成本，因此有许多国家都规定医药发明专利的保护期限延长，我国目前没有对药品专利期限进行特殊规定，这一问题应当纳入专利法制度进行思考。

（二）实用新型和外观设计专利权的期限

我国《专利法》规定，实用新型和外观设计的专利权期限都是10年。此外，还有中国台湾地区、澳大利亚、印度尼西亚、泰国、加拿大等国家和地区，也是将外观设计专利权的保护期限规定为10年。《美国专利法》将外观设计专利权的保护期限规定为14年。〔11〕韩国、日本、马来西亚、新加坡、俄罗斯、瑞士、丹麦等国家将外观设计专利权期限规定为15年。《欧共体外观设计保护条例》第12条规定，经注册的欧共体外观设计的保护期限为自申请之日起5年，但可以续展一次或者多次，每次续展5年，最长可达自申请日起25年。〔12〕

三、专利权终止

专利权终止是指专利权失去了法律效力，专利权终止意味着该专利进入社会公共领域，任何人都可以自由利用该专利。专利权终止主要有三种情形：（1）专利权保护期届满；（2）专利权人没有按期缴纳年费；（3）专利权人放弃其专利权。专利权是一种需要公示的权力，其生效和终止都应当公告，《专利法》第44条第2款规定："专利权在期限届满前终止的，由国务院专利行政部门登记和公告。"

（一）期满终止

我国《专利法》规定，发明专利权的期限是20年，实用新型和外观设计专利权的期限均为10年，均自申请日起计算，即发明专利权自申请日起20年失效，实用新型和外观设计专利权自申请日起10年失效。这一保护期不因任何事由中止、中断、延长，也不会因专利授权日与申请日之间的间隔而受到影响。而有的国家专利

〔10〕参见《法国知识产权法典》第611－2条、第611－3条。

〔11〕参见《十二国专利法》，《十二国专利法》翻译组译，清华大学出版社2013年版，第692页。

〔12〕参见尹新天：《中国专利法详解》，知识产权出版社2011年版，第459页。

法规定了专利权期限可以延长,如《日本专利法》规定,[13]有一个专利发明在其中不能实施的时段,经提交延长期限的注册的请求,专利权的期限可以延长不超过5年的时段。然而在现实生活中,大多数专利权在期限届满前就已经终止了,这可能是专利权人从经济效益的角度考虑,认为维持这一专利已经没有任何经济或战略意义,主动放弃专利的一种决策。我国《专利法》第44条规定了专利权在期限届满前终止的两种情形:(1)没有按照规定缴纳年费;(2)专利权人以书面声明放弃其专利权。

(二)欠费终止

专利权人应当自被授予专利权的当年开始缴纳年费。[14] 缴纳年费是《专利法》规定的专利权人维持其专利权有效所应当承担的义务,如果专利权人不再缴纳年费,就可以推定专利权人已经不再需要维持这一专利权了。专利权因专利权人未按规定缴纳年费而终止的,由专利局进行登记和公告,专利权自应当缴纳年费期满之日起终止。"没有按照规定缴纳年费",是指没有在前一专利年度期满前1个月内预缴,也没有按照国家知识产权局的通知自应当缴纳年费期满之日起6个月内补缴年费和滞纳金的情况。根据《专利审查指南》的规定,[15]授予专利权当年的年费应当在办理登记手续的同时缴纳,以后的年费应当在上一年度期满前缴纳。缴费期限届满日是申请日在该年的相应日。专利年度从申请日起算,与优先权日、授权日无关。例如,一件专利的申请日是1998年7月3日,被授予专利权公告之日(授权日)是2001年10月1日,那么申请人在办理专利登记手续时已经缴纳了第4年度年费,该专利权人最迟应当在2002年7月3日按照第5年度年费标准缴纳第5年度年费。

专利权人未按时缴纳年费或者缴纳的数额不足的,可以在年费期满之日起6个月内补缴,补缴时间超过规定期限但不足1个月时,不缴纳滞纳金。补缴时间超过规定时间1个月或以上的,应缴纳滞纳金。专利年费期满未缴纳者,应补缴年费及滞纳金;专利年费滞纳期满仍未缴纳的,或者期满未缴足年费和滞纳金的,自滞纳期满之日2个月后发出专利权终止通知书,此时专利权人尚可申请恢复权利,未能恢复权利的,在发出终止通知书4个月后对专利权进行失效处理。因此,专利权人在宽限期内补缴,专利权依然有效。另外,专利权人缴纳年费有困难,可以申请缓缴或减缴;因不可抗拒的事由而耽误缴纳年费导致专利权丧失的,可以请求恢复其专利权。

---

〔13〕 参见《十二国专利法》,《十二国专利法》翻译组译,清华大学出版社2013年版,第252页。

〔14〕 参见《专利法》第43条。

〔15〕 参见《专利审查指南》第五部分第九章第2.2.1节。

案例58 | 曾某不服专利权终止申请行政复议案
专利局文件送达代理人即为有效送达

曾某提交专利申请时委托了南充市三新专利代理公司,根据规定,国家知识产权局送交通知和决定的收件人为该专利代理机构指定的专利代理人。国家知识产权局将缴费通知书邮寄南充三新专利代理有限公司刘某,邮件已于2006年4月25日由刘某签收。国家知识产权局的通知和送达义务即告履行完毕,曾某未予缴费导致专利权终止的后果应当由其自行承担。

案例59 | 共有专利欠费案
及时补缴欠费可恢复权利

某大学与某企业共有一项发明专利。授权后的第三年因欠缴专利费而被国家知识产权局下达专利权终止通知书。该大学及时与企业联系,立即共同办理了申请恢复权利手续,缴纳了相关费用,专利权得以恢复。

(三)放弃终止

专利权作为一项权利是可以被专利权人放弃的,这得到了大多数国家专利法的确认。《法国专利法》中规定,专利权人可以随时放弃全部专利权或一至数项专利权。专利权人放弃专利权,不论是全部放弃还是部分放弃,均应以书面形式声明放弃专利权。《美国专利法》第253条规定,专利权人不论其拥有其中的全部或任何部分利益,得在缴纳法律所要求的费用后,就任何完整的权利要求作出放弃声明,并在其中说明其于此专利中的利益范围。权利的放弃应以书面为之并且记录于专利商标局中,在放弃者或为其所请求者所拥有的利益范围内,其应因此而被视为原专利的一部分。[16] 专利权人放弃专利权,可以是全部放弃,也可以是部分放弃,但必须以书面形式声明放弃专利权,而有的专利法教材认为,专利权不可以部分放弃,放弃部分专利权的声明将被国务院专利行政部门视为未提出。[17] 放弃专利权不得附有条件,附条件地放弃专利权的声明无效;如果专利权是共有的,则专利权的放弃应当经过全体专利权人同意,部分专利权人作出的放弃声明无效。

不过专利权人放弃其专利权不是毫无限制的。如《日本专利法》第97条规定,如果该专利有独占许可人、质权人或非独占许可人,只有在得到该独占许可人、质权人或非独占许可人同意的情况下,专利权人才可以放弃专利权。[18] 《法国专

〔16〕 参见《十二国专利法》,《十二国专利法》翻译组译,清华大学出版社2013年版,第708页。
〔17〕 参见苏平主编:《专利法》,法律出版社2015年版,第182页。
〔18〕 参见《十二国专利法》,《十二国专利法》翻译组译,清华大学出版社2013年版,第260页。

利法》规定,如果全国专利登记处记录由此专利的质权和许可证权等的备案,则只有在这些权利人同意时才能接受此专利权的放弃。北欧四国专利法规定,如果专利因债务而被没收或专利转让诉讼案而未决时,则在没收无效或诉讼最后判决以前,不得宣布专利终止。[19]

因专利权人以书面声明放弃其专利权而终止的情形,其无效的起算时间,应自国家知识产权局作出的手续合格通知书的发文日起终止。

第三节　专利权的效力

专利权的效力通常被视为一种消极的权利,即专利权人能够禁止他人实施其专利权,我国《专利法》第 11 条规定:“发明和实用新型专利权被授予后,除本法另有规定的以外,任何单位或者个人未经专利权人许可,都不得实施其专利,即不得为生产经营目的制造、使用、许诺销售、销售、进口其专利产品,或者使用其专利方法以及使用、许诺销售、销售、进口依照该专利方法直接获得的产品。外观设计专利权被授予后,任何单位或者个人未经专利权人许可,都不得实施其专利,即不得为生产经营目的制造、许诺销售、销售、进口其外观设计专利产品。”这一条专利权效力规定,包含了两个方面的内容:(1)明确了发明创造被授予专利权后能够获得的何种程度的法律保护,即专利权的积极效力;(2)规定了构成侵犯专利权的行为要件,即任何单位或者个人未经专利权人许可实施其专利可能将构成专利侵权行为,即专利权的否定效力。

一、专利权效力的两个方面

(一)积极效力

我国《专利法》规定,专利权被授予后,任何单位或个人未经专利权人许可,都不得实施其专利。这就从制度上保障了专利权人享有实施其发明创造的“独占权”或者称为“排他权”,即《专利法》保护专利权人在专利权期限内实施其发明创造的“独占权”,专利权人通过自己实施其专利或者许可他人实施其专利获得预期的经济利益,不仅能够回收当初研发的成本,还能为继续研究开发新的专利提供经济支持,使发明创造的研究得以继续和拓展,实现“创新—受益—再创新—再受益”的良性循环,鼓励发明创造的开发与利用,从而推动全社会科学技术的发展。《专利法》没有明确规定专利权人对其专利的独占实施权,是因为有一些行业进入需要取得行政许可,技术实施也需要行政许可,因此专利权人拥有专利,不等于拥有实施专利的权利,但是除此之外,专利权人自己实施其专利的权利是不成问题的。从积极效力来看,国家通过授予专利权来保护专利权人享有充分利用其发明

---

〔19〕　参见冯晓青、刘友华:《专利法》,法律出版社 2010 年版,第 203 页。

创造的“独占实施权”,从而激励研发者不断进行创新研究。

(二)否定效力

专利权的否定效力表现为一种禁止权,指专利权人有权禁止其他任何单位或者个人未经其许可实施其专利,即不得为生产经营目的制造、使用、许诺销售、销售、进口其专利产品或者使用其专利方法。专利权否定效力就是否定了其他人未经专利权人许可实施其专利的行为效力,未经其许可实施的行为将构成侵犯专利权,即其他任何人都负有不侵犯专利权人权利的义务。按照《专利法》第11条的规定,构成侵犯专利权的行为必须满足:(1)侵权时间发生在专利权被授予之后;(2)行为人实施专利的行为没有取得专利权人许可;(3)行为人以生产经营为目的;(4)进行了制造、使用、许诺销售、销售、进口等行为;(5)其行为涉及的是“专利产品”“其专利方法”“依照其专利方法所直接获得的产品”。

二、发明和实用新型的权利

我国《专利法》第11条第1款规定:“发明和实用新型专利权被授予后,除本法另有规定的以外,任何单位或者个人未经专利权人许可,都不得实施其专利,即不得为生产经营目的制造、使用、许诺销售、销售、进口其专利产品,或者使用其专利方法以及使用、许诺销售、销售、进口依照该专利方法直接获得的产品。”根据发明和实用新型的定义,发明专利权既可以是产品专利权,也可以是方法专利权,实用新型专利权只能是产品专利权。

(一)我国《专利法》规定的发展变化

我国1984年《专利法》中专利权规定的特点:(1)有一个计划许可的例外限制;(2)被禁止的行为有制造、使用或者销售(对发明、新型而言),没有许诺销售、进口行为,方法专利没有延及产品。被禁止的侵犯外观设计权行为仅限于制造或者销售行为。1992年《专利法》取消了计划许可的例外规定,将方法专利延及依照该专利方法直接获得的产品,增加了进口权,其余同1984年《专利法》的规定。2000年《专利法》对发明和实用新型专利增加了许诺销售权,进一步明确了进口权。其余同1992年《专利法》的规定。2008年《专利法》关于外观设计专利增加规定了许诺销售权。

(二)产品专利权利

产品专利权利,是指以产品专利为客体的专利权。产品专利,即关于产品的技术方案。产品专利权利包括制造、使用、许诺销售、销售、进口专利产品的权利。与之相近的一个概念是专利产品,所谓专利产品,是指具有权利要求所记载的全部技术特征的产品。

产品专利权利保护的客体是具体的物品,既包括单个产品,如零件、部件,也包括由多个产品组成的产品,在某些情况下还可以是中间产品。保护的内容是产品的组成结构及各组成结构相互之间的位置关系,发明专利可以是产品专利,实用新型应当是产品专利。实施产品专利的行为包括制造、使用、许诺销售、销售和进口等5种。

1. 制造专利产品

制造专利产品,指通过机械或者手工方式作出的具有权利要求所记载的全部技术特征的产品。制造行为亦可通过委托加工方式达成,此时控制该行为的委托人视为制造人。制造过程若可以分解,则对于知情或应知情的参与制造者均属实施了制造行为。产品专利的制造权是指产品专利权人禁止他人未经其许可而制造专利产品的权利。对于产品专利权来说,“制造”展现了专利产品从无到有的过程,只要行为人以生产经营为目的制造了该产品,并且该产品落入了本专利的保护范围之内,就侵犯了专利权人的制造权,因此《专利法》为专利产品的制造提供的是“绝对保护”,除《专利法》第69条规定的不视为侵犯专利权的情形之外,制造专利产品则构成侵犯专利权,无论制造者是否实际知晓专利权的存在,未经许可制造专利产品的,都要承担一定的法律责任。

一些再造与修理专利产品的行为,在某种情况下可以构成专利法上的制造行为。

案例60 | 佳能诉Recycle Assist再生墨盒专利侵权案[20]

回收修复可能构成制造行为

Recycle Assist公司回收佳能专利墨盒,经改装修复后进行销售。佳能认为Recycle Assist侵犯其专利权,一审佳能败诉,二审佳能胜诉,日本最高法院维持二审判决,佳能最终胜诉。

2. 使用专利产品

使用专利产品,是指以生产经营为目的,使用具有权利要求所述技术特征的产品。使用专利产品是根据专利产品的技术性能使该产品得到应用。无论是单独使用还是作为产品或其他产品组成部分使用,任何人未经专利权人许可对该专利产品的商业利用行为,都是对产品专利权的侵犯。善意取得未经许可制造的专利产品并使用的行为同样构成侵权行为,如果能够证明产品的合法来源,则可以不用承担赔偿责任,但要承担停止侵权等其他法律责任。

3. 销售和许诺销售专利产品

销售,指出售专利产品的行为。“销售”行为是买卖双方之间进行的一种交易行为,对专利产品的非法销售进行规制是保护专利权人利益的应有之义。需要注

〔20〕 参见胡开忠:《专利产品的修理、再造与专利侵权的认定——从再生墨盒案谈起》,载《法学》2006年第12期。

意的是,这里的产品专利销售权指的是专利产品第一次销售时应当获得专利权人的授权,专利产品销售后进行转售的,属于专利权"权利用尽",不再需要专利权人的授权。然而欧洲国家的专利法大多数没有采用"销售专利产品"的说法,《丹麦专利法》采用的是"转移或者出借",《荷兰专利法》采用的是"出租、交付或者以任何其他形式进行交易",《英国专利法》使用的是"处置(dispose of)",《德国专利法》《瑞士专利法》《法国专利法》采用的是"投放市场",《日本专利法》采用的是"让渡、出租专利产品"。

未经许可销售专利产品的行为主体是出卖人,买受人购买侵权产品并不构成侵犯专利权行为,如果买受人随后作出侵犯专利权的行为则有另外的追究途径,不必为购买侵权专利产品承担法律责任。如果为生产经营目的销售不知道是未经专利权人许可制造出的侵权产品的,能够证明合法来源的,属于善意侵权,不承担赔偿责任。

许诺销售(offer to sell 或 offering for sail),译作要约销售或者销售要约更为妥当些,指明确表示愿意出售具有权利要求所述技术特征的产品的行为,比如以做广告、在商店橱窗中陈列或者在展销会上展出等方式作出销售专利产品的意思表示。[21]《日本专利法》第2条第2款也规定了许诺销售行为,但采用的表述是"作出让渡、出租专利产品的意义表示"(包括为让渡、出租而展示)。禁止未经专利权人许可而进行许诺销售行为旨在尽早制止专利产品的违法商业交易,防止未经许可而制造、进口的专利产品的扩散。赋予专利权的许诺销售权是基于专利权人举证困难的考虑,其目的在于在商业交易的早期阶段及时制止侵权行为,将侵权行为扼杀在"侵权可能"或"即发侵权"的阶段,防止将来专利侵权产品的传播,从而减少专利权人的损失。同时,许诺销售权还是对其他专利独占实施权的补充。如可以截住专利侵权人向合理使用人出售侵权产品的渠道,避免了专利权人因使用人的豁免而得不到应有的救济,从而从另一角度保护了专利权人的使用权。[22] 专利权人指控他人进行许诺销售行为侵犯其专利权的,应当承担举证责任,证明该许诺销售行为所涉及的是"其专利产品"或者"依照其专利方法所直接获得的产品"。当行为人采取在商店橱窗中陈列、在展会展出等方式进行许诺销售行为时,由于已经有实际产品存在,因此较为容易判断该产品是否与专利产品相同。然而当行为人采取广告的方式进行许诺销售行为时,专利权人要证明广告涉及的产品与专利产品相同就困难得多,因为仅仅依据广告内容在多数情况下都无法判断其产品的具体结构。一般来说,只有在被许诺销售的产品已经存在的情况下,才有可能认定许诺销售行为侵犯了专利权。销售和许诺销售行为之间存在一定的模糊空间,比

〔21〕 参见最高人民法院《关于审理专利纠纷案件适用法律问题的若干规定》第24条。

〔22〕 参见崔立红:《论专利权的许诺销售权》,载《人民法院报》2000年11月9日,第3版。

如合同的存在,既可能是销售的证据,也可能是许诺销售的证据;展会上的展示行为,也不宜一律视为许诺销售行为。

4. 进口权

进口权,是指未经专利权人同意,不得以生产经营为目的进口专利产品。进口专利产品,指把具有权利要求所述技术特征的产品通过边境从国外运进我国。除在我国境内制造专利产品之外,使专利产品在我国境内出现的另一条途径是进口专利产品,如果仅仅禁止未经专利权人许可而制造其专利产品的行为,却不禁止未经其许可而进口其专利产品的行为,就会给产品专利权的保护留下漏洞。

讨论产品专利权利的进口问题就需要讨论一下平行进口的问题。专利产品的平行进口是指进口商在一国购得合法投放市场上且在他国亦受专利保护的专利产品后,未经与出口国专利权人相同的他国权利人的许可而将其进口至该国的行为。根据《巴黎公约》第 4 条之二规定的专利独立原则,〔23〕可以推导出不允许平行进口的结论,因为同一人就同一发明创造在不同国家获得的不同专利权是彼此独立的,外国的专利权在外国已经用尽,其效力不能延伸至我国,进入我国境内就应当适用我国的《专利法》,所以此种专利产品的进口应当得到我国专利权人的许可。〔24〕当然,这一原则有时也受到挑战。比如,1997 年 7 月 1 日,日本最高法院对 BBS 一案作出的判决,认定日本允许专利产品的平行进口,该判决指出,平行进口问题与《巴黎公约》第 4 条之二规定的专利独立原则无关。〔25〕不过,日本并没有将此做法一以贯之。是否允许平行进口行为,与专利权人是否在销售国获得专利权,以及销售国对专利权用尽原则和专利权国际用尽原则持何种立场没有关联,销售国只能决定是否允许专利权人在该国销售专利产品,以及是否允许已经销售的产品的出口,至于是否允许进口则是进口国的主权。因此在判断一个国家是否允许平行进口时,只需要考虑进口国的专利法的有关规定,以专利权人同意在销售国出售其产品的事实为依据。有人认为,从我国《专利法》第 69 条第 1 款关于专利权权利用尽原则的规定来看,我国采取了允许平行进口行为的立场。〔26〕笔者认为,这是对该条的错误理解和解释,详细分析见本书第十七章"专利权的限制"。

---

〔23〕 参见《巴黎公约》第 4 条之二规定:(1)本联盟国家的国民在本联盟各国申请的专利,与在其他国家(无论是否为本联盟的成员国)就同一发明所取得的专利是相互独立的。(2)上述规定应当以不受限制的意义来理解,尤其是指在优先权期间申请的各项专利,就其无效和丧失权利的理由及其正常的期间而言,是相互独立的。

〔24〕 参见汤宗舜:《专利法解说》(修订版),知识产权出版社 2002 年版,第 82 页。

〔25〕 See BBS Kraftfahrzeugtechnik AG v. Rashimekkusu Japan Co. Ltd., IIC Vol. 29, No. 3/1998, pp. 331, 335.

〔26〕 参见尹新天:《中国专利法详解》,知识产权出版社 2011 年版,第 796 页。

案例 61 ｜日本专利产品平行进口不侵权案[27]

原告为(上诉人)德国 BBS 汽车轮胎公司(以下简称 BBS),被告为日本 Rushmex 股份公司(以下简称 Rushmex)与日本 Japanese Auto Product 股份公司(以下简称 JAP)

BBS 先后就汽车轮胎获得了德国专利(A 号)和日本专利(B 号产品)。该公司在德国国内制造、销售 A 号产品,同时授权德国 A 公司委托制造 B 号产品(汽车轮胎)在日本销售。后来 JAP 自德国输入原告的轮胎产品,开始在日本国内进行销售,BBS 以侵犯专利为理由,对 Rushmex、JAP 提起了停止输入、销售及赔偿损害的诉讼请求。一审原告胜诉,二审、三审原告败诉。该案例在日本并没有成为通例。

(三)方法专利权利

方法专利是指技术方案中包含时间因素的发明创造。使用专利方法是指将具有权利要求所述特征的方法在实践中加以使用。

方法专利权利保护的客体是由操作步骤组成的操作方式,以达到某种预期效果。保护范围是专利方法的实施,以及利用该专利方法直接获得的产品,包括产品的制造方法、使用方法、控制方法、测量方法及其他方法。对于方法专利权而言,由于其保护客体是操作方式,属于一种行为过程,谈不上制造、许诺销售、销售和进口。而为了给专利权人提供更为有效的法律保护,各国专利法又规定,对一部分方法专利权,其保护可以延至由该专利方法所直接获得的产品。TRIPs 第 28 条第 1 款第(b)项规定。我国《专利法》第 11 条第 1 款也同样规定了方法专利的延伸保护。换言之,方法专利权人不但可以制止他人未经其许可而使用其专利方法的行为,还可以制止他人未经其许可而使用、许诺销售、销售、进口依据该专利方法直接获得产品的行为。

应当注意的是,如果某一种产品不是通过实施专利方法而获得,即使该产品与通过实施专利方法获得的产品完全一致,也不能认定为侵权产品。

专利方法包括多种,并非所有的方法都能适用《专利法》所规定的延伸保护。《专利法》第 11 条第 1 款采用的表述是“不得……使用、许诺销售、销售、进口依照该专利方法直接获得的产品”,因此应当将那些其结果不产生专利法意义上的产品排除在外。例如,各种形式的能量不是专利法意义上的产品,因此各种实现能量转换的方法不适用延伸保护。德国有关判例认为,要适用延伸保护,用的方法或产品应当满足两个条件:(1)标的物限于物品产品;(2)标的物经过专利方法的处理

〔27〕 参见益思科技法律事务所,http://www.is-law.com/old/gov/专利侵权日本案例.doc。

加工后，结构上或者物理化学特性上产生足够大的变化，从公众的眼光来看已经成为一种与之前物品不相同的物品。[28]

依照该专利方法直接获得的产品，即引用该方法的第一步到最后一步所得到的产品，不包括对得到的该产品进一步加工、使之发生变化而获得的产品。德国规定：最终产品的价值或主要特点由专利方法或原始产品决定，该产品视为依照该专利方法直接获得的产品。美国规定：若原始产品经过加工后发生实质性变化或仅构成另一产品细小或不重要的部分，不认为是依照专利方法直接获得的产品。法国规定：最终产品是直接有赖于专利方法使用的产品。

对于方法专利权延伸保护中"直接获得"的判断，各国也是标准不一。《美国专利法》第271条第(g)款中规定，采用获得专利权的方法制造的产品随后有这两种情形之一的，不视为用该方法所制造：(1)通过随后的加工处理，该产品有了实质性变化；(2)成为另一种产品的细小或不重要的组成部分。德国对于"直接获得的"所采用的判断标准是不仅包括一项获得专利权制造方法而获得的最初产品，而且在满足一定条件下还包括对最初产品的进一步加工、处理后所获得的产品，而"一定条件"指的是由最终产品的价值或者主要特点由实施该制造方法获得的最初产品决定的。法国也采用了与德国相近的判断方法，即不仅包括使用专利方法获得的最初产品，还包括使用专利方法对最初产品进行加工、处理获得的最终产品。

我国2009年12月公布的最高人民法院《关于审理侵犯专利权纠纷案件应用法律若干问题的解释》第13条规定，对于使用专利方法获得的原始产品，人民法院应当认定为《专利法》第11条规定的依照专利方法直接获得的产品。对于将上述原始产品进一步加工、处理而获得后续产品的行为，也是属于使用专利方法直接获得的产品。我国判断方法专利权延伸保护中"直接获得的产品"包括使用专利方法制造出的产品，以及对产品加工、处理后获得的产品。

北京市高级人民法院《专利侵权判定指南(2017)》对此的解释是："110、方法专利延及产品，指一项方法发明专利权被授予后，任何单位或个人未经专利权人许可，除了不得为生产经营目的使用该专利方法外，还不得为生产经营目的使用、许诺销售、销售、进口依照该专利方法所直接获得的产品。111、依照专利方法直接获得的产品，是指将原材料、物品按照方法专利权利要求记载的全部步骤特征进行处理加工，使得原材料、物品在结构上或物理化学性能上产生实质性变化后所获得的原始产品。将上述原始产品进一步加工、处理而获得的后续产品，即以该原始产品作为中间部件或原材料，加工、处理成为其他的后续产品，应当认定属于使用依照该专利方法直接获得的产品。对该后续产品的进一步加工、处理，不属于使用依照

[28] 参见尹新天：《中国专利法详解》，知识产权出版社2011年版，第160页。

该专利方法所直接获得的产品的行为。”

三、外观设计专利权

我国《专利法》第 11 条第 2 款规定：“外观设计专利权被授予后，任何单位或者个人未经专利权人许可，都不得实施其专利，即不得为生产经营目的制造、许诺销售、销售、进口其外观设计专利产品。”即以生产经营为目的制造外观设计专利产品，对外观设计专利产品进行许诺销售、销售或进口的行为，构成侵犯专利权。因为外观设计不是技术方案，并不要求解决技术问题，使用行为对外观设计专利权人影响不大，使用外观设计专利产品不是侵权行为。关于实施外观设计的行为，国外还可能包括出租、转让、许诺转让、投入市场、存储、出口、使用等。

外观设计专利权针对的是实施外观设计专利的行为，即为生产经营目的制造、许诺销售、销售、进口外观设计专利产品的行为。〔29〕为此需要判断行为对象是否属于外观设计专利产品。如果某种产品的外观设计与获得专利的外观设计相同或者相近似，而且该产品与外观设计专利在被授权时指定使用该外观设计的产品类别相同或者相类似，则认为是外观设计专利权的保护范围。

（一）制造

对外观设计专利权而言，“制造”外观设计专利产品是指作出或者形成采用外观设计专利的图片或者照片所表示的设计方案的产品。制造外观设计专利产品是外观设计专利权四种禁止行为中占据最重要的地位，制造外观设计专利产品可谓是其他侵权行为的先决条件，同产品专利权中的制造权一样，无论制造者的主观意愿如何，也不论制造者是否实际知晓外观设计专利权的存在，未经外观设计专利权人许可制造其产品的，都构成侵犯专利权的行为。

由于使用外观设计专利产品不构成侵权行为，即使外观设计专利产品的制造是未经专利权人许可的行为，但采用该产品作为零部件使用来制造另一产品的，该制造行为本身也不构成侵权外观设计专利权的行为。

案例 62　南宁美泰利装饰有限公司诉合浦红林大酒店有限公司侵犯外观设计专利权纠纷案〔30〕

使用外观设计不侵权

红林大酒店安装了与美泰利公司的外观设计专利产品相同的铁铸栏杆，法院判决，外观设计专利权的效力不及于使用行为，红林大酒店仅有使用行为不构成外观设计专利侵权。

---

〔29〕　参见《日本外观设计专利法》第 23 条规定：外观设计权人专有以经营活动为目的实施登记外观设计及其类似的外观设计的权利。

〔30〕　参见广西壮族自治区高级人民法院民事判决书（2003）桂民三终字第 5 号。

（二）销售和许诺销售

销售外观设计专利产品是指销售与外观设计专利的图片或者照片表示的产品相同或者实质上相同的产品。将侵犯外观设计专利权的产品作为零部件，制造另一产品并销售的，属于未经外观设计专利权人许可销售其专利产品，但侵犯外观设计专利权的产品在该另一产品中仅具有技术功能的除外。[31]

经过对2000年《专利法》进行修改，我国现行《专利法》增加了外观设计专利权人的"许诺销售权"，即向第三人表达有某种外观设计专利产品销售的意思表示或允诺，以制止利用广告、展销、展览等形式推销这些侵权产品等行为。

（三）进口

侵犯一项产品专利权的首要条件是在专利权效力所及范围内出现该专利产品，这不外乎两种途径：一是制造，二是进口。与产品专利权一样，外观设计专利权规定了"进口"这一内容。"进口"外观设计专利产品是指该产品被运进国内，不论它在国外是否合法制造出来，也不论是在哪一国生产的。外观设计专利权在实践中也面临着平行进口的问题，此问题已在产品专利权内容中进行了详述，因此不再赘述。

第四节　专利权人的义务

我国1984年《专利法》规定，专利权人的义务有二：一是缴纳年费，二是实施发明创造。之后对专利法进行了修订，实施义务有所弱化，只规定了不实施或不充分实施会面临强制许可。

一、缴费义务

我国《专利法》第43条规定："专利权人应当自被授予专利权的当年开始缴纳年费。"年费，即专利维持费，是指专利权人在专利权期限内为维持专利权效力，自授予专利权的当年开始，每年向国家专利行政部门缴纳一定的费用。向专利权人收取年费主要有以下目的：（1）收取一定年费可以补偿专利局从事专利工作的开支；（2）年费的收取对维持专利权效力起调节作用。专利权人如果没有按时缴纳年费，可能会导致专利权提前终止。随着年费的逐年增加，当一项专利的实施并不能为专利权人带来经济效益时，专利权人就得认真考虑是否有必要继续维持一项专利，专利权人如果没有按时缴纳年费，则可能导致专利权终止，这样可以使一些专利提前进入公共领域，成为社会公共财产。

---

〔31〕　参见最高人民法院《关于审理侵犯专利权纠纷案件应用法律若干问题的解释》第12条第2款。

关于年费的缴纳办法，各国规定不同，有的规定自申请日起缴纳，有的规定自申请公布日或者专利权授予之日起缴纳，甚至有的国家规定自申请日起或授权日起几年之后开始缴纳。我国《专利法》规定自授予专利权的当年开始缴纳，年费一般是预先缴纳，申请人办理专利登记手续时，除缴纳登记费外，还应缴纳当年的年费。专利权人未缴纳或未缴足的，国务院专利行政部门应当通知专利权人自应当缴纳年费期满之日起6个月内补缴，同时缴纳滞纳金；滞纳金的金额按照每超过规定的缴费时间1个月，加收当年全额年费的5%计算；期满未缴纳的，专利权自应当缴纳年费期满之日起终止。

二、实施义务

国家授予发明创造专利权的目的是对有关发明创造给予保护，使之得以应用和推广，促进技术和经济的发展。如果将取得专利权的发明创造束之高阁，就无法实现这一目的。权利与义务是一致的，专利权人在享受专利权时，也要承担一定的实施义务。所谓专利的实施，就是将获得专利保护的发明创造应用于工业生产中。在早期，各国一般都给予专利权人相当大的实施义务，但后来专利权人的实施义务逐渐降低，因为专利是否实施，最终还是市场决定。

现在专利法规定的实施义务主要体现在不实施的强制许可上。专利权人未实施专利或者未充分实施专利的，颁布专利强制许可是世界各国专利制度采取的普遍做法。我国《专利法》第48条规定了因专利权人不实施或者未充分实施而给予强制许可。《德国专利法》第24条第5款规定，专利权人在德国未实施或者未有效实施其专利的，可以依据第(1)款〔32〕给予强制许可，以确保专利产品充分供应国内市场的需求。在此情形下，进口也视为在国内实施该专利。《法国知识产权法典》第L613－11条规定，自专利权授予之日满3年且至专利申请之日满4年，任何公共法人或者民法法人可以被授予实施专利的强制许可，只要在提请强制许可申请时，且缺乏正当理由，专利权人和其继受人均没有：(a)在欧共体成员国或者欧洲经济区协定成员国领土内实施该发明或者作真实有效的准备；(b)以足够数量销售专利产品以满足法国市场。《日本专利法》第83条规定，连续3年以上在日本国内未适当地实施专利发明的，凡拟实施该项专利发明的人均可向专利权人或者专用实施权人就通常实施权的许可请求协商。但是，自该专利发明的专利申请日起未经过4年的，不在此限。协商不成立或者无法协商的，该专利发明的拟实施人

---

〔32〕《德国专利法》第24条第1款："专利法院应当根据下列规定在个案中授予商业性实施发明的非独占许可(强制许可)，如果：1.申请人努力以通常经营中合理的条件请求专利权人许可实施其专利，而未能在合理长的时间内获得这种许可；并且，2.授予强制许可符合公共利益。"参见《外国专利法选译》(中)，国家知识产权局条法司组织翻译，知识产权出版社2015年版，第875页、第876页。

可以请求特许厅长官裁定。《韩国专利法》第 107 条规定，除自然灾难、不可避免的情形或者其他由总统令规定的正当理由外，专利发明连续 3 年以上没有在韩国实施的，打算实施专利发明的人可以请求韩国知识产权局局长裁决授予非独占许可。此外，有的国家专利法规定，专利权人自己不实施专利，也未允许其他人实施达到一定年限的，可以给予撤销专利权的处罚或者宣布专利权无效。[33]

案例 63　北京某电子技术公司诉北京某科技发展有限公司、沈阳某电子有限公司侵犯实用新型专利权纠纷案[34]

独占许可人享有诉权

北京某电子技术公司拥有"一种微型打印机机架"专利独占实施许可权，北京某科技发展有限公司销售的"MP－D16－8"微型打印机产品落入原告专利的保护范围，构成侵权。

[33]　参见冯晓青、刘友华：《专利法》，法律出版社 2010 年版，第 198 页。

[34]　参见北京市第一中级人民法院民事判决书（2002）一中民初字第 3920 号，北京市高级人民法院民事判决书（2003）高民终字第 283 号。

第十七章　专利权的限制、例外及强制许可

第一节　限　　制

专利权的限制,即对专利权人行使专利权进行一定的限制。专利制度设计里面,包括设定期限、设定缴费义务、某些使用不构成侵权的规定、由他人取得强制许可,或者政府对专利的征收或征用等,都是对专利权的某种限制。本书所谓限制,是指除强制许可、专利权侵权例外之外对专利权人行使权利的限制,即妨碍、阻却专利权人行使专利权的事由或情形。期限限制、缴费限制已经在他处有论及,此节仅讨论推广应用和申请及转让限制。

一、推广应用

(一)概述

推广应用,又称计划许可、指定许可或强制推广,是我国专利法上的一个特色。在1984年施行《专利法》之前,我国还处于计划经济时代,所采用的鼓励发明创造的制度与专利制度从理念、制度到实现方式都有很大差别。为了缓解实行专利制度给我国产业带来的压力,我国1984年《专利法》规定了"计划许可"制度,即"国务院有关主管部门和省、自治区、直辖市人民政府根据国家计划,有权决定本系统内或者所管辖的全民所有制单位持有的重要发明创造专利允许指定的单位实施,由实施单位按照国家规定向持有专利权的单位支付使用费。中国集体所有制单位和个人的专利,对国家利益或者公共利益具有重大意义,需要推广应用的,由国务院有关主管部门报国务院批准后,参照上款规定办理"。这类似于有些国家专利法中的"国家征用"。[1] 推广应用的制度设计基于我国当时国内市场经济尚未建立,企业没有竞争意识,而申请专利集中在没有技术交易基础的事业单位,推广应用具有符合当时国情的现实意义。2000年我国《专利法》修改时,保留了本条规定,但对适用本条规定的对象、条件、程序都做了更严格的规定,规定了两种推广应

---

〔1〕 专利的国家征用是指政府主管部门从国家的根本利益出发,为了国防、公共卫生或者国民经济的迫切需要,不经专利权人同意,直接以国家名义将专利权收归国有。参见冯晓青、刘友华:《专利法》,法律出版社2010年版,第233页。

用:一种是对国有企事业单位的发明专利,另一种是对集体所有制单位和个人的发明专利。2008年《专利法》修改时,考虑到集体所有制单位和个人的资本不是来自国家投资,因此其自主权应当得到充分的尊重,国家不宜干预。加之,如果符合强制许可制度的条件,上述专利可以用强制许可制度加以解决,为此删除了2010年《专利法》第14条第2款的规定,即强制推广的适用对象只能是国有企事业单位。

(二)适用

根据《专利法》第14条的规定,适用推广应用有如下要求:第一,适用的专利权主体只能是国有企事业单位,其他主体均不适用;第二,适用的对象只能是对国家或者公共利益有重大意义的发明专利,实用新型和外观设计专利不适用推广应用;第三,需由国务院有关主管部门和省、自治区、直辖市人民政府报经国务院批准后作出决定;第四,该种实施由指定的单位进行;第五,推广应用的实施并不是无偿的,实施单位应按照国家规定向专利权人支付使用费。

(三)救济

《专利法》第14条没有规定对批准予以推广应用的决定不服的救济程序,这表明专利权人对该决定不服的不能请求获得救济。根据《行政复议法》的规定,对国务院有关主管部门或者省、自治区、直辖市人民政府作出的具体行政行为不服的,可以向作出决定的部门或者机关申请复议;复议不服的,可以向国务院申请裁决,由国务院作出终局裁决。根据《专利法》第14条的规定,推广应用的决定本身就是经国务院批准决定的,没有再给予复议机会的必要。

二、申请、转让限制

(一)申请限制

1.保密申请限制

《专利法》第4条规定:"申请专利的发明创造涉及国家安全或者重大利益需要保密的,按照国家有关规定办理。"此时,申请人不能申请一般专利,而只能申请保密专利。许多国家的专利法中都规定对涉及国家安全或者国防安全的专利申请应当予以保密。如美国、德国、英国、澳大利亚、韩国、印度、巴西等。此处申请专利的发明创造应当仅指在我国境内作出的发明创造。

专利申请涉及保密的分为两类:一类是设计国防利益需要保密的申请;另一类是除涉及国防利益外其他需要保密的申请。《专利法实施细则》第7条规定:"专利申请涉及国防利益需要保密的,由国防专利机构受理并进行审查;国务院专利行政部门受理的专利申请涉及国防利益需要保密的,应当及时移交国防专利机构进行审查。经国防专利机构审查没有发现驳回理由的,由国务院专利行政部门作出授予国防专利权的决定。"

国务院专利行政部门认为其受理的发明或者实用新型专利申请涉及国防利益以外的国家安全或者重大利益需要保密的,应当及时作出按照保密专利申请处理的决定,并通知申请人。保密专利申请的审查、复审,以及保密专利权无效宣告的特殊程序,由国务院专利行政部门规定。

2. 向国外申请专利的限制

《专利法》第20条规定:"任何单位或者个人将在中国完成的发明或者实用新型向外国申请专利的,应当事先报经国务院专利行政部门进行保密审查。保密审查的程序、期限等按照国务院的规定执行。中国单位或者个人可以根据中华人民共和国参加的有关国际条约提出专利国际申请。申请人提出专利国际申请的,应当遵守前款规定。国务院专利行政部门依照中华人民共和国参加的有关国际条约、本法和国务院有关规定处理专利国际申请。对违反规定向外国申请专利的发明或者实用新型,在中国申请专利的,不授予专利权。"

向国外申请专利的限制,之前的规定是直接给予限制,如1984年《专利法》第20条规定:"中国单位或者个人将其在国内完成的发明创造向外国申请专利的,应当首先向专利局申请专利,并经国务院有关主管部门同意后,委托国务院指定的专利代理机构办理。"该条适用对象是"发明创造",包括外观设计。受限制的主体是"中国单位或者个人",提出的要求是应当首先向中国专利局申请专利。

《专利法》将先向中国专利局申请专利改为先要进行保密审查。但是从实质上看,先进行保密审查的程序比先向中国专利局申请专利复杂,此时当事人一般选择先向中国专利局申请专利,而避开进行保密审查的程序。

2008年的一个重要变动是将适用对象扩大到任何单位和个人,只要他们的发明和实用新型(不包括外观设计)是在中国完成的。[2] 如何认定发明和实用新型是在中国完成的呢?《专利法实施细则》第8条第1款规定:"专利法第二十条所称在中国完成的发明或者实用新型,是指技术方案的实质性内容在中国境内完成的发明或者实用新型。"违反规定向外国申请专利的发明或者实用新型的,其后果是在中国申请专利将不被授予专利权。不过,这一条执行起来很有难度。

(二)专利权、专利申请权转让的限制

1984年、1992年《专利法》中专利权、专利申请权转让的限制包括两类:一类是全民所有制单位转让专利申请权或者专利权的,必须经上级主管机关批准;另一类是中国单位或者个人向外国人转让专利申请权或者专利权的,必须经国务院有关主管部门批准。2000年《专利法》改为中国单位或者个人向外国人转让专利申请权或者专利权的,必须经国务院有关主管部门批准。

现行规定是,中国单位或者个人向外国人、外国企业或者外国其他组织转让专利申请权或者专利权的,应当依照有关法律、行政法规的规定办理手续。所称中国单位,是指按照中国法律设立、登记的民事主体,中国个人是指具有中国国籍或者

---

[2] 《印度专利法》第39条有类似规定,但仅针对本国居民。

取得中国永久居留权的人。这里所称的法律、行政法规,主要是涉及技术进出口的相关法律、法规,具体地说,主要指我国《技术进出口管理条例》(2011 年修订)。根据该条例,技术进出口是指从中华人民共和国境外向中华人民共和国境内,或者从中华人民共和国境内向中华人民共和国境外,通过贸易、投资或者经济技术合作的方式转移技术的行为。上述规定的行为具体包括专利权转让、专利申请权转让、专利实施许可、技术秘密转让、技术服务和其他方式的技术转移。专利权转让、专利申请权转让属于该条例调整的技术转移行为。进出口技术可以分为自由出口的技术、限制出口的技术和禁止出口的技术。专利申请权或专利权属于禁止出口的技术,不得出口。专利申请权或专利权属于限制出口的技术,实行许可证管理;未经许可,不得出口。但有专家指出,由于专利的独立性,我国的专利是没有办法出口到外国的,另外由于专利是公开的(保密专利除外),也不存在出口的问题。因此这条规定实际没有必要。[3]

第二节　例　　外

一、概说

例外,是指在有些情况下,制造、使用、许诺销售或销售专利产品、使用专利方法,或者使用、许诺销售、销售、进口依照专利方法直接获得的产品,虽未经专利权人许可,但不视为侵犯专利权,又被称作侵权例外。这种侵权例外一般是由法律直接规定的。专利权侵权的例外是对专利权进行限制的重要制度,所谓不视为侵权行为,是指基于保护公共利益或者他人合法权益的目的,在一定条件下将侵犯专利权的行为视为不侵犯专利权的行为。例外情形包括国内权利用尽、临时过境、先用权、实验及科研例外、药品审批例外、政府使用、私人使用、农民特权等行为。1984 年《专利法》规定的专利权侵权例外(第 62 条)包括权利用尽、善意使用或者销售、在先使用权、临时过境交通工具使用、科学研究和实验使用。1992 年《专利法》对此未作修改。2000 年《专利法》条文调整为第 63 条,条文细节有所修改,仍然包括权利用尽、在先使用、临时过境交通工具使用、科学研究和实验使用,但将善意使用与销售修改为合法来源抗辩。2008 年《专利法》条文调整为第 69 条,除做了一些细节修改外,增加了为药品行政许可审批使用专利侵权例外,将合法来源抗辩分离出来,单独成为第 70 条。先用权在本书第五章已介绍,本章不赘述。

许多国家包括我国没有规定专利权侵权例外的原则,这使对于专利权侵权例外的适用出现了一些争议和分歧。实际上 TRIPs 第 30 条对例外已经做了原则性

---

〔3〕 参见尹新天:《中国专利法详解》,知识产权出版社 2011 年版,第 84 页。

规定:“授予权利的例外:各成员可以对专利赋予的专有权规定有限的例外,只要此类例外不会对专利的正常利用发生无理抵触,也不会无理损害专利所有权人的合法权益,同时考虑第三方的合法权益。”根据这一条:例外必须是有限的,而且应该由法律直接规定;这种例外不应对专利的正常利用发生较大影响;不会无理损害专利所有权人的合法权益,以及第三方的合法权益。

对于 TRIPs 第 30 条,可以作以下解读:(1)“有限的例外”一词应理解为很少的例外,例外本身意味着是多数中的个别,有限的例外则意味着对个别仍需加以限制;“有限的例外”也被理解为很小的例外,只对争议权利作出很小削弱的例外。(2)这些例外必须由法律予以明确规定,这一规定实际上来源于各国加入世界贸易组织时的减让表中的承诺。(3)这种例外不会对专利的正常利用发生无理抵触。专利的正常利用,就是专利权人实施或许可他人实施所产生的市场效应。无理抵触,一是妨碍专利权人实施或许可他人实施,或者这种使用本身已经构成专利法意义上的实施。这两种情况,都是对专利的正常利用发生无理抵触。(4)不会无理损害专利所有权人的合法权益,同时考虑第三方的合法权益。

利用专利是指专利所有权人行使其排他性专利权,从而获取经济利益的商业性活动。专利权人正常利用专利的做法,是排除所有可能严重影响其因专利而得到市场独占地位、进而获得经济利益的预期的各种竞争。某些基本权利是授予所有的专利权人的,这些权利的通常形式的行使,将使专利到期后仍能在一段时间内占据市场独占地位的现象变得合乎常理。

专利权人利用的正常做法,与其他知识产权的权利人一样,是排除可能重大减损从专利授予市场专有中预期的经济收益的所有形式的竞争。

合法权益。合法权益的含义解释得比法定权益的内容更加宽泛,是排除所有可能严重影响其因专利而得到市场独占地位、进而可能获得的经济利益。除了专利权人的合法权益外,第三人如被许可人的合法权益也应当加以考虑。

案例 64　世界贸易组织加拿大专利案〔4〕

案件焦点:专利保护的例外问题

1997 年 12 月 19 日,欧盟及其成员国要求与加拿大进行磋商,指控加拿大的实施立法(尤其是专利法)缺乏对药品的保护,与其 TRIPs 下的义务不相符,因为加拿大立法对药品发明没有提供在 TRIPs 第 27 条第 1 款、第 28 条和第 33 条预期的整个保护期限内的充分保护。专家组报告裁定,《加拿大专利法》中的管理审查例外与 TRIPs 第 27 条第 1 款没有不符,因而属于第 30 条的例外,没有违反第 28 条第 1 款。《加拿大专利法》中的存储例外没有为第 30 条的例外所包括,违反了 TRIPs 第 28 条第 1 款。

〔4〕　参见世界贸易组织争端解决案例 WT/DS114。

二、国内权利用尽

国内权利用尽,又称首次销售,是指当专利权人自己制造或者许可他人制造的专利产品经过首次销售之后,专利权人对这些产品不再享有任何支配权,任何人对该产品再进行销售或使用都不构成侵权。《专利法》第69条规定:“有下列情形之一的,不视为侵犯专利权:(一)专利产品或者依照专利方法直接获得的产品,由专利权人或者经其许可的单位、个人售出后,使用、许诺销售、销售、进口该产品的……”

(一)权利用尽的成立理由

建立专利权用尽原则的理由在于:一方面,从维护专利权人合法利益的角度来看,国家为专利权人提供了一定时间期间内的独占权,使之能够控制专利产品的制造和首次销售,这就从根本上保障了专利权人能够通过其享有的优势地位对其作出发明创造付出的代价获取回报,其合法利益已经得到充分考虑;另一方面,从维护公众合理利益的角度来看,如果专利权人自己活着而其被许可人将其专利产品投放市场后,该产品的所有后继批发、零售、转让和适用还要一一再次经过专利权人许可,必然大大阻碍专利产品的自由流通和正常使用,严重影响正常的生产经营活动和经济秩序。

世界各国普遍赞同专利权的效力不应及于合法售出产品的随后利用,但是不同国家得出该结论的理论和方式有所不同。英国允许在不违反有关法律的前提下,专利权人对其售出的或者经其被许可人售出的专利产品以后的使用和转售提出限制性条件。不论是合法售出的专利产品的直接购买者,还是随后转卖已售出产品的购买者,只要他明知有这样的限制性条件而又继续予以使用和销售,就会构成侵犯专利权的行为。上述规定似乎表明了英国不承认专利权用尽原则,但英国在采用上述原则的同时,还有一个法律上的重要推定,这就是在首次销售专利产品时,如果专利权人或者其被许可人没有明确提出限制性条件,则购买者获得了任意使用或者转售该专利产品的“默示许可”(implied license)。[5] 如果存在这样的默示许可,专利权人就不能对合法售出后的专利产品再行使其权利。德国一开始也采用类似英国的做法。然而,德国认为这种基于合同法的理论对于购买者来说不够理想,同时也使专利权人或者其被许可人有可能通过在销售专利产品时提出限制性条件来排除默示许可,从而妨碍商品的自由流通。德国原帝国最高法院在1902年的一份判决中提出了专利权用尽原则,指出该原则的基础在于:第一,专利权人在其享有专利独占权的有利环境下售出其专利产品,就已经获得了通过专利独占权获利的机会,从而应当使其独占权被用尽;第二,专利权用尽原则能够防止专利权人分割国内市场,阻碍商品的自由流动,保障公众在专利产

---

〔5〕　参见尹新天:《专利权的保护》,知识产权出版社2005年版,第76页。

品自由贸易中的利益。[6] 上述两种理论为各国所采用作为专利权权利用尽的学理解释,但是 TRIPs 并未对此问题作出统一规定,并在权利用尽问题上明确了其中立的态度。

对于知识产权的地域性在权利用尽原则的应用,即"平行进口"或者说"专利权的国际用尽"问题,各国存在严重的分歧。因此,TRIPs 并没有作出统一规定。随着经济全球化和国际贸易自由化趋势的日益明显,世界范围内各种商品的需求大大增加,将商品从一个国家运输到另一个国家的成本明显降低,妨碍商品流通的关税壁垒逐渐减少,因此平行进口问题的重要性更加突出,使之成为目前知识产权保护在国际范围中最为突出的焦点问题之一。一个国家对平行进口行为合法性的认识直接反映其对跨国性权利用尽的认可程度。平行进口涉及在两个法域(市场)(产品出口国与产品进口国、平行进口产品来源国和目的国、产品低价国与高价国)中两条销售渠道(正规授权的白色管道与平行进口的灰色管道)、两个平行权利(权利人在两个法域所获得的排他性权利)、两个利益群体(平行进口商与知识产权权利人)(知识产权所有人及其许可使用人)的竞争、对峙和冲突,它平衡着商品自由流动与知识产权保护两种价值。[7] 我国现行专利处于较低水平,加之专利的投资额大,保护期有限,因此对排他性较强的专利权与公共利益之间的平衡作出协调,不应当承认专利权的国际权利用尽。

(二)权利用尽的适用

我国《专利法》采用了德国模式,即专利权权利用尽是一种本质性限制。适用专利权用尽原则有以下几点值得注意:(1)这一原则只适用于合法地投放市场的专利产品。如果是以非法手段将专利产品投放市场的,就不适用这一原则。这里的"合法投放"主要有以下几种情况:第一,专利权人或其权利被许可人投放市场的专利产品;第二,先用权人投放市场的专利产品;第三,强制许可受益人投放市场的专利产品;第四,实施国家指定许可投入市场的专利产品。(2)专利产品投放市场进行流通后,专利权人享有的制造权不会穷竭。如把购来的专利产品拆卸开作为仿造之用,专利权人有权干预。

适用的对象,应是制造的专利产品,包括使用方法专利直接获得的产品。而1984 年、1992 年《专利法》权利用尽的适用对象仅指制造的产品;2000 年《专利法》适用的对象为制造、进口的产品,包括使用方法专利直接获得的产品。

---

〔6〕 参见尹新天:《专利权的保护》,知识产权出版社 2005 年版,第 66 页。

〔7〕 参见王春燕:《贸易中知识产权与物权冲突之解决原则——权利穷竭的含义、理论基础及效力范围》,载《中国人民大学学报》2003 年第 1 期。

现行《专利法》适用的行为包括再使用、再许诺销售、再销售、再进口。[8] 需要指出的是,再进口并不是平行进口而是指制造的产品出口后再进口,而平行进口是在国外制造的产品进入国内的情形。所以据此不能得出我国承认平行进口的结论。

三、临时过境

临时过境例外是一项世界各国普遍公认的一般例外。1925 年《巴黎公约》海牙修订会议将该例外纳入,随后《巴黎公约》第 5 条之三对此有同样规定,其他各国专利法也有类似的规定。作出该规定的理由在于保障运输自由,运输工具处于不断运动的过程中,如果将出于运输工具自身需要而使用有关专利的行为视为侵犯专利权的行为,会产生限制运输工具进入其他国家或者地区的结果,影响国际交通运输的正常进行;同时,由于运输工具进入其他国家或者地域的时间通常十分短暂,对其使用专利的行为提出专利侵权指控,在实际中很难实现。

这种对专利权的限制,在国际经济技术贸易中是具有重要意义的。在适用这一限制时,应注意以下几点:(1)外国运输工具只能在其装置和设备中使用受我国专利保护的产品,不能在运输工具上制造这种产品,更不允许在运输工具上销售这种产品。(2)只能是为运输自具自身需要而用于其装置和设备之中,不能用于其他目的。(3)只能是临时通过我国领土、领水、领空的外国运输工具才适用这一原则。"临时通过"包括暂时或偶然进入。前者如定期进入;后者如在机械故障、船舶失事、躲避风暴等情形下的进入。(4)只能是与我国订有条约、共同参加的国际公约(如《巴黎公约》)或者规定有互惠原则的国家的运输工具才能适用这一原则。

案例 65 | 布朗诉达志公司案[9]
临时过境构成例外

该案确立:在临时过境的船上使用专利技术,专利侵权不成立。1952 年美国国会在专利法里加了第 272 条,从立法上认同了布朗案例的判决。

四、实验及科研例外

根据《专利法》第 69 条第 4 项的规定,专为科学研究和实验而使用有关专利的,不视为侵犯专利权,无须得到专利权人的许可。

---

〔8〕 1984 年、1992 年《专利法》适用的行为包括再使用和再销售。2000 年《专利法》适用的行为包括再使用、再许诺销售、再销售。

〔9〕 See Brown v. Duchesne, 60 US 183(1856), https://supreme.justia.com/cases/federal/us/60/183.

(一)含义

使用相关专利是为了进行科学研究,以及因科学研究而必须进行的实验。使用专利,包括制造、使用专利产品,以及使用专利方法,但是除有特殊规定外不应包括制造专利产品供他人科研使用的行为。尹新天等认为,它应当是指针对获得专利的技术本身进行科学研究和实验。[10][11]

北京市高级人民法院出台的《专利权侵权判定若干问题的意见(试行)》(2001年)之第98条对科学研究与实验性使用例外进行了解释:专为科学研究和实验而使用有关专利的行为,不视为侵犯专利权。(1)专为科学研究和实验而使用有关专利中的使用,应当包括专为科学研究和实验而制造有关专利产品的行为。(2)专为科学研究和实验而使用,是指以研究、验证、改进他人专利技术为目的,使用的结果是在已有专利技术的基础上产生新的技术成果。(3)在科学研究和实验过程中制造、使用他人专利技术,其目的不是为研究、改进他人专利技术,其结果与专利技术没有直接关系,则构成侵犯专利权。北京市高级人民法院《专利侵权制定指南(2017年)》第135条规定:专为科学研究和实验而使用有关专利,不视为侵犯专利权。专为科学研究和实验,是指专门针对专利技术方案本身进行的科学研究和实验,其目的是研究、验证、改进他人专利技术,在已有专利技术的基础上产生新的技术成果。笔者认为,这一理解将试验范围限于发明本身,过于狭窄,应当所指更广较合理。但是,如果发明是专为实验和科学研究之用,以及进行科学研究和试验不合理地影响到专利权的实现,这种例外则应当有所限制。

依日本学者通说认为,为调查可专利性之目的、调查功效性之目的,以及为创新或改良之目的所进行之实验或研究,均属于所允许之范围,尤其是第三种为创新或改良的实验或研究,最符合实验例外条款之精神,因为其最有助于促进科技知识之发展。[12]

(二)一些国家的规定和实践

1. 欧共体

欧共体专利公约第31条(b)项规定,欧共体专利所赋予的权利不延及为实验目的进行的与授予专利权的发明主题有关的行为。

笔者认为,此处的发明主题不等同于发明本身。

2. 德国

《德国专利法》第11条规定:"……(2)与专利主题相关的、以实验为目的的行

---

〔10〕 参见尹新天:《中国专利法详解》,知识产权出版社2011年版,第630页。

〔11〕 参见汤宗舜:《专利法教程》(第3版),法律出版社2003年版,第190~191页。

〔12〕 参见范晓波、孟凡星:《专利实验使用侵权例外研究》,载《知识产权》2011年第2期。

为。2a. 为了培育、发现、研发新的植物品种而使用生物材料;2b. 为获得在欧盟范围内的一个药品许可,或者在欧盟成员国或者第三国的一个药品许可而在实践中必须的研究和实验行为。"〔13〕此处的专利主题,并非仅仅限于专利发明本身,而是及于与发明相关的技术主题。

根据德国相关司法判例,实验使用例外主要适用于:目的系为确认发明可实施与否或技术利用的可能性;为证明发明的缺陷或瑕疵所进行的实验;为了解发明进步性所进行的实验;为了测试受专利保护设备或方法专利的可用性;为了改善系争发明的实验行为;为了寻求专利回避所做的实验。适用实验例外的限制条件为:实验本身与专利技术知识无关、根据实验的目的进行实验的范围不再具有正当性、进行实验的目的在于扭曲或阻碍专利权人销售其产品。〔14〕

3. 法国

《法国知识产权法典》第 613 – 5b 条规定,以实验为目的,实施专利主题的行为。

笔者认为,显然没有理由认为实验目的本身也限于专利主题。

4. 美国

在美国,实验性使用抗辩的来源是基于普通法,但是实验性使用的侵权例外鲜有成功。〔15〕 Bolar 例外被认为是实验性使用例外的特例。

5. 英国

《英国专利法》第 60 条(5)(b)规定,将专利用于与发明主题相关的实验目的,不构成侵权。

英国法院在审理专利侵权案件时,对实验使用例外适用的条件做了较为宽松的解释,并且认为虽然非商业研究最终都要应用到实践,即进行商业化生产,但是在符合某些要求的条件下,这些研究行为可以适用实验例外原则,不构成专利侵权。但是,法院认为,使用他人专利技术测试或证明其他产品或方法的行为,不适用实验例外原则,因为这些行为与专利发明本身并无关系。〔16〕

6. 菲律宾〔17〕

《菲律宾知识产权法典》第 72 条(3)规定,仅为对专利发明进行实验的目的而实施的制造或者使用的行为。

---

〔13〕 参见《外国专利法选译》(上),国家知识产权局条法司组织翻译,知识产权出版社 2015 年版,第 870 页。

〔14〕 参见范晓波、孟凡星:《专利实验使用侵权例外研究》,载《知识产权》2011 年第 2 期。

〔15〕 参见[美]J. M. 穆勒:《专利法》(第 3 版),沈超等译,知识产权出版社 2013 年版,第 387 页。

〔16〕 参见范晓波、孟凡星:《专利实验使用侵权例外研究》,载《知识产权》2011 年第 2 期。

〔17〕 参见《外国专利法选译》(上),国家知识产权局条法司组织翻译,知识产权出版社 2015 年版,第 712 页。

五、药品行政审批例外

20世纪,知识产权规则和实践对发展中国家的公共健康问题,特别是艾滋病问题及其用药问题产生了争议。药品和医疗器械在上市前需要履行审批手续,为达到审批要求,申请者需要提供该药品或医疗器械的各种实验数据和资料,以证明其产品符合规定的要求。如果是对享有专利权的药品或医疗器械进行仿制,那么在正常情况下需要等到专利权届满后才能进行实验。这样就势必推迟仿制药品或医疗器械上市时间,从而影响到公众在专利权届满后及时获得价格较低的仿制药品或医疗器械。为此,美国最先规定了该例外,由于这一例外与一家公司 Bolar 公司有关,所以也称之为 Bolar 例外。之后,世界上许多国家专利法中均规定了药品行政审批例外。

案例66　Bolar 例外[18]

药品行政许可审批构成例外

Roche 公司拥有一个涉及盐酸氯胺安定的安眠药有效成分的专利,Bolar 公司计划在该专利权保护期限届满后推出盐酸氯胺安定的一般药品。为了尽快获得 FDA 的批准,Bolar 公司从国外进口了少量该专利药品进行实验,收集审批信息。一审法院认为被控行为属于研究、实验行为,且涉及数量少,判决不构成侵权。二审法院则认为被告构成了专利侵权,但承认普通药品公司等候审批的过程实际上是延长了专利权的保护期限,主张这一问题需要通过国会立法加以解决。

案例67　三共株式会社等诉北京万生药业有限责任公司侵犯专利权案[19]

药品行政审批构成例外

原告三共株式会社于2003年9月24日获得发明专利"用于治疗或预防高血压症的药物组合物的制备方法"的专利权。被告北京万生药业有限责任公司向国家药监局申请"奥美沙坦酯片"的新药注册。后原告以被告北京万生药业有限责任公司侵犯了自己的专利权为由诉至法院。法院认为,被告万生药业有限责任公司制造行为是为了满足国家相关部门对于药品注册行政审批的需要,以检验其生产的涉案药品的安全性和有效性,不属于为生产经营目的实施专利的行为,不构成对涉案专利权的侵犯。

六、政府使用

一些国家规定,政府机关为公共利益的目的或施政的需要,可以依照严格程序

---

〔18〕 See Roche Products, Inc. v. Bolar Pharmaceutical Co. 733 F. 2d 858 (Fed. Cir. 1984).

〔19〕 参见北京市第二中级人民法院民事判决书(2006)二中民初字第04134号。

使用某一专利。比如,《英国专利法》规定,对于产品而言,任何政府部门或其书面授权的个人,为提供公共服务之目的,可以不经专利权人同意在英国境内偶然、从属性地实施与某一专利相关的制造、使用、进口、持有、销售、要约销售专利产品的行为。[20]

《美国法典》第1498(a)条的规定为政府提供了广泛的、几乎没有什么约束的强制许可。[21]

第三节　专利强制许可

强制许可同"自愿许可"相对应,采用行政手段限制专利权人的独占权,所以又称之为"非自愿许可"。所谓强制许可,即系国家专利主管机关可以不经专利权人的同意,通过行政程序而直接允许第三者实施专利权人享有专利权的发明或实用新型,并向其颁布实施该专利的强制许可证的法律行为。实施强制许可的目的是防止和限制专利权人滥用其专利权,保护国家和社会公众利益,促进发明创造的实施和推广应用。专利保护和强制许可犹如天平的两端:一端为专利权,重在保护发明人的利益;另一端为强制许可制度,重在保护社会公众的利益,防止和克服专利垄断权的滥用。特别是在发展中国家,强制许可制度可用于阻止外国人凭借其批准的专利权占领市场,垄断技术。

一、关于强制许可的立法

(一)《巴黎公约》

1883年签订的《巴黎公约》是第一个关于保护工业产权的多边国际公约。在该公约签订过程中及随后的100余年,专利的强制许可制度一直是争议最激烈的议题。美国国际工业产权法学者拉达斯精辟地指出:"强制许可条款发展的历史从某种意义上说就是'保护知识产权国际联盟'的历史。"[22]

对强制许可制度的发展最具影响的是1873年维也纳大会。维也纳会议就"反对专利"和"支持专利"展开了激烈的讨论,该会议关于强制许可的规定对以后许多国家的专利法具有重要影响,促使许多国家放弃严厉的专利撤销制度,采用较为折中的专利强制许可制度。在1873年大会之后至1925年,所有关于工业产权的国际会议均否决任何目的的强制许可,但是保留"当地实施要求"和广泛的专利撤销制度。直到1925年以后,《巴黎公约》的成员国才试图以较为柔和的强制许可

---

〔20〕 参见《英国专利法》第55条。

〔21〕 参见黄丽萍:《知识产权强制许可制度研究》,知识产权出版社2012年版,第59页。

〔22〕 转引自林秀芹:《TRIPs体制下的专利强制许可制度研究》,法律出版社2006年版,第32页。

制度代替专利撤销制度。[23]

经1925年举行的海牙会议修订的《巴黎公约》授权各国设立强制许可制度，旨在防止专利权人滥用其专利权行为、阻碍发明的实施和利用、继而阻碍科学技术进步与发展的原则。它确立了“国民待遇原则”和“非歧视原则”，即要求成员国对外国的知识产权和本国的知识产权一视同仁予以相等的保护。至1994年7月1日，《巴黎公约》吸引了125个国家，被认为是专利保护国际合作的成功典范。《巴黎公约》第5条第A部分第(2)款规定：本联盟各国都有权采取立法措施规定授予强制许可，以防止由于行使专利所赋予的排他权而可能产生的滥用，例如不实施。该条款确定了“对专利垄断权的滥用”为强制许可的理由之一。但是，除了一些最低权利要求(如专利权、优先权)，《巴黎公约》并没有确定关于专利权内容和范围的最低国际标准。也就是说，专利权的保护程度基本上属于各国的主权，由各国根据其经济技术发展的需要和目标确定，没有统一的国际标准。

《巴黎公约》对强制许可规定的具体内容为：本联盟的每一国家有权采取立法措施规定授予强制许可，以防止由于专利赋予的排他权而可能产生的滥用，例如，不实施。自提交专利申请之日起4年期间届满以前，或者自授予专利之日起3年期间届满以前，以届满在后的期间为准，不得以专利不实施或者不充分实施为理由申请强制许可。如果专利权人证明其不作为有正当理由，强制许可的申请应当予以拒绝。这种强制许可不应当是排他性的，而且除与利用该许可的企业部分或商誉一起转移外，不应当是可转移的，甚至以授予分许可的形式也在内。

(二)知识产权协议

美国等发达国家认为，《巴黎公约》等“传统的国际公约”没有建立一套有效的实施机制。按照“传统国际公约”的规定，如果成员国之间因解释或适用公约发生争端，实质上只能将争端提交国际法院解决。但是，国际法院的性质和程序极其复杂，上述知识产权公约与国际法院的条约之间也缺乏有机的协调。由此，如果成员国不遵循有关知识产权保护公约的规定，相对方难以采取有效的制裁或救济措施。[24] 据统计，自1883年《巴黎公约》出台后的一个多世纪，未曾有一件关于知识

---

〔23〕 参见林秀芹：《TRIPs体制下的专利强制许可制度研究》，法律出版社2006年版，第32页、第33页。

〔24〕 例如，《国际法院规约》要求，在国际法院管辖某一案件之前，有关当事国必须承认国际法院的管辖权。但是，该规约规定，成员国对国际法院的管辖权可以选择，成员国可以声明将所有争端或者只是某些类型的争端提交国际法院，且声明的方式可以多样。实际上，许多成员国在批准知识产权公约时经常对国际法院的管辖权条款进行保留。结果，许多知识产权公约的成员国不受国际法院管辖权的约束，相应地，国际法院无权处理有关这些成员国的争端。这样，这些公约的争端解决机制实际上形同虚设。

产权保护的争端提交国际法院解决。[25]

在发达国家的大力推动下,世界贸易组织(WTO)的TRIPs对成员的强制许可制度提出了各种要求,对成员利用强制许可制度作出了种种严格限制,集中体现在TRIPs第31条之中。该条是整个协定中条文最长的条款,共有12项之多,列出了5种可授予强制许可的情况:专利权人拒绝自愿授予;国家紧急状态及其他极端危机的状态;专利权人滥用私权构成不合理的垄断;公共非商业性使用;从属专利。应当指出的是,尽管TRIPs第31条对成员利用强制许可制度作出了诸多限制,但是在给予强制许可的理由这一问题上没有作出专门规定,从而也为成员利用强制许可制度留下了一定的灵活空间。2001年11月14日,在多哈召开的WTO部长级会议通过了《关于TRIPs与公共健康的宣言》(以下简称《WTO多哈宣言》)。《多哈宣言》第4条指出:"TRIPs没有也不应该阻止成员国采取保护公共健康的措施。"同时,第6条允许发展中国家在紧急情况下较灵活地利用TRIPs中的有关知识产权保护例外条款,强制许可生产有关专利药品,以解决公共危机。

(三)中国

在我国1984年制定的《专利法》中,第六章是关于强制许可的规定。1984年《专利法》虽然对强制许可制度作出了规定,但是对于专利权人的其他行为如滥用专利权、损害公共利益等均未作出制度设计。当时规定相对比较简单,规定的可以给予强制许可的理由只包括两种情形:不实施的强制许可和依赖专利的强制许可。

1992年及2000年《专利法》关于强制许可制度基本上是沿用了TRIPs的相关规定。1992年《专利法》:拒不许可的强制许可;紧急状态或者非常情况时的强制许可;为公共利益目的的强制许可;依赖专利的强制许可。2000年《专利法》:拒不许可的强制许可;紧急状态或者非常情况时的强制许可;为公共利益目的的强制许可;依赖专利的强制许可。

2008年,适逢我国处于国家经济发展模式转变时期,为了满足我国发展的内在需求,完善了强制许可制度,对于涉及公共健康的药品专利、不是实施专利的情况、影响公共利益及妨害竞争的情况可以实行强制许可。2008年《专利法》:不实施的强制许可;为消除垄断而实施的强制许可;紧急状态或者非常情况时的强制许可;为公共利益目的的强制许可;为公共健康目的的药品专利强制许可;依赖专利的强制许可;涉及半导体技术的强制许可。

(四)美国

美国是签发强制许可证书最多的国家之一。据研究,在1941年8月至1959

---

〔25〕 See Gail E. Evans, Issues of Legitimacy and Resolution of Intellectual Property Disputes in the Supercourt of the World Trade Organisation, page 1, http://gaileevans.com/EvansSuperCourt98.pdf. 转引自林秀芹:《TRIPs体制下的专利强制许可制度研究》,法律出版社2006年版,第79页。

年1月,美国有107项涉及《谢尔曼反托拉斯法》的专利强制许可案件(13件诉讼案件,94件当事人达成自愿许可协议)。此后,曾有100余件强制许可案件,成千上万项专利被强制许可。仅在"美国飞机制造公司"一案中,就有1500项专利被强制许可。[26]

在美国,只有为了制裁违反《谢尔曼反托拉斯法》的行为,主管机关才颁发强制许可。但是,美国主管机关对于反托拉斯和专利强制许可的态度不是一成不变的,而是在不同的时期有明显的差异。20世纪早期的时候,强制许可制度几乎鲜有适用。但是,到了经济大萧条及"新政"之后至1952年这段期间,法院越来越倾向于"反托拉斯",愿意颁发强制许可。在1980年的Dawson Chemical v. Rohm & Haas案中,最高法院又严厉地批判专利强制许可制度,认为强制许可制度从未在广泛的意义上得到立法的承认。在著名的United States v. Microsoft Corporation案中,法官之间,美国上下级法院之间意见并不一致,结果是拆分微软公司的意见被否决了,法院只是要求微软同时提供单独的视窗系统和带有IE的视窗系统,微软公司最终与美国政府达成调解协议(consent decree)。

除了判例法,美国的许多单行立法规定了专利强制许可制度。其主要有:(1)《美国法典》第28篇第1498条规定的政府使用。(2)拜多法案(Bayh - Dole Act)中规定的"进入权"(March - in rights)条款。(3)《美国空气洁净法》第308条规定的因执行空气清洁标准而给予的强制许可。(4)《美国原子能法》规定的涉及原子能利用的强制许可。(5)如《美国法典》第7篇第2404条规定的与食物供应有关的强制许可。(6)《美国法典》第35篇第203条规定的对利用政府科研基金开发的技术实行的强制许可。[27]

(五)英国

在强制许可制度方面,《英国专利法》颇具代表性。英国既在《英国专利法》中规定较广泛的强制许可制度,同时也是较多使用强制许可制度的少数国家之一。英国最早的成文专利法——1883年《英国专利法》第22条规定,贸易局(Board of Trade)在不实施等3种情形下有权强制许可他人使用专利技术。1907年《专利法》第24条扩大了强制许可的范围。自1907年起,《英国专利法》一直包含广泛的强制许可制度。1919年《英国专利法》增加了滥用专利权的强制许可。1949年《英国专利法》增加规定了未充分实施的强制许可、与药品食品相关的强制许可。现行《英国专利法》除关于药品、食品专利的强制许可制度被废除外,保留了1949年《英国专利法》第37条至第40条几乎大部分内容。[28] 除了成文法,英国还形成

---

〔26〕 转引自林秀芹:《TRIPs体制下的专利强制许可制度研究》,法律出版社2006年版,第51页。

〔27〕 参见林秀芹:《TRIPs体制下的专利强制许可制度研究》,法律出版社2006年版,第53~54页。

〔28〕 参见林秀芹:《TRIPs体制下的专利强制许可制度研究》,法律出版社2006年版,第44~46页。

了有关强制许可的一系列判例规则。尽管《英国专利法》规定了广泛的强制许可制度，但是英国并未出现滥用强制许可的情形。在1991年至1994年，英国没有专利强制许可案件。在1995年至1996年只有3件。

此外，TRIPs的生效对英国的专利强制许可产生了较大的影响。英国于1999年7月29日颁布了《英国专利法和商标法（WTO）条例》。根据修订后的专利法，英国有两套强制许可制度：一套适用于WTO成员的专利权人；另一套适用于非WTO成员的专利权人。对于非WTO成员目的专利权人，仍然适用原来1977年《英国专利法》的规定，在5种情形下可以实行强制许可。对于WTO成员的专利权人，只能在3种情形下实行强制许可。[29]

二、强制许可的种类

（一）不实施或不充分实施的强制许可

1984年《专利法》规定了专利权人有实施义务，不履行实施义务，他人可以申请强制许可。之后的专利法没有直接规定实施义务，但是规定他人可以以专利权人不实施而申请强制实施专利。国务院专利行政部门根据具备实施条件的单位或者个人的申请，可以给予实施发明专利或者实用新型专利的强制许可：专利权人自专利权被授予之日起满3年，且自提出专利申请之日起满4年，无正当理由未实施或者未充分实施其专利的。[30]

《巴黎公约》规定给予强制许可的目的在于防止对专利权的滥用，因此可以认为该公约允许申请给予强制许可的理由是制止对专利权的滥用。但是，该公约并没有明确定义哪些行为构成"滥用"专利权的行为，而是仅仅给出了一个典型例子，即专利权人不实施其专利。现实中，各国对"滥用专利权"这一重要概念的理解各不相同，多种行为都有可能被认定为滥用专利权的行为。一般而言，"滥用专利权"行为的范围宽裕反垄断法意义上的排除或者限制竞争行为，体现在凡是触犯反垄断法的限制竞争行为都可以认为构成滥用专利权行为，但是滥用专利权的行为不一定构成触犯反垄断法的排除或者限制竞争的行为。由此可见，《巴黎公约》给各国通过其本国立法规定给予强制许可的理由留出了较大的自由空间。而TRIPs第2条第1款秉承了《巴黎公约》对防止滥用的强制许可的规定。

根据现行《专利法》第48条规定，不实施专利权的强制许可主要有两种情形，即不实施或不充分实施专利时的强制许可。前者行为是行使专利权构成垄断，为

---

〔29〕 参见林秀芹：《TRIPs体制下的专利强制许可制度研究》，法律出版社2006年版，第48页。

〔30〕 参见《巴黎公约》第4条之四A(4)规定，自提出专利申请之日起四年届满以前，或自授予专利之日起三年届满以前，以后满期的期间为准，不得以不实施或不充分实施为理由申请强制许可；如果专利权人的不作为有正当理由，应拒绝强制许可。这种强制许可是非独占性的，而且除与利用该许可的部分企业或商誉一起转让外，不得转让，甚至以授予分许可证的形式也在内。

消除或减少竞争的行为而实施的强制许可。专利权人可通过专利权这种合法的垄断权，禁止他人的使用或制造行为，从而可能使得市场中缺少相应的产品。这就妨碍了公共利益的实现，也违背了专利制度的激励创造的初衷。因而，此时要授予申请人以强制许可。未实施专利是《巴黎公约》明确规定的颁发强制许可的理由，但是 TRIPs 没有关于当地实施要求的规定。

（二）为消除垄断而实施的强制许可

《专利法》第 48 条规定："有下列情形之一的，国务院专利行政部门根据具备实施条件的单位或者个人的申请，可以给予实施发明专利或者实用新型专利的强制许可：……（二）专利权人行使专利权的行为被依法认定为垄断行为，为消除或者减少该行为对竞争产生的不利影响的。"

反垄断或者制止不正当竞争也许是各国最普遍规定的颁发强制许可的事由。许多国家立法规定，当专利权人滥用垄断权、限制竞争时，政府可以颁发强制许可，允许第三人实施受专利保护的技术。在美国，政府根据反托拉斯法颁布了大量的专利强制许可。在英国，根据专利法的基本原理，颁发强制许可的一般前提是专利权人"滥用垄断权"（abuse of monopoly rights）。TRIPs 第 31 条第（k）项确定"限制竞争行为"作为强制许可的理由之一，而第 40 条作出了更为明确的规定，WTO 的成员可以将专利权人某些许可行为或条件规定为滥用知识产权，并通过司法或行政程序将专利权人的滥用行为确定为违反反垄断法或反不正当竞争法行为，而且规定适当的法律措施予以制裁。因此，当专利权人在专利许可中滥用其专利垄断权时，有关成员政府可以颁发强制许可作为制裁或者救济措施。

这里，认定垄断行为的机构应该就是国务院专利行政部门。从法解释的角度看，《专利法》第 48 条第 1 项、第 2 项都在国务院专利行政部门的职权范围内，第 2 项职权应当是一项完整的执法内容，可以认为《专利法》的这项规定是《反垄断法》的特别规定以及对国务院专利行政部门的特别授权。但是也有人认为，认定是否构成垄断是国务院反垄断执法机构的职权，[31] 不过国家反垄断机构目前由国家商务部、国家工商行政管理总局、国家发改委三家机构分头执行《反垄断法》，这种情形显然会带来混乱。《专利实施强制许可办法》（局令第 64 号）第 5 条也同样没有明确认定机构。如果认为国务院专利行政部门不是反垄断执法机构，那么应该在条文中予以明确。

（三）紧急状态或者非常情况时的强制许可

在国家出现紧急状态或者非常情况时，国务院专利行政部门可以给予实施发明专利或者实用新型专利的强制许可。

紧急状态，是指在一定范围和时间内由于突发重大事件而严重威胁和破坏公

〔31〕 参见尹新天：《中国专利法详解》，知识产权出版社 2011 年版，第 630 页。

共秩序、公共安全、公共卫生、国家统一等公共利益和国家利益，需要紧急予以专门应对的社会生活状态。根据 TRIPs 第 31 条第(b)项的规定，在一般情况下，申请人必须以“合理的商业条件”向专利权人请求使用许可不成时，才能申请强制许可，但是，只有在“国家紧急状态”或者“其他及其紧急情势”时，这一“事先请求”程序可以豁免。《多哈宣言》在第 5 段第(C)项规定：“包括艾滋病……在内的公共健康危机均可以构成国家紧急状态或者其他极其紧急情势。”

(四)为公共利益目的的强制许可

因公共利益的需要强制实施专利的，一般限于公共的非商业性使用的情形。

“公共利益需要”的规定没有纳入 1967 年修订后的《巴黎公约》，但没有限制成员国规定颁发强制许可的事由。而 TRIPs 第 8 条规定“公共利益”可以成为实行强制许可的理由，作为基本原则，它授权成员国在制定或者修订法律、法规时，可以采取必要的措施保护公共健康和营养，促进对该国的社会、经济和技术发展具有重要意义的关键部门的公共利益。

“公共利益需要”是国际上普遍认可的实行强制许可的理由之一。如 1954 年《瑞士专利法》第 38 条；1968 年《法国知识产权法》第 37 条至第 41 条；1949 年《英国专利法》第 37 条。尽管《美国专利法》没有关于强制许可的规定，但是，美国有专门立法对“公共利益”作灵活的理解，亦有司法判决强制专利许可制度。对于何为强制许可语境下的“公共利益”，各国解释不一。一般来说，发展中国家对“公共利益”的解释较宽，包括国家公共健康及本国相关行业发展的需要等，甚至单纯的本国经济发展的需要也构成“公共利益”的内容。但是，发达国家一般对“公共利益”作较窄的解释。《德国专利法》第 24 条第 1 款规定：“如果专利申请人或者专利权人拒绝许可另一愿意支付合理补偿费或者提供相应担保的人使用其发明，且当使用该发明为公共利益所需要时，应该允许他人实施该专利技术。”在德国，“公共利益”是颁发强制许可的必要条件，也是办法强制许可的唯一理由。德国联邦最高法院阐述了“公共利益”这一概念的原则：(1)公共利益不是一个确定的法律概念，应具体案件具体分析；(2)公共利益未必存在于所有的产品专利；(3)公共利益并非只在专利权人滥用专利权的情况下存在；(4)在考虑是否存在公共利益时，法院应考虑公共利益和专利权人私利的平衡；(5)当一种药品可能治疗严重的疾病时，可以推定存在公共利益。[32]

我国目前并没有对专利强制许可中的公共利益作出明晰的界定。

(五)为公共健康目的的药品专利强制许可

现行《专利法》第 50 条规定：“为了公共健康目的，对取得专利权的药品，国务

---

〔32〕 参见林秀芹：《TRIPs 体制下的专利强制许可制度研究》，法律出版社 2006 年版，第 53 ~ 54 页、第 230 ~ 231 页。

院专利行政部门可以给予制造并将其出口到符合中华人民共和国参加的有关国际条约规定的国家或者地区的强制许可。”其中“取得专利权的药品”，根据《专利法实施细则》第73条第2款之规定.是指解决公共健康问题所需的医药领域中的任何专利产品或者依照专利方法直接获得的产品，包括取得专利权的制造该产品所需的活性成分，以及使用该产品所需的诊断用品。该规定涉及的药品强制许可明显是基于2001年世界贸易组织通过的《多哈宣言》和《关于〈与贸易有关的知识产权协定〉修正案议定书》（以下简称《议定书》）的规定而增加规定的。中国加入世界贸易组织以后，《议定书》通过后，它对TRIPs有所突破，即规定了在一定条件下的药品专利的强制许可：为了公共健康目的，可以给予制造并出口专利药品到特定国家或者地区的强制许可，从而打破了TRIPs第31条关于强制许可只能主要用于供应国内市场需要的限制性规定。中国作为世界贸易组织的成员，遵循了这一最新规定。

公共健康的目的，并非与公共利益或者紧急状态适用范围一致。比如，《涉及公共健康问题的专利实施强制许可办法》（现已失效）第3条规定：“在我国预防或者控制传染病的出现、流行，以及治疗传染病，属于专利法第四十九条所述为了公共利益目的的行为。传染病在我国的出现、流行导致公共健康危机的，属于专利法第四十九条所述国家紧急状态。”根据该条，与疾病相连的公共利益被解释为与传染病有关，因传染病而导致公共健康危机的，属于国家紧急状态。因此，《涉及公共健康问题的专利实施强制许可办法》的解释与《专利法》及其《专利法实施细则》的原意并不十分吻合。

（六）从属专利的强制许可（依赖专利的强制许可）

从属专利，又称依赖专利，是指前后两个专利之间在技术上存在依存关系，不实施前一个专利所保护的发明或实用新型，后一个发明或实用新型就无法实施。在TRIPs出台前，绝大多数国家立法规定：在两项专利具有依赖性的情况下，即实施后一项专利必须使用前一项专利技术的情况下，后一项专利的所有人有权获得强制许可实施前一项专利（主专利）从而使后一项专利（从专利）得以实施，主要条件是后一项专利权人同意以合理条件许可前一项的专利权人使用其专利技术。但是，有些国家（特别是发达国家）担心后一专利权人纯粹为了使用前一专利而申请专利，利用小发明破坏前一专利权人的专有权，因此，立法对依赖专利的强制许可附加了一个条件，即后一专利发明相对于前一专利发明必须构成“显著的技术进步”（noteworthy technical progress）。此外，如果前后两项专利发明属同一技术领域，那么后一专利权人可能通过强制许可限制前一专利权人的权利范围从而获得商业上的优势，因此，如果前一专利权人要求，立法应当允许交叉许可，使他可以使用后一专利发明。TRIPs对“依赖专利”情况下的强制许可做了较为严格的限制，要求第二项专利相对于第一项专利技术而言必须具有“重大经济意义的重要技术进步”，并在第31条第（k）项中对依赖专利情况下的强制许可限制较严，对后一项专利的要求较高。实践中,以依赖专利为由颁发强制许可的情形很少。主要原因之一在于主专利权人和从专利权人之间的利益通常是私益,只有在实施专利为公共利益所需时,法院才会考虑颁发强制许可。

根据现行《专利法》的规定,实施从属专利的强制许可应具备以下条件:(1)必须有两个取得专利权的发明或者实用新型,其中后一取得专利权的发明或实用新型在技术上比前者更为先进。一般认为,如果前一项是发明,后一项是实用新型,后一专利权人是不能对前一专利权人获得强制许可的,因为发明的创造性程度高于实用新型。(2)后一取得专利的发明或实用新型在技术上从属于前者,不实施前者,后者就无法实施。如受主专利保护的产品的新生产方法专利,受主专利保护的产品或者方法的新用途专利。(3)后一专利权人未能以合理条件签订专利实施许可合同。(4)首先申请强制许可的只能是后一专利权人。只是在后一专利权人取得了强制许可后,前一专利权人才能申请实施后专利的强制许可,这种许可是一种互惠性的交叉许可。之所以允许前一专利权人申请实施强制许可,是从均衡前后两个专利权人的利益角度考虑的。以此理由申请专利强制许可,申请人不限于单位,也可以是个人。

(七)涉及半导体技术的强制许可

《专利法》第52条规定:“强制许可涉及的发明创造为半导体技术的,其实施限于公共利益的目的和本法第四十八条第(二)项规定的情形。”也就是说,除了为了公共利益或者为了消除和减少垄断行为对竞争产生的不利影响,其他事由都不能成为对半导体技术实施强制许可的理由。

三、强制许可的程序

(一)申请

TRIPs第31条对WTO成员使用强制许可制度提出了11项条件,具体内容包括:(1)以合理的商业条件事先请求自愿许可;(2)不得超越授权范围;(3)半导体技术强制许可的严格限制;(4)非排他性和不可转让性;(5)产品主要供应本国市场;(6)强制许可的有效期限;(7)补偿标准;(8)司法审查或者行政复审等。但是该条规定内容广泛、结构复杂、逻辑条理不清晰,这些情况对该条的解释和运用增加了不确定性。TRIPs明确允许WTO成员使用强制许可制度,并为WTO成员为了本国的公共利益使用强制许可制度留下一定的空间。

请求给予强制许可的,应当向国务院专利行政部门提交强制许可请求书,说明理由并附具有关证明文件。此外,对于未实施或未充分实施而给予强制许可或从属强制许可,申请强制许可的单位或者个人应当提供证据,证明其以合理的条件请求专利权人许可其实施专利,但未能在合理的时间内获得许可。国务院专利行政部门应当将强制许可请求书的副本送交专利权人,专利权人应当在国务院专利行政部门指定的期限内陈述意见;期满未答复的,不影响国务院专利行政部门作出决定。国务院专利行政部门作出的给予实施强制许可的决定，应当及时通知专利权人，并予以登记和公告。给予实施强制许可的决定，应当根据强制许可的理由规定实施的范围和时间。强制许可的理由消除并不再发生时，国务院专利行政部门应当根据专利权人的请求，经审查后作出终止实施强制许可的决定。

国务院专利行政部门在作出驳回强制许可请求的决定或者给予强制许可的决定前，应当通知请求人和专利权人拟作出的决定及其理由。

对于申请主体，TRIPs 没有规定，由成员国自主决定。我国《专利法》规定强制许可必须由"具备实施条件的单位"提出申请。可见，我国对强制许可申请采取谨慎的态度，对申请人的资格要求较严，在提交申请之时需要提供证据证明自己具备实施有关专利的条件，包括资金、技术和人员方面的条件。这一规定限制了个人和个别企业的申请人资格，且要求申请人一开始即承担广泛的举证责任。

（二）决定

国务院专利行政部门应当根据专利权人的请求，经审查后作出终止实施强制许可的决定。强制许可受益人行为的范围可以是专利权人可以做的一切行为，即制造、使用、许诺销售、销售、进口专利产品，或者使用专利方法及使用、许诺销售、销售、进口依该方法直接获得的产品，也可以只是其中的某些行为。

我国强制许可请求经审查没有发现驳回理由的，国家知识产权局应当作出给予强制许可的决定。在部分国家，专利局等审查机关享有较大的自由裁量权，这可以避免在给予强制许可和驳回强制许可的情形之间出现"灰色区域"，同时这种办法较易操作。但是，这种做法更有利于专利权人。只要没有法律规定的驳回情形，即给予强制许可。我国《专利实施强制许可办法》对驳回的情形采用列举式。[33]

（三）实施

1. 强制许可的效力

强制许可一旦生效，对专利权人和强制许可受益人都产生效力。专利权人不能对强制许可受益人实施有关专利的行为按侵权对待。在与他人签订专利实施许可合同时，强制许可受益人的地位应得到尊重。强制许可受益人的实施权也不会因为专利权人与他人签订独占或独家实施许可合同而受到影响。但强制许可人应承担在规定的时间内实施专利，以及支付使用费的义务，并不得侵害专利权人享有的其他权利。

2. 强制许可的权利范围

强制许可的权利范围涉及强制许可是独占许可还是非独占许可、是否可以转让和实施分许可等内容。关于强制许可的独占性，国际上颇有争论。发达国家多主张非独占性的强制许可，发展中国家的看法则相反。我国《专利法》第 56 条明

---

〔33〕 参见《专利实施强制许可办法》第 20 条。

确规定:“取得实施强制许可的单位或者个人不享有独占的实施权,并且无权允许他人实施。”这就是说,强制许可受益人取得的仅是一种普通实施权,专利权人仍然有权自己实施或许可他人实施,知识产权局专利局也可以就同一发明或实用新型颁发第二个强制许可。笔者认为,在目前我国需要大量引进技术和吸引外资的情况下,为使在我国获得的专利权有可靠的保障措施,实行非独占性的强制许可是适宜的。从《专利法》的规定中还可以看出,强制许可受益人不得授予他人分许可证。关于强制许可的转让,一般国家的做法是,强制许可的权利应当连同强制许可受益人的企业一道,或者连同强制许可受益人的企业中强制许可实施取得专利的发明或实用新型的那一部分一起才能转让,这种转让要得到知识产权局的批准。其原因在于强制许可往往是根据企业生产和技术状况颁发的,它与企业是紧密结合在一起的,不能脱离企业而单独转让。我国《专利法》对此未作规定。如出现实施强制许可情况,也可以借鉴这一做法。

（四）终止

由于国家知识产权局给予强制许可的决定中规定了给予强制许可的期限,因此只要该期限届满,强制许可就自动终止。强制许可自动终止的,国家知识产权局应当在专利登记簿上登记并在专利公报、国家知识产权局政府网站和《中国知识产权报》上予以公告。根据《专利法》第55条第2款的规定,如果在强制许可决定规定的期限内,专利权人认为强制许可理由已经消除并且不再发生,可以向国家知识产权局请求提前终止强制许可。例如,一项强制许可是由于因某种流行病的暴发而给予,在该流行病已经消失的情况下,强制许可决定规定的期限尚未届满的,可以请求提前终止。请求提前终止强制许可的程序与申请强制许可的程序基本相同。

四、强制许可的费用

我国将裁定强制许可的费用作为一个完全独立的程序规定。《专利实施强制许可办法》第四章规定了强制许可使用费裁决请求的审查和裁决。但是对具体如何确定费用并没有作出规定。换言之,在我国是否给予强制许可和强制许可费用的决定可以截然分开,知识产权局专利局在审查强制许可申请的时候,可以不考虑费用问题,但是作为专利权人和申请人之间的“中间人”,知识产权局专利局无法逃避这个问题。

1985年修订《巴黎公约》时,许多成员要求在《巴黎公约》中增加关于强制许可费用的规定,但是,这种主张遭到美国的强烈反对。此后,直到TRIPs出台前,没有多边国际协议对此作出规定。1991年的TRIPs草案中采用了发达国家主张,规定:“应当基于每一案件的具体情况,考虑到许可的经济价值,给予专利权人充分的补偿。”这一规定以后成为最终的TRIPs第31条第(h)项。

五、救济

《专利法》对强制许可决定规定了救济程序。根据《专利法》第58条的规定,专利权人对国务院专利行政部门关于实施强制许可的决定不服的,可以自收到通知之日起3个月内向人民法院起诉。至于申请强制许可的人,对于国务院专利行政部门不给予强制许可的决定,《专利法》并没有提供救济途径。

对于实施强制许可使用费裁决的救济,《专利法》第58条规定,专利权人和取得实施强制许可的单位或者个人对国务院专利行政部门关于实施强制许可的使用费的裁决不服的,可以自收到通知之日起3个月内向人民法院起诉。

第十八章　与专利权相关的合同

专利权人通过花费不少的时间和金钱去申请和取得专利权，对其专利获得一定期限的合法的垄断权，最终目的是利用专利权并获得经济效益。专利的利用，既可以通过专利权人自己实施该专利，也可以选择通过合同的方式将专利权转让或者许可他人实施，这些都是将专利转化利用实现专利资本化的基本方式。[1] 专利的充分有效率的实施，其中包含着巨大的经济效益和社会效益。鉴于此，为了解决我国专利实施率较低的问题，我国的知识产权战略须将知识产权的创造和利用放在至关重要的位置，特别强调专利的利用和实施。

专利权的利用和实施主要涉及专利的转让、质押融资，以及许可等问题。

第一节　转 让 合 同

专利转让合同是指专利权人作为让与人将其发明创造专利的所有权或者持有权移交让与人，受让人支付约定价款所订立的合同。专利转让合同属于合同的一种，在签订时首先需要了解有关合同的基本知识，遵守合同法上的一般规定，并且符合合同法上的原则。我国《专利法》第 10 条第 1 款规定："专利申请权和专利权可以转让。"因此，专利转让作为技术转让的一种形式，按照转让的标的，可分为专利申请权转让、专利权转让。

一、专利申请权转让合同

根据《专利法》的规定，转让专利申请权，当事人应当订立书面合同，并向国务院专利行政部门登记，由国务院专利行政部门予以公告。中国的单位与个人向外国人转让专利申请权的，还必须经国务院有关主管部门批准。专利申请权转让自登记公告之日起生效。

(一) 定义

专利申请权转让，是指专利申请人将其对国家知识产权局已受理但尚未授权的专利申请所享有的权利让与他人，申请人在向国务院专利行政部门提出申请后

---

〔1〕 参见冯晓青、刘友华：《专利法》，法律出版社 2010 年版，第 235 页。

依照法律的规定或者合同的约定对其专利申请所享有的权利，具有相对性和暂时性，其实质是一种请求权的转让。需要注意的是，专利申请权转让后，让与人转让的只是受让人有权针对此专利继续进行申请的权利，不能从根本上保证受让人未来一定能够成为受让发明创造的专利权人。

（二）成立与生效

转让专利申请权当事人应当订立书面合同，并向国务院专利行政部门登记，由国务院专利行政部门予以公告，专利申请权或者专利权的转让自登记之日起生效。这里要注意的是，转让专利申请权的合同与普通合同一样，自合同成立时生效。但是要发生转让专利权的效果，则自登记之日起生效。未经依法登记的申请权转让合同，不具有对抗第三人的效力。[2] 若专利申请人为两个或者两个以上的人，专利申请权的转让必须经全体权利人同意。如果是中国单位或者个人向外国人转让专利申请权或者专利权的，必须经国务院对外经济贸易主管部门会同国务院科学技术行政部门批准。[3]

案例 68 | 数码公司诉胡某、物联网公司专利申请权转让案[4]

专利申请转让合同成立的条件

数码公司拥有发明“智能无线导游导览系统”的专利申请权，尽管物联网公司持有一份“专利申请权转让协议书”，但仍不足以认定数码公司已作出转让涉案专利申请权的意思表示，故“专利申请权转让协议书”未成立。

（三）内容

专利申请权转让合同的主要条款包括：合同名称、发明创造名称、发明创造种类、发明人或者设计人、技术情报和资料清单、专利申请被驳回的责任、价款及其支付方式、违约金损失赔偿额的计算方法、争议的解决办法等。一项发明创造的专利申请权转让后，让与人不能再就同一发明创造自己提出专利申请，也无权再将该发明创造的专利申请权转让给第三人；在受让人专利申请被驳回之前，让与人不得将该发明创造用于营利性的生产活动，但以非营利为目的的善意使用，不受限制，如利用该发明创造为科学研究和实验服务。

---

〔2〕 1984 年《专利法》第 10 条第 4 款规定：“转让专利申请权或者专利权的，当事人必须订立书面合同，经专利局登记和公告后生效。”

〔3〕 参见 2008 年《专利法》第 10 条。

〔4〕 上海市第一中级人民法院民事判决书（2013）沪一中民五（知）初字第 1 号，上海市高级人民法院民事判决书（2013）沪高民三（知）终字第 107 号。

（四）专利申请被驳回或者被视为撤回时的处理

专利申请存在被驳回或视为撤回的风险，当事人可以通过合同条款对此进行约定。如果没有约定，可以按照最高人民法院《关于审理技术合同纠纷案件适用法律若干问题的解释》（法释〔2004〕20 号）的规定处理。该解释第 23 条规定："专利申请权转让合同当事人以专利申请被驳回或者被视为撤回为由请求解除合同，该事实发生在依照专利法第十条第三款的规定办理专利申请权转让登记之前的，人民法院应当予以支持；发生在转让登记之后的，不予支持，但当事人另有约定的除外。专利申请因专利申请权转让合同成立时即存在尚未公开的同样发明创造的在先专利申请被驳回，当事人依据合同法第五十四条第一款第（二）项的规定请求予以变更或者撤销合同的，人民法院应当予以支持。"

二、专利权转让合同

广义的专利权转让既包括专利权人因自愿转让而发生主体上的变更，如买卖、交换、赠与等，也可包括因法定原因而产生的如权利人死亡、破产而产生的权利的继承。多数国家专利法都认为专利权可以转让，且规定只能作为一个整体转让，但也有部分国家允许其部分转让，如美国 1891 年的判例确立专利权可以分为不同部分而分别转让的规则，[5]《法国专利法》（第 613－8 条）也有明文规定部分转让的条款。

（一）定义

专利权转让是指专利权人在专利权的有效期内，通过订立转让合同的方式将其专利让与他人。专利权转让后，专利权的主体发生变更，受让人继受取得全部专利，成为新的专利权人，同时应履行新专利权人的义务，如缴纳专利年费等。专利权具有绝对性、持续性，其实质是一种所有权的转让。

（二）成立与生效

由于已经被授予的专利权对全部的非所有权人具有约束力，专利权的权属变动都应当及时告知公众，因此转让专利权的当事人应当订立书面合同，并向国务院专利行政部门登记，由国务院专利行政部门予以公告。专利权转让合同生效和转让专利权生效的规定与转让专利申请权相同。

（三）内容

根据《合同法》第 324 条第 2 款的规定，技术合同涉及专利的，应注明发明创造的名称、专利申请人、专利权人、申请日期、申请号、专利号及专利的有效期限。专利权转让是整体上的转让，是财产权的全部让与，具体包括制造、使用、许诺销售、

---

〔5〕 See Waterman v. MacKenzie, 138 U. S. 252 (1891). See Robert P. Merges and Lawrence A. Locke, *Co－Ownership of Patents: A Comparative and Economic View*, 72 J. Pat. & Trademark Off. Soc'y 587 1990, p. 588.

销售、进口专利产品的权利，或者使用其专利方法，以及使用、许诺销售、销售、进口依照该专利方法直接获得产品的权利一并转让。特别应注意的是，专利权人不能就发明创造的某一项使用、某一地域使用或者某一实施方式转让专利权，该转让是全部的转让而不能是部分转让。专利权人应保证所转让的专利技术与专利权不存在瑕疵，即专利权转让人必须是专利权的实际拥有者，专利权人也必须保证该专利权不存在被宣告无效等情形。[6]

（四）需要注意的问题

1. 标的条款

通常来说，专利权转让很少是单一专利转让，因为专利申请要求单一性，所以通常发明的实施所需要的专利不止一件，而是多件，因此需要双方当事人对转让的标的进行充分协商、沟通。特别是对于受让方，要注意将与某项技术相关的专利都包括进来。另外，专利权的保护范围系由权利要求书决定的，权利要求书本身不同于一般的技术文件，需要认真解读，才能真正了解其权利范围。

2. 专利的法律状态

对于专利转让来说，专利的法律状态是一个重要的参数，包括专利的实施状况、专利剩余的期限、有没有经历过无效程序、权利上有没有负担、有没有侵权诉讼的记录等。一般地说，让与方对本合同生效后专利权被撤销、宣告无效不承担法律责任。让与方须将自行实施专利技术的情况（时间、范围、方式），许可他人实施专利技术的状况（时间、范围、方式）告知受让方。受让人应当在本合同生效后，保证原专利实施合同的履行，并接受原专利实施许可合同中让与方的权利与义务。

3. 专利实施情况

合同双方需要注意的事项包括：（1）需要了解和明确让与方自行实施专利技术的情况，如时间、范围、方式。（2）让与方许可他人实施专利技术的状况，如时间、范围、方式。（3）原专利实施许可的履行。受让人应当在本合同生效后，保证原专利实施合同的履行，并接受原专利实施许可合同中让与方的权利与义务。让与人保证已经将本专利权的转让告知原实施许可合同的当事人。

（五）转让合同对专利实施的影响

订立专利权转让合同或者专利申请权转让合同前，让与人自己已经实施发明创造，在合同生效后，受让人要求让与人停止实施的，人民法院应当予以支持，但当事人另有约定的除外。让与人与受让人订立的专利权、专利申请权转让合同，不影响在合同成立前让与人与他人订立的相关专利实施许可合同或者技术秘密转让合

---

〔6〕 参见权鲜枝：《专利实务指南》，上海交通大学出版社2012年版，第85～94页。

同的效力。[7]

(六)专利权入股问题

专利权入股是一种特殊形式的转让。专利权只能以整体作价入股,而不能以专利的使用权入股。有限责任公司的所有股东和股份有限公司的发起人都可以用专利权投资,而股份有限公司的其他股东则不能以专利权作价出资。

专利存在被无效的风险,应当在公司立法中对已作价入股的“无效专利权”的对价股权的处置加以明确规定,具体可有以下几种选择:(1)对以无效专利权出资的股东,可以保留其拥有的股份比例,但要求其必须在规定的期限内以货币资本形式补缴相同数量的股金;(2)强制规定以无效专利权出资的股东,应无偿向公司交回股权证书或股票,并将这部分股份拍卖或者让渡给其他股东;(3)视以无效专利权出资的股东为未缴纳股金,消除并收回其股权证书或股票,从而合法地减资;(4)除以上规定外,在《公司法》中还应该包括无效专利权给公司造成损失时的赔偿规定。[8]

案例69　重组hGM－CSF药物技术转让合同案[9]

一份技术转让合同主要内容

转让的技术项目名称为“以重组家蚕杆状病毒表达系统用家蚕研制重组hGM－CSF药物”。乙方将其在上述项目中的技术权益和经济权益全部转让给甲方,如上述项目获得专利,则乙方将所有专利权益转让给甲方。

第二节　专利权质押合同

质押,是指债务人或第三人将其享有的专利权作为出质标的,担保债务的履行,当债务人不履行债务时,债权人有权把折价拍卖或者变卖该专利权所得的价款优先受偿。根据我国《专利法》、《专利法实施细则》、《专利权质押登记办法》、《物权法》及《担保法》等对专利权出质的相关规定,专利权作为一种无形财产权,其权利人有权将其设置为一种质权。在现实中,专利权的质押通常是作为企业向商业银行进行贷款的无形资产担保,是企业融资的形式之一。

[7] 参见最高人民法院《关于审理技术合同纠纷案件适用法律若干问题的解释》(法释〔2004〕20号)第24条。

[8] 参见朱大旗、朱永扬:《专利权作价入股新探》,载《中国人民大学学报》1996年第5期。

[9] 参见上海市徐汇区人民法院民事判决书(2011)徐民三(知)初字第236号。

一、定义

专利质押是专利融资的主要方式之一，是指债权人以专利权作为监督债务人履行债务，保证债权人能实现权利的一种担保行为。专利权质押合同是一种从合同，它从属于债权人与债务人订立的主合同。[10] 专利权质押合同是一种要式合同，必须采取书面形式。专利权质押合同既可以是单独订立的书面合同，也可以是主合同中的担保条款。

专利权出质后，专利权人可以继续实施该专利，出质人仍享有专利权，而质权人不得实施该专利，也不得允许他人实施。设立专利权质押合同，出质人与质权人应当签订书面合同，并向国务院专利行政部门办理质押登记手续，专利权质押合同自登记之日起生效。订立专利权质押合同，既可以在主合同之外单独签订专利权质押合同，也可以在主合同中直接约定担保条款。

二、成立与生效

我国《担保法》第 79 条规定："以依法可以转让的商标专用权、专利权、著作权中的财产权出质的，出质人与质权人应当订立书面合同，并向其管理部门办理出质登记。质押合同自登记之日起生效。"根据该规定，质押合同以登记为生效要件。但是，《物权法》第 227 条第 1 款对此规定做了修正："以注册商标专用权、专利权、著作权等知识产权中的财产权出质的，当事人应当订立书面合同。质权自有关主管部门办理出质登记时设立。"也就是说，质押合同生效与质权生效分离，质押合同自成立起生效，质权生效则自办理出质登记时起生效。专利权质权合同成立之后，只要不违反法律和行政法规的强制性规定及社会公共利益，即发生法律效力，双方当事人均应依约履行。质权人依合同约定享有登记请求权。如果出质人在合同成立、生效后不配合履行登记义务，即构成违约，应依合同约定或法律规定承担违约责任。[11]

《专利法实施细则》规定了登记程序。《专利法实施细则》第 14 条第 3 款规定："以专利权出质的，由出质人和质权人共同向国务院专利行政部门办理出质登记。"另外，为了促进专利权的运用和资金融通，保障债权的实现，规范专利权质押登记，国家知识产权局出台了《专利权质押登记办法》，专门对专利权质押合同的当事人、被担保债权的种类和数额、债务人履行债务的期限、质押担保范围、专利权项数、质押期间专利权被宣告无效或者专利权归属发生变更时的处理等合同内容、合同成立的各项要件做了相应的规定。为了更好地鼓励和支持企业以专利权为质押标的等知识产权质押方式进行融资，各地政府出台了一些地方性规章、政策、办法。

---

〔10〕 参见曹新明：《专利权质押合同初探》，载《法商研究》1997 年第 5 期。

〔11〕 参见刘璐、高圣平：《专利权质权设定制度若干问题研究》，载《上海财经大学学报》2009 年第 4 期。

专利质押的效力:根据《物权法》《担保法》的规定,专利权出质后,出质人不得转让或者许可他人使用,但经出质人与质权人协商同意的除外。出质人转让或者许可他人使用出质的知识产权中的财产权所得的价款,应当向质权人提前清偿债务或者提存。

三、内容

专利权质押合同作为我国质押合同的常见形式必须包括:当事人的姓名或者名称、地址;被担保债权的种类和数额;债务人履行债务的期限;专利权项数,以及每项专利权的名称、专利号、申请日、授权公告日;质押担保的范围等内容;还可以对质押期间的专利年费的缴纳、专利权的转让、许可、被宣告无效或者归属发生变更时的处理进行约定;另外,也可对实现质权时,相关技术资料的交付、合同内容发生变更时的登记或注销手续问题等合同内容进行约定。国家知识产权局在专利公报上公告专利权质押登记的下列内容:出质人、质权人、主分类号、专利号、授权公告日、质押登记日等。专利权质押登记后变更、注销的,国家知识产权局予以登记和公告。

需要特别注意的是,专利权人用以出质的专利权必须是有效的专利权,而专利权质押作为一种特殊权利的质押,不会发生专利权转移的效力,出质人仍享有专利权,一旦在质押合同存续期间合同当事人的姓名、名称或者地址等内容发生变更的,应及时向国务院专利行政部门办理相应的法律手续。

在专利权出质期间,维持专利权本身的一切费用应由出质人承担,如专利年费、专利规费等。但质权人如认为该出质的权利可能对自己有益,也可自己出费用,对这些费用,质权人有权请求出质人补偿。对出质的专利权,出质人不得转让或者许可他人使用,但经出质人与质权人协商同意转让或者许可他人使用者除外。出质人所得的转让费、许可费应当向质权人提前清偿债权或者向与质权人约定的第三人提存。[12]

案例 70 | 国开行与湖南老爹公司专利质押合同案

一份专利质押合同

国家开发银行与湖南老爹公司签订了编号为×××的《国家开发银行人民币资金借款合同》,约定湖南老爹公司向国家开发银行借款 600 万元;借款用途为收购猕猴桃鲜果;借款期限从 2008 年 10 月 10 日起至 2010 年 10 月 9 日止,共计 2 年。同时约定由保证人田某提供无限连带责任保证,以第 230834 号猕猴桃果仁油及其提取方法专利为该笔借款提供质押担保。

〔12〕 参见 2010 年《专利权质押登记办法》(局令第 56 号)。

四、专利权能否重复出质问题

根据《专利权质押登记办法》第12条第2款第11项的规定，专利权已被申请质押登记且处于质押期间的，国家知识产权局将不予登记。这表示国家知识产权局反对专利权重复出质。本书认为这一规定并不妥当。应该说，我国《民法通则》、《担保法》和《专利法》对此都没有明确规定。《物权法》和《担保法》规定的是知识产权中的财产权出质后，出质人不得转让或者许可他人使用，但经出质人与质权人协商同意的除外。显然，被禁止的是转让行为和许可他人使用的行为，而且当事人协商同意可以排除适用。专利权作为权利被质押，与真正的动产质押并不相同。本质上，质权人对出质专利权的支配性体现为对其交换价值的支配，并非对其使用价值的现实支配，同时，质权人的支配权更多地体现为对专利权变价款的优先支配。专利的价值需要通过实施、流转才能实现，因此专利质押时专利实施、流转，包括重复出质，无损于质押目的的实现，为法所不禁止。法律禁止的应该只是未经出质人同意，擅自使用、处分质押财产，给出质人造成损害的行为。

第三节 专利权许可合同

一、许可合同概述

我国《专利法》第12条规定："任何单位或者个人实施他人专利的，应当与专利权人订立实施许可合同，向专利权人支付专利使用费。被许可人无权允许合同规定以外的任何单位或者个人实施该专利。"对此，专利权人可以将其享有的专利权许可给其他单位或者个人实施利用。专利权人与被许可人自己应当订立实施许可合同，专利权人可以允许被许可人在约定的范围内从事各种实施专利的行为。专利许可合同，又称专利实施许可合同，是指专利权人或者其授权的人（许可人）允许他人（被许可人）在约定的期限、地域范围内按照约定的方式实施其专利、他人相应支付一定费用给专利权人的协议。专利权是私权，许可实施合同应属于私法自治的范畴。根据《美国专利法》的规定，为任何专利权利的许可设置条件或者为在获得其他专利权许可基础上之专利产品销售设置条件，或者为独立产品的购买设置条件。鉴于环境因素，专利权人在相关专利市场或为许可或销售设定条件的相关专利产品市场具有市场权力的，不在此限。[13]

（一）许可的利弊

许可他人实施是专利权人实现专利价值的主要方式，也是发明创造施益社会的主要方式。就许可实施的双方当事人来说，可以说是利弊参半。

---

〔13〕 参见《美国专利法》第271条（d）（5）。

1. 许可人的商业利益和不利

许可人通过许可的利益包括:(1)扩张地理市场;(2)扩展产品市场,将专利权用到其他产品上;(3)加快进入、占领市场步伐;(4)通过互补产品增强市场渗透力;(5)获取附加利益;(6)进行技术易货贸易;(7)提高声誉和信誉;(8)对利用专利权的控制。

许可的不利之处也不少:(1)失去对利用的控制;(2)失去与顾客的联系;(3)失去发展激励;(4)失去垂直结合的激励;(5)失去新的商业机会;(6)收益上对他人的依赖;(7)被盗用的危险;(8)失去技术优势;(9)失去公众认知;(10)责任风险增大。

2. 对于被许可人的利弊

对于被许可人来说,许可也是有利有弊。有利之处是可以不必支付更多的费用获取专利独占权,更快地掌握新技术、投资成功的机会大幅提高,增加产品种类,推进产业升级;充分利用闲置的专利技术,减少宣传成本和沉没成本。缺点首先是必须支付一定的对价,其次是成为跟随者和依赖者,会减少技术创新的动力和能力。[14]

(二)专利许可的种类

1. 许可的普通类别

我国《专利法》《专利法实施细则》没有对许可种类作详细的规定。最高人民法院《关于审理技术合同纠纷案件适用法律若干问题的解释》(法释〔2004〕20 号)第 25 条对专利许可类型做了一个划分:[15]"专利实施许可包括以下方式:(一)独占实施许可,是指让与人在约定许可实施专利的范围内,将该专利仅许可一个受让人实施,让与人依约定不得实施该专利;(二)排他实施许可,是指让与人在约定许可实施专利的范围内,将该专利仅许可一个受让人实施,但让与人依约定可以自行实施该专利;(三)普通实施许可,是指让与人在约定许可实施专利的范围内许可他人实施该专利,并且可以自行实施该专利。当事人对专利实施许可方式没有约定或者约定不明确的,认定为普通实施许可。专利实施许可合同约定受让人可以再许可他人实施专利的,认定该再许可为普通实施许可,但当事人另有约定的除外。技术秘密的许可使用方式,参照本条第一、二款的规定确定。"

2. 许可的其他类型

除上述许可类型外,还有交叉许可、反授许可、独家交易安排、捆绑安排、专

〔14〕 参见苏平主编:《专利法》,法律出版社 2015 年版,第 180 ~ 190 页。

〔15〕 在某些国家的法律和国际条约中,如《巴黎公约》、TRIPs 等,一般不对排他许可协议进行特别强调,而只是作出独占许可与非独占许可的区分。参见徐红菊:《专利许可法律问题研究》,法律出版社 2007 年版,第 268 页。

利池许可等许可类型。交叉许可是相互给予对方专利实施权的许可协议。反授许可是被许可人同意将在使用许可技术之后获得的改进技术又许可给许可人的一类许可协议。独家交易安排是买卖双方之间的这样一种协议:买方同意从卖方购买所有他需要的产品。捆绑安排(协议)是一个产品的销售设定条件,买方要同意同时购买卖方的其他产品(被捆绑产品)。在涉及知识产权时,捆绑产品可以是一项技术的许可,也可以是一项包含了专利技术的产品许可。专利池许可是指多个专利权人之间可以就某些或某类技术签订包含3个以上专利的专利许可协议。

(三)专利许可的范围和法律适用

《专利法》规定的实施行为包括制造、使用、销售、许诺销售、进口等,前述三类许可实施合同是以实施制造行为为中心,同时包含使用、销售等实施行为。显然,许可合同的实施行为可以是其中一种行为,也可以是数种行为。

应对许可的专利及其许可的范围进行协商,包括:(1)许可实施的权利项目(生产、销售、许诺销售、进口、使用)及权利项目涉及的专利产品范围;(2)授权许可实施的区域范围、时间范围等,如仅限于在某地区制造(使用、销售)其专利的产品。

就实施权利要求来说,以实施全部权利要求为主,但不应当排斥实施个别权利要求,这与专利权转让不同。

当事人之间就申请专利的技术成果所订立的许可使用合同,专利申请公开以前,适用技术秘密转让合同的有关规定;发明专利申请公开以后、授权以前,参照适用专利实施许可合同的有关规定;授权以后,原合同即为专利实施许可合同,适用专利实施许可合同的有关规定。

(四)许可合同的主要条款

考虑到专利许可的复杂性,当事人之间通常会就专利许可签订书面合同,合同条款包括专利许可主体,专利许可中的专利技术的名称、内容、专利申请日、申请号、专利号以及专利的有效期,实施许可的方式、有效期间和地域范围,技术情报和资料以及保密事项,技术服务和人员培训,验收标准和方式,专利实施许可费的数额和支付方式,违约责任及其承担,技术改进及回授、保密条款,专利权被撤销和被宣告无效的处理、不可抗力的处理、违约责任和争议解决、合同的生效、合同有效期限、合同中止和延期等内容。

1.许可费。应对专利使用费的支付形式(一次总付/提成支付/入门费加提成费支付等)、计算依据、计算方法、支付时间、收款方式、数额、税费承担等进行协商,确保许可费用的支付无分歧。

2.支付货币、汇率规则。应对许可费的支付货币类别和不同货币之间兑换所适用的汇率规则等进行协商谈判。

3.技术改进。应对许可的专利技术的后续改进所获得的权利归属和使用问题进行谈判，降低由于技术改进或替代性技术出现后导致该许可专利技术价值下降后给双方带来的潜在风险或纠纷。

4. 权利担保与权利瑕疵的处理。我国《合同法》第 349 条规定了专利权转让方的瑕疵担保义务：(1)处分权瑕疵担保义务，即转让方需保证自己是所提供技术的合法拥有者；(2)技术瑕疵担保义务，即转让方需确保自己转让的技术完整、无误、有效，能够达到约定的目标。权利人瑕疵保证条款：有处分权、权利真实有效、权利无负担。应对许可专利是否存在权利瑕疵，以及出现后如何处理等问题进行协商谈判，包括许可方对专利权的权利担保、专利权如果在许可期间被无效或失效后的处理、产品出口到某个国家或地区侵犯第三方专利权的处理等。

专利实施许可合同让与人负有在合同有效期内维持专利权有效的义务，包括依法缴纳专利年费和积极应对他人提出宣告专利权无效的请求，但当事人另有约定的除外。专利实施许可合同让与人负有在合同有效期内维持专利权有效的义务，包括依法缴纳专利年费和积极应对他人提出宣告专利权无效的请求，但当事人另有约定的除外。

5. 保密条款。许可双方应就专利许可过程中涉及的保密事项和相关的宣传范围进行协商。

6. 争议处理。争议处理的谈判应包括许可双方就专利许可过程中权利享有和义务履行产生的争议，也应包括第三方侵犯许可标的专利权产生的争议处理方式等。

7. 生效时间。应对许可合同的生效，以及专利实施许可生效所需要的条件和时间进行谈判。

（五）许可合同备案

《专利法实施细则》第 14 条第 2 款规定："专利权人与他人订立的专利实施许可合同，应当自合同生效之日起 3 个月内向国务院专利行政部门备案。"但是，对于没有办理登记的许可合同是否有相应后果，《专利法实施细则》没有做进一步规定。

《专利实施许可合同备案办法》规定，当事人应当自专利实施许可合同生效之日起 3 个月内办理备案手续。但是，该办法并没有明确不备案的后果。专利实施许可合同备案的有关内容由国家知识产权局在专利登记簿上登记，并在专利公报上公告以下内容：许可人、被许可人、主分类号、专利号、申请日、授权公告日、实施许可的种类和期限、备案日期。专利实施许可合同备案后变更、注销及撤销的，国家知识产权局予以相应登记和公告。国家知识产权局建立专利实施许可合同备案数据库。公众可以查询专利实施许可合同备案的法律状态。

备案的许可合同本身不具有对抗第三方的效力。不过，经备案的专利实施许可合同的种类、期限、许可使用费计算方法或者数额等，可以作为管理专利工作的部门对侵权赔偿数额进行调解的参照。

二、独占许可（Exclusive Licensing）

（一）定义

独占许可是指许可方授予被许可方在许可合同规定的期限、地域范围内允许对被许可方的专利技术享有独占性使用权，许可方不可再将该技术许可给第三人，自己也不能在上述期限、地域内使用该项技术。

（二）成立与生效

独占许可合同属于合同中的一种，合同的成立与生效的规则也应遵循《合同法》的一般规则，因此本合同自双方签字、盖章起即生效。但基于本合同是一种特殊的技术许可实施合同，也具有其特殊的性质的注意事项，如合同期限不能超过专利技术的有效期，同时根据《专利法实施细则》第14条和《专利实施许可合同备案办法》的规定，专利许可合同自合同成立起生效，同时应当自合同生效起3个月内向国务院专利行政部门备案。

（三）内容

一般而言，专利许可合同的主要内容有专利技术的名称、内容、专利申请日、申请号、专利号，以及专利的有效期，实施许可的方式和范围，技术情报和资料及保密事项，技术服务的内容，验收标准和方式，专利实施许可费的数额和支付方式，违约责任及其承担，技术后续改进的提供和分享方式，争议解决方式等事宜。

而独占许可的技术通常是在某一工业领域内有领先性且独有的，并且他人没有办法在短期时间内开发出来的技术，因此被许可方一般会被要求支付比其他许可方式高出很多的许可费用。另外，根据2001年6月5日最高人民法院《关于对诉前停止侵犯专利权行为适用法律问题的若干规定》第1条和2013年2月25日最高人民法院《关于审理专利纠纷案件适用法律问题的若干规定》第1条的规定，在发生第三人侵害被许可专利的诉讼时，独占许可中的被许可人有权单独向人民法院提出申请和提起侵权诉讼。

案例71 | 琅峰公司与李泉其《外观设计专利实施许可合同》案[16]

一份专利独占实施许可合同

琅峰公司与李泉其签订了《外观设计专利实施许可合同》，内容包括：李泉其授权琅峰公司为ZL200930171304.4号外观设计专利的被许可人，许可方式为独占许可。许可费用为50万元，每年支付10万元，5年付清。

---

〔16〕 参见广东省深圳市中级人民法院民事判决书（2012）深中法知民初字第802号，广东省高级人民法院民事判决书（2014）粤高法民三终字第178号。

三、独家许可(Sole Licensing)

(一)定义

独家许可亦为排他许可,是指许可方授予被许可方在一定期限和地域范围内使用其专利技术,并且保证在合同规定的期限和范围内不会再许可第三人使用该项专利技术。与独占许可相比,许可人保留了自己的使用权。独家许可,可以保证被许可人在同一市场上没有竞争对手,被许可人可以获得一定的垄断优势,仅获得排除第三人实施该专利的权利。

(二)成立与生效

同样,独家许可合同属于合同中的一种,合同的成立与生效的规则也应遵循《合同法》的一般规则,因此本合同自双方签字、盖章起即生效。但基于本合同是一种特殊的技术许可实施合同,也具有其特殊的性质的注意事项,例如合同期限不能超过专利技术的有效期。

(三)内容

基于上述专利许可合同的主要内容,独家许可既可以就整个专利实施权订立排他许可合同,也可以就部分实施权订立。根据《合同法》第346条的规定,强调双方的许可费的支付义务,以及按照约定的范围和期限实施专利的基本义务。另外,根据2001年6月5日最高人民法院《关于对诉前停止侵犯专利权行为适用法律问题的若干规定》第1条和2013年2月25日最高人民法院《关于审理专利纠纷案件适用法律问题的若干规定》第1条的规定,在发生第三人侵害被许可专利的诉讼时,独家许可中的被许可人有权在专利权人不申请的情况下向人民法院提出申请,以及在专利权人不起诉的情况下单独提起侵权诉讼。最高人民法院《关于审理技术合同纠纷案件适用法律若干问题的解释》第27条规定:"排他实施许可合同让与人不具备独立实施其专利的条件,以一个普通许可的方式许可他人实施专利的,人民法院可以认定为让与人自己实施专利,但当事人另有约定的除外。"

案例72　中山市美日洁宝有限公司诉中山市嘉丹婷日用品有限公司侵犯专利权纠纷案〔17〕

排他许可使用权人享有诉权

中山市美日洁宝有限公司是"塑料瓶"外观设计专利的排他许可人,中山市嘉丹婷日用品有限公司在未经许可的情况下,擅自使用美日洁宝公司的外观设计专利,侵犯了其专利独家使用权。

〔17〕　参见广东省广州市中级人民法院民事判决书(2004)穗中法民三知初字第78号。

四、普通许可(Simple Licensing)

(一)定义

普通许可是指在约定的权利、地区范围内除可有两个或两个以上的被许可人实施专利技术外,专利权人还可在该范围内自己实施专利技术的许可。其强调的是在约定的权利和地区范围内实施专利技术的主体数量。

被许可人获得积极的实施权、未获得消极的禁止权,即被许可人可以在许可的范围内自己实施专利,但不可以禁止他人实施该专利。

(二)成立与生效

普通许可合同的成立与生效的规则也应遵循《合同法》的一般规则,因此本合同自双方签字、盖章起即生效。但基于本合同是一种特殊的技术许可实施合同,也具有其特殊的性质的注意事项,如合同期限不能超过专利技术的有效期。

(三)内容

普通许可的内容也应包括上述专利权实施许可合同的一般内容,其涉及的技术大多是产品性能突出,市场需求量、投入资金少,技术难度低的成熟技术。根据其性质,可以说仅是"一个不起诉被许可人侵权的约定"。另外,根据2001年6月5日最高人民法院《关于对诉前停止侵犯专利权行为适用法律问题的若干规定》第1条和2013年2月25日最高人民法院《关于审理专利纠纷案件适用法律问题的若干规定》第1条的规定,在发生第三人侵害被许可专利的诉讼时,普通许可中的被许可人除非得到专利权人的授权,否则无权单独向人民法院提出申请和提起侵权诉讼。

下面这些条款,需要引起特别注意:(1)限制性条款,被许可人能否提出专利无效?(2)不质疑条款(non – challenge clauses),是指在专利权许可协议中,禁止被许可人对许可的专利权等知识产权的有效性和可强制执行性提出异议的条款。美国和欧盟相关规定TRIPs对不质疑条款存在本身都没有作禁止性的规定。[18]

案例73 | 何维斌万和新公司普通许可打包合同案[19]
一份普通许可打包合同

何维斌作为甲方将自己5项专利权普通许可给乙方万和新公司实施。授权使用期限为所涉专利的专利权剩余有效期,并约定许可费、支付方式及违约责任。

---

〔18〕 参见吴广海:《专利技术许可中不质疑条款的法律规制》,载《科技进步与对策》2011年第9期。

〔19〕 参见广东省佛山市中级人民法院民事判决书(2011)佛中法知民初字第450号,广东省高级人民法院民事判决书(2013)粤高法民三终字第252号。

第四节　许可的其他形式

专利许可实践中，专利权人与被许可人对许可方式的选择不仅应当充分考虑不同许可形式的各自特点，还需要综合考虑许可人与本许可人的自身经济实力、市场竞争力、专利自身的经济前景等来计划和实施企业专利战略。因此，除上述三种常见的许可方式外，还有以下常用的许可形式。

一、交叉许可

交叉许可是指两个或两个以上的专利权人在一定条件下相互将其所拥有的专利技术许可对方使用的一种许可方式。交叉许可一般发生在相互竞争而又相互依存的企业之间，当事人基于交叉许可一般都可提高他们各自的对外竞争力，实现双赢，甚至可以形成战略合作关系，可以减少双方的研发成本，加快产品的创新和更新，大大加强了市场竞争力。

交叉许可往往出现在相关性专利的专利权人之间，而两项专利的价值大体相等，通过价差许可，双方可以更好地进行技术合作以达到互惠互利的目的。

二、专利池许可

专利池（Patent Pool），又称专利联营许可，是指两个或多个专利权人同意将其特定专利许可给对方或第三方的协议。专利权人把作为交叉许可客体的多个专利权放入"一揽子"许可中，形成了专利权集合体。专利池实际上是一种由专利权人组成的专利许可交易平台，平台上专利权人之间进行横向许可，有时也以统一许可条件向第三方开放进行横向和纵向许可，许可费率是由专利权人决定的。进入专利池的公司可以继续用池中的全部知识产权从事其研究和商业活动，而不需要就池中的每个知识产权寻求单独的许可，甚至专利池中的公司彼此间不需要互相支付知识产权使用费。为了运作方便，专利池通常由各专利权人共同信托给某一专利权人、第三人或专门的机构对外进行许可。

在专利池许可中，专利权人各方集结的所有专利都是开放的，对该池以外的第三方一般提供标准的许可合同。该种许可形式的作用在于消除专利实施中的授权障碍，有利于专利技术的推广应用。然而专利池许可基于一件产品涉及众多权利人的情况，往往体现在技术标准的实施中。专利池许可因其属于联合行为而可能会排除、限制竞争，会引发反垄断法上禁止联合限制竞争规则的适用问题。

专利池许可和交叉许可的最大问题是，它们可能会以隐蔽的方式损害竞争，如要求被许可人按照规定的价格支付"一揽子"专利，即便被许可人只需其中一项或者几项专利。强制性"一揽子"许可事实上是捆绑销售知识产权，其性质与不合理的搭售行为无异。例如，2004 年年底，我国几家生产 DVD 的企业在美国加州 San Diego 联邦地方法院起诉，要求制止索尼、飞利浦、先锋和 LG 四家企业组成的 DVD 专利联营滥用权利的行为。诉状列举了 DVD4C 专利联营以下违法行为：(1)"一揽子"许可中包括无效和不可执行的专利；(2)"一揽子"许可中有很多生产简单 DVD 不需要的专利；(3)"一揽子"许可中很多属于与 DVD 生产无关的专利。诉状还指出，这个专利联营只给被许可人两种选择：取得全部专利或者不能取得任何专利。这个案件虽然未见胜负，但许可人强迫被许可人接受"一揽子"许可的做法肯定会严重限制竞争。[20]

案例 74 | MPEG -2 License Agreement[21]
专利池协议

该专利池由美国 MPEG LA，LLC 公司管理。该协议的内容包括：鉴于条款、定义条款(22 个定义)、许可管理人授权、许可费和支付、代表和担保、信息保密、期限和终止、其他条款。

三、反授许可

反授许可，又称回授许可，即被许可人授权许可人使用其在被许可技术基础上进行的发明或者技术改进。反授许可分为非独占性回授和独占性回授。在前一情况下，被许可人除向许可人许可外，他自己有权自由使用被改进了的技术，且有权在保守许可人技术秘密的条件下向第三方转让新技术。这种反授许可一方面可使许可人享受转让技术带来的好处，另一方面又可激励被许可人的创新活动，从而不具有限制竞争的负面影响。然而，如果协议规定，被许可人得以许可人独占的方式回授其对被许可技术进行的改进或者新应用，这种安排就可能是滥用知识产权的行为。它要求专利技术的被许可人只能将在专利协议基础上经自主性开发研究形成的新专利的使用权转让给许可人，而排除了其他许可对象，实际上是剥夺了被许可人对将来可能产生的权利的合法支配权，使其长期受制于许可人并处于极为不利的市场地位。在附"无偿"条件的独占性返授条款中，被许可人实际经济利益的损失则更为明显。

为平衡协议双方的利益和制止许可人的滥用行为，大多数国家都有对含有反授条款许可协议进行法律规制，例如，《欧共体技术转让豁免 2004 年第 772 号条例》规定，独占性回授不属本身违法，但不能依据该条例自动得到豁免。《美国知

〔20〕 参见王晓晔：《滥用知识产权限制竞争的法律问题》，载《中国社会科学》2007 年第 4 期。

〔21〕 "MPEG - 2" Access July 20, 2018, http://www.mpegla.com/main/programs/M2/Pages/Agreement.aspx. http://www.mpegla.com/main/programs/M2/Pages/License.aspx.

识产权许可反托拉斯指南》指出，独占性回授应依据合理原则进行分析，即不仅考虑回授对许可人创新活动和转让技术的影响，也应考虑对被许可人改进许可技术的积极性及对相关技术市场竞争的影响。根据我国《专利法》的有关规定，即使形成了一个新的技术方案并获得专利，其实施仍然要获得基础专利权人的授权许可，即专利法上的交叉许可，否则仍然构成专利侵权。

四、当然许可

当然许可是指有效专利的专利权人向主管机构提出申请，经由其将实施该专利的相关条件进行公告，任何人同意该条件即可与其订立专利实施许可合同以实施该专利的一种专利实施许可方式。

专利当然许可是在政府的引导下，通过一定的途径增加专利许可信息供给及其实施条件的透明度，减少交易成本，促进专利成果实施交易的快捷完成。

1. 对于专利权人而言，其有权决定：是否将其专利进行当然许可，即有权决定发布、撤回、重新发布，以及重新撤回其专利当然许可的信息；有权决定其进行当然许可的条件及其期限，包括收取使用费的数额及其缴纳方式、以专利实施权入股等；甚至在特殊情况下，有权排除一些不受自己喜欢的专利实施人，比如针对一些恶意实施者，当然一般情况下是不允许随便排除专利实施人与其订约的；专利权人有权与交易平台进行公平谈判决定双方合作的条件，可以针对交易平台不公正的歧视行为进行投诉；专利权人有权选择其与交易平台、专利实施人之间交易纠纷的解决方式等。

2. 对于交易平台而言，其有权决定：与专利权人订立格式化的合作条款，有时也可以签订个性化的合作条款，只要不会在专利权人之间造成明显的歧视；有权在满足政府所要求条件的基础上请求政府给予一定的优惠待遇，比如减免相应的管理费或要求额外的津贴等；有权对其平台上的交易情况进行分析评价；有权根据需要对其交易系统进行升级和改造，但不得影响合作者的相关权益；有权与专利权人、专利实施人一起选择其间的交易纠纷解决方式；有权要求政府给其正常稳定运行提供一定的保障服务等。

3. 对于专利实施人而言，其有权决定：与专利权人订立专利当然许可的合同，以及商定其中个别特殊条款；有权对于专利权人的拒绝订约行为进行投诉；有权与交易平台商定其间的合作条件；有权与交易平台、专利权人一起选择其间的交易纠纷解决方式等。[22]

五、默示许可

（一）来源

专利默示许可来源于英美合同法上的默示条款（implied terms）制度。默示条

---

〔22〕 参见李庆保：《市场化模式专利当然许可制度的构建》，载《知识产权》2016 年第 6 期。

款是指合同本身虽然没有明确规定,但在纠纷发生时由法院确认的、合同中应当包含的条款。专利默示许可,指在一定情形之下,专利权人以其非明确许可的默示行为,让被控侵权人(专利使用人)产生了允许使用其专利的合理信赖从而成立的一种专利许可形态。〔23〕

默示许可制度起源于英国,该制度在美国司法实践中得到进一步的发展,一般认为美国采用的是"首次销售穷竭原则"和"默示许可制度"的结合。但是,美国的默示许可制度发展成形后与英国的默示许可制度具有很大的不同。英国的默示许可制度是针对专利产品的,美国的默示许可制度针对的对象则相当广泛,其包括专利产品的部件、专利产品的用途、实施专利方法的专用设备、含有专利产品的设备组件等。

关于默示许可制度的理论来源,一种观点认为,默示许可的理论基础是所有权转移理论,〔24〕另一种观点认为,专利默示许可制度的法理基础是英美法上"禁止反悔原则",〔25〕还有一种观点认为,专利默示许可来源于合同法中的理性人标准。〔26〕

(二)类型

默示许可分为基于产品销售产生的默示许可、基于合同关系产生的默示许可、基于其他交往关系产生的默示许可。〔27〕

专利权人或其许可的人,销售了某种产品或产品部件,而该产品或产品部件只能用于实施专利权人的一项专利方法,或者只能用于组装为专利权人的一项专利产品,则在这种情况下,产品或者产品部件的购买人获得了实施专利权人相应产品或者方法专利的默示许可。

专利权人或其许可的人与被控侵权人之间存在某种直接的合同关系,根据合同的目的、条款或合同履行的具体情况,基于公平与合同正义原则,被许可人取得的实施合同对方专利的默示许可。

专利权人和专利技术的使用人之间如果存在其他的交往关系,即使这种交往

〔23〕　参见袁真富:《基于侵权抗辩之专利默示许可探究》,载《法学》2010年第12期。

〔24〕　参见严桂珍:《我国专利平行进口制度之选择——默示许可》,载《政治与法律》2009年第4期。

〔25〕　参见袁真富:《基于侵权抗辩之专利默示许可探究》,载《法学》2010年第12期。

〔26〕　参见袁真富:《基于侵权抗辩之专利默示许可探究》,载《法学》2010年第12期。

〔27〕　参见杨德桥:《合同视角下的专利默示许可研究——以美中两国的司法实践为考察对象》,载《北方法学》2017年第1期。袁真富将默示许可分为基于技术标准而产生的专利默示许可、基于技术推广而产生的专利默示许可、基于产品销售而产生的专利默示许可、基于产品修理而产生的专利默示许可、基于先前使用而产生的专利默示许可、基于原有协议而产生的专利默示许可、基于违约行为而产生的专利默示许可、基于平行进口而产生的专利默示许可等八类。参见前引文《基于侵权抗辩之专利默示许可探究》。

关系不属于某种形式的法律关系，基于专利权人和专利技术的使用人在这种交往关系中的互动，如果认为发生了专利许可的授受是公平的，则可以认为专利技术的使用人获得了实施该专利的默示许可。

（三）成立条件

默示许可成立条件包括：(1)在主体上，默示许可的双方当事人都必须是特定的，实际上也就是要求专利权人必须明确或者应当明确默示许可的被许可人。(2)在成立方式上，专利权人必须实施了一定的行为，该行为能够让相对方产生获得专利使用许可的合理信赖。(3)在权利义务架构上，默示许可必须有某种形式的对价存在，也就是说专利权人发放了许可，必然也收到了某种形式的相应回报。

案例 75　季强、刘辉与朝阳市兴诺建筑工程有限公司专利侵权纠纷案〔28〕
实施标准构成默示许可

涉案专利纳入了国家行业标准，原告认为被告未经专利权人同意实施了该专利构成侵权，法院最后认定被告的事实行为构成默示许可，不侵权但仍应支付一定数额的许可费。最高人民法院批复："鉴于目前我国标准制定机关尚未建立有关标准中专利信息的公开披露及使用制度的实际情况，专利权人参与了标准的制定或者经其同意，将专利纳入国家、行业或者地方标准的，视为专利权人许可他人在实施标准的同时实施该专利，他人的有关实施行为不属于专利法第 11 条规定的侵害专利权的行为。专利权人可以要求实施人支付一定的使用费，但支付的数额应明显低于正常的许可使用费；专利权人承诺放弃专利使用费的，依其承诺处理。"〔29〕

第五节　许可及转让中的反垄断审查

知识产权法和反垄断法有着相同目的，即推动竞争和鼓励创新。知识产权与一般财产权一样，因为它具有限制竞争的可能，从而不可避免会受到反垄断法的制约。即一方面，权利人因其在发明创造中付出了劳动，他们有权通过其发明创造在竞争中取得优势地位，甚至垄断地位；另一方面，因为市场经济的本质是竞争，为了维护竞争，反垄断法不允许知识产权所有人因其合法的垄断地位而严重地妨碍、限制或者扭曲市场竞争。知识产权法和反垄断法虽然有着共同目的，但它们毕竟是

〔28〕　参见辽宁省高级人民法院民事判决书(2007)辽民四知终字第 126 号。参见杨德桥：《合同视角下的专利默示许可研究——以美中两国的司法实践为考察对象》，载《北方法学》2017 年第 1 期。

〔29〕　参见最高人民法院〔2008〕民三他字第 4 号批复。

两种不同的法律制度,相互间不免有时存在冲突和矛盾。然而知识产权法与反垄断法之间最重要的不是相互冲突,而是相互补充,需要一种机制来平衡这两种法律制度,需要国家制定与知识产权相关的竞争政策或者反垄断法,即权利人正当行使知识产权的行为不适用反垄断法,但是滥用知识产权的行为得依照《反垄断法》的规定予以禁止。

一、美国的规定

《美国知识产权许可反托拉斯指南》阐述了将反托拉斯法原则运用到知识产权当中去的三个一般原则:第一,在反托拉斯审查中,包含知识产权的行为与包含其他财产权的行为应该同样对待;第二,不应预先认定在反托拉斯背景下知识产权创造市场权力;第三,知识产权许可允许公司联合、合并互补性强的生产因素,一般是促进竞争的。

审查方法方面,美国司法部反托拉斯局20世纪60年代对九种与知识产权相关的限制竞争条款一揽子适用"本身违法"原则。该九种协议包括:(1)要求被转让人从转让人处购买与专利权无关的材料;(2)要求被转让人向转让人转让许可证协议生效后取得的所有专利;(3)限制专利产品销售中的买主;(4)限制被转让人关于专利权范围之外的产品或者服务的交易自由;(5)与被转让人的协议中规定,未经被转让人的同意,转让人不得向其他任何人授予许可;(6)要求被转让人订立一揽子许可协议;(7)要求被转让人对其整个产品的销售支付转让费,甚至包括与专利权无关的产品销售;(8)限制工序专利被转让人销售由这种工序生产的产品;(9)要求被许可人按照固定价格或者最低价格销售相关产品。[30]

《美国知识产权许可反托拉斯指南》还规定了所谓知识产权安全区制度(zone),规定符合一些条件的许可协议,可以免于反托拉斯审查。

二、欧盟的规定

《罗马条约》第85条、第86条是关于欧盟的专利许可协议的反垄断条款。《技术转移协议责任免除条例》(TTBER)就技术转移协议中竞争责任免除问题作了比较详细的规定。TTBER第7条里论及知识产权法与反不正当竞争的一般关系,知识产权不能免予竞争法的干预,但是知识产权也不是天生地与竞争法有矛盾,技术转移协议不必然引起竞争关注。知识产权法与竞争法的目标是一致的:增进消费者福利和促进资源的有效配置。TTBER规定了绝对限制的技术转移行为和排除在外的限制,实际上这些限制也是一般反托拉斯法所禁止的。这些都表明技术转移的责任限制适用竞争法的普遍原理。

---

〔30〕 参见王晓晔:《知识产权滥用行为的反垄断法规制》,载《法学》2004年第3期。See U. S. Department of Justice and the Federal Trade Commission: Antitrust Guidelines for the Licensing of Intellectual Property, p. 16, http://www.wipo.int/wipolex/zh/text.jsp? file_id = 245008.

竞争法审查主要依据两个规则：一是本身违法规则（rule ofper se），即对某些技术协议，不管其产生的具体情况如何，也不管其后果，仅仅根据其实施的行为本身，就可以认定违反竞争法，构成技术垄断，不得适用竞争责任免除，在 TTBER 体现为绝对禁止条款。二是给予理由规则（rule ofreason），指对市场上的某些技术转移协议，不是必然视其为违法，而是要根据具体情况，主要是比较协议产生的限制竞争效果和促进竞争效果。如果促进竞争的效果大于限制竞争的效果，则认定合法；如果限制竞争的效果大于促进竞争的效果，则认定违反竞争法。当技术许可协议只是市场分配计划的幌子，或者当技术持有人把某种产品的销售与受知识产权保护的产品的销售连接起来时，赤裸裸的价格锁定、产量限制等，可以适用本身违法规则，直接认定行为违法。但是，大多数技术转移协议的竞争法审查都是适用给予理由规则。TTBER 还提出了直接认定合法规则，如果协议符合 TTBER 的适用条件，则该类协议直接认为是合法，而排除竞争法的审查，但同时以除外限制制度作为补充。[31]

TTBER 还规定了其他一些重要制度。比如，起始市场份额制度规定：签订协议的企业占有的市场份额在一定数值之下时，可以直接认定为符合规定的竞争责任免除条件，人们形象地称之为安全港（safe harbour）。黑名单制度，又称为“绝对禁止的限制”，凡是协议中出现绝对禁止的限制时，将导致整个协议违反竞争法，从而整个协议不能适用责任免除，竞争性企业之方被要求价格限制、数量控制、客户分配等，还包括一些非竞争企业之间的控制性协议。[32]

三、日本的规定

《日本禁止垄断法》第 21 条就协调知识产权法与禁止垄断法之何的关系作了规定，该法律的规定不适用于被认为是行使著作权法、专利法、实用新型法、外观设计法和商标法所赋予的权利之行为。日本 2016 年修订了《日本关于知识产权利用的反垄断法指南》，进一步明确反垄断法仅适用于技术使用相关的限制行为中不能归为正当权利行使的行为。根据《关于专利、技术秘密的许可使用合同的禁止垄断法上的指针》的意见，即使是被确认为依据专利法等行使权利的行为，当其背离了技术保护制度的基本宗旨时，不能再被认定为行使权利的行为，而应对其适用禁止垄断法。在具体判断中，可以按照以下两个阶段进行：首先，要判断相应的行为是否属于行使权利的行为，如不是，则对其适用禁止垄断法；其次，如果确认是属于行使权利的行为，则需要作进一步审查，当确认背离了技术保护制度的基本宗旨

〔31〕 参见彭玉勇：《欧盟修订版的技术转移协议责任免除条例（TTBER）——兼与 1996 年条例比较》，载《知识产权》2006 年第 2 期。

〔32〕 参见彭玉勇：《欧盟修订版的技术转移协议责任免除条例（TTBER）——兼与 1996 年条例比较》，载《知识产权》2006 年第 2 期。

时，将对其适用禁止垄断法。〔33〕

四、中国的规定

我国《反垄断法》第55条规定："经营者依照有关知识产权的法律、行政法规规定行使知识产权的行为，不适用本法；但是，经营者滥用知识产权，排除、限制竞争的行为，适用本法。"具体如何在知识产权领域进行反垄断审查，目前《关于滥用知识产权的反垄断指南》尚在征求意见中。

经营者滥用知识产权是指经营者在行使知识产权或者从事相关行为时，达成或者实施垄断协议，滥用市场支配地位，或者实施具有或者可能具有排除、限制竞争效果的经营者集中。分析经营者是否滥用知识产权排除、限制竞争，应遵循以下基本原则：（1）采用与其他财产性权利相同的规制标准，遵循《反垄断法》的基本分析框架；（2）考虑知识产权的特点；（3）不因经营者拥有知识产权而推定其在相关市场具有市场支配地位；（4）根据个案情况考虑相关行为对效率和创新的积极影响。我国《关于滥用知识产权的反垄断指南》也拟借鉴国外一些成熟的制度，比如安全港制度、黑名单制度（黑色条款）、〔34〕本身违法规则等。

在专利许可合同中，专利许可人与被许可人均不得非法垄断技术，妨碍技术进步，否则该专利许可合同无效。具体而言，根据《合同法》第329条、最高人民法院《关于审理技术合同纠纷案件适用法律若干问题的解释》第10条的规定，双方当事人不得在专利许可合同中设立以下限制性条款：（1）限制当事人一方在合同标的技术基础上进行新的研究开发或者限制其使用所改进的技术，或者双方交换改进技术的条件不对等，包括要求一方将其自行改进的技术无偿提供给对方、非互惠性转让给对方、无偿独占或者共享该改进技术的知识产权；（2）限制当事人一方从其他来源获得与技术提供方类似技术或者与其竞争的技术；（3）阻碍当事人一方根据市场需求，按照合理方式充分实施合同标的技术，包括明显不合理地限制技术接受方实施合同标的技术生产产品或者提供服务的数量、品种、价格、销售渠道和出口市场；（4）要求技术接受方接受并非实施技术必不可少的附带条件，包括购买非必需的技术、原材料、产品、设备、服务，以及接收非必需的人员等；（5）不合理地限制技术接受方购买原材料、零部件、产品或者设备等的渠道或者来源；（6）禁止技术接受方对合同标的技术知识产权的有效性提出异议或者对提出异议附加条件。

在专利许可合同中，如果双方当事人不能就专利许可事宜达成一致意见，非专利权人如果需要实施专利技术，专利权人有可能会发生因构成垄断行为而给予非

---

〔33〕　参见彭玉勇：《技术垄断的法律规制——兼论我国〈合同法〉第329条》，载《电子知识产权》2006年第5期。

〔34〕　参见曹新明：《专利许可协议中的有色条款功能研究》，载《法商研究》2007年第1期。

专利权人在一定条件下的专利强制许可，这种垄断行为的实质是专利权人滥用专利权，违反了《专利法》和《反垄断法》的相关规定。这种滥用专利权的行为主要有：(1)在具有相互竞争关系的经营者之间达成有关专利的垄断协议，如通过协议固定专利许可费、专利产品价格、专利生产数量；通过协议划分销售市场联合拒绝许可特定的交易人等。(2)在专利许可合同中订立不合理的限制性条款，如专利权人滥用市场支配地位，禁止被许可人对被许可的专利进行改进或者创新，或者强迫被许可人对被许可的专利改进后获得的专利权以独占的方式或者排他的方式免费回授给专利权人等。(3)以搭售方式订立专利许可合同，如将非标准必要专利与标准必要专利进行捆绑许可。(4)以非正当理由拒绝许可他人实施专利，如通过对特定的企业收取歧视性的高价许可费，或者直接寻求通过诉讼方式迫使特定企业接受其不合理的许可条件等。

案例 76 | 关于附加限制性条件批准微软收购诺基亚设备和服务业务案经营者集中反垄断审查决定的公告[35]

2013 年 9 月 2 日，微软国际控股有限公司(微软全资子公司)与诺基亚签署《股票及资产购买协议》。经审查，商务部认为微软收购诺基亚设备和服务业务案对中国智能手机市场可能具有排除、限制竞争效果。

案例 77 | 高通案中涉及的反垄断问题[36]

商务部认为，高通公司的差异化专利许可价格、交叉许可协议，以及专利搭售许可行为，有滥用市场支配地位之虞，需要受到反垄断审查。

案例 78 | IDC 公司持有大量无线标准必要专利案[37]

IDC 公司持有大量无线标准必要专利，华为在深圳法院起诉 IDC，其中一个是反垄断之诉，另一个是 FRAND 费率确认之诉，华为均胜诉。2013 年 12 月华为与 IDC 达成和解协议，华为同意撤销所有的诉讼和反垄断投诉。之后发改委接受 IDC 的承诺，终止中国境内的反垄断调查。

---

〔35〕 http://www.mofcom.gov.cn/article/b/c/201404/20140400542508.shtml.

〔36〕 参见宁立志：《知识产权垄断的法律解读》，载《东方早报》2014 年 9 月 9 日，第 5 版。

〔37〕 参见(2011)深中法知民初字第 858 号，(2013)粤高法民三终字第 306 号，(2011)深中法知民初字第 857 号，(2013)粤高法民三终字第 305 号。

第十九章　专利侵权行为

第一节　专利侵权行为的构成要件及特点

一、概念和特点

（一）概念

我国《专利法》第 11 条、第 60 条对专利侵权行为作出了具体的规定，即“……任何单位或者个人未经专利权人许可，都不得实施其专利，即不得为生产经营目的制造、使用、许诺销售、销售、进口其专利产品，或者使用其专利方法以及使用、许诺销售、销售、进口依照该专利方法直接获得的产品。”（第 11 条第 1 款）“未经专利权人许可，实施其专利，即侵犯其专利权……”（第 60 条）

我国《专利法》是通过列举式和概括式的方式给专利侵权行为的概念做了一个界定。笔者综合上述具体规定，对专利侵权行为作出以下定义：专利侵权行为是指在专利有效期内，未经专利权人的许可或同意，也不存在阻却侵权的事由，他人实施其专利的行为。专利侵权行为是民事侵权行为的一种，应当符合民事侵权行为的一般构成要件。

（二）特点

与一般财产的侵权行为相比较，专利侵权行为具有以下特点：

1. 专利侵权行为是未经专利权人许可或同意，实施其专利的行为。非法实施行为是专利侵权行为的内核。实施行为是指以生产经营为目的制造、使用、许诺销售、销售、进口其专利产品，或者使用其专利方法，以及使用、许诺销售、销售、进口依照该专利方法直接获得的产品；或者以生产经营为目的制造、许诺销售、销售、进口其外观设计专利产品。

2. 行为类型多样性。对于一项发明创造，侵权行为的类型多种多样，可能是采用非法制造、销售、使用、许诺销售等方式直接侵犯专利权，也可能是通过引诱、教唆、帮助等方式间接侵犯专利权；侵权行为人非法制造、销售的产品可能与获得专利保护的产品完全相同，也可能是对专利技术思想或设计思想进行一些变更之后制造的产品。

3. 侵权方式的隐蔽性。首先，专利权的客体是无形的，因此对专利权的侵犯无须以有形物的转移为前提，故无论何时何地均有可能发生专利侵权行为，而此时专利权人很难及时发现侵权行为的存在。其次，侵权行为人在利用专利技术或者专利设计时，往往并非全盘照搬，而通常会与专利产品或专利方法存在若干不同之处，因此侵权行为通常不是十分显而易见的。

4. 侵权认定的复杂性和技术性。由于侵权行为具有隐蔽性，在认定专利侵权时一般不能对行为的性质一目了然。在判断发明和实用新型专利侵权是否成立时，必须将被控侵权产品或者方法所包含的技术特征与专利技术特征进行一一比对，而对于外观设计专利的侵权判定而言，无论是关于产品类别或者是关于设计相近似性的判断也都存在一定的难度。[1]

二、构成要件

（一）以生产经营为目的

根据《专利法》的规定，任何单位或者个人未经专利权人的许可，不得为生产经营目的制造、使用、许诺销售、销售、进口其专利产品。由此可见，非生产经营目的实施行为，不构成专利侵权。

专利权人通过法定程序取得专利权的目的是借法律武器保护自己的发明创造，最终实现其物质利益。在工业领域，专利权人的物质利益是通过实施其专利来实现的，而出于商业目的侵犯专利权人独占实施权的行为就会妨碍甚至断绝专利权人的获利，给专利权人带来损害。因此，以生产经营为目的制造、使用、许诺销售等行为视为专利侵权行为，以保护专利权人的利益。

另外，为了平衡社会公益，确保人们的行为自由，以及一定程度上的合理避让，各国专利法都规定了专利侵权的例外，即某些情况下即使是出于商业目的实施他人专利的行为，也视为合法的行为。如临时过境行为、专利权人的专利产品销售后实施专利的行为、非专利权人享有先用权的情形，以及为提供行政审批所需信息而实施医药专利的行为，[2]这些行为虽然均以商业目的实施了他人的专利，但都被列为法定的合法行为，从而不构成专利侵权行为。

（二）实施了法定的侵害行为

这是指行为人在客观上实施他人的专利，并构成法定的侵害行为，即行为人有制造、使用、许诺销售、销售、进口专利产品，或者使用专利方法，以及使用、许诺销售、销售、进口以该方法直接获得的产品，以及制造、许诺销售、销售、进口外观设计专利产品的行为。如果只具备实施动机或只是做好了实施的准备，都不能视为侵权。

值得注意的是，关于使用专利方法直接获得的产品，根据最高人民法院《关于

---

〔1〕 参见王凌红：《专利法学》，北京大学出版社2007年版，第195页。

〔2〕 参见《中华人民共和国专利法》第69条。

审理侵犯专利权纠纷案件应用法律若干问题的解释》第13条规定,使用专利方法获得的原始产品,人民法院应当认定为《专利法》第11条规定的依照专利方法直接获得的产品。对于将上述原始产品进一步加工、处理而获得后续产品的行为,人民法院应当认定属于《专利法》第11条规定的使用依照该专利方法直接获得的产品。[3]

(三)必须是违法的实施行为

这里所谓违法的实施行为,是指该行为未经专利权人的许可或者未取得法律的特别授权。

专利权独占性和垄断性的特点决定了他人在实施专利权人的专利前,必须经过专利权人的许可,与其签订许可使用合同,否则或将构成专利侵权。这里的"许可"应包括明示许可和默示许可。有些实施专利行为虽然未取得专利权人的许可,但是若有法律的特别授权则不是违法的行为。例如,强制实施许可、指定许可实施专利等。

(四)侵犯的客体必须是有效的专利权

专利侵权行为侵犯的对象必须是受到我国《专利法》保护的有效专利权。实施已经过了保护期、已被宣告无效或者专利权人放弃的专利,或者是一项外国专利,均不构成专利侵权行为。

(五)侵权行为人主观上有过错

对于该侵权构成的主观要件,主要有三种观点:过错原则,无过错原则,过错推定原则。有学者认为这种构成侵权行为不需要考虑行为人主观过错的归责原则应该是无过错责任。[4] 也有学者认为我国的规定是只要存在专利侵权行为就推定行为人有过错,是为过错推定原则。还有人认为专利侵权不属于特殊侵权类型,应适用过错原则。本书认为,专利侵权同样适用过错原则,过错原则运用时只能是过错推定。所谓过错推定,就是只要外观上、形式上行为人的行为与侵害存在联系,就推定行为有过错。但是这种推定并不是无过错原则,行为人可以通过证明自己没有过错来免除责任。有学者指出了无过错责任原则与过错推定原则的差异:过错推定原则的举证责任在加害人,证明的内容是加害人自己没有过错;无过错责任原则的举证责任也在加害人,但是其证明的内容是损害系由受害人的故意所引起的。[5]

过错一般分为故意和过失两种类型。前者指侵害人实现已经预见自己的行为可能会对专利权人的专利造成损害而仍然希望或者听任其发生;后者是指侵害人

---

〔3〕 参见冯晓青、刘友华:《专利法》,法律出版社2010年版,第270页。

〔4〕 参见汤宗舜:《专利法教程》(第3版),法律出版社2003年版,第232页。

〔5〕 参见王利明等:《民法学》(第3版),法律出版社2011年版,第727页。

事先对自己的行为及可能产生的后果应当预见或者能够预见而没有预见，或者虽然预见却轻信其不会发生。如行为人利用专利文献防止某专利产品，则为故意；专利说明书公布后，行为人为生产经营目的实施之前本应查阅专利公报，却没有查阅，以致自己制造、销售的产品与专利产品相同，这就是过失侵权。一项专利研制出了与专利产品相同的产品，一旦生产或者销售该产品则属于过失侵权。[6] 众所周知，由于发明创造内容是公之于众的，如果没有合法依据而为生产经营目的实施专利发明创造，侵害他人专利权的，行为人主观上往往有过错。基于此，有些国家专利法规定了"过错推定"的归责原则。例如《日本专利法》规定，凡侵害他人专利权或独占实施权者，可推定为有侵犯行为的过失。[7]

无论是《民法通则》《侵权责任法》，还是《民法总则》，都没有将专利侵权列入特殊的侵权类型。按照《民法通则》和《侵权责任法》的规定，公民或者法人承担民事责任的前提是应当有过错。专利侵权如果是特殊类型的侵权行为，应当有专门规定。《专利法》第 60 条的规定不能被看作是无过错责任的规定，只是没有明确涉及行为人的主观方面。严格地说，"实施"一词在《专利法》里有明确、严格的含义，即是以生产经营为目的实施专利的行为，这里已经明确包含了主观意志的内容，即"以生产经营为目的"，因为很难用无过错来描述侵权人的实施行为。

这里有个问题，TRIPs 是否规定了无过错责任？本书认为，并不是这样。TRIPs 第 45 条分两款，其中第 1 款的内容为："对于故意或有充分理由应知道自己从事侵权活动的侵权人，司法机关有权责令侵权人向权利持有人支付足以补偿其因知识产权侵权所受损害的赔偿。"第 2 款的内容为："司法机关还有权责令侵权人向权利持有人支付有关费用，其中可包括有关的律师费用。在适当的情况下，各成员可以授权司法机关责令其退还利润和/或令其支付法定的赔偿额，即使侵权人故意或有充分理由知道自己从事侵权活动。"第 1 款，按照通常理解，被认为是规定了过错责任，而第 2 款则被一些学者解释为无过错责任。笔者认为，即使将第 2 款解释为无过错责任，那么在 TRIPs 第 45 条，第 2 款不是一般条款，第 1 款才是一般条款、优先适用的条款，而第 2 款适用的只是"适当场合"。而且，本书并不认为第 2 款规定的是无过错责任，因为其所谓责任，只是令行为人返还利润，并非侵权赔偿，虽然有并列法定赔偿，但只是作为返还利润的替代选项。也就是说，法定赔偿应当与返还利润相当。这与侵权赔偿不是一回事，侵权赔偿的核心是填补损失，不是返还利润。

至于如何判断行为人是否有过错，这与法律赋予他的注意义务有关。注意义务及其违反属于有责性判断的范畴，即确定是否具有过错的方法。一般注意义务

---

〔6〕 参见程永顺：《专利纠纷与处理》（第 2 版），知识产权出版社 2011 年版，第 85 页。
〔7〕 参见冯晓青、刘友华：《专利法》，法律出版社 2010 年版，第 271 页。

的类型包括:对自己支配范围的注意义务,职业中的注意义务,对于先危险行为的责任。[8] 专利侵权行为实施者仍属于一般注意义务,但是也应该注意到即使是一般义务也有发展性。进入信息时代后,人们获取信息的渠道、手段都更多、更方便,注意义务相比以前应当有所加强。具体到专利侵权行为,制造行为的注意义务最高,生产企业对自己生产制造的产品应该有知识产权包括专利的审查义务。进口行为的注意义务可能仅低于制造行为,因为进口行为若侵权,很难追查到境外生产者、销售者承担责任,此时应加强进口人的注意义务。其他行为的注意义务比前面两类行为低,但是仍有一般注意义务。比如,销售者如果是从他人那里买进产品,完全可以通过知识产权侵权免责条款来豁免自己的责任,让提供产品的人作出知识产权的权利瑕疵保证。如果销售者不尽这样的注意义务,那就可以推定其有过错。

(六)行为与侵害(损害)之间有因果关系

行为(侵害行为)与结果之间的因果关系,首先意味着行为引起了损害(侵害)的结果,而且行为与结果是对应的比例关系。实务当中很难用类型化来分析、归类因果关系,宜作个案分析、处理。需要指出的是,这种因果关系的判定,很多时候不是绝对的,只是盖然性的,也就是说大概率的是引起与被引起的关系。如果一方的证据相对另一方处于优势,而且法官又相信优势方证据已经大概率地证明了他的主张,法官就应该支持。由于"损害"一词容易跟损害赔偿联系在一起,用"侵害"一词则可以避免这一误解。

第二节　专利侵权的类型

按照不同的标准,可以对专利侵权作出不同的分类。按专利客体分,可分为侵犯发明专利权、侵犯实用新型专利权、侵犯外观设计专利权;按侵害对象分,可分为侵犯产品专利权与侵犯方法专利权;按侵权人数分,可分为单独侵权和共同侵权;按专利侵权行为的表现形式分,可分为直接侵权和间接侵权;按主观过错分,可分为故意侵权和过失侵权;等等。

一、侵犯产品专利权与侵犯方法专利权

根据侵害的对象,可分为对产品专利的侵犯与对方法专利的侵犯。从专利法的规定出发,所有的专利技术分成两大类型,即方法专利和产品专利。实用新型专利与外观设计专利只能是产品专利,发明专利既有可能是产品专利,也有可能是方

---

[8] 参见廖焕国:《注意义务与大陆法系侵权法的嬗变——以注意义务功能为视点》,载《法学》2006年第6期。

法专利。根据我国《专利法》的规定，对于产品专利而言，专利权人可以制止他人未经许可而进行的制造、许诺销售、销售、使用，以及进口其专利产品等5种实施行为。对于方法专利而言，由于其保护的客体是具体的操作方法，属于一种行为的过程，谈不上制造、许诺销售、销售和进口，因而方法专利权人只能制止他人未经许可而进行的使用其方法的行为。

由此可见，不同类型的专利权能获得的法律保护的力度和效率是有很大差别的，专利法对产品专利提供的保护远比方法专利的保护有力。[9] 为了缩小方法专利与产品专利法律保护力度的差异，我国《专利法》在第二次修改时，增加了延长方法专利效力的规定，即制造方法专利的专利权人不但可以制止他人未经许可而进行的使用其专利方法的行为，还可以制止他人未经许可许诺销售、销售、进口依照该专利方法所直接获得的产品的行为。

另外，为了更有效地保护制造方法专利，我国《专利法》对有关制造新产品的方法专利的侵权诉讼中双方的举证责任实行了倒置。由于制造方法只有在产品制造的过程中使用，如果要求权利人进入侵权行为人的生产现场取证调查是比较困难的，所以《专利法》规定，当专利侵权纠纷涉及一项产品制造方法专利时，制造相同产品的单位和个人应当提供其产品方法不同于专利方法的证据，如果不能证明其产品是采用不同方法制造的，执法机关可以推定该产品是使用该专利方法制造的。

世界上其他国家的专利法大都有类似的有关举证责任分担的规定。在TRIPs中，有关新产品制造方法专利的举证规则更为详尽。

TRIPs第34条方法专利举证责任："就第28条第1款（b）项所指的侵害所有权人权利的民事诉讼而言，如一专利的客体是获得一产品的方法，则司法机关有权责令被告方证明其获得相同产品的方法不同于已获专利的方法。因此，各成员应规定至少在下列一种情况下，任何未经专利所有权人同意而生产的相同产品，如无相反的证明，则应被视为是通过该已获专利方法所获得的：（a）如通过该已获专利方法获得的产品是新的；（b）如存在实质性的可能性表明该相同产品是由该专利方法生产的，而专利所有权人经过合理努力不能确定事实上使用了该方法。"

TRIPs第34条（a）款是针对方法涉及新产品时的举证，第34条（b）款规定并不要求是新产品，只要专利权人经过合理的努力仍不能确定被告所实际采用的制造方法，同样适用举证责任倒置。

二、侵犯发明专利权、侵犯实用新型专利权、侵犯外观设计专利权

对于技术领域的发明创造给予专利保护是各国专利法的共同做法。但是，由于各国经济和技术发展水平不同，各国专利法保护的发明创造种类有所不同，如发

---

〔9〕 参见国家知识产权局条法司：《新专利法详解》，知识产权出版社2001年版，第64页。

明专利、实用新型、增补专利、发明人证书、工业品外观设计专利等。我国《专利法》保护3种专利，即发明专利、实用新型专利和外观设计专利。3种专利的审查标准和程序、保护范围及保护期限不同，专利权的效力也有所不同。当发明专利是产品专利时，法律对它的保护效力与实用新型专利是一致的，权利人有权享有制止他人未经许可实施其专利的权利；当发明专利是方法专利时，专利权人享有禁止他人未经许可使用其专利的权利，以及使用、许诺销售、销售、进口依照该专利方法直接获得产品的权利。对于外观设计专利，专利权人有权制止他人未经许可，以生产经营为目的制造、销售和进口专利产品的行为，但是对于他人未经许可的使用和许诺销售行为，则无权制止。[10] 因此，在这三种专利之中，发明专利的效力要比实用新型专利和外观设计专利的效力强。

三、直接侵权与间接侵权

根据专利侵权行为的表现形式，可分为直接侵权和间接侵权。

（一）直接侵权行为

直接侵权行为，通常是指行为人从事《专利法》第11条所禁止的直接侵害专利权的违法行为，如制造、使用、许诺销售、销售或进口专利产品。专利直接侵权可以分为字面侵权（literal infringement）和等同侵权。所谓字面侵权，也被称作相同侵权，是指被控侵权的产品或方法直接落入该专利权利要求字面描述的范围。所谓等同侵权，是指被控侵权的产品或方法并没有落入该专利权利要求字面描述的范围，但是该产品或方法与权利要求所描述的技术方案实质等同。[11]

字面侵权与等同侵权之间的关系表现为：字面侵权要求非常严格，必须是被控侵权产品符合申请专利范围的每一个限制条件。换言之，要求申请专利范围的每一个技术要素都在被控侵权产品中出现，有学者称该判断原则为全要件原则。[12] 只有在字面侵权不成立的情况下，才判断是否有等同侵权成立，在判断过程中需要涉及技术问题和法律问题，因此，在此类案件中，法院经常需要聘请技术专家参与，帮助法院作出判断。

（二）间接侵权行为

间接侵权行为，是指行为人没有直接侵害专利权，但诱使直接侵权行为发生，或者在明知或应知的情况下为直接侵权行为提供实质性的帮助。法律规定并制裁间接侵权行为的目的是加大对知识产权权利人的保护，使间接侵权人不会从间接侵权行为中获得本属于知识产权人的利益。间接侵权大致分为引诱侵权和帮助侵

---

〔10〕 参见安雪梅：《专利侵权行为研究》，知识产权出版社2009年版，第236页。

〔11〕 参见崔国斌：《专利法——原理与案例》，北京大学出版社2012年版，第495页。

〔12〕 参见国家知识产权局知识产权发展研究中心组织编写：《规制知识产权的权利行使》，知识产权出版社2004年版，第31页。

权两种类型。前者是指侵权者主观上产生侵权动机的行为，后者则是客观上向侵权者提供实质性的帮助。[13] 引诱侵权行为的可能表现如下：(1)销售非专利产品时诱使购买者利用该产品制造专利产品或实施专利方法；(2)按照专利技术的方案为他人设计产品；(3)越权转让专利或许可他人实施专利技术；(4)为直接侵权人提供责任担保以降低其侵权顾虑；(5)公司的管理人员积极引诱公司从事专利侵权活动等。帮助侵权的常见表现则是为侵权者实施直接侵权行为提供实质性的物质帮助，比如提供实施侵权行为的场所、提供制造侵权产品的必要原料或零部件、协助销售侵权产品等。

应当说，间接侵权实际上并不能单独成为侵权行为。无论是帮助行为，还是诱导行为，必须存在直接侵权行为，才可能成立帮助侵权、诱导侵权，而且只能成立共同侵权。由于共同侵权只能是共同故意侵权，也就是侵权人之间有意思联络，因此过失不能成立共同侵权。当然，不能将共同故意理解为行为人之间意思相同，而是行为人之间有意思联络即可，这种意思联络可以是行为人明确知道或表达的，也应当包括行为人应知但放任不知（此时所谓不知，只是不知道侵权的详情、细节，但知道存在侵权或者侵权的可能）的情形。如果实施直接侵权行为人不知是侵权行为，而诱导或"帮助"的人知道或"应知"侵权，此时直接实施人是受"帮助"或"诱导"的人指使或控制，实际上"直接实施人"的行为就是所谓"帮助""诱导"者的行为。当然，这时候用"帮助""诱导"两词并不恰当，根本上就是错误的说法。

目前，世界上许多国家的专利法都规定了间接侵权行为，如美国、英国、日本。《美国专利法》（法典第35编）第28节第271条：[14]"(c)在美国境内要约销售或销售，或由外国进口至美国下列事物：①享有专利权之机器、机器制造物、结合发明物、组合物的零部件或组分；②用于实施专利方法的材料或装置，该种实施构成了被实施发明的实质部分，且明知上述材料或装置被特别制作或特别改用是用于专利侵权，而且不属于不具实体侵害作用的商业用标准零部件或物品时，应负帮助侵权者之责任。"《英国专利法》第60条也规定了间接侵权行为：[15]"如有人在专利有效期间未经专利权人同意，在联合王国对于一项发明有下列行为之一者，应作侵害发明专利论处：……(b)当该发明是一项工艺时，在联合王国使用了该工艺，或推荐他人使用该工艺，而他明知，或依当时情形任何理智的人应知，未经所有者同意在联合王国使用该工艺会侵害该专利；(c)当该发明是一项工艺时，他处置、请求让他处置、使用或进口从该工艺直接获得的任何产品，或者不论是否为了处置而保存此类产品。"

---

〔13〕 参见崔国斌：《专利法——原理与案例》，北京大学出版社2012年版，第649页。

〔14〕 参见《十二国专利法》，《十二国专利法》翻译组译，清华大学出版社2013年版。

〔15〕 参见《十二国专利法》，《十二国专利法》翻译组译，清华大学出版社2013年版。

案例 79 | 南海市富士宝家用电器公司诉家乐仕公司专利侵权案[16]
专利间接侵权纠纷案

被告原为原告生产专利产品 DK203 电热开水瓶的部件，后改为家乐仕公司生产 GD601、GD602 侵权产品的部件，主观上具有帮助侵权人实施直接侵权的故意，为侵权人侵犯原告专利权提供了实施手段和服务，被告的行为和侵权人的直接侵权行为有明显的因果关系，构成对原告专利权的间接侵权。

案例 79 中，法院所援引的法律依据是最高人民法院《关于贯彻执行〈中华人民共和国民法通则〉若干问题的意见（试行）》第 148 条第 1 款，即教唆、帮助他人实施侵权行为的人，为共同侵权人，应当承担连带民事责任。由此可见，我国在司法实践中是按照民事共同侵权的规则来处理间接侵权问题的。

除此之外，我国尚有间接侵权的其他相关规定。1992 年，国家科委发布了《中国知识产权制度》蓝皮书，该蓝皮书列举了在实践中遇到的主要专利间接侵权行为，包括：(1)故意制造、销售只能用于专利产品的关键部件；(2)未经专利权人的授权或委托，擅自许可他人实施专利技术；(3)专利实施许可合同的被许可方，违反合同中“不许转让”的约定，擅自许可第三人实施该项专利技术；(4)专利权共有人未经其他共有人同意而许可他人实施专利；(5)技术服务合同的受托方在为委托方解决特定的技术问题时，未经专利权人许可而利用了其专利技术。北京市高级人民法院公布的《专利侵权判定指南》(2013 年制定，2017 年修订)也有间接侵权的相关规定。

2016 年 3 月最高人民法院《关于审理侵犯专利权纠纷案件应用法律若干问题的解释（二）》第 21 条对帮助侵权、诱导侵权作出司法解释：“明知有关产品系专门用于实施专利的材料、设备、零部件、中间物等，未经专利权人许可，为生产经营目的将该产品提供给他人实施了侵犯专利权的行为，权利人主张该提供者的行为属于侵权责任法第九条规定的帮助他人实施侵权行为的，人民法院应予支持。明知有关产品、方法被授予专利权，未经专利权人许可，为生产经营目的积极诱导他人实施了侵犯专利权的行为，权利人主张该诱导者的行为属于侵权责任法第九条规定的教唆他人实施侵权行为的，人民法院应予支持。”

[16]　参见广东省佛山市中级人民法院民事判决书(1998)佛中法知初字第 17 号。

第三节　侵权行为的判断

一、专利权权利范围的限定原则

专利权的权利范围,是专利权的权利边界,是区分合法行为与侵权行为之间的界限。明确专利权的保护范围可以保障专利权人充分行使其权利,有效地制止侵权行为的发生,确保社会公众合法利用公知技术的权利。而权利要求决定了专利的保护范围,集中地体现了专利权的实质内容,权利要求中技术特征越多,限定的保护范围就越小;反之亦然。在确定专利权的保护范围时,对权利要求如何理解,各国主要有以下几种不同的解释原则。

(一)中心限定原则

中心限定原则,是指在解释权利要求时,以权利要求书所陈述的内容为中心,向外作适当的扩大解释,[17]即权利要求书的文字所表述的范围仅仅是专利保护的最小范围,在解释权利要求时不应拘泥于权利要求书的文字记载,而应当以权利要求书作为中心,全面考虑发明的目的、性质及说明书和图纸,将中心四周一定范围的技术也包括在专利保护范围内。根据这种解释方式,专利权的保护范围包括以下三部分内容:(1)由权利要求书的文字记载所确定的技术内容;(2)与权利要求书文字记载的技术内容相等同的技术内容;(3)总的发明构思,即体现与发明同一构思或相似构思的部分技术内容,这些技术内容是本领域的技术人员在阅读专利文件时不需要付出创造性劳动就可以得出的技术内容。[18] 1978 年以前的德国被认为是以中心限定方式解释权利要求的典型国家。[19]

以权利要求书为中心向外适当扩大解释,可有效防止他人利用权利要求书在撰写方面的缺陷规避相应的法律责任,所以说中心限定原则对专利权人的保护较为充分和有利。但是,其缺陷也是显而易见的。由于允许以权利要求表达的内容为中心,将专利保护范围扩大到本领域的普通技术人员认为能够实现发明目的的、具有同样的技术创意的技术方案,使公众难以从权利要求书中获得专利权的确切保护范围,使专利权保护的权力边界变得相对模糊。

(二)周边限定原则

周边限定原则要求专利保护范围完全由权利要求来确定,应严格地按照权利

---

〔17〕 参见冯晓青、刘友华:《专利法》,法律出版社 2010 年版,第 256 页。

〔18〕 参见安雪梅:《专利侵权行为研究》,知识产权出版社 2009 年版,第 47 页。

〔19〕 参见董涛:《专利权利要求》,法律出版社 2006 年版,第 185 ~189 页。

要求书中的文字进行解释,不允许作任何扩大解释,[20] 即权利要求书中记载的内容所确定的范围是专利权保护的最大范围,而说明书及其附图原则上对专利权保护范围的确定不产生影响。采用该原则的国家主要有英国、美国等。在美国,发明人撰写权利要求书时,想尽办法用尽可能少的技术特征和尽可能一般性的语言来表达发明,以期获得尽可能宽的保护范围。[21] 然而,撰写完美无缺的权利要求书是非常困难的。因此可以看出,该原则的缺陷在于:其严格限定了专利权人的权利保护范围,被控侵权产品只有当其技术特征与权利要求书中所述技术特征完全相同时才会落入专利权的保护范围,在使用周边限定原则时只需对其技术特征稍加变更即可逃避侵权责任,这就难以给专利权人以充分的保护。为此,美国在适用周边限定原则的同时也采用等同原则加以补充,以确保专利权人的权利能够切实受到保护。

(三)折中原则

折中原则,又称主题内容限定原则,是上述两种原则的折中。按照该原则,专利权的保护范围应当根据权利要求书的内容来确定,说明书和附图可以用来解释权利要求。也就是说,专利保护范围按照权利要求所表达的实质内容来确定,不严格按照权利要求的文字进行解释,对权利要求中有含糊不清之处可以援引说明书和附图来解释权利要求列举的权项。

采取这种方式解释权利要求的典型代表是《欧洲专利公约》。1974 年欧洲 14 国在慕尼黑签订的《欧洲专利公约》第 69 条第 1 款规定:"欧洲专利或者欧洲专利申请所授予的保护范围取决于权利要求的内容,说明书和附图应当用于解释权利要求。"为了解释这一条文,《欧洲专利公约》缔约国专门签订了一个议定书:[22] "第 69 条不应当解释为这样的意义,即欧洲专利公约授予的保护范围应当理解为权利要求所用措辞严格的字面意义所限定的范围,说明书和附图只用于解释权利要求中含糊不清之处。该条也不应该解释为这样的意义,即权利要求仅仅是一种指标,授予的实际保护范围可以根据熟悉有关技术的技术人员考虑说明书和附图以后,扩展到专利权人所预期的范围。相反,这个规定应当解释为在这两个极端之间确定一个位置,这个位置应当将对专利权人的合理保护和对第三方的适当程度的确定性结合起来。"

《欧洲专利公约》第 69 条的规定后来成为各国专利法解释权利要求的立法样本,我国《专利法》也以此作为制定权利要求解释规定的参照标准。我国《专利法》第 59 条第 1 款规定:"发明或实用新型专利权的保护范围以其权利要求的内容为

---

〔20〕 参见冯晓青、刘友华:《专利法》,法律出版社 2010 年版,第 256 页。

〔21〕 参见汤宗舜:《专利法教程》(第 3 版),法律出版社 2003 年版,第 223 页。

〔22〕 参见《关于解释欧洲专利公约第 69 条的议定书》(1973 年 10 月 5 日)。

准,说明书和附图可以用于解释权利要求。”可见,我国采取的是折中解释方式。

(四)等同原则

在实践中,第三人出于盗用专利权人的技术构思的目的,完全照抄权利要求书中的技术特征的侵权是很少见的。他们往往会对部分内容作出非实质性的一些变动,从而绕过专利的保护范围。美国在解释权利要求时,比较重视权利要求的字面意义,尤其容易发生这种问题。美国最高法院于1950年的一个案件〔23〕中,为了使专利权人得到应有的合理保护,在解释权利要求时采用了等同原则,即权利要求中的技术特征在解释上包括等同技术特征在内。〔24〕所谓等同技术特征,是指它与权利要求书中记载的技术特征相比较,是以实质上相同的方式,履行实质上相同的功能,并产生实质上相同的效果,而这种效果对于本领域技术人员来说是显而易见的。这种确定等同的准则被称为“方式—功能—效果”准则。〔25〕

世界知识产权组织于1990年主持起草的《保护工业产权巴黎公约专利部分补充条约(草案)》以及《实体专利法协调条约(草案)》都规定,在确定专利权的保护范围时,应当考虑与权利要求书中记载的技术特征等同的技术特征。我国司法实践中,最高人民法院《关于审理专利纠纷案件适用法律问题的若干规定》〔26〕第17条也确认了解释权利要求的等同原则的适用:“专利法第五十九条第一款所称的‘发明或者实用新型专利权的保护范围以其权利要求的内容为准,说明书及附图可以用于解释权利要求’,是指专利权的保护范围应当以权利要求书中明确记载的必要技术特征所确定的范围为准,也包括与该必要技术特征相等同的特征所确定的范围。等同特征是指与所记载的技术特征以基本相同的手段,实现基本相同的功能,达到基本相同的效果,并且本领域的普通技术人员无需经过创造性劳动就能够联想到的特征。”值得注意的是,该特征也是专利侵权判定中的一项重要原则,本书后面将会对此进行详述。

二、专利权的保护范围

(一)发明和实用新型专利的权利范围

我国《专利法》第59条第1款规定:“发明或者实用新型专利权的保护范围以

〔23〕 See Graver Tank & Mfg Co. V. Linde Air Products Co. ,339 U. S. 605(1950).

〔24〕 参见汤宗舜:《专利法教程》(第3版),法律出版社2003年版,第226页。

〔25〕 参见汤宗舜:《专利法教程》(第3版),法律出版社2003年版,第226页。

〔26〕 最高人民法院《关于审理专利纠纷案件适用法律问题的若干规定》2001年6月19日最高人民法院审判委员会第1180次会议通过,根据2013年2月25日最高人民法院审判委员会第1570次会议通过的最高人民法院《关于修改〈最高人民法院关于审理专利纠纷案件适用法律问题的若干规定〉的决定》第一次修正,根据2015年1月19日最高人民法院审判委员会第1641次会议通过的最高人民法院《关于修改〈最高人民法院关于审理专利纠纷案件适用法律问题的若干规定〉的决定》第二次修正,该修正自2015年2月1日起施行,2015年1月29日发布。

其权利要求书的内容为准,说明书及附图可以用于解释权利要求。"对该规定可以从以下两方面理解:一是专利权的保护范围应当以权利要求书中明确记载的必要技术特征,以及与必要技术特征等同的特征来确定,这些技术特征共同限定了专利权的保护范围,除法律特别规定的情形外,其他任何人未经专利权人同意不得随意实施具有这些技术特征的技术方案;二是确定专利权的保护范围时,在必要时可采用说明书和附图的技术内容对权利要求进行解释,但不应将说明书及附图的内容引入权利要求作为确定专利权保护范围的依据。这里,"可以"应理解为"应当"。在确定发明或实用新型专利保护范围时,应该注意以下几点:

1. 发明或实用新型专利权的保护范围应当以其权利要求书中的内容为准

所谓权利要求书的内容,是指权利要求书的实质内容,即独立权利要求及其所有从属权利要求的所有部分的内容,而不是指权利要求书的文字或措辞。以权利要求书的内容为准,即不能背离权利要求书的内容来确定专利权的保护范围。

2. 主要应以独立权利要求所确定的范围为依据

权利要求书中每一项发明或实用新型应当只有一个独立权利要求和一些从属权利要求。独立权利要求包括前序部分和特征部分,均是确定专利保护范围缺一不可的部分。专利权的保护范围以权利要求书的内容为准,实际上就是以独立权利要求的内容为准,这个内容包括了独立权利要求明确记载的全部技术特征。具有独立权利要求全部技术特征的产品就落入了专利权的保护范围,即使第三人对该产品增加了某些技术特征,而且甚至由于增加了技术特征而使产品的性能比专利产品更好,也仍然是在保护范围以内。反之,如果该产品的技术特征与独立权利要求中的必要技术特征相比,少了一个或几个技术特征,则该产品就没有落入专利权的保护范围。

3. 从属权利要求可以确定专利权利保护范围

最高人民法院《关于审理侵犯专利权纠纷案件应用法律若干问题的解释》第1条第2款规定:"权利人主张以从属权利要求确定专利权保护范围的,人民法院应当以该从属权利要求记载的附加技术特征及其引用的权利要求记载的技术特征,确定专利权的保护范围。"当然,以从属权利要求确定专利权利保护范围是有所限制的,在以下两种情形可采用从属权利要求记载的技术特征确定专利权的保护范围:一种情形是独立权利要求所记载的技术特征存在含混不清之处,那么可以结合从属权利要求确定权利保护范围;另一种情形是从属权利要求中包含了本应记载在独立权利要求中的、解决发明技术问题必不可少的技术特征,那么在确定专利权保护范围时,可以依据相应的从属权利要求限定专利权保护范围。[27]

---

〔27〕 参见王凌红:《专利法学》,北京大学出版社2007年版,第192页。

4. 权利要求的类型不同,专利权的保护范围也有所不同

对产品的保护不应局限于说明书中所说明的制造方法,也不受说明书中所说用途的限制,凡是具有同样特征、同样结构和同样性能的产品都在产品权利要求的保护范围以内,而不问该产品是用什么方法制造的。而方法专利的保护范围则应当包括所有具有相同特征、相同参数和相同效果的方法。依照制造产品方法专利所获得的产品,属于该方法专利的保护范围,但是依照其他方法所获得的同样产品则不在方法专利的保护范围以内。

5. 说明书及附图可以解释权利要求的内容

2000 年《专利法》第 56 条规定:“发明或者实用新型专利权的保护范围以其权利要求的内容为准,说明书及附图可以用于解释权利要求。”现行《专利法》则将上述第 56 条改为第 59 条,并修改为:“发明或者实用新型专利权的保护范围以其权利要求的内容为准,说明书及附图可以用于解释权利要求的内容。从“权利要求”到“权利要求的内容”,这一变化旨在更加明确说明书和附图是对权利要求内容的解释,而不是仅仅解释权利要求而已。同时也强化了发明与实用新型专利权的保护范围是“权利要求的内容”,有助于在专利申请和专利诉讼实践中准确把握发明和实用新型专利权的保护范围。[28]

根据我国《专利法》第 26 条的规定,“说明书应当对发明或者实用新型作出清楚、完整的说明,以所属技术领域的技术人员能够实现为准”,“权利要求书应当以说明书为依据,清楚、简要地限定要求专利保护的范围”。最高人民法院《关于审理侵犯专利权纠纷案件应用法律若干问题的解释》第 3 条规定:“人民法院对于权利要求,可以运用说明书及附图、权利要求书中的相关权利要求、专利审查档案进行解释……”可见,说明书在确定专利权利保护范围时也起着一定的作用:当权利要求中的必要技术特征不易理解时,可以根据说明书记载的内容解释清楚;当权利要求保护范围较大或较小时,根据专利说明书对权利要求作出适当的解释,使权利得到说明书的支持。

说明书及附图所记载的内容,可用于解释与权利要求中的必要技术特征等同的特征或者是某些必要技术特征加以限定,以此确定专利权保护范围。但是,若专利独立权利要求与专利说明书出现以下不一致或者相互矛盾的情形时,则应当以权利要求所限定的保护范围为准:(1)如果一项技术方案在说明书中做了充分的公开,有具体的描述和体现,但在其权利要求书中没有记载,则认定该技术方案不在专利保护范围之内,不允许在解释专利权利要求时,将其纳入专利权保护范围;(2)如果专利说明书及附图中公开的技术内容范围宽,而专利权利要求书中请求保护的范围窄,则原则上只能以权利要求中的技术内容确定专利权的保护范围;(3)如果权利要求书中记载的技术内容与专利说明书中的描述不尽相同,则应以

〔28〕 参见冯晓青、刘友华:《专利法》,法律出版社 2010 年版,第 257 页。

权利要求书中的记载优先，而不能以说明书及附图记载的内容替换专利权利要求书记载的内容。

案例80 | 任文林诉永康市三星门业有限公司专利侵权案〔29〕
说明书和附图对于确定专利权保护范围的作用

涉案专利经法院庭上解剖锁产品，综合原告专利权利要求1、2、3及对说明书附图65、66、74的描述，认为被告防盗门上锁的连接方式上与专利权利要求2、3所描述的连接方式存在不同。但专利权利要求1中所述区别特征中的连杆是锁的不可分割的一部分，被告制造了该连杆，其实施的侵权行为就不仅限于使用，而是制造、销售。

（二）外观设计专利权的权利范围

由于外观设计是以产品的形状、图案和色彩等因素及这些因素的不同结合而构成，使用于申请中指定的产品之上，而这些形状、图案和色彩难以用文字说明，所以外观设计专利申请文件中没有说明书和权利要求书，只有体现外观设计的图片或照片。因此，外观设计专利权保护范围的确定，与发明、实用新型专利权保护范围的确定是不同的。

我国《专利法》第59条第2款规定："外观设计专利权的保护范围以表示在图片或者照片中该产品的外观设计为准，简要说明可以用于解释图片或者照片所表示的该产品的外观设计。"这一规定表明，外观设计专利权的保护范围，以体现该产品外观设计的图片或照片为基本依据，而简要说明则可以用于理解该外观设计的保护范围。早期的外观设计专利保护法不允许对外观设计的图形作任何说明，但后来人们认识到必要的文字说明还是必需的，因此各国开始将文字说明写入专利法中。关于简要说明的作用，可以参见本书"权利要求"一章。

案例81 | 赵景霞诉北京龙山泉饮料厂外观设计侵权案〔30〕
外观设计专利权的保护范围采用以交存的照片或图片为准

被告生产的黑加仑饮料上的瓶贴与原告外观设计专利相比，形状相同，构图相似，主要色彩相同或近似，仅有部分色彩及文字存在不同。法院认定被告生产的黑加仑饮料上的瓶贴与原告外观设计专利相似，已落入原告专利权的保护范围，构成对原告专利权的侵犯。

〔29〕 参见北京市第二中级人民法院民事判决书（2004）二中民初字第120号。
〔30〕 北京市第二中级人民法院民事判决书（2003）二中民初字第5915号。

1. 外观设计产品认定

外观设计是应用于产品之上的，所以在确定外观设计专利权的保护范围时，存在这样一个问题：应当以什么产品为准？美国的一个案例指出："在对外观设计侵权进行分析时，仅仅将被控侵权产品和外观设计专利的附图进行比较是远远不够的。"〔31〕根据我国《专利法》第31条第2款和第59条第2款规定，一件外观设计专利应当限于一种产品所使用的一项外观设计，外观设计专利应当在指定的产品范围内受保护。也就是说，外观设计专利权的保护范围首先受产品范围限定，专利权人有权禁止第三人在与其专利产品相同或者同一类别产品上使用该外观设计。《澳大利亚外观设计法》第30条规定，任何人未经权利人的许可，将受保护的外观设计或者该外观设计的明显模仿应用于"该外观设计注册的物品"的为侵权。《日本外观设计法》也有规定，外观设计权人有以在指定产品上独占实施注册的外观设计或其类似外观设计的实施为业的权利。这意味着外观设计专利权的保护范围只及于申请时指定的产品。〔32〕

2. 产品范围的标准的确定

对于产品范围的标准，目前有两种观点。一种观点认为，参照商标侵权确定类似商品的标准，综合考虑专利产品与被控侵权产品的用途、功能、销售渠道、销售场所、竞争关系等因素；另一种观点认为，应当按照外观设计专利分类表。

笔者认为采取以上其中一种标准都有缺陷。（1）商标权是商品的标记权，其作用在于标识商品以避免商品来源混淆，而外观设计专利权则是使其产品的外表产生美感，提高产品竞争力的权利，两种权利的性质不同，因此，不能参照商标侵权确定的标准判定。如果法院在确定产品保护范围时再引入销售渠道、销售场所等标准，则会造成确定的产品保护范围大于授权和无效审查中所依据的产品范围，具有不稳定性，对相关公众不公平。（2）如果仅以《国际外观设计专利分类表》作为确定外观设计专利保护范围的唯一依据，而忽略我国一般消费者对商品分类理解，以及我国实行的有关商品分类方法的因素，则不能准确划分实际混淆的产品，从而过窄确定外观设计专利的保护范围。例如，某项外观设计专利是一种烟灰缸的外观，类似这样的设计在申请时即可被归入生活用品类，亦可能被划入艺术品类，如果仅以《国际外观设计分类表》的分类来确定其保护范围的话，该烟灰缸的外观设计专利权只能被限定在生活用品领域或艺术品领域，其保护范围显然过窄。〔33〕但如果在确定外观设计专利的保护范围时丝毫不考虑其授权时依据的产品分类标准

〔31〕参见［美］阿列克斯·夏妥夫：《1998美国联邦巡回上诉法院专利案件年鉴》，顾柏棣等译，知识产权出版社2000年版，第128页。

〔32〕参见汤宗舜：《专利法教程》（第3版），法律出版社2003年版，第229页。

〔33〕参见程永顺主编：《专利侵权判定实务》，法律出版社2002年版，第174页。

的话，也会因专利授权标准和专利保护范围确权标准不统一而难以确定一项外观设计专利的保护范围，可能会带有较大的主观性和任意性。

因此，在使用《国际外观设计分类表》作为确定外观设计专利保护范围的大前提下，应当根据商业上对商品的分类和消费者的消费理念，判断该种产品是否属于“同类产品”，在市场上是否实际造成混淆，是否实际影响到外观设计产品的市场份额。对于同类产品，2001 年《专利法实施细则》第 36 条规定：“专利法第三十一条所称的同一类别，是指产品属于分类表中同一小类……”国家知识产权局发布的《专利审查指南》更明确规定：“所谓相近似的物品，基本上是指同一类的产品。”

案例 82 | 李某诉某广告艺术公司“立体贺年卡”外观设计侵权案

属于不同小类的外观设计产品属于不同产品

原告李某享有“立体贺年卡”外观设计专利权，起诉被告某广告艺术公司制造、销售的“立体日历”侵犯其专利权。法院认为，原告的专利产品“贺年卡”属《国际外观设计分类表》第 19 大类中的 01 小类，被告产品“日历”则属《国际外观设计分类表》第 19 大类中的 03 小类，故被告的产品没有落入原告外观设计专利的保护范围，侵权不成立。[34]

此外，外观设计专利权的保护范围除相同的外观设计外，还应包括实质上相同的外观设计。TRIPs 第 26 条第 1 款规定：“受保护的工业设计的所有权人有权阻止第三方未经所有权人同意而生产、销售或进口所载或所含设计是一受保护设计的复制品或实质上是复制品的物品……”把实质上相同的外观设计包括在保护范围内，主要是因为外观设计实质上相同，就会使消费者容易混淆，破坏对外观设计专利权的保护。

值得注意的是，以专利方式保护外观设计要优于用版权方式保护外观专利。在专利权的保护下，其他任何人未经专利权人许可，只要在指定产品上载有或者体现与受保护的外观设计相同或实质上相同的外观设计，即使他人的外观设计不是抄袭或者模仿而是他独创的，也都落入外观设计专利权的保护范围。而用版权保护的情形，只要作者的作品具有独创性，没有明显的抄袭和模仿，即使与他人的外观设计实质上相同，也能享有版权的保护，不构成对他人版权的侵犯。[35] 由此可见，以专利的方式对外观设计进行的保护是绝对的。

---

〔34〕 参见北京市高级人民法院知识产权庭编：《北京知识产权审判案例研究》，法律出版社 2000 年版，第 417 页。

〔35〕 参见汤宗舜：《专利法教程》（第 3 版），法律出版社 2003 年版，第 229 页。

三、侵权行为的判定

(一)专利权有效原则

专利权有效原则是侵权行为判定的首要原则。前面已有介绍,专利侵权行为的构成要件之一即专利侵权的客体必须是受到我国《专利法》保护的有效专利权。实施已经过了保护期、已被宣告无效或者专利权人放弃的专利,或者是一项外国专利,都不构成专利侵权行为。

在司法实践中,专利侵权诉讼往往伴随着专利权的无效宣告程序。为了协调好侵权诉讼与专利权无效宣告程序的关系,1985 年最高人民法院《关于开展专利审判工作的几个问题的通知》(已经失效)做了以下规定:人民法院在审理专利侵权诉讼中,遇有被告反诉专利权无效时,应当告知被告依照《专利法》第 48 条和第 49 条规定办理;在此期间,受理侵权诉讼的人民法院可据《民事诉讼法》的规定中止诉讼,待专利有效或无效的问题解决后,再恢复专利侵权诉讼。据此,人民法院为避免判决与复审决定相左,维护法院判决的稳定性,一般都适用了中止审理程序。

但是,由于当时提起专利无效宣告程序的期限在法律上未作限定,许多中止审理的案件必须经过相当长一段时间才能恢复审理,而这一段时间,却往往又被侵权人利用,因而出现种种负面影响。对此,最高人民法院 2001 年通过的《关于审理专利纠纷案件适用法律问题的若干规定》第 8 ~ 11 条对提起专利无效宣告程序的期限做了详细的规定,侵犯实用新型、外观设计专利权纠纷案件的被告请求中止诉讼的,应当在答辩期内对原告的专利权提出宣告无效的请求,在答辩期后请求宣告专利无效的,人民法院不应当中止诉讼;人民法院受理的侵犯发明专利权纠纷案件或者经复审委审查维持专利权的侵犯实用新型、外观设计专利权纠纷案件,被告在答辩期内请求宣告专利无效的,法院可以不中止诉讼。

由此可见,专利权的有效是在司法实践中判断专利侵权应当考虑的重要因素。

(二)全面覆盖原则

全面覆盖原则,又称全部技术特征覆盖原则或字面侵权原则,是指被控侵权产品或方法的技术特征包含了专利独立权利要求中记载的全部必要技术特征,据此判定被控侵权产品或方法落入专利权保护范围、侵权行为成立的原则。

最高人民法院《关于审理侵犯专利权纠纷案件应用法律若干问题的解释》第 7 条规定:“人民法院判定被诉侵权技术方案是否落入专利权的保护范围,应当审查权利人主张的权利要求所记载的全部技术特征。被诉侵权技术方案包含与权利要求记载的全部技术特征相同或者等同的技术特征的,人民法院应当认定其落入专利权的保护范围;被诉侵权技术方案的技术特征与权利要求记载的全部技术特征相比,缺少权利要求记载的一个以上的技术特征,或者有一个以上技术特征不相同也不等同的,人民法院应当认定其没有落入专利权的保护范围。”

根据上述法律规定,适用全面覆盖原则认定侵权,包含了以下几种情况:[36] (1)侵权产品或方法的技术特征与专利权利要求书记载的必要技术特征一一对应并且完全相同。所谓完全相同,是指侵权产品或方法技术特征与专利权利要求书记载的技术特征相比,其专利权利要求书要求保护的全部必要技术特征均被侵权产品的技术特征所覆盖。(2)侵权产品或方法的技术特征多于专利权利要求书记载的必要技术特征。侵权产品或方法的技术特征与专利权利要求书记载的技术特征相比,不仅包含了专利权利要求书中的全部必要技术特征,而且增加了新的技术特征。(3)侵权产品或方法的技术特征与专利权利要求书记载的必要技术特征不同部分属于等同手段替换。侵权产品或方法的技术特征与专利权利要求书记载的技术特征相比,虽然构成两者的技术特征内容有所不同,但经过比较,不同的技术特征属于等同技术手段代替。(4)侵权产品或方法中缺少专利独立权利要求中记载的附加技术特征。侵权产品或方法的技术特征与专利的技术特征相比,虽然缺少独立权利要求中的部分技术特征,但缺少的技术特征经过分析,明显属于附加技术特征,不应当作为该专利的必要技术特征对待。(5)专利独立权利要求中技术特征使用的是上位概念,而侵权物种出现的技术特征则是上位概念下的具体概念。

案例83 | "密封电驱动压缩机的热保护器"发明专利侵权案[37]
专利侵权判定适用全面覆盖原则

涉案专利"密封电驱动压缩机的热保护器"发明专利有10个技术特征,被控侵权也有10个技术特征,经比对,被控侵权产品的技术特征a、b、c、d、e、f、g分别与涉案专利权利要求1的技术特征A、B、C、D、E、F、G相同。被控侵权产品的技术特征h1与权利要求1的技术特征H相同,被控侵权产品技术特征i、j分别是权利要求1中技术特征I、J的一种具体实现形式,技术特征i、j与技术特征I、J构成相同技术特征。因此,被控侵权产品的技术特征已经完全覆盖了涉案专利独立权利要求1记载的全部技术特征,构成对涉案专利权的侵犯。

(三)技术特征完整对待

权利要求通常由多个技术特征所构成,发明的技术构思、创新实质体现在一个个看似独立的技术特征中。一方面,每个技术特征的存在都是为发明的整体构思、所解决的技术问题服务;另一方面,单个技术特征本身也往往并不能独立产生技术效果、解决技术问题,它需要与其他的技术特征一起形成一个相对完整的技术手

---

〔36〕 参见冯晓青主编:《专利侵权专题判解与学理研究》,中国大百科全书出版社2010年版,第4页。
〔37〕 参见上海市第一中级人民法院民事判决书(2003)沪一中民五(知)初字第126号。

段,从而在整个技术方案中发挥特定的功能作用。因此,对技术特征含义的理解不能脱离整个发明的技术构思和技术问题,而需把技术特征融入发明整体构思中加以考虑,并且结合与之紧密联系、共同形成技术手段的相关技术特征进行整体把握,在此基础上来界定技术特征的含义。在解读权利要求的技术特征、尤其对于说明书中没有明确含义阐释的自造词这类词语时,不应仅注重其表面文字含义,而要看其含义是否能够适应发明的整体技术构思,以及其是否能与其他技术特征相互关联共同解决发明要解决的技术问题,由此力图将技术特征作为技术构思的一个有机组成部分来进行考量,避免片面地看待孤立的技术特征,以免对技术特征产生片面的理解,导致在创造性判断时对技术特征进行机械的文字对比,从而造成评判上的偏差。〔38〕

(四)等同原则

在前面介绍确定专利权利保护范围的原则时,已经提到过等同原则。等同原则,是指被控侵权产品或方法中有一个或一个以上技术特征与专利独立权利要求保护的技术特征相比,从字面上看不相同,但经过分析认为,两者实际上是相等同的技术特征,由此认定被控侵权产品或方法落入了专利权的保护范围,从而构成专利侵权行为。等同侵权的判定以相同侵权(全面覆盖原则)的判定为前置程序,当适用全面覆盖原则判定被控侵权产品或方法不构成侵犯专利权的情况下,才适用等同原则进行侵权判定。一般认为等同原则起源于美国,美国联邦最高法院正式确认等同原则的判例是1853年的威南诉丹麦德一案。〔39〕该案中,威南设计了一种呈圆锥形的、可以平均分配压力的车厢,该车厢获得了专利。丹麦德设计了一种车厢,该车厢的上部呈八角形,下部为倒金字塔形。威南诉丹麦德专利侵权。一审法院认为,威南的专利权利要求规定车厢为圆锥形,丹麦德设计的车厢不是圆锥形,所以侵权不成立。美国联邦最高法院认为,专利权人不可能造出一个绝对的圆锥体;如果被告的车厢的形状已经与圆锥体足够接近,它的功能和效果与专利基本一样,法院应该判定专利侵权成立。

专利法采用等同原则的最根本原因应该是语言本身的局限性。申请人事先很难通过语言准确地表述其发明的每一个细枝末节及每一个可能的变通方案。另外,技术本身的进步也会不断对权利人事先界定保护范围的努力构成意想不到的威胁。在以上背景下,如果法院僵化地强调权利要求的字面含义,容忍专利侵权人对权利要求中的某些要求进行非实质性的替换,从形式上超出权利要求的范围,则很容易架空权利人的专利,使发明人的预期利益得不到保护,从而打击发明人公布

---

〔38〕 参见赵锴:《结合发明构思准确理解技术特征的含义》,载《中国知识产权报》2016年7月21日,第9版。

〔39〕 See Winans v. Denmead. 56 U. S. 15 How. 303(1853).

发明的积极性,这从根本上违背了专利法的立法目的。[40]

2001 年最高人民法院在《关于审理专利纠纷案件适用法律问题的若干规定》中提出了等同原则。我国在《专利法》第三次修改后,2009 年最高人民法院在《关于审理侵犯专利权纠纷案件应用法律若干问题的解释》第 7 条第 2 款再次确认了等同原则的适用:"被诉侵权技术方案包含与权利要求记载的全部技术特征相同或者等同的技术特征的,人民法院应当认定其落入专利权的保护范围"。这一解释消除了法院在解释权利要求时忽略所谓"非必要技术特征"的可能性,进一步确立了全部要素规则。[41]

在适用等同原则时,要坚持专利侵权判断的"全部要素"规则,即首先对权利要求进行分解,确定全部技术特征,然后将被控侵权的方案所包含的技术特征与权利要求中的技术特征一一比对,看被控侵权方案中的替代性特征是否构成对专利权利要求中的特征的等同替换。如果被控侵权方案中缺少任何一项对应的技术特征,则对比结束,等同原则不适用。全部要素规则要求权利要求中的每一个技术特征都能在被控侵权方案中找到对应的相同或者等同的技术特征。这一规则有效地限制了等同原则的过度扩张。

在适用等同原则的同时要特别注意以下几点:

(1)"等同原则"中"等同"的技术特征,作为本领域的普通技术人员阅读了专利权利要求书之后,无须经过创造性劳动就能够联想到这种等同替代物。即判断侵权物种的技术特征是否属于专利技术中某项必要技术特征的等同替代物时,应当从该争议的技术所属的技术领域的普通技术人员的技术水平出发。当被控侵权物所采取的等同手段或者使用的等同物作为该领域的普通技术人员很容易想到、显而易见时,则应认定被控侵权物使用了等同物。

(2)适用等同原则判断等同侵权的时间界限应以侵权行为发生之日为准,而不是以专利申请日或者专利公开日为准。因为发明专利保护期为 20 年,实用新型专利保护期为 10 年,在如此长的专利保护期限内,随着科学技术的快速发展,可能会出现一些专利申请或者专利公开的尚未认识到的等价手段。若不将判断等同侵权的时间界限划在侵权行为发生之日,那么一旦出现新的等价手段,侵权者就可以利用它来替代权利要求中的相应技术特征,从而逃避侵权责任。[42]

(3)"等同原则"中视为"等同"的技术特征,包括专利独立权利要求的各项技术特征。即被认为是等同物的技术特征可能是专利权利要求中的区别技术特征,也可能是专利权利要求中前序部分的公知技术特征。

---

〔40〕 参见崔国斌:《专利法——原理与案例》,北京大学出版社 2012 年版,第 589 页。

〔41〕 参见崔国斌:《专利法——原理与案例》,北京大学出版社 2012 年版,第 590 页。

〔42〕 参见冯晓青主编:《专利侵权专题判解与学理研究》,中国大百科全书出版社 2010 年版,第 6 页。

(4)“等同原则”中的“等同”,指的是技术方案中具体技术特征的技术功能、作用的等同,而不是侵权物和专利两个技术方案的整体等同。等同物应当是指侵权物中替代专利权利要求中的技术特征,并非指整个侵权物将专利技术方案全部替换。

(5)“等同原则”中“等同”的技术特征,与被替代的专利权利要求中记载的技术特征相比,以基本相同的手段、实现基本相同的功能、达到基本相同的效果,这就要求必须逐一将等同技术特征与被替代的技术特征进行对比,并作出认定。对比的结果如果达到了 3 个“基本相同”,则成为适用等同原则的一个重要条件。

(6)等同原则是一种裁判方法,法官在裁判中可以主动适用。但是,应当指出,等同与否的认定过程也是一个证明和论证的过程,因此法官主动适用应遵循谦抑精神。

※思考问题:等同原则在专利侵权与专利审查当中的适用有什么异同?

案例 84 | 美国格里夫油罐案[43]
要素等同

在 1950 年的格里夫油罐案中,美国法院认定被控物中的镁和涉案专利中的锰为要素等同,侵权成立。

案例 85 | “一种防治钙质缺损的药物及其制备方法”发明专利侵权案[44]
利用鉴定方法证明“等同”并不恰当

涉案专利权利要求 1 为“一种防治钙质缺损的药物,其特征在于:它是由下述重量配比的原料制成的药剂:活性钙 4 ~ 8 份,葡萄糖酸锌 0.1 ~ 0.4 份,谷氨酰胺或谷氨酸 0.8 ~ 1.2 份”。被控物成分为:每 10ml 含葡萄糖酸钙 600mg、葡萄糖酸锌 30mg、盐酸赖氨酸 100mg。一审、二审法院认为,活性钙与葡萄糖酸钙(经鉴定)、盐酸赖氨酸与谷氨酸等同,被控物构成对涉案专利的侵权。最高人民法院再审认为,依据禁止反悔原则,活性钙不包括葡萄糖酸钙,也不与葡萄糖酸钙等同;虽然国家药监局文件公布了可以“用盐酸赖氨酸 10g 代替谷氨酸 10g”,但这并不成立专利法意义上的等同替换。故被控物与涉案专利不等同,侵权不成立。

(五)禁止反悔原则

任何发明人要将自己的发明创造申请专利,都试图得到一个较宽的保护范围,

[43] See Graver Tank & Mfg. Co. v. Linde Air Products Co. 339 U. S. 605(1950).

[44] 参见最高人民法院民事判决书(2009)民提字第 20 号,河北省高级人民法院民事判决书(2007)冀民三终字第 23 号,河北省石家庄市中级人民法院民事判决书(2006)石民五初字第 00169 号。

但是,如果专利权利要求限定的保护范围过宽,就会侵害公众利益。因此,专利申请人为了获得专利权,有时不得不按照国务院专利行政部门审查员的意见,对专利权利要求中一些保护范围过宽、模糊的技术特征及相似的技术方案、技术特征作出说明,在说明过程中不得不在技术上作出一些放弃、修改、承诺。而专利权人一旦这样做了,其在申请过程中已经放弃的东西,在专利侵权诉讼中不能允许专利权人再捡回来,即专利权人不能出尔反尔。这就是所谓的"禁止反悔原则"。最高人民法院《关于审理侵犯专利权纠纷案件应用法律若干问题的解释》第 6 条明确规定了禁止反悔原则:"专利申请人、专利权人在专利授权或者无效宣告程序中,通过对权利要求、说明书的修改或者意见陈述而放弃的技术方案,权利人在侵犯专利权纠纷案件中又将其纳入专利权保护范围的,人民法院不予支持"。

禁止反悔原则旨在防止专利权人采用出尔反尔的策略,即在专利审批过程中为了获得专利权而对其保护范围进行了某种限制,或者强调权利要求中某个技术特征对于确定其新颖性、创造性如何重要;到了侵权诉讼时又试图取消所做的限制,或者强调该技术特征可有可无,试图扩大其保护范围。

禁止反悔原则在许多国家的专利诉讼中得到了广泛应用,如在美国专利侵权诉讼中禁止反悔原则被称为"审批过程中导致的禁止反悔"。2002 年美国联邦最高法院作出的一个判决中,法院即指出,这个案件要求我们审视等同原则和禁止反悔之间的关系,禁止反悔是专利解释规则,以保证权利要求的解释应参考那些被取消或者拒绝的文件。[45] 在我国,一些地区的法院和专利行政部门在专利侵权纠纷案件的审判和处理实践中也已经作出了一些使用禁止反悔原则的判例。

在专利侵权判定中,适用禁止反悔原则应当注意以下几点:(1)专利权人对有关技术特征所做的限制承诺或者放弃必须是明示的,而且已经被记录在专利文档中。(2)专利权人作出限制承诺或者放弃保护的技术内容,必须对专利权的授予或者维持专利权有效产生了实质性作用。(3)在侵权诉讼中,被告不请求适用"禁止反悔原则"时,法院不应主动适用这一原则。当被告提出请求适用"禁止反悔原则"时,他必须提供专利权人在专利申请或者专利无效审查过程中所作出的承诺、认可、放弃、修改等专利文档加以证明,这样才能经过庭审质证,查清专利的保护范围,最终认定是否构成专利侵权。

---

〔45〕 See Festo Corp. v. Shoketsu Kinzoku Kogyo Kabushiki Co. ,535 U. S. 722(2002).

案例 86 | “变色笔”专利侵权案[46]
禁止反悔原则的适用

被告生产的“多色笔的技术特征”，即在一支笔杆内有多支笔芯，每支笔芯与笔尖相同，每个笔尖之间互不接触，笔尖之间用粘胶填充间隙和相互固定。由于原告在专利申请中已经明确陈述“多头笔”与“变色笔”专利技术的不同，否则其不可能获得专利权，根据禁止反悔原则，法院认定被告生产“多色笔”不构成对原告“变色笔”专利权的侵犯。

（六）多余指定原则

多余指定原则，是指在专利侵权判定中，在解释专利独立权利要求和确定专利权保护范围时，将记载在专利独立权利要求中的明显附加技术特征（多余特征）略去，仅以专利独立权利要求中的必要技术特征来确定专利权保护范围，判定被控侵权物（产品或方法）是否覆盖专利权保护范围的原则。

根据专利侵权判定中全面覆盖原则，如果侵权物的技术特征比专利少了一个以上必要技术特征则不构成专利侵权。我国《专利法》规定，独立权利要求中记载的应当是为了实现发明目的的必要技术特征，但是，这并不等于在每一个具体的专利申请案中，独立权利要求中记载的技术特征实际上都是必要技术特征。专利权人在现实中由于申请时的疏忽，而将应当为从属权利要求的非必要附加技术特征也写进独立权利要求，在这种情况下，为了充分保护专利权人的合法权利，中国一度在专利司法实践中引入了德国司法中承认的“多余指定原则”。它是指当专利独立要求中记载了与完成发明目的无关的附加技术特征时，如果被告在被控侵权产品或方法中故意未实现该附加技术特征，而将其独立权利要求中记载的必要技术特征全部实现了，仍可以认定被告构成专利侵权。

目前，多余指定原则在许多国家尚未得到认可，如日本、美国等国认为：[47]凡专利权人在权利要求书中记载的技术特征，无论其在实现发明目的方面是否重要，为了确保执法的统一性，均应当被视为必要技术特征，如因专利权人自身的失误而误增非必要技术特征，只能由其承担因此造成的损失。而我国北京市高级人民法院在其下发的《专利侵权判定若干问题的意见（试行）》中规定在专利侵权审判过程中适用多余指定原则，对专利权人提供了充分的保护。

[46]　参见程永顺：《专利纠纷与处理》（第 2 版），知识产权出版社 2011 年版，第 116 页。
[47]　参见王凌红：《专利法学》，北京大学出版社 2007 年版，第 199 页。

案例 87 周林频谱仪多余指定案〔48〕
多余指定原则的适用

原告专利的独立权利要求中有一项关于立体声放音系统的技术特征。被控侵权产品具备了原告权利要求里除放音系统以外的所有其他特征。法院认为,从该专利的发明目的来看,这项技术特征不具备完成专利发明目的所必不可少的功能和作用。缺少了这项特征,不影响频谱治疗仪的功能和作用,也不影响整个技术方案的完整性。最终法院认定,缺少了这一项非必要技术特征,被控产品仍然构成侵权。

案例 88 大连仁达新型墙体建材厂诉大连新益建材有限公司侵犯专利权纠纷案〔49〕
多余指定不再适用

涉案专利权利要求书的内容为:一种混凝土薄壁筒体构件,它由筒管和封闭筒管两端管口的筒底组成,其特征在于所述筒底以至少二层以上的玻璃纤维布叠合而成……与涉案专利相比,被控侵权产品的筒管部分少一层玻璃纤维布,筒底部分没有玻璃纤维布。一审法院认为,玻璃纤维层数量多少不引起功能的本质变化,被控产品与涉案专利构成等同技术,侵权成立。二审维持原判。再审法院认为,被控侵权产品与涉案专利不构成等同,侵权不成立。最高人民法院在判决中指出,不赞成轻率地借鉴适用所谓的"多余指定原则"。

(七)改劣发明侵权

被控物对权利要求中的某一项特征进行了替换,或者故意省略专利权利要求中个别必要技术特征,替换后的效果要劣于专利技术,这种情况一般构成侵权。改劣发明之所以侵权,是因为专利说明书只列出优选方案,并没有列出全部可行的技术方案。按照常理,改劣方案应当大概率被发明人实验过,因为只有经过比较,才可能得到优选方案。

---

〔48〕 参见北京市中级人民法院民事判决书(1993)中经知初字第 704 号。

〔49〕 参见最高人民法院民事判决书(2005)民三提字第 1 号,辽宁省高级人民法院民事判决书(2004)辽民四知终字第 67 号。

案例 89 | 1988 年的美国来川公司诉剑桥钢丝布公司案[50]
改劣发明侵权

原告的专利涉及一种由链环组成的传送带,其权利要求规定链环之间的距离比链环的宽度略微大一点。专利说明书显示,链环之间的距离和宽度的比例是 1.06∶1。被控物链环之间的距离和宽度的比例是 1.35∶1。被告认为,被控物已经不是比每个链环宽度大一点了,而是大出很多,因此不应该构成侵权。美国联邦巡回上诉法院认为,权利要求的设计是为了使传送带减少弯曲度和增加抗切强度,被控物也有类似的特性,只不过效果差不少。法院经过比较被控物与专利的技术特征,认为被控物构成了等同侵权。

四、外观设计侵权判定

根据《专利法》第 11 条第 2 款的规定,外观设计专利权被授予后,任何单位或者个人未经专利权人许可,都不得实施其专利,即不得为生产经营目的制造、销售、进口其外观设计专利产品。否则,即构成侵犯他人外观设计专利权。由于外观设计不同于发明和实用新型,故其侵权判断的方法也有所不同。

判定外观设计专利侵权行为时,除应将被控侵权产品上的设计与被授予专利权的外观设计进行比对之外,还应当对被控侵权产品与外观设计专利产品是否相同或近似进行比较。因此,在未经专利权人许可,也不具有其他合法依据的情形下,在相同或者相似产品上使用与外观设计专利相同或近似的设计即构成外观设计专利侵权。根据以上内容,确定外观设计专利侵权应从两方面进行判断。

(一)确定被控侵权产品和外观设计专利产品是否属于相同或相似产品

根据最高人民法院《关于审理侵犯专利权纠纷案件应用法律若干问题的解释》的规定,对于产品的种类是否相同或相似,人民法院应当根据外观设计产品的用途来判定。用途、功能完全相同的产品为相同产品;用途相同但功能有所不同的产品为相似产品。[51] 而确定产品的用途,可以参考外观设计的简要说明、《国际外观设计分类表》以及产品销售、实际使用的情况等因素综合考察。

判断被控侵权产品与外观设计专利产品是否构成相同或近似,应当以普通消费者的眼光和审美观察能力为标准,不应当以该外观设计专利所属领域的专业设计人员的眼光和审美观察能力为标准。最高人民法院《关于审理侵犯专利权纠纷案件应用法律若干问题的解释》第 10 条规定:"人民法院应当以外观设计专利产品的一般消费者的知识水平和认知能力,判断外观设计是否相同或者近似。"这里的普通消费者是指该外观设计专利同类产品或者类似产品的购买群体或者使用群

---

[50] See Laitram Corp. v. Cambridge Wire Cloth Co. ,863 F. 2d 855.

[51] 参见王凌红:《专利法学》,北京大学出版社 2007 年版,第 200 页。

体。因为只有购买商品或者使用商品的消费者,才能对该产品与同类其他产品的相同或近似作出比较和判断。作为某一类商品的观察者,能够看到该产品的人并不一定是这类商品的消费者,也就是说,不同商品有不同的消费者,在进行判断时要根据个案的产品去划定其消费者群体。

案例90 | 广东康宝电器厂诉广州航海仪器厂消毒柜外观设计侵权案〔52〕
判定侵权应以普通消费者的眼光和审美观察能力为标准

被控侵权产品的外观与涉案专利图片中的外观相比较,两者的名称均为消毒柜,其功能均是消毒。被告的产品增加了臭氧消毒功能。从几何形状来说,两者都是竖长方体矩形圆角设计,消费者购买时易见部分和创新之处主要是边角、门把手、电器开关配件部位、装饰带及它们的组合。两者的设计风格及形状基本上是相同的。被控侵权产品为了增加消毒方式而设计了两个门,使之与涉案专利产生了一些差异,但是这些细微差异对一般消费者的视觉影响不大,并不影响整体视觉效果的近似性。因此,被告的产品构成侵权。

(二)确定被控侵权产品与外观设计专利产品所使用的设计是否相同或近似

根据最高人民法院《关于审理侵犯专利权纠纷案件应用法律若干问题的解释》的规定,人民法院认定外观设计是否相同或者近似时,应当根据授权外观设计、被诉侵权设计的设计特征,以外观设计的整体视觉效果进行综合判断。也就是说,在外观设计侵权判定中,法院应当以专利外观设计的整体为准,即组成外观设计的各个外观设计要素应当作为一个完整的对象,而不存在对单独要素的保护,也不存在对基于某些要素组合的保护。

在专利外观设计与被控侵权涉及相比较后,判断是否相同或近似时,法院一般应把握以下标准:〔53〕(1)如果二者的全部构成要素相同或者近似,应当认为二者是相同的外观设计。如果二者的全部构成要素不相同或不相近似,法院应当认为二者是不相同的外观设计。(2)如果构成要素中的主要部分(要部)相同或相近似、次要部分不同,应当认为是二者相近似的外观设计。(3)产品的大小、材料、内部构造和性能不能作为二者不相同或不相近似的判定依据。但是,可以考虑各部分之间的比例因素。此外,在认定被控侵权产品与专利外观设计相同或相近似时,

〔52〕 参见广东省广州市中级人民法院民事判决书(1994)穗中法经初字第53号,广东省高级人民法院民事判决书(1996)粤知终字第15号。

〔53〕 参见冯晓青主编:《专利侵权专题判解与学理研究》,中国大百科全书出版社2010年版,第143页。

法院可以邀请若干相关产品的消费者,以肉眼观察、间接比对的方式进行判断。肉眼观察是指在比较时,如果消费者对两个产品的外观设计所产生的视觉效果是相同的或相近似的,就可以认为二者是相同或相近似的外观设计。间接比对则是指在比较时不能将两件产品放在一起进行比较,而是在时间或者空间上有一定间隔的情况下进行比较,这种比较方法同消费者购买产品的过程是相似的。以上两种用相关消费者的眼光对被控侵权产品与外观设计专利产品是否相同或相似进行判断得出的结论,可以供法庭作出是否侵权结论时参考。

第四节　侵犯专利权的民事责任

侵害专利权的民事责任是指民事主体因实施《专利法》等法律规定的侵权行为而应承担的民事法律后果。侵犯专利权引起的民事责任,适用《侵权责任法》的一般规定,即第 15 条规定的 8 种承担侵权责任的方式,上述承担侵权责任的方式,可以单独适用,也可以合并适用。可能适用于专利侵权的责任形式主要有停止侵权、赔偿损失、赔礼道歉、消除影响、恢复名誉。也有人认为,排除妨碍也可以是责任形式,〔54〕但没有取得共识。

一、停止侵害

停止侵害,国外一般称之为禁令,是指责令侵权行为人停止其侵权行为的一种责任形式,如停止制造专利产品、停止使用专利方法、停止销售专利产品等。TRIPs 第 44 条就是禁令的内容。〔55〕只要被告实施了或正在实施侵害专利权的违法行为,专利权人就有权要求侵权人停止侵权行为。停止侵权也应当适用于对侵权人将来侵权行为的喝阻,这符合停止侵权的原本含义。〔56〕当然,如果被控侵权人继续进行侵权行为,专利权人执行停止侵权的判决仍然需要进行相应的举证,否则法院很难执行,这样与重新起诉并无多大区别,所以实务中停止侵权的判决执行得很少,权利人通常选择重新起诉,以前的判决通常作为侵权人恶意侵权的重要证据,

---

〔54〕 参见陈锦川:《试论我国知识产权请求权的初步确立》,载《人民司法》2002 年第 10 期。

〔55〕 TRIPs 第 44 条(禁令)规定:"1. 司法机关有权责令一当事方停止侵权,特别是有权在结关后立即阻止涉及知识产权侵权行为的进口货物进入其管辖范围内的商业渠道。如受保护的客体是在一人知道或有合理的根据知道从事该客体的交易会构成知识产权侵权之前取得或订购的,则各成员无义务给予此种授权。2. 尽管有本部分其他条款的规定,但是只要符合第二部分专门处理未经权利持有人授权的政府使用或政府授权的第三方使用而作出的规定,各成员可将针对可使用的救济限于依照第 31 条(h)项支付的报酬。在其他情况下,应适用本部分下的救济,或如果这些救济与一成员的法律不一致,则应采取宣告式判决,并应可获得适当的补偿。"

〔56〕 参见张玲:《论专利侵权诉讼中的停止侵权民事责任及其完善》,载《法学家》2011 年第 4 期。

侵权人可能面临更重的判罚。

停止侵权的实施方式包括:(1)停止侵权的行为,即停止实施专利的行为,包括制造、使用、销售、许诺销售、进口等行为;(2)对于产品专利,或者方法延及产品的,除非取得专利权人的同意或者许可,侵权人应当清除库存产品,有时候应当追回还在市场流通的侵权产品;(3)法院还可以责令将制造侵权产品的专用设备、侵权产品移交给原告,或者责令被告进行销毁。

不适用停止侵权的情形。如果原告的专利在被告生产的产品中只占很小一部分价值时,责令被告停止侵权,将会给被告带来巨大损失。此时,就可以用支付合理使用费的方式代替停止侵权。实际上,类似的处理方式在我国的《计算机软件保护条例》中已经得到确认。该条例第30条规定:"……如果停止使用并销毁该侵权复制品将给复制品使用人造成重大损失的,复制品使用人可以在向软件著作权人支付合理费用后继续使用。"若判令被告停止侵权将会影响公共利益时,法院就不应再支持原告的诉求。

案例91 | 珠海市晶艺玻璃工程有限公司诉深圳市机场等侵犯专利权纠纷案〔57〕

为了公共利益不判决停止使用专利

晶艺公司诉深圳机场、北方公司玻璃幕墙连接装置侵犯专利权,请求法院判令两被告停止侵权行为,赔偿原告经济损失并向原告支付专利技术使用费共计50万元。法院认定两个被告均构成专利侵权,判决被告北方公司立即停止侵权,赔偿原告晶艺公司经济损失25万元;判决被告深圳机场支付专利使用费15万元,但不支持原告请求深圳机场停止侵害的诉求。法官认为判令深圳机场停止使用涉案专利产品意味着要拆除已经建好的工程,使社会利益蒙受巨大损失。二审期间,经法院主持调解,北方公司同意一次性支付晶艺公司经济补偿费用25万元。

二、赔礼道歉〔58〕

《民法通则》第118条规定:"公民、法人的著作权(版权)、专利权、商标专用权、发现权、发明权和其他科技成果权受到剽窃、篡改、假冒等侵害的,有权要求停止侵害、消除影响、赔偿损失。"

赔礼道歉是指责令侵权行为人向受害人正式承认错误并表示歉意的民事责任形式,是我国法特有的一种责任形式。赔礼道歉有两种形式:一是在法庭上,加害

〔57〕 参见广东省深圳市中级人民法院民事判决书(2004)深中法民三初字第587号。

〔58〕 参见廖志刚:《侵害专利权的民事责任研究》,载《西南民族大学学报》(人文社科版)2007年第2期。

人当庭向受害人赔礼道歉,请求谅解。受害人同意接受的,法庭应当记录在案。二是书面道歉。如果受害人拒不当庭接受赔礼道歉,或者坚持书面道歉的,加害人应起草赔礼道歉启事,在传播媒体上公布;拒不履行的,由人民法院以加害人名义进行,费用由加害人承担。

三、消除影响

消除影响是指侵权人因其行为给权利人造成不良影响而应承担的以一定方式澄清事实,还原真相,消除不良影响的民事救济措施。消除影响,可以采取登报、公告、公布判决书等方式,其范围不应小于侵权行为影响的范围。对于侵害知识产权的行为而言,消除影响具有重要的实际意义。消除影响的方法可以有多种,但公开赔礼道歉无疑是消除影响的重要方法之一;而消除影响也兼具赔礼道歉的功能。

由此可见,赔礼道歉与消除影响有着密切的内在联系。但是,这两种责任形式是独立的民事救济措施,不能相互替代,各自有其适用的范围和条件。它们可单独适用,也可合并适用,甚至还可与停止侵害、损害赔偿等责任形式合并适用。

四、赔偿损失

赔偿损失是承担专利侵权责任的主要方式。专利侵权损害赔偿请求权,至少须满足以下要件:(1)侵权人的过错;(2)侵害专利权的事实(未经许可实施专利;《专利法》第11条、第60条);(3)损害事实;(4)因果关系;(5)不存在阻却侵权的事由。

我国2000年《专利法》才确立了专利侵权赔偿的规则。2000年《专利法》第60条规定:“侵犯专利权的赔偿数额,按照权利人因被侵权所受到的损失或者侵权人因侵权所获得的利益确定;被侵权人的损失或者侵权人获得的利益难以确定的,参照该专利许可使用费的倍数合理确定。”2008年做了一些修改,法条为第65条,具体内容为:“侵犯专利权的赔偿数额按照权利人因被侵权所受到的实际损失确定;实际损失难以确定的,可以按照侵权人因侵权所获得的利益确定。权利人的损失或者侵权人获得的利益难以确定的,参照该专利许可使用费的倍数合理确定。赔偿数额还应当包括权利人为制止侵权行为所支付的合理开支。权利人的损失、侵权人获得的利益和专利许可使用费均难以确定的,人民法院可以根据专利权的类型、侵权行为的性质和情节等因素,确定给予一万元以上一百万元以下的赔偿。”

可见,我国专利法确定的赔偿制度,有先后顺序。首先是按实际损失赔偿,其次是按侵权人获利赔偿,再次是参考许可合理倍数赔偿,上述方法都行不通的时候,由法官在法定限度内酌定赔偿。当然,赔偿方式的选择权还是在专利权人手上,也使这个顺序显得不重要了。

五、赔偿范围

(一)按实际损失赔偿

侵犯专利权的赔偿数额按照权利人因被侵权所受到的实际损失确定。这体现了损害赔偿的损失补偿原则。实际损失是指因侵权行为而导致的专利权人产品销售数量、销售额、销售利润及市场份额的减少。赔偿数额还应当包括权利人为制止侵权行为所支付的合理开支。

如何计算实际损失呢?权利人因被侵权所受到的实际损失可以根据专利权人的专利产品因侵权所造成销售量减少的总数乘以每件专利产品的合理利润所得之积计算。权利人销售量减少的总数难以确定的,侵权产品在市场上销售的总数乘以每件专利产品的合理利润所得之积可以视为权利人因被侵权所受到的实际损失。

合理开支包括制止侵权行为所支付的调查费、取证费、公证费、律师费等合理开支,诉讼费一般单列,不算在合理费用之内。

(二)按侵权人获利赔偿

《专利法》规定,专利权人实际损失难以确定的,可以按照侵权人因侵权所获得的利益确定。侵权所获利益,指侵权人因侵权行为直接获得的利益。

《专利法》第65条规定的侵权人因侵权所获得的利益可以根据该侵权产品在市场上销售的总数乘以每件侵权产品的合理利润所得之积计算。侵权人因侵权所获得的利益一般按照侵权人的营业利润计算,对于完全以侵权为业的侵权人,可以按照销售利润计算。

案例92　北京科锐配电自动化技术有限公司诉北京聚能达电力技术有限公司案[59]

以侵权获利作为赔偿额

北京市第一中级人民法院认定北京聚能达电力技术有限公司构成侵权,并判令它立即停止制造并销售侵权产品“短路故障指示器(电子型)”,赔偿经济损失48000元,具体数额以被告因侵权行为所获得的全部利润计算得来:$(240-150)\times60+(292-150)\times300=48000$元。

〔59〕　参见白光主编:《专利纠纷管理法律实案50例》,经济管理出版社2005年版,第280~285页。

案例93　正泰与施耐德专利侵权案〔60〕
达成全球和解

2006年7月,正泰集团以天津施耐德生产的断路器产品侵犯其97248479.5号实用新型专利权为由,诉至温州市中级人民法院,要求天津施耐德立即停止侵权,赔偿损失50万元。2007年2月,正泰集团以被告经审计确定的历年销售额推算天津施耐德获得的利润为依据,变更诉讼请求,将索赔数额增加至3.35亿元。2007年9月,温州市中级人民法院支持了正泰的诉讼请求。二审期间,天津施耐德与正泰集团亦达成调解协议:天津施耐德在调解书生效15天内向正泰集团支付补偿金人民币15750万元。

(三)参照该专利许可使用费的倍数赔偿

权利人的损失或者侵权人获得的利益难以确定的,参照该专利许可使用费的倍数合理确定。这里,许可合同应当是真实发生的,但并不以登记、备案为要。比如原告要提供证据证明许可费已经实际支付,而不是仅仅提供许可合同。参照是法院依职权主动适用,而不是依原告的请求进行的。参照的基础,还是前述的"损失"或者"获利"。至于许可费的"合理倍数"究竟多少为宜,由法院酌定。最高人民法院《关于审理专利纠纷案件适用法律问题的若干规定》(法释〔2015〕4号)第21条规定:"权利人的损失或者侵权人获得的利益难以确定,有专利许可使用费可以参照的,人民法院可以根据专利权的类型、侵权行为的性质和情节、专利许可的性质、范围、时间等因素,参照该专利许可使用费的倍数合理确定赔偿数额……"〔61〕

案例94　"混凝土桩的施工方法"专利侵权案〔62〕
参考专利许可使用费3倍及制止侵权应支付的合理开支酌定赔偿

宋某钢是涉案专利"混凝土桩的施工方法"的独家许可代理人,认为湛江三建、宋某淮和华坤公司未经其许可,在工程中使用了涉案专利,已构成侵权。一审法院参考专利许可使用费3倍及宋锦钢为制止侵权应支付的合理开支,酌定赔偿数额为50万元。二审维持原判。

〔60〕参见人民网知识产权:正泰和施耐德专利侵权案达成全球和解,新华网杭州4月15日电(记者黄深钢)。http://ip.people.com.cn/GB/9139794.html.

〔61〕参见最高人民法院《关于审理专利纠纷案件适用法律问题的若干规定》(法释〔2001〕21号)第21条规定:"被侵权人的损失或者侵权人获得的利益难以确定,有专利许可使用费可以参照的,人民法院可以根据专利权的类别、侵权人侵权的性质和情节、专利许可使用费的数额、该专利许可的性质、范围、时间等因素,参照该专利许可使用费的1至3倍合理确定赔偿数额……"

〔62〕参见广东省高级人民法院民事判决书(2013)粤高法民三终字第739号。

(四)酌定赔偿

酌定赔偿,也有人称之为法定赔偿,但其实并不太妥当。酌定赔偿指当权利人的损失、侵权人获得的利益和专利许可使用费均难以确定时,人民法院可以根据专利权的类型、侵权行为的性质和情节等因素,确定给予1万元以上100万元以下的赔偿。

(五)惩罚性赔偿

惩罚性赔偿(punitive compensation),指当被告以恶意、故意、欺诈或放任之方式实施加害行为而致原告受损时,原告可以获得除实际损害赔偿金之外的损害赔偿。惩罚性赔偿起源于美国,美国是当今世界惩罚性赔偿制度最为完善的国家。美国的规定:无论是由陪审团确定还是由法院估定,法院都可以将该赔偿金额增加到原确定或估定的数额的最多3倍。[63] 惩罚性赔偿可以一定程度减轻专利权人的举证责任,发挥民事责任惩罚、遏制专利侵权行为的功能,有效地保护专利权人的合法利益。我国第四次《专利法修订草案(送审稿)》[64] 中增加了惩罚性条款:对于故意侵犯专利权的行为,人民法院可以根据侵权行为的情节、规模、损害后果等因素,将根据前两款所确定的赔偿数额提高至2~3倍。根据该草案的规定,惩罚性赔偿的适用条件包括:必须是故意侵权,必须以法院认定的赔偿损失为基础,赔偿的倍数为2~3倍。

---

〔63〕 参见张玲、纪璐:《美国专利侵权惩罚性赔偿制度及其启示》,载《法学杂志》2013年第2期。

〔64〕 参见《专利法修订草案(送审稿)》条文对照,载国家知识产权局网,http://www.sipo.gov.cn/zt-zl/zlfxg/xylzlfxg/1051925.html。

第二十章　专利权的保护

专利权是当事人的一项民事权利，对它的保护同普通民事权利一样，无外乎通过民事的、行政的、刑事的途径来达成。这其中，民事保护是最主要的保护途径。

第一节　专利纠纷的种类

专利纠纷，泛指与专利、专利权有关的各类纠纷。包括专利行政纠纷、专利侵权纠纷、专利权属纠纷、专利合同纠纷、临时使用费纠纷、假冒和冒充专利纠纷、发明人报酬奖励署名纠纷。[1]

根据最高人民法院《关于审理专利纠纷案件适用法律问题的若干规定》(2001年制定，2015年修正)第1条规定，人民法院受理下列专利纠纷案件：(1)专利申请权纠纷案件；(2)专利权权属纠纷案件；(3)专利权、专利申请权转让合同纠纷案件；(4)侵犯专利权纠纷案件；(5)假冒他人专利纠纷案件；(6)发明专利申请公布后、专利权授予前使用费纠纷案件；(7)职务发明创造发明人、设计人奖励、报酬纠纷案件；(8)诉前申请停止侵权、财产保全案件；(9)发明人、设计人资格纠纷案件；(10)不服专利复审委员会维持驳回申请复审决定案件；(11)不服专利复审委员会专利权无效宣告请求决定案件；(12)不服国务院专利行政部门实施强制许可决定案件；(13)不服国务院专利行政部门实施强制许可使用费裁决案件；(14)不服国务院专利行政部门行政复议决定案件；(15)不服管理专利工作的部门行政决定案件；(16)其他专利纠纷案件。”

一、专利行政纠纷

专利行政纠纷，是指当事人对专利行政机关所作出的决定不服而引起的争议。专利行政机关是指专利行政部门、专利复审委员会及管理专利工作的部门。

专利行政纠纷也可以叫作专利行政诉讼。按照原因来分，包括：(1)因不服驳

---

[1] 参见最高人民法院《关于审理专利纠纷案件适用法律问题的若干规定》(2015年修正)、最高人民法院《关于审理专利纠纷案件适用法律问题的若干规定》(2013年修正)、最高人民法院《关于审理专利纠纷案件适用法律问题的若干规定》(2001年)。

回专利申请而产生的行政纠纷;(2)因宣告专利权无效而产生的纠纷;(3)因强制许可决定而产生的行政纠纷;(4)因专利局作出强制许可费用裁定产生的行政纠纷;(5)不服管理专利工作的部门作出的认定侵权成立的处理决定的行政纠纷。

按照被告不同来分,包括以国家知识产权局为被告的专利行政诉讼案件、以专利复审委员会为被告的专利行政诉讼案件、以地方知识产权管理部门为被告的专利行政诉讼案件。

二、专利侵权纠纷

专利侵权纠纷,是指因专利侵权而引发的纠纷。专利侵权纠纷是一种民事纠纷。本章设专节讨论之。

三、专利权属纠纷

专利权属纠纷,是指在申请专利的权利和专利权归属方面当事人之间发生的争议。

(一)申请专利的权利纠纷

一件发明创造完成后,究竟谁有权申请专利,要视发明创造的性质而定。对于非职务发明创造,申请专利的权利归发明人或设计人。如果发明创造只由一人完成,问题比较简单,如果是多个发明人或设计人,就有可能在共同发明人或设计人中间发生申请权的争议,而这往往又是在发明人或设计人署名不确定的前提下发生。发明人或设计人一旦确定下来,非职务发明创造的申请人的确定问题就迎刃而解了。对于职务发明创造来说,发生专利申请权纠纷的,多是单位委托研究或合作研究的情况。在这两种情况下,事先没有合同约定申请权问题的,按《专利法》第8条的规定,申请专利的权利属于完成或者共同完成的单位。但如委托方投入了大量的研究费用,委托方不会因事先没有合同约定而放弃申请权,尤其是在与境外单位合作研究时,外方往往要求申请权。在国内各单位合作研究中也是如此。一方在合作时仅投入物质条件,没有参加实际发明创造,事先没有合同约定,在申请专利时又要求作为申请人,此时便产生纠纷。

还有一种情况是两个单位合作研究,在申请专利时,一方不愿承担申请费用而放弃申请,等看到专利技术有潜在的经济效益而要求恢复申请人时,便产生了纠纷。

申请权纠纷最多的还是关于职务发明创造和非职务发明创造的确定。一种情况是,本来属于职务发明创造,由发明人以非职务发明创造申请了专利,然后许可或转让给其他单位实施,这种专利技术"漏泄现象"在科技人员流动中或兼职服务中尤为普遍。另一种情况是,单位不愿为在本职工作中完成的发明创造提供专利申请费用,放弃申请,发明人便申请了非职务发明创造,在发明人取得经济收益之后极易与原单位发生纠纷。还有一种情况是,非职务发明创造人的完成人在申请专利之初,考虑申请费用或者与单位的关系,愿意以职务发明创造申请专利,在以后专利实施收益分配上,发明人只能以奖励的形式得到一小部分时,便要求重新确认申请权,因而发生纠纷。

(二)专利权归属纠纷

专利权归属纠纷,是指在专利授权后,当事人之间在确认谁是真正的权利人方面发生的争议。专利权归属纠纷与申请权纠纷有性质上的区别。专利权归属纠纷发生在授权之后,专利权的法律地位已经确定,专利权人可以行使法律规定的各种权利并履行规定的义务。一旦发生纠纷,或者变更或增减专利权人,对专利的实施将产生影响。尤其是在许可他人实施时,须经过全体专利权人的同意,专利权人的不稳定对许可方和被许可方都不利。

专利权归属纠纷的形式有:(1)共同专利权人之间的专利权属纠纷;(2)职务发明和非职务发明界定的专利权属纠纷;(3)委托研究的专利权属纠纷。

专利权属纠纷属于一般的民事诉讼,按照一般民事诉讼法的相关规定进行即可。

四、专利合同纠纷

专利合同纠纷主要是指在专利申请权转让或者专利权转让合同、专利技术实施许可合同、专利技术中介服务合同中各方当事人就权利义务的履行和合同条款的解释等方面发生的争议。

(一)专利申请权转让或者专利权转让合同纠纷

这类专利合同纠纷是在专利申请权转让或者专利权转让过程中发生的。引起这类纠纷的主要原因有以下几个方面:

1. 在专利申请权或者专利权存在争议的情况下,与他人签订的有关权利转让的合同可能无效,从而给受让人造成损失,引起纠纷。

2. 没有取得共同申请人或者共同专利权人的同意,单独将权利转让引起的纠纷。

3. 专利权已经失效(自动放弃或被撤销或被宣告无效),原专利权人没有及时通知受让人,从而引起纠纷。

4. 由于双方没有履行合同义务而引起的纠纷。

专利申请权或者专利权转让合同,属技术转让合同的一种,对纠纷的解决可直接按照《合同法》中关于技术转让合同的规定处理。

(二)专利实施许可合同纠纷

专利实施许可合同纠纷,是指在专利实施许可合同中因对权利、义务约定不明确而产生的纠纷。专利实施许可合同也属于技术转让合同,对有关纠纷的处理也应按照《合同法》的规定处理。

（三）专利技术中介合同纠纷

专利技术中介合同属于技术服务合同的一种，它是专利代理机构、信息咨询机构、技术市场及个人为传递技术情报信息，组织工业化、商品化生产，促使专利权人和实施单位订立的一种合同。这种合同可以是专利供应方和专利需求方与中介方共同签订，或由供、需双方分别与中介方单独签订。合同建立在供、需双方对中介方绝对信任的基础上，自愿通过中介机构实施。中介服务合同纠纷是供、需双方与中介方发生的纠纷，应按技术服务合同来规范各自的权利义务及违约责任。

（四）专利代理合同纠纷

与专利代理合同相关的规定是《专利法》第 19 条和《专利代理条例》。

（五）专利权质押合同纠纷

专利权质押合同纠纷，指专利权质押合同的质权人、出质人及相关第三人就专利权质押合同的签订、履行等发生的纠纷。

五、临时使用费纠纷

我国《专利法》第 13 条明确规定："发明专利申请公布后，申请人可以要求实施其发明的单位或者个人支付适当的费用。"如果使用人拒绝支付使用费，申请人可以在专利授权之后提起诉讼，要求使用专利的他人支付临时使用费。因临时使用费引起的纠纷称为临时使用费纠纷。

临时使用责任纠纷的特点：临时使用费纠纷不同于专利侵权纠纷；虽然公布之后授权之前申请人即可以向使用人要求支付使用费，但只有在专利授权之后，申请人才可以通过诉讼主张临时使用费；诉讼时效规则特殊。2000 年、2008 年《专利法》考虑到专利未授权之前，专利申请人无法行使诉权来制止他人使用已公布发明的行为，规定了特殊的诉讼时效规则来保护专利权人的权利。《专利法》第 68 条规定："侵犯专利权的诉讼时效为二年，自专利权人或者利害关系人得知或者应当得知侵权行为之日起计算。发明专利申请公布后至专利权授予前使用该发明未支付适当使用费的，专利权人要求支付使用费的诉讼时效为二年，自专利权人得知或者应当得知他人使用其发明之日起计算，但是，专利权人于专利权授予之日前即已得知或者应当得知的，自专利权授予之日起计算。"但实际上这样的规定并不必要，因为完全可以适用诉讼时效中止、中断等制度来保护专利权人的权利，并没有太大必要专设一个诉讼时效制度的例外规定。

案例 95 | 北京中乾机电诉北京清大科技临时使用费案[2]
临时使用费参照侵权标准

北京中乾公司是99111339. X 号发明专利的专利权人,2000 年 3 月 29 日公告,2003 年 6 月 25 日被授权公告。被告北京清大公司自 2000 年开始使用涉案专利技术生产、销售和宣传 0.5 级小感量核子秤。经中干公司多次制止,清大公司仍不停止使用,也不缴纳使用费。在中干公司专利获得授权后,清大公司仍继续使用该专利。北京第一中级人民法院判决侵权成立,被告须给付原告发明专利权临时保护期使用费 1818 万元并赔偿原告因其侵犯发明专利权而受到的经济损失 722 万元。

※思考问题:应该如何确定支付使用费时专利权利要求的保护范围?

六、假冒专利纠纷

假冒专利纠纷,指因他人假冒专利,从而侵犯专利权人利益而发生的纠纷。原来的假冒专利,分为假冒他人专利的行为和没有专利冒充专利的行为。假冒专利的行为是指将未经专利权人许可的技术谎称为得到许可的技术,或者将他人专利技术或者专利号谎称为自己的专利技术或者专利号的行为。冒充专利的行为,则是指将非专利技术谎称为专利技术的行为。2008 年《专利法》规定的假冒专利,则囊括假冒他人专利和冒充专利的行为。但是假冒专利纠纷则仅仅指假冒他人专利纠纷,冒充专利由于不存在专利权人,只能由专利管理部门查处(当然,如果因为冒充专利产品引起的纠纷,适用《产品质量法》的规定)。

《专利法实施细则》对假冒专利行为做了细化的规定。其第 84 条规定:“下列行为属于专利法第六十三条规定的假冒专利的行为:(一)在未被授予专利权的产品或者其包装上标注专利标识,专利权被宣告无效后或者终止后继续在产品或者其包装上标注专利标识,或者未经许可在产品或者产品包装上标注他人的专利号;(二)销售第(一)项所述产品;(三)在产品说明书等材料中将未被授予专利权的技术或者设计称为专利技术或者专利设计,将专利申请称为专利,或者未经许可使用他人的专利号,使公众将所涉及的技术或者设计误认为是专利技术或者专利设计;(四)伪造或者变造专利证书、专利文件或者专利申请文件;(五)其他使公众混淆,将未被授予专利权的技术或者设计误认为是专利技术或者专利设计的行为。专利权终止前依法在专利产品、依照专利方法直接获得的产品或者其包装上标注专利标识,在专利权终止后许诺销售、销售该产品的,不属于假冒专利行为。”

需要指出的是,假冒他人专利,如果属于未经许可在产品或者产品包装上标注

---

[2] 参见北京市第一中级人民法院民事判决书(2003)一中民初字第 8425 号。

他人的专利号,而产品本身也完全落入专利权保护范围,则此时假冒专利与专利侵权竞合,可以择一适用,如果适用假冒专利,其民事赔偿可以比照专利侵权进行。

案例 96　潘友德诉盛正君、潘忠东假冒专利纠纷案[3]
假冒他人专利证书构成假冒专利

潘某德系"高强度船舶上下水两用气囊"实用新型专利的专利权人。被告盛某原是原告经营企业的业务员,后盛某离开原告企业进入被告潘某东经营的即墨市友河气囊厂,相继与浠水县江河船舶修造厂等三家企业签订了"气囊定作购销合同",价款合计近 6 万元。其后盛某又代表即墨市友河气囊厂销售给赵某和刘某气囊各 2 只,并收取了赵某的货款 13400 元。法院审理认为,被告盛某直接持原告专利证书复印件作为宣传材料,与他人签订气囊销售合同,销售与原告专利技术同类的产品,其行为已构成假冒他人专利行为。潘某东作为业主构成共同假冒他人专利行为,应承担停止假冒原告专利行为、赔偿原告经济损失及赔礼道歉的民事责任。

※思考问题:假冒专利的赔偿规则如何确定比较合理?

七、发明人设计人报酬奖励署名纠纷

这主要是涉及职务发明创造时的发明人设计人报酬奖励署名问题。前面在介绍主体部分已经做了讨论。上海市高级人民法院曾经就此出台过《职务发明创造发明人或设计人奖励、报酬纠纷审理指引》(上海市高级人民法院知产庭 2013 年)。

第二节　专利行政执法

我国专利法律实施(enforcement)包括司法和行政执法。行政执法符合救济应公平公正、迅速、节省、效率的总体要求。专利侵权具有相对隐蔽、当事人取证难、判断复杂等特点,这使行政执法仍有相当的现实意义。

司法机关在专利救济方面在多数国家居主导地位,但行政保护也有它的特点和优势,即使是国际条约也不排斥行政在专利执法中发挥作用。TRIPs 第 41 条要求提供迅速救济和制止进一步侵权的救济措施,要求实施程序应公平和公正,这些程序不应不必要的复杂和费用高昂,也不应限定不合理的时限或造成无理的迟延。当事方应有机会要求司法机关对最终行政裁定进行审查。TRIPs 第 49 条规定了

[3] 山东省青岛市中级人民法院民事判决书(2004)青民三初字第 232 号。

对行政救济措施的准用,并把行政管理措施扩展为:(1)责令民事救济;(2)对案件的是非曲直作出决定。

一、概念

专利行政执法,是管理专利工作的部门依法处理专利侵权纠纷、调解专利纠纷,以及查处假冒专利行为的具体行政行为。专利行政执法制度有广义和狭义之分。广义的专利行政执法制度是指专利行政主管机关和海关等其他行政机关依法处理专利纠纷和专利违法行为的法律制度。狭义的专利行政执法制度是指专利行政主管机关依法处理专利纠纷和专利违法行为的法律制度。[4] 行政执法具有强制性、主动性,而调解不具备强制性主动性特点,因此不应当包含在专利行政执法之内。专利行政执法办法的规定不尽合理。

广义的行政执法,是指所有的行政执法主体在行政管理的一切活动中遵守和依照法律、法规、规章和规范性文件进行行政管理的活动,它可以发生在抽象和具体的行政行为之中。狭义的行政执法,是指法律、法规、规章所规定的行政执法主体,把法律、法规、规章和规范性文件的规定适用于具体对象或案件的活动,它一般只能发生在具体的行政行为中。其与法律实施的概念接近。这一意义上的执法,包括专利授权、复审、无效、查处假冒专利、依请求认定专利侵权、强制许可、专利转让登记、许可备案、责令改正专利标识不当使用行为等。本书行政执法仅仅指称管理专利工作的部门依法处理专利侵权纠纷、调解专利纠纷,以及查处假冒专利行为的具体行政行为。

二、范围

(一)专利侵权纠纷处理

我国《专利法》对行政机关处理专利侵权纠纷做了规定,不过具体内容则略有变化。比如1984年《专利法》与1992年《专利法》的规定一样,其第60条第1款规定:“对未经专利权人许可,实施其专利的侵权行为,专利权人或者利害关系人可以请求专利管理机关进行处理,也可以直接向人民法院起诉。专利管理机关处理的时候,有权责令侵权人停止侵权行为,并赔偿损失;当事人不服的,可以在收到通知之日起三个月内向人民法院起诉;期满不起诉又不履行的,专利管理机关可以请求人民法院强制执行。”此时,专利行政机关称为专利管理机关,执法权限可以责令侵权人停止侵权行为并赔偿损失。

2000年《专利法》与现行《专利法》对此的规定内容一样,但条文不同。2000年《专利法》是第57条第1款,2008年《专利法》是第60条。此时,专利行政机关称为管理专利工作的部门。执法权限限于责令侵权人立即停止侵权行为,没有责令赔偿损失的权利。责令停止侵权的权限相比以前多了“立即”两个字,但应该没

---

〔4〕 参见金多才:《我国专利行政执法制度的完善》,载《河南社会科学》2014年第3期。

有实质性区别。

现行《专利法》第60条规定:“未经专利权人许可,实施其专利,即侵犯其专利权,引起纠纷的,由当事人协商解决;不愿协商或者协商不成的,专利权人或者利害关系人可以向人民法院起诉,也可以请求管理专利工作的部门处理。管理专利工作的部门处理时,认定侵权行为成立的,可以责令侵权人立即停止侵权行为,当事人不服的,可以自收到处理通知之日起十五日内依照《中华人民共和国行政诉讼法》向人民法院起诉;侵权人期满不起诉又不停止侵权行为的,管理专利工作的部门可以申请人民法院强制执行。进行处理的管理专利工作的部门应当事人的请求,可以就侵犯专利权的赔偿数额进行调解;调解不成的,当事人可以依照《中华人民共和国民事诉讼法》向人民法院起诉。”

(二)查处假冒专利的行为

根据《专利法》的规定,管理专利工作的部门依职权对假冒专利的行为进行查处。现行《专利法》第63条规定:“假冒专利的,除依法承担民事责任外,由管理专利工作的部门责令改正并予公告,没收违法所得,可以并处违法所得四倍以下的罚款;没有违法所得的,可以处二十万元以下的罚款;构成犯罪的,依法追究刑事责任。”〔5〕

三、程序

(一)执法机关

《专利法》中只规定了省、自治区、直辖市人民政府管理专利工作的部门负责本行政区域内的专利管理工作,《专利法实施细则》则进一步规定管理专利工作的部门,是指由省、自治区、直辖市人民政府,以及专利管理工作量大又有实际处理能力的设区的市人民政府设立的管理专利工作的部门。〔6〕同时,一些省、自治区、直辖市以地方法规的形式对专利行政执法机关予以确认。

国家知识产权局《专利行政执法办法》规定,对有重大影响的专利侵权纠纷案件、假冒专利案件,国家知识产权局在必要时可以组织有关管理专利工作的部门处理、查处。对于行为发生地涉及两个以上省、自治区、直辖市的重大案件,有关省、自治区、直辖市管理专利工作的部门可以报请国家知识产权局协调处理或者查处。管理专利工作的部门可以依据本地实际,委托有实际处理能力的市、县级人民政府设立的专利管理部门查处假冒专利行为、调解专利纠纷。〔7〕

---

〔5〕 1984年《专利法》和1992年《专利法》规定,假冒他人专利的,专利管理机关依照《专利法》第60条的规定处理。2000年《专利法》规定与2008年大体相同,只是处罚限度为违法所得3倍以下的罚款。

〔6〕 1992年《专利法实施细则》第76条规定:“专利法和本细则所称专利管理机关,是指国务院有关主管部门或者地方人民政府设立的专利管理机关。”

〔7〕 参见2001年、2010年、2015年《专利行政执法办法》。

(二)侵权处理

1. 受理条件

请求管理专利工作的部门处理专利侵权纠纷的,应当符合下列条件:(1)请求人是专利权人或者利害关系人;(2)有明确的被请求人;(3)有明确的请求事项和具体事实、理由;(4)属于受案管理专利工作的部门的受案和管辖范围;(5)当事人没有就该专利侵权纠纷向人民法院起诉。

请求管理专利工作的部门处理专利侵权纠纷的,应当提交符合要求的请求书及相关证明材料。如主体资格证明、专利权有效的证明,包括专利权评价报告(实用新型专利检索报告)。

2. 受理机关

当事人请求处理专利侵权纠纷或者调解专利纠纷的,由被请求人所在地或者侵权行为地的管理专利工作的部门管辖。

两个以上管理专利工作的部门都有管辖权的专利纠纷,当事人可以向其中一个管理专利工作的部门提出请求;当事人向两个以上有管辖权的管理专利工作的部门提出请求的,由最先受理的管理专利工作的部门管辖。

管理专利工作的部门对管辖权发生争议的,由其共同的上级人民政府管理专利工作的部门指定管辖;无共同上级人民政府管理专利工作的部门的,由国务院专利行政部门指定管辖。

3. 受理及审理

请求符合规定条件的,管理专利工作的部门应当在收到请求书之日起 5 个工作日内立案并通知请求人,同时指定 3 名或者 3 名以上单数执法人员处理该专利侵权纠纷;请求不符合规定条件的,管理专利工作的部门应当在收到请求书之日起 5 个工作日内通知请求人不予受理,并说明理由。

管理专利工作的部门应当在立案之日起 5 个工作日内将请求书及其附件的副本送达被请求人,要求其在收到之日起 15 日内提交答辩书并按照请求人的数量提供答辩书副本。被请求人逾期不提交答辩书的,不影响管理专利工作的部门进行处理。被请求人提交答辩书的,管理专利工作的部门应当在收到之日起 5 个工作日内将答辩书副本送达请求人。

管理专利工作的部门处理专利侵权纠纷案件时,可以根据当事人的意愿进行调解。调解不成的,应当及时作出处理决定。也可以根据案情需要决定是否进行口头审理。除达成调解协议或者请求人撤回请求之外,管理专利工作的部门处理专利侵权纠纷应当及时制作处理决定书。在处理专利侵权纠纷过程中,被请求人有中止事由的,可以请求管理专利工作的部门中止处理。管理专利工作的部门认为被请求人提出的中止理由明显不能成立的,可以不中止处理。

管理专利工作的部门或者人民法院作出认定侵权成立并责令侵权人立即停止

侵权行为的处理决定或者判决之后,被请求人就同一专利权再次作出相同类型的侵权行为,专利权人或者利害关系人请求处理的,管理专利工作的部门可以直接作出责令立即停止侵权行为的处理决定。

(三)假冒查处

查处假冒专利的行为由管理专利工作的部门依职权主动进行。[8]

1. 管辖和立案

查处假冒专利行为由行为发生地的管理专利工作的部门管辖。管理专利工作的部门发现或者接受举报、投诉发现涉嫌假冒专利行为的,应当自发现之日起5个工作日内或者收到举报、投诉之日起10个工作日内立案,并指定两名或者两名以上执法人员进行调查。

2. 案件调查

管理专利工作的部门根据已经取得的证据,对涉嫌假冒专利行为进行查处时,可以询问有关当事人,调查与涉嫌违法行为有关的情况;对当事人涉嫌违法行为的场所实施现场检查;查阅、复制与涉嫌违法行为有关的合同、发票、账簿,以及其他有关资料;检查与涉嫌违法行为有关的产品,对有证据证明是假冒专利的产品,可以查封或者扣押。管理专利工作的部门依法行使前款规定的职权时,当事人应当予以协助、配合,不得拒绝、阻挠。

3. 处理

案件调查终结后,根据案件情况分别作如下处理:(1)假冒专利行为成立应当予以处罚的,依法给予行政处罚;(2)假冒专利行为轻微并已及时改正的,免予处罚;(3)假冒专利行为不成立的,依法撤销案件;(4)涉嫌犯罪的,依法移送公安机关。

管理专利工作的部门作出行政处罚决定前,应当告知当事人作出处罚决定的事实、理由和依据,并告知当事人依法享有的权利。管理专利工作的部门作出较大数额罚款的决定之前,应当告知当事人有要求举行听证的权利。当事人提出听证要求的,应当依法组织听证。对情节复杂或者重大违法行为给予较重的行政处罚的,应当由管理专利工作的部门负责人集体讨论决定。

管理专利工作的部门查处假冒专利案件,应当自立案之日起1个月内结案。案件特别复杂需要延长期限的,应当由管理专利工作的部门负责人批准。经批准延长的期限,最多不超过15日。

---

[8] 1984年只规定了假冒他人专利,与侵权同样处理。1992年、2000年对假冒他人专利和冒充专利分别做了规定,假冒他人专利处理同1984年,冒充专利则规定了查处制度。

四、效力

（一）侵权处理

管理专利工作的部门处理时，认定侵权行为成立的，可以责令侵权人立即停止侵权行为，当事人不服的，可以自收到处理通知之日起15日内依照《行政诉讼法》向人民法院起诉；侵权人期满不起诉又不停止侵权行为的，管理专利工作的部门可以申请人民法院强制执行。管理专利工作的部门或者人民法院作出认定侵权成立并责令侵权人立即停止侵权行为的处理决定或者判决之后，被请求人就同一专利权再次作出相同类型的侵权行为，专利权人或者利害关系人请求处理的，管理专利工作的部门可以直接作出责令立即停止侵权行为的处理决定。

（二）查处假冒

假冒专利行为成立应当予以处罚的，依法给予行政处罚，包括责令改正并予公告，没收违法所得，可以并处违法所得4倍以下的罚款；没有违法所得的，可以处20万元以下的罚款。管理专利工作的部门认定假冒专利行为成立的，可以按照下列方式确定行为人的违法所得：(1)销售假冒专利的产品的，以产品销售价格乘以所销售产品的数量作为其违法所得；(2)订立假冒专利的合同的，以收取的费用作为其违法所得。

管理专利工作的部门作出处罚决定后，对决定不服的，可以提起依照法律规定申请行政复议或者提起行政诉讼。当事人申请行政复议或者向人民法院提起行政诉讼的，在行政复议或者诉讼期间不停止决定的执行。假冒专利行为的行为人应当自收到处罚决定书之日起15日内，到指定的银行缴纳处罚决定书写明的罚款；到期不缴纳的，每日按罚款数额的3%加处罚款。

第三节　专利行政诉讼

一、概述

专利行政诉讼，是指专利申请人、专利权人或者其他利害关系人认为专利行政主体的具体专利行政行为侵犯其合法权益时，依法向法院提起诉讼，法院按照行政诉讼的制度和程序，对专利具体行政行为进行司法审查、依法作出裁判的活动。专利行政诉讼是法院在当事人和其他诉讼参与人的参加下，按照司法程序处理专利行政争议的各种活动的总称。专利行政案件，是指当事人不服专利主管机关所作出的具体行政行为，以专利主管机关作为被告而起诉到人民法院要求撤销、变更行政决定的纠纷案件。由于作出行政决定的机关不同、决定的内容不同，专利行政案件可以分为以下三类。

(一)以专利复审委员会作为被告的专利行政案件

以专利复审委员会作为被告的专利行政案件包括:(1)不服专利复审委员会维持驳回申请复审决定的案件;(2)不服专利复审委员会专利权无效宣告请求决定案件。

1.不服专利复审委员会维持驳回申请复审决定的案件,是指专利申请人作为原告,对国家知识产权局专利局作出驳回其专利申请、不授予其专利权的决定不服,经过申请,由专利复审委员会审查后,专利复审委员会仍作出维持国家知识产权局专利局的驳回决定,这时专利申请人以专利复审委员会作为被告,向人民法院提起的专利行政诉讼。

2.不服专利复审委员会专利权无效宣告请求决定案件,是指专利权人或者无效宣告请求人作为原告,对专利复审委员会作出的宣告专利权无效或者维持专利权有效的决定不服,以专利复审委员会作为被告,向人民法院提起的专利行政诉讼。

(二)以国务院专利行政部门为被告的专利行政案件

以国务院专利行政部门为被告的专利行政案件包括:(1)不服国家知识产权局专利局作出的实施强制许可决定的案件;(2)不服国家知识产权局专利局作出的实施强制许可使用费裁决的案件;(3)不服国务院专利行政部门行政复议决定案件。

专利申请人、专利权人及其他利害关系人对专利局作出的具体行政行为不服,可以提出行政复议申请。中国专利局设立复议机构审理复议案件。复议申请人或者第三人对复议决定不服的,可以在收到复议决定书之日起15日内向北京市中级人民法院起诉。

(三)以管理专利工作的部门为被告的专利行政案件

管理专利工作的部门,是指由各省、自治区、直辖市人民政府,以及专利管理工作量大又有实际处理能力的设区的市人民政府设立的管理专利工作的部门。依照《专利法》及《专利法实施细则》的规定,地方管理专利工作的部门具有执法职能,它们可以根据当事人的申请或者依职权解决以下纠纷:(1)责令停止专利侵权行为;(2)处罚假冒他人专利行为;(3)处罚冒充专利行为;(4)对专利代理机构或者专利代理人的惩戒行为;(5)调解侵权损害赔偿数额;(6)调解临时保护期间的费用纠纷;(7)调解专利申请权纠纷;(8)调解专利权归属纠纷;(9)调解发明人或者设计人与单位之间发生的奖金或者报酬纠纷;(10)调解发明人、设计人资格纠纷。

二、复审行政诉讼

复审行政诉讼的进行应当遵守《行政诉讼法》的相关规定,在此不作详细介绍。这里仅介绍复审行政诉讼有一定特殊性的问题。

（一）概述

根据《专利法》第41条的规定，专利申请人对国务院专利行政部门驳回申请的决定不服的，可以自收到通知之日起3个月内，向专利复审委员会请求复审。专利复审委员会复审后，作出决定，并通知专利申请人。专利申请人对专利复审委员会的复审决定不服的，可以自收到通知之日起3个月内向人民法院起诉。

专利复审行政诉讼不经过行政复议。根据相关法律及最高人民法院有关司法解释的规定，以专利复审委员会作为被告的专利行政案件均由北京知识产权法院作为第一审法院，北京市高级人民法院作为第二审法院。

（二）判决类型

根据《行政诉讼法》的规定，人民法院对行政纠纷案件可以作出4种判决结果：维持具体行政行为；撤销、部分撤销具体行政行为，判决重新作出具体行政行为；判决履行法定职责；变更显失公正的行政处罚。

从法院已作出的判决文书看，判决主文的表达方式主要包括4种类型。

1. 维持行政决定

经过法院司法审查，如果具体行政行为从程序到实体、从事实认定到法律适用均正确，法院应判决维持行政决定的结论。当然，如果法院发现行政决定有错误，而当事人，尤其是专利权人或者无效宣告请求人（原告人或者第三人）未提出，人民法院亦不能主动审查，或主动撤销行政决定。

2. 撤销行政决定

撤销行政决定是将具体行政行为针对的（指向的）对象恢复到行政决定作出前的状态，行政决定被撤销后，其行政决定的结果自然归于无效，法院的终审判决对该行政纠纷画上了句号。在这种情况下，行政机关无须主动重新作出具体行政行为，只是执行法院判决即可，如公告判决结果等。

这里有两种情况，针对专利复审委员会的复审决定被法院生效判决撤销后，专利复审委员会应当依照判决，继续按《专利法》及《专利法实施细则》规定的审查程序往下审查，或者直接授予专利权；针对专利复审委员会的无效审查决定被法院生效判决撤销后，专利复审委员会应当直接进入公告程序。在实践中，有人认为，法院对专利复审委员会的一个无效决定经过审查后，最终作出撤销行政决定的判决，专利复审委员会应当自觉履行重新作出具体行政行为，否则，该决定针对的专利权仍处于“权利真空”“权利不确定”状态。这种认识和做法是错误的。实际上法院很少作出只是撤销决定的判决。

如果法院的终审判决撤销了专利行政决定宣告专利权无效的结论，将一项专利权维持了有效，原无效宣告请求人仍然不服，他可以重新提起无效宣告请求。但是，应当向专利复审委员会提供新的证据。在这种情况下，专利复审委员会重新受理，作为一件新的专利无效申请案处理。而与法院已经作出终审判决的案件无关。

3. 撤销行政决定，重新作出行政行为

当法院作出撤销行政决定、要求行政机关重新作出行政行为的判决后，行政机关应当重新作出具体行政行为，重新作出行政决定。此时，当事人向专利复审委员会提出的无效请求尚无法定结果。

4. 撤销行政决定，限期重新作出行政决定

人民法院作出这种判决结果，主要是因为行政决定的作出发生了程序错误，可能会影响行政决定的正确性，责令行政机关限期重新作出行政决定。

需要指出的是，执行这种判决，当事人无须再次向专利复审委员会提出申请。有人认为，只要专利复审委员会重新作出行政决定，就必须由当事人再次请求，否则，行政机关就不能重新作出行政决定，这种认识和做法是不正确的。专利行政机关（被告）如不按期作出新的行政决定，可能涉及拒不执行法院判决问题。目前复审、无效行政案件尚未见撤销部分具体行政行为的判决，这也是这类专利行政案件与其他行政案件的区别所在。

（三）复审范围的审查〔9〕

1. 复审请求人未修改专利申请文件的情形

在复审请求人未修改专利申请文件或者虽然修改了专利申请文件但未被专利复审委员会接受的情形下，专利复审委员会未对驳回决定所依据的事实和理由作出认定，而径行依职权对驳回决定未指出的专利申请的其他缺陷进行认定并据此作出不利于复审请求人的复审决定，复审请求人提出异议的，法院应予以支持。但是，专利申请存在与驳回决定指出的缺陷相关联的缺陷而无法对驳回决定所依据的事实和理由作出认定的除外。

2. 复审请求人修改了专利申请文件的情形

为了克服驳回决定指出的缺陷，复审请求人实质性修改了专利申请文件且被专利复审委员会接受，在此情形下，专利复审委员会依职权对驳回决定未指出的专利申请中的下列缺陷进行审查，复审请求人提出异议的，法院应不予支持：（1）依据驳回决定作出前已告知过复审请求人的其他理由及证据足以驳回专利申请的缺陷；（2）与驳回决定所指出的缺陷性质相同的缺陷，即与驳回决定依据的事实和理由相同但驳回决定未指出的缺陷；（3）驳回决定未指出的明显实质性缺陷；（4）专利申请权利要求中增加的技术特征属于公知常识，导致专利申请权利要求缺乏创造性的。

---

〔9〕 参见北京市高级人民法院《关于专利复审行政诉讼案件若干问题的解答》（征求意见稿），载《中国知识产权》（网络版），http://mp. weixin. qq. com/s? __biz = MjM5NTUxNjk2MA% 3D%3D&idx = 5&mid = 2650659534&sn = 49a78bbe7c34f9ea9aee792bbd55353d，2016 年 5 月 18 日最后访问。

3. 专利复审委员会超职权进行审查并作出复审决定的情形

专利复审委员会超出规定的依职权审查的范围进行审查，并作出不利于复审请求人的复审决定，复审请求人提出异议的，法院予以支持。

三、无效行政诉讼

专利无效行政诉讼是指专利权人或宣告专利权无效的请求人对专利复审委员会作出的无效审查决定不服而提起的行政诉讼。根据我国《专利法》的规定，自一项专利权授权公告后的任何时间，任何单位和个人认为该项专利权的授予不符合《专利法》的有关规定的，都可以向专利复审委员会提出宣告该项专利权无效的请求，复审委员会应当对请求人的请求进行审查并作出是否维持或宣告该项专利权无效或部分无效的审查决定。请求人和专利权人对专利复审委员会作出的无效审查决定不服的，可以自收到审查决定之日起的3个月内向人民法院提起行政诉讼。我国的专利无效制度，在2000年《专利法》修订前专利复审委员会对宣告实用新型和外观设计专利权无效的请求所作出的决定为终局决定。这一规定同TRIPs不匹配，因此在2000年进行了修订，无论发明，还是实用新型、外观设计，无效都需经过司法审查，不再是终局决定。

（一）专利无效行政诉讼的特点

专利无效行政诉讼具有以下特点：(1)多数专利无效行政诉讼发生的前提是当事人之间存在专利民事争议；(2)专利无效行政案件具有民事案件的特点；(3)在专利无效行政诉讼案件中，与案件审理结果有直接利害关系的是第三人，而非被告；(4)专利复审委员会作出无效决定时所依据的事实带有很强的技术性、复杂性。

（二）专利权无效行政诉讼审判主体问题

根据最高人民法院《关于北京、上海、广州知识产权法院案件管辖的规定》(法释〔2014〕12号)，下列第一审行政案件由北京知识产权法院管辖：(1)不服国务院部门作出的有关专利、商标、植物新品种、集成电路布图设计等知识产权的授权确权裁定或者决定的；(2)不服国务院部门作出的有关专利、植物新品种、集成电路布图设计的强制许可决定以及强制许可使用费或者报酬的裁决的；(3)不服国务院部门作出的涉及知识产权授权确权的其他行政行为的。专利无效的行政诉讼案件由北京知识产权法院管辖。

原来专利复审与无效行政诉讼由北京市第一中级人民法院审理一审案件的时候，北京市第一中级人民法院就法院内部的案件分流，以是否存在民事争议为标准进行划分：不存在民事争议的，该专利权无效行政诉讼由行政审判庭审理；存在民事争议的，不论该争议正在由人民法院审理，还是已经审结，或者正在由知识产权行政机关处理，还是已经处理完毕，都由民事审判庭审理。

法院在审理专利确权行政案件中，应当根据原告起诉的事实和理由，对专利复审委员会在驳回复审程序或者无效审查程序中是否存在程序违法问题，以及在审查上述无效理由过程中认定事实和适用法律是否存在错误进行审查。

（三）关于行政诉讼中的审查和请求原则的协调

2014年《行政诉讼法》第87条规定："人民法院审理上诉案件，应当对原审人民法院的判决、裁定和被诉行政行为进行全面审查。"对于一审，虽然没有作出可以全面审查的规定，但由于二审是全面审查，一审也不可避免的是全面审查。从实践中来看，全面审查虽是行政诉讼基本原则，但由于专利行政确权授权案件的专业性、技术性和复杂性的特点，全面审查存在客观困难，往往占用大量司法资源且易引起败诉方当事人对法院的不满。实务中对此观点不一。有观点主张应当对程序问题和实体问题进行区分，针对程序问题可依照职权审查，对于实体问题应当依当事人请求审查。

专利无效诉讼程序中法院依职权审查〔10〕需要面对的重要问题是对新证据的处理，一般认为应坚持下面3条原则。

1. 接受新证据的一般原则

根据《行政诉讼证据规定》第59条的规定，被告在行政程序中按照法定程序要求原告提供证据，原告依法应当提供而拒不提供，在诉讼程序中提供的证据，人民法院一般不予采纳。因此，对于无效请求人在行政诉讼程序中提交的新证据，原则上均不予采信。但是，在行政诉讼程序中提交的新证据，有可能影响案件审理的实体结果的情况下可予以接受：(1)补强证据：为证明行政程序的证据真实；(2)在行政程序中专利复审委员会拒绝接收的证据；(3)在行政程序中申请专利复审委员会调取证据未能调取的。

2. 对待新证据的通常做法

法院遇到当事人提供新证据时，一般应告知当事人可以另行启动新的无效宣告审查程序。接受新证据应当严格限定对于专利权人在专利权已经被宣告无效之后。

3. 诉讼利益的平衡

在诉讼中，法院首先应当就是否接受新证据的问题给予对其不利的一方当事人充分陈述意见的机会。其次，如果确定要在诉讼阶段接收新的证据，法院所能够做的工作也仅是在判决书中表示对这些新的证据要在审查程序中予以考虑，而绝不能在诉讼过程中直接对新证据的内容给予评述、认定。

---

〔10〕在无效宣告程序中，专利复审委员会通常仅针对当事人提出的无效宣告请求的范围、理由和提交的证据进行审查，不承担全面审查专利有效性的义务。请求人在提出无效宣告请求时没有具体说明的无效宣告理由以及没有用于具体说明相关无效宣告理由的证据，且在提出无效宣告请求之日起1个月内也未补充具体说明的，专利复审委员会不予考虑。

案例 97 | "一种钢砂生产方法"专利无效再审案〔11〕
可以依职权引入公知常识评价专利权有效性

最高人民法院认为，无效宣告请求人联捷铸钢厂和金星钢丸公司在无效宣告程序中提出了附件 1 和附件 3 的对比文件结合方式，而附件 6 本身属于公知常识的证据。由于公知常识是本领域技术人员均知悉和了解的，因此在专利无效案件行政诉讼程序中，法院在无效宣告请求人自主决定的对比文件结合方式的基础上，依职权主动引入公知常识以评价专利权的有效性，并未改变无效宣告请求理由，对双方当事人来说亦无不公，且有助于避免专利无效程序的循环往复，并不违反程序。

四、其他与专利相关的行政诉讼

（一）以国家知识产权局为被告的专利行政诉讼案件

对国家知识产权局就与专利有关的具体行政行为不服的，可以依法向法院提起行政诉讼。包括以下情形：(1) 对国家知识产权局专利局作出的有关专利申请、专利权的具体行政行为不服的；(2) 对专利复审委员会作出的有关专利复审、无效的程序性决定不服的；(3) 对国家知识产权局作出的有关专利代理管理的具体行政行为不服的；(4) 专利权人或者专利实施强制许可的被许可人对强制许可使用费的裁决不服的；(5) 国际申请的申请人对国家知识产权局作为国际申请的受理单位、国际检索单位和国际初步审查单位所做决定不服的。

(1)(2)(3) 中的具体行政行为均可先申请复议，对复议决定不服的，可以再提起行政诉讼。(1)(2)(3) 中的具体行政行为也可以直接提起行政诉讼。

（二）以管理专利工作的部门为被告的专利行政案件

管理专利工作的部门是指由各省、自治区、直辖市人民政府，以及专利管理工作量大又有实际处理能力的设区的市人民政府设立的管理专利工作的部门。依照《专利法》及《专利法实施细则》的规定，地方管理专利工作的部门具有执法职能，它们可以根据当事人的申请或者依职权作出以下处理决定：(1) 责令停止专利侵权行为；(2) 处罚假冒他人专利行为；(3) 处罚冒充专利行为；(4) 对专利代理机构或者专利代理人的惩戒行为。被处罚人可以就地方管理专利工作的部门的此类具体行政行为提起行政诉讼。

---

〔11〕 参见最高人民法院行政裁定书(2010)知行字第 6 号。参见奚晓明主编、孙祥俊副主编：《最高人民法院知识产权审判案例指导》(第 4 辑)，中国法制出版社 2012 年版，第 178 ~ 179 页。

第四节 专利侵权民事诉讼

专利侵权民事诉讼或专利侵权诉讼，是指当专利权人或者利害关系人的专利权利被他人侵犯时，在掌握一定证据后向有管辖权的法院提起民事诉讼，以维护自己的专利权益的一种途径。权利人向法院提起专利侵权诉讼是有效打击专利侵权、维护权利的一个重要途径，与向知识产权局提起的行政投诉相比，其具有以下特点：(1)可以请求赔偿，有效弥补损失。知识产权局进行行政处理只能对侵权人进行行政处罚，不能裁定赔偿，而法院可以根据权利人提交的诉讼请求、侵权证据等裁定侵权人赔偿权利人的损失。(2)判决或裁定结果具有终局性。当事人对知识产权局进行的行政裁定不服的，可以申请行政复议或者提起行政诉讼，而经过法院一审、二审程序的判决或裁定具有终局性效力。

一、管辖

(一)级别管辖

专利纠纷第一审案件，由各省、自治区、直辖市人民政府所在地的中级人民法院和最高人民法院指定的中级人民法院管辖。北京知识产权法院、上海知识产权法院和广州知识产权法院依照规定管辖专利侵权一审案件。

(二)地域管辖

侵犯专利权的诉讼，由侵权行为地或被告住所地人民法院管辖。具体各中级人民法院如何依照地域进行案件管辖分配，要视各地情况来定，遵循"两便"原则，即"方便法院审理案件，方便当事人参加诉讼"。

侵权行为地包括：被控侵犯发明、实用新型专利权的产品的制造、使用、许诺销售、销售、进口等行为的实施地；专利方法使用行为的实施地，依照该专利方法直接获得的产品的使用、许诺销售、销售、进口等行为的实施地；外观设计专利产品的制造、销售、进口等行为的实施地；假冒他人专利的行为实施地。上述侵权行为的侵权结果发生地。[12]

原告仅对侵权产品制造者提起诉讼，未起诉销售者，侵权产品制造地与销售地不一致的，制造地人民法院有管辖权；以制造者与销售者为共同被告起诉的，销售地人民法院有管辖权。销售者是制造者分支机构，原告在销售地起诉侵权产品制造者制造、销售行为的，销售地人民法院有管辖权。

最高人民法院在〔2016〕最高法民辖终107号民事裁定书中明确，在侵犯知识产权和不正当竞争案件中，原告通过网络购物取得被诉侵权产品，不能以网络购物

---

〔12〕 参见最高人民法院《关于审理专利纠纷案件适用法律问题的若干规定》(法释〔2015〕4号)。

收货地作为侵权行为地确立管辖。这一司法解释引起了争议。

二、证据及其保全

证据是指依照诉讼规则认定案件事实的依据。证据也遵循《民事诉讼法》的证据类型规定,即包括书证、物证等8大类证据。在专利侵权民事诉讼中需要证明的事实很多,但主要包括3大方面的内容:关于专利权利证据的举证、专利侵权证据的举证和专利侵权诉讼赔偿证据的举证。

(一)权利证据

(1)原告主体资格证明。

(2)专利权证书,证明专利权授权时的权属状况。

(3)专利登记簿副本。专利登记簿是由知识产权局制作的反映专利权的变动状况和即时状态的法律文件,其副本是证明权属的重要文件。

(4)专利授权公告文本:发明或实用新型的为权利要求书、说明书、摘要及摘要附图;外观设计的为公告授权的图片或照片及简要说明。

(5)专利年费收据:证明专利持续有效。但在国家知识产权局的专利的缴费实务中,即使专利已被宣告无效,或因没缴纳年费而导致专利权终止后,缴纳专利费也是可以进行的,从而取得专利年费收据。因此通过专利年费收据证明专利持续有效是不充分的,有时甚至是错误的。

(6)专利权评价报告或者实用新型检索报告:《专利法》规定,专利侵权纠纷涉及实用新型专利或者外观设计专利的,人民法院或者管理专利工作的部门可以要求专利权人或者利害关系人出具由国务院专利行政部门对相关实用新型或者外观设计进行检索、分析和评价后作出的专利权评价报告,作为审理、处理专利侵权纠纷的证据。最高人民法院《关于审理专利纠纷案件适用法律问题的若干规定》(2015年修正)补充规定,对申请日在2009年10月1日前(不含该日)的实用新型专利提起侵犯专利权诉讼,原告可以出具由国务院专利行政部门作出的检索报告,对申请日在2009年10月1日以后的实用新型或者外观设计专利提起侵犯专利权诉讼,原告可以出具由国务院专利行政部门作出的专利权评价报告。根据案件审理需要,人民法院可以要求原告提交检索报告或者专利权评价报告。原告无正当理由不提交的,人民法院可以裁定中止诉讼或者判令原告承担可能的不利后果。侵犯实用新型、外观设计专利权纠纷案件的被告请求中止诉讼的,应当在答辩期内对原告的专利权提出宣告无效的请求。[13]

---

〔13〕 最高人民法院《关于审理专利纠纷案件适用法律问题的若干规定》(法释〔2001〕21号)第8条曾规定,提起侵犯实用新型专利权诉讼的原告,应当在起诉时出具由国务院专利行政部门作出的检索报告。随后最高法院在答复北京市高级人民法院的请示中明确表示,出具实用新型的检索报告并不是提起实用新型专利侵权诉讼的条件。但若不提供检索报告,被告提起专利无效宣告请求的,如无其他可以不终止诉讼的情形,人民法院应该中止诉讼。

（二）侵权证据

当事人所提供的侵权证据要能够证明被告实施了或正在实施被控侵权行为。侵权证据包括被告的促销宣传材料、被告的产品样品、被告的产品销售合同、销售发票等。

1. 书证：通常是公证书，证明被告存在侵权行为

书证是指用文字、符号或图画所表达的思想内容来证明案件事实的证据。在专利侵权审理中常见的书证包括合同书，各种各样的公、私文书、文件，公证书等。最常见的书证是公证书，专利权人发现了侵权行为后，可以向公证机关提出申请，对购买侵权产品的过程及购得的侵权产品进行公证或对侵权现场（如许诺销售）或对侵权产品的安装地进行勘查公证，取得公证书。在公证取证的过程中，还可以主动索取产品宣传册、销售侵权产品人员的名片、购货发票或收据，以进一步地明确产品的生产者和销售者。

2. 物证：专利权人从市场上购得的侵权产品

物证主要是专利权人从市场上购得的侵权产品。若是公证购得的侵权产品，应由公证人员拍照后封存。虽然公证购买是取得侵权产品的主要方法，但并不是唯一的方法。

（三）损失证据

1. 专利实施许可合同

现在司法实务中，提供损失证据的案件较少，客观原因是此类证据举证难度较大，举证成本较高。因此出现大量的专利权人通过与他人签订专利实施许可合同，以合同约定的许可使用费作为请求赔偿的依据。专利实施许可合同就成为经济损失的证据。在国内一专利管理先行一步的企业，通常会与其业务单位签订名义上的专利实施许可合同，并办理相应的备案手续，以及专利许可使用费的付款和缴税凭证，但被许可方实际上并未生产专利产品。此种情形下，合同约定的许可使用费不应作为赔偿的参照依据。因为此时约定的许可使用费已不能客观反映专利的市场价值。

2. 财务审计报告

根据专利法的相关规定，侵权赔偿的数额确定除参照前述的专利许可使用费外，还有权利人因被侵权所受到的损失或者侵权人因侵权获得的利益及法定赔偿。在原告主张以自己所受到的损失作为赔偿数额的依据时，应提供自己单位产品获利情况的财务审计报告，以及原告因被告侵权造成销售量减少的总数或者被告制造的侵权产品的数量，两者相乘之积就是原告的损失数额的依据；在原告主张以被告的获利作为赔偿的依据时，原告通常要申请法院保全被告的财务会计账册，经独立的第三方审计后，以审计结论确定被告的侵权获利情况，从而明确被告赔偿的依据。最后在法定赔偿中，原告可提供一些证明被告侵权情节及专利产品市场价值

的辅助证据,作为法院在确定具体赔偿数额时的参照因素。

(四)证据保全

证据保全是指法院在起诉前或在对证据进行调查前,依据利害关系人、当事人的请求,或依职权对可能灭失或今后难以取得的证据,予以调查收集和固定保存的行为。证据保全适用《民事诉讼法》的相关规定。

《专利法》还规定了诉前证据保全。2008 年《专利法》第 67 条规定:“为了制止专利侵权行为,在证据可能灭失或者以后难以取得的情况下,专利权人或者利害关系人可以在起诉前向人民法院申请保全证据。人民法院采取保全措施,可以责令申请人提供担保;申请人不提供担保的,驳回申请。人民法院应当自接受申请之时起四十八小时内作出裁定;裁定采取保全措施的,应当立即执行。申请人自人民法院采取保全措施之日起十五日内不起诉的,人民法院应当解除该措施。”

三、举证及证明责任

在专利侵权诉讼中,同样遵循“谁主张,谁举证”的原则。证明不能的,应当承担举证不力的后果。

(一)产品专利侵权

原告需要举证和证明的范围:权利主体举证及证明;侵权主体举证及证明;侵权产品举证及证明;侵权行为举证及证明,具体哪种类型,是否共同侵权;损失举证及证明;因果关系举证及证明。

被告可以提出抗辩,但也需要对自己的抗辩举证、证明。

(二)侵犯方法专利举证

举证的重心是原告需举证证明被告有实施方法专利的行为。方法专利延及产品的,通过举证延及产品可以证明侵权行为的存在,同时还可以进一步证明对方的获利情况。如果方法专利没有延及产品,一般只能现场举证。此时,对于被控方是否存在实施方法专利的行为,需要有专家证人到场,不宜由法官直接进行认定。

(三)举证责任倒置[14]

专利侵权纠纷涉及新产品制造方法的发明专利的,制造同样产品的单位或者个人应当提供其产品制造方法不同于专利方法的证明,这就是所谓举证责任倒置。

我国 1984 年《专利法》第 60 条第 2 款规定:“在发生侵权纠纷的时候,如果发明专利是一项产品的制造方法,制造同样产品的单位或者个人应当提供其产品制造方法的证明。”按照“谁主张,谁举证”的一般规则,主张他人侵犯方法专利的,应

---

〔14〕 1984 年《专利法》第 60 条第 2 款规定:“在发生侵权纠纷的时候,如果发明专利是一项产品的制造方法,制造同样产品的单位或者个人应当提供其产品制造方法的证明。”1992 年《专利法》第 60 条第 2 款规定:“在发生侵权纠纷的时候,如果发明专利是一项新产品的制造方法,制造同样产品的单位或者个人应当提供其产品制造方法的证明。”

当证明被控方实施了权利人的专利方法。但是对于延及产品的方法,1984年规定由制造同样产品的单位或者个人提供其产品制造方法的证明,这就是责任倒置。1992年《专利法》第60条第2款改为,适用责任倒置的仅仅为新产品,因为1992年《专利法》方法专利的保护范围延及产品,保护行为扩展到制造之外的销售、使用、进口等行为。如果不是新产品,从表面上看,并不能像涉及新产品那样大概率地得出被控人使用了专利方法,涉及新产品则使用方法是大概率。在要求被控方提供方法举证的时候,应当充分尊重被控方的权利,保护他的技术秘密,应考虑被告方在保护其制造和商业秘密方面的合法权益。

根据TRIPs第34条的规定,各成员应规定至少在下列一种情况下,任何未经专利所有权人同意而生产的相同产品,如无相反的证明,则应被视为是通过该已获专利方法所获得的:(1)如通过该已获专利方法获得的产品是新的;(2)如存在实质性的可能性表明该相同产品是由该方法生产的,而专利所有权人经过合理努力不能确定事实上使用了该方法。只有满足(1)项所指条件或只有满足(2)项所指条件,任何成员方有权规定前款所指的举证责任在于被指控的侵权人。我国没有规定(2)中情形,但是实际上在司法实践中有据此裁判的案例。最高人民法院《关于充分发挥知识产权审判职能作用推动社会主义文化大发展大繁荣和促进经济自主协调发展若干问题的意见》(法发〔2011〕第18号)对此提出了指导性意见。[15]

※思考问题:什么是新产品?

关于新产品的定义,有过一些不同的理解。比如,在中国没有制造过或者上市销售过的产品,曾经都一度被定义为新产品。根据最高人民法院《关于审理侵犯专利权纠纷案件应用法律若干问题的解释》,产品或者制造产品的技术方案在专利申请日以前为国内外公众所知的,人民法院应当认定该产品不属于《专利法》第61条第1款规定的新产品。该解释是从否定的角度给出新产品的描述,如果从正面定义,可以将符合《专利法》新颖性规定而不能被授予专利权的产品定义为新产品。

尽管制造同样产品行为人负有举证证明其产品的制造方法不同于专利方法的责任,但权利人在诉讼中仍应当承担一定的举证责任,比如需要证明被告产品相同、产品为新产品。同样产品,应指使用专利方法直接制造的产品。

(四)被告人与相关人提供信息的义务

专利侵权行为侵犯的是无形财产权,具有隐蔽性,专利权人取证十分困难。因此,一些国家规定在一些情况下,被告人及其他相关人有义务向执法机关提供某些

---

〔15〕 尹新天:《中国专利法详解》(缩编版),知识产权出版社2012年版,第520~522页。

重要信息。我国第四次专利法修订也拟借鉴国外的做法。比如,《德国专利法》规定,[16]对于未经许可实施专利的人、占有侵权产品的人、为侵权提供了服务的人,以及被前述人指认参与了前述行为的人,有义务向执法机关提供与侵权有关的重要信息。这些信息包括:产品的来源和销售渠道信息,以及侵权产品数量和价格信息。对侵权可能性较大的人,权利人可以要求他提供相关文件或者对一些物品(目标)进行检查。对于商业规模的侵权行为,权利人还可以要求侵权人提供银行、财务以及商业方面的文件。拒绝提供相关信息的被告人及其他相关人,将因此承担不利后果。

四、被告的抗辩理由

(一)现有技术抗辩

现有技术抗辩,是指在专利侵权纠纷中,被控侵权人有证据证明其实施的技术或者设计属于现有技术或者现有设计的,不构成侵犯专利权。2008 年《专利法》第 62 条增加规定了现有技术抗辩。

现有技术抗辩有以下要点:(1)不适用覆盖原则;(2)无须启动专利无效程序;(3)需要举证现有技术;(4)将被控产品与现有技术进行比对;(5)法院可以直接适用。

最高人民法院《关于审理侵犯专利权纠纷案件应用法律若干问题的解释》第 14 条规定:“被诉落入专利权保护范围的全部技术特征,与一项现有技术方案中的相应技术特征相同或者无实质性差异的,人民法院应当认定被诉侵权人实施的技术属于专利法第六十二条规定的现有技术。被诉侵权设计与一个现有设计相同或者无实质性差异的,人民法院应当认定被诉侵权人实施的设计属于专利法第六十二条规定的现有设计。”

这里,“无实质性差异”标准应理解为“明显无创造性”标准:在被控侵权技术与现有技术存在差异,但被控侵权技术相比现有技术“明显无创造性”时,应认定现有技术抗辩成立。对于外观设计而言,“无实质性差异”标准应理解为外观专利、被控设计与现有设计的主体部分相同或者实质相同。

现有技术抗辩应由提出抗辩的一方当事人承担举证责任。现有技术只能是来自一份文件,不能由多份文件组合,除非是非常明显的简单组合。

应当如何进行现有技术抗辩呢? 其适用方法可以概括如下:(1)证明现有技术的存在。一般应当是一份文件。简单叠加时也可以是多份文件。(2)确定现有技术的主要技术特征或者必要技术特征。(3)确定或者锁定被控侵权产品的主要技术特征或者必要技术特征。(4)将现有技术与被控物的技术特征进行比对,如果二者技术特征相同或者等同,则可以认定被控物使用的是现有技术。(5)如果

〔16〕《德国专利法》的相关规定涉及多条,此处内容为本书根据多条内容所做的概括。

被控物虽然落入现有技术的范围,但还具有其他技术特征,此时可以将被控物与涉案专利进行比对,如果被控物与现有技术的差异部分不能从涉案专利中得出,则仍然可以认定被控物使用的是现有技术,而不侵犯涉案专利的专利权。

（二）专利无效抗辩

被控人可以通过主张专利无效来对抗权利人的侵权指控。

（三）未落入涉讼专利保护范围的抗辩

当被控侵权物缺少一个以上涉讼专利权利要求的必要技术特征时,被告可以未落入涉讼专利保护范围为由进行不侵权抗辩。

（四）合同抗辩

合同抗辩,即被控侵权人以被控产品得到合同授权来进行抗辩。

（五）诉讼主体资格抗辩

诉讼主体资格抗辩,即被告人可以就原被告是否是诉讼的适格主体提出抗辩。

（六）合法来源抗辩

我国2008年《专利法》第70条规定:“为生产经营目的使用、许诺销售或者销售不知道是未经专利权人许可而制造并售出的专利侵权产品,能证明该产品合法来源的,不承担赔偿责任。”〔17〕

合法来源要点包括:第一,被控人不知情。所谓不知情,就是不知道或者不应该知道被控产品是侵权产品。是否不知道或者不应该知道与被控人的注意义务相关。第二,被控人必须能够提供合法的正当来源,就是取得被控产品是通过正当渠道、正常交易得到被控产品。第三,限于使用、销售、许诺销售行为,制造行为不能进行合法来源抗辩。第四,专利侵权产品,包括专利产品或者依照专利方法直接获得的产品。

需要注意的是,合法来源抗辩并不是一种侵权的豁免,而只是不承担赔偿责任。当专利权人向被控侵权人指出其行为后,被控侵权人应当停止侵权行为,或者取得专利权人的许可向专利权人支付专利许可费。

（七）法定免责事由抗辩

法定免责事由,即专利侵权的豁免或者例外。如果被控人存在法定的免责事由,自然可以以此作为不侵权的抗辩。专利侵权例外本书另有专门讨论,此处不赘述。

---

〔17〕 2000年《专利法》第63条第2款规定:“为生产经营目的使用或者销售不知道是未经专利权人许可而制造并售出的专利产品或者依照专利方法直接获得的产品,能证明其产品合法来源的,不承担赔偿责任。”

五、诉前禁令和财产保全

（一）诉前禁令

禁令一般是指执法当局责令被申请人停止或者不得为一定行为的命令。侵权案件中的禁令，在中国是指法律和司法解释规定的责令停止侵权行为。禁令分为诉前禁令、诉讼禁令和判决中的禁令。

诉前禁令指在起诉之前由法院发出的责令被申请人停止或者不得为一定行为的命令。诉讼禁令，又称诉中禁令，指在诉讼进行中法院颁布的禁令。[18] 诉前禁令和诉中禁令是一种诉讼手段和措施，而判决中的禁令则是一种责任形式。一般来说，法院很少发诉中禁令，因为这样的禁令过于显露法院的倾向，会给当事人带来很强的不公平、不公正的感觉。而且，诉中禁令本身也没有太大必要，如果真是情况紧急，可以适用诉前禁令。

根据《专利法》的规定，专利权人或者利害关系人有证据证明他人正在实施或者即将实施侵犯专利权的行为，如不及时制止将会使其合法权益受到难以弥补的损害的，可以在起诉前向人民法院申请采取责令停止有关行为的措施。申请人提出申请时，应当提供担保；不提供担保的，驳回申请。人民法院应当自接受申请之时起48小时内作出裁定；有特殊情况需要延长的，可以延长48小时。裁定责令停止有关行为的，应当立即执行。当事人对裁定不服的，可以申请复议一次；复议期间不停止裁定的执行。申请人自人民法院采取责令停止有关行为的措施之日起15日内不起诉的，人民法院应当解除该措施。申请有错误的，申请人应当赔偿被申请人因停止有关行为所遭受的损失。

（二）财产保全

专利侵权案件中采取财产保全措施，适用《民事诉讼法》的有关规定。

2000年《专利法》曾规定了诉前财产保全，但2008年《专利法》又取消了诉前财产保全制度，因为2007年《民事诉讼法》修改增加规定了诉前财产保全制度，已没有必要在《专利法》中专门规定。

需要指出的是，当被保全的财产是主要证据的时候，财产保全与诉讼保全可能出现重合，此时选择诉讼保全更为有利。

六、责任形式

专利侵权的民事责任形式主要有停止侵权、赔偿损失及其他形式。本书已在“专利侵权行为”一章专节讨论之，此处不赘述。

---

〔18〕 2013年1月31日，广州市中级人民法院在广药集团诉加多宝案件［（2012）穗中法知民初字第263号之一民事裁定书］中首次发出诉中禁令，要求加多宝公司停止使用某些广告用语。

案例 98　昆明制药公司与珍宝岛制药有限公司侵权纠纷案〔19〕
确认不侵犯专利权之诉

昆明制药公司享有“三七皂甙粉针剂”“皂甙类粉针剂注溶剂”的发明专利权，其致函珍宝岛制药公司并在《中国医药报》刊登“严正声明”，要求珍宝岛公司停止侵犯其专利权的行为。珍宝岛制药公司起诉要求确认不侵犯专利权。一审珍宝岛制药公司胜诉。昆明制药公司不服判决，提起上诉。黑龙江省高级人民法院维持二审判决。

第五节　专利刑事诉讼

一、知识产权刑法保护概述

知识产权刑法保护是指国家法律对侵犯知识产权的犯罪行为提供刑事诉讼程序和刑事处罚，可采用的法律补救措施包括足以起到威慑作用的监禁和/或罚款，其处罚程序与对具有相应严重性的罪行法律补救措施的处罚程序相一致。例如，国家司法机关对违法假冒他人商标或剽窃版权作品的犯罪行为实施刑事惩罚。刑事惩罚的适用条件有二：一是侵权使用达到一定的商业规模；二是非法使用人主观上出于故意。

我国《刑法》第二编第三章“破坏社会主义市场经济秩序罪”第七节“侵犯知识产权罪”与第八节“扰乱市场秩序罪”等章节中，规定了侵犯商标权、专利权、商业秘密权、商誉权等各项犯罪行为，其罪名涉及侵犯知识产权的主要领域：假冒注册商标罪，销售假冒注册商标的商品罪，非法制造、销售非法制造的注册商标标识罪，假冒专利罪，侵犯著作权罪，销售侵权复制品罪，侵犯商业秘密罪。还规定了单位犯侵犯知识产权罪的处罚规定。

其中《刑法》第 216 条规定了假冒专利罪：“假冒他人专利，情节严重的，处三年以下有期徒刑或者拘役，并处或者单处罚金。”

二、专利刑法保护概述

（一）入刑方式

综观世界各国对专利犯罪的有关规定，关于立法模式，可分为附属刑法规定型和刑法典规定型两种类型；关于专利犯罪罪名设置，可分为立法侧重保护公共法益与国家法益、立法侧重保护个人法益、立法对两种保护并重 3 种基本类型；关于专

〔19〕　参见黑龙江省哈尔滨市中级人民法院民事判决书（2003）哈民五初字第 71 号，黑龙江省高级人民法院民事判决书（2004）黑知终字第 8 号。

利犯罪刑罚,各国立法皆重视罚金刑的运用,另有一些国家对专利犯罪规定适用资格刑;关于专利犯罪追诉方式,多数国家都实行自诉制度。[20]

1. 附属刑法规定型。大陆法系多数国家属于此种立法类型,如德国、日本、法国、瑞士等国,还有英美法系国家,如英国、美国等国。这些国家都是在专利法(或知识产权法)中规定专利犯罪罪刑规范,而在其刑法典中并无有关专利犯罪的规定。如德国在《德国专利法》第49条规定了专利犯罪;日本在《日本特许法》第196条规定了专利犯罪;瑞士在《瑞士专利法》第81条规定了专利犯罪;英国在《英国专利法》第109条至第113条规定了专利犯罪;美国在《美国专利法》第292条、《美国法典》第3571条规定了专利犯罪。

2. 刑法典规定型。这些国家在其刑法典中规定专利犯罪罪刑规范。中国、罗马尼亚、巴西等属于此种立法类型。罗马尼亚在《罗马尼亚刑法典》第299条、第300条规定了专利犯罪;巴西在《巴西联邦共和国刑法典》第187条、第188条规定了专利犯罪;我国《刑法》第216条规定了假冒专利罪。

(二)专利犯罪立法罪名

1. 英国:伪造专利记录罪、假冒专利权罪、假冒已申请专利罪、滥用专利局名义罪。

2. 美国:虚假专利标记罪、伪造专利特许证罪。

3. 德国:《德国专利法》第49条规定,德国专利犯罪限于非法使用他人专利罪,即除法定情况外,未经专利权人许可而使用其发明的行为。

4. 日本:《日本特许法》第196条:(1)专利侵害罪。侵害专利权或专利实施权的行为;专利申请人在已有申请公告时,享有作为其业务实施与其专利申请有关的发明的权利,在已有该专利权设定注册时,侵害前述权利的行为。(2)诈欺罪。以诈欺行为获得专利、专利权存续期间延长注册或者审决的行为。此外,日本对有关专利的伪证行为、泄密行为都规定为犯罪。

5. 法国:根据《法国知识产权法典》第L521-4条、第L615-14条的规定,故意侵犯工业品外观设计权与专利权的行为构成犯罪;此外,根据《法国知识产权法典》的规定,冒充专利权人或专利申请人、违法申请专利、违法公开发明专利申请等违反专利法行政管理规定的行为也构成犯罪。

三、我国专利刑法保护

(一)专利保护入刑简介

1979年《刑法》制定之时,我国只有《商标法》,尚没有《专利法》和《著作权法》,因而刑法典只规定了一个涉及知识产权的犯罪,即假冒商标罪。1993年2月22日全国人大常委会《关于惩治假冒注册商标犯罪的补充规定》增加了两个

---

〔20〕 参见王冠:《专利犯罪立法比较研究》,载《科技进步与对策》2007年第12期。

罪名，即销售假冒注册商标的商品罪和非法制造、销售非法制造的注册商标标识罪。同时，该补充规定确立了上述罪名的单位犯罪。1984 年 3 月颁布的《专利法》首次出现了涉及假冒专利的附属刑法规范，该法第 63 条规定："假冒他人专利的，依照本法第六十条的规定处理；情节严重的，对直接责任人员比照刑法第一百二十七条的规定追究刑事责任。"1997 年《刑法》又将假冒专利单独立罪，加大了对专利的保护力度。

(二)假冒专利罪构成要件

我国《刑法》第 216 条规定了假冒专利罪："假冒他人专利，情节严重的，处三年以下有期徒刑或者拘役，并处或者单处罚金。""假冒他人专利"是指侵权人在自己产品上加上他人的专利标记和专利号，或使其与专利产品相类似，使公众认为该产品是他人的专利产品，以假乱真，侵害他人合法权利的行为。假冒专利罪的构成要件分析如下。[21]

1. 客体要件

本罪的客体为复杂客体，它既侵害了国家专利管理部门的正常活动，也侵害了单位或者个人的专利权利。随着社会主义市场经济体制的建立和健全，不仅需要在法律上明确规定允许和保护科技发明创造的专利权，以鼓励发明创造，维护专利权和国家的利益，而且侵权行为不断发生，也需要法律保护专利权人和国家的专利权益。因此，对于假冒专利侵犯他人的专利权和国家的专利管理制度构成犯罪的行为予以打击是必要的。

2. 客观要件

从犯罪对象上看，假冒专利罪要求假冒他人已经存在的、有效的专利标记或专利号，而不包括冒充已经被宣告无效、保护期届满的，或是凭空臆造。本罪在客观方面表现为违反国家专利管理法规规定，在法律规定的有效期限内，假冒他人或单位已向国家专利主管部门提出申请并经审查获得批准的专利，情节严重的行为，主要有：(1)未经许可，在其制造或者销售的产品、产品的包装上标注他人专利号的；(2)未经许可，在广告或者其他宣传材料中使用他人的专利号，使人将所涉及的技术误认为是他人专利技术的；(3)未经许可，在合同中使用他人的专利号，使人将合同涉及的技术误认为是他人专利技术的；(4)伪造或者变造他人的专利证书、专利文件或者专利申请文件的。[22]

---

〔21〕 参见余高能：《对我国侵犯知识产权犯罪刑事立法系统性的考量》，载《知识产权》2013 年第 12 期。

〔22〕 参见最高人民法院、最高人民检察院《关于办理侵犯知识产权刑事案件具体应用法律若干问题的解释》(法释〔2004〕19 号)第 10 条。

3. 主体要件

本罪的主体为一般主体。凡达到刑事责任年龄且具有刑事责任能力的自然人均能构成本罪。依《刑法》第220条之规定,单位亦能成为本罪主体。单位犯本罪的,对单位判处罚金,对其直接负责的主管人员和其他直接责任人员依本条规定追究刑事责任。

4. 主观要件

本罪在主观方面必须出于故意,即明知自己在假冒他人专利侵犯他人专利权而仍故意实施该行为。对于过失行为,不能构成本罪。至于犯罪的动机则多种多样,有的为了营利,有的为了获取荣誉,有的为了损坏他人名誉等,但无论动机如何,都不影响本罪的成立。

(三)立案标准

立案标准,是追究刑事责任的数量标准及其他的操作标准。我国司法解释规定,假冒他人专利,具有下列情形之一的,属于《刑法》第216条规定的"情节严重",应当以假冒专利罪判处3年以下有期徒刑或者拘役,并处或者单处罚金:(1)非法经营数额在20万元以上或者违法所得数额在10万元以上的;(2)给专利权人造成直接经济损失50万元以上的;(3)假冒两项以上他人专利,非法经营数额在10万元以上或者违法所得数额在5万元以上的;(4)其他情节严重的情形。[23]

"非法经营数额",是指行为人在实施侵犯知识产权行为过程中,制造、储存、运输、销售侵权产品的价值。已销售的侵权产品的价值,按照实际销售的价格计算。制造、储存、运输和未销售的侵权产品的价值,按照标价或者已经查清的侵权产品的实际销售平均价格计算。侵权产品没有标价或者无法查清其实际销售价格的,按照被侵权产品的市场中间价格计算。

(四)处罚

根据《刑法》第216条和第220条的规定,犯本罪的,处3年以下有期徒刑或者拘役,并处或者单处罚金,单位犯本罪的,对单位判处罚金,并对其直接负责的主管人员和其他直接责任人员,依照上述规定处罚。

对于假冒他人专利犯罪的,人民法院应当综合考虑犯罪的违法所得、非法经营数额、给权利人造成的损失、社会危害性等情节,依法判处罚金。罚金数额一般在违法所得的1倍以上5倍以下,或者按照非法经营数额的50%以上1倍以下确定。

---

〔23〕 参见最高人民法院、最高人民检察院《关于办理侵犯知识产权刑事案件具体应用法律若干问题的解释》(法释〔2004〕19号)第4条。

第六节 知识产权海关保护

知识产权海关保护，指海关依法禁止侵犯知识产权的货物进出口的措施。在TRIPs中被称为知识产权的边境措施（border measures）。边境措施是各国为加强知识产权保护进行合作采取的有力措施。我国在1995年就颁布实施了《知识产权海关保护条例》，并分别于2003年、2010年进行了修订。海关保护严格来说属于行政保护的一种，但由于海关执法的特殊性，因此单独进行讨论。侵犯知识产权，指侵犯受我国保护的知识产权，包括商标专用权、著作权和与著作权有关的权利、专利权。海关依照有关法律和《知识产权海关保护条例》的规定实施知识产权保护，行使中国《海关法》规定的有关权力。知识产权权利人请求海关实施知识产权保护的，应当向海关提出采取保护措施的申请。同时规定，进口货物的收货人或者其代理人、出口货物的发货人或者其代理人应当按照国家规定，向海关如实申报与进出口货物有关的知识产权状况，并提交有关证明文件。

根据《知识产权海关保护条例》的规定，海关保护可以分为备案、扣留申请、侵权货物处理等阶段。

一、备案

（一）权利人申请

知识产权权利人可以依照《知识产权海关保护条例》的规定，将其知识产权向海关总署申请备案；申请备案的，应当提交申请书。申请书应当包括下列内容：（1）知识产权权利人的名称或者姓名、注册地或者国籍等；（2）知识产权的名称、内容及其相关信息；（3）知识产权许可行使状况；（4）知识产权权利人合法行使知识产权的货物的名称、产地、进出境地海关、进出口商、主要特征、价格等；（5）已知的侵犯知识产权货物的制造商、进出口商、进出境地海关、主要特征、价格等。上述内容有证明文件的，知识产权权利人应当附送证明文件。

知识产权权利人将其知识产权向海关总署备案的，按照国家有关规定免予缴纳备案费。

（二）海关决定是否准予备案

海关总署应当自收到全部申请文件之日起30个工作日内作出是否准予备案的决定，并书面通知申请人；不予备案的，应当说明理由。

有下列情形之一的，海关总署不予备案：（1）申请文件不齐全或者无效的；（2）申请人不是知识产权权利人的；（3）知识产权不再受法律、行政法规保护的。

（三）撤销备案

海关发现知识产权权利人申请知识产权备案未如实提供有关情况或者文件

的，海关总署可以撤销其备案。

（四）变更或注销备案

知识产权备案情况发生改变的，知识产权权利人应当自发生改变之日起30个工作日内，向海关总署办理备案变更或者注销手续。

知识产权权利人未依照规定办理变更或者注销手续，给他人合法进出口或者海关依法履行监管职责造成严重影响的，海关总署可以根据有关利害关系人的申请撤销有关备案，也可以主动撤销有关备案。

（五）备案效力

知识产权海关保护备案自海关总署准予备案之日起生效，有效期为10年。

知识产权有效的，知识产权权利人可以在知识产权海关保护备案有效期届满前6个月内，向海关总署申请续展备案。每次续展备案的有效期为10年。

知识产权海关保护备案有效期届满而不申请续展或者知识产权不再受法律、行政法规保护的，知识产权海关保护备案随即失效。

二、扣留申请

（一）申请

知识产权权利人发现侵权嫌疑货物即将进出口的，可以向货物进出境地海关提出扣留侵权嫌疑货物的申请。

知识产权权利人请求海关扣留侵权嫌疑货物的，应当提交申请书及相关证明文件，并提供足以证明侵权事实明显存在的证据。申请书应当包括下列主要内容：(1)知识产权权利人的名称或者姓名、注册地或者国籍等；(2)知识产权的名称、内容及其相关信息；(3)侵权嫌疑货物收货人和发货人的名称；(4)侵权嫌疑货物名称、规格等；(5)侵权嫌疑货物可能进出境的口岸、时间、运输工具等。侵权嫌疑货物涉嫌侵犯备案知识产权的，申请书还应当包括海关备案号。

海关发现进出口货物有侵犯备案知识产权嫌疑的，应当立即书面通知知识产权权利人。知识产权权利人自通知送达之日起3个工作日内依照《知识产权海关保护条例》规定提出申请。

知识产权权利人请求海关扣留侵权嫌疑货物的，应当向海关提供不超过货物等值的担保，用于赔偿可能因申请不当给收货人、发货人造成的损失，以及支付货物由海关扣留后的仓储、保管和处置等费用；知识产权权利人直接向仓储商支付仓储、保管费用的，从担保中扣除。

（二）扣留货物

知识产权权利人申请扣留侵权嫌疑货物符合规定的，海关应当扣留侵权嫌疑货物，书面通知知识产权权利人，并将海关扣留凭单送达收货人或者发货人。不符合规定的，海关应当驳回申请，并书面通知知识产权权利人。经海关同意，知识产权权利人和收货人或者发货人可以查看有关货物。

但是,有下列情形之一的,海关应当放行被扣留的侵权嫌疑货物:(1)权利人申请扣留货物的,自扣留之日起20个工作日内未收到人民法院协助执行通知的;(2)海关依职权扣留货物的,自扣留之日起50个工作日内未收到人民法院协助执行通知,并且经调查不能认定被扣留的侵权嫌疑货物侵犯知识产权的;(3)涉嫌侵犯专利权货物的收货人或者发货人在向海关提供与货物等值的担保金后,请求海关放行其货物的;(4)收货人或者发货人有充分的证据证明其货物未侵犯知识产权权利人的知识产权的;(5)在被扣留的侵权嫌疑货物为侵权货物之前,知识产权权利人撤回申请的。

(三)异议

收货人或者发货人认为其货物未侵犯知识产权权利人的知识产权的,应当向海关提出书面说明并附送相关证据。

涉嫌侵犯专利权货物的收货人或者发货人认为其进出口货物未侵犯专利权的,可以在向海关提供货物等值的担保金后,请求海关放行其货物。知识产权权利人未能在合理期限内向人民法院起诉的,海关应当退还担保金。

(四)调查

海关扣留涉嫌侵权的货物后,依法进行调查。海关对被扣留的侵权嫌疑货物及有关情况进行调查时,知识产权权利人和收货人或者发货人应当予以配合。海关对被扣留的侵权嫌疑货物进行调查,请求知识产权主管部门提供协助的,有关知识产权主管部门应当予以协助。

(五)费用

海关依照《知识产权海关保护条例》的规定扣留侵权嫌疑货物,知识产权权利人应当支付有关仓储、保管和处置等费用。知识产权权利人未支付有关费用的,海关可以从其向海关提供的担保金中予以扣除,或者要求担保人履行有关担保责任。

侵权嫌疑货物被认定为侵犯知识产权的,知识产权权利人可以将其支付的有关仓储、保管和处置等费用计入其为制止侵权行为所支付的合理开支。

(六)扣留申请的效力

知识产权权利人在向海关提出采取保护措施的申请后,可以依照《商标法》《著作权法》《专利法》或者其他有关法律的规定,就被扣留的侵权嫌疑货物向人民法院申请采取责令停止侵权行为或者财产保全的措施。海关收到人民法院有关责令停止侵权行为或者财产保全的协助执行通知的,应当予以协助。

三、处置

被扣留的侵权嫌疑货物,经海关调查后认定侵犯知识产权的,由海关予以没收。海关没收侵犯知识产权货物后,应当将侵犯知识产权货物的有关情况书面通知知识产权权利人。

被没收的侵犯知识产权货物可以用于社会公益事业的,海关应当转交给有关公益机构用于社会公益事业；知识产权权利人有收购意愿的，海关可以有偿转让给知识产权权利人。被没收的侵犯知识产权货物无法用于社会公益事业且知识产权权利人无收购意愿的，海关可以在消除侵权特征后依法拍卖，但对进口假冒商标货物，除特殊情况外，不能仅清除货物上的商标标识即允许其进入商业渠道；侵权特征无法消除的，海关应当予以销毁。

四、法律责任

海关接受知识产权保护备案和采取知识产权保护措施的申请后，因知识产权权利人未提供确切情况而未能发现侵权货物、未能及时采取保护措施或者采取保护措施不力的，由知识产权权利人自行承担责任。

知识产权权利人请求海关扣留侵权嫌疑货物后，海关不能认定被扣留的侵权嫌疑货物侵犯知识产权权利人的知识产权，或者人民法院判定不侵犯知识产权权利人的知识产权的，知识产权权利人应当依法承担赔偿责任。

进口或者出口侵犯知识产权货物，构成犯罪的，依法追究刑事责任。

案例 99 ｜ 中美对中国《知识产权海关保护条例》第 27 条的争端〔24〕

美国认为，中国海关处置没收的侵犯知识产权商品“强制方案”违反了 TRIPs 第 46 条。根据该方案要求，海关当局不能行使自由裁量权去销毁侵权物品，而是必须优先选择允许侵权商品进入商业渠道的处置方法。专家组认为，中国没有违反 TRIPs 第 46 条第一句话的规定，但违反了第 46 条第四句话的规定。

〔24〕 参见世界贸易组织争端解决案例 WT/DS362/8，http://www.wto.org/english/tratop_e/dispu_e/cases_e/ds362_e.htm。

第七编　专利国际条约与国际申请

第二十一章　专利国际条约

第一节　概　　述

一、知识产权国际条约的发展状况

从历史发展看，知识产权起于一域，但是其发展早期即已显现出超出一域的趋势。比如早期英国的专利制度，就有一个十分功利的目的，即引进国外的先进技术，那势必要承认外国人的专利权。《美国专利法》诞生的时候没有规定外国人的权利，但是进入19世纪，《美国专利法》即肯定了外国人在美国申请专利的权利。19世纪上半叶，欧洲大陆不少国家的专利法都承认外国人的权利，一些国家之间签订了双边条约，并且开始就专利国际条约进行了磋商、谈判，特别是以国际博览会为重要谈判平台，进行了广泛而深入的博弈、谈判，直接促生了第一个知识产权国际条约——《巴黎公约》。之后，至第二次世界大战结束时，建立起以《巴黎公约》（巴黎联盟）为中心的工业产权体系和以《保护文学和艺术作品伯尔尼公约》（伯尔尼联盟）为中心的版权保护体系。

到1970年，世界知识产权组织成立，它的旗下包括了大部分知识产权国际条约。1974年，世界知识产权组织成为联合国的一个机构。第二次世界大战后，以欧美为核心建立起来的世界贸易体系关税与贸易总协定一开始没有覆盖知识产权。但是进入20世纪80年代后，乌拉圭回合谈判将知识产权作为重要议题，于是1995年成立的世界贸易组织“一揽子”协议中便包括了（TRIPs），使知识产权国际条约进入了一个新的发展阶段。

目前，全球性的知识产权国际条约已达到30多个，其中世界知识产权组织管理的26个，涵盖了版权、专利、商标、原产地名称、集成电路布图设计、植物新品种、科学发现等广泛的领域。

二、知识产权国际条约发展的特点

（一）保护范围不断扩大

随着科学技术的迅速发展，传统的知识产权制度面临挑战，知识产权的保护范围在不断扩大。随着新技术、新知识的不断涌现，知识产权的新类别相继出现，现代知识产权的保护范围已从传统的专利、商标、版权扩展到包括计算机软件、集成电路、植物品种、商业秘密、生物技术等在内的多元对象。如在专利领域中,美国已对含有计算机程序的计算机可读载体、基因工程、网络上的经营模式等发明给予了专利保护。知识产权已纳入世界贸易组织管辖的范围。知识产权与货物贸易、服务贸易并重,成为世界贸易组织的三大支柱,并且将货物贸易的规则、争端解决机制引入知识产权领域。

(二)保护水平不断提高

《巴黎公约》和《伯尔尼公约》等逐步完善。比如《巴黎公约》,对工业产权的保护只是确立了一些基本的原则,如国民待遇、专利商标独立,以及规定了一些最低的保护要求,具体给予什么水平的保护,则留给主权国自己去决定。之后,保护水平不断提高,巴黎公约和伯尔尼公约本身就做了多次修订,使知识产权保护水平提高。同时,各国还通过签订一系列新的国际条约来提高保护水平。比如,著作权领域,就于1996年签署通过了《世界知识产权组织版权条约》,专利领域的《专利合作条约》和《专利法条约》。大量的双边、多边自由贸易协定许多都涉及知识产权,并纷纷提高知识产权保护的水平。特别是世界贸易组织的TRIPs,全面提升了知识产权的保护水平,体现为:(1)在国民待遇原则外增加了最惠国待遇原则,这为提高保护水平增加了法理基础;(2)TRIPs全面提升了最低保护水平,不仅大量增加了知识产权保护的具体规定,而且这些具体规定相比之前的其他条约,保护要求明显提高;(3)世界贸易组织加大各国保护知识产权的义务,特别是对执法提出了更高、更具体的要求。新一轮贸易谈判中,加强知识产权保护仍然是大趋势。

(三)权利内容不断拓展

从知识产权权利内容来看,其保护内容不断拓展。比如专利权,我国专利权的权项从比较简单发展到复杂、完备,对专利权人的权利保护逐渐完善、周到。国外对专利权的保护,其权项也是在不断增加,涉及可能侵权的几乎所有环节,如制造、使用、销售、许诺销售、进口、存储、置于市场等。

(四)知识产权国际实体立法正在提上议事日程

应当说,TRIPs即是知识产权实体立法的一种体现,几乎在绝大部分知识产权领域都提出了相比之前高出不少的保护标准。现在,实体立法在向具体知识产权领域发展。比如,以《欧洲专利公约》为基础进展而来的《欧洲共同体专利公约》和拟定中的欧盟专利,商标、外观设计等知识产权领域,欧洲都有了统一实体法。某些发达国家近年来极力推行专利审查的国际化,提出打破专利审查的地域限制,即少数几个国家负责专利审查,并授予专利权,其他国家承认其审查结果。自2001年起专利实体法条约已经纳入立法起草议程,并经过了多轮磋商。2006年9月24日,包括日本、美国在内的41个发达国家就统一专利认定标准的《实体专利法条约》的主要部分达成了一致。[1]

但是,应当指出的是,全球化发展并非是一帆风顺、毫无波折的,知识产权国际条约实体化是发展趋势,但并非一蹴而就,出现反弹、曲折是完全正常的。

三、国际条约的类型

按照不同的标准,可以对知识产权国际条约作出分类。按照条约管理组织分类,知识产权国际条约可以分为由世界知识产权组织管理的条约,由世界贸易组织管理的条约,由其他组织管理的条约。按照重要性分类,可以分为基础性国际条约和单项类国际条约,如《巴黎公约》、《伯尔尼公约》、TRIPs 等是基础性国际条约,其他则为单项类国际条约。按照知识产权种类分,可以分为专利国际条约、著作权国际条约和商标国际条约等。按地域范围分,可以分为世界性国际条约及地区性国际条约等。

本书按照世界知识产权组织的标准,将知识产权国际条约分为三类。

1. 提供实质保护的条约:这类条约规定了国际上议定的各国知识产权保护的基本标准。包括《巴黎公约》、TRIPs 等。

2. 提供保护便利的条约:条约(亦称全球保护体系条约)确保一次国际注册或申请在任何一个有关签署国中有效。世界知识产权组织依这些条约所提供的服务,简化了在被要求对某一具体知识产权进行保护的所有国家中逐个提出或提交申请的手续,并降低了其费用。比如 1970 年签订的《专利合作条约》,1977 年签订的《国家承认用于专利程序的微生物保存布达佩斯条约》,1925 年签订的关于工业品外观设计国际注册《海牙协定》。

3. 建立国际分类法的条约:这一组条约为分类条约,通过这些条约建立起分类制度,这些制度将关于发明、商标和工业品外观设计的信息按可操作的结构编成索引,以便于查询。如 1971 年签订的《专利国际分类协定》,1968 年签订的工业品外观设计国际分类协定》。

四、国际条约在中国的实施

所谓国际条约的实施,是指内国将国际条约在其领域内贯彻落实。实施方式包括直接实施和转化实施。

(一)直接实施

我国对于国际条约在中国如何实施没有明确规定。根据《宪法》第 67 条的规定:"全国人民代表大会常务委员会行使下列职权:……(十五)决定同外国缔结的条约和重要协定的批准和废除……"《宪法》第 89 条规定:"国务院行使下列职权:……(九)管理对外事务,同外国缔结条约和协定……"

依据条约需要遵守的法理,如果没有转化为国内法,则应当可以直接实施。比

〔1〕 参见彭玉勇:《论世界专利》,载《知识产权》2012 年第 5 期。

如《民法通则》第142条规定:“涉外民事关系的法律适用,依照该章的规定确定。中华人民共和国缔结或者参加的国际条约同中华人民共和国的民事法律有不同规定的,适用国际条约的规定,但中华人民共和国声明保留的条款除外……”至少是对于涉外民事法律关系,国际条约在我国可以直接适用。

具体到专利法:我国《专利法》制定于1984年,那时候我国尚未加入《巴黎公约》,直到1985年3月19日我国才加入《巴黎公约》。虽然我国1984年《专利法》已经吸纳了《巴黎公约》的主要内容,但我国从没有专门就《巴黎公约》如何在中国适用立法,因此,从形式上看,《巴黎公约》适用于我国只能是直接生效。

(二)转化实施

转化实施,是指国际条约必须由内国立法机构将国际条约的内容制定为内国的法律,然后才能实施。英美法系国家多主张转化实施。

对于这个问题,国内出现了不同的观点和不同的处理。比如,TRIPs对于中国是直接生效,还是转化生效?如果直接生效,则表示可以直接援引TRIPs的规定进行执法或者司法,如果不是,则不能直接援引TRIPs的条款。国内一般认为不能直接援引,但理由并不充分。

五、主要知识产权国际条约

目前,世界性的知识产权国际条约有31个,其中有28个已生效(只有1个现已失效),大部分由世界知识产权组织管理(21个)。

1. 中国参加的知识产权国际条约

我国已经加入的19个有关知识产权保护的国际公约如下。

(1)《建立世界知识产权组织公约》,1967年7月14日于斯德哥尔摩签订,1970年4月26日生效,到2017年9月为止已有191个成员国。我国于1980年6月3日加入该公约。

(2)《巴黎公约》,1883年3月20日于巴黎缔结,1884年生效,到2017年7月为止已有177个成员国。我国于1985年3月19日加入该公约。

(3)《集成电路知识产权条约》,1989年5月26日于华盛顿签订,只有8个国家签字,至今尚未生效。我国于1989年5月26日签字加入。

(4)《商标国际注册马德里协定》,1891年4月14日于马德里缔结,1892年生效,到2017年6月为止已有56(55)个成员国。我国于1989年10月4日加入。

(5)《商标国际注册马德里协定有关议定书》,1989年6月27日通过,1995年12月1日生效,到2017年6月为止已有99个成员国。我国于1995年12月1日加入。

(6)《保护文学和艺术作品伯尔尼公约》(简称《伯尔尼公约》),1886年9月9日于伯尔尼缔结,1887年12月生效,到2017年6月为止已有174个成员国。我国于1992年10月15日加入。

(7)《世界版权公约》,1952 年 9 月 6 日于日内瓦签订,到 2001 年 12 月为止已有 100 个成员国,由联合国教科文组织管理。我国于 1992 年 10 月 30 日加入。

(8)《保护录音制品制作者防止未经许可复制其录音制品公约》(简称《录音制品公约》或《唱片公约》),1971 年 10 月 29 日于日内瓦签订,1973 年 4 月 18 日生效,到 2017 年 6 月为止已有 79 个成员国。我国于 1993 年 4 月 30 日加入。

(9)《专利合作条约》(PCT),1970 年 6 月 19 日于华盛顿签订,1978 年生效,到 2017 年 6 月为止已有 152 个成员国。我国于 1994 年 1 月 1 日成为该条约的第 64 个成员国,原中国专利局同时成为 PCT 的受理局、国际检索局和国际初审局。

(10)《商标注册用商品和服务分类协定》(简称《尼斯协定》),1957 年 6 月 15 日于尼斯签订,1961 年 4 月生效,到 2017 年 6 月为止已有 84 个成员国。我国于 1994 年 8 月 9 日加入该协定。

(11)《国际承认用于专利程序的微生物保存布达佩斯条约》(简称《布达佩斯条约》),1977 年 4 月 28 日于布达佩斯签订,1980 年 8 月 19 日生效,到 2017 年 6 月为止已有 80 个成员国。我国于 1995 年 7 月 1 日参加该条约。

(12)《工业品外观设计国际分类协定》(简称《洛迦诺协定》),1968 年 10 月 8 日于洛迦诺签订,1971 年生效,到 2017 年 6 月为止已有 54 个成员国。我国于 1996 年 9 月 19 日参加该协定。

(13)《专利国际分类协定》(IPC),1971 年 3 月 24 日于斯特拉堡签订,1975 年生效,到 2017 年 6 月为止已有 62 个成员国。我国于 1997 年 6 月 19 日加入该协定。

(14)《保护植物新品种国际公约》,1961 年 12 月 2 日于巴黎签订,到 2015 年 6 月为止已有 47 个成员国。在此公约的基础上,成立了“保护植物新品种联盟”(UPOV),由它来管理该条约。我国于 1999 年 4 月 23 日加入。

(15)《与贸易有关的知识产权协定》(TRIPs),1994 年 4 月 15 日签订,1995 年 1 月 1 日生效,到 2017 年 8 月为止已有 164 个成员。我国于 2001 年 12 月 11 日加入该协定。

(16)《世界知识产权组织表演和录音制品条约》,1996 年在日内瓦签订,2002 年 5 月 20 日生效,到 2017 年 7 月共有 95 个缔约国。2007 年 3 月 6 日,中国政府向世界知识产权组织正式递交加入书,2007 年 6 月 9 日,该条约在我国正式生效。

(17)《世界知识产权组织版权条约》在我国生效。1996 年在日内瓦签订,2002 年 3 月 6 日生效,到 2017 年 6 月共有 95 个缔约国。2007 年 3 月 6 日,中国政府向世界知识产权组织正式递交加入书,2007 年 6 月 9 日,该条约在我国正式生效。

(18)《保护非物质文化遗产公约》,2006 年 4 月 20 日对中国生效。

(19)《保护和促进文化表现形式多样性公约》2007 年 3 月 18 日生效,2006 年 12 月 29 日第十届全国人大常委会第二十五次会议决定批准。

另外,2012 年北京条约——《视听表演北京条约》,我国于 2014 年 7 月 9 日批准,但该条约尚未生效。

2. 我国尚未加入的知识产权国际条约

(1)《保护表演者、唱片制作者和广播组织的国际公约》,1961 年在罗马签订,到 2017 年 6 月为止共有 92 个缔约国。

(2)《视听作品国际登记条约》,1989 年在日内瓦签订,到 2017 年 7 月为止共有 12 个缔约国。

(3)《商标法条约》,1994 年签订,中国是签字国,但尚未批准。到 2017 年 6 月为止共有 54 个缔约国。

(4)《新加坡商标法条约》,2006 年 10 月在新加坡签订,到 2017 年 6 月为止共有 46 个缔约国。中国在 2007 年签署但尚未生效。

(5)《保护奥林匹克会徽内罗毕条约》,1981 年 9 月在内罗毕签订,到 2017 年 6 月为止共有 52 个缔约国。

(6)《建立商标图形要素国际分类维也纳协定》,1973 年 6 月在维也纳签订,到 2017 年 6 月为止共有 32 个缔约国。

(7)《保护原产地名称及国际注册里斯本协定》,1958 年 10 月在里斯本签订,到 2017 年 6 月为止共有 28 个缔约国。

(8)《工业品外观设计国际注册海牙协定》(简称《海牙协定》),协定最早于 1925 年通过,有效地建立起一个使工业品外观设计以最少的手续在多个国家或地区取得保护的国际体系——海牙体系。截至 2017 年 6 月,海牙协定共有 67 个成员国。

(9)《发送卫星传输节目信号布鲁塞尔公约》,1974 年在布鲁塞尔签订,到 2017 年 6 月为止共有 37 个缔约国。

(10)《制止商品产地虚假或欺骗性标记马德里协定》,1891 年在马德里签订,到 2017 年 6 月为止共有 36 个缔约国。

(11)《专利法条约》,2000 年 6 月 1 日于日内瓦签订,到 2017 年 8 月为止共有 39 个缔约国。

(12)2013 年马拉喀什条约——《关于为盲人、视障者和其他印刷品阅读障碍者获得已出版作品提供便利的马拉喀什条约》(31 个签约国),2016 年 9 月 30 日生效。我国于 2013 年 6 月 28 日签字,但尚未批准。

第二节 《巴黎公约》

一、概述

1883 年通过的《巴黎公约》适用于最广义的工业产权,包括专利、商标、工业品外观设计、实用新型、服务商标、厂商名称、地理标志,以及制止不正当竞争。

《巴黎公约》于1883年缔结,1884年7月7日正式生效,并于1900年在布鲁塞尔修订,1911年在华盛顿修订,1925年在海牙修订,1934年在伦敦修订,1958年在里斯本修订,1967年在斯德哥尔摩修订,并于1979年修正。现行的是1980年2月在日内瓦修订的文本。共30条,分为3组,第1~12条为实质性条款,第13~17条为行政性条款,第18~30条是关于成员国的加入、批准、退出及接纳新成员国等内容,称为"最后条款"。

该公约建立了巴黎联盟,该联盟设有大会和执行委员会。联盟中凡至少遵守斯德哥尔摩文本(1967年)行政条款和最后条款的成员国均为大会成员。执行委员会成员从巴黎联盟的成员中选举产生,但瑞士例外,它是当然成员。世界知识产权组织(WIPO)秘书处两年期计划和预算中涉及巴黎联盟的部分,由巴黎联盟大会负责制定。该公约对一切国家开放。批准书或加入书必须交WIPO总干事保存。

汤宗舜先生归纳《巴黎公约》的特点有:[2](1)公约的成员国组成巴黎联盟,是一个实体性的国际组织。(2)成员国加入《巴黎公约》为整体加入或整体退出。这指的是新加入的成员不得加入公约在前的议定书,同时新加入者加入了所有的巴黎公约文本,这就是所谓"整体加入"。当然,已经加入的成员可以不加入最新的文本。所谓"整体退出",是指加入的成员退出任一文本,意味着该成员退出公约所有文本。(3)《巴黎公约》是开放式国际公约,对一切国家开放。(4)《巴黎公约》的内容体现为它的实质性条款。该公约的实质性条款主要有三类:国民待遇、优先权、共同规则。

二、《巴黎公约》的实质性条款

(一)国民待遇

该公约的国民待遇条款规定,在保护工业产权方面,每一缔约国必须把它给予该国国民的同样的保护给予其他缔约国的国民。非缔约国的国民,如果在某缔约国内有住所或真实和有效的工商业营业所,亦有权享受该公约规定的国民待遇。国民待遇的例外:司法和行政程序;管辖权;送达地址;委托代理人等。

(二)优先权

该公约规定了对专利(和实用新型,如有的话)、商标及工业品外观设计的优先权。此项权利意味着申请人在首次向缔约国中的一国提出正规申请的基础上,可以在一定期限(专利和实用新型是12个月;工业品外观设计和商标是6个月)内向任何其他缔约国申请保护。在后申请的日期将视为与首次申请的日期相同。换言之,它们将比其他人在上述期限内就同一发明、实用新型、商标或工业品外观设

〔2〕　参见汤宗舜:《专利法教程》(第3版),法律出版社2003年版,第263~264页。

计提出的申请优先（“优先权”一语即由此而来）。此外，这些在后提出的申请，由于是以首次申请为依据的，因此将不受在此期间发生的任何事件的影响，如该发明的公开或标有该商标或使用该工业品外观设计的物品的销售等事件。

（三）共同规则

该公约规定了几项所有缔约国均须遵守的共同规则。

1. 专利涉及的重要规则：（1）不同的缔约国对同一发明授予的专利是相互独立的：一个缔约国授予专利并不意味着其他缔约国也必须授予专利；任何缔约国均不得以某项专利在任何其他缔约国被驳回、撤销或终止为理由，而予以驳回、撤销或终止。（2）发明人享有在专利证书上被写明为发明人的权利。（3）不得以一种专利产品或一种用专利方法取得的产品的销售受该国法律的管制或限制为理由，而拒绝授予专利或使专利无效。（4）允许缔约国采取立法措施规定可以授予强制许可，以防止出现可能滥用专利所赋予的专有权，但有某些限制。对于以专利发明未实施或未充分实施为由而要求授予的强制许可（非由专利权人而由有关国家的公共机关授予的许可），只有在专利授权3年后或自专利申请日起4年后，经请求才能授予；如果专利权人能够提出其不实施的正当理由，则必须拒绝授予此项许可。此外，除非授予强制许可仍不足以防止滥用，否则不得规定撤销专利权。如出现不足以防止滥用的情况，可以提出撤销专利权的诉讼程序，但这种程序只有在授予第一个强制许可满两年之后才能提出。

2. 商标涉及的重要规则：（1）《巴黎公约》未规定商标申请和注册的条件，这些条件由各缔约国国内法确定。所以，对于一个缔约国国民的商标注册申请，不得以该项申请、注册或续展未在其原属国进行为理由而予以驳回，对于已进行的注册，亦不得以上述理由宣告其无效。商标在某缔约国注册，是与该商标可能在包括原属国在内的任何其他国家进行的注册相互独立的。因此，商标的注册在一个缔约国过期或被撤销，并不影响它在其他缔约国注册的有效性。（2）商标如果已在原属国正式注册，经请求，其他缔约国必须接受该商标以其原有形式提出注册申请，并对其予以保护。不过，在有明确规定的情况下，例如，当商标会侵犯第三方的既得权利，或缺乏显著性，或违反道德与公共秩序，尤其是带有欺骗公众的性质时，也可以拒绝注册。（3）在任何缔约国，如果对注册商标的使用是强制性的，那么只有在一段合理的期限之后才能以不使用为由撤销注册，而且只能在商标注册人不能提出不使用的正当理由时才能撤销。（4）每一缔约国对于用于相同或类似商品，系复制、模仿或翻译任何被该国主管机关认为在该国驰名且已经属于某一有权享有该公约利益的人的商标，容易造成混淆的，必须拒绝注册，并禁止使用。（5）同样，对于由缔约国的国徽、国家徽记及官方符号和检验印章组成的或未经许可而包含这些徽记的商标，只要这些徽记已通过WIPO国际局作出通知的，每一缔约国也必须拒绝注册，并禁止使用。这些规定还同样适用于若干政府间组织的徽章、旗帜、其他徽记、缩写和名称。(6)集体商标必须受到保护。

3. 工业品外观设计涉及的重要规则:工业品外观设计必须在每一缔约国受到保护,而且此种保护不得以包含外观设计的物品并非在该国制造为理由而被取消。

4. 厂商名称涉及的重要规则:厂商名称无须提出申请或进行注册,即在每一缔约国受到保护。

5. 产地标记涉及的重要规则:每一缔约国必须采取措施,制止直接或间接地使用商品原产地或生产者、制造者或商人身份的虚伪标记。

6. 不正当竞争涉及的重要规则:每一缔约国必须规定制止不正当竞争的有效保护。

三、关于专利的共同规则

《巴黎公约》关于专利的具体内容体现为公约制定的一些共同规则,分述如下。

1. 独立性。同一发明在不同国家所获得的专利权彼此无关,即各成员国独立地按该国的法律规定给予或拒绝、或撤销、或终止某项发明专利权,不受其他成员国对该专利权处理的影响。但是专利的独立性不适用于输入专利或确认专利。

2. 发明人的署名权。发明人享有在专利中被记载为发明人的权利。

3. 限制销售产品的专利性。不应当以专利产品的销售或者依专利方法获得的产品的销售受到该国法律的限制或限定为理由,而拒绝授予专利或者宣告专利无效。

4. 不实施和强制许可。具体内容见本书强制许可章节。

5. 方法专利权人对依该方法所得产品的权利。一种产品进口到对该产品的制造方法有专利保护的本联盟国家时,专利权人对该进口产品应当享有根据进口国法律,他对在该国依照专利方法制造的产品所享有的一切权利。

6. 国际运输工具中使用的专利产品。在该联盟任何国家内,下列情况不应认为构成对专利权人权利的侵犯:(1)该联盟其他国家的船舶暂时或偶然地进入上述国家的领水时,在船舶的船体、机械、船具、装备及其他附件上使用构成专利对象的器械,但以专为该船的需要而使用这些器械为限;(2)该联盟其他国家的飞机或陆地车辆暂时或者偶然地进入上述国家时,在该飞机或陆地车辆的构造或机制中,或者在该飞机或陆地车辆附件的构造或机制中使用构成专利对象的器械。

7. 国际展会中展出的临时保护。该联盟各国应当按照其该国法律,对在该联盟任何国家领土内举办的官方的或者经官方承认的国际展览会展出的商品中,可以取得专利的发明、实用新型、工业品外观设计和商标,给予临时保护。如以后要求优先权,任何国家的主管机关可以规定其期间应当自该商品搬人展览会之日开始。

8. 缴费宽限期。为维持工业产权而规定缴纳费用,应当给予不少于6个月的宽限期。对因未缴纳费用而终止的专利有权规定予以恢复。

第三节 《与贸易有关的知识产权协定》

TRIPs 1993 年 12 月 15 日 通过,1996 年 1 月 1 日开始生效。它是迄今为止内容最广泛、保护最充分的知识产权多边协定,也是对世界各国和地区的知识产权法律制度影响最大的全球性多边条约,与货物贸易协定、服务贸易协定共同构成世界贸易组织的三大支柱。到 2017 年 8 月底为止已有 164 个成员。我国(大陆)于 2001 年 12 月 11 日加入 WTO,随后我国台湾地区也以"单独关税区"身份加入 WTO。此前,我国香港、澳门特别行政区以"单独关税区"身份并以"中国香港""中国澳门"的名义参加世界贸易组织从而成为该组织的创始成员。

一、概述

1. 背景:根据协定达成的共识,TRIPs 的签订是建立应付国际仿冒商品贸易的原则、规则及规范的多边框架的需要,为促进保护知识产权的国家体制基本的公共政策目标,包括发展和技术方面的目标,是最不发达国家成员方为建立一个稳固可行的技术基础而在国内实施法律和条例方面对最大限度的灵活性具有特殊需要,通过多边程序为解决与贸易有关的知识财产问题争端作出更加有力的承诺以缓解紧张局势的重要性,同时也是适应在世界贸易组织及世界知识产权组织之间(该协议中称 WIPO 之间以及其他有关国际组织之间)建立一种相互支持的关系的需要。

2. 目的:本着减少国际贸易中的扭曲及障碍,考虑到有必要促进对知识产权有效和充分的保护,以及确保实施保护产权的措施及程序本身不致成为合法贸易的障碍。

3. 知识产权性质:协议确认知识产权为私有权。

二、范围

该协定所称的"知识产权"一词系指第二部分第 1 ~ 7 节所列举的所有种类的知识财产,包括版权及相关权利、商标、地理标志、工业品外观设计、专利、植物品种、集成电路布图设计、未泄露信息,以及对协议许可中限制竞争行为的控制等各成员可以,但并无义务,在其法律中实施比该协定要求更广泛的保护,只要此种保护不违反该协定的规定。

三、涉及的其他国际条约的关系

TRIPs 是一项内容全面、成员众多、来源广泛的综合性知识产权国际条约。TRIPs 吸收、借鉴了之前知识产权国际条约的核心内容,同时结合世界贸易组织的特点,加进了一些新的特色。TRIPs 同其他知识产权国际条约有密切的关系,这种关系在 TRIPs 里面有直接体现。

1. 总的规定。

TRIPs 第 2 条规定："1. 就本协定的第二部分、第三部分和第四部分而言，各成员应遵守《巴黎公约》(1967)第1 条至第12 条和第19 条。2. 本协定第一部分至第四部分的任何规定不得背离各成员可能在《巴黎公约》、《伯尔尼公约》、《罗马公约》和《关于集成电路的知识产权条约》项下相互承担的现有义务。"

其中第二部分为关于知识产权效力、范围和使用的标准，第三部分为知识产权的实施，第四部分为知识产权的取得和维持及当事人之间的相关程序。根据第 2 条第 1 款，各成员应遵守《巴黎公约》(1967)第 1 条至第 12 条和第 19 条。根据第 2 款，各成员不得背离各成员可能在《巴黎公约》、《伯尔尼公约》、《罗马公约》和《关于集成电路的知识产权条约》项下相互承担的现有义务。换言之，《巴黎公约》、《伯尔尼公约》、《罗马公约》和《关于集成电路的知识产权条约》的主要内容在世界贸易组织成员之间适用，即使对于不是上述公约的成员也是如此。

2. 与《巴黎公约》的关系。TRIPs 第 2 条所涉及内容。

3. 与《伯尔尼公约》的关系。除 TRIPs 第 2 条第 2 款之外，TRIPs 第 9 条对 TRIPs 与《伯尔尼公约》的关系做了更进一步的规定。TRIPs 第 9 条(与伯尔尼公约的关系)规定："1. 各成员应遵守伯尔尼公约(1971)第 1 条至第 21 条及其附录的规定。但是，对于该公约第 6 条之二授予权利或者派生的权利，各成员在本协定项下不享有权利或义务……"

4. 与《罗马公约》《关于集成电路知识产权的华盛顿条约》的关系。同样是 TRIPs 第 2 条、第 3 条所涉及的内容。

需要指出的是，在有关国民待遇条款里，也涉及与其他知识产权国际条约的关系，同时，后面还有一些条款具体涉及上述公约，此处不赘述。

另外，TRIPs 第 5 条(关于取得或维持保护的多边协定)规定："第 3 条和第 4 条的义务不适用于在 WIPO 主持下订立的有关取得或维持知识产权的多边协定中规定的程序。"

四、基本原则

(一) 国民待遇原则

TRIPs 第 3 条(国民待遇)规定："1. 在知识产权保护方面，在遵守《巴黎公约》(1967)、《伯尔尼公约》(1971)、《罗马公约》或《关于集成电路的知识产权条约》中各自规定的例外的前提下，每一成员给予其他成员国民的待遇不得低于给予本国国民的待遇。就表演者、录音制品制作者和广播组织而言，此义务仅适用于本协定规定的权利。任何利用《伯尔尼公约》第 6 条或《罗马公约》第 16 条第 1 款(b)项规定的可能性的成员，均应按这些条款中所预想的那样，向 TRIPs 理事会作出通知。2. 各成员可利用第 1 款下允许的在司法和行政程序方面的例外，包括在一成员管辖范围内指定送达地址或委派代理人，但是这些例外应为保证遵守与本协定规定发生不相抵触的法律和法规所必需，且这种做法的实施不会对贸易构成变相限制。”

另外，根据 TRIPs 第 5 条的规定，国民待遇与最惠国待遇保留多边协定程序例外：“第 3 条和第 4 条的义务不适用于在 WIPO 主持下订立的有关取得或维持知识产权的多边协定中规定的程序。”

（二）最惠国待遇原则

最惠国待遇原则是其他知识产权国际条约所没有的特殊原则，即除该协定另有规定的情况外，就知识产权的保护而言，任一个成员向另一成员的国民所给予的任何利益、优待、特权或豁免都应立即和无条件地适用于所有其他成员的国民。

但是下面 4 种情形免除前述义务：(1) 自一般性的、并非专门限于知识产权保护的关于司法协助或法律实施的国际协定所派生；(2) 依照《伯尔尼公约》（1971 年）或《罗马公约》的规定所给予，此类规定允许所给予的待遇不属国民待遇性质而属在另一国中给予待遇的性质；(3) 关于该协定项下未作规定的有关表演者、录音制品制作者及广播组织的权利；(4) 自《WTO 协定》生效之前已生效的有关知识产权保护的国际协定所派生，只要此类协定向 TRIPs 理事会作出通知，并对其他成员的国民不构成任意的或不合理的歧视。

（三）透明度原则（TRIPs 第 63 条）

任何成员制定的与 TRIPs 内容有关的法律规则，以及具有普遍适用性的终局司法判决和行政决定都应以该成员的官方语言公开发表，或者在无法实现这样的公开发表时，使之为公众所能获得，从而使各成员政府和权利人能够了解其内容；一成员政府或政府机构与另一成员政府或政府机构之间生效的任何与 TRIPs 内容有关的协定也应公开发表。

（四）争端解决原则

世界贸易组织引入解决贸易争端的规范程序和多边方式预防和解决各成员在执行知识产权协定过程中所引起的知识产权争端，这样可以利用贸易手段甚至交叉报复手段确保成员间的争端有效、快捷解决，确保 TRIPs 得以执行。争端解决机制的建立和引入是世界贸易组织的显著特色，也是 TRIPs 与其他知识产权国际条约相比的一大优势，它使世界贸易组织协定的实施效力得到强化。

（五）行政终局决定的司法审查原则

有关获得和维持知识产权的程序，以及由一些成员的法律所规定的行政撤销程序及诸如异议、无效和取消的双方当事人程序等有关程序的行政终局决定，都应能够接受司法或准司法部门的复审。

（六）最低保护标准

TRIPs全面规定了成员的各项义务，提出了许多具体的保护要求，这些要求成员必须达到，同时该协定不反对成员实行更高的知识产权保护标准，这就是所谓最低保护标准。TRIPs第1条第1款规定："各成员应实施本协定的规定。各成员可以，但并无义务，在其法律中实施比本协定要求更广泛的保护，只要此种保护不违反该协定的规定。各成员有权在其各自的法律制度和实践中确定实施本协定规定的适当方法。"

五、与专利有关的条款

TRIPs与专利直接相关的条款有第7条、第8条、第25条至第34条。

第7条（目标）规定："知识产权的保护和实施应有助于促进技术革新及技术转让和传播，有助于技术知识的创造者和使用者的相互利益，并有助于社会和经济福利及权利与义务的平衡。"

第8条（原则）规定："1.在制定或修改其法律和法规时，各成员可采用对保护公共健康和营养，促进对其社会经济和技术发展至关重要部门的公共利益所必需的措施，只要此类措施与本协定的规定相一致。2.只要与本协定的规定相一致，可能需要采取适当措施以防止知识产权权利持有人滥用知识产权或采取不合理地限制贸易或对国际技术转让造成不利影响的做法。"

第25条（保护的要求）规定："1.各成员应对新的或原创性的独立创造的工业设计提供保护。各成员可规定，如工业设计不能显著区别于已知的设计或已知设计特征的组合，则不属新的或原创性设计。各成员可规定该保护不应延伸至主要出于技术或功能上的考虑而进行的设计。2.每一成员应保证为获得对纺织品设计的保护而规定的要求，特别是有关任何费用、审查或公布的要求，不得无理损害寻求和获得此种保护的机会。各成员有权通过工业设计法或版权法履行该项义务。"

第26条（保护）规定："1.受保护的工业设计的所有权人有权阻止第三方未经所有权人同意而生产、销售或进口所载或所含设计是一受保护设计的复制品或实质上是复制品的物品，如此类行为为商业目的而采取。2.各成员可对工业设计的保护规定有限的例外，只要此类例外不会与受保护的工业设计的正常利用发生无理抵触，也不会无理损害受保护工业设计所有权人的合法权益，同时考虑第三方的合法权益。3.可获得的保护期限应至少达到10年。"

第27条（可授予专利的客体）规定："1.在遵守第2款和第3款规定的前提下，专利可授予所有技术领域的任何发明，无论是产品还是方法，只要它们具有新颖性、包含发明性步骤，并可供工业应用。在遵守第65条第4款、第70条第8款和本条第3款规定的前提下，对于专利的获得和专利权的享受不因发明地点、技术领域、产品是进口的还是当地生产的而受到歧视。2.各成员可拒绝对某些发明授予专利权,如在其领土内阻止对这些发明的商业利用是维护公共秩序或道德,包括保护人类、动物或植物的生命或健康或避免对环境造成严重损害所必需的,只要此种拒绝授予并非仅因为此种利用为其法律所禁止。3. 各成员可拒绝对下列内容授予专利权:(a)人类或动物的诊断、治疗和外科手术方法;(b)除微生物外的植物和动物,以及除非生物和微生物外的生产植物和动物的主要生物方法。但是,各成员应规定通过专利或一种有效的特殊制度或通过这两者的组合来保护植物品种。本项的规定应在《WTO 协定》生效之日起 4 年后进行审议。"

第 28 条(授予的权利)规定:"1. 一专利授予其所有权人下列专有权利:(a)如一专利的客体是产品,则防止第三方未经所有权人同意而进行制造、使用、标价出售、销售或为这些目的而进口该产品的行为;(b)如一专利的客体是方法,则防止第三方未经所有权人同意而使用该方法的行为,并防止使用、标价出售、销售或为这些目的而进口至少是以该方法直接获得产品的行为。2. 专利所有权人还有权转让或以继承方式转移其专利并订立许可合同。"

第 29 条规定了专利申请人的条件。

第 30 条(授予权利的例外)规定:"各成员可对专利授予的专有权规定有限的例外,只要此类例外不会对专利的正常利用发生无理抵触,也不会无理损害专利所有权人的合法权益,同时考虑第三方的合法权益。"

第 31 条规定了未经权利持有人授权的其他使用。

第 32 条(撤销/无效)规定:"对任何有关撤销或宣布一专利无效的决定应可进行司法审查。"

第 33 条(保护期限)规定:"可获得的保护期限不得在自申请之日起计算的 20 年期满前结束。"

第 34 条(方法专利:举证责任)规定:"1. 就第 28 条第 1 款(b)项所指的侵害所有权人权利的民事诉讼而言,如一专利的客体是获得一产品的方法,则司法机关有权责令被告方证明其获得相同产品的方法不同于已获专利的方法。因此,各成员应规定至少在下列一种情况下,任何未经专利所有权人同意而生产的相同产品,如无相反的证明,则应被视为是通过该已获专利方法所获得的:(a)如通过该已获专利方法获得的产品是新的;(b)如存在实质性的可能性表明该相同产品是由该方法生产的,而专利所有权人经过合理努力不能确定事实上使用了该方法。2. 只有满足(a)项所指条件或只有满足(b)项所指条件,任何成员方有权规定第 1 款所指的举证责任在于被指控的侵权人。3. 在引述相反证据时,应考虑被告方在保护其制造和商业秘密方面的合法权益。"

第四节 其他专利国际条约

一、《布达佩斯条约》

（一）概述

《布达佩斯条约》于1977年缔结。该条约对《巴黎公约》的所有成员国开放。批准书或加入书必须交WIPO总干事保存。《布达佩斯条约》涉及国际专利程序中的一个特定主题：微生物。所有加入条约的国家必须承认，无论保藏单位的地点在哪，保藏的微生物均为专利程序的一部分。该条约的主要特征是：凡允许或要求为专利程序的目的进行微生物保藏的缔约国，对为此目的向任何"国际保藏单位"交存的微生物，无论该单位在该国境内还是境外，均须予以承认。

（二）国际保藏

公开发明是授予专利权的要求之一。通常情况下，公开发明采取书面说明书的形式进行。当发明涉及微生物或微生物的使用时，进行公开不可能采取书面形式，而只能采用向专门机构交存微生物样品的方式。在实际中，对"微生物"一词是作广义的解释，它涵盖为公开的目的所须交存的生物原料，尤其是涉及食品和药品领域的发明。该条约使缔约国的专利制度更有吸引力，原因在于它主要对那些向多个缔约国申请专利权的微生物交存人有利。按照该条约规定的程序办理微生物保藏，可以使交存人节省费用并增强安全感。该条约建立了一个统一的保藏、承认和提供微生物样品的体系。条约规定，允许或要求保藏用于专利程序的微生物的缔约国，应承认为此种目的而在任一国际保藏单位所做的微生物保藏。这种承认应包括承认由该国际保藏单位说明的保藏事实和保藏日期，以及承认作为样品提供的是所保藏的微生物样品。

声明承认该条约效力的还有欧洲专利局（EPO）、欧亚专利组织（EAPO）和非洲地区知识产权组织（ARIPO）。

（三）国际保藏单位

该条约所称的"国际保藏单位"，是指能储存微生物的科研机构，通常是进行"菌株收藏"的机构。这种机构通过其所在的缔约国向WIPO总干事保证，该机构现在符合而且将来继续符合该条约的若干要求，从而取得"国际保藏单位"的地位。任何保藏机构如要取得国际保藏单位的资格，则其必须是设在缔约国领土上的，而且必须由该国作出该保藏机构符合并将继续符合第6条第2款所列各项要求条件的保证。上述保证也可由一政府间工业产权组织作出；在这种情况下，该保藏机构必须设在该组织的成员国领土上。

截至2017年6月1日，共有46个国际保藏单位，其中，英国有7个，韩国有4

个，意大利、美国、中国各有3个，俄罗斯、澳大利亚、印度、日本、波兰和西班牙各有2个，瑞士、比利时、保加利亚、加拿大、智利、捷克、芬兰、法国、德国、匈牙利、拉脱维亚、荷兰、斯洛伐克、墨西哥各有1个。

中国的三家国际保藏单位是中国普通微生物菌种保藏管理中心、中国典型培养物保藏中心和广东微生物菌种保藏中心。

二、《斯特拉斯堡协定》

该协定（通常简称为IPC协定）于1971年缔结，并于1979年修正。

该协定对《巴黎公约》的成员国开放。批准书或加入书必须交WIPO总干事保存。

《斯特拉斯堡协定》是《巴黎公约》成员国间缔结的有关建立专利国际分类的专门协定之一。1971年3月24日在法国斯特拉斯堡签订。

《斯特拉斯堡协定》是根据1954年发明专利国际分类欧洲公约创建的发明专利国际分类法制定的。这一分类法普遍的价值不但对《巴黎公约》的全体缔约国很重要，而且对发展中国家同样重要。该协定由世界知识产权组织管理，并向《巴黎公约》的所有成员国开放。协定规定缔约国对一切专利文件都应标注适当的国际专利符号。任何国家，不论是否协定的缔约国，均可使用该分类法。国际专利分类系统每5年修订一次。只有参加《斯特拉斯堡协定》的巴黎联盟成员国才有权参与国际专利分类系统的修订工作。

《斯特拉斯堡协定》共17条。其主要内容包括：专门联盟的建立；国际分类法的采用；分类法的定义、语言、使用；专家委员会；专门联盟的大会；国际局；财务；修订；缔约国；生效；有效期；退出；签字、语言、通知、保存职责；过渡条款。该协定是为了普遍采用一种统一的专利、发明人证书、实用新型和实用证书的分类系统，在工业产权领域建立较为密切的国际合作，协调各国在该领域的立法工作。该协定建立了国际专利分类系统，把技术分为8个部和69000个小类。每1个小类有1个标志符，由各国家或地区工业产权局标注。

三、外观设计《海牙协定》

（一）概述

《海牙协定》（The Hague Agreement Concerning the International Deposit of Industrial Designs），是《巴黎公约》成员国缔结的专门协定之一。《海牙协定》并非一个单一的条约，而是一个条约体系，称为海牙体系。1925年11月6日在海牙缔结，于1928年生效，并成立了“海牙联盟”。该协定自签订后做过多次修订，有1925年海牙文本、1934年伦敦文本、1960年海牙文本、1967年斯德哥尔摩文本（1979年经修订补充），1999年日内瓦文本。本协定由1961年在摩纳哥签订的附加文本和1967年在斯德哥尔摩签订，并于1979年修正的补充文本补充完备。《海牙协定》目前有两个文本有效——1999年文本和1960年文本。2009年9月，《海牙协定》1934年文本冻结适用,由此简化和优化国际外观设计注册体系的整体管理。《海牙协定》1999年文本对WIPO的任何成员国和若干政府间组织开放。尽管1960年文本仍对《巴黎公约》的成员国开放,但鼓励未来缔约方的政府加入更有优势的1999年文本。

《海牙协定》共分5部分,包括:第1部分,1934年6月2日伦敦议定书(1~23条);第2部分,1960年11月28日海牙议定书(1~33条);第3部分,1961年11月18日摩纳哥附加议定书(1~8条);第4部分,1967年7月14日斯德哥尔摩补充议定书(1~12条);第5部分,1975年8月29日日内瓦议定书(1~12条)。

(二)主要内容

《海牙协定》主要内容为:具有任何一个海牙联盟成员国国籍或在该国有住所或经营所的个人或单位都可以申请"国际注册"。申请人只要向世界知识产权组织国际局进行一次申请,就可以在要想得到保护的成员国内获得工业品设计专利保护。申请国际保存时,不需要先在一个国家的专利局得到外观设计的专利的批准,只通过一次保存,可以同时在几个国家取得保护。国际保存的期限为5年,期满后可以延长5年。

国际申请可以按1999年文本、1960年文本或同时按这两个文本办理,具体取决于申请人与之有上述联系的缔约国(下称原属国)。国际外观设计申请可以直接提交WIPO国际局,或者在缔约方法律允许或有此要求的情况下,通过该缔约方的工业产权局提交WIPO国际局。但在实践中,几乎所有国际申请都是直接向国际局提交的,而且其中多数是通过WIPO网站上的电子申请界面提交的。

国际申请可以包含最多100项外观设计,只要它们均属于工业品外观设计国际分类(洛迦诺分类)的同一类别。申请人可以选择用英文、法文或西班牙文提交申请。国际申请必须包括一份或多份工业品外观设计的复制件,必须指定至少一个缔约方。

国际注册在《国际外观设计公报》上公布,该公报每周在线发行。视被指定的缔约方,申请人可以请求延期公布,延长期限自国际注册日起,或者在要求优先权的情况下,自优先权日起,不超过30个月。

申请人指定的每一缔约方可以在国际注册公布之日起6个月之内,或根据1999年文本,12个月之内,拒绝给予保护。拒绝给予保护所依据的国内法要求,不得是拒绝保护的缔约方的主管局依国内法所必须完成的手续或行政行为。如果某一被指定缔约方在规定的时限内未发出驳回通知(或者这种驳回随后被撤回),国际注册即拥有根据该缔约方的法律在该缔约方被授予保护的效力。

保护期为5年,根据1960年文本可以至少以5年为期续展一次,根据1999年文本,续展两次。如果缔约方的立法规定了更长的保护期,在该缔约方应根据国际注册及其续展,对被提交国际注册的外观设计给予同样长的保护期。为了便于最不发达国家外观设计创作者使用海牙体系，他们的国际申请费被减至规定数额的10%。

四、《洛迦诺协定》

《洛迦诺协定》于1968年在洛迦诺缔结，1979年修正。它建立了工业品外观设计的一种分类（“洛迦诺分类”）。缔约国的主管局必须在记载工业品外观设计保存或注册的官方文件中，按分类标明采用外观设计的商品所属的大类和小类号。在各该局发行的有关工业品外观设计保存或注册的任何出版物中，亦须标明这种分类号。洛迦诺分类“纯属行政管理性质”，并不约束缔约国“对该国给予外观设计的保护性质和范围”（《洛迦诺协定》第2条第1款）。

《洛迦诺协定》建立了联盟，联盟设有大会，联盟成员的每个国家均是大会的成员。大会最重要的任务之一是通过联盟的两年期计划和预算。《洛迦诺协定》还成立了一个专家委员会，由联盟所有成员派代表参加。委员会的主要任务是对分类进行定期修订。《协定》对《巴黎公约》的成员国开放。批准书或加入书必须交WIPO总干事保存。

除缔约国的主管局之外，非洲知识产权组织（OAPI）、非洲地区工业产权组织（ARIPO）、比荷卢知识产权局（BOIP）、欧洲联盟知识产权局（EUIPO）和WIPO国际局也在其登记簿和公布的文件上使用洛迦诺分类。

五、《专利法条约》

（一）概述

《专利法条约》（PLT）于2000年缔结，2005年生效。PLT对WIPO成员国和/或《巴黎公约》成员国开放。PLT还对若干政府间组织开放。批准书或加入书必须交WIPO总干事保存。

PLT的宗旨是，协调并简化国家和地区专利申请和专利的形式程序，从而使这些程序更加方便用户使用。除申请日要求这一重要例外以外，PLT对缔约方主管局可予适用的最大限度的要求做了规定。这意味着缔约方可以自由规定在申请人和专利所有人看来更为有利的，但也是主管局可以要求申请人或专利所有人必须遵守的最大限度的要求。

（二）主要内容

1. 关于申请日的要求。

PLT统一获得申请日方面的要求，以便尽量降低申请人可能不小心丧失申请日的风险，这对于专利程序具有至关重要的意义。PLT要求，任何缔约方的主管局对于符合以下3项简单形式要求的申请都必须授予申请日：第一，关于主管局收到的材料意图是作为一份发明专利申请的说明；第二，能使主管局确定申请人身份或者与申请人取得联系的说明（不过，缔约方可以要求同时提供关于该两方面情况的说明）；第三，从表面上看其为一份说明书的部分。为授予申请日，不得要求提供任何额外的材料。尤其是缔约方不得要求授予申请日须以一项或多项权利要求或申请费为条件。如上所述,这些要求并非最大限度的要求,但构成绝对要求,即只有当所有这些要求均得到满足时,缔约方才可以授予申请日。

2. 申请形式方面的要求

国家和地区申请的一系列形式要求得到统一,这是通过在PLT中纳入《专利合作条约》(PCT)有关国际申请的形式或内容的要求做到的,其中包括PCT请求书表格的内容,以及使用该请求书表格并附加一份说明,表示申请人希望将其提出的申请作为国家申请对待。这消除或减少了国家、地区和国际专利制度之间程序上的差距。

PLT制定了所有缔约方主管局均须接受的标准化示范国际表格。

3. 简化程序方面的要求

PLT简化了在专利局办理的若干程序,有助于减少申请人及主管局的费用。举例而言,这些程序包括:强制代表的例外、对一贯要求提供证据的限制、关于主管局对于某些情况应接受一份单一来文涉及一项以上申请或专利的要求(如单一委托书)或对关于提供在先申请的副本和在先申请的译文方面的要求的限制。

4. 规定了若干权利救济程序

PLT规定了避免因未遵守形式要求或期限而无意丧失实质性权利的程序。例如,主管局在申请阶段未作出通知的情况下,有义务就以下事项通知申请人或其他有关人员:期限的延长、继续处理、恢复权利,以及对因形式缺陷而撤销专利/宣告专利无效的限制。

5. 倡导电子申请

为进行电子申请提供便利,并同时确保纸件与电子来文并行不悖。PLT规定,自2005年6月2日起,允许缔约方将纸件来文排除在外,从而全面转向电子来文。然而,即使在该日之后,缔约方仍须为授予申请日和遵守期限的目的接受纸件来文。在此方面,《外交会议的议定声明》中规定,工业化国家将继续为发展中国家和转型期国家采用电子申请提供支助。

第五节　地区性专利条约

地区性条约是国际条约的类型之一,有时候地区性条约是国际条约产生的基础和模本。地区性条约也是不断发展的,如欧洲联盟正在试图制定自己的专利条约。

一、《欧洲专利公约》

随着欧洲各国经济、科技的发展,欧洲各国逐渐显露出统一协调欧洲各国专利法,建立一个从申请到授权一体化专利制度的热切愿望。经过几十年一波三折的磨合与磋商,终于在1973年由欧洲14国在德国慕尼黑签订了《欧洲专利公约》,该公约于1978年正式生效。目前,《欧洲专利公约》成员国已达38个。

截至目前,《欧洲专利公约》缔约国有:英国(GB)、法国(FR)、德国(DE)、奥地利(AT)、比利时(BE)、保加利亚(BG)、塞浦路斯(CY)、捷克(CZ)、丹麦(DK)、爱沙尼亚(EE)、芬兰(FI)、希腊(GR)、匈牙利(HU)、爱尔兰(IE)、意大利(IT)、冰岛(IS)、卢森堡(LU)、立陶宛(LT)、拉脱维亚(LV)、摩纳哥(MC)、荷兰(NL)、葡萄牙(PT)、波兰(PL)、罗马尼亚(RO)、斯洛文尼亚(SI)、斯洛伐克(SK)、西班牙(ES)、瑞典(SE)、瑞士(CH)、列支敦士登(LI)、挪威(NO)、克罗地亚(HR)、土耳其(TR)、阿尔巴尼亚(AL)、马其顿(MK)、塞尔维亚(RS)、马耳他、圣马力诺(SM)共38个国家。欧洲专利公约延伸国家有波斯尼亚和黑塞哥维那(BA)、黑山(ME)。

欧洲专利公约组织是一个地区性国家间专利组织,只对欧洲国家开放。《欧洲专利公约》为各成员国提供了一个共同的法律制度和统一授予专利的程序。审查程序采取早期公开、延迟审查及授权后的异议制度。提出欧洲专利申请时,可以指定一个、几个或全部成员国。一旦依照公约授予专利权,即可在所有指定的成员国生效,与指定的各成员国依国家法授予的专利具有同等效力,欧洲专利权有效期是自申请日起20年。然而,这仅仅是一个负责审查和授予欧洲专利的公约,对于欧洲专利的维持、行使、保护,以及他人请求宣告欧洲专利无效,均由各指定的成员国依照国家法进行。

欧洲专利的保护期为自申请日起届满20年为止。在专利生效期间内,需按照各指定成员国的规定缴纳专利年费,否则专利权将被撤销。目前申请欧洲专利可采取两种途径:通过《巴黎公约》和通过PCT向欧洲专利局申请。欧洲专利公约组织是《巴黎公约》、《专利合作条约》与世界贸易组织等国际条约的地区性会员国间的专利组织。通过《巴黎公约》途径申请时,由于《欧洲专利公约》属于《巴黎公约》项下的一个特别协定,专利申请人只需通过使用英、法、德3种官方语言之一,依照统一的程序和标准,直接向欧洲专利局提出申请。一旦获得欧洲专利认证,便向每一个被要求提供专利保护的成员国确认该专利。而通过PCT途径申请时,专利申请人要先向专利合作条约组织申请一个统一的登记,在优先权日后的31个月内,进入欧洲专利局程序,在获得欧洲专利局的认证后,便向每一个被要求提供专利保护的成员国确认该专利。

二、《欧亚专利公约》

《欧亚专利公约》确立了欧亚专利组织(Eurasian Patent Organization,EAPO),简称欧亚(EA),成立于1996年1月1日,总部设在莫斯科,官方语言是俄语。欧亚专利体系目前有9个缔约国,这9个缔约国均为独联体国家,它们是土库曼、白俄罗斯、塔吉克、俄联邦、阿塞拜疆、哈萨克、吉尔吉斯斯坦、亚美尼亚和摩尔多瓦。原先的成员乌克兰和格鲁吉亚已退出该组织。

欧亚专利体系中的专利分类包括发明、实用新型或工业品外观设计。《欧亚专利公约》赋予专利申请人在成员国家内获得专利，在各成员国中，欧亚专利的权利人因其在一国享有专利而获得相同的权利。欧亚专利权有效期自申请提交之日起20年。

申请欧亚专利的途径和时限：通过《巴黎公约》在12个月内向欧亚专利局提出专利申请；通过PCT申请在31个月内向欧亚专利局提出专利申请，盟约成员国的申请则必须先在该国专利局申请专利。

欧亚专利组织设有在线网站（http://www.eapo.org/index_eng.html），于1998年6月1日开通，为欧亚专利系统的用户服务。其成员包括苏联加盟国、中国、古巴、德国、意大利等国家。

第二十二章　专利国际申请

第一节　《专利合作条约》概述

《专利合作条约》(以下简称 PCT)于 1970 年 6 月 19 日签订于华盛顿,1979 年 9 月 28 日修正,1984 年 2 月 3 日和 2001 年 10 月 3 日修改。专利国际申请是指依据《专利合作条约》提出的申请,又称 PCT 申请。

一、目的作用

过去按照《巴黎公约》的规定,要在数国获得专利保护,必须向每个国家逐一办理专利申请,程序和手续都十分烦琐。为解决这一问题,1970 年 6 月 19 日美、英、法、德、日等国在美国华盛顿举行了外交会议,签订了《专利合作条约》。阐述其宗旨:"期望对科学和技术的进步作出贡献,期望使发明的法律保护臻于完备,期望简化在几个国家取得发明保护的手续,并使之更加经济,期望使公众便于尽快获得记载新发明的文件中的技术信息,期望通过采用提高发展中国家为保护发明而建立的国家或地区法律制度的效率的措施,来促进和加速这些国家的经济发展……"截至 2017 年 6 月,其成员国已达 152 个。也就是说,申请人提交一项国际申请,在 152 国均有效。我国于 1994 年 1 月 1 日成为该条约的第 64 个成员国。

PCT 的主要目的在于,简化以前确立的在几个国家申请发明专利保护的方法,使其更为有效和经济,并有益于专利体系的用户和负有对该体系行使管理职权的专利局。减少申请人和各个专利局的重复劳动。

二、条约基本内容

(一)适用范围

《巴黎公约》成员加入专利合作条约后,PCT 缔约国的任何国民或居民均可提出这种申请。一般可以向申请人为其国民或居民的缔约国的国家专利局提出申请;也可以按申请人的选择,向设在日内瓦的 WIPO 国际局提出申请。参加本条约的国家(以下简称缔约国)组成联盟,对保护发明的申请的提出、检索和审查进行合作,并提供特殊的技术服务。

1. 居所和国籍的概念

居所和国籍的概念,以及这些概念在有几个申请人或者这些申请人对所有指定国并不相同的情形的适用，由《专利合作条约实施细则》(2017 年 7 月 1 日起生效)规定。

《专利合作条约实施细则》第 18 条对居所和国籍作出了细化。其第 1 款规定："(a)除(b)和(c)另有规定外，关于申请人是否如其所声明的是某一缔约国的居民或国民的问题，应取决于该国的本国法，并应由受理局决定。(b)在任何情况下，(i)在缔约国内拥有实际有效的工商业营业所，应认为在该国有居所，(ii)按照某一缔约国的本国法成立的法人，应认为是该国的国民。(c) 如果国际申请是向作为受理局的国际局递交的，国际局在行政规程指明的情况下，应要求有关缔约国的国家局或者代表该国的国家局决定(a)所述的问题。国际局应将这种要求告知申请人。申请人应有机会直接向国家局提出意见。该国家局应迅速对上述问题作出决定。"

2. 申请和专利的概念

述及"申请"应解释为述及发明专利、发明人证书、实用证书、实用新型、增补专利或增补证书、增补发明人证书和增补实用证书的申请；"申请"应解释为述及国际申请和国家申请。

"专利"应解释为述及发明专利、发明人证书、实用证书、实用新型、增补专利或增补证书、增补发明人证书和增补实用证书；述及"专利"应解释为述及国家专利和地区专利。

(二)申请提交

国际专利申请人只需在一个缔约国以一种规定语言提出一次申请，如在该申请中指明需要获得专利保护的国家，就产生了分别向这些国家提交专利申请的效力。申请首先由受理局(Receiving Office，RO)受理，然后由国际检索机关(International Searching Authority，ISA)检索现有专利并出具国际检索报告，附以关于该申请的可专利性的书面意见。作为任选程序，国际专利申请人还可以请求国际预备审查机关(International Preliminary Examining Authority，IPEA)出具初步审查报告。最后，专利权的授予由被申请国(国际专利申请中需要获得专利保护的国家)按照国内法的实质和程序要求决定专利授予事项。

(三)国际检索

每一国际申请都应经过国际检索。国际检索的目的是发现有关的现有技术。国际检索应在权利要求书的基础上进行，并适当考虑到说明书和附图(如果有的话)。PCT 第 16 条所述的国际检索单位应在其条件允许的情况下，尽量努力发现有关的现有技术。

(四)国际公布

自优先权日起 18 个月，由世界知识产权组织国际局负责完成国际公布。申请人也可以要求提前公布，为此申请人可能需要向国际局缴纳特别的费用。若公布文本存在问题,申请人应与国际局联系解决。国际申请的国际公布在该国的效力,一般应与指定国本国法对未经审查的本国申请所规定的强制国家公布的效力相同。

(五)国际初步审查

经申请人要求,对国际申请应按下列规定和《专利合作条约实施细则》进行国际初步审查:(1)首先,凡受第Ⅱ章约束的缔约国的居民或国民(按照《专利合作条约实施细则》的规定)的申请人,在其国际申请已提交该国或代表该国的受理局后,可以要求进行国际初步审查。其次,大会可以决定准许有权提出国际申请的人要求国际初步审查,即使是没有参加本条约的国家或不受第Ⅱ章约束的国家的居民或国民,也可以提出这种要求。(2)国际初步审查的要求应与国际申请分别提出。(3)国际初步审查的要求应说明申请人预定在哪些缔约国使用国际初步审查的结果("选定国")。以后还可选定更多的缔约国。选定应只限于已被指定的缔约国。(4)要求国际初步审查,应在规定的期限内缴纳规定的费用。(5)国际初步审查的要求应向主管国际初步审查单位或国际局提出。

三、适用的法律

国际申请适用的法律为国际条约和国内法。国际申请适用的国际条约包括PCT、《专利合作条约实施细则》、《专利合作条约行政规程》等。

(一)国际阶段

在国际阶段适用PCT、《专利合作条约实施细则》、《专利合作条约行政规程》。

《专利合作条约实施细则》:本实施细则于1970年6月19日通过,修订过39次,最新一次修订于2017年4月1日,于2017年7月1日起生效。实施细则就具体落实《专利合作条约》的内容作出了细化的规定和操作性指引。实施细则一共有6部分,分绪则、有关条约第Ⅰ章的细则、有关条约第Ⅱ章的细则、有关条约第Ⅲ章的细则、有关条约第Ⅳ章的细则,有关条约各章的细则,共96条。

《专利合作条约行政规程》:最新的行政规程于2017年7月1日生效。该行政规程依据《专利合作条约》第58(4)条、《专利合作条约实施细则》第89.2(a)条制定,依据《专利合作条约实施细则》第89.2(b)条修改。最新行政规程的主要内容:第一部分,与一般性事务有关的指引;第二部分,与国际申请有关的指引;第三部分,与受理局有关的指引;第四部分,与国际局有关的指引;第五部分,与国际检索单位有关的指引;第六部分,与国际初步审查单位有关的指引;第七部分,与国际申请电子形式申请和处理有关的指引;第八部分,与第三方观察有关的指引。

另外,《专利合作条约》还专门有针对申请人的PCT申请人指南。

(二)国家阶段

在国家阶段适用受理国与专利有关的法律及有关国际条约,包括前述《专利合作条约》及其他与专利有关的国际条约。

在我国,国际申请适用我国《专利法》及《专利法实施细则》。国家知识产权局

(中国专利局)于 1993 年 11 月 23 日发布《关于中国实施专利合作条约的规定》(第 5 号),自 1994 年 1 月 1 日起施行。2001 年国务院颁布行政法规《中华人民共和国专利法实施细则》,专设第十章落实《专利合作条约》及其细则,就国际申请的国家阶段的法律适用作出规定。之后,《专利法实施细则》都保留了这一部分内容,并有修订。例如,2010 年《专利法实施细则》第 101 ~ 117 条。2001 年、2002 年《专利法实施细则》第 99 ~ 116 条。

第二节　国 际 阶 段

PCT 申请的国际阶段大致可以包括以下程序:(1)提出国际申请;(2)受理局程序;(3)国际检索;(4)依据 PCT 第 19 条的修改;(5)国际公布;(6)国际初步审查;(7)撤回;(8)变更。

成为国际申请的基本要求包括:(1)在任何缔约国,保护发明的申请都可以按照 PCT 作为国际申请提出。(2)按照 PCT 和《专利合作条约实施细则》的规定,国际申请应包括请求书、说明书、一项或几项权利要求、一幅或几幅附图(需要时)和摘要。(3)摘要仅作为技术信息之用,不能考虑作为任何其他用途,特别是不能用来解释所要求的保护范围。(4)国际申请应该:使用规定的语言;符合规定的形式要求;符合规定的发明单一性的要求;按照规定缴纳费用。

一、国际申请的提出

(一)受理局

"受理局"是指受理国际申请的国家局或政府间组织,包括国际局。国际申请应向规定的受理局提出。该受理局应按 PCT 和《专利合作条约实施细则》的规定对国际申请进行检查和处理。国际局根据地理大区和国家划分,下设许多主管的受理局,用于受理这个大区或国家的专利申请。国际申请日由受理局来确定。WIPO 下设的受理局一般为各国主管专利的国家专利局。

国际申请可以通过下列方式向作为受理局的国际局直接提交:(1)通过 ePCT 或 PCT – SAFE 或者 EPO 在线申请系统等方式电子提交;(2)通过传真方式提交至(41 –22)910 06 10,或者(41 –22) 338 70 60(传输困难时),但是需要在传真日起 14 天之内寄交所传真申请的原件;(3)通过邮寄方式提交;(4)直接面交至 WIPO 总部;(5)签署双边协议的国家局。

(二)申请人

此种申请可由凡属缔约国国民或居民的任何人提交。一般可以向申请人作为国民或居民的缔约国的国家专利局提出申请,但申请人也可以选择向位于日内瓦的 WIPO 国际局提出申请。如果申请人是加入《欧洲专利公约》、《专利和工业品外观设计哈拉雷议定书》(《哈拉雷议定书》)、经修订的《与非洲知识产权组织的创造有关的班吉协定》或《欧亚专利公约》的缔约国的国民或居民,亦可分别向欧洲专利局(EPO)、非洲地区工业产权组织(ARIPO)、非洲知识产权组织(OAPI)或欧亚专利局(EAPO)提交国际申请。另外,PCT 联盟大会可以决定,允许《巴黎公约》缔约国但不是本条约缔约国的居民或国民提出国际申请。

(三)国际申请文件

国际申请应包括请求书、说明书、一项或几项权利要求、一幅或几幅附图(需要时)和摘要。摘要仅作为技术信息之用,不能考虑作为任何其他用途,特别是不能用来解释所要求的保护范围。国际申请应该使用规定的语言,符合规定的形式要求,符合规定的发明单一性的要求,并按照规定缴纳费用。

其中,请求书应包括以下内容:(1)请求将国际申请按本条约的规定予以处理。(2)指定一个或几个缔约国,要求这些国家在国际申请的基础上对发明给予保护("指定国");如果对于任何指定国可以获得地区专利,并且申请人希望获得地区专利而非国家专利的,应在请求书中说明;如果按照地区专利条约的规定,申请人不能将其申请限制在该条约的某些缔约国的,指定这些国家中的一国并说明希望获得地区专利,应认为指定该条约的所有缔约国。(3)申请人和代理人(如果有的话)的姓名和其他规定事项。(4)发明的名称。(5)发明人的姓名和其他规定事项。

(四)指定国家

除申请人要求《专利合作条约》第 43 条所述的其他任何一种保护外,指定国家是指希望得到的保护是由指定国授予专利或者代表指定国授予专利。

指定国的该国法要求提供发明人的姓名和其他规定事项,但允许在提出国家申请以后提供的,请求书中没有提供这些事项在这些指定国不应产生任何后果。指定国的该国法不要求提供这些事项的,没有另行提供这些事项在这些指定国也不应产生任何后果。

(五)申请语言

申请语言,是指受理局接受、主管国际检索单位接受、国际公布允许的语言。我国接受中文和英文。

(六)费用[1]

提出国际申请时应缴纳的主要费用:传送费、检索费、国际费(包括基本费、指定费)。其中国际费成员国是一样的,国际申请费为 1330 瑞士法郎,如果国际申请文件超过 30 页,每一页还要缴纳 15 瑞士法郎。其他费用各成员并不一样,我国相

---

〔1〕 参见世界知识产权组织 PCT, Fee Tables, http://www.wipo.int/export/sites/www/pct/en/fees.pdf。

对比较低。传送费我国为500元人民币，国际检索费我国为2100元人民币，检索附加费我国为2100元人民币。如果申请人要求专利局制作并传送优先权文件副本，每一项优先权文件的制作和传送费用为150元人民币。初步审查费CNY 1500，初步审查附加费CNY 1500。

如果申请人是补缴相关费用的，另需缴滞纳金，按应缴纳费用的50%计收。滞纳金数额按最低不少于传送费，最高不多于国际申请费a.项〔2〕的50%收取。

大部分成员对国际申请均有费用减免的政策优惠。我国规定，如果所有申请人都是自然人，且国籍和居所都在中国，国际申请费可以减90%。国际局规定，使用PCT－SAFE电子形式提交，可享受国际申请费100～300瑞士法郎的减免。

二、国际申请日的确立和效力

（一）国际申请日的确立

受理局应以收到国际申请之日作为国际申请日，但以该局在收到申请时认定该申请符合下列要求为限：（1）申请人并不因为居所或国籍的原因而明显缺乏向该受理局提出国际申请的权利。（2）国际申请是用规定的语言撰写。（3）国际申请至少包括下列项目：第一，说明是作为国际申请提出的；第二，至少指定一个缔约国；第三，按规定方式写明的申请人的姓名或者名称；第四，有一部分表面上看像是说明书；第五，有一部分表面上看像是一项或几项权利要求。

国际申请有下列情形的，应当改正：（1）如果受理局在收到国际申请时认定该申请不符合前面列举的要求，该局应按《专利合作条约实施细则》的规定，要求申请人提供必要的改正；（2）如果申请人按《专利合作条约实施细则》的规定履行了上述的要求，受理局应以收到必要的改正之日作为国际申请日。

（二）国际申请日的效力

国际申请符合前面列举的要求的，即相当于《巴黎公约》所称的正规国家申请。除《专利合作条约》第64条（4）另有规定外，国际申请符合前述要求并已被给予国际申请日的，在每个指定国内自国际申请日起具有正规的国家申请的效力。国际申请日应认为是在每一指定国的实际申请日。

三、国际检索程序

（一）国际检索单位

申请人需将国际申请送交国际局和国际检索单位。国际检索单位是有资格接受国际申请的国家局，或者是一个政府间组织，其任务包括对作为申请主题的发明提出现有技术的文献检索报告。国际检索单位应由专利合作条约大会指定。受理的国际申请按照申请人的国籍或居所确定相应的主管国际检索单位。大会指定的国际检索单位有奥地利（AT）、澳大利亚（AU）、中国（CN）、欧洲专利局（EP）、西班

〔2〕　国际申请费为1330瑞士法郎，如果国际申请文件超过30项，第一页还要缴纳15瑞士法郎。

牙(ES)、日本(JP)、韩国(KR)、俄罗斯(RU)、瑞士(SE)、美国(US)、加拿大(CA)、芬兰(FI)、巴西(BR)、北欧专利协作组织(NP)、印度(IPO)。所有国际检索单位同时也是国际初步审查单位。

(二)国际申请的送交

PCT 第 12 条规定,应将国际申请送交国际局和国际检索单位。按照细则的规定,国际申请一份由受理局保存("受理本"),一份送交国际局("登记本"),另一份送交第 16 条所述的主管国际检索单位("检索本")。登记本应认为是国际申请的正本。如果国际局在规定的期限内没有收到登记本,国际申请即被认为撤回。

(三)国际检索的任务

按照规定,每一国际申请都应经过国际检索。国际检索的目的是发现有关的现有技术。国际检索应在权利要求书的基础上进行,并适当考虑到说明书和附图(如果有的话)。国际检索单位应在其条件允许的情况下,努力尽量发现有关的现有技术,但无论如何应当查阅《专利合作条约实施细则》规定的文献。

另外,如果缔约国的该国法允许,向该国或代表该国的国家局提出国家申请的申请人,可以按照该国法规定的条件要求对该申请进行一次与国际检索相似的检索("国际式检索")。如果缔约国的该国法允许,该国或代表该国的国家局可以将向其提出的国家申请交付国际式检索。

(四)国际检索的程序

国际检索单位的检索程序应依 PCT、《专利合作条约实施细则》以及国际局与该单位签订的协议的规定,但该协议不得违反 PCT 和《专利合作条约实施细则》的规定。

如果国际检索单位认为国际申请涉及的内容按《专利合作条约实施细则》的规定不要求国际检索单位检索,而且该单位对该特定案件决定不作检索,或者说明书、权利要求书或附图不符合规定要求,以至于不能进行有意义的检索的,上述检索单位应作相应的宣布,并通知申请人和国际局将不作出国际检索报告。如果前述的任何一种情况仅存在于某些权利要求,国际检索报告中应对这些权利要求加以相应的说明,而对其他权利要求则应按 PCT 第 18 条的规定作出国际检索报告。

如果国际检索单位认为国际申请不符合《专利合作条约实施细则》中规定的发明单一性的要求,该检索单位应要求申请人缴纳附加费。国际检索单位应对国际申请的权利要求中首先提到的发明("主要发明")部分作出国际检索报告;在规定期限内付清要求的附加费后,再对国际申请中已经缴纳该项费用的发明部分作出国际检索报告。另外,指定国的该国法可以规定,如果该国的国家局认为国际检索单位就附加费的要求是正当的,而申请人并未付清所有应缴纳的附加费,国际申请中因此而未经检索的部分,就其在该国的效力而言,除非申请人向该国的国家局缴纳特别费用,否则即被认为撤回。

(五)国际检索报告

国际检索报告应在规定的期限内按规定的格式作出。国际检索单位作出国际检索报告后,应尽快将报告送交申请人和国际局。国际检索报告或依 PCT 第 17 条(2)(a)所述的宣布,应按《专利合作条约实施细则》的规定予以翻译。译文应由国际局作出,或在其承担责任的情况下作出。

四、国际公布及其效力

(一)国际申请的公布

国际申请由国际局公布。除成员选择保留不公布外,国际申请的国际公布应在自该申请的优先权日起满 18 个月后迅速予以办理。申请人也可以要求国际局在 18 个月的期限届满之前的任何时候公布其国际申请,国际局应按照《专利合作条约实施细则》的规定予以办理。国际检索报告或不作检索的决定应按《专利合作条约实施细则》的规定予以公布。国际公布所用的语言和格式以及其他细节,按照《专利合作条约实施细则》的规定进行。如果国际申请在其公布的技术准备完成以前被撤回或被视为撤回,即不进行国际公布。又或者国际局认为国际申请含有违反道德或公共秩序的词句或附图,或者国际局认为国际申请含有细则所规定的贬低性陈述,国际局在公布时可以删去这些词句、附图和陈述,同时指出删去的文字或附图的位置和字数或号数。根据请求,国际局提供删去部分的副本。

(二)国际公布的效力

就申请人在指定国的任何权利的保护而言,国际申请的国际公布在该国的效力,除另有规定外,应与指定国本国法对未经审查的本国申请所规定的强制国家公布的效力相同。

如果国际公布所使用的语言和在指定国按本国法公布所使用的语言不同,该本国法可以规定国际公布的效力仅从下列时间起才能产生:(1)使用后一种语言的译本已经按本国法的规定予以公布;或者(2)使用后一种语言的译本已经按本国法的规定通过公开展示而向公众提供;或者(3)使用后一种语言的译本已经由申请人送达实际的或未来的未经授权而使用国际申请中请求保护的发明的人;或者(4)上列(1)和(2)所述的行为,或(2)和(3)所述的行为已经发生。

对于享有优先权的国际申请,任何指定国的本国法可以规定,根据申请人的要求在自优先权日起的 18 个月期限届满以前国际申请已经予以国际公布的,国际公布的效力只有自优先权日起 18 个月期限届满后才能产生。另外,任何指定国的本国法还可以规定,国际公布的效力,只有自国际申请的副本已为该国的或代表该国的国家局收到之日起才能产生。

五、国际初步审查程序

国际初步审查不是必经的程序。按照 PCT 第 64 条的规定,任何国家可以声明不受第Ⅱ章规定和相关细则的约束。而国际初步审查报告作出的结论是建议性的,并无强制约束力。

(一)目的

国际初步审查的目的是对下述问题提出初步的无约束力的意见,即请求保护的发明看来是否有新颖性,是否有创造性(非显而易见性)和是否有工业实用性。请求保护的发明如果是《专利合作条约实施细则》所规定的现有技术中所没有的,应认为具有新颖性;或者如果按《专利合作条约实施细则》所规定的现有技术考虑,请求保护的发明在规定的相关日期对本行业的技术人员不是显而易见的,它应被认为具有创造性;或者请求保护的发明如果根据其性质可以在任何一种工业中制造或使用(从技术意义来说),应认为具有工业实用性。对"工业"一词应如同在《巴黎公约》中那样作最广义的理解。

(二)程序

1. 要求初步审查

要求进行初步审查的主管国际单位与国际申请是在其居住国或者国籍国的国家专利局提交时的主管国际单位相同。如果国际申请有来自不同缔约国的两个以上的申请人,则向作为受理局的国际局提交申请可能会有更多国际单位可供选择。对国际检索单位的选择必须在请求书中写明,对国际初步审查单位的选择必须在要求书中写明。国际初步审查的要求应向 PCT 第 32 条所述的主管国际初步审查单位提出,任何以后的选定都应向国际局提出。

经申请人要求,对国际申请应按下列规定和《专利合作条约实施细则》进行国际初步审查:(1)(a)凡受 PCT 第Ⅱ章约束的缔约国的居民或国民的申请人,在其国际申请已提交该国或代表该国的受理局后,可以要求进行国际初步审查。(b)大会可以决定准许有权提出国际申请的人要求国际初步审查,即使他们是没有参加 PCT 的国家或不受 PCT 第Ⅱ章约束的国家的居民或国民。(2)国际初步审查的要求应与国际申请分别提出,这种要求应包括规定事项,并使用规定的语言和格式。(3)申请人应说明在可以选择的范围内预定在哪些缔约国使用国际初步审查的结果("选定国")。(4)申请人应在规定的期限内缴纳规定的费用。国际初步审查单位的审查程序,应遵守 PCT、《专利合作条约实施细则》以及国际局与该单位签订的协议,但该协议不得违反 PCT 和《专利合作条约实施细则》的规定。

2. 国际初步审查报告

初步审查完成以后,国际初步审查单位应出具国际初步审查报告。国际初步审查报告应在规定的期限内并按规定的格式写成。国际初步审查报告不应包括关于下列问题的说明,即请求保护的发明按照任何国家的本国法可以或看来可以取得专利或不可以取得专利。除另有规定外,报告应就每项权利要求作出说明,即该权利要求看来是否符合有关新颖性、创造性(非显而易见性)和工业实用性的标准。说明中应附有据以认为能证明所述结论的引用文件的清单,以及根据案件的情况可能需要作出的解释。说明还应附有《专利合作条约实施细则》所规定的其他意见。如果国际初步审查单位在作出国际初步审查报告时,认为存在不需要作审查或无法给出实质性结论时,该报告应说明这一意见及其理由。报告不应包括PCT第35条(2)所规定的任何说明。如果是部分权利要求存在前述情况,国际初步审查报告应需要分别情况作出说明。

3. 国际初步审查报告的送交、翻译和送达

国际初步审查报告,连同规定的附件,应送交申请人和国际局。

国际初步审查报告及其附件应译成规定的语言。上述报告的译本应由国际局作出或在其承担责任的情况下作出,而上述附件的译本则应由申请人作出。

国际初步审查报告,连同其译本(按规定)以及其附件(用原来的语言),应由国际局送达每个选定局。附件的规定译本应由申请人在规定期限内送交各选定局。

国际初步审查单位根据指定局或申请人的请求,应按《专利合作条约实施细则》的规定,将国际初步审查报告中引用的文件副本分别送达上述指定局或申请人。

4. 国际初步审查要求或选定的撤回

申请人可以撤回任何一个或所有的选定。如果对所有选定国的选定都撤回,国际初步审查的要求应视为撤回。任何撤回都应通知国际局。国际局应相应通知有关的选定局和有关的国际初步审查单位。

除另有规定外,撤回国际初步审查的要求或撤回对某个缔约国的选定,就该国而言,除非该国的本国法另有规定,应视为撤回国际申请。如果撤回国际初步审查的要求或撤回选定是在PCT第22条规定的适用期限届满之前,这种撤回不应该视为撤回国际申请;但是任何缔约国可以在其本国法中规定,只有在其国家局已在该期限内收到国际申请的副本及其译本(按照规定),以及国家费用的情形,本规定才适用。

第三节 国际申请进入中国国家阶段

按照PCT提出的国际申请,指明希望获得中国的发明专利或者实用新型专利保护的,在完成国际阶段的程序后,应当根据《专利法实施细则》第101条的规定,向专利局办理进入中国国家阶段(以下简称国家阶段)的手续,从而启动国家阶段的程序。国家阶段程序包括:在PCT允许的限度内进行的初步审查、国家公布,参考国际检索和国际初步审查结果进行的实质审查、授权或驳回,以及可能发生的其

他程序。

一、概述

(一)承认

国务院专利行政部门根据《专利法》第20条的规定,受理按照PCT提出的专利国际申请。按照PCT已确定国际申请日并指定中国的国际申请,视为向国务院专利行政部门提出的专利申请,该国际申请日视为《专利法》第28条所称的申请日。

(二)适用法律

《专利法实施细则》第101条第2款规定:“按照专利合作条约提出并指定中国的专利国际申请(以下简称国际申请)进入国务院专利行政部门处理阶段(以下称进入中国国家阶段)的条件和程序适用本章的规定;本章没有规定的,适用专利法及本细则其他各章的有关规定。”

(三)效力

凡是确定了国际申请日的国际申请均已由受理局对其是否符合PCT第11条进行了审查,并做了肯定的结论,所以只要国际申请指定了中国,根据《专利法实施细则》第103条的规定,国家知识产权局应当承认该申请有正规的国家申请的效力,由受理局确定的国际申请日就是在中国的实际申请日。

声称进入国家阶段的国际申请,其国际公布文本中没有指定中国的记载的,该国际申请在中国没有效力,审查员应当发出“国际申请不能进入国家阶段通知书”,通知申请人该国际申请进入国家阶段的手续不予接受。

国际申请有下列情形之一的,其在中国的效力终止:(1)在国际阶段,国际申请被撤回或者被视为撤回,或者国际申请对中国的指定被撤回的;(2)申请人未在优先权日起32个月内按照《专利法实施细则》第103条规定办理进入中国国家阶段手续的;(3)申请人办理进入中国国家阶段的手续,但自优先权日起32个月期限届满仍不符合《专利法实施细则》第104条第1款第1~3项要求的。

二、程序

(一)进入中国国家阶段

申请人办理进入中国国家阶段的手续的,应当符合下列要求:(1)以中文提交进入中国国家阶段的书面声明,写明国际申请号和要求获得的专利权类型。(2)缴纳规定的申请费、公布印刷费,必要时缴纳规定的宽限费。(3)国际申请以外文提出的,提交原始国际申请的说明书和权利要求书的中文译文。(4)在进入中国国家阶段的书面声明中写明发明创造的名称,申请人姓名或者名称、地址和发明人的姓名,上述内容应当与世界知识产权组织国际局(以下简称国际局)的记录一致;国际申请中未写明发明人的,在上述声明中写明发明人的姓名。(5)国际申请以外文提出的,提交摘要的中文译文,有附图和摘要附图的,提交附图副本和摘要附图副本,附图中有文字的,将其替换为对应的中文文字;国际申请以中文提出的,提交国际公布文件中的摘要和摘要附图副本。(6)在国际阶段向国际局已办理申请人变更手续的,提供变更后的申请人享有申请权的证明材料。(7)必要时缴纳规定的申请附加费。

国际申请的申请人应当在优先权日起30个月内,向国务院专利行政部门办理进入中国国家阶段的手续;申请人未在该期限内办理该手续的,在缴纳宽限费后,可以在自优先权日起32个月内办理进入中国国家阶段的手续。

(二)初步审查

国际申请进入中国后同样要进行初步审查,主要审查内容如下。

(1)审查声称进入国家阶段的国际申请是否符合规定的条件,对在中国没有效力或失去效力的申请作出处理。

(2)审查国际申请进入国家阶段时是否提交了符合规定的原始申请的译文或文件,审查译文和文件是否符合规定的格式,对于不符合规定的申请作出处理。

(3)审查申请人提交的国际阶段作出的修改文件的译文是否符合规定,对于不符合规定的文件作出处理。

(4)审查与申请有关的其他文件是否提交并符合规定,包括优先权要求的形式审查,涉及生物材料样品保藏的申请的形式审查等,如有缺陷,作出相应处理。

(5)对国际申请的国家公布、文件和费用的接收、案卷建立等事务作出处理。

(三)国家公布

国家公布仅适用于进入中国的发明专利的国际申请。对于要求获得发明专利权的国际申请,国家知识产权局经初步审查认为符合《专利法》及其《专利法实施细则》有关规定的,应当在《发明专利公报》上予以公布。国际申请是以中文以外文字提出的,还应当公布申请文件的中文译文。

国际申请在进入国家阶段之前多数已由国际局在优先权日起18个月届满前完成国际公布,根据PCT规定,如果国际公布使用的语言和在指定国按本国法公布所使用的语言不同,指定国可以规定,就权利的保护而言,公布的效力仅从使用后一种语言的译文按照本国法的规定予以公布后才产生。《专利法实施细则》对此做了明确规定,对于以中文以外文字提出的国际申请,《专利法》第13条规定的要求临时保护的权利是在完成国家公布之后产生。

国家公布的另一目的是将该申请进入中国国家阶段的信息告之公众。

根据PCT的规定,自优先权日起30个月期限届满以前,任何指定局不应处理或审查国际申请。因此,多数国际申请在自优先权日起18个月届满后进入国家阶段,不适用《专利法》第34条的规定。国家知识产权局对进入国家阶段的国际申请进行初步审查,认为合格之后,应当及时进行国家公布的准备工作。国家知识产权局完成国家公布准备工作的时间一般不早于自该国际申请进入国家阶段之日起2个月。

国家公布以在《发明专利公报》中的登载和《发明专利申请公布说明书》的出版两种形式完成。

（四）实质审查

进入国家阶段的国际申请的实质审查是指对符合《专利法》及其《专利法实施细则》的规定进入国家阶段要求获得发明专利保护的国际申请的实质审查。进入国家阶段的国际申请，可以是根据PCT第22条未经国际初步审查的国际申请，也可以是根据PCT第39条经过国际初步审查的国际申请。

基于PCT的上述规定，对于进入国家阶段的国际申请，应当根据以下原则进行审查：(1)申请的形式或内容，适用《专利法》及其《专利法实施细则》的规定，但上述规定与PCT及《专利合作条约实施细则》的规定冲突的，以PCT及《专利合作条约实施细则》的规定为准；(2)授予专利权的实质条件，适用《专利法》及其《专利法实施细则》和《专利审查指南》的规定。

进入国家阶段的国际申请的实质审查需要确认实质审查依据的文本，进行必要的检索，确认实质审查所涉及的内容和审查要求。进入国家阶段的国际申请的实质审查与国家申请实质审查大致内容一致。对附有专利性国际初步审查报告的国际申请，从节约原则上考虑，审查员应当参考专利性国际初步审查报告中所提供的意见。但是需要注意，申请人要求作为审查依据的文本与作出专利性国际初步审查报告所依据的文本是否一致。如果在申请人要求作为审查依据的文本中所要求保护的主题已经在作出专利性国际初步审查报告所依据的文本基础上进行了修改，则通常可以不参考专利性国际初步审查报告中对发明是否具有新颖性、创造性、工业实用性和其他授权条件所作出的判断。应当强调的是，不能简单地将专利性国际初步审查报告中所给出的指导性意见作为国家阶段实质审查的结论性意见。审查员还应当注意在专利性国际初步审查报告中是否引用了未列入国际检索报告中的其他现有技术。对于进入国家阶段的国际申请的实质审查，审查员应当对该专利申请是否符合《专利法》及其《专利法实施细则》的实质要求作出独立的判断。

实质审查完成后，即进入授权阶段。

主要参考文献

一、中文专著

1. 吴汉东:《知识产权法》(第 5 版),北京大学出版社 2014 年版。
2. 郑成思:《知识产权论》,法律出版社 1998 年版。
3. 刘春田主编:《知识产权法》,高等教育出版社、北京大学出版社 2002 年版。
4. 汤宗舜:《专利法教程》(第 3 版),法律出版社 2003 年版。
5. 文希凯主编:《专利法教程》(第 3 版),知识产权出版社 2013 年版。
6. 尹新天:《中国专利法详解》,知识产权出版社 2011 年版。
7. 尹新天:《中国专利法详解》(缩编版),知识产权出版社 2012 年版。
8. 崔国斌:《专利法——原理与案例》,北京大学出版社 2012 年版、2016 年版。
9. 王凌红:《专利法学》,北京大学出版社 2007 年版。
10. 冯晓青、刘友华:《专利法》,法律出版社 2010 年版。
11. 苏平:《专利法》,法律出版社 2015 年版。
12. 吴广海:《专利法:原理、法规与案例》,知识产权出版社 2014 年版。
13. 何怀文:《专利法》,浙江大学出版社 2016 年版。
14. 张玉敏主编:《专利法》,厦门大学出版社 2017 年版。
15. 汤宗舜:《专利法解说》(修订版),知识产权出版社 2002 年版。
16. 范长军:《德国专利法研究》,科学出版社 2010 年版。
17. 王铁雄:《美国财产法的自然法基础》,辽宁大学出版社 2007 年版。
18. 程味秋等编:《联合国人权公约和刑事司法文件汇编》选入的《世界人权宣言》,中国法制出版社 2000 年版。
19.《法国知识产权法典》(法律部分),黄晖译,商务印书馆 1999 年版。
20.《外国专利法选译》(上、下),国家知识产权局条法司组织翻译,知识产权出版社 2015 年版。
21. 董涛:《专利权利要求》,法律出版社 2006 年版。
22. 杨利华:《美国专利法史研究》,中国政法大学出版社 2012 年版。
23. 胡充寒:《外观设计专利侵权判定理论与实务研究》,法律出版社 2010 年版。
24. 张晓都:《专利实质条件》,法律出版社 2002 年版。
25. 郭禾主编:《知识产权法案例分析》(第 2 版),中国人民大学出版社 2006 年版。
26. 吴伯明、黄益芬主编:《专利审查》,专利文献出版社 1994 年版。
27. 陈智超:《专利法理论与实务》,台北,五南图书出版股份有限公司 2005 年版。

28. 程永顺主编:《知识产权裁判文书集》(第1卷),科学出版社2003年版。
29. 程永顺、罗李华:《专利侵权判定——中美法条与案例比较研究》,知识产权出版社2002年版。
30. 黄丽萍:《知识产权强制许可制度研究》,知识产权出版社2012年版。
31. 权鲜枝:《专利实务指南》,上海交通大学出版社2012年版。
32. 林秀芹:《TRIPs体制下的专利强制许可制度研究》,法律出版社2006年版。
33. 徐红菊:《专利许可法律问题研究》,法律出版社2007年版。
34.《十二国专利法》,《十二国专利法》翻译组译,清华大学出版社2013年版。
35. 程永顺:《中国专利诉讼》,知识产权出版社2005年版。
36. 王利明、杨立新、王轶、程啸:《民法学》(第3版),法律出版社2011年版。
37. 安雪梅:《专利侵权行为研究》,知识产权出版社2009年版。
38. 国家知识产权局知识产权发展研究中心组织编写:《规制知识产权的权利行使》,知识产权出版社2004年版。
39. [美]阿列克斯·夏妥夫:《1998美国联邦巡回上诉法院专利案件年鉴》,顾柏棣等译,知识产权出版社2000年版。
40. 程永顺主编:《专利侵权判定实务》,法律出版社2002年版。
41. 北京市高级人民法院知识产权庭编:《北京知识产权审判案例研究》,法律出版社2000年版。
42. 冯晓青主编:《专利侵权专题判解与学理研究》,中国大百科全书出版社2010年版。
43. 程永顺:《专利纠纷与处理》,知识产权出版社2011年版。
44. 白光主编:《专利纠纷管理法律实案50例》,经济管理出版社2005年版。
45. 张鹏:《专利授权确权制度原理与实务》,知识产权出版社2012年版。
46. 田力普主编:《发明专利审查基础教程——审查分册》(第3版),知识产权出版社2012年版。
47. 孙长山、张乐园、刘志华主编:《〈最高人民法院公报〉知识产权案例精选》,知识产权出版社2015年版。
48. 国家知识产权局专利复审委员会编著:《光电领域复审和无效典型案例评析》,知识产权出版社2012年版。
49. 闫文军:《专利权的保护范围》,法律出版社2007年版。
50.《工业产权法律制度》(第2版),澳门,澳门印务局2007年版。
51. [英]约翰·穆勒:《政治经济学原理》(下卷),赵荣潜等译,商务印书馆1991年版。
52. 饶明辉:《当代西方知识产权理论的哲学反思》,科学出版社2008年版。
53. [英]弗里德利希·冯·哈耶克:《法律、立法与自由》(第2、3卷),邓正来等译,中国大百科全书出版社2000年版。
54. [英]弗里德利希·冯·哈耶克:《致命的自负》,冯克利、胡晋华译,中国社会科学出版社2000年版。
55. [古希腊]亚里士多德:《政治学》,吴寿彭译,商务印书馆1965年版。

56. [古希腊]亚里士多德:《政治学》,高书文译,九州出版社 2007 年版。
57. [德]汉斯·高德、克里斯·阿贝尔特:《欧洲专利公约指南》,王志伟译,上海世界图书出版公司 2003 年版。
58. [美]路易斯·亨利·摩尔根:《古代社会》(上),杨东莼、马雍、马巨译,商务印书馆 1977 年版。
59. [美]威廉·M. 兰德斯、理查德·A. 波斯纳:《知识产权法的经济结构》,金海军译,北京大学出版社 2005 年版。
60. [美]罗伯特·P. 墨杰斯、彼特·S. 麦乃尔、马克·A. 莱姆利、托马斯·M. 乔德:《新技术时代的知识产权法》,齐筠、张清、彭霞、尹雪梅译,中国政法大学出版社 2003 年版。
61. [日]鸿常夫等:《日本专利判例精选》,张遵逵、郝庆芬等译,专利文献出版社 1991 年版。
62. [德]鲁道夫·克拉瑟:《专利法:德国专利和实用新型法、欧洲和国际专利法》,单晓光、张韬略、于馨淼等译,知识产权出版社 2016 年版。
63. [德]黑格尔:《法哲学原理》,范扬、张企泰译,商务印书馆 1961 年版。
64. [英]洛克:《政府论——论政审的真正起源、范围和目的》(下篇),叶启芳、瞿菊农译,商务印书馆 1964 年版。
65. [美]约翰·罗尔斯:《正义论》,何怀宏、何包钢、廖申白译,中国社会科学出版社 1988 年版。
66. [英]肯·宾默尔:《博弈论与社会契约——公平博弈》(第 1 卷),王小卫、钱勇译,上海财经大学出版社 2003 年版。
67. [日]竹田和彦:《专利基础知识》,莫邦富、盛树立、钱希林译,上海翻译出版公司 1986 年版。
68. [日]吉藤幸朔:《专利法概论》,宋永林、魏启学译,专利文献出版社 1990 年版。
69. [日]青山紘一:《日本专利法概论》,聂宁乐译,知识产权出版社 2014 年版。
70. [美]J. M. 穆勒:《专利法》(第 3 版),沈超等译,知识产权出版社 2013 年版。
71. [美]罗杰·谢科特、约翰·托马斯:《专利法原理》,余仲儒组织翻译,知识产权出版社 2016 年版。

二、中文论文

1. 吴汉东:《罗马法的"无体物"理论与知识产权制度的学理基础》,载《江西社会科学》2005 年第 7 期。
2. 吴佩江:《日本专利法史要略》,载《杭州大学学报》(哲学社会科学版)1996 年第 3 期。
3. [日]土肥:《日本专利法简史》,唐荣信摘译,载《现代外国哲学社会科学文摘》1987 年第 7 期。
4. 韩秀成:《中国专利史话》,载《中国知识产权报》2006 年 7 月 11 日。
5. 周志远、翟唯辰:《中俄发明制度比较分析》,载《劳动保障世界》2016 年第 1 期。
6. 应明:《计算机程序专利保护在美国的发展趋势》,载《知识产权》2001 年第 1 期。
7. 李倩:《计算机软件的专利保护》,载《法制与社会》2007 年第 8 期。

8. 郑友德等:《美国、欧盟、亚洲各国专利代理制度现状及发展研究》,载《知识产权》2007 年第 2 期。
9. 郭会勇:《英国专利代理行业现状研究》,载《科技促进发展》2017 年第 5 期。
10. 韦晓云:《专利侵权中先用权抗辩问题研究》,载《电子知识产权》2005 年第 2 期。
11. 张学军:《先用权抗辩在专利审判中的适用》,载《人民司法》2008 年第 22 期。
12. 徐新:《外观设计专利权保护范围的解释原则——以外观设计专利侵权判定为视角》,载《知识产权》2009 年第 6 期。
13. 董红海:《中美外观设计专利侵权判定比较——基于美国外观设计案例的分析》,载《知识产权》2005 年第 4 期。
14. 冯术杰、崔国振:《依据网络证据认定网络公开问题探析——以一则专利无效宣告案件为例》,载《知识产权》2011 年第 5 期。
15. 张勇、朱雪忠:《专利实用性要件的国际协调研究》,载《政法论丛》2005 年第 4 期。
16. 姜丹明:《关于各国实用新型和外观设计的审批制度》,载《专利法研究》(1999 年),知识产权出版社 1999 年版。
17. 冯术杰、崔国振:《法国专利无效程序解析》,载《电子知识产权》2010 年第 10 期。
18. 胡开忠:《专利产品的修理、再造与专利侵权的认定——从再生墨盒案谈起》,载《法学》2006 年第 12 期。
19. 崔立红:《论专利权的许诺销售权》,载《人民法院报》2000 年 11 月 9 日,第 3 版。
20. 王春燕:《贸易中知识产权与物权冲突之解决原则——权利穷竭的含义、理论基础及效力范围》,载《中国人民大学学报》2003 年第 1 期。
21. 朱大旗、朱永扬:《专利权作价入股新探》,载《中国人民大学学报》1996 年第 5 期。
22. 曹新明:《专利权质押合同初探》,载《法商研究》1997 年第 5 期。
23. 刘璐、高圣平:《专利权质权设定制度若干问题研究》,载《上海财经大学学报》2009 年第 4 期。
24. 吴广海:《专利技术许可中不质疑条款的法律规制》,载《科技进步与对策》2011 年第 9 期。
25. 王晓晔:《滥用知识产权限制竞争的法律问题》,载《中国社会科学》2007 年第 4 期。
26. 李庆保:《市场化模式专利当然许可制度的构建》,载《知识产权》2016 年第 6 期。
27. 袁真富:《基于侵权抗辩之专利默示许可探究》,载《法学》2010 年第 12 期。
28. 严桂珍:《我国专利平行进口制度之选择———默示许可》,载《政治与法律》2009 年第 4 期。
29. 杨德桥:《合同视角下的专利默示许可研究——以美中两国的司法实践为考察对象》,载《北方法学》2017 年第 1 期。
30. 曹新明:《专利许可协议中的有色条款功能研究》,载《法商研究》2007 年第 1 期。
31. 宁立志:《知识产权垄断的法律解读》,载《东方早报》2014 年 9 月 9 日,第 5 版。
32. 廖焕国:《注意义务与大陆法系侵权法的嬗变——以注意义务功能为视点》,载《法学》2006 年第 6 期。

33. 赵锴:《结合发明构思准确理解技术特征的含义》,载《中国知识产权报》2016 年 7 月 21 日,第 9 版。
34. 陈锦川:《试论我国知识产权请求权的初步确立》,载《人民司法》2002 年第 10 期。
35. 张玲:《论专利侵权诉讼中的停止侵权民事责任及其完善》,载《法学家》2011 年第 4 期。
36. 廖志刚:《侵害专利权的民事责任研究》,载《西南民族大学学报》(人文社科版)2007 年第 2 期。
37. 张玲、纪璐:《美国专利侵权惩罚性赔偿制度及其启示》,载《法学杂志》2013 年第 2 期。
38. 金多才:《我国专利行政执法制度的完善》,载《河南社会科学》2014 年第 3 期。
39. 王冠:《专利犯罪立法比较研究》,载《科技进步与对策》2007 年第 12 期。
40. 余高能:《对我国侵犯知识产权犯罪刑事立法系统性的考量》,载《知识产权》2013 年第 12 期。
41. 范晓波、孟凡星:《专利实验使用侵权例外研究》,载《知识产权》2011 年第 2 期。
42. 雒运朴:《浅谈外观设计简要说明中"设计要点"的作用》,载《电子知识产权》2009 年第 12 期。
43. 钟华:《试析外观设计简要说明在专利确权和侵权认定中的作用》,载《中国专利与商标》2010 年第 3 期。
44. 芦珊珊:《中日专利法关于职务发明规定的比较研究》,载《科技进步与对策》2006 年第 3 期。
45. 王先林:《英国的保护外观设计立法》,载深圳市创意设计知识产权促进会(SZCIP)法律法律:http://szcip.333cn.com/case/118285.html,最后访问日期:2019 年 3 月 14 日。
46. 戚文海:《关于中俄知识产权基本制度的比较》,载《俄罗斯中亚东欧市场》2007 年第 3 期。
47. 彭玉勇:《技术垄断的法律规制——兼论我国〈合同法〉第 329 条》,载《电子知识产权》2006 年第 5 期。
48. 彭玉勇:《欧盟修订版的技术转移协议责任免除条例(TTBE)——兼与 1996 年条例比较》,载《知识产权》2006 年第 2 期。
49. 彭玉勇、张少华:《专利法实用性要求的演进》,载《人民论坛》2010 年第 14 期。

三、英文文献

1. European Patent Office, *Case Law of the Boards of Appeal*, Six edition.
2. Matthew Fisher, *Fundamentals of Patent Law*, Hart Publishing, 2007.
3. P. J. Federico (Editor – in – Chief), "Outline of the History of the United States Patent Office", *Journal of the Patent Office Society*, No. 7, Copyright 1936 by the Patent Office Society.
4. Vishwas Devaiah, *A History of Patent Law*, http://altlawforum.org/publications/a – history – of – patent – law/.
5. Jan Vojácek, Dr. Ing., A Survey of the Principal National Patent Systems, Sir ISAAC PIT-

MAN & SONS, LTD.

6. Machlup, Penrose, The Patent Controversy in the Nineteenth Century, Journal of Economic History, X(1) ,May. qtd. in Ruth Towse, *The Economics of Intellectual Property* (Vol. Ⅱ), Edward Elgar Publishing Limited, 2002.
7. Abraham Lincoln, Secondleetureon Diseoverie and In – Ventions, RoyP. Basler, *The Collected Words of Abraham Lincoln*(Vol. Ⅲ), NewJersey: Rutgerrs University Press, 1953.
8. Thomas Jefferson To Isaac Mc Pherson Monticello, August 13, 1813, http://www. let. rug. nl/usa/presidents/thomas – jefferson/letters – of – thomas – jefferson/jefl 220. php.
9. A Brief History of the Patent Law of the United States, http://www. ladas. com/Patents/U. S. Patent History. html.
10. Wendy Lim, Towards Developinga Natural Law Jurisprudence in the U. S. Patent System, 19 Santa Clara Computer & High Tech. L. J. 559, 563.
11. Irahh. Donner, *Patent Prosecution*, *Practice & Procedure before the U. S. Patent Office* (Third edition) Published by BNA Books, c2003.
12. Janice M. Muel, *An Introduction to Patent Law*, Bei Jing: CITIC Publishing House; Aspen Publishers, c2003.
13. Philippe Signore, Design Patent Protection in the United States, Epi Information Journal, June 2, 2001.
14. W. Cornish & D. Llewelyn, *Intellectual Property: Patents, Copyright, Trade Marks and Allied Rights*, Published by Sweet & Maxwell Limited, Six edition, 2007.
15. P. J. Federico(Editor – in – Chief), "Outline of the History of the United States Patent Office", *Journal of the Patent Office Society*, No. 7, Copyright 1936 by the Patent Office Society.
16. Davies, "The Early History of the Patent Specification" (1934) 50 LQR 86.
17. Robert P. Merges and Lawrence A. Locke, *Co – Ownership of Patents: A Comparative and Economic View*, 72 J. Pat. & Trademark Off. Soc' y 587 1990.
18. Study on Inventive Step Standing Committee on the Law of Patents(SCP) Twenty – second session (July 27 to 31, 2015), http://www. wipo. int/edocs/mdocs/scp/en/scp_22/scp_22_presentation_inventive_step. pdf.
19. See Brown V. Duchesne, 60 US 183(1856). https://supreme. justia. com/cases/federal/us/60/183.

四、主要引用法律法规及其他文件

1.《中华人民共和国专利法》。
2.《中华人民共和国合同法》。
3.《中华人民共和国刑法》。
4.《中华人民共和国民法通则》。

5.《中华人民共和国民法总则》。
6.《中华人民共和国民事诉讼法》。
7.《中华人民共和国行政诉讼法》。
8.《中华人民共和国知识产权海关保护条例》。
9.《中华人民共和国担保法》。
10.《中华人民共和国物权法》。
11.《中华人民共和国公司法》。
12.《中华人民共和国专利法实施细则》。
13.《专利行政执法办法》(局令第60号)。
14.《专利审查指南》。
15.《最高人民法院公报》。
16. 最高人民法院《关于审理技术合同纠纷案件适用法律若干问题的解释》(法释〔2004〕20号)。
17. 最高人民法院《关于审理专利纠纷案件适用法律问题的若干规定》。
18. 最高人民法院《关于审理侵犯专利权纠纷案件应用法律若干问题的解释(二)》(法释〔2016〕1号)。
19. 最高人民法院《关于北京、上海、广州知识产权法院案件管辖的规定》(法释〔2014〕12号)。
20. 最高人民法院《关于审理侵犯专利权纠纷案件应用法律若干问题的解释》(法释〔2009〕21号)。
21. 最高人民法院《关于在专利侵权诉讼中当事人均拥有专利权应如何处理问题的批复》(1993年8月16日)。
22. 最高人民法院《关于修改〈最高人民法院关于审理专利纠纷案件适用法律问题的若干规定〉的决定》(法释〔2015〕4号)。
23. 最高人民法院《关于修改〈最高人民法院关于审理专利纠纷案件适用法律的若干规定〉的决定》(法释〔2013〕9号)。
24. 最高人民法院《关于修改〈最高人民法院关于审理专利纠纷案件适用法律的若干规定〉的决定》(法释〔2001〕21号)。
25. 最高人民法院、最高人民检察院《关于办理侵犯知识产权刑事案件具体应用法律若干问题的解释》(法释〔2004〕19号)。
26.《专利权质押登记办法》(局令第56号)。
27.《专利法修订草案(送审稿)》。
28. 北京市高级人民法院《关于专利侵权判定若干问题的意见(试行)》。
29. 北京市高级人民法院《关于专利复审案件若干问题的解答(征求意见稿)》。
30. 北京市高级人民法院《专利侵权判定指南》(2017年)。

图书在版编目(CIP)数据

专利法原论/彭玉勇著. -- 北京：法律出版社，2019

ISBN 978-7-5197-3389-6

Ⅰ.①专… Ⅱ.①彭… Ⅲ.①专利法-研究-中国 Ⅳ.①D923.424

中国版本图书馆CIP数据核字(2019)第071062号

专利法原论
ZHUANLIFA YUANLUN

彭玉勇 著

责任编辑 郑怡萍
装帧设计 凌点工作室

出版 法律出版社
总发行 中国法律图书有限公司
经销 新华书店
印刷 固安华明印业有限公司
责任校对 李景美
责任印制 沙 磊

编辑统筹 法律教育出版分社
开本 710毫米×1000毫米 1/16
印张 30.25
字数 549千
版本 2019年6月第1版
印次 2019年6月第1次印刷

法律出版社/北京市丰台区莲花池西里7号(100073)
网址/www.lawpress.com.cn
投稿邮箱/info@lawpress.com.cn
举报维权邮箱/jbwq@lawpress.com.cn

销售热线/400-660-8393
咨询电话/010-63939796

中国法律图书有限公司/北京市丰台区莲花池西里7号(100073)
全国各地中法图分、子公司销售电话：
统一销售客服/400-660-8393/6393
第一法律书店/010-83938432/8433
西安分公司/029-85330678
重庆分公司/023-67453036
上海分公司/021-62071639/1636
深圳分公司/0755-83072995

书号：ISBN 978-7-5197-3389-6
定价：68.00元